연담대사임하록
蓮潭大師林下錄

동국대학교 불교기록문화유산아카이브사업단(ABC)
본서는 문화체육관광부 지원으로 동국대학교 불교학술원에서 간행하였습니다.

한글본 한국불교전서 조선 58
연담대사임하록

2020년 9월 15일 초판 1쇄 인쇄
2020년 9월 25일 초판 1쇄 발행

지은이 연담 유일
옮긴이 하혜정
펴낸이 윤성이
펴낸곳 동국대학교출판부

주소 04620 서울시 중구 필동로 1길 30
전화 02-2260-3483~4
팩스 02-2268-7851
Homepage http://dgpress.dongguk.edu
E-mail book@dongguk.edu
출판등록 제2-163(1973. 6. 28)
편집디자인 다름
인쇄처 네오프린텍(주)

ⓒ 2020, 동국대학교(불교학술원)

ISBN 978-89-7801-987-3 93220

값 34,000원

이 책의 무단 전재나 복제 행위는 저작권법 제98조에 따라 처벌받게 됩니다.

한글본 한국불교전서　조선 58

연담대사임하록
蓮潭大師林下錄

연담 유일蓮潭有一
하혜정 옮김

동국대학교출판부

연담대사임하록蓮潭大師林下錄 해제

오 경 후
동국대학교 불교학술원 교수

1. 개요

『연담대사임하록蓮潭大師林下錄』(이하 『임하록林下錄』으로 약칭한다.)은 조선 후기 승려인 연담 유일蓮潭有一(1720~1799)의 시문집이다. 연담 대사는 조선 후기 불교계의 승려 가운데 최고의 문장가이며 이론가로 꼽히는 인물이다. 연담 대사의 「임하록 자서自序」에 의하면 경전을 연구하는 여가에 사대부 및 승려들과 주고받은 시, 불사佛事를 찬양하거나 세상의 진리를 서술한 편지(書)·소疏·서序·기記 등의 문文 약간 편과 학인들을 위해 수집한 여러 경전 중의 중요한 말 약간을 기록하여 본 시문집을 만들었다고 하였다. 이 책은 조선 후기 불교와 유교의 문학적·사상적 교류를 살필 수 있고, 18세기를 중심으로 한 조선 후기 불교계의 동향뿐만 아니라 불교와 유교의 교류, 불교 비판이나 탄압에 대한 인식과 그 대응론까지 살필 수 있는 귀중한 문헌으로 평가할 수 있다. 연담 대사는 "여기에 실린 글에는 정밀한 것도 있고 잡스러운 것도 있으며 긴요한 것도 있고 가벼운 것도 있다. 그러나 결국에는 모두 우리 불가의 도를 보호하고 드러내 보이는 데에 그 뜻이 귀결되는 것이다."라고 하였다. 이 책은 시 2권과 문 2권, 총 4권 2책으로 구성되어 있다.

2. 저자

연담 대사의 속성은 천씨千氏, 자字는 무이無二이며, 법호는 연담蓮潭이고 법명은 유일有一이다. 1720년 경기도 개성 적천리跡泉里에서 태어났다. 아버지 천만중千萬重으로부터 5세에 천자문을 배웠고, 7세 때『사기史記』를 배웠지만, 아버지가 세상을 떠나자 학문을 그만두었다고 한다. 그 후 9세에 어머니의 정성으로 학문을 다시 시작했는데, 당시 개성으로 귀양 온 오시악吳始岳의 집에서『통감通鑑』과『맹자』를 배웠다. 스승은 그에게 "비록 양반 자제라도 열한 살 때『통감』을 다 읽은 사람은 드물다."라고 칭찬했다. 12세 때는 스승이, 13세 때는 어머니가 돌아가시자 공부를 그만두고 관가官家에서 심부름을 하고 살았다.

18세 때 전라남도 무안 승달산 법천사法泉寺의 성철性哲을 따라 출가하였고, 19세 때 안빈安賓으로부터 구족계를 받았다. 그 후 영허靈虛로부터『선요禪要』와 사집四集을, 벽하碧霞로부터『능엄경楞嚴經』을 배웠다. 용암龍巖에게는『기신론起信論』과『금강경金剛經』을 배웠는데 경전의 오자와 탈자를 바로잡자 용암이 기특하게 여기고 오래 머물게 하였다. 대사는 그 후 약 20여 년 동안 영곡靈谷·호암虎巖·설파雪坡·풍암楓巖·상월霜月·용담龍潭·영해影海 등 열 분의 선사를 차례로 참방하고 강학하였다. 그리고 1745년 겨울 내장사內藏寺 원적암圓寂庵에서『화엄경』「십지품十地品」과「법계품法界品」을 배웠던 설파 상언雪坡尙彥(1707~1791)에 대해서는 '당나라 화엄종의 3대 종주인 현수賢首 이후 화엄의 종주는 설파뿐'이라고 칭송하고는 "평생 동안 강직하여 사람들이 어려워하였고 도행이 깊고 굳어 온 세상이 존경하였네."라고 읊었다. 나이 60세에 30년 동안 해 오던 강론을 마감했다. 1779년 서봉사瑞鳳寺 주지로 있을 때 자신을 음해하는 글로 곤란을 겪었던 것이 이유였다. 그는 「연담 대사 자보행업蓮潭大師自譜行業」에서 자신의 일생을 다음과 같이 요약하였다.

나는 입실한 뒤로 언제나 새벽부터 저녁까지 경經을 외우고 진언을 외웠으며, 부처님께 예불하고 불경을 강론하였다. 항상 가사를 입고 이른 새벽에 일찍 일어나 향불 촛불도 피우지 않은 채 어둠 속에서 칠불七佛 팔보살八菩薩께 절을 하고 예를 올렸다. 이처럼 석자가 예불을 올리는 것은 일상적인 예법이기에, 고행을 하면서도 냉이처럼 달게만 여겨졌다. 그러므로 30년 동안 불경을 강론하면서 한 번도 큰 장애나 질병을 만난 일이 없었던 것이리라.

연담 대사는 위로는 부처님을 예경하고, 부처님의 가르침을 아침저녁으로 쉬지 않고 익혔다. 대사는 "문장과 글귀에 빠져 부지런히 노력하여 공부하였다. 늘 대교大敎와 여러 경전의 어려운 부분을 끝까지 생각하고 세심하게 연구하여 손수 해석을 기록하였다. 그렇게 하여 찾아오는 제자들을 가르쳤으며 비록 문하에 찾아오지 않는 사람이라도 또한 베껴 적어 볼 수 있도록 해 주었으니, 이것을 본으로 삼아 공부를 하는 자도 간혹 있었다."라고 하였다. 그의 인생이 숲속에서 수행과 학문으로 순일했음을 알려 주고 있는 것이다. 그가 조선 후기 선교禪敎의 대표적인 승려로 추앙받는 고승이었음을 알 수 있는 대목이다. 대사는 1799년 2월 3일 입적하였다. 입적 후 칠재七齋를 지냈는데, 각 재를 지낼 때마다 상서로운 기운이 공중에 서렸다고 한다.

제자는 학추學湫와 취찬就粲 등 20여 명이 있으며, 저서로는 사집수기私集手記, 즉 『서장사기書狀私記』 1권, 『도서사기都序私記』 1권, 『선요사기禪要

私記』1권,『절요사기節要私記』1권과『기신사족起信蛇足』1권,『금강하목金剛鰕目』1권,『원각경사기圓覺經私記』2권,『현담사기玄談私記』2권,『대교유망기大敎遺忘記』5권,『제경회요諸經會要』1권,『염송착병拈頌着柄』2권 그리고 문집『임하록林下錄』등이 있다.

3. 서지 사항

『임하록』은 4권 2책의 시문집이다. 1799년(정조 23) 전라남도 영암靈岩(지금의 해남) 미황사美黃寺에서 제자 영월 계신靈月誡身이 목판본으로 간행하였고, 그 후 해남 대흥사로 옮겨져 보관되었다. 목판본의 판식은 사주단변四周單邊의 광곽에 반곽半郭의 크기는 20.3×16.0cm이며, 계선界線이 있는 11행 20자의 규격을 갖고 있다. 쌍행雙行의 주註를 두었으며, 상하하향이엽화문어미上下下向二葉花紋魚尾를 중심으로 내향어미內向魚尾, 혹은 상하 가운데 어느 한쪽만 있는 어미의 형태가 섞여 있다.

권1의 앞부분에는 1796년 6월 하순에 춘추관春秋館 기사관記事官 안책安策이 쓴 서문과 1798년 4월 해좌노인海左老人 정법정丁法正의 서문, 1797년 여름 수관거사水觀居士 이충익李忠翊의 서문을 차례로 실은 뒤 연담 유일의 자서自序를 수록하였다. 권2의 권말에는 이 책의 간행을 주관한 제자 계신誡身의 발문이 있으며, 발문 바로 뒤에는 권1·권2의 판하본板下本 필사자의 이름을 밝혀 놓았다. 이어서 연담의 제자를 참제자懺弟子 42명, 문제자門弟子 25명, 상좌 2명으로 나누어 나열하였고, 그 뒤에는 각공刻工 6명의 법명을 열거하였다. 그리고 권2의 맨 마지막에는 "전라도 영암靈岩 미황사美黃寺에서 개간하고, 해남海南 대둔사大芚寺에 판목을 옮겨 두었다."라고 간기를 기록하였다. 그러나 권4의 권말에는 "문인 계신誡身이 간행을 맡고 교정을 보았으며, 낭암 시연朗岩示演이 글을 썼다."라는 기록이 나온다. 권1과 권2를 완호 윤우玩湖尹祐의 글씨로 먼저 판각하였고, 문장 부분인 권3과 권4는 낭암 시연의 글씨로 후에 판각한 것임을 알 수 있다. 권4의 권말에는 연담 유일이 입적하기 2년 전인 1797년에 쓴 「연담 대사 자보행업」이 수록되어 있고, 이어서 1799년 4월 문인 계신이 스승을 추모하면서 그 내용을 추가한 「추기追記」를 수록하였다. 이 책은 동국대학교출판부의 『한국불교전서』 제10책에 수록되었는데, 권4의 권말에 있는 채백규蔡伯規와 이현도李顯道의 〈연담 대사 진영찬(蓮潭大師影贊)〉과 회운 덕활會雲德濶의 「연담 대화상 시집 발문(蓮潭大和尚詩集跋)」은 목판본에는 없는 것이다.

결국 『임하록』의 두 차례의 판각은 문인 계신이 모두 주도한 것이다. 권2의 권말에 있는 문하 제자의 명단 가운데 문제자門弟子 아래 영월 계신의 이름이 보이는 것으로 보아 이 책의 대부분을 연담 유일의 생전에 거의 판각해 놓은 상태에서 대사가 입적하자 바로 발문을 추가하여 완성하였다는 것을 알 수 있다. 이 책의 목판본은 현재 동국대학교·동국대학교 경주캠퍼스·전북대학교·한국학중앙연구원 장서각·서울대학교 규장각 한국학연구원·국립중앙도서관·단국대학교 퇴계기념도서관·고려대학교·대구가톨릭대학교 도서관·계명대학교·성균관대학교 존경각·송광사 등 여러 곳에 남아 있고, 전남대학교에는 필사본이 수장되어 있다.

4. 내용과 성격

『임하록』의 내용은 유학자들이나 승려들과 교류하면서 주고받은 시, 불사佛事를 완성하고 찬양한 글과 편지글, 각종 기문記文, 그리고 여러 경전 가운데 발췌한 중요한 글 등으로 구성하였다. 그가 『임하록』이라 붙인 이유는 다음과 같다.

아, 나처럼 어리석은 사람은 세상에 아무 소용이 없고, 또 사실 세상에 좋아하는 것도 없다. 내가 좋아하는 것이라곤 오직 숲속뿐이다. 안개와 구름 그리고 샘물의 자갈돌 따위는 본래부터 숲속에 있었던 것들이다. 그런데 어느 날 아침 갑자기 내가 주인이 되었다 하여도 누구 하나 다투고 나서는 사람이 없더라. 새와 짐승, 그리고 크고 작은 사슴들은 나보다 훨씬 먼저 숲속에서 살고 있었다. 그러나 하루아침에 나와 나누어 가지게 되었어도 시기하는 법이 없더라. 이것이 바로 내가 숲속을 좋아하는 일을 도저히 그만둘 줄을 모르는 까닭이다.

연담은 숲속이 시기나 집착이 없어 자신뿐만 아니라 모든 사람이 좋아한다고 하였다. 때문에 그가 『임하록』이라고 한 것은 "숲속의 본래면목을 기록하였다는 뜻은 아니다. 이것은 그저 내 몸에 밴 습기가 사라지지 않아서 광대 기질을 억제하기 어려워서일 뿐이다."라고 하였다. 숲과 함께하면서 길러졌던 그의 성정을 반영한 것이다. 또한 연담은 자신이 문장에 능하지 못하면서 문집을 꾸린 것은 현묘한 이치를 엿보는 수단으로 삼기 위한 것이며, "외세의 어려운 비판과 불가를 무시하는 말들을 막고 이겨내는 한 방법이 될 수도 있지 않을까" 한 것이라고 하였다.

『임하록』각권에 수록된 대체적인 내용은 다음과 같다. 맨 앞부분은 안책安策·정법정丁法正·이충익李忠翊의 서문을 싣고 연담의 「임하록 자서自序」를 수록하였다. 이충익은 "지금 유일 스님의 문장을 보니, 세상의 교화를 떠받쳐 높이고 요임금과 공자의 도를 우러러 권장하고 있다. 그의 임금과 나라를 기리고 애모하는 말들은 지극한 정성에서 나온 것"이라고 칭송하였다.

권1은 〈범 사냥(捉虎行)〉을 비롯하여 〈술을 좋아하는 스님을 경계하다(誡嗜酒禪者)〉에 이르기까지 147수의 시가 수록되어 있다.

권2는 〈능성 동각의 시운을 따서 짓다(次綾城東閣韻)〉를 시작으로 161수의 시가 수록되어 있다.

 문집에 서문을 쓴 해좌노인海左老人 정법정丁法正은 "그의 시는 진솔하며 순박하고 꾸밈이 없었으니 성정性情이 무르익어 저절로 나온 것이었다. 총괄하여 논하자면, 그의 글은 여러 부처님의 마음을 얻어서 그 남은 부분을 전한 것이다. 그러므로 비록 그의 글이 불교 경전에 도움이 되는 것이라고 말한다 해도 지나친 표현은 아니리라."라고 하여 세상에서 없어지게 하면 안 될 것이라고 하였다. 권2의 마지막에는 1799년 4월 문인 영월 계신이 쓴 발문과 함께 제자 및 각공刻工의 명단이 수록되어 있다.

 권3은 「송광사 영해 화상 대회에 올리는 소(松廣寺影海和尙大會䟽)」를 비롯한 소疏 9편, 「외소재기畏昭齋記」·「독락와기獨樂窩記」 등 기記 6편, 「중간본『화엄경』에 붙이는 서문(重刊華嚴經序)」·「『사산비명』에 붙이는 서문(四山碑銘序)」 등 서序 8편 그리고 「칠불암 상량문七佛庵上梁文」 등 상량문 4편, 「호계삼소도의 제문題文과 서문(題虎溪三笑圖幷序)」 등 제題 4편, 문文 16편, 문수·보현 두 보살의 찬과 「달마 대사찬達摩大師贊」 등 찬贊 3편이 수록되어 있다.

 권4는 〈자찬自贊〉과 〈환성 노화상찬喚惺老和尙贊〉 등 찬贊 13편, 「영산법어靈山法語」·「수륙법어水陸法語」 등의 법어法語 6편, 「동짓날 대중들에게 내리는 훈시(至節示衆)」 등의 시중示衆 8편, 「용암 노인께 올리는 편지(上龍巖老人)」·「심 방백께 올리는 편지(上沈方伯)」 등의 편지(書) 11편이 수록되어 있다. 그리고 권 말미에는 정조正祖 21년(1797) 연담 대사가 직접 쓴 「연담 대사 자보행업蓮潭大師自譜行業」을 수록하였고, 가경嘉慶 4년(1799) 문인 계신誡身이 스승을 추모하면서 찬撰한 「추기追記」를 수록하였다. 계신은 「추기」에서 "30년 동안 경전을 강론하실 때에는 배우려는 사람들이 구름처럼 몰려왔으니, 마치 개미 떼가 비린 냄새를 찾아 달려드는 것 같았으며, 파리가 구린 냄새를 향해 날아오는 것과도 같았다."라고 하였다. 아울러 대사가 "부처님 가르침의 바다를 저어 가는 지혜의 노라고 할 만하고 선림의 목탁이라 할 만하다."라고 칭송하였다.

한편 『한국불교전서』 제10책에는 채백규蔡伯規와 이현도李顯道의 〈연담 대사 진영찬(蓮潭大師影贊)〉과 회운 덕활會雲德濶의 「연담 대화상 시집 발문 (蓮潭大和尙詩集跋)」이 실려 있다. 이들의 글은 목판본에는 수록되지 않았 다. 채백규蔡伯規는 채제공으로, 연담 유일과 생몰生沒을 함께한 조선 후 기의 문신이다. 그는 영조의 깊은 신임을 받기도 하였으며, 정조가 왕세 손으로 대리청정한 뒤에는 호조 판서·좌참찬으로 활약하였다. 문장은 소 疏와 차箚에 능했고, 시풍은 위로는 이민구李敏求·허목許穆, 아래로는 정 약용丁若鏞으로 이어진다고 하였다. 대사와 두터운 교분을 지녔던 채제공 은 연담의 진영眞影을 두고 "연화蓮花처럼 깨끗하고 못물처럼 텅 비었으 니 색공色空 식공食空을 어찌 서로 섞을까 상相은 공하고 공하다네."라고 하여 연담의 겉모습이 보이지 않는 그의 성정과 똑같다고 칭송하였다.

5. 가치

『임하록』을 통해 조선 후기 불교계의 선교학禪敎學뿐만 아니라 강학의 면모를 살필 수 있다. 연담은 당대 불교계의 대표적 고승들로부터 『화엄 경』을 비롯한 다양한 경론經論을 배웠다. 19세 때는 영허靈虛에게 『선요禪 要』와 사집四集을 배웠고, 1739년에는 벽하碧霞에게 『능엄경』을 수학했으 며, 보림사寶林寺에서는 용암龍岩에게 『기신론』과 『금강경』을 배웠다. 그 리고 1741년 봄에는 해인사의 호암虎巖에게 『염송拈頌』을, 1745년 봄에는 내장사 원적암에서 설파 상언雪坡尙彦으로부터 『화엄경』「십지품」과 「법계 품」을 배웠다. 그 후 풍암楓巖과 상월霜月이 주관하는 법회에 참여하였고, 1750년 봄에는 영해影海의 송광사 대회에 참가하였다. 『임하록』 권3에는 연담이 송광사에서 개최하는 화엄법회에서 영해 대선사를 공경하여 받드는 소疏가 수록되어 있다. 이 글에서 연담은 "설법을 주관하시는 스님께서는 지혜장엄과 복덕장엄의 이엄二嚴을 원만하게 성취하시고, 설법을 들으시는 스님들께서는 단번에 십지十地를 뛰어넘게 하옵소서. 그리고 이 설법을 보고 들어 유익함을 얻을 수 있도록 팔난八難의 중생들을 막지 마옵시고, 이렇게 베풀고 받아서 맺은 인연으로 이 사부대중이 모두 세 가지의 덕의 고국에 다 함께 돌아갈 수 있도록 하여 주시옵소서."라고 빌기도 하였다. 그는 「선암사 상월 화상 대회에 올리는 소(仙巖寺霜月和尙大會疏)」에서 강주講主인 상월에 대해 "뛰어난 재기를 모아 타고났으니 하늘이 우리나라에 빼어난 인재를 내리신 것이며, 또 우리 대사께서 나오시게 된 연원도 분명하니 바로 서산西山 대사로부터 도통을 이으신 것입니다."라고 하였다. 연담은 당시 상월이 강주가 되어 열린 화엄대회가 그의 학식과 명망으로 학인들이 몰려들었으며, 시주와 공양물이 넘치게 들어왔음을 자세히 묘사하였다.

 이에 말회末會를 크게 열어 만년의 성대한 행사를 거행하려고 합니다. 때마침 사람들의 의논도 하나로 모아져 따로 모의를 할 것도 없이 모두가 같은 생각을 갖고 있으며, 게다가 여론이 이미 쏠리어 기꺼이 따르는 무리도 많으니, 더 말해 무엇 하겠습니까. 시주하는 사람들은 바다가 물을 받아들이듯 구름이 모여들 듯 사방에서 모여들었으며, 배움을 청하는 학승들은 용이 날뛰어 일어나서 무리를 지어 찾아들 듯 팔방에서 모여들었습니다. 그리하여 이제 우리는 옛날에 결제하던 기간을 이용하여 경전을 여는 시기로 삼으려 합니다. 종소리 북소리와 범어梵魚 울리는 소리는 마치 여러 하늘이 음악을 연주하여 바치는 소리와도 같고, 향기로운 꽃과 등잔불 촛불은 바다처럼 많은 대중이 공양을 올리는 자리와 같습니다. 설법하시는 저 스님의 높은 자리에서 울려 나오는 말씀은 보현普賢보살을 보혜普慧보살에게서 보는 듯 의심할 정도이고, 화엄법회 꽃자리 아래에 겹겹으로 모시고 둘러싼 무리들은 이생異生이 동생同生 사이에 함께 섞여 있는 듯합니다.

한편 『임하록』은 연담의 불교 사상 역시 살필 수 있는 중요한 문헌이다. 권3의 「『심성론』에 붙이는 서문(心性論序)」은 묵암默庵 대사와의 심성에 관한 토론을 기록한 글이다. 이 토론에서 묵암은 "여러 부처님과 중생들의 마음이 제각기 다 원만하므로 일찍이 하나였던 적은 없다."라고 주장하였다. 반면 연담은 "각각 원만한 것이어서 원래가 하나라는 것은 나의 주론이다."라고 하였다. 즉 중생 개개의 마음이나 모든 부처 개개의 마음이 모두 절대적인 것이어서 개개가 하나의 소우주라고 본 것은 공통된 견해이지만, 묵암은 개개의 실재가 어떤 대실재에 포섭되지 않는다는 것이다. 그러나 연담은 중생의 마음이나 모든 부처의 마음 개개가 실재라고 말하는 것은 끝없는 우주가 있음을 말하는 것이 아니라 그것은 하나의 대우주가 끝없이 투영한 것에 불과한 것으로 보는 견해로 전체를 높이 보려는 사상인 것이다. 결국 연담은 글에서 "여러 부처님과 중생들의 마음이 제각기 다 원만하므로 일찍이 하나였던 적은 없다는 것이 묵암 장로의 주론主論이고, 각각 원만한 것이어서 원래가 하나라는 것은 나의 주론이었다."라고 하였다.

내가 보기에는 만들어진 불상의 규모가 너무 작아서 아쉬웠다. 어째서 삼계의 이십팔천二十八天을 모두 가져다 불상의 머리를 만들지 않았는가. 어째서 백억의 수미산須彌山과 사대주四大洲를 가지고 불상의 몸을 만들지 않았는가. 그리고 맨 아래 금륜金輪과 수륜水輪의 경계까지로 불상의 발을 만들지 않았는가. 만약 그렇게 불상을 만들었다면 이 사바세계 천상천하의 모두가 다 하나의 불상이 될 터이니, 어찌 장엄하지 않겠으며 어찌 크지 않겠는가. 그렇다면 오늘 이 자리에 모인 화주와 시주, 별좌와 화원畵員 그리고 온 세상의 백성들 전부에 이르기까지 이 모든 사람들이 어느 곳에 있더라도 몸을 편안히 하고 명을 세울 수 있을 것이니, 여러 부처님 몸 안에서 중생이 생각마다 성불을 한다고 말할 수 있으리라.

『임하록』권4「불상 점안 법어佛像點眼法語」가운데 일부이다. 연담은 삼계이십팔천과 백억 수미와 사대주와 같은 전 우주를 하나의 불상으로 보고자 하였다. 연담은 궁극적으로 사바세계 모두가 한 불상이라면 모든 중생들이 몸을 편히 하고 성불할 수 있을 것이라고 하였다.

한편 연담은 조선 후기에도 지속된 유학자들의 불교비판에 논리적인 대응 태도를 보인다. 즉 권4의「한 능주 필수께 올리는 장문 편지(上韓綾州必壽長書)」를 보면 능주 수령 한필수는 인과응보설, 극락세계의 유무를 헛말이라고 하였다. 예컨대 유학자들은 "사람이 태어나는 것은 음陰과 양陽이 합하여 만들어지는 것이다. 양이라는 것은 기氣이며 혼魂이고, 음이라고 하는 것은 질質이며 백魄이다. 오래 살고 일찍 죽는 것이나 궁핍하고 부유한 것은 다 천명天命에 달려 있다. 그래서 사람이 죽음에 이르면 음과 양도 흩어지게 되는데, 양기陽氣는 올라가 하늘로 돌아가고, 음질陰質은 내려가 땅이 된다. 그런데 어찌 다른 무엇이 더 있어서 바뀌어 다음 생의 몸이 되겠는가?"라고 한다고 정리한 후 다음과 같이 대응 논리를 전개하였다.

우리 불가의 학설은 이런 유가의 학설과는 크게 다릅니다. 대개 사람이나 가축을 막론하고 무릇 혈기血氣가 있는 무리는 다 지知가 있습니다. 그래서 배고픔과 목마름과 추위와 더위를 알고, 보고 듣고 움직이며 일어날 줄을 알며, 사랑과 미움과 고통과 즐거움을 압니다. 이것을 아는 것은 범인이나 성인, 사람이나 가축이 다 같습니다. 허철虛徹 영명靈明하여 우뚝하게 홀로 존재하면서 불생不生 불멸不滅하며 예로부터 지금까지 이어져 왔으니, 마치 허공처럼 어느 곳에나 다 있어서 잠시도 끊어지지 않습니다. 다만 이러한 마음이 인연을 따라 인식 작용을 일으키기 때문에 나고 죽고 가고 오며, 현생의 몸을 버리고 내생의 몸에 의탁하게 되는 것입니다. 그러나 이 성性의 식심識心과 진지眞知는 하나이면서 둘이고 둘이면서 하나인데, 어찌 단멸하여 남는 것이 없다고 말할 수 있겠습니까. 진성眞性은 본디 선악의 인과因果가 아니라, 식심識心의 훈습薰習이 같지 않음에 따라 선이 있고 악이 있으며 염染도 있고 정淨도 있게 되는 것이니, 그것으로써 범부와 성인의 인과의 차이가 생기는 것입니다.

연담은 이어 같은 글에서 중국의 대학자인 백낙천白樂天·소동파蘇東坡·구양수歐陽修·주렴계周濂溪·주희朱熹 등이 불교를 연구하였음을 밝혔다. 특히 주희는 불교를 반대한 듯했지만, 그의 시에 "불가의 법이 비단과 옥돌 같다면, 유가의 도는 베와 좁쌀과 같구나."라는 내용을 제시하면서 실제로는 불교를 존중한 사람임을 밝히기도 하였다. 이어서 연담은 유학자들이 불교에서 주장하는 극락세계나 인과윤회 등을 허황한 말로 여기지만, 극락세계나 인과윤회의 실례가 고금古今에 많았음을 주장하고, 유학자들이 말하는 기氣의 청탁淸濁은 불교에서 말하는 전생前生의 습기濕氣에서 그러한 것이지, 하늘의 명命이 아님을 반박하면서 불교의 우수성을 강조하고 있다.

6. 참고 자료

『대둔사지』
『만덕사지』

김진현(玄錫), 「연담 유일의 일심화회사상一心和會思想 연구」, 동국대학교 박사학위논문, 2010.

동국대학교 불교기록문화유산아카이브사업단 편, 『사지자료집 1~5』(대흥사 편), 동국대학교출판부, 2014~2018.

범해 각안 저·김두재 옮김, 『동사열전』, 동국대학교출판부, 2015.

차례

연담대사임하록蓮潭大師林下錄 해제 / 5
일러두기 / 34
연담대사임하록蓮潭大師林下錄 서序 / 35
임하록林下錄 서序 / 40
또 又 / 43
임하록林下錄 자서自序 / 46

주 / 49

연담대사임하록 제1권 蓮潭大師林下錄 卷之一

시 1詩一 – 147편

범 사냥 捉虎行 55
〈도징 대사와 이별하며〉란 시의 운을 따서 짓다 次別道澄大師 59
고향에 돌아가다 歸故鄕 60
대둔사 상원에 부치다 題大芚上院 61
한림 이현중의 시운을 따서 짓다 次李翰林【顯重】 62
고금도古今島 63
추성의 수령인 호은 조두수와 함께 짓다 與秋城倅趙湖隱【斗壽】 64
또 짓다 又 65
가을 걸식 秋乞 67
법천사 상운암에 부치다 題法泉上雲庵 68
눈이 내린 뒤 임 선비의 시운을 따서 짓다 雪後次林斯文 69
두류산 상봉에 올라 登頭流上峯 70
산 생활을 노래하다 山居吟 71
배우는 자를 권면하는 시 勉學者 72
어운강정에서 짓다 題漁耘江亭 73
희학 사미와 이별하며 別喜學沙彌 74

개천사 준 화상을 애도하며 挽開天寺俊和尙 ……… 75
해종암에 부치다 題海宗庵 ……… 76
밤에 읊다 夜吟 ……… 77
아침 일찍 일어나서 早起 ……… 78
계주에게 주다 贈戒珠 ……… 79
어운초당漁耘草堂 ……… 80
오 선생의 시운을 따서 짓다 次吳先生 ……… 81
문득 짓다 偶題 ……… 82
삼월三月 ……… 83
어운 오 선생의 죽음을 애도하며 挽漁耘吳先生 ……… 84
문득 짓다 偶題 ……… 85
늦봄 暮春 ……… 86
긍현을 애도하며 挽肯玄 ……… 87
관북의 준 대사와 이별하며 別關北俊大師 ……… 88
취홍 시자를 보내며 送就弘侍者 ……… 89
입춘에 공부의 시운을 따서 짓다 立春次工部 ……… 90
늦봄 暮春 ……… 91
임성 스님에게 주다 贈任性上人 ……… 92
삼가 조 병상의 시운을 따서 짓다 謹次趙兵相韵 ……… 93
또 '상' 자 운을 따서 짓다 又次霜字 ……… 94
조 공이 한번 다녀가라고 청하기에 유영에 가서~ 趙公要一來故徃柳營有呈 ……… 95
조 공이 체직遞職되어 돌아가기에 이별시를 지어 주다 趙公遞歸呈別章 ……… 96
서생의 시운을 따서 짓다 次徐生韵 ……… 97
달을 노래하다 咏月 ……… 98
불출암에 부치다 題佛出庵 ……… 99
가을밤 秋夜【二首】……… 100
영침대에서 소 처사의 시운을 따서 짓다 影沈臺次蘇處士 ……… 101
숲속 생활 林居 ……… 102
가을밤에 마음속 생각을 적다 秋夜紀懷 ……… 103
기 사형의 죽음에 통곡하며 哭棋師兄 ……… 104
마음속 생각을 읊다 述懷 ……… 105

가을밤 秋夜 106
오른손이 없는 나그네에게 주다 贈無右手客 107
산속 생활 山居 108
영남의 식 대사에게 보내다 寄嶺南湜大師 109
꿈속에서 긍현을 보고서 夢見亘賢 110
면성의 수령 이만회에게 주다 呈綿城李使君【萬恢】 111
달 밝은 밤에 매화를 감상하다 月夜賞梅 112
어부사 漁父詞【二首】 113
목동사 牧童詞 114
『석주집』의 시운을 따서 짓다 次石洲集 115
국화 菊花 116
몽탄 가는 배에서 어운동을 바라보며 夢灘舟中望漁耘洞 117
한밤에 감회를 읊다 夜懷【二首】 118
대둔사의 초청을 받아 나아가서 赴大芚寺請【二首】 119
8월 14일 밤에 감회를 적다 八月十四夜記懷 120
가을날의 회포 秋懷 121
비석 세우는 일로 서울에 와서 봉은사에 묵다 以碑事到京宿奉恩寺 122
주인 이 봉사의 벽에 쓰다 題主人李奉事壁 123
마곡 안 생원의 시운을 따서 짓다 次麻谷安生員 124
흉년을 탄식하다 歎凶年 125
학 대사를 애도하며 挽學大師 126
해남 이 생원의 시운을 따서 짓다 次海南李生員 127
윤 한림의 〈장춘동에 들어가다〉라는 시운을 따서 짓다 次尹翰林入長春洞韵 128
상원암 시의 운을 따서 짓다 次上院庵韵 129
다시 윤 한림의 시운을 따서 짓다 又次尹翰林 130
윤 한림의 〈입춘〉이란 시의 운을 따서 짓다 次尹翰林立春詩【四首】 131
조 사백이 〈입춘〉이란 시에 화답한 시운을 따서 짓다 次曺詞伯和立春韵【二首】 133
윤 사백이 보내온 시의 운을 따서 짓다 次尹詞伯來韵 135
또 그의 오언율시의 운을 따서 짓다 又次五言律 136
윤 한림의 〈섣달 그믐날 밤에〉라는 시의 운을 따서 짓다 次尹翰林除夜韵【二首】 137
정월 초하루에 책력과 부채를 보내준 데 감사하며~ 次謝元日送曆扇【四首】 138

금호 윤면이 찾아와 지은 시의 운을 따서 짓다 次尹琴湖【沔】來韻 140
금호가 찾아온 것에 대한 답례로 지은 시 謝琴湖來訪 141
금호의 30운 배율의 시운을 따서 짓다 次琴湖三十韻排律 142
윤금호가 부쳐 온 시의 운을 따서 짓다 次尹琴湖見寄 145
『명각사어록』에 부치다 題明覺師語錄 146
여섯 폭 병풍에 당시를 쓰고 그 운을 따서 중암에~ 六疊屛風寫唐詩次題中庵 147
'생' 자 운을 가지고 다시 읊다 重吟生字 149
중봉의 〈숨어 사는 즐거움을 노래한 가사〉에 화답하다 和中峯樂隱詞【十六首】 150
안 생원 댁에서 책을 빌리며 借冊安生員宅 157
영남 표충사에서 송운 대사 영정에 삼가 쓰다 嶺南表忠祠敬題松雲影圖 158
독락와의 시운을 따서 짓다 次獨樂窩韻 159
시월 十月 160
면주 김 생원 시의 '귀' 자 운을 따서 짓는다 次綿州金生員龜字韻【六首】 161
금탑사에서 삼가 무용 화상의 시운을 따서 짓다 金塔寺謹次無用和尙韻【回文體】 164
입춘 立春 165
일괘암에서 삼가 용암 스님의 시운을 따서 짓다 日卦庵謹次龍巖 166
정월 초하루 元日 167
윤금호의 시운을 따서 짓다 次尹琴湖 168
또 읊다 又 169
원외 박명구가 당백필을 준 것에 감사하며 謝朴員外惠唐白筆【命球】 170
또 '회' 자 운을 따서 짓다 又次回字 171
'향' 자 운을 따서 짓다 次鄕字 172
'유' 자 운을 따서 짓다 次流字 174
'상' 자 운을 따서 짓다 次床字 175
'호' 자 운을 따서 짓다 次湖字 177
'청' 자 운을 따서 짓다 次靑字 178
윤 선비의 시운을 따서 짓다 次尹斯文 179
박양직 상사의 시운을 따서 짓다 次朴上舍【良直】【二首】 180
동계 최 선생이 박 생원과 주고받은 시를 부쳐~ 東溪崔先生和朴詩以寄奉和 181
장춘동의 조 사백이 찾아왔기에 전에 보내온~ 長春曺詞伯來訪次前詩又奉和 182
조 사백이 시를 써서 내가~ 曺詞伯以詩譏余爲僧反勸還俗故奉和【四首】 183

동계 노인에게 화답하다 奉和東溪老 185
또 박 상사에게 화답하다 又和朴上舍 186
영보촌의 신 생원이 앞의 시운을 따서 시를~ 永保村愼生員次前韻以寄奉和 187
밤비가 내리는 풍경을 보며 夜雨卽事 189
박 선비가 여덟 축의 대나무 그림에 시를~ 朴斯文請八軸畫竹詩忘拙強賦 190
중동 仲冬 193
박 상사의 시운을 따서 짓다 次朴上舍 195
순찰사 심이지가 절에 와서 시를 지어 주기에~ 巡相沈公【履之】到寺有贈謹次 196
수령이 유자를 읊은 시의 운을 따서 짓는다 謹次使道咏柚韵 197
『간재집』의 건제체 시운을 따서 짓다 次簡齋集建除體 199
팔음가의 운을 따서 짓다 次八音歌 201
감사에게 올리는 시 上棠營 202
여항의 유정 선사는 항상 누런 소를~ 餘杭惟政禪師。常乘黃牛。故號政黃牛。~ 203
지난 갑신년 3월 19일은 숭정 의종 황제가~ 往甲申三月十九日。崇禎毅皇帝。~ 204
경기도에서 벼슬을 하던 어떤 선비가~ 京圻有簪纓士。創林下幽居。求題咏於~ 206
구림마을의 박 상사 집을 방문하고 읊다 訪鳩林朴上舍宅有吟 209
석옥 화상의 〈산중에서 지녀야 할 네 가지 위의〉라는~ 和石屋和尙山中四威儀 211
전주 감영에서 쌀을 하사한 데 감사하며 謝完營賜米 212
부채를 하사한 데 감사하며 謝賜扇 213
〈옥연적〉이란 시의 운을 따서 짓다 次玉硯滴韵 214
선지 禪旨 215
함께 참례하는 사람들에게 훈시하다 示同叅 216
병상 이경모에게 삼가 올리다 謹呈李兵相【景模】 218
사창의 김 사백 형제가 시운을 보냈기에 그 운을 따서~ 次社倉金詞伯昆季來韵 220
장춘도의 조 사백이 부쳐 온 시운을 따서 짓다 次長春島曺詞伯寄示韵 225
팔구월 사이에 학인들이 모두 흩어지고~ 八九月之間學者皆散黃花獨發偶吟記懷 226
면주의 김 사백 형제가 임 선비와 함께~ 綿州金詞伯兄弟與林斯文來訪有詩奉和 227
서호에 사는 박 생원이 절구 시 한 수~ 西湖朴上舍寄一絶云。偶隨獵者到山門。~ 228
박 상사가 눈을 두고 지은 시운을 따서 짓다 次朴上舍雪詩 230
동짓날 서호의 시운을 따서 짓다 南至日次西湖 231
도백 심소암이 임기가 만료되어 삼가 이별의~ 道伯沈素嚴瓜遞謹呈別章【二首】 232

박 상사가 부쳐 보낸 시운을 따서 짓다 次朴上舍寄示韵 234
말복에 방옹의 시운을 따서 짓다 末伏次放翁 235
욕실에 부치다 題浴室 236
능주 봉서루에서 점필재의 시운을 따서 짓다 綾州鳳栖樓次佔畢齋 237
동각에 올리다 呈東閣 238
스스로를 경계하다 自警 239
술을 좋아하는 스님을 경계하다 誡嗜酒禪者 240

주 / 241

연담대사임하록 제2권 蓮潭大師林下錄 卷二

시 2詩二-161편

능성 동각의 시운을 따서 짓다 次綾城東閣韵 257
정 생원의 시운을 따서 짓다 次鄭生員 258
오성으로 가는 길에 짓다 烏城途中 259
〈정씨 족보 간행〉이라는 시의 운을 따서 짓다 次鄭氏譜成韵 260
청파 장로에게 부친다 寄淸坡長老 261
한 능주에게 세 벗을 보내 주기를 청하여 받고 나서 請韓綾州送三友 262
보림사에 다시 와서 전에 지은 시운을 따서 짓다 重到寶林次前韵 263
관산의 오 연리에게 주다 贈冠山吳掾吏 264
영남의 지탄 스님에게 주다 與嶺南智綻上人 265
전주의 신여 대사에게 주다 贈全州愼如大師 266
장흥 수령인 황인영에게 드리다 呈長興使君【黃仁榮】 267
장흥 수령이 부른 시운을 따서 짓다 次長興使君呼韵 268
매를 두고 지은 시운을 따서 짓다 次鷹韵 269
장흥 수령인 황 공이 임기가 끝나 돌아가게 되어~ 長興黃使君遞歸奉別章 270
제주 감진어사 박사륜 공에게 올리다 上濟州監賑御史朴公【師崙】 271
박 어사가 탐라에서 육지로 나왔기에 朴御史自耽羅出陸 272
만연사에 머물며 감회에 젖어 住萬淵寺感懷 273

조 선비가 보내온 시운을 따서 짓다 次曺斯文見寄 274
유 도곡의 시운을 따서 짓다 次柳道谷韵 275
사백 이효근에게 화답하다 和李詞伯【孝根】 276
조 상사의 시운을 따서 짓다 次曺上舍 282
도곡 유 선생에게 바치다 呈道谷柳先生 283
또 '명' 자 운을 따서 짓다 又次鳴字 284
정월 초하루 元日 286
무등산에 올라 登無等山 287
천초로 만든 향신료를 오성 관아에 올리며 呈椒饌烏城衙 288
오성 수령이 사직하고 서울로 가게 되어 시를 지어 주다 烏城使君辭職還京呈此 289
임진년 정월 초하루 입춘에 壬辰元日是立春 290
만성재에 걸린 시운을 따서 짓다 次晚醒齋題咏 291
오성 수령인 윤행원에게 올리다 呈烏城尹使君【行元】 292
환월이 물방아를 두고 지은 시운을 따서 짓다 次喚月水碓韵 294
〈포도〉 시의 운을 따서 짓다 次西果韵 295
서울에 사는 김 선비의 시운을 따서 짓다 次京居金斯文 296
환월의 오악시에 화답하다 和喚月五岳詩 298
금수시의 시운을 따서 짓다 次禽獸詩 302
초산의 이 사백의 60운 시를 따서 짓다 次楚山李詞伯六十韵 307
내소사로부터 격포에 이르러 시를 읊다 自來蘇寺至格浦有吟 313
지지촌에 이르러 到知止村 314
검포에서 쓰다 題黔浦 315
순창현에서 비에 길이 막혀 滯雨淳昌縣 316
황산비전 荒山碑殿 317
지리산의 빈 암자인 불일암에서 쓰다 題智異山佛日空庵 318
여러 유생들이 불러 준 운을 따서 짓다 次諸生呼韵 319
화개동에서 최 처사를 만나 花開洞逢崔處士 320
지양산에서 환월 사형을 만나 之羊山見喚月兄 321
규 스님에게 주다 贈圭上人 322
서울 사는 신 생원이 해남에 귀양 와 있기에~ 寄呈京居辛生員謫居海南 323
또 '구' 자 운으로 시를 지어 대희 스님에게 주다 又吟丘字贈大稀上人 325

신 생원이 방면되어 오성에 왔다는 말을 듣고~ 聞辛生員蒙放到烏城徃見有돋 ……… 327
계사년 섣달 그믐날 밤에 동리산에서 癸巳除夜在桐裡山 ……… 328
오성 임 처사의 외소재에 부치다 題烏城林處士畏昭齋 ……… 329
사집에게 보내는 시 贈私集 ……… 331
사집이 화답하다 私集答 ……… 332
혜철암의 시운을 따서 짓다 次慧徹庵韵 ……… 333
화개동에서 김복현 상사의 시운을 따서 짓다 花開洞次金上舍【福鉉】韵 ……… 334
상월 화상이 덕홍 스님의 장실에 써 준 시운을~ 謹次霜月和尙贈德洪丈室韵 ……… 335
장 스님에게 주다 贈壯上人 ……… 336
어부 漁父 ……… 337
묵암의 시운을 따서 짓다 次默庵 ……… 338
침계루에서 삼가 삼연의 시운을 따서 짓다 枕溪樓謹次三淵韵 ……… 339
묵암의 시운을 따서 짓다 次默庵 ……… 340
주자가 육상산 형제와 함께 아호재에~ 謹次朱子與陸象山兄弟會鵝湖齋酬唱 ……… 343
〈어가오〉의 형식을 빌려 짓다 效漁家傲 ……… 346
마음속 생각을 적다 紀懷 ……… 347
윤화순이 과거에 합격하였다는 말을 듣고 축하하며 聞尹和順登第奉賀 ……… 349
〈촉석루〉 시운을 따서 짓다 次矗石樓詩 ……… 351
관북의 한 장로와 송별하며 送關北閑長老 ……… 352
사정 스님에게 준다 贈師正上人 ……… 353
조익현 상사의 시운을 따서 짓다 次曺上舍益顯 ……… 354
방장산 안국사에 부치다 題方丈山安國寺 ……… 355
밀양의 진암 현판에 있는 시운을 따서~ 密陽眞庵次玄板韵呈孫進士棣案 ……… 356
동래의 수령 유 공이 지은~ 謹次東萊伯柳公請見倭舘僧 ……… 358
현 스님을 떠나보내며 送玹上人 ……… 359
해인사에서 농암 상공의 시 58운을~ 海印寺謹次農岩相公詩五十八韵 ……… 360
삼가 삼연 선생이 찰 대사에게 준 시운을 따서 짓다 謹次三淵先生贈督師韵 ……… 365
도홍 스님을 떠나보내며 送道弘上人 ……… 366
보경 스님을 떠나보내며 送寶璟上人 ……… 367
영월과 환송 두 대사의 영각에 있는 시운을 따서 짓다 次瀛月喚松二大師影閣韵 ……… 368
최우 시자에게 주다 贈最愚侍者 ……… 369

남한산성 수어장대에 올라 그 현판의 시운을 따서 짓다 登南漢將臺次玄板韵 ……… 370
추월 대사의 세 '공' 자를 따서 짓다 次秋月大師三空字 ……… 371
이승 此生 ……… 372
관북으로 돌아가는 화 스님을 전송하며 送華師歸關北 ……… 373
반구대의 시운을 따서 짓다 次盤龜臺韵 ……… 374
불국사에서 기림사에 이르러 주인 장로에게 주다 自佛國寺到祇林贈主人長老 ……… 375
경주에서 옛 자취를 돌이켜 보며 慶州懷古 ……… 376
삼가 오성의 수령 정재원의 시운을 따서 짓다 謹次烏城丁使君【載遠】 ……… 377
오성 동헌에 써서 올리다 上烏城東軒 ……… 379
책방에 올리다 呈冊房 ……… 380
청파에게 부치다 寄靑坡 ……… 381
문여성의 벽에 쓰다 題文汝星壁 ……… 382
혁인 선자에게 주다 贈烸印禪子 ……… 383
퇴암과 함께 무고를 당해 감옥에 갇혀서 與退庵被誣捏入獄 ……… 384
오성 수령에게 올리다 上烏城倅 ……… 385
책방 형제에게 올리다 呈冊房棣案 ……… 386
김 선비의 시를 차운하다 次金斯文 ……… 387
개흥사 開興寺 ……… 388
은성 사미에게 주다 贈블性沙彌 ……… 389
총석정 叢石亭 ……… 390
총석정에서 백정봉으로 향하며 自叢石向百鼎峯 ……… 391
신계사 神溪寺 ……… 392
칠월 보름날에 中元 ……… 393
심 소암이 유배지에서 죽었다는 말을 듣고 추모하여~ 聞沈素庵卒於謫所追挽 ……… 394
영월 선사와 이별하며 別永月師 ……… 395
정성 진초 장로에게 부치다 寄靜成震初長老 ……… 396
연수헌에 부치다 題宴睡軒 ……… 397
세밑에 회포를 적다 歲暮述懷 ……… 398
금강산을 떠나며 自金剛發行 ……… 399
〈어가오〉의 형식으로 공경과 우의의 뜻을 보내다 以漁家傲送敬誼 ……… 400
고산 수령 홍 공이 화암사에서 기우제를~ 高山使君洪公祈雨花岩寺呈此 ……… 401

청파가 화암사에 부친 시의 운을 따서 짓다 次靑坡題花岩韵 ········ 402
진산 수령의 시를 차운하여 청파를 대신하여 짓다 次珎山倅代靑坡作 ········ 403
옥계 김 참봉의 맏아들이 화암사에~ 玉溪金叅奉之胤郎來花岩用長字以贈又次 ········ 404
추줄산 내원암에 부치다 題崷崒山內院庵 ········ 405
적상산에서 삼가 택당의 시운을 따서 짓다 赤裳謹次澤堂 ········ 406
겨울 결제에 『화엄경』을 강론하고 結冬講華嚴經 ········ 407
배우는 사람들에게 훈시하다 示學人 ········ 408
쌍용 장로에게 드리다 呈雙聋長老 ········ 409
권 석사가 지은 〈퇴정〉이라는 시의 운을 따서 짓다 次權碩士退亭韵 ········ 410
경시관 이석하 공의 시운을 따서 짓다 次京試官【李公錫夏】 ········ 411
창평 이 사백의 시운을 따서 짓다 次昌平李詞伯 ········ 412
허 생원의 시운을 따서 짓다 次許生員 ········ 413
창평 동헌에 바치다 呈昌平東軒 ········ 414
개천사 봉익암에 부치다 題開天寺鳳翼庵 ········ 415
처마 아래 매화를 노래하다 咏檐梅 ········ 416
상옥 스님에게 주다 贈象玉上人 ········ 417
삼가 화순 수령 임성운의 〈관어정〉 시의 운을~ 謹次和順林使君【性運】觀魚亭韵 ········ 418
봉학정의 시운을 따서 짓다 次鳳鶴亭 ········ 419
표관에게 주다 贈表寬 ········ 420
연사에서 돌아오는 길에 읊다 淵寺歸路有吟 ········ 421
문 석사의 시운을 따서 짓다 次文碩士 ········ 422
연수헌에 부치다 題宴睡軒 ········ 423
무안 지주 이광현 공이 남창으로부터 절에~ 務安地主李公【光鉉】自南倉到寺同賦 ········ 424
청호자에게 올리다 呈淸湖子 ········ 425
양 처사의 〈소쇄원〉 시의 운을 따서 짓다 次梁處士蕭灑園韵 ········ 426
책방에 이르러 함께 읊다 到册房共賦 ········ 427
새봄에 관아에 올리다 新春呈大衙 ········ 428
또 단사에 올리다 又呈檀社 ········ 429
『분충록』을 읽고 삼가 택당 선생의 시운을 따서 짓다 奮忠錄謹次澤堂韵 ········ 430
또 다른 운을 따서 짓다 又次他韵 ········ 431
묵암 화상을 애도하며 挽默庵和尙 ········ 432

이호를 건너며 渡梨湖 433
법사에 이르러 동헌에 올라 到法寺上東軒 434
『백곡집』에 있는 〈백마강〉이란 시의 운을 따서 짓다 次白谷集白馬江韵 435
운담 장로에게 주다 贈雲潭長老 436
설파 화상을 추모하는 만사 追挽雪坡和尙 437
삼가 동각의 〈이른 매화〉 시의 운을 따서 짓다 謹次東閣早梅韵 439
정 대사의 시축에 있는 운을 따서 짓다 次政師軸 440
박 선비의 시운을 따서 짓다 次朴斯文 441
수령이 찾아왔기에 삼가 시를 지어 올리다 謹呈使君來臨 443
임 생원의 시운을 따서 짓는다 次林生員韵 444
삼가 임금께서 채 상국의 문집에 쓰신 시운을 따서~ 謹伏次御題蔡相國文集韵 445
남창서재의 시운을 따서 짓는다 次南倉書齋韵 447
동짓날 밤에 수령께서 전주의 제관이 되어~ 冬至夜憶使君作完營祭官之行 448
수령이 남악에 유람 갈 때 따라가 두보의 시운을~ 從地主南岳之游拈杜韵同賦 449
수령이 마포 한 필을 보낸 것에 감사하며 謝地主送麻布一匹 450
수령이 임기가 만료되어 교체되므로 이별의 시를 바치다 地主瓜遞呈別章 451
홍명인 장로에게 드리다 贈洪溟仁長老 452
회포를 적다 紀懷 453
황 수사에게 올리다 呈黃水使 454
임 대아에게 주다 贈林大雅 455

발문跋文 / 456
간기刊記 / 457

주 / 459

연담대사임하록 제3권 蓮潭大師林下錄 卷之三

소疏-9편
송광사 영해 화상 대회에 올리는 소 松廣寺影海和尙大會疏 485

선암사 상월 화상 대회에 올리는 소 仙巖寺霜月和尙大會疏 489
시왕에게 비는 소 祝十王疏 493
법천사 동자의 삭발수계식에 올리는 소 法泉寺童行削髮疏 496
비 내리기를 비는 소 祈雨疏 498
점안법회에 올리는 소 點眼疏 501
바닷가 수륙재에 올리는 소 川邊佛事疏 506
바다 시왕님께 올리는 소 川邊十王疏 509
전주 남천교의 신설을 축하하는 소 全州南川橋新設慶贊疏 512

기記-6편

외소재기 畏昭齋記 516
만연사 삼청각기 萬淵寺三淸閣記 520
독락와기 獨樂窩記 522
보흥사 성도암기 普興寺成道庵記 526
만연사 두 국사의 영정 중수기 萬淵寺兩國師影子重修記 529
회양부 무학당기 淮陽府武學堂記 530

서序-8편

중간본 『화엄경』에 붙이는 서문 重刊華嚴經序 533
『사산비명』에 붙이는 서문 四山碑銘序 537
연지암 만일회의 방명록에 붙이는 서문 蓮池萬日會序 543
표훈사 정양암 헐성루 중창을 기념하는 서문 表訓寺正陽庵歇惺樓重刱序 548
금성의 강성규 석사가 양친을 위하여 베푼~ 錦城姜碩士聖奎爲二親設回婚宴序 552
『심성론』에 붙이는 서문 心性論序 555
양 수재 보구에게 주는 서문 贈梁秀才寶龜序 557
회덕재에 붙이는 서문 懷德齋序 560

상량문 上梁文-4편

칠불암 상량문 七佛庵上梁文 563
대둔사 청운당 상량문 大芚寺靑雲堂上梁文 569

태안사 법당 상량문泰安寺法堂上樑文 576
법천사 법당 상량문法泉寺法堂上樑文 580

제題-4편

'호계삼소도'의 제문題文과 서문 題虎溪三笑圖幷序 586
또 又 588
제자술서요이기후題自述序要二記後 589
삼가 임금님께서 지으신 석왕사 비문 뒤에 붙인다 謹題御製釋王寺碑文後 590

문文-16편

망하례전문望賀禮箋文 592
긍현 사미에 대한 제문 祭亘賢沙彌文 594
서암 선사 입탑 제문瑞岩禪師入塔祭文 598
마을 길 보수에 동참하길 바라는 글 洞路修築文 600
사성암 중창문四聖庵重刱文 602
불상 권선문佛像勸善文 604
불유 모연문佛油募緣文 605
불기 모연문佛器募緣文 606
대종을 주조하기 위한 모연문 鑄鍾募緣文 607
또 又 609
북을 만들기 위한 모연문 皮鼓募緣文 610
바라 권선문鈸鑼勸善文 611
가사 권선문袈裟勸善文 612
관동 만세교 중수문關東萬歲橋重修文 613
나무다리를 놓는 글 造木橋文 614
돌다리를 놓는 글 造石橋文 615

찬 1贊一-3편

문수대사찬文殊大士贊 617
보현대사찬普賢大士贊 618

달마 대사찬達摩大師贊 619

주 / 620

연담대사임하록 제4권 蓮潭大師林下錄 卷之四

찬 2贊二-13편

환성 노화상찬喚惺老和尙贊 637
호암 화상찬虎巖和尙贊 638
또 又 639
월성 대사찬月城大師贊 640
자암 대사 진찬慈庵大師眞贊 641
설파 화상찬雪坡和尙贊 642
불과 대사찬佛果大師贊 643
대혜 선사찬大惠禪師贊 644
청허 보제존자찬淸虛普濟尊者贊 645
사명 홍제존자찬四溟弘濟尊者贊 646
환성 노화상찬喚惺老和尙贊 647
안빈 선사찬安貧禪師贊 648
자찬自贊 649

법어法語-6편

영산법어靈山法語 653
또 又 657
수륙법어水陸法語 660
불상 점안 법어佛像點眼法語 664
가사 법어袈裟法語 669
성일 수좌 칠재 법어性日首座七齋法語 672

시중示衆 - 8편

동짓날 대중들에게 내리는 훈시 至節示衆 674
입춘에 대중들에게 내리는 훈시 立春示衆 676
섣달 그믐밤에 대중들에게 내리는 훈시 除夜示衆 678
염불하는 사람들에게 내리는 훈시 示念佛人 680
섣달 그믐밤에 대중들에게 내리는 훈시 除夜示衆 682
대중들에게 내리는 훈시 示衆 684
또 又 685
참선하는 사람에게 내리는 훈시 示叅禪人 686

편지書 - 12편

용암 노인께 올리는 편지 上龍巖老人 688
기 장형께 보내는 편지 與猉丈兄 690
완월에게 보내는 답장 答玩月 693
또 又 696
설파 화상께 올리는 편지 上雪坡和尙 698
홍 판서께 올리는 편지 上洪判書 700
심 방백께 올리는 편지 上沈方伯 702
영남의 남악 장로께 보내는 편지 與嶺南南岳長老 704
박 석사께 보내는 답장 答朴碩士 706
탄 장로께 부치는 편지 寄綻長老 708
보경 총섭께 보내는 편지 與寶鏡摠攝 709
한 능주 필수께 올리는 장문 편지 上韓綾州【必壽】長書 711

간기 / 731

[부록附錄] - 4편

연담 대사 자보행업 蓮潭大師自譜行業 732
추기 追記 745
연담 대사 진영찬 蓮潭大師影贊 747

또 又 748

연담 대화상 시집 발문 蓮潭大和尙詩集跋 750

주 / 752

찾아보기 / 761

일러두기

1 '한글본 한국불교전서'는 문화체육관광부의 지원을 받아 동국대학교 불교학술원에서 수행하고 있는 '불교기록문화유산아카이브(ABC)사업'의 결과물을 출간한 것이다.
2 이 책의 번역은 『한국불교전서』(동국대학교출판부 간행) 제10책의 『연담대사임하록蓮潭大師林下錄』을 저본으로 하였다.
3 번역문에 이어 원문을 병기하였다. 원문은 『한국불교전서』를 대본으로 하되 그 저본이 되는 목판본을 대교하여 제시하였으며, 띄어쓰기를 표시하기 위해 고리점(。)을 사용하였다.
4 원문의 교감 사항은 번역문의 미주와 별도로 원문 아래 부분에 제시하였다.
  ㉑은 『한국불교전서』 편찬자가 교감한 내용이다.
  ㉕은 번역자가 교감한 내용이다.
5 약물은 다음과 같다.
  『　』: 서명
  「　」: 편명, 산문 작품
  〈　〉: 시 작품, 노래(歌)

연담대사임하록 서

『외서外書』¹에 "책 속 은밀한 곳을 뒤져 보아라. 얼마나 많은 빼어난 선비들²이 그 안에 있는가."라는 말이 있는데, 나는 연담 대사가 지은 『임하록林下錄』에서 충성과 절의가 넘치는 대장부의 면모를 보았다. 여기 이 연담 대사는 불가 사람이다. 불가의 가르침은 임금과 어버이를 등지고 인의仁義를 외면하는 것으로 학문의 도리와 법칙을 삼으며, 오직 그 마음을 살펴 본성을 깨달아 아미판각阿彌板脚과 왕사성두王舍城頭³를 이루는 것으로 묘법妙法을 삼는다. 그러므로 아주 교묘하게 꾸며서 말로 표현하고 문장으로 나타내는 것은 『능엄경』에서 말한 '찌꺼기'에 불과하다고 여기며, 충의忠義 위에 덧씌운 쓸데없는 껍데기로만 본다.

연담 대사가 『명각선사어록明覺禪師語錄』⁴에 이런 시를 붙였다.

> 명明에서 나고 자란 몸 늙어서는 청淸을 섬겼으니
> 안타깝지만 그대는 대의가 분명하지 못한 사람이구려
> 오로지 한결같은 진실한 마음은 결코 변하지 않아야 할 터
> 수양산首陽山⁵ 산빛은 예나 지금이나 여전히 푸르다오⁶

아, 수십 년 수백 년이 지나서도 이렇게 개탄하면서 기롱하고 풍자하는

존화양이의 뜻이 있구나. 더 이상 『춘추春秋』를 읽지 않는 요즘 같은 시대에,[7] 총림의 빼어난 말씀으로 어쩌면 나를 이렇게 감동시키는가. 참으로 아깝다. 이 사람이 어찌하여 우리 유가의 문에 서지 않고, 도리어 불가의 세계에 몸을 던졌을까.

세상에 떠도는 글 가운데 간혹 이런 말이 있다.

"충성스럽고 의리 있는 선비는 전단나무 아래에서 시를 읊으면서 남에게 강개한 속뜻을 드러내 보이려고 하지 않는다."

그리고 또 세상에서 불교를 배척하는 자는 이렇게도 말한다.

"중의 무리들을 없애고 그들의 책을 불살라 버려야 한다."

그런데 만약 진실로 그 말대로 하였다면 세상에 이렇게 진기한 말이 있다는 것을 누군들 알 수 있었겠는가. 이다지도 뛰어난 좋은 사람을 하마터면 잃을 뻔하였구나.

대사는 서산 대사西山大師의 법파法派라고 한다. 임진년(1592)에 섬나라 왜구가 쳐들어와 전쟁을 일으켰을 때, 서산 대사 같은 스님은 의병을 모아서 왕실을 호위하였고, 또 멀리 바다를 건너가 왜적의 기세를 누그러뜨렸다. 그의 순수한 충성과 훌륭한 공훈은 나라를 중흥시킨 다른 여러 신하들과 어깨를 나란히 할 만하며, 대승大乘의 사문沙門에 있어서도 그 아름다운 이름을 홀로 드날렸다. 그런즉 지금 연담 대사의 이러한 의리는 서산 대사에게서 전해 받은 이심전심의 의발이 있었기 때문이리라.

그가 남긴 약간 편의 시와 문장은 승방의 법상에서 방할棒喝하던 여가에 혹 어쩌다 나온 것들이다. 기운이 움직이면 자기의 뜻을 말하고 뜻을 말할 때에는 마음속 생각을 자세히 펼치어 그윽하고 깊숙한 경계를 끝까지 궁구하였으니, 허공꽃과 밝은 달의 그림자는 어디에 있으며 적수赤水에서 잃어버린 현주玄珠[8]의 형상은 어디에 있는가.

대사는 자신의 깊은 마음속으로부터 옛사람이 지은 글의 본뜻을 얻으려 하였으니, 대사의 이러한 생각은 「자서自序」의 말에 드러난다.

"좋아하는 것이 남들과 같지 않다면, 그것은 곧 편벽한 마음이거나 아니면 완고한 마음일 것이다."

또 이런 말도 하였다.

"도의 현묘한 이치야 물론 문자로 표현할 수 있는 것은 아니지만, 그러나 또한 문자가 아니고는 달리 증험할 도리가 없다."

그리고 하동자河東子[9]의 말을 빌린 말도 있다.

"언제나 나라에 보답할 것을 생각하되, 오직 문자로써 해야 한다."

이것이 아마도 연담 대사가 세상살이를 개탄하면서 부도에 숨은 까닭이 아니었을까.

그의 학문은 편벽되거나 고루하지 않고 그의 말은 충성과 의리에서 나온 것이니, 그렇기에 대사는 혜근惠勤[10]과 더불어 사대부들 사이에서 어깨를 나란히 할 만한 사람이다. 그러나 대사의 경지는 몽수蒙叟[11]가 우리의 유가를 헐뜯고 비방하면서 지나치게 세상을 속여 광적인 지경에까지 몰고 간 것과는 결코 같지 않은 것이다.

옥서玉署[12]에 있던 내가 이곳 바닷가 한구석의 고을 수령 자리를 맡아 오게 되었는데, 땅이 궁벽하고 풍속이 비루하여 함께 대화를 나눌 만한 사람이 없었다. 그래서 나는 공무를 보고 남는 시간이면 두륜산頭崙山으로 들어가곤 하였던 것이다. 그곳에 스님 한 분이 있었는데, 호를 학추學湫라고 하였다. 골격은 야위고 말랐으나 기상이 매우 빼어났기에, 굳이 물어보지 않더라도 불도의 법맥을 잇는 문인門人인 줄 알 수 있는 모습이었다. 그는 경전과 대장경에 두루 통달하였고 시문詩文에 관하여 이야기하기를 좋아하였는데, 그런 그가 나에게 이렇게 말하며 서문을 써 달라고 청하였다.

"이 연담 스님은 나의 스승이십니다. 스승님께서 지으신 『임하록』을 간행하여 세상에 전하려고 합니다."

이에 나는 바로 붓을 잡고 써 내려갔다.

"내가 지금 이 서문을 짓는 것은, 옛날 한창려韓昌黎[13]가 태전太顚[14]을 한번 만나 보고는 문득 불교를 배척하던 원래의 마음을 잊었다는 것이나, 소문충공蘇文忠公[15]이 만년에 요 도사(蓼士)[16]와 뜻이 맞자 스스로 참선하는 고제高弟가 되었던 것과는 다른 것이다. 나는 그대 대사네 불교의 가르침 안에도 나름대로 충성스럽고 의로운 부분이 있음을 매우 좋게 여겨서, 이 서문을 쓰는 것이다."

병진년[17] 6월 하순 통훈대부通訓大夫 전前 행行 홍문관弘文館 수찬修撰 지제교知製敎 겸 경연經筵 검토관檢討官 춘추관春秋館 기사관記事官 안책安策이 쓰다.

蓮潭大師林下錄序

外書曰。試看書林隱處。幾多俊逸儒流。余於蓮師所著林下錄。得一忠義男子矣。今夫蓮師釋者也。釋之敎。背君親外仁義爲道。則惟其觀心見性。到得阿彌板脚王舍城頭爲妙法。極工而發於言著于文者。不過爲楞嚴中糟粕徒。見其忠義上弁髦。而其題明覺師語錄詩曰。生長明朝老事淸。嗟君大義未分明。一寸丹心當不變。首陽山色古今靑。嗚呼。數十百載之下。慨然有譏諷尊撰之義。今之世不復讀一部春秋。胡爲起余於叢林一絶語也。惜哉斯人。何不立脚於道義之門。洒反超形於空寂之界。權場中文字。或聞有忠義之士。栴檀下吟咏。不圖見慷慨之意。世之斥佛者之言曰。廢其徒焚其書。而復可苟如其言。孰知有此等奇語。幾失了此箇好人矣。吾聞此師。西山之法派也。當壬辰島夷之猖獗。有若西山募義旅。而衛王室涉遠海。而緩賊勢。其純忠美功。並列於中興諸臣。專美於大乘沙門。則今此蓮師。若箇義理。厥有傳心之衣鉢也歟。且其若干詩文。或出於曲盝牀上捧喝之餘。氣動而言志。言志而暢懷。窮乎幽迫於境。空花寶月景在何處。赤水玄珠象在何地。已從自家性情。想得古人筆墨。至若自序所謂好而不與人同。非僻則固。又曰道之玄機妙旨。非文字所可摸寫。而亦非文字。不足徵也。又因河東子之言。每思報國。惟以文字。此非蓮師所以慨世營逐隱於浮居者耶。其學之不爲僻固。其言之出乎忠義。則可與惠勤。列於士大夫之間。而非若蒙叟之訑訾。吾道矯之。過歸於狂矣。余自玉署來。守海隅地。僻俗陋無可與語。朱墨之暇。適入頭崙山。有一浮屠。號曰學湫。骨癯氣秀。不問可知爲道家門人。頗通經藏。善談詩文云。是蓮師吾師也。所著林下錄。將刊傳于世。要余弁卷之文。余遒把筆而語曰。今爲是書。非韓昌黎之一見太顚。便忘焚骨初心。蘇文忠之晚契寥師。自附叅禪高弟。深愛爾師之釋敎中。自有忠義地。而序此云爾。

歲在赤龍季夏下澣。通訓大夫前行弘文館修撰知製敎兼經筵檢討官春秋館記事官安策序。

임하록 서

　참선 수행을 하는 이들은 '천지는 작은 티끌이요, 죽고 사는 것도 물거품 같은 허깨비일 뿐이다.'라고 하면서, 삼계三界의 밖으로 벗어나 초월하고자 한다. 그러나 아끼고 보호하여 절대 잃어서는 안 될 것이 꼭 하나 있으니, 그것은 법을 전하고 가르침을 베푸는 도구, 곧 문사文辭이다. 세상에 유포된 불교의 경전은 팔만대장경에 이를 만큼 많다. 이 모두가 여러 부처님이 설법하신 한결같은 법문과, 마음과 마음으로 묵묵히 약속되어 전해진 요지를 기록한 것이며, 또 그 문도들이 서로 소疏를 쓰고 주석을 달아 증거를 밝혀 만세토록 전할 보장寶藏이 되게 한 것이다. 이 어찌 중생을 널리 구제할 커다란 교화가 아니겠는가.
　연담 대사는 남쪽 지방의 큰스님이다. 스님이 사자좌에 앉아 해조음을 내시면 사람과 천인이 마치 영산회靈山會와 같이 모여들어 에워쌌다고 한다. 어느 날 대사의 법제자인 순絢이라는 스님을 소개 받았는데, 순 스님은 연담 대사가 지은 시문 두 권을 내게 보여 주면서, 서문 한마디를 써 달라고 청하였다. 그러나 나 자신을 돌이켜 보건대, 나는 불교인이 아니니 어떻게 선학禪學을 알겠는가. 다만 그 책을 열어 보고는 이윽고 이렇게 말하고 말았다.
　"진실로 세상에 전할 만하구나. 참으로 대사가 아끼고 보호하려 할 만하구나."

　문집에는 여러 종류 문체의 글들이 두루 수록되어 있었는데, 그 요점을 정리해 보면 다음과 같다. 현묘한 이치를 설명하고 불법을 논할 때에 반복하여 꼭 집어서 뜻을 이해시키는 것은 『연화경蓮花經』의 비유와 같았고, 여러 인연을 모아서 좋은 과보를 권할 때에 그 방법을 열어 인도하는 것은 마치 자비의 배로 바다를 건너는 것과 같았으며, 임금과 부모를 사랑하면서 명복을 빌 때에 윤리에 근본하는 것은 또한 『부모은중경父母恩重經』과 같았다. 그의 시는 진솔하며 순박하고 꾸밈이 없었으니 성정性情이 무르익어 저절로 나온 것이었다. 총괄하여 논하자면, 그의 글은 여러 부처님의 마음을 얻어서 그 남은 부분을 전한 것이다. 그러므로 비록 그의 글이 불교 경전에 도움이 되는 것이라고 말한다 해도 지나친 표현은 아니리라. 그러니 어찌 이 글을 세상에서 없어지게 버려 둘 수 있겠는가.

　지금 나에게 한마디 서문을 써 줘야만 이 책이 소중하게 되겠다며 글을 부탁하지만, 정말 소중한 것은 바로 도에 있는 것이라. 대사를 어찌 저 태전太顚이나 초初처럼 벼슬아치들의 문자에 의지하여 한때 이름을 날린 자들에게 비유할 수 있겠는가. 그래서 순 스님에게 내 대신 이 말을 전해 달라고 당부하였었는데, 벌써 스님이나 나나 둘 다 늙어 버렸구나. 한번 보림암寶林庵에 찾아가 대사에게 그 정신 바짝 차리고 수행했던 성성법惺惺法을 묻고, 우리 유학의 심법心法이 어떠한지를 보여 주지 못한 것이 한이 되는구나.

　무오년[18] 4월 해좌노인海左老人 정법정丁法正[19]이 서문을 쓰다.

林下錄序

治禪者。謂天地微塵。死生泡幻。而欲超脫三界之外。然獨其珍護。而不敢失者。傳法設敎之具爾。文辭是已。彼內典之流布寰宇者。至八萬經之多。是皆千佛一法。心心印傳之旨。而其徒又相。與疏釋而證明之。爲萬歲寶藏。豈非以普濟衆生之大敎化歟。蓮潭師。南方之高釋也。踞獅座吐潮音。人天之圍繞者。如靈山會焉。一日介其法弟絢上人者。眎其所著詩文二卷。求余一言爲叙。顧余非禪者。安知禪學。第閱之。旣曰固可傳也。固師之欲珍護之也。其文衆體俱備。而其大要譚玄旨而演眞乘。則反復拈示。如蓮華喩。募諸緣而勸善果。則開導方便。如慈海航。愛君親而薦冥福。則原本倫理。如恩重經。其有韵之語。眞朴不雕。性情爛熳。總而論。則得之諸佛心。傳之緖餘。而雖謂之羽翼內典可也。是烏可使泯晦哉。其待余言而爲重重在道也。豈與夫顚初輩藉薦紳文字。爲夸耀一時者譬歟。謂絢上人爲我語。而師余老矣。恨不得一造寶林庵中。問師惺惺法。視吾儒心法何如爾。

戊午孟夏。海左老人丁法正序。

또

  사람들은 스님이 지은 시에는 나물이나 죽순과 같이 거친 기운이 서려 있다고 하면서 싫어한다. 이것이야말로 정말 시인들의 고정된 관념에서 나온 말일 뿐이다. 스님들은 교묘하게 꾸미는 말을 스스로 경계하고, 더구나 시를 짓는 일은 스님의 본분도 아니다. 그런데 하물며 나물밥을 먹으면서도 나물 기운이라곤 없는 그런 것을 좋다고 하겠는가. 그래서야 스님들이 어떻게 시를 짓겠는가. 그러나 이치와 정취로 논할 것 같으면, 벽운碧雲[20]이란 말은 탕湯 상인으로부터 시작되어 여러 생 동안에 한산寒山[21]과 습득拾得[22]의 게송 구절에까지 연루되었던 것으로, 재미난 놀이(遊戲) 가운데 하나라 하여도 무방할 것이다. 이런 시라면 있어도 그만 없어도 그만, 교묘하여도 그만 졸렬하여도 그만인 것이어서, 지금 이미 흔하게 있는 것이다. 그러나 연담 유일과 같은 분의 시는 어디에도 매이거나 묶인 곳이 없이 유희삼매遊戲三昧를 발현하니, 어찌 더욱 기이하다 않겠는가.

  유일 스님이 평소에 불법을 가르치는 곳에 두루 다니실 때에는 마치 고래가 큰 물결을 타고 동쪽에서 솟았다가 서쪽 바닷속으로 사라지는 것과 같았고, 노년이 되어 선관禪觀에 들자 마치 매가 하늘을 지날 때에 다른 참새 무리가 물결치듯이 도망치는 것과 같았다. 이런 까닭에 스님의 시는 천기天機를 통달하여 막히거나 걸림이 없고, 그렇기에 교묘한 시구를 애써 지어내지 않아도 저절로 교묘하여 넓고도 끝이 없게 된 것이다.

스님에게 시를 써 달라고 와서 청하는 사람들이 하루에도 수십, 수백 명이나 되었다. 그래서 급하게 왼쪽 사람에게 지어 주고 오른쪽 사람에게 불러 주고 하였는데, 마치 예전에 지어 둔 시를 그냥 외워 주는 듯하였다. 그러나 짓는 시마다 중도中道를 떠나지 않았고 상도常道를 벗어나지 않았으며, 넓고 넓어 넉넉하게 여유가 있었다.[23] 비유하자면 비로누각毘盧樓閣에 있는 그 많은 대문과 창문들이 미륵불이 한 번 손가락을 튕기는 소리에 일제히 열리는데, 그 안을 들여다보면 갖추어지지 않은 거라곤 없는 것과도 같다. 이 어찌 성대한 일이 아니겠는가. 만일 성률과 대구를 가지고 스님의 시를 논한다면, 이는 백시伯時[24]가 말을 그릴 때에 오랫동안 쌓인 깊은 생각을 요구하고, 노직魯直[25]이 사詞를 지을 때에 반드시 아름답기를 기대하는 것과도 같은 일이다. 어떻게 공의 도를 그렇게 논할 수 있겠는가.

옛날에 경산 종고徑山宗杲[26] 선사가 일찍이 이런 말을 하였었다.

"선善을 좋아하고 사邪를 싫어하는 마음은 누구나 태어나면서부터 다 갖추고 태어나니, 임금을 사랑하고 나라를 근심하는 마음은 충성과 의리로 가득찬 사대부士大夫와 마찬가지이다."

지금 유일 스님의 문장을 보니, 세상의 교화를 떠받쳐 높이고 요임금과 공자의 도를 우러러 권장하고 있다. 그의 임금과 나라를 기리고 애모하는 말들은 지극한 정성에서 나온 것이니, 불교의 다른 여러 책들에 즐비한 그 판에 박은 듯한 말들과는 사뭇 다르다. 참으로 존경할 만한 일이라.

이제 그의 문도가 이 책을 간행하여 세상에 유포하려는 때에 내가 짐짓 그를 위하여 기뻐 찬탄하여 마지않는 것은 바로 이러한 까닭이다.

정사년[27] 여름 수관거사水觀居士 이충익李忠翊[28]이 서문을 쓰다.

又

人嫌僧詩。有蔬筍氣。此正詩人。習氣語爾。僧自以綺語爲戒。工詩尙非僧事。況以啖是物而無其氣爲賢也。然則僧何以詩爲曰。然以理趣。論碧雲一語。自是湯上人。多生帶累寒拾句偈。不妨爲游戲中一事。有亦可。無亦可。工亦可。拙亦可。今旣有之矣。無所帶累。而發現游戲三昧。如蓮潭一公者。豈不尤奇乎。一公平日。周流敎海。如鯨魚跨[1]浪。東涌西沒。晚入禪觀。如鶻子經天羣雀波奔。故其爲詩。天機通透。無所罣碍。不期工而自工。廣博無涯涘。人之求之。日十百羣。而左拈右呼。如誦宿搆。不離中見。不畔常道。恢恢乎有餘刃焉。譬如毘盧樓閣衆多門戶。於彌勒一彈指聲。劃然俱開。於其中間之所瞻覩。無所不具。詎不盛矣乎哉。若以聲對論公詩。是語伯時以畫馬。[2] 要積想而期魯直之詞。必妍艶也。[3] 豈所以論於公之道者。昔徑山呆嘗言。已好善惡邪之心。與生俱生。愛君憂國。與忠義士大夫等。今觀一公之文。扶崇世敎。尊奘堯孔。其所頌禱。愛慕於君國者。發。自至誠。非同梵音諸書備例板定語洵足敬也。今其門徒之刊布也。余故爲之隨喜讚歎而不能已也。如此。

　　歲丁巳夏。水觀居士序【李忠翊】。

---

1) 㓁 '跨'가 이충익의『椒園遺藁』에는 '拔'로 되어 있다.　2) 㓁 '是語伯時以畫馬'가 이충익의『椒園遺藁』에는 '是猶伯時畫馬'로 되어 있다.　3) 㓁 '而期魯直之詞 必妍艶也'가 이충익의『椒園遺藁』에는 '魯直塡詞 期於妍艶者也'로 되어 있다.

임하록 자서

　내가 경전을 강설하는 여가 시간에 어쩌다 사대부나 우리 불교계의 도반들과 주고받은 약간 편의 시가 있고, 혹은 불사佛事를 찬양하거나 혹은 세상의 도리를 서술한 편지와 소疏·서序·기記 등의 문장이 몇 편 있으며, 학인들을 위해 수집해 모은 것으로는 여러 경전의 중요한 말들을 기록한 것이 약간 있다. 그것을 몇 권으로 엮어서 '임하林下'라고 제목을 붙였으니, 그저 내가 좋아하는 것들을 기록한 것일 따름이다.
　아, 나처럼 어리석은 사람은 세상에 아무 소용이 없고, 또 사실 세상에 좋아하는 것도 없다. 내가 좋아하는 것이라곤 오직 숲속뿐이다. 안개와 구름, 그리고 샘물의 자갈돌 따위는 본래부터 숲속에 있었던 것들이다. 그런데 어느 날 아침 갑자기 내가 주인이 되었다 하여도 누구 하나 다투고 나서는 사람이 없더라. 새와 짐승, 그리고 크고 작은 사슴들은 나보다 훨씬 먼저 숲속에서 살고 있었다. 그러나 하루아침에 나와 나누어 가지게 되었어도 시기하는 법이 없더라. 이것이 바로 내가 숲속을 좋아하는 일을 도저히 그만둘 줄을 모르는 까닭이다. 그러나 어찌 이곳을 나 한 사람만이 좋아하겠는가. 숲속으로 돌아가는 자는 누구이건 그곳을 좋아하지 않는 사람이 없을 것이다. 만약에 내가 좋아하는 것이 남들이 다들 좋아하는 것과는 다르다면, 그것은 곧 편벽한 마음이거나 아니면 완고한 마음일 것이다.

'임하록林下錄'이라고 이름을 붙인 것은 숲속의 본래면목을 기록하였다는 뜻은 아니다. 이것은 그저 내 몸에 밴 습기가 사라지지 않아서 광대 기질을 억제하기 어려워서일 뿐이다. 그러므로 이 글을 보는 사람들은 웃지 마시고 반드시 병으로 여길 것이라. 그러나 또 공자가 이런 말을 했던 것이 생각난다.

"기杞나라와 송宋나라의 일을 증험할 수 없는 것은 문헌이 부족하기 때문이다."[29]

우리 불교의 현묘한 이치야 물론 문자로 표현할 수 있는 것은 아니지만, 그러나 또한 문자가 아니고는 달리 증험할 도리가 없다. 그러므로 문장에 능숙하지도 못한 내가 이렇게 구구하게 글을 엮어 내는 것은, 어쩌면 혹시라도 이 글이 불교의 현묘한 이치를 살짝이라도 엿보는 방편이 되지나 않을까 바라는 마음에서이다. 또 도와 상관이 없는 한가한 이야기와 잡스러운 글들까지 아울러 드러내 기록한 것은, 혹시라도 이것이 외세의 어려운 비판과 불가를 무시하는 말들을 막고 이겨 내는 한 방법이 될 수도 있지 않을까 하여서이다. 그렇기에 여기에 실린 글에는 정밀한 것도 있고 잡스러운 것도 있으며 긴요한 것도 있고 가벼운 것도 있다. 그러나 결국에는 모두 우리 불가의 도를 보호하고 드러내 보이는 데에 그 뜻이 귀결되는 것이다.

하동자河東子가 이런 말을 하였다.

"언제나 나라에 보답할 것을 생각하되, 문장으로 할 것이라."

내가 그 말을 우러러 사모하기에 나 또한 이렇게 글로써 부처님께 보답하고자 하는 것이지, 그저 솜씨를 내세워 보이려는 생각으로 책을 펴내는 것은 아니다. 아, 내가 잘했다고 알아줄 일(知我)이나 내가 잘못하였다고 죄를 내릴 모든 일(罪我)들이 이 기록 속에 있도다.[30]

문집 속에 내 스스로 주석을 단 이유는, 사실 나의 제자들이 듣고 본 것이 적어 출처의 내력을 모를까 걱정하였기 때문이다. 그러니 이 책을 보는 사람들은 비웃지 말지어다.

갑신년[31] 초初 3일에 동림사東林社에서 쓰다.

林下錄自序

余講經之暇。或與士大夫及吾黨儕友唱酬之若干首。或讚佛事。或叙世諦之書疏序記等文若干篇。以至爲學人所袞者諸經要語。亦若干錄之成數卷。以林下命題。誌其所好也。噫。余以褆襪之流。無用於世。亦無好於世所好。惟林下歟。煙雲泉石。本林下之所有。一朝爲吾所主。無人爭之。鳥獸麋鹿。先吾住林下。一朝爲吾所分。亦不猜。此吾之所以好而不知止也。然豈吾一人好之。凡歸林下者。莫不好之。好而不以人之所同。非僻則固矣。但林下錄云者。非林下之本色。只緣習氣未消。伎倆難制。觀者不以爲笑。必以爲病。然余惟孔子曰。杞宋不足徵也。爲文獻不足故也。吾道之玄機妙旨。非文字所可摸寫。而亦非文字。不足徵也。故余非能文。而區區爲此者。或可因此。而庶窺玄妙之筌蹄也。又閑談雜著。與道不相關者。並表而錄之。或可因此。而爲拒外難禦侮之一術也。則一錄所載。有精有雜。有繁有歇。而畢竟同歸於扶顯吾道也。河東子有言。每思報國。惟以文章。余覿而慕之。亦欲以文字報佛也。非一向伎倆之所使。嗚乎。知我罪我。惟在斯錄歟。惟在斯錄歟。集中自註者。良由吾黨之小子。寡聞謏見。未知出處來歷故也。觀者勿哂。

 岢閼逢君灘臨之朏日。書于東林社。[1)]

---

1) ㉠ 목판본에는 「自序」 다음에 〈蓮潭大師影贊〉, 「蓮潭大和尙詩集跋」이 있으나 『韓國佛敎全書』에 의거해 마지막에 두었다.

주

1 『외서外書』: 『聖歎外書』를 말한다. 명말청초明末淸初의 문예 평론가 김인서金人瑞 (1608~1661)가 『水滸傳』의 서문과 비평을 적은 책이다.
2 빼어난 선비들(俊逸儒流): 세상에 드러나지 않고, 숨어서 지내는 뛰어난 인물들. 여기서는 바로 연담 대사를 가리킨다.
3 아미판각阿彌板脚과 왕사성두王舍城頭: 아미판각은 아미타불국阿彌陀佛國에 이르는 극락왕생極樂往生을 뜻하고, 왕사성두는 부처님이 왕사성에서 성불成佛하여 중생을 교화한 것을 뜻한다.
4 『명각선사어록明覺禪師語錄』: 청나라 때 스님인 명각明覺의 어록. 명각 선사의 자字는 감박憨璞, 법명은 성총性聰이다. 명나라 말기에 나서 자랐고, 청나라의 세조世祖를 섬겨 명각이라는 호를 받았다.
5 수양산首陽山: 중국의 산서성山西省 영제현永濟縣에 있으며, 백이伯夷와 숙제叔齊가 굶어 죽은 곳이다.
6 신하가 된 사람은 두 임금을 섬기지 않는 것이 고금의 의리인데, 명각 선사는 명나라 때 태어나서 자랐으면서 청나라 세조를 섬겨 법호를 받았으니, 곧 자기가 태어난 나라를 저버리고 오랑캐의 황제를 섬긴 것으로, 충의에 어긋난다는 취지의 시이다.
7 『春秋』의 의리는 중국을 높이고 오랑캐를 물리치는 것으로, 중화 사상의 근간이 되어 왔다. 여기에서는 명각 선사가 청나라 황제를 섬긴 일이 『春秋』의 의리에 어긋난다는 말이다.
8 적수赤水에서 잃어버린 현주玄珠: 『莊子』「天地」에 나오는 우언으로, 고대에 황제黃帝가 적수 북쪽에 놀러 나가 곤륜산에 올라 남쪽을 바라보고 돌아오다가 현주를 잃어버렸다. 슬기로운 명지明知에게 찾으라고 하여도 찾지 못하고, 시력이 좋은 이주離朱에게 찾으라고 명해도 찾지 못하였는데, 무심無心한 상망象罔에게 찾도록 명하자 찾았다고 한다. 무위無爲의 정치를 행하려면 무심의 경지에 도달하여야 한다는 비유인데, 여기서는 연담 대사가 무심의 경지에 도달하였다는 말로 쓰였다.
9 하동자河東子: 북송 때의 문인으로, 자는 중도仲途이다. 사륙문四六文의 유행에 반대하여 고체古體로의 복귀를 제창한 고문운동의 선구자이다. 저서에 『河東集』이 있다.
10 혜근惠勤: 송나라 임제종의 승려이다.
11 몽수蒙叟: 장자莊子를 말한다.
12 옥서玉署: 홍문관弘文館을 말한다.
13 한창려韓昌黎: 당나라의 문학가이자 사상가인 한유韓愈를 말한다.
14 태전太顚: 한유韓愈가 조주 자사趙州刺史로 있을 때에 교유하던 스님이다. 「與孟簡尙書書」에 그 내용이 실려 있다.
15 소문충공蘇文忠公: 송나라 때의 문인인 소식蘇軾을 말한다.
16 요 도사(寥士): 송나라 때의 승려 도잠道潛을 말한다. 별호를 참료자參寥子라고 하였다. 시를 잘 지었으며, 소식蘇軾·진관秦觀과 시로써 벗을 삼았다.
17 병진년(赤龍): 서기 1796년이다. 연담 스님이 입적한 해가 1799년이니, 이 서문은 스님의 생전에 준비되었음을 알 수 있다.

18 무오년 : 서기 1798년이다. 연담 스님은 1799년에 입적하였다.
19 정법정丁法正 : 조선 후기의 문신인 정범조丁範祖(1723~1801)를 말한다. 본관은 나주羅州이고 호는 해좌海左이다. 문집으로『海左集』이 있다.
20 벽운碧雲 : 남조 송宋의 시승인 혜휴惠休의 시 중에 "일모벽운합日暮碧雲合"이라는 명구名句가 있다. 혜휴의 속성이 탕湯이다.
21 한산寒山 : 당대唐代의 저명한 시승으로, 절강성浙江省 천태산天台山 한암寒巖에 살았으므로 한산자寒山子 또는 한산이라고 불렸다. 국청사國淸寺 승 습득拾得과 교류하였다. 시창게詩唱偈를 잘하여 300여 수의 시를 남겼는데, 후인들이『寒山子詩集』3권으로 엮었다.
22 습득拾得 : 당대唐代 정관貞觀 연간의 고승高僧이다. 본래 고아였으나, 한산寒山의 스승인 풍간豊干이 거두어 양육하였으므로 습득이라 불려졌다. 한산과 교유하였으며, 게사偈詞가『寒山集』에 수록되어 있다.
23 넓고 넓어~여유가 있었다 :『莊子』「養生主」에 "지금 내가 칼을 잡은 지 19년이나 되고 잡은 소도 수천 마리를 헤아리는데, 칼날이 지금 숫돌에서 금방 꺼낸 것처럼 시퍼렇게 날카롭다. 소의 마디와 마디 사이에는 틈이 있고 나의 칼날에는 두께가 없으니, 두께가 없는 것을 그 틈 사이에 밀어 넣으면 그 공간이 널찍해서 칼을 놀릴 적에 반드시 여유가 있게 마련이다.(今臣之刀十九年矣。所解數千牛矣。而刀刃若新發於硎。彼節者有間。而刀刃者無厚。以無厚入有間。恢恢乎其於遊刃。必有餘地矣。)"라는 고사가 나온다. 소를 잡는 백정의 기술이 뛰어나면 소를 많이 잡더라도 칼날이 무뎌지지 않고 항상 여유가 있다는 말이다. 후대에 여인餘刃이라는 말로 여유 있게 처사하는 능력을 비유한다.
24 백시伯時 : 송나라 때 서주인舒州人 이백시李伯時를 말한다. 이름은 공린公麟이고, 자가 백시이다. 원우元祐 진사로 사주 녹사참군泗州錄事參軍이 되었다. 시를 잘하여 기자奇字를 많이 알고, 더욱이 산수와 불상을 잘 그려서 산수는 이사훈李思訓과 같고 불상은 오도자吳道子에 가깝다고 알려졌다. 만년에는 용면산장龍眠山莊에 들어가 거처하였으므로 용면산인龍眠山人이라 호를 하였다.
25 노직魯直 : 송나라 황정견黃庭堅의 자가 노직, 호는 산곡山谷이다. 서예의 대가로, 저서『黃山谷集』이 있다.
26 경산 종고徑山宗杲(1089~1163) : 송나라 때 항주杭州 경산徑山에 살던 불일佛日 선사로, 이름은 종고宗杲이며, 자는 대혜大慧이다. 시호는 보각普覺, 탑명은 보광寶光이다. 저서로『大慧語錄』12권과『大慧法語』3권 등이 전한다.
27 정사년 : 서기 1797년이다. 연담 스님은 1799년에 입적하였다.
28 이충익李忠翊(1744~1816) : 조선 후기의 학자로, 본관은 전주全州, 호는 초원椒園, 자는 우신虞臣이다. 정제두鄭齊斗의 학통을 계승·연구하였고, 공안파公安派의 성령문학에 기본을 두고 있다. 또 유학 이외에 노장老莊·선불禪佛에도 해박하였으며, 시와 음악 및 서화書畵에도 상당한 조예가 있었다. 저서로『答韓生書』,『椒園遺稿』가 있다.
29 『論語』「八佾」에 나오는 말이다. 공자가 "하夏나라의 예를 내가 능히 말할 수는 있으나 그 후손의 나라인 기杞나라에 대해서는 충분히 증험하지 못하며, 은殷나라의 예를 내가 말할 수 있으나 그 후손의 나라인 송宋나라에 대해서는 증험하지 못한다. 그것은 문헌이 부족하기 때문이다.(夏禮吾能言之。杞不足徵也。殷禮吾能言之。宋不足徵也。文

獻不足故也。)"라고 탄식하였다.
30 『孟子』「滕文公 下」에 "『춘추春秋』는 천자의 일이니, 이런 까닭에 공자가 가로되, '나를 알아줄 자도 그 오직 『춘추』일 것이며, 나를 벌할 자도 그 오직 『춘추』이리라.' 하였다.(春秋。天子之事也。是故孔子曰。知我者。其惟春秋乎。罪我者。其惟春秋乎。)"라고 하였다. 후대에 '지아죄아知我罪我'는 다른 사람이 자신에 대해 비방하거나 칭찬하는 것을 뜻하는 말로 쓰이게 되었다. 여기서는 연담 대사의 뜻이 모두 이 책에 있다는 말이다.
31 갑신년(閼逢君灘) : 서기 1764년이다. 연담 대사가 1720년에 태어나 1799년에 입적하였으므로, 이 자서는 대사가 45세 되던 해에 쓴 것이다.

연담대사임하록 제1권
| 蓮潭大師林下錄* 卷之一 |

---

* ㉖ 동국대학교에 소장되어 있는 가경嘉慶 4년(1799) 전라도 영암 미황사美黃寺 개간본을 저본으로 하였다.

범 사냥¹ 【고풍古風으로 지은 시. 15세 때인 갑인년에 지었다.】
捉虎行【古風。甲寅十五歲時。】

호랑이야 호랑이야	虎矣乎 虎矣乎
털 난 짐승 중에 으뜸이며	毛蟲之長
산중의 군왕이로다	山中之君
맹분²보다도 용맹스럽고	勇過孟賁士
위엄은 모든 짐승을 벌벌 떨게 하며	威動百獸羣
얼룩무늬 가죽으로 옷을 삼고	斑皮以爲衣
고라니와 사슴을 먹이로 삼네	麋鹿以爲食
참으로 맹랑하구나, 호랑이야	壯哉 虎矣乎
믿을 것이라곤 용맹한 힘뿐인데	所恃唯勇力
종횡무진 산과 계곡을 누비면 그만이지	橫行山谷猶自足
어찌하여 이따금 고귀한 인명까지 해치는가	胡爲乎 徃徃噉食最靈人
화주³에 섣달 흰 눈이 쌓였는데	和州臘月白雪滿
호랑이란 놈 앞산에서 못된 짓을 하고 있네	虎在前山行不仁
낮에는 산속에 숨어 있다가	晝隱山之中
밤이 되면 산 밖을 쏘다니니	暮行山之外
여기저기 호랑이 발자취 눈 위에 찍혀 있어	紛紛蹄跡遍雪上

---

1) ㉮ '─'은 편자가 보입한 것이다.

오고 가는 사람들이 모두 놀라고 두려워하네	去來人人盡驚畏
화순의 어르신들 수근수근 하는 말이	和州父老吞聲語
호랑이와 늑대가 사람 해친 지 몇 해째라 하네	虎豺幾年爲人害
지난해에는 능주에서 큰선비를 해치더니	去年綾州噉大儒
올해는 읍내 마을에서 어린아이를 물어 갔네	今歲官村噉孤兒
어젯밤 어느 마을에선가 말을 잡아먹었으니	昨夜某村食一馬
오늘밤 어느 마을에서 또 소를 잡아먹겠구나	今夜某村食一牛
소와 말은 아까울 것 없지만	馬牛不足惜
제명에 죽지 못한 사람은 너무 가엾다	可憐人生非命死
또 어느 곳에서 몇 사람이나 더	又不知幾處幾人
죄 없는 사람이 공연히 죽어 갈지 모르겠구나	公然無罪死
풍부[4]가 죽은 뒤로는 더구나 범 잡을 사람이 없으니	馮婦去後更無人
이제 누가 백성들을 위해 이 환난을 제거해 줄까	誰能爲民除此患
사또가 이 소문을 듣고 측은한 마음이 들어	太守聞之惻然感
백성 중에 용맹스러운 대장부를 뽑았지만	募得民間雄勇漢
산속에서 크게 사냥 판을 벌이고는	大獵山之中
겨우 표범 한 마리를 잡아 돌아왔네	乃殺一豹廻
표범이란 호랑이 중에서 작은 놈이라	豹者虎中之小者
듣자 하니 큰 호랑이는 여전히 산속을 배회하고 있다네	又聞大虎猶徘徊
호랑이는 사람에게 달려들어 다치게 하기 쉬우니	虎可格傷人易
매복하여 활을 설치해 놓고 문을 잠그고 숨어서	且可伏弩閉戶
호랑이에게 절대 잡히지 말아야 한다	無爲虎所得

호랑이야, 호랑이야	虎矣乎 虎矣乎
이제 그만 사람을 죽이지 말아라	且休殺人
사람만이 죽임을 당하고 있을 수는 없으니	人不可獨殺
사람을 죽이면 사람도 너를 죽일 것이다	殺人人亦殺
사람 중에도 너보다 더 사나운 자도 있어서	人中亦有猛於虎
맨손으로 호랑이를 때려잡으니 너는 적수가 되지 못한다	徒手搏虎虎不敵
만약 이광李廣[5] 장군 같은 이를 만난다면	若逢李將軍
이번에는 음산의 바위를 빌리긴 어려우리라	難借陰山石
음산의 바위에도 화살을 꽂았는데	陰山之石猶沒羽
너 같은 살덩어리 몸을 못 맞히겠는가	況爾乃是血肉身
홍농 땅의 호랑이들이 왜 옮겨 갔겠는가[6]	弘農虎徙昔何義
특이한 일이라 천 년이 지나도록 역사에 전해 온다네	異事千秋傳史册
호랑이도 제 자식은 사랑한다는 말을 들었으니	吾聞虎有愛子仁
호랑이가 도리를 아는 동물임을 알겠는데	乃知虎亦理中物
무슨 마음으로 마치 삼대를 베듯 마구 사람을 죽이는가	殺人如麻是何心
주처周處[7]를 따라 삼악[8]에 드는 게 마땅하구나	宜從朱[2)]處居三惡
호랑이야, 호랑이야	虎矣乎 虎矣乎
너는 사람을 해치지 말고 이제 멀리 떠나거라	爾且遠去無害人
지금 신신당부하여 후일을 경계하니	如今申申勉誡後
떠나지 않으면 내가 죽이고야 말리라	不去吾將殺後已
토끼와 사슴이 네가 먹을 먹이이고	狡兔走鹿爾所喫

---

2) ㉠ '朱'는 '周'의 오류인 듯하다.

깊은 산 계곡이 네가 숨어 살 곳이로다 　　　窮谷深山爾所藏
한 마리의 호랑이를 잡아 백 마리의 호랑이를 　捉一虎懲百虎
징계하리니
너는 이제 범 사냥 노래를 들어 보아라 　　　爾今聽我捉虎行

⟨도징 대사와 이별하며⟩란 시의 운을 따서 짓다
次別道澄大師

덧없는 인생살이 백 년을 함께하기 어려운데	浮生難得百年偕
쌍매화 한 뜰에 나란히 피어 있는 모습 부럽구나	還羨雙梅共一階
아름다운 만남 5월에 성사되었으나	佳會幸成杓建馬
우리 좋은 인연 유년酉年[9]에 끝났다네	好緣旋盡歲居鷄
강가 자갈밭에 구름 비끼니 산봉우리도 젖은 듯	雲橫磧水峰猶濕
양산을 에워싼 눈 때문에 길까지 묻혔는데	雪擁梁山路亦埋
하교에서 이별할 때 섭섭한 마음으로	怊悵河橋相送罷
돌아보니 바다와 하늘에 낮게 석양이 깔려 있었네	海天回首夕陽低

고향에 돌아가다 【나는 정사년에 출가하여, 임술년에 고향으로 돌아갔다.】

歸故鄕【余丁巳出家。壬戌歸鄕。】

육 년을 구름 비낀 산속에서 학과 함께 날았는데	六載雲山鶴共飛
가을바람에 문득 고향에 돌아가고 싶어졌네	秋風忽憶故園歸
성명은 옛날처럼 호적에 그대로 쓰여 있지만	姓名依舊書官籍
나의 몸에는 이제 가사가 걸쳐져 있다네	蹤跡如今付衲衣
세상 어디에나 집이 있고 먹을 것도 있으니	四海有家兼有食
이 한 몸 잘한 것도 없지만 또 잘못한 것도 없는데	一身無是更無非
고향 사람들 나에게 환속하라 말하면서	鄕人欲使吾還俗
다투어 눈앞의 푸른 산을 떨쳐 내려 하네	爭向眉間拂翠微

대둔사 상원에 부치다【광속匡俗 선생의 아홉 형제가 여산廬山에 살았으므로 광려匡廬라고 이름하였다.[10]】
題大芚上院【匡谷[1])先生兄弟九人。居廬山。號匡廬。】

타고난 성품이 깊은 산을 사랑하였기에	平生性癖愛幽棲
명산 소문을 들으면 반드시 찾아가 머물렀네	聞有名區必卜居
오늘날 스님 중에 혜원[11] 같은 분은 없지만	白衲卽今無惠遠
푸른 산엔 옛날부터 광려가 있었다네	靑山從古有匡廬
새벽 종소리는 장춘동에 가득 메아리치고	晨鍾響落長春洞
봄 시내 흘러서 아홉 구비 계곡을 이루었네	春水流成九曲溪
인간 세상 때 묻은 이름으로 더럽히지 말지어다	莫浼人間名字垢
구름 같은 몸 달 같은 마음 본래 여여하였다네	身雲心月本如如

---

1) ㉮ '谷'은 '俗'의 오기인 듯하다.

한림 이현중의 시운을 따서 짓다
次李翰林【顯重】

나랏일이 중할 때에 사람 목숨은 가벼워   國事重時性命輕
천 리 길 사양 않고 남녘땅에 귀양 왔네   不辭千里謫南城
가사 장삼 옷자락을 세상길에 떨치며   緇衫拂下人間路
푸른 산이며 세상일 따위 혼자 웃는다네   自笑靑山與世情

고금도
古今島

가을이 다 지나도록 강촌에 돌아가지 못하였더니	秋盡江村未得還
하늘까지 뻗친 차가운 서리 기운 창을 뚫고 오네	拍天霜氣透窓寒
외로운 배 한 척 여전히 금릉도에 매여 있고	孤舟一繫金陵島
밝은 달은 서석산에 둥글게 걸려 있네	明月重圓瑞石山
등불은 나그네 시름을 벗 삼아 꺼질 줄 모르는데	燈伴客愁明不滅
별빛은 꿈길로 돌아가고 이제 새벽이 밝으려 하네	星將歸夢曉方殘
함께 공부하던 도반들을 멀리서 생각하자니	同床法侶遙相憶
겨울이 되어 동안거 결제를 하였겠네	應趁冬期結制安

추성의 수령인 호은 조두수와 함께 짓다
【연구聯句 시. 그때 나는 심원사深源寺 법운암法雲庵에 있었다.】
與秋城倅趙湖隱【斗壽】聯句。時在深源法雲庵。

옛 절 싸늘한 등불 아래 나그네 꿈은 맑아지고 　　古寺寒燈客夢淸【隱】
　　　　　　　　　　　　　　　　　　　【호은】
간간이 구름 저 밖에서 삼경을 알리는 종소리 　　疎鍾雲外報三更
들려오네　　　　　　　　　　　　【유일】
향불 깜박이는 부처님 자리 하늘에선 꽃비 내리고 　香殘梵榻天花雨【一】
　　　　　　　　　　　　　　　　　　　【유일】
여러 스님 나란히 줄지어 앉아 강경을 듣고 있네 　鴈陣諸僧聽說經【隱】
　　　　　　　　　　　　　　　　　　　【호은】

또 짓다【8운韻 배율排律[12]】
又【八韻排律】

절 이름은 어찌하여 심원이라 지었을까 【호은】　　招提何事號深源【隱】
깊은 계곡을 등나무 휘감아 햇빛 달빛을 가렸기　　洞邃藤盤日月昏
때문이라네　　　　　　　　　　【유일】
두어 점 떠도는 구름이 돌길을 막아서고 【유일】　　數点雲浮當石逕【一】
외마디 풍경 소리 들려오니 절집이 가까웠네　　　一聲磬至近沙門
　　　　　　　　　　　　　　【호은】
가마 메고 온 중은 아슬아슬한 누각을 겁도 안　　肩輿信釋凌危閣【隱】
내고　　　　　　　　　　　　【호은】
지팡이로 걸음을 도와 석양의 마루에 오르네　　手錫扶行陟晚軒
　　　　　　　　　　　　　　【유일】
깨를 얹은 밥을 허겁지겁 말끔히 먹고는 【유일】　　飯進胡麻紛洗椀【一】
채소와 석순 반찬에 찬찬히 술잔을 기울이네　　蔬兼石笋細傾樽
　　　　　　　　　　　　　　【호은】
찻물 끓이는 화로에 연기 그치니 넉넉하게 흥이　　茶爐烟歇饒高興【隱】
오르고　　　　　　　　　　　【호은】
연화 자리에 향내 사라지자 법언을 설하네【유일】　　蓮榻香銷說法言
백발노인도 부처님 앞에 나아가 무릎을 꿇고　　白髮翁能趣跪佛【一】
　　　　　　　　　　　　　　【유일】
어여쁜 기생도 휘장을 펼치고 일어섰네 【호은】　　紅粧妓亦起張幡
푸른 담장엔 천겁토록 덩굴 사이로 달빛 비추고　　翠屏千刼經蘿月【隱】
　　　　　　　　　　　　　　【호은】
경전이 놓인 책상은 나무 원숭이가 받치고 있네　　黃卷一床護木猿
　　　　　　　　　　　　　　【유일】

거친 말로 그대 귀한 글을 이어 짓는 일[13] 　　蕉語不辭貂尾續【一】
사양하지 않으니 　　　　　　　　　　【유일】
이렇게 밤을 새는 것은 아끼는 정이 있기 　　通宵只爲眷情存【隱】
때문이라네 　　　　　　　　　　　　　【호은】
【경상經床의 다리 모양이 원숭이와 비슷하므로 나무 원숭이라 하였다.(經床足形似猿。故云木猿也。)】

가을 걸식
秋乞

마을 길 돌아다니며 겨울 양식을 구걸하니	游歷街坊化冬粮
지팡이 하나에 신발 두 짝 단출한 차림이네	一筇雙履簡行裝
객지의 모진 고생 오랫동안 두루 맛보았으니	風埃臭味備嘗久
골짜기 속의 몸과 마음 돌아가고 싶은 꿈이 오래라	丘壑身心歸夢長
점심으론 소금기 없는 보드라운 나물을 먹고	午飯無鹽甘軟菜
가을 옷엔 미처 솜을 못 놓았으니 큰 서리가 겁나네	秋衣未絮惻繁霜
구름 비낀 산자락 가는 곳마다 날 기다리듯 하지만	雲山到處如相待
어쩔거나 면주는 고향 땅이 아닌 것을	何況綿州非故鄕

법천사 상운암에 부치다
題法泉上雲庵

햇빛 속의 상운암 담장은 반쯤 붉게 물들고 　　曦色雲庵半堵紅
서리 내린 숲 따뜻해지자 새소리 바람결에 날리네 　霜林初暖鳥啼風
사람들은 덩굴 덮인 창 안에 나 있는 줄 모르리니 　不知人在蘿窓內
눈을 감으면 화로 연기 속에 온갖 망념이 사라지네 　瞑目爐薰百念空

눈이 내린 뒤 임 선비의 시운을 따서 짓다
雪後次林斯文

깊은 밤 눈꽃[14]이 날아들어	六出飛深更
창을 치는 희미한 소리	拍窓微有聲
한겨울 추위에 눈꽃은 활짝 피어나	歲寒花盡發
날이 밝아도 달빛 오히려 밝아라	天曉月猶明
마당의 눈을 쓸면 용과 뱀이 화들짝 달아나는 듯	掃地龍蛇走
처마를 흔들면 나비가 푸드득 놀라 날리는 듯	搖簷蛺蝶驚
세상에 대안도같이 그리운 친구 없으니	世無戴安道
담계剡溪로 가는 배도 볼 수가 없구나[15]	不見剡舟行

두류산 상봉에 올라
登頭流上峯

    경을 읽는 여가에 지팡이 짚고 신선놀음을 나서서 　經餘飛錫賦眞游
    천왕봉 꼭대기에 올라 세상을 잊었네 　坐斷天王峯上頭
    저 멀리 날아가던 새 한 마리 문득 사라져 버리고 　望眼遠隨孤鳥沒
    경치를 즐기던 마음은 그저 한 조각 구름을 따라 떠다니네 　賞心直與片雲浮
    산을 가렸던 안개 걷히니 눈앞에 아무 걸림이 없고 　山消掩靄方無碍
    물길은 바다까지 이르러 비로소 잠잠히 멈추네 　水到滄溟始不流
    삼신산 칠불암의 시 빚이 남아 있어 　七佛三神尙輸債
    떨어지는 꽃잎 우짖는 새소리도 시 걱정으로 들리는구나 　落花啼鳥入詩愁

산 생활을 노래하다
山居吟

흰 구름엔 정해진 마음이 없고	白雲無定心
푸른 산엔 기이한 기세가 있구나	靑山有奇骨
보고 있으면 주린 배도 즐거워지는 걸	相看可樂飢
속세 사람에겐 설명하기 어렵다네	難與俗人說
밥과 나물국 익는 냄새도 좋고	飯熟菜羹香
바위에 앉으면 이끼 자리가 따뜻하네	石坐苔裀暖
꽃잎 문 새가 날아들지 않는 걸 보니	含花鳥不來
법융法融[16] 스님이 게으름을 피우는 모양이다	已識融公懶
물이 흐르는 소리 산에 메아리치고	水流山答響
꽃이 피어나니 골짜기에 봄이 가득하네	花發洞藏春
속세의 티끌 따윈 날아오지 않으니	紅塵飛不到
고라니와 사슴 가까이서 사람을 따르네	麋鹿近隨人
세상의 정 잊으니 닥치는 일마다 담담하고	忘情當事澹
도를 꾀하자니 가난이 먼저 오는구나	謀道得貧先
오직 좋은 시 한 구절만 있으면	惟有好詩句
봄이 눈앞에 다가와 가득 채워 준다네	春來滿眼前

배우는 자를 권면하는 시
勉學者

우물을 파려면 샘을 찾을 때까지 하고	鑿井須及泉
불을 피우려면 연기가 날 때까지 할 일이다	鑽火期出烟
도를 배우는 자에게 말하노니	爲報學道人
스스로 단념해서는[17] 절대 안 된다	自畵[1] 終不可
오늘의 어려움을 겪어 내지 않고서야	不經今日難
뒷날 어떻게 쉬운 일을 얻겠는가	安得後時易
섣달 매화는 차가운 눈발을 견디었기에	臘梅耐雪寒
봄이 오면 짙은 향기가 코를 찌르는 것이다	春來香撲鼻
짧은 시간이라도 참으로 아껴야 하느니	寸陰良可惜
위편삼절韋編三絶[18]이 어찌 대단하지 않은가	三絶豈不顯
옥돌이 있더라도 그릇을 만들려면	有玉欲成器
반드시 다른 산의 돌을 빌려야 하는 법이라네[19]	須借他山攻
깊은 산이라야 범이 살고	深山方有虎
얕은 물엔 용이 잠기지 못하니	淺水不藏龍
군자가 배우는 까닭은	所以君子學
대방가大方家의 으뜸이 되려 함이라네	要擇大方宗
어진 이를 보면 나도 그렇게 될 것을 생각하고[20]	見賢可思齊
배움을 꾀하면 마땅히 진척이 있어야 하니	謀學當求晋
산을 만드는 공적을 이루려고 한다면[21]	欲遂爲山功
배수진을 치듯 결사적이어야 한다네	要如背水陣

---

1) ㉠ '畵'는 '畫'의 오류인 듯하다.

어운강정에서 짓다
題漁耘江亭

산을 등진 정자 한 채 푸른 들을 굽어보고	背山亭子俯靑郊
그 안에 은자가 베개 높여 누워 있네	中有幽人一枕高
깎아지른 벼랑에 심은 소나무 가을이면 학을 부르고	斷岸栽松秋引鶴
네모난 연못은 바다와 통해 밤이면 밀물이 밀려오네	方塘通海夜生潮
몸을 한가롭게 놓아두고 공명에는 뜻이 없으니	身閑任是功名薄
한 해 살림살이 그렇게 나물 캐고 낚시한 걸로 족하네	歲計從他採釣饒
육지에 사는 신선을 이제 비로소 보는구나	陸地神仙今始見
인생살이 날마다 어슬렁어슬렁 소요하네	百年無日不逍遙

희학 사미와 이별하며
別喜學沙彌

흰 눈 쌓인 길에 아침이 밝아 오니	白雪明朝路
푸른 등불 아래 이 마음 어두워지네	靑燈此夜心
이별의 한을 그대는 알까	別恨君知否
바다도 이보다 깊지 않으리	滄溟亦不深
어제는 추樞 벗을 보냈고	昨日送樞友
오늘 아침에 또 그대를 보내니	今朝又送而
만약 내게 머리카락이 있었다면	若令吾有髮
이참에 다 백발이 되고 말았으리	於此盡成絲

개천사 준 화상을 애도하며
挽開天寺俊和尙

유유한 세월 꿈속을 지나 몸이 돌아가니　　　　　悠悠身世夢回休
밝은 달 쓸쓸히 떠 있는 세상은 가을이라　　　　　白月寥寥天地秋
힘 있는 자가 지고 가 버린 것을 이제 알았으니　　有力負趣今始見
깊고 어두운 골짜기에 배를 감추어도 소용이 없구나[22]　定知夜壑不藏舟
봄바람 꿈결에 불어와 고향으로 돌아가니　　　　　春風吹夢歸故鄕
먼지 없는 깨끗한 땅에서 다리 뻗고 쉬겠네　　　　大地無塵穩下脚
처량한 오늘 밤 소나무에 걸린 달빛만 차가운데　　今夜凄凄松月寒
옛 둥지의 천년 묵은 학 이제 보이지 않네　　　　　舊巢不見千年鶴

해종암에 부치다
題海宗庵

어찌하여 절 이름 해종이라 지었는가	何事招提號海宗
문 앞의 냇물 줄기 한강으로 통하기 때문이라네	門前一派漢江通
어부는 그물 걷어 아침 시장에 나가고	漁翁收網歸朝市
장사꾼은 돛대 기울여 저녁 바람을 기다리네	估子傾帆待晚風
모래톱에 해오라기 산 그림자 속을 날고	沙渚鷺飛山影裡
대숲 누대에 스님은 물소리에 기대었네	竹樓僧倚水聲中
배에서 자던 나그네 새벽 종소리에 놀라	孤舟宿客驚晨磬
한산사의 한밤 종소리[23]라 말하네	道是寒山夜半鍾

밤에 읊다
夜吟

산사의 창에 어둠이 찾아오니	山窓暝色至
모기 날갯짓 소리 시끄럽게 들리네	鬧鬧聽飛蚊
골짜기마다 바람은 나무를 흔들고	萬壑風搖樹
삼경 달빛이 구름 사이로 새어 나온다	三更月漏雲
누대 위에서는 조용조용한 스님 말씀	樓臺僧語靜
섬돌과 풀잎에는 소란한 벌레 소리	砌葉虫聲喧
경전의 가르침은 생각할수록 의혹이 많아	經敎轉多惑
가부좌로 새는 밤이 계속되네	雙趺疊夜分

아침 일찍 일어나서
早起

새벽 예불에 언제나 일찍 일어나려고	禮佛起常早
사시 종소리를 오래 기약하였네	長期四點鍾
짙은 하늘빛은 푸르름을 쏟아 내고	天光濃滴翠
싸늘한 촛불 그림자 빨간 불꽃을 흔드네	燭影冷搖紅
아무렇게나 생각을 놓아두는 것은 삼매가 아니니	胡想非三昧
무심도 역시 한 겹 막힌 경지라네	無心隔一重
옛사람이 기묘한 술수를 전할 때에는	昔人傳妙術
오래도록 주인공을 불렀다 하네	長喚主人公

계주에게 주다
贈戒珠

저녁 구름 봄 나무[24] 몇 해나 그리워했었는데　　暮雲春樹幾相思
갑자기 다시 만나더니 또 헤어질 때가 되었네　　忽漫重逢是別時
이별 길에 버들 꽃 따서 노자라도 주고 싶지만　　臨歧欲摘楊花贐
옛 언덕에는 이제 그 옛날의 버들가지 없구나　　古岸已無前日枝

어운초당
漁耘草堂

선생의 초가집이 좋아서	先生草閣好
아침부터 점심까지 앉아 있었네	午坐自從朝
집 앞 호수에 물이 불었으니	前湖知水漲
돌아가는 뱃길은 한층 더 높겠구나	歸艇一層高

오 선생의 시운을 따서 짓다 【옛말에 "기다란 무지개로 낚싯대를 만들고, 초승달로 낚싯바늘을 만들며, 흰 구름으로 미끼를 한다."라고 하였다.】
次吳先生【古云。長虹爲竿。新月爲鉤。白雲爲餌。】

돌밭 풀집을 운곡 골짝에 감추어 두고	石田茅屋藏耘谷
구름 미끼 달 바늘을 낚시터에 드리웠네	雲餌月鉤着釣臺
봄이면 채마밭에 들불 놓아 오색의 참외를 심고[25]	春圃燒荒瓜五種
대울타리 기댄 언덕에는 세 갈래 길을 내었네	竹籬倚岸徑三開
차가운 강 눈발 속을 도롱이 입고 나서서	寒江雪裡披簑去
배 안에 밝은 달을 비단처럼 꿰어 오리라	明月舟中串錦來
벼슬아치들 어느 누가 이 즐거움을 알까	宦海何人知此樂
날마다 세상일에 쫓기니 불쌍하구나	可憐塵事日相催

문득 짓다
偶題

한평생 살아가는 일 어찌나 짧은지	百年計常短
만사가 부질없어 머리만 긁적이네	萬事首空搔
오래 익혀 온 경전은 이제 막 익숙해지려 하고	久講經方熟
자주 읊다 보니 시 구절도 가끔은 호방하네	頻吟句或豪
산 모양은 봄이면 그림 같은 풍경을 바치고	山容春供畫
솔바람 소리 밤이면 파도처럼 들린다네	松籟夜聽濤
담박한 이 생활이 원래 나의 분수라	澹泊元吾分
공명일랑 한 가닥 터럭처럼 여길 뿐이라네	功名視一毫

삼월
三月

삼월 봄바람에 비가 내리니	三月東風雨
앞 시내에 물이 깊어지겠네	前溪水政深
풀 돋아나면 세상 생각이 번거롭고	草生繁世念
꽃 지고 나면 참선 마음이 고요하네	花落靜禪心
제비는 지난해 쓰던 보금자리를 고치고	燕補經年壘
꾀꼬리는 작년보다도 소리가 어여쁘구나	鶯添往歲音
눈에 들어오는 봄빛이 하도 좋아서	眼看春色好
강경 끝난 후 시 한 수를 소리 높여 읊어 본다	講後一高吟

어운 오 선생의 죽음을 애도하며
挽漁耘吳先生

종이 이불과 나무 발우만 몸에 지니고	紙衾木器鎭隨身
칠십 년 세월에 두 해를 더 살았구려	七十星霜又二春
만 권의 시서와 더불어 세월을 보내며	萬卷詩書消日月
언덕의 소나무와 국화를 벗 삼아 속세를 멀리했네	一丘松菊遠風塵
천지는 어진 사람을 탐낸다더니	秖緣天地慳賢者
마침내 강호의 주인을 잃게 하는구나	竟使江湖失主人
방외에서 서로 따르며 사귀어 왔으니	方外相從曾有分
고개 돌려도 수건을 적시는 눈물 금할 길 없네	不禁回首自沾巾

문득 짓다
偶題

시월 북풍 싸늘하게 겨울을 재촉하는데	十月北風催歲寒
몸에는 아직도 헐렁한 여름옷을 걸쳤네	生衣猶自着身寬
물처럼 맑게 마음을 씻고 또 씻어 보아도	襟懷以水欲澆水
하는 일은 산 넘어 또 산이로세	事業踰山又有山
눈 가리고 경전을 보아도 참 이치를 얻을 수 있지만	遮眼看經眞得計
마음 졸이며 시구를 다듬어도 영 끝이 없네	愁肝琢句太無端
미간의 누런빛을 사람들이 치하하는 까닭은	天庭黃色人相賀
해가 갈수록 의리가 욕심을 이겨 냈기 때문이라네[26]	秪爲年來義勝還

늦봄
暮春

왕희지王羲之가 계禊를 닦던 날이요[27]	羲之修稧[1]日
증점曾點이 기수沂水에서 목욕하던 때로다[28]	點也浴沂時
제비 지저귀면 난간에 의지하여 바라보고	燕語欄堪凭
꽃 내음 향기로우면 지팡이 짚고 따른다네	花香杖自隨
봄빛이 새로운 시구에 들어오고	韶華入新句
백발이야 뭐 본래 예상했던 일이라네	白髮本前期
눈 아래 펼쳐진 하늘과 땅 넓기도 하니	眼底乾坤闊
한가한 시름 따위 미간에 걸리지도 않네	閑愁不掛眉

---

1) ㉠ '稧'는 '禊'인 듯하다.

긍현을 애도하며
挽肯玄

사람이야 다 죽는 것 어찌 한스러울 게 있겠냐만	人皆有死何須恨
오직 그대 죽음만은 절대 그렇지가 못하구나	惟爾之亡大不然
스물 젊은 나이에 물처럼 흘러가 버렸으니	二十年光隨逝水
문장과 재능은 몽땅 연기가 되어 버렸구나	文章氣質摠成烟
젊으신 홀어머니 누구에게 의탁할까	靑春寡母將誰托
백발의 스승도 참으로 가련하구나	白髮阿師眞可憐
그대 저승에 가서도 눈을 감기 어려워	應想九原難瞑目
정령이라도 하늘에 올라가 하소연하리라	精靈直上訴蒼天

관북의 준 대사와 이별하며
別關北俊大師

〈양관곡〉을 거듭 부르며²⁹ 멀리 나그네를 보내니   三疊陽關送遠賓
구름 덮인 산 어디에서 우리 다시 만날까   雲山何處更相親
한바탕 아름다운 만남은 꿈결 같았으나   一場佳會渾如夢
천 리 귀향길에 봄날이 저물어 가네   千里歸程欲暮春
흐르는 물에 떨어지는 꽃은 이별의 한이리니   流水落花離別恨
무더운 바람 한겨울 눈발에 가는 사람과 머무는 사람   炎風朔雪去留人
올 때 좋았던 길 갈 때도 좋을 것이니   來時好道去時好
머뭇거리거나 수고로운 일일랑 부디 없길 바라네   不用逡巡且轉身

취홍 시자를 보내며
送就弘侍者

북풍에 날리는 눈발 어지럽기만 한데	北風吹雪雪霏霏
눈 속에서 시를 지어 그대 가는 길에 주노라	雪裡題詩贈爾歸
아무리 생각해도 이번에 가면 다시 오기 어려울 텐데	應想此行難再返
이제 방 안에서 누가 병과 옷을 집어 줄까	室中誰復過瓶衣

【'과過'는 '집어 주다'라는 뜻이다.(過。拈也。)】

평생 동안 잡아 두고 의지하려 했는데	平生留計許相依
이제야 그 계획이 잘못된 줄 알겠네	無那如今計却非
이별의 눈물로 가사 소매가 반쯤 젖었는데	緇衫半濕離筵淚
허공을 웃어 보아도 아쉬운 마음 그치지 않네	自笑觀空未息機

입춘에 공부[30]의 시운을 따서 짓다
立春次工部

손가락 꼽아 보니 지난 세월 서른두 해	屈指流年三十二
공부를 등지고 젊은 시절 헛되이 다 보냈네	工夫虛負少年時
세월은 숫돌처럼 이 몸을 갈아 대고	星霜若礪磨形器
시간은 북[31]처럼 귀밑머리에 흰 실을 짜네	日月如梭織鬢絲
눈 쌓인 처마 아래 매화꽃을 봐도 함께 웃기 어렵고	雪壓簷梅難共笑
빗발에 쫓기는 시냇가 버들잎에도 슬픈 생각 더하네	雨催溪柳適增悲
영화와 쇠퇴를 그저 하늘에 맡겨 두고	榮枯一任聽天分
벽에 더 이상 축리시[32]를 쓰지 말 일이라	壁上休題祝釐詩

늦봄
暮春

마음은 근심으로 별 재미도 없는데	懷事悄無聊
봄빛은 보아하니 또 저물어 가는구나	春光看又暮
산 깊어 찾아오는 손님 드물고	山深客到稀
문 닫아거니 배꽃만 비처럼 날리네	門掩梨花雨

임성 스님에게 주다
贈任性上人

청렴하고 결백한 가풍은 맑은 달을 서리로 씻은 듯	淸白家風月洗霜
방 안엔 오직 경전 올려놓은 책상 하나뿐이네	房中只有一經床
몸뚱이 보전하자고 토끼처럼 세 굴을 팔까[33]	安身肯效兎三窟
거북이 몸을 움츠리듯 육근을 감추고 처세할 일이라	處世應如龜六藏
흠뻑 적신 봄비에 대나무는 부드러운 싹을 토해 내고	竹吐錦萌春雨飽
소나무 노란 꽃가루 온 들에 향기를 뿜어 대네	松含黃粉野吹香
진眞을 구할 것 없이 망妄을 버릴 것도 없이	不求眞又不除妄
마음대로 소요하며 대범하게 걸음을 옮기네	任性逍遙步大方

【거북이는 머리와 꼬리와 네 발을 움츠려 감추면 들짐승이 침범하지 못하고, 비구가 육근을 감추면 마귀가 침범하지 못한다.(龜藏首尾四足。野犴不能捉。比丘藏六根。魔不能犯。)】

삼가 조 병상[34]의 시운을 따서 짓다【동진東晉】
謹次趙兵相韻【東晉】

공무가 비는 하루 날을 잡아서	玉節乘閑日
물 건너 바위 넘어 가마 타고 왔구려	肩輿水石來
골짜기 가득한 구름 나그네의 길을 가리고	峽雲迷客路
소나무 가지에 걸린 달 선대와 짝하였네	松月伴仙臺
가슴 깊숙이 얼음 같고 눈발 같은 기상 있으니	胷底藏氷雪
시 구절 안에는 티끌 한 점도 없구나	詩中絶点埃
말라 빠진 이 선승이 무슨 대단한 적수가 된다고	枯禪非勁敵
새 시를 지어 내라고 자꾸만 빚을 독촉하는가	新債耐相催

또 '상' 자 운을 따서 짓다
又次霜字

군영의 행색은 서릿발처럼 엄한데	轅門行色凜如霜
무슨 요행으로 산승이 자리 함께하였나	何幸山僧共一床
폭포 위의 누대는 물가에 바짝 닿아 서 있고	瀑布有臺臨水闢
주인 없는 부도만 구름 속에 잠겼네	浮屠無主倚雲藏
막걸리 맛 진국이라 쳐다만 보아도 취하고	醇醪氣味看來醉
난초 같은 시편은 읊을수록 향기롭네	蘭蕙詩篇咏去香
태평성대 요사이는 변방이 편안하니	聖代卽今邊警息
쉬는 날 잠깐 나가 노니는 거야 어떻겠나	何妨暇日暫遊方

조 공이 한번 다녀가라고 청하기에 유영[35]에 가서 지어 주다 【여항 유정餘杭惟政 선사는 항상 노란 소를 타고 다녔기 때문에 호를 정황우政黃牛라고 하였다. 장당蔣堂과는 벗이었지만, 장당이 오기를 청하여도 한 번도 응하지 않았었다.】
趙公要一來故徃柳營有呈 【餘杭惟政禪師。常乘黃牛。故號政黃牛。與蔣堂爲友。堂請一來而不應。】

가느다란 지팡이 하나 의지하여 산등성이 내려서니 　瘦節扶力下岡頭
언덕이나 시냇가엔 나무며 등덩굴 길마다 빽빽하네 　岸樹溪藤挾路稠
붉은 꽃비 몇 번 날리고 나니 꽃놀이도 시들해지고 　紅雨幾番花事老
벌판 가득 누런 물결 보리 수확이 다가왔네 　黃雲萬頃麥家秋
군문에 들어온 것은 전에 약속했었기 때문이니 　轅門只爲前期顧
시 짓는 자리에서 묵은 시 빚을 요구한 건 아니라네 　詩壘非要宿債酬
계곡을 잠시 떠나 발바닥에 속세 먼지 묻혔으니 　岩谷暫辭塵膩襪
황소 타고 다니던 여항 보기 부끄럽구나 　餘杭羞殺政黃牛

조 공이 체직遞職되어 돌아가기에 이별시를 지어 주다
趙公遞歸呈別章

이별의 시를 다 읊고서 이제 헤어지려는데	賦別詩成路欲分
성안 가득 매미 울음소리 들리는 듯하구나	滿城蟬咽若爲聞
끈끈한 기운 다 걷힌 하늘 씻은 듯 깨끗하고	瘴嵐斂氛天如洗
벼 이삭 쑥쑥 고개 내민 들판 향기가 한창이네	粳稻抽花野政芬
비 오는 노령의 가을 풀 사이로 말 울음소리 들리고	秋草馬嘶蘆嶺雨
한강의 구름 저 끝까지 석양이 비춰 주는구나	夕陽飅飽漢江雲
다행히 남쪽 변방이 오래도록 무사하였나 보다	幸逢炎徼久無事
그렇지 않다면 조정에서 장군을 불렀겠는가	不爾朝廷召將軍

서생의 시운을 따서 짓다
次徐生韵

한평생 속세 떠난 삶 맑디맑고　　一段生涯分外淸
봄이 되니 온 산에 고사리 푸릇하네　　春來薇蕨滿山靑
배고픔을 모르니 구걸할 일[36] 없고　　忘飢未肯呼庚癸
지은 시는 몽땅 불살라 버릴 일[37]이네　　得句端須付丙丁
가섭이라도 어찌 납의 세 벌이야 없었겠나　　迦葉豈無三事衲
약산[38]에게는 오직 경전 두 상자뿐이었네　　藥山惟有兩函經
이 숲속이 아니면 내가 어디로 가겠는가　　倘微林下吾安徃
원숭이와 새들만 여전히 내 마음 알아주누나　　猨鳥依然識我情

달을 노래하다
咏月

옥도끼로 은 바퀴를 다듬어서	玉斧修銀轂
푸른 하늘 향해 굴려 올렸나	轉向碧空浮
달그림자 천 강에 밤을 드리우고	影散千江夜
달빛은 만국에 가을을 나누었네	光分萬國秋
소나무에 걸린 둥근 옥에 학이 놀라고	鶴驚松掛璧
물속 낚싯바늘에 물고기 겁을 먹네	魚怯水藏鉤
저 달은 돈을 주고 사는 물건이 아니니	賴是非錢買
산집에서나 잡아 두고 볼 수가 있네	山家也得留

불출암에 부치다
題佛出庵

세상을 피해 온 것 본디 근심을 없애려 함이었으니	遯世元無悶
산속 깊이 박혀 사는 것 싫증 나지 않는다네	居山不厭深
재를 올린 뒤에는 가사를 벗어 빨고	衲從齋後洗
어쩌다 강경하는 여가에는 시를 읊노라	詩或講餘吟
깊고 고요한 계곡엔 옥구슬 구르는 소리	靜壑溪鳴玉
성긴 대숲에는 금빛 달그림자 새어 나오네	踈筠月漏金
숲 깊은 곳 새들끼리 서로 즐거워	幽禽共相樂
나뭇잎 사이로 맑은 노래를 보내오네	隔葉送淸音

가을밤 【2수】
秋夜【二首】

[1]

삼경에 고요히 앉았노라니	寂寂三更坐
망념이 잔잔히 가라앉네	寥寥萬念輕
벌레 소리 어둔 벽을 흔들어 놓고	蟲聲搖暗壁
달빛은 성긴 기둥 사이 뚫고 비추네	蟾影透踈楹
나부끼는 나뭇잎에 비 내리나 의심하고	葉下飜疑雨
흐르는 반딧불을 유성인가 착각하네	螢流錯認星
옛사람은 무슨 일로	昔人緣底事
부질없이 슬픈 느낌을 가졌을까	搖落動悲情

[2]

옥구슬 같은 이슬에 가을바람 불어오니	金風吹玉露
이불이 점점 종이처럼 얇게 느껴지네	漸覺紙衾輕
병든 과일은 먼저 나무에서 떨어지고	病果先辭樹
가을 쓰르라미 일찌감치 처마 밑에 들어갔네	寒蟬早入檐
인생사 그저 꿈속 같으니	百年渾栩栩
귀밑머리 반이나 성성하네	雙鬢半星星
등나무 넝쿨에 걸린 저 달만이	獨有藤蘿月
이 밤 내 마음을 알아주는구나	能知此夜情

영침대에서 소 처사의 시운을 따서 짓다
影沈臺次蘇處士

숲속의 돌길은 반 넘게 이끼로 덮였고 　　　　　林間石逕半封苔
수천 송이 연꽃이 줄기마다 흐드러지네 　　　　千朶芙蓉杖上開
구만리 머나먼 하늘 어디서 끝날까 　　　　　　九萬長天何處盡
굽어보면 푸른 바다도 조그만 술잔 같구나 　　　眼看滄海小如盃

숲속 생활
林居

[1]
숲으로 돌아와 사는 세월이 깊을수록	林下歸來歲月深
세속 잡사 전혀 없이 마음 활짝 열리네	了無塵事可開心
흰 구름이 산 앞의 길마저 막아 버리니	白雲塞斷山前路
한 곡조 무생곡無生曲을 읊을 만하구나	一曲無生信口吟

[2]
한 곡조 무생곡을 읊노라면	一曲無生信口吟
솔솔 솔바람 맑은 소리로 화답하네	蕭蕭松吹和淸音
벼슬길 풍파 속에 사는 나그네여	堪差窟海風波客
해 저문 것을 알아채는 새만도 못하구나[39]	知止不如日暮禽

가을밤에 마음속 생각을 적다
秋夜紀懷

청명한 이 밤 어찌하여 잠 못 드는가	淸宵胡不寐
숨어 사는 이 집에 가을 감상 담담하네	秋思淡幽扃
달을 감상하며 걸으면서 시를 짓고	賞月行成句
종소리 들으며 앉은 채 몇 시간을 보냈네	聞鍾坐數更
벌레 소리 저 혼자 끊어졌다 이어지고	蛩音自斷續
나무 그림자 제멋대로 가로세로를 긋네	樹影任縱橫
세상의 인연이 진정 무아라면	世故應無我
어찌하여 백발은 생긴단 말인가	如何白髮生

기 사형의 죽음에 통곡하며
哭棋師兄

그 시절 호랑이 굴 속 호랑이 새끼 중에	虎窟當年衆虎兒
소를 통째로 삼킬 만한 기운은 사형뿐이었지	食牛全氣獨惟師
큰스님 되어서 무리를 이끌 줄 알았었는데	久知龍象成羣隊
전단 나뭇가지 꺾이다니 너무도 한스럽구나	痛恨栴檀摧一枝
세상을 채웠던 명예도 아무짝에 쓸모없구나	滿世聲名無處用
옷과 발우는 누가 전해 받을 것인가	傳家衣鉢有誰持
불가가 여러 방면으로 안목을 잃게 되었으니	空門失却諸方眼
사사로운 정 때문에 눈물 흘리는 게 아니라네	此淚非徒爲我私

마음속 생각을 읊다 【홍기紅旗[40]라고 한 것은 백낙천白樂天의 시에 나온다. ○형악衡岳의 구절은 나찬懶瓚 선사의 일이며, 다음 구절은 태전太顚 선사의 일이다.】

述懷【紅旗云云。見樂天詩。○衡岳句懶瓚[1]事。次句太顚事也。】

벼슬살이(紅旗黃紙)[41] 한평생 내 뜻대로 되지 않아	紅旗黃紙此生違
버리고 산중에 들어가 〈채미가採薇歌〉[42]를 노래했네	脫入山中歌採薇
형악[43]에 천자의 조서가 전하지 않아도	衡岳不傳天子詔
융봉[44]은 사신의 옷을 받았더라	融峯却受使君衣
명절 맞을 때마다 시편만 늘어 가고	每逢佳節添詩集
늙으니 허리띠만 점점 줄어 가는구나	漸覺衰年減帶圍
애써 배운 『화엄경』을 누구에게 강설할까	苦學華嚴誰與講
저물어 가는 총림에 원만한 근기가 드물구나	叢林晩歲少圓機

---

1) 㲆 '懶瓚'이 『淵鑑類函』「衡山條」에는 '瀨殘' 또는 '懶殘'으로 되어 있다.

가을밤
秋夜

[1]
맑은 이슬 하늘 씻어 북두칠성 드리우면　　　白露洗空斗柄垂
주렴 사이 소나무 달그림자 들쭉날쭉 비치네　　入簾松月影參差
넘치는 맑은 흥취로 좋은 시구 끌어내지만　　　十分淸興牽佳句
억지로 다듬다 보면 기발한 본뜻을 잃고 만다네　剛被推敲喪本奇

[2]
은하수 아득히 흘러 옥승⁴⁵을 가로지르고　　　星河迢迢玉繩橫
마당에서 산책하니 온갖 생각 맑아지네　　　　散策中庭百念淸
가을바람 건듯 불어 나뭇잎을 떨어뜨리고　　　不分西風吹葉落
숲 저 너머에서 비 다가오는 소리 들리네　　　隔林聽作雨來聲

오른손이 없는 나그네에게 주다
贈無右手客

관음보살님은 손이 천 개나 되는데	觀音菩薩有千手
정안으로 본다면 누구인들 없겠나	正眼看來誰不有
손 하나 없다 하여 어찌 걱정할 것 있겠나	一箇雖殘何須嫌
아직도 구백구십구 개의 손이 남았잖은가	猶存九百九十九

산속 생활
山居

일 년에 두어 차례 옷을 기워 입고 　　一年衣重補
하루에 두 번 발우를 씻는다네 　　一日鉢兩洗
산 살림 이런 흥취를 모른다면 　　不曉山中趣
산속에 살아도 속세나 마찬가지네 　　山中亦塵世

영남의 식 대사에게 보내다
寄嶺南湜大師

우리 두 몸이 갈라선 지 몇 해나 되었나   一隔形骸問幾春
영남의 구름 호남의 나무 바라볼수록 새롭다   嶺雲湖樹望中新
끊어진 안부 편지 언제 다시 이어질까   何時斷鴈重聯字
이날에 부평초 각각 제자리로 보내졌구나   此日浮萍各送根
지극한 도의 경지는 본디 백가가 한가지   至道百家元合轍
풍속만 같다면 천 리 먼 곳도 이웃이 된다네   同風千里亦成隣
바라노니 깨끗한 업을 쌓도록 노력하여   願言淨業須勞力
우리 함께 용화회상[46] 사람이 되세   共作龍華會上人

꿈속에서 긍현을 보고서【장화張華[47]가 육기陸機[48]에게 "남들은 재주가 적은 것을 걱정하는데, 그대는 많은 것을 걱정하는구나."라고 하였다. 벽파碧波는 진도珍島의 나루터 이름이다.】
夢見亘賢【張華謂陸機曰。人患才少。君患其多。碧波。珍島津名也。】

[1]

그대가 세상을 뜬 지 또 한 해가 지났으니	一自爾亡又一春
들보 뒤로 지는 달[49]을 보며 상심하길 몇 번인가	屋梁殘月幾傷神
그대 혼령 오늘 밤 꿈속으로 문득 들어오니	精靈忽入今宵夢
잠에서 깨기 전까진 참으로 생시 같았네	未到覺時猶是眞

[2]

어렸을 땐 재주가 너무 많아 오히려 걱정이어서	年少英才却患多
갈고 다듬어 일가를 이루어 주길 기대했었네	將期雕琢可成家
외로운 배 한번 가고는 돌아오지 않는데	孤舟一去無廻棹
머리 돌려 보면 동풍에 푸른 파도 따라 이누나	回首東風怨碧波

면성[50]의 수령 이만회[51]에게 주다 【선우자준鮮于子駿이 일로一路의 복성福星이다.】
呈綿城李使君【萬恢】【鮮于子駿。一路福星。】

하늘은 임금의 교화를 고루 젖게 하고자 　　天敎聖化欲沾均
복성[52]을 바닷가 마을에 보내 주셨네 　　　故遣福星臨海濱
자리의 주인이 부임해 기뻐서 그러니 　　　却喜繩床延地主
영합[53]에 스님이 찾아온들 무슨 해가 되겠나 　何妨鈴閣到山人
집집마다 두루 비추는 달은 사사로움이 없어서 千家共照無私月
고을마다 모두 유각춘[54]을 맞이하였네 　　百里偏逢有脚春
문옹[55]이 찾아오신 것을 감사하려고 　　　爲謝文翁曾枉駕
해진 옷에 저잣거리 먼지 묻는 것 사양 않았다오 不辭衣綻滿城塵
【한나라 문옹은 촉蜀의 군수였다.(漢文翁。爲蜀郡守。)】

달 밝은 밤에 매화를 감상하다
月夜賞梅

불단에 예를 마치니 어느덧 이경	禮訖蓮壇欲二更
등불을 가까이하여 남은 경전을 마저 읽었네	且親燈火了殘經
밤 깊어 매화나무에 달빛이 비추니	夜深月在梅花上
매화 그림자와 은은한 향기 더욱 분명해지네	瘦影寒香相與淸

【'잔잔(殘)'은 나머지란 뜻이다. 이하 '잔잔(殘)' 자는 대부분 나머지라는 뜻으로 쓰였다.(殘。餘也。下用殘字。多用餘意也。)】

어부사 [2수]
漁父詞【二首】

[1]
붉은 여뀌꽃과 흰 마름꽃 양 언덕엔 가을인데　　　　紅蓼白蘋兩岸秋
밝은 달을 바라보며 홀로 배에 누웠네　　　　　　　　好看明月臥孤舟
깊은 밤 갑자기 낚시찌가 흔들리니　　　　　　　　　　夜深忽見搖浮子
금세 금빛 반짝이는 물고기 올라오겠네　　　　　　　　自有金鱗上直鉤

[2]
바다 살림살이는 저 흰 갈매기가 알리라　　　　　　　滄溟活計白鴎知
외로운 배 한 척 말고는 아무것도 없다네　　　　　　　除却孤舟無一物
밀물 때를 기다려 바다로 나가 고기 잡는데　　　　　　待得新潮別浦漁
갈 때는 안개비 오더니 올 때는 달이 떴구나　　　　　　去時烟雨來時月

목동사
收¹⁾童詞

사방으로 이리저리 풀숲을 헤집고 다니면서	南北東西草裡行
소 등에서 피리 빗겨 물고 두어 번 불어 대네	笛橫牛背兩三聲
황혼이 진 뒤에는 돌아와 배불리 먹고	歸來飽飯黃昏後
도롱이도 벗지 않은 채 달 아래 눕네	不脫蓑衣臥月明

---

1) 역 '收'는 '牧'의 오기이다. 목판본에는 '牧'으로 되어 있다.

『석주집』의 시운을 따서 짓다
次石洲集

절 안에 듬성듬성 나무 그늘 시원한데	滿院扶踈樹影寒
이웃 스님 돌아가자 들새가 돌아오네	隣僧才去野禽還
구하는 것 없으면 어딜 가도 세상인심 푸근한데	無求到處人情好
일이 있어 오고 가는 세상살이는 어렵기만 하다	有事從來世道難
종소리는 구름을 헤치고 깜깜한 강물을 건너고	雲裡鍾聲度暗水
달빛 아래 솔방울 빈산에 떨어지네	月中松子落空山
만호의 제후에 비교하지 마시게	休將萬戶侯相較
좁은 절이지만 평안을 근심하는 날 없다네	不愽禪家一日安

국화
菊花

빨갛고 하얀 온갖 꽃들 봄빛에 겨워서　　　　　朱朱白白媚春輝
고운 빛깔 좋은 향기로 한 시절 뽐냈지만　　　　孅色芳香動一時
가을바람 불어오자 모두 다 떨어지고　　　　　　摠向秋風零落盡
너만은 동쪽 울타리에서 서리를 견디는구나　　　東籬唯有傲霜姿

몽탄[56] 가는 배에서 어운동을 바라보며
【오吳 선생이 예전에 살았던 곳이다.】
夢灘舟中望漁耘洞【吳先生舊居】

한 해가 저물어 가니 강가 마을도 외로워 보이고	歲暮江村望裡孤
석양이 비추니 높다란 나무에 굶주린 까마귀 모여드네	夕陽喬木集飢烏
선생은 오래전에 물고기를 타고 떠나셨으니	先生疇日騎魚去
언덕 위 저 집들 사이 오씨吳氏 성은 누가 있나	岸上人家誰姓吳

한밤에 감회를 읊다 【2수】
夜懷【二首】

[1]
밤이 깊으니 별들은 은하수에 잠기고	夜永星沈漢
맑디맑은 가을 달빛 서리에 씻기누나	秋淸月洗霜
멀리 암자 스님 잠자리에서 일어나	遙庵僧起寢
오래도록 앉은 채 경쇠 소리를 듣는구나	坐聽磬聲長

[2]
노스님은 감실에서 예불을 올리고	老僧禮龕燈
가을 귀뚜라미 섬돌 풀잎에서 울어 대네	寒蛩鳴砌葉
지팡이 짚고서 누렇게 물든 마당을 걸으면	扶筇步黃庭
옥구슬 같은 이슬방울 가사를 적시네	玉露袈裟濕

대둔사의 초청을 받아 나아가서 [2수]
赴大芚寺請【二首】

[1]

다시 장춘동에 들어가니	再入長春洞
기나긴 봄날은 예전 그대로네	長春似昔時
풍경 소리 구름 밖 길까지 들리고	磬傳雲外路
눈 속의 연못에는 꽃잎이 떠가네	花泛雪中池
새 탑에는 입적한 스님이 자리했고	新塔下僧化
높다란 소나무엔 늙은 학이 날아드네	喬松老鶴隨
문을 닫으면 고요히 내려앉는 산 그림자	閉門山影靜
새소리만 높은 가지에서 들려오네	鳥語落高枝

[2]

공양 종소리 울리고 밥도 다 되니	鍾鳴飯熟後
향불 꺼지고 강설을 마칠 때로다	香歇講闌時
탑 그림자 뜰 한편에 비껴 있고	塔影橫幽砌
누각 그늘 작은 연못을 덮고 있네	樓陰覆小池
시를 짓느라 봄날은 저물어 가는데	詩情春欲暮
오랜 병은 어느 하루 덜할 날이 없네	老病日相隨
방장엔 다른 물건 없다네	方丈無餘物
화병에 한 가지 꽃만 꽂혀 있다네	瓶花挿一枝

8월 14일 밤에 감회를 적다
八月十四夜記懷

야트막하게 구름 깔리고 이슬 꽃이 내린 날	微雲点綴露華流
소리 없는 나무 사이로 나 홀로 누각에 올랐네	萬樹無聲獨倚樓
세상일 망망하여 큰 바다에 떠 있는 듯	世事茫茫如大海
인생살이 두둥실 떠가는 배와 같구나	浮生泛泛似輕舟
달 둥글어지면 가을도 반을 넘어서고	月當圓處秋當半
은하수 기울 때쯤이면 밤도 다 새겠구나	河欲傾時夜欲遒
아홉 회 화엄을 이제 여섯 회까지 강설했으니	九會華嚴才講六
내년 이 밤쯤엔 모두 다 마칠 수 있으려나	明年今夕畢周不

가을날의 회포
秋懷

구월 서릿바람에 나뭇잎 어지러이 날리는데 　　九月霜風葉亂飛
가련하다, 노쇠한 병이 옷처럼 달라붙어 있네 　　可憐衰病着生衣
암자의 스님은 험한 산길 겁도 안 나는지 　　庵僧不怕山蹊險
온종일 솜을 빌어 깊은 밤에야 돌아오네 　　盡日乞綿深夜歸

비석 세우는 일로 서울에 와서 봉은사에 묵다
以碑事到京宿奉恩寺

짧은 처마를 감도는 소리 누워서 듣자니	臥聽寒聲繞短簷
눈 녹아 물방울 똑똑 떨어지는 소리로구나	政知融雪滴纖纖
봄날 시흥에 몸도 함께 나른해지는데	一春詩興身同倦
천 리 길 나그네의 시름 골수에 파고드네	千里羈愁骨欲尖
화로 깊숙이 묻은 재는 새벽까지 따뜻하나	爐爲深灰通曉煖
밤이 길어 등잔에는 자주 기름을 쳐야 했네	燈因長夜數油添
호남 땅에서 함께 공부하던 나의 벗은	南湖有我同床侶
서울의 이 춥고 배고픈 신세를 기억할까	能記京山凍餒箝

주인 이 봉사[57]의 벽에 쓰다【통通은 말똥이다.】
題主人李奉事壁【通。馬矢也。】

옥돌에는 뛰어난 장인이 필요하고	珉石求良匠
좋은 글은 정승에게 얻어야 하네	銘詞乞相公
찢어진 창문은 못 쓰는 종이로 막고	破窓塞休紙
차가운 온돌엔 말똥을 태우네	寒堗爇殘通
제비 지저귀니 봄도 반은 지났나 보다	燕語春過半
꽃 그림자 보아하니 해가 중천에 떴구나	花陰日正中
호남과 영남으로 서로 소식이 끊어졌으니	嶺湖書信斷
지팡이 짚고서 안부 소식 전하길 기다리네	倚杖看來鴻

마곡 안 생원의 시운을 따서 짓다
次麻谷安生員

우연히 선생 댁에 들렀더니	偶到先生宅
시냇물 대나무 숲 너무도 고요하구나	蕭然水竹間
손님 맞으려고 길을 쓸어 두었나	逕仍迎客掃
문은 글을 읽으려고 닫아걸었겠지	門爲讀書關
연못엔 쌍쌍의 새들 지나는 그림자 비치고	潭影鳥雙度
지팡이 소리에 내다보니 스님 혼자 돌아오네	筇音僧獨還
키와 갓옷[58]은 옛날의 가업일 뿐	箕裘舊家業
글 읽는 게 좋아서 산속으로 숨었다네	文字富藏山

흉년을 탄식하다
歎凶年

[1]
떠돌며 사는 이 몸 흉년까지 만나서 　　　　雲水生涯遇儉歲
도토리 죽으로 아침 끼니 겨우 넘겼네 　　　盡將橡粥度朝哺
발우 가득 세 홉 밥이 어찌 편하겠나 　　　　一盂三合吾何泰
산 아래 농가에는 피밥도 없다는데 　　　　　山下田家稗飯無

[2]
경서를 애써 배운들 굶기를 못 면하니 　　　苦學經書未救飢
오천 권의 책들을 어디에 쓰겠는가 　　　　　五千餘卷竟何施
그러나 그 속의 즐거움 바꿀 수 없으니 　　　雖然不改其中樂
세상일 모른다고 탓하지 마시게 　　　　　　莫道從來見事遲

[3]
신참이 오지 않았는데 구참 스님이 가 버렸으니 　新參不到舊參去
겨울 석 달 입 다물고 강경도 하지 않았네 　　　　緘口三冬廢講經
밤이면 도적이 무서워 북을 치고 　　　　　　　　夜警賊人頻打鼓
낮이면 거지를 막느라 문을 닫았네 　　　　　　　晝防乞客每關扃
평생 동안 자비를 베풀라 말해 왔는데 　　　　　　平生盡道慈悲種
이제 와 어쩌자고 인색한 마음이 싹트는지 　　　　今日何緣鄙吝萌
흉년 때문에 그저 잠시 이러는 것뿐 　　　　　　　祇爲凶年暫如此
우리들의 본래 심정 이런 것은 아니라네 　　　　　政非吾黨本心情

학 대사를 애도하며
挽學大師

덧없는 세월은 북을 던지듯[59] 빠른데	浮世光陰等擲梭
『연화경』 읽는 일과를 일생의 업으로 삼았네	蓮花日課又成科
명주 마개를 뚫고 병 속의 새는 날아가고[60]	縠穿忽出瓶中雀
등나무 쓰러졌으니 우물가 뱀인들 머물까[61]	藤倒寧留井上蛇
벽 위의 새로 그린 진영에 등불 비추니	燈照壁間新影像
옷상자 속 낡은 가사에는 향기가 남아 있네	香殘匣裡舊袈裟
가신 스님의 정은 아직 끊어지지 않았으니	枯禪尙未情根斷
혼을 부르는 복復 소리에 눈물 솟는구나	皐復聲中淚迸波

【병 속의 참새와 우물가의 뱀 이야기는 동파東坡의 주석에 나온다. 『예기』에 "지붕 위에 올라가서 울부짖어 고하며 말하기를 '고 아무개'라 한다."라고 하였다. 또 그 주석에는 "북쪽으로 향하여 하늘에 대고 고하기를 '고 아무개'라 하는 것은 죽은 사람의 이름을 부르는 것이다."라고 하였다. '복復'이란 혼이 되돌아와 주기를 기대해서 하는 말이니, 오늘날 옷을 가지고 혼을 부르는 것(招魂)과 같다.(瓶雀井蛇。見東坡註。禮升屋而號告曰皐某。復註北面告天曰皐某。死人名也。復者。謂魂返復也。卽今者。以衣招魂之類也。)】

해남 이 생원의 시운을 따서 짓다
次海南李生員

티끌세상 머리 저어 명예를 사양하고	掉頭塵世謝閑名
산천에 숨어 살며 성정을 수양하네	高臥林泉養性情
세월 흘러 흰머리 생기는 줄도 모르고	歲去不知雙鬢白
봄 되면 온갖 꽃 피어나는 것만 기쁘다네	春來只管百花明
삼생[62]의 인연이 박하여 임금과 부모를 등지고	三生緣薄逃君父
온 세상 사람들을 모두 형제처럼 여기네	四海人多視弟兄
법문을 향해 나아온 길 얼마쯤 깊어졌을까	向上法門深幾許
눈앞의 길을 겨우 지나니 또 앞길이 보이네	前程才過又前程

윤 한림[63]의 〈장춘동에 들어가다〉라는 시운을 따서 짓다
【윤 한림의 이름은 숙藝[64]으로, 당시 해남에 귀양 와 있었다.】
次尹翰林入長春洞韵【名藝。時謫海南。】

남국의 가을바람에 한림이 찾아오니	南國秋風內翰過
성은을 입은 산과 물을 실컷 보았지	飽看山水聖恩波
말끔한 얼굴은 하늘을 오르는 학과 같고	粹容淨似冲霄鶴
정밀하고 묘한 지혜는 우유를 가려내는 거위[65] 같네	妙解精如擇乳鵝
밝은 달이 가득 차니 조수가 불어나고	明月滿時潮水大
흰 구름 걷히니 산과 바다도 드러나네	白雲斷處海山多
그대의 시는 강산의 도움을 얻었고	知君詩得江山助
온갖 나무 단풍 들어 비단 언덕을 이루었네	萬木丹楓作錦坡

상원암 시의 운을 따서 짓다
次上院庵韵

[1]
고목으로 둘러싸인 산 깊은 옛 암자　　　　　樹老雲深舊蘭若
장춘동보다도 삼층이나 위에 있다네　　　　　長春洞上第三層
선사의 강탑66에 다시 와 앉으니　　　　　　　先師講榻重來坐
이십 년 전의 시자승이 된 듯하구나　　　　　二十年前侍者僧

[2]
파랗고 아득한 하늘 길 오르고 올라서　　　　諸天縹緲路登登
동백나무 그늘 속을 몇 층이나 지나왔던가　　冬栢陰中度幾層
산새와 산 구름은 속된 모습이라곤 없으니　　山鳥山雲無俗狀
백발에 지팡이 짚고 오는 스님 그 누구신지　　白頭扶杖更何僧

다시 윤 한림의 시운을 따서 짓다
又次尹翰林

시를 읊기도 하고 졸기도 하면서 골짜기 어귀를 지나니	吟鞭和睡洞門過
동백나무 그늘 아홉 구비 물결을 이루었더라	冬栢陰中九曲波
가을이라 구수하게 토란국을 끓이고	香積秋羹烹木鼈
신도[67]들 점심 찬으로는 버섯을 구웠네	伊蒲午饌灼桑鵝
늙은 스님 선정에 들어 서쪽 먼 길 가 버린 사이	老僧入定西歸遠
귀양 온 나그네 누각에 올라 자꾸 북쪽만 바라보네	逐客登樓北望多
부끄러워라 예리한 말솜씨 불인을 이길 수 없으니	愧我機鋒輸佛印
말 한마디로 동파를 누르기는 어려우리라	難將一轉壓東坡

【목별木鼈은 토란[68]이다. 상아桑鵝는 뽕나무 버섯을 말한다. 동파東坡가 불인 요원佛印了元을 찾아가니, 요원이 막 불법을 강의하는데 제자들이 자리에 가득하였다. 요원이 말하였다. "나리께선 무슨 일로 오셨습니까? 이곳에는 자리가 없습니다." 동파가 대답하였다. "화상의 사대四大를 빌려 앉으려고 하오." 요원이 다시 대답하였다 "산승이 말 한마디를 할 터이니, 만일 내 말이 끝나자마자 곧바로 대답을 한다면 소청대로 따르겠소. 그러나 그렇게 못하면 옥대玉帶를 풀어 나에게 주시오." 동파는 즉시 허락하였다. 요원이 말하였다. "사대는 본래 빈 것이니 어떻게 앉으려고 합니까?" 그러자 동파가 말을 못하고 주저하다 옥대를 풀었다.(木鼈。蹲鴟也。桑鵝。桑菌也。東坡訪佛印了元。元方說法。學人滿座。元曰內翰何來。此間無坐處。坡曰欲借和尚四大爲座。元曰山僧有一轉語。若言下即答。當從所請。不能則解玉帶與我。坡許之。元曰四大本空。以何爲座。坡擬議。解玉帶。)】

윤 한림의 〈입춘〉이란 시의 운을 따서 짓다【4수】
次尹翰林立春詩【四首】

[1]
검은 피리에 재를 불어[69] 따뜻한 기미가 생겼나　　玄籥吹灰暖有幾
봄빛이 산속 사립문 흔드는 것이 보이네　　卽看春色動山扉
동풍은 맑은 기운으로 햇볕을 흩뿌리고　　東風淑氣靑陽布
남녘에 풍년이 들려나 서설이 내리네　　南國休徵瑞雪飛
시냇가엔 새들이 새해 소식을 전하고　　溪鳥共傳新歲語
매화꽃 피니 옛 친구가 돌아온 듯 반가워라　　梅花如見故人歸
정월 초가 되면 여기저기 다니고 싶어서　　元正欲向諸方去
솜을 마련하여 미리 가사를 기워 두었다네　　先辦兜羅白衲衣
【도라兜羅는 부드러운 솜이다.(兜羅。柔軟之綿也。)】

[2]
강가 매화는 은은하게 섣달 분위기를 풍기고　　江梅暗動臘前幾
세밑의 외딴 성은 대낮에도 문을 닫아걸었네　　歲暮孤城晝掩扉
임금의 조서에는 봉황이 토해 내는 듯한 말씀　　天詔佇看丹鳳吐
나그네 회포에 오래도록 나는 갈매기를 쳐다보네　　旅懷長對白鷗飛
바닷가 마을에 봄이 와도 사람은 여전히 막혀 있으니　　春生海邑人猶滯
서울에 있는 집에는 꿈속에나 자주 찾아가지　　家住秦京夢屢歸
지금 조정은 가의[70]처럼 간하는 충신을 기다리니　　今日朝廷須賈誼
장사왕도 눈물로 옷깃을 적시고만 있진 않으리라　　長沙未必淚沾衣

[3]
동풍 불고 봄이 오니 해는 길어지고	東風入律日初遲
온화한 봄비 부슬부슬 실처럼 내리네	和雨濛濛映細絲
따뜻한 기운도 흰 눈 같은 귀밑머리엔 소용없지만	暖氣未消衰鬢雪
고고한 매화의 묵은 가지엔 꽃 피우려 하는구나	寒梅欲放舊年枝
기억을 잊은 새는 꽃을 물고 오지 않고	忘懷鳥不含花至
불법을 들은 용은 모습을 바꾸어 따르네	聽法龍能變貌隨
억지로 봄노래를 지어 벽에 붙이니	强賦春詞題壁上
구구하게 나만을 위하여 그런 것은 아니라오	區區非是爲吾私

【우두牛頭가 4조祖를 뵙기 전에는 온갖 새들이 꽃을 물고 와서 공양하였는데, 4조를 뵙고 나자 성속聖俗을 헤아리는 분별이 다 없어져서 새들도 꽃을 물고 오지 않았다고 한다.(牛頭未見四祖時。百鳥含花來供。見四祖。聖量都忘。花鳥不來。)】

[4]
아득히 먼 귀양살이 풀려나기 더딘데	天涯逐客賜環遲
다시 새봄을 맞아 머리는 희어져 가네	又見新春鬢欲絲
시름 속에 기러기는 남쪽 바닷가를 지나고	愁裡鴈過南海岸
꿈속의 꽃은 상림원上林苑[71]에 피었구나	夢中花發上林枝
옥소반의 생나물을 어쩌다 마주하게 되었나	玉盤生菜何由對
궁궐의 벼슬자리를 얻지 못하였기 때문이라네	金闕朝斑末[1)]得隨
정월 초하루에 죄인을 사면한다 하니	聞道元朝殿網解
돌아가면 일편단심 은혜에 보답하리라	歸輸丹悃答恩私

---

1) ㉯ '末'은 '未'의 오류인 듯하다.

조 사백[72]이 〈입춘〉이란 시에 화답한 시운을 따서 짓다【2수】
次曺詞伯和立春韻【二首】

[1]
깜빡깜빡 등불 빛에 밤은 오히려 더디 가고　　　明滅殘燈夜尙遲
한 자리 담소로 미세한 터럭 끝까지 밝혀 내었네　一牀談笑析豪[1)]絲
불탄 자리의 차나무엔 푸른 싹이 돋아나고　　　燒痕靑入王孫草
따뜻한 계곡의 진달래 가지에도 붉은빛이 돌아오네　暖谷紅歸杜宇枝
도가 다르다고 서로의 깊은 정을 방해하겠는가　殊道何妨深契托
한마음으로 단합하여 서로 자주 따랐었네　　　同心端合數追隨
바라보면 나이는 어느덧 절로 늙어 가는데　　　相看各自逢衰暮
만물의 조화는 사람에게 사사로운 정을 두지
않는구나　　　　　　　　　　　　　　　　　造化於人不用私

[2]
명석한 머리로 일찍부터 세상일 알아보고　　　明哲由來早見幾
각건과 가죽띠를 사립문에 놓아두었네　　　　角巾韋帶臥柴扉
시는 호탕한 봄바람 따라 얻어지니　　　　　詩從浩蕩春風得
흥취가 청허한 경계로 날아드네　　　　　　興入淸虛境界飛
골짜기 계곡물은 달빛에 섞여 떨어지고　　　層澗水和明月落
상방의 스님은 구름과 함께 돌아가네　　　　上方僧與白雲歸
오래도록 벼슬길을 오르내리던 사람은　　　悠悠宦海浮沈客

---

1) ㉠ '豪'는 '毫'인 듯하다.

일찍 떠나지 못한 일 늙어서야 부질없이 슬퍼하네⁷³　　　老大空悲末²⁾拂衣

---

2) ㉮ '末'은 '未'의 오류인 듯하다.

윤 사백이 보내온 시의 운을 따서 짓다
次尹詞伯來韵

이미 몸에 맞는 가사를 지어 놓았으니	衲衣今已稱身裁
누대에 쌓인 한겨울 눈도 두렵지 않네	不怕嚴冬雪滿臺
천지에 봄이 오면 좋은 기운 들썩이고	天地逢春佳氣動
서남에서 벗을 만나 회포를 모두 풀리라	西南得友好懷開
달 비친 쌀쌀한 강물엔 떠나는 기러기 소리	炤江寒影聞征鴈
창을 뚫고 들어오는 맑은 매화 향기	入戶淸香拂早梅
세밑에 벗을 만나면[74] 참으로 좋은 일이니	歲暮盍簪眞勝事
산길에 새로 돋아난 이끼를 좀 밟은들 어떠하랴	不妨山逕破新苔

또 그의 오언율시의 운을 따서 짓다
又次五言律

보아하니 섣달도 다 지나서	臘月看看盡
한 해가 또 바뀌려 하네	乾坤歲欲更
수척한 어깨엔 무거운 가사가 부담스럽고	瘦肩嫌衲重
벗겨진 머리는 가벼워서 좋기만 하네	禿髮喜頭輕
산속 생활이 이미 분수에 맞으며	已分烟霞癖
총애나 모욕 따위 꺼려야 할 것임을 안다네	還知寵辱驚
그대와 더불어 이따금 웃어 가면서	與君時一笑
그렇게 남은 생애 위로하면 좋겠네	聊可慰餘生

윤 한림의 〈섣달 그믐날 밤에〉라는 시의 운을 따서 짓다【2수】
次尹翰林除夜韵【二首】

[1]
외로운 등불 적막한 한 해의 마지막 밤을 지키고	孤燈守歲夜虛遙
부처님 앞에 타던 향불 아직 꺼지지 않았네	寶篆燒香火未消
울루와 신다[75]의 낡은 그림을 바꾸니	鬱壘神荼更舊板
고고한 매화 보드라운 버들 새 가지를 싹 틔우네	寒梅弱柳吐新條
화평한 시절엔 만국의 수레 폭이 같아지니[76]	清時萬國皆同軌
성수 천년이 마치 하루아침 같구나	聖壽千年作一朝
예가 끝난 연화대를 머리 들어 바라보니	禮訖蓮壇翹首望
오색구름이 구중의 하늘에 길게 둘러 있네	五雲長繞九重霄

[2]
일단 청산에 들어와 세상과 멀어지니	一入青山與世遙
모든 일들 이제는 얼음 녹듯 사라졌네	如今萬事已氷消
쌀알 없는 나물국으로 배 속을 채우고	充腸藜羹全無糝
반 넘게 해진 가사로 몸뚱이를 가리네	掩體袈裟半失條
동서남북 이 절 저 절 걸음을 옮기며	浪跡東西南北寺
떠돌아다녔던 한평생 세월이여	流年三萬六千朝
손에는 언제나 마귀를 베어 없앨 칼을 부여잡고	手中常握斬魔劍
늠름하고 차가운 눈빛으로 하늘을 쏘아보노라	凜凜寒光射碧虛

【공자에게 나물국만 있었고 멥쌀은 없었다고 한다.(孔子藜羹。不糝也。)】

정월 초하루에 책력과 부채를 보내준 데 감사하며 그 시의 운을 따서 짓다【4수】
次謝元日送曆扇【四首】

[1]
오늘 저녁 이날이 어느 해인지 모르도록　　　　　　不知今夕是何年
산문 밖 세상의 날들은 아득할 뿐이었는데　　　　　山外春秋政杳然
보내 준 달력[77]을 참으로 감사하게 받고서　　　　多謝堯蓂來錫我
섣달이 벌써 지나 정월[78] 됨을 알았네　　　　　　三陽已啓臘前天

[2]
숭정[79]의 연호를 기억하노니　　　　　　　　　　記得崇禎紀號年
대명의 세월은 아직도 밝아라　　　　　　　　　　大明日月尙昭然
산승 또한 지키는 떳떳한 윤리는 있는 법　　　　　山僧亦有彛倫在
오랑캐가 나타난 그 뒤 세월은 보기도 싫다네　　　厭見昆明劫後天

[3]
책력의 첫머리에 건륭[80] 연호가 실렸으니　　　　曆中首載乾隆年
한 번 펴 볼 때마다 번번이 서글프구나　　　　　　一展看來一愴然
그때에 침략 당한 일 언제 생각해도 한스러워　　　每恨當時肉食鄙
오랑캐의 흙먼지 우리나라 하늘까지 미쳤었지　　　胡塵遠及海東天
【이상 두 수는 "건륭의 해와 달이 여러 하늘을 합쳤다."라는 원래의 시 구절에 답한 것이다.(右二。答元韻乾隆日月合諸天之句也。)】

[4]
인풍[81]과 편면[82]과 백단[83] 부채에는　　　　　仁風便面白團扇

왕대를 깎아서 섬계의 종이[84]를 붙였다네	折得篔簹塗郯[1]藤
산승더러 아무리 가라 해도 나는 돌아갈 수 없으니	許與山僧還未可
오늘의 세상에는 파리 떼 같은 소인배만 가득하네	卽今天地足蒼蠅

【첫 구의 여섯 글자는 세 종류의 부채의 이름이다. 옛 시에 "강호에는 백조가 많고, 세상에는 파리가 들끓네."라고 하였다. 이 시에서 백조는 바로 교룡이다. 파리는 소인에 비유한 것이다.(初句六字。扇之三名。古詩。江湖多白鳥。天地足蒼蠅。白鳥。蛟也。蒼蠅喩小人也。)】

---

1) 열 '郯'은 '剡'의 오류인 듯하다.

금호 윤면이 찾아와 지은 시의 운을 따서 짓다
次尹琴湖【沔】來韵

아침 소반에 밥 대신 죽을 올리면	飯進朝盤粥進脯
절집에서 살 방법이 없는 것은 아니라네	禪家活計未全無
달그림자 주렴⁸⁵을 뚫고 스며들고	蟾輪影透蝦鬚箔
약탕기에는 신농씨⁸⁶의 약 향기 피어오르네	牛首香浮鵲尾爐
천 리 길 스승 따라 나서니 편지도 멀어지고	千里從師魚共遠
한평생 병이 많아 학처럼 야위었네	百年多病鶴同臞
절집에서 어떻게 하면 근기 원만한 선비를 얻어	叢林安得圓機士
『화엄경』 강설할 때에 외롭지 않을까	講說華嚴道不孤

금호가 찾아온 것에 대한 답례로 지은 시
謝琴湖來訪

[1]
온 산 가득한 봄빛 누구와 함께 볼까 했는데	滿山春色好誰看
반갑게도 시 좋아하는 손님 빗장을 두드렸네	却喜吟筇來扣關
비었던 방에 그대 따라 달빛도 같이 들어오고	虛室月隨君共到
깊은 숲의 구름도 나와 함께 한가하네	幽林雲與我俱閑
등잔 불꽃 향로 위로 찬찬히 떨어지는데	燈花細墜香爐上
시축을 책상 앞에 나란히 펼쳐 놓았네	詩軸交排几席間
이렇게 하룻밤 절집에서 묵고 가 버리면	一宿蒲團歸去後
좋은 친구 다시 못 만날까 걱정이라네	令人愁對碧展顏

[2]
빈 누각에 홀로 서서 그대를 보내는 아침	虛樓獨立送君朝
누각 밖 봉우리마다 눈은 모두 녹았구나	樓外千峯雪盡消
푸른 풀로는 가난한 선비의 띠를 짜고	靑草織成寒士帶
흰 구름 솜을 삼아 노승의 가사를 지으리	白雲裁作老僧袍
나의 거친 문장 제나라 글처럼 속되니 부끄럽구나	疏章愧我多齊氣
그대의 〈백설곡〉[87]은 초나라 노래인 걸 알겠네	雪曲知君學楚謠
호련[88]의 바탕을 가진 그대 결국은 묘당의 그릇이 되리니	瑚璉終爲廟堂器
그대의 발자취가 어찌 어부나 나무꾼들과 섞일 수 있겠나	肯將蹤跡混漁樵

【정강성의 집에 부추와 같이 생긴 풀이 있었는데, 그것으로 허리띠를 만들 수 있었다. 제齊나라의 문체는 속되고 느슨하였다고 한다.(鄭康成家。有草如薤。可以爲帶。齊俗文體舒緩。)】

금호의 30운 배율의 시운을 따서 짓다
次琴湖三十韵排律

구름 낀 숲속에는 봉황의 짝이 없어도	雲林無鳳侶
저 바깥세상에는 큰선비가 있다네	人世有鴻賢
한 번 마주 웃고선 서로의 입장 잊고서	一笑忘形器
세 번이나 글을 지어 편지를 부쳐 왔네	三章寄簡編
향로의 향기에서는 오랜 염원을 알았고	爐香知宿願
옹기에서 나온 모습 전생의 인연을 알았네[89]	瓮像驗前緣
숨고 드러나는 일 비록 자취는 다르지만	隱顯雖殊迹
날거나 잠기거나 어차피 한 하늘 아래라네	飛潛本一天
의지하고 사귀면서도 세상에 드러나지 않고	托交同不露
도를 논할 때에도 둘 다 치우침이 없었네	論道兩無偏
한가한 모습은 구름 이는 산꼭대기 같고	閑態雲生岫
맑은 의표는 시냇물에 찍힌 달 같구나	淸標月印川
고승의 강석에 참여하고자	欲參獅子座
잠깐 호피 자리를 거뒀구나	暫撤虎皮筵
말 몰아 장춘동의 물을 건너고	馬渡長春水
지팡이 짚고 상원암 꼭대기로 날았네	筇飛上院巓
점심 소반에는 죽과 밥을 나누고	午盤分粥飯
밤이면 침상을 빌려 잠을 잤네	夜戶借床眠
문득 삼생의 빚을 다 갚고	頓了三生債
온갖 얽힌 인연을 모두 잊었네	都忘萬事攣
어리석지만 시나 좋아하는 중 아니니	迂愚非韵釋
묵묵하고 야윈 것이 가을매미[90]와 같네	枯黙類寒蟬
옷과 발우를 아무렇지 않게 나누어 주고	衣鉢尋常分

경서를 사십 년 동안 섭렵하였네	經書四十年
마음의 꽃은 한가하게 절로 피어나고	心花閑自發
가슴속 울화 차갑게 식어 타는 일 없다네	胸火冷無煎
해와 달은 갈고리처럼 창가를 지나고	日月鉤窓過
하늘과 땅은 개미처럼 맷돌 위를 도네	乾坤蟻磨旋
덧없는 인생 참으로 한탄스럽다	浮生良可歎
늦은 공부니 마땅히 전념해야지	晚課實宜專
소를 타고서도 불교경전을 읽고	竺典窺牛乘
너덜대도록 유교경전을 보아서	魯墳覸蠹篇
종문에 붉은 가사를 전하고	宗門傳紫衲
집안에 훌륭한 가업[91]을 지켰네	家業守靑氈
잣나무 밑에서 선지를 통했고	栢樹通禪旨
책방[92]에는 비밀스러운 이치를 터득했네	芸窓秘妙筌
사실 냄새로야 똑같은 사람임을 알지만	固知同臭腐
어여쁜 마음이야 감히 비교할 수 있겠나	敢望較嬋姸
짧은 칡은 소나무를 의지해 오르고	短葛依松迸
못난 파리는 말에 붙어 날 수 있지[93]	痴蠅附驥翾
궁지에 몰린 병사는 그저 벌벌 떨지만	窘兵元局促
굳센 장수는 뜻대로 펄펄 난다네	勁將任翩翩
함께 달릴 땐 언뜻 다 같은 듯 보여도	並駕疑相埒
채찍질하며 다투어 보면 결코 그렇지 않다네	爭鞭却不然
둔한 지혜로 애써 한 번 구르지만	鈍機輸一轉
시름겨운 생각 헛되이 세 번을 옮기네	愁思費三遷
지쳐서 결국 베개에 쓰러지리니	興倦將頹枕
타는 마음에 샘물이나 마시고자 하네	心焦欲掬泉
한가로운 번뇌야말로 어찌	詎非閑事惱

마귀의 끄달림이 아니겠는가	便是外魔牽
눈 녹아 깊은 숲속이 따뜻해지니	雪盡窮林暖
봄이 찾은 언덕에는 보드라운 풀싹이 돋네	陽回細草芊
세상에서 정월 보름이라는 날이 돌아오니	人間上元屆
하늘에는 둥근 보름달이 걸려 있네	天上滿輪懸
새해라고 불씨도 새로 바꾸었으니[94]	鑽燧知新改
음과 양은 몇 번이나 바뀌었나	陰陽問幾禪
세상 풍속에는 현미로 밥을 짓고	遺風䊏作飯
옛날 풍속에는 종이로 연을 만든다네	古俗紙爲鳶
아름다운 명절에 옛 약속을 지켜	佳節尋前約
좋은 시로 서로의 허물을 위로하였네	淸詩慰暫愆
홍루원紅樓院의 천 년 전 일처럼	紅樓千載事
우리 오늘 어깨를 나란히 하세	今日合齊肩

【노향爐香은 『간재집簡齋集』의 주註를 참고하라. ○옹상瓮像이란 지영智永 선사와 형화박邢和璞과 관련된 고사이다. ○의마선蟻磨旋은 『포박자抱朴子』에 나오는 말로 "해와 달이 오른쪽으로 돌아도 하늘을 따라서 왼쪽으로 구르게 되니, 이것은 마치 개미가 맷돌 위를 기어가는데 맷돌은 왼쪽으로 돌고 개미는 오른쪽으로 가고 있는 것과도 같다. 맷돌이 빨리 돌면 개미는 천천히 가려 해도 할 수 없이 맷돌이 왼쪽으로 도는 것을 따르게 되는 것이다."라고 하였다. ○현미밥이란 신라 사금갑射琴匣[95] 사건을 말한다. 이석李石이 이르기를 "지금의 종이 연은 실을 달고 위로 올라가서 아이들로 하여금 우러러보면서 입을 벌리게 하므로 내열을 제거하게 한다."라고 하였다. ○광선상인廣仙上人이 영호초令狐楚[96]와 함께 홍루원紅樓院에서 서로 시를 주고받았다. (爐香。見簡齋集註。○瓮像。智永邢和璞事。○蟻磨旋。抱朴子云。日月右行。隨天左轉。如蟻行磨上。磨左旋而蟻右行。磨疾而蟻遲。不得不隨。磨左旋。○䊏飯。新羅射琴匣事。李石云。今之紙鳶。引絲以上。令兒仰望張口。洩內熱。○廣仙上人。與令狐楚。互相酬唱於紅樓院中也。)】

윤금호가 부쳐 온 시의 운을 따서 짓다
【담대멸명澹臺滅明[97]은 공자의 문인이다.】
次尹琴湖見寄【澹臺滅明。孔子門人也。】

빈 골짜기에 벌레 소리 끊어지고	空谷蛩音斷
바위 문[98]은 낮에도 열리지 않네	岩扉晝不開
달빛이 너무 고와 구름도 질투하고	月姸雲自妬
꽃이 더디 피니 비가 재촉을 하네	花懶雨相催
좋은 계절 청명이 옴에	佳節淸明至
친구의 소식도 함께 왔구나	故人消息來
석양에 산 그림자 옮겨 가는데	夕陽山影轉
초연히 앉아 담대멸명을 그리네	悄坐憶澹臺

『명각사어록』에 부치다【스님은 명나라 사람이나 순치順治[99] 황제를 섬겨 명각明覺이라는 호를 받았다.】
題明覺師語錄【師以明朝人。事順治。受明覺之號也。】

    명명에서 나고 자란 몸 늙어서는 청淸을 섬겼으니   生長明朝老事淸
    안타깝지만 그대는 대의가 분명하지 못한 사람이구나   嗟君大義未分明
    오로지 한결같은 진실한 마음은 결코 변하지 않아야 할 터   一片丹心當不變
    수양산 산빛은 예나 지금이나 푸르다오   首陽山色古今靑

여섯 폭 병풍에 당시를 쓰고 그 운을 따서 중암에 부치다
六疊屛風寫唐詩次題中庵

[1]
조수 빠진 저문 강에 맑게 드러난 모래밭　　　　　晚江潮退露晴沙
언덕 위 외딴 마을에는 인가 예닐곱 채　　　　　　岸上孤村六七家
어디선가 들려오는 뱃노래 해오라기 잠을 깨우면　　何處漁歌驚宿鷺
쌍쌍이 날아올라 물가의 꽃을 흔들고 지나네　　　　雙雙飛出拂汀花

[2]
강 마을 곳곳마다 푸릇푸릇 보리 이삭　　　　　　處處江村麥秀靑
남포에 배 들어오면 저녁밥 짓는 연기 이네　　　　船回南浦暮烟生
누각 앞 푸른 바다 오나라 초나라로 통하니　　　　樓前滄海通吳楚
층계 난간에 홀로 서서 지난날을 그려 보네　　　　獨立層欄萬古情

[3]
온 세상이 바쁜데 나만 홀로 한가하니　　　　　　擧世皆忙我獨閑
흰 구름 때때로 고요한 거처에 찾아오네　　　　　白雲時與靜中還
만나면 한스런 이별 내 뜻은 아니지만　　　　　　相逢却恨非吾意
한 밤 자고 아침이면 또 산을 나가리라　　　　　　一宿明朝又出山

[4]
어부의 피리 소리 석양의 하늘을 가르고　　　　　漁翁橫笛夕陽天
일렁이는 푸른 물결 양쪽 언덕에 물보라 일으키네　一帶滄波兩岸烟
풍랑이 낚싯대를 흔들어 대니 고기도 물리지 않아　風浪搖竿魚不食
이따 밤낚시나 하자며 도롱이 덮고 잠들어 버리네　更謀夜釣覆簑眠

[5]
봄이 아직 남았는지 바위에 꽃잎 날리고	岩花片片春猶殘
소나무 숲 그늘에 들어서니 산책길 서늘하네	路入松陰杖屨寒
시냇가에 우짖는 새는 갈지 말지 모르고	溪鳥不知行亦定
숲속의 이쪽저쪽에서 서로 찾아 불러 대네	隔林相喚欲相干

[6]
바다 위 외딴 암자 파도 소리를 베고 누웠으니	海上孤庵枕海聲
배 안에서 쳐다보면 꼭 신기루 같구나	舟中仰看若乾城
복사꽃이 피어나면 시선이 오리니	碧桃花發詩仙到
함께 구름이며 달이며 정답게 이야기 나누리라	共說山雲水月情

【건달바신乾闥婆神이 숨을 불어 넣어 공중에 성곽을 만드는데, 해가 뜨면 사라진다고 한다. 이것이 세상에서 말하는 신기루라는 것이다.(乾闥婆神。噓氣成空中城郭。日出則消。所謂蜃樓也。)】

'생' 자 운을 가지고 다시 읊다
重吟生字

구름 사이로 남녘 하늘 강물처럼 푸르고　　　雲缺南天江面靑
흰 갈매기 날아간 곳 산봉우리 드러나네　　　白鷗飛去數峯生
서쪽에서 온 조사의 뜻 아는 사람 없으니　　　西來祖意無人識
소실산[100] 앞 나 홀로 감정이 북받치네　　　少室山前獨感情

중봉의 〈숨어 사는 즐거움을 노래한 가사〉에 화답하다【16수】
和中峯樂隱詞【十六首】

[1]
받침대가 다 드러난 등롱 밑에서	露柱灯籠
선종 이야기를 나누니	話會禪宗
자나불遮那佛[101]을 어디서든 만나지 못할까	秪遮是 何處不逢
만일 다시 헤아리고 따진다면	若更議擬
손으로 허공을 붙잡는 격이지	手捏虛空
그저 산처럼 편안하고 돌처럼 굳고 칼끝처럼 날카로우리라	且安如山 堅如石 利如鋒

[2]
바다 위에 봉우리 있어	海上有峯
달을 토하고 바람을 불어 대는데	吐月噓風
주인집 아들이 그 가운데 높이 누웠네	主人子 高臥其中
고기와 새도 서로 친하고	魚鳥相認
사슴과 고라니가 함께 뛰노네	麋鹿同踪
칼로 뱀을 베고 지팡이로 범을 쫓고 주발에다 용을 감추었다네	有劒斬蛇 杖解虎 鉢藏龍

[3]
속세에 얽매임이 없으니	了無塵羈
연화대에 앉기를 기약하고	可期蓮栖

『화엄경』 강하노라면 때로 원만한 근기를 가진 제자를 만나네	講華嚴 時逢圓機
나의 소나무를 내가 먹고	我松我食
나의 바위로 내 집을 삼아서	我岩我扉
너와 나 모두 잊으며 영욕도 잊고 시비도 잊었노라	惟忘物我 忘榮辱 忘是非

[4]

소나무도 있고 나물도 있어	有松有虀
먹고 살기에 편안하고	活計便宜
몸 강건하니 술잔 속의 뱀[102]도 의심하지 않네	身强健 盃蛇斷疑
구름과 달은 나를 알아주는 벗이고	雲月知己
원숭이와 새가 함께 뛰노는 친구라	猨鳥同嬉
세속 바다에 나가 덕풍을 불며 명예를 날리는 일 꺼린다네	忌衆海赴 德風吹 名翼飛

[5]

몸은 검소니 사치니 하는 생각을 잊었고	身忘儉奢
마음의 경계엔 시끄러움도 끊어졌으며	境絶喧譁
두 어깨에는 찢어진 가사를 걸쳤다네	搭兩肩 有破袈裟
꿈결인 듯 극락세계에 들어가니	夢歸安養
연화대가 수레와 같구나	蓮花如車
어찌 힘쓰지 않고 즐거워하지 않으며 자랑스럽지 않겠는가	豈不可勉 不可樂 不可誇

[6]
　행실도 더 닦고 공덕도 더욱 쌓으면　　　　　行增功加
　점점 도의 싹이 트련만　　　　　　　　　　漸抽道芽
　날마다 하는 일이란 씨 뿌리고 꽃 물 주는　日用事 種菜灌花
일이라네
　밝은 달 벗을 삼고　　　　　　　　　　　　明月爲友
　흰 구름 집을 삼았으니　　　　　　　　　　白雲爲家
　가사 한 벌 밥 한 발우 차 한 잔으로 만족할　足一衲衣 一鉢飯 一椀茶
일이라네

[7]
　영지버섯은 먹을 수 있지만　　　　　　　　靈芝可飡
　잡풀은 깎아 내야 한다네　　　　　　　　　惡草可刪
　왕래가 다 끊어지니 집은 구름 속에 묻혔네　絶去來 白雲封關
　기이한 꽃도 가지가지　　　　　　　　　　奇花多品
　흰색 붉은색 마구마구 섞여 있네　　　　　　白朱相間
　이만하면 살 만하고 이만하면 만족하며　　　得伊麽居 伊麽足 伊麽閑
이만하면 한가하지

[8]
　세상살이 너무나 어려워라　　　　　　　　世道甚艱
　촉나라 가는 길[103]은 어려운 것도 아니네　　蜀道非難
　〈귀거래사〉를 노래하며 꿈길에도 속세를　　歸去來 梦斷塵寰
끊었다네
　여러 부처님의 가르침을 외우며　　　　　　誦諸佛敎
　조사의 요점을 참구한다네　　　　　　　　參祖師關

스님은 절로 돌아가고 학은 소나무로 돌아가며 　喜僧歸寺 鶴歸松 雲歸山
구름은 산으로 돌아가는구나

[9]
한밤중 누각 난간에 기대서니 　　　　　　　夜倚層樓
발 사이로 보이는 달 갈고리 같구나 　　　　簾月如鉤
산속의 모든 것은 깨끗하고 그윽하네 　　　 山中事 物物清幽
발우 하나에 송홧가루 　　　　　　　　　　 松花一鉢
눈처럼 하얀 우유 반 병 　　　　　　　　　 雪乳半甌
그저 이렇게 한평생 만족하고 한가롭게 　　 聊足生涯 閑身世 度春秋
지내며 세월을 보내리라

[10]
깊은 산 암자에 나지막한 대나무 울타리 　　幽庵短笆
어여쁜 풀과 진귀한 꽃들 　　　　　　　　　瑤草琪花
한 무더기 대나무는 꾸불꾸불 삐뚤빼뚤 　　 一叢竹 三曲四斜
발 바깥에는 구름이 일고 　　　　　　　　　簾生雲氣
시냇물에는 달빛이 비추네 　　　　　　　　 溪印月華
즐겁구나 소반에 나물 있고 솥 안에는 죽도 　喜盤有蔬 鼎有餗 瓶有茶
있고 병에는 차가 있다네
【『전등록』에 이르기를 "자복사에 대나무가 있었는데, 세 군데가 굽고 네 군데가 기울었다."
라고 하였다. (傳燈云。資福寺有竹。三曲四斜。)】

[11]
쉬고 싶으면 쉬고 　　　　　　　　　　　　 要休卽休
한 자루 붓으로 시를 지으면서 　　　　　　 一筆都句

아무 일도 하지 않고 깨달음도 또한 구하지 않는다네	無所爲 道亦不求
일개 범부이면 그만이지	凡夫了事
여러 부처님들과 짝할 수야 없잖은가	諸聖莫儔
다만 학과 함께 시를 읊고 구름과 함께 잠을 자며 고기와 함께 노닐 뿐이라네	但鶴共吟 雲共宿 魚共游

[12]

글씨를 슥슥 써 내려가니	筆吐龍蛇
글이 흠잡을 데 없어라	文不点加
운수게[104]는 군더더기 없이 담담하여라	雲水偈 枯淡去奢
이런 운치를 누군들 알까	雅趣誰識
나의 흥취는 끝이 없다네	逸興無涯
혹은 봄꽃을 읊조리고 혹은 가을 달을 읊으며 혹은 저녁놀을 노래하네	或咏春花 咏秋月 咏晚霞

[13]

세상일 헤아릴 수 없기에	無可思量
온갖 분별 다 잊고서	物我渾忘
오직 두 눈으론 책상의 불경만 본다네	遮兩眼 黃卷一床
때로는 따뜻하게 온 세상을 사랑하고	有時熱腹
또 때로는 냉정하게 정을 끊네	有時冷腸
보아하니 까마귀는 절로 검고 따오기는 절로 희며 꽃은 절로 향기롭구나	看烏自黑 鵠自白 花自香

【세상 사람들은 말하기를 '양주楊朱는 배 속이 차고,[105] 묵적墨翟은 배 속이 뜨겁다.[106]'고 말한다.(世謂楊朱冷腸。墨翟熱腹也。)】

[14]
    집안 살림을 다 깨부수어 버리니 　　　　　打破家事
    남들은 내가 미쳤다고 비웃네 　　　　　　人笑我狂
    남쪽 창 아래 누우니 성긴 처마 밑으로 　臥南窓 踈簾景長
풍경이 길게 펼쳐지네
    바위산 천 길 봉우리 　　　　　　　　　　石千層岀
    구름 속 반 칸 방에 　　　　　　　　　　　雲半間房
    꽃은 향기를 보내고 구름은 그림자 보내며 　喜花送香 雲送影 樹送涼
나무는 시원한 그늘을 보내 주는구나
    【가사家事는 그릇 등의 용구를 말한다.(家事。器用也。)】

[15]
    우리 불가의 도는 무궁하여 　　　　　　　斯道無窮
    천지와 그 뿌리가 같은데 　　　　　　　　天地根同
    가장 존귀한 것 불조의 가풍이라네 　　　　寂尊貴 佛祖家風
    발을 걷어 올려 푸르름 한 움큼 뜨고 　　　捲簾挹翠
    화로를 끼고 앉아 빨간 불길 다스리니 　　擁爐撥紅
    금부처님도 있고 돌 기린도 있고 옥 연꽃도 　有金獅子 石猊獜 玉芙蓉
있구나

[16]
    나이 사십에 벌써 노인이 다 되어 　　　　四十成翁
    이는 빠져 엉성하고 머리도 벗어져 　　　　齒豁頭童
    그저 잠자는 것만 좋으니 만사가 　　　　　嗜瞌睡 萬事踈慵
게을러지는구나
    사람 사는 세상으로부터 쫓겨 나와 　　　　黜人世外

산골짝에 묻혀 살면서 置丘壑中
까짓 피곤하면 자고 목마르면 물을 마시며 管困眠床 渴飲水 飢吃松
배고프면 솔잎을 씹는다네

안 생원 댁에서 책을 빌리며
借册安生員宅

절 안에 있는 책 남김없이 보고 나서	禪林經籍閱無餘
보지 못한 유가서를 보려고 하였는데	欲見儒家未見書
업가[107]에 책이 많다는 소문을 들었으니	聞道鄴家藏萬軸
어느 날 술 한 병 들고 찾아가 책을 빌려 볼까	一甀何日借看歟

【옛날에는 책을 빌릴 때에 술 한 병을 보내고, 책을 돌려줄 때에도 술 한 병을 보낸다고 하였다. '치甀'는 술을 담는 병이다. 오직 소동파와 황산곡黃山谷[108]의 시에만 '치甀' 자로 썼다.(古者借書。送酒一甀。還書亦送一甀。甀。酒器也。獨蘇黃詩作甀。)】

영남 표충사에서 송운 대사 영정에 삼가 쓰다
【대사가 왜장 청정淸正에게 "우리나라에서는 너의 머리를 보배라고 생각한다."라는 말을 하였다.】
嶺南表忠祠敬題松雲影圖【師謂倭將淸正曰。我國以淸正頭爲寶。】

전쟁이 일어나자 하룻저녁에 가부좌를 풀고	兵塵一夕動跏趺
맨손에 칼 한 자루 쥐고 남쪽 바다를 건너갔네	赤手單刀穩渡瀘
바다에 날리는 빗방울 보살의 옷을 적시고	海雨飛沾菩薩服
적지에 부는 바람 장부의 수염을 날렸으리	蠻風吹拂丈夫鬚
청정의 머리가 보배라는 엄숙한 말씀	語嚴淸正頭爲寶
우리 백성 살려 낸 은혜 도탑고도 크구나	恩渥東民我得蘇
순수한 충정은 끝내 없어지지 않아서	知是精忠終不死
소나무와 구름이 대사의 영정을 에워싸네	松雲長繞圈中圖

독락와[109]의 시운을 따서 짓다【지공誌公 화상과 백학白鶴 도인이 여산廬山을 가지고 다투자, 무제武帝가 그들에게 각자 표를 올리라고 하였다. 그러자 지공 화상은 곧 석장을 던졌고, 백학 도인은 학을 날려 보냈는데, 석장이 먼저 이르렀기 때문에 지공 화상이 여산을 차지했다고 한다.】

次獨樂窩韵【誌公與白鶴道人。爭廬山。武帝令[1]各有表。誌公投錫。道人送鶴。錫先至故。】

석장을 산기슭에 날리자 하늘이 아끼던 것 내주어	錫飛匡麓發天慳
그곳에 띳집을 짓고 한가롭게 한세상을 보내었네	茆棟纔營一世閑
고요한 자리에서 정담을 나누니 사슴이 꼬리를 흔들고	靜榻淸談揮麈尾
조그만 창 앞에 멍하니 앉아서 부처님 나발을 바라보네	小窓痴坐對螺鬟
국화는 가을의 끝자락에도 변치 않고 그대론데	黃花不負秋餘興
거울에 비친 얼굴의 흰 머리카락은 막을 수가 없구나	白髮那禁鏡裡顔
어제는 산을 오르며 좋은 시구를 찾아내었는데	憶昨登臨搜勝句
집에 돌아와 다시 쓰자니 기억이 가물가물하였네	歸來追記尙斑斑

---

1) 옝 '수'은 '슈'의 오류인 듯하다.

시월
十月

시월은 아직 결제 철이 아니라　　　　十月未結制
온 절 스님들 예법이 느슨하구나　　　居僧禮法虧
창밖이 밝아야 잠자리에서 일어나고　窓明方起寢
저녁이 늦어도 부엌에 불을 때지 않네　廚晚不爲炊
쓰다 남은 먹물은 파리가 빨아 먹고　餘墨癡蠅咂
얼어붙은 빈 구유 까치가 엿보네　　　空槽凍鵲窺
경을 읽는 일 나도 또한 게을러　　　看經吾亦嬾
졸지 않을 때에는 시나 읊는다네　　　非睡卽吟詩

면주[110] 김 생원 시의 '귀'자 운을 따서 짓는다【6수】
次綿州金生員龜字韻【六首】

[1]
물이 이르러 연못을 이룰 줄 누가 알겠나　　　　誰知水到竟成池
말습은 예로부터 필성과 기성처럼 다르다네[111]　　末習從來等畢箕
어떻게 하면 대방가를 얻어 불이법문을 논하고　　安得大方論不二
눈먼 거북이가 떠다니는 나무를 만나듯[112] 부처님　政同浮木接盲龜
법을 만날까
【필성과 기성은 말습末習의 기호嗜好가 각각 다름을 비유한 것이다.(畢箕。喩末習之所好。各異也。)】

[2]
생사에서 벗어나 부처님 세계로 들어간다면　　　　出乎火宅入蓮池
상신商臣[113]이 죽어 기백箕伯[114] 된들 무엇이　　那羨商臣死化箕
부러우랴
온 세상 사람들 세 발 달린 자라에 대해서만 떠들고　舉世只言三足鼈
눈동자 여섯인 거북이 있는 줄은 알지도 못하는구나　不知更有六眸龜
【『자휘字彙』에는 "능能은 음음이 내耐이다. 세 발 달린 자라이다."라고 되어 있다. 당나라 선천先天[115] 연간에 강천江川에서 눈동자가 여섯인 거북을 황제에게 바쳤다고 한다.(字彙云。能音耐。三足鼈也。唐先天中。江川獻六眸龜也。)】

[3]
코끼리를 더듬어 본 소경들 하는 말은 각각 달라　　摸象衆盲各差池
어떤 이는 빗자루 같다 또 어떤 이는 키 같다 하네　或言如箒或如箕
끝없는 저 하늘이나 가을 강물 본래가 같은　　　　長天秋水元同色
색이거늘

그 안에서 거북이 점[116]을 치느라 다투지 말 일이다　　莫向於中競鑽龜

【소경들이 코끼리를 더듬어 보고는, 등을 더듬은 사람은 "꼭 키 같구나."라고 말하고, 꼬리를 만진 사람은 "꼭 빗자루 같다."라고 하였다. 찬귀鑽龜에 관한 고사는 『장자莊子』에 나온다.(盲人摸象。摸背者云如箕。摸尾者言箒。鑽龜見莊子。)】

[4]

꽃 활짝 피고 버들 색 짙으며 못에는 물이 가득하니　　花明柳暗水盈池
둘러싼 시내와 산이 흡사 기산箕山 영수潁水[117] 같구나　　一面溪山似潁箕
북으로 난 창 아래 높이 누워 온갖 시름 잊으니　　高臥北窓消萬慮
승냥이가 온들 거북처럼 숨어 사는 사람[118]을 어쩌겠나　　野干無奈六藏龜

[5]

교룡이 비를 만나 연못에서 나온 듯　　蛟龍得雨出泥池
두斗니 기箕니 헛된 명성이 부끄럽구나　　愧我虛名似斗箕
안개 뿜고 구름 일으키는 일을 감히 어찌 기대하랴　　吐霧興雲何敢望
십 년 동안 부질없이 상다리만 고이는 거북 꼴이로구나　　十年謾作支床龜

【남방노인南方老人이 거북으로 상을 고였는데, 10년이 되어도 거북이 살아 있었다고 한다.(南方老人。以龜支床。十年尙生。)】

[6]

누더기 해진 가사 맑은 못에서 빨아 입고　　懸鶉破衲洗淸池
죽을 쑬 땐 겨를 키질하지 않고 넣는다네　　作粥和糠不簸箕
세상만사 꿈에 만난 사슴[119]과 같음을 알았으니　　萬事久知同夢鹿
한평생을 거북이 뽕나무 겁내듯[120] 삼갈 일일세　　百年端合愼桑龜

【황산곡黃山谷의 시에 "사슴 꿈을 꾸고서 진짜 사슴을 알아보게 되었네."라고 하였다. 『열자列子』에도 보인다. 상구홍桑龜는 『만송록萬松錄』에 나온다.(山谷詩。夢鹿分眞鹿。見列子。桑龜。見萬松錄。)】

금탑사에서 삼가 무용 화상의 시운을 따서 짓다
【회문체回文體[121]】
金塔寺謹次無用和尙韵【回文體】

평생에 소원하던 이곳을 찾아와 보니	生平勝事此尋來
빼어난 절경이 회포 풀기 딱 좋구나	境絶從知好抱開
층층이 은하수를 지탱하고 선 먼 봉우리	撑漢逈峰層落落
아득히 하늘에 맞닿은 바다 크고 넓어라	接天遼海巨恢恢
해 저무는 언덕에 갈매기 장난치며 찾아들고	盟尋晚岸沙鷗戲
가을 구름 속 변방 기러기들 돌아오는 게 보이네	目送秋雲塞鴈廻
날이 갠 틈에 놀이를 나가 서로 시를 읊고서	晴日趣游供嘯咏
이끼 마른 바위에 지팡이 부딪치며 송대를 내려오네	鳴節瘦石下松臺

입춘【입춘 날이 되면, 토우土牛를 만들어 밭을 간다. 입춘 날 아침에는 소가 사람의 앞에 있지만, 저녁에는 소가 사람의 뒤에 있게 된다.】
立春【立春。作土牛耕田。立春早。則牛在人前。晚則在牛[1]後也。】

토우를 만들어 봄을 맞고 추위를 몰아내니	土牛迎春更送寒
오늘 저녁 무슨 날인가 또 한 해가 저물어 가네	今夕何夕歲將闌
눈은 이제 산꼭대기에만 겨우 남아 있으니	雪色偏尋頭上至
섣달 전에 매화도 볼 수 있겠네	梅花已辦臘前看
산속 암자엔 푸른 생나물도 괜찮으니	山家寧有靑絲菜
질그릇에 담든 백옥 그릇에 담든 어떠하리	瓦鉢無辭白玉盤
온갖 일의 잃고 얻음을 모두 놓아 버렸으니	萬事乘除都放下
이 인생에 걱정거리 붙을 곳이 없으리라	此生無地着憂端

---

1) 역 '牛'는 '人'의 오류인 듯하다.

일괘암에서 삼가 용암 스님의 시운을 따서 짓다
日卦庵謹次龍巖

막대기를 꽂은 곳에 저절로 절이 세워지니	一竿建處自成房
반짝반짝 풀잎마다 조사의 뜻이 자라나네	百草明明祖意長
꽃나무 비치는 선방 창가에 봄기운이 무르익고	花木禪窓籠淑氣
금은으로 장식한 부처님 자리에 상서로운 빛이 감도네	金銀佛榻繞祥光
추연의 음양오행 따질 것도 없이	不須鄒衍談天辯
노나라 양공陽公이 해를 끌던 방법을 빌렸다네[122]	暫借魯陽揮日方
지난 일 아득해도 봄날은 고요한데	往事茫茫春寂寂
그윽이 새 한 마리 넝쿨진 담장에서 울고 있구나	幽禽啼在薜蘿墻

【부처님께서 어떤 장소를 가리키며 절을 지을 만하다고 하자, 현우賢于가 그곳에 막대기 한 개를 세우고는 "사찰을 세우는 일이 이미 끝났습니다."라고 하였다. 노나라 양공이 한나라와 싸우다가 해가 저물려 하자, 창을 휘둘러 해를 위로 끌어올려서 30리쯤 물렸다고 한다.[123] 일괘암의 이름은 이와 유사하다.(佛指一處云。此處可建刹。賢于建一竿云。建刹已竟。魯陽揮戈。日返三舍。此日卦之名。類此也。)】

정월 초하루
元日

전생에 인연이 있는지 바닷가에 오래 머물며	久住海方似宿緣
소림산 아래에서 또 새해를 맞게 되었구나	少林山下又新年
봄맞이 잔치로 부엌에서는 떡국을 내오고	迎春廚子供湯餅
영가 보내는 재를 올린 스님이 종이돈을 태우네	送鬼齋僧燒紙錢
세월 따라 백발만 늘어 가는데	歲月從他栽白髮
몸과 마음 무아지경으로 푸른 하늘을 이고 산다네	身心無我負靑天
오늘 아침 황색 구름에서 풍년 기운을 보았으니	今朝喜看黃雲氣
농부들에게 열심히 씨를 뿌리라고 말하여 주게	寄語農家力種田

【『세시기歲時記』에 보면 "정월 초하루 아침에 구름 빛이 푸르면 벌레가 심하고, 희면 바람이 많으며, 붉으면 가물고, 검으면 수해가 있으며, 노랗게 되면 풍년이 든다."라고 하였다.(歲時記。元朝雲氣。靑虫白風。赤旱黑水。黃豊也。)】

윤금호의 시운을 따서 짓다
次尹琴湖

하늘에는 눈꽃이 어지럽게 날리고 있을 때 　　　天花時復落繽紛
사미승에게 경전 글귀를 이야기하네 　　　說與沙彌貝葉文
주장자로 가파른 산꼭대기 달을 붙들고 　　　柱杖每扶千嶂月
가사는 시냇가 구름에 젖어 축축해지네 　　　袈裟半濕一溪雲
푸른 산속에는 버려진 옛 텃밭이 있고 　　　靑山別有閑田地
불경 속에는 항상 옛 성인을 모셨네 　　　黃卷常陪古聖人
이런 풍경 이런 시절을 누구와 더불어 말할까 　　　此景此時誰共話
이 마음 알아줄 이 오직 붓뿐이라네 　　　知音獨有管城君

또 읊다
又

[1]

일찍이 선유가 말하지 않았던가	先儒曾漏洩
고기는 못에서 뛰고 솔개는 하늘을 난다[124]고	魚躍又鳶飛
나에게 하늘과 구름 즐기는 취미를 주셨으니	與我雲天趣
화려한 봄의 흥취를 만끽하고 돌아가려네	終成爛熳歸

【약산藥山 선사가 이르기를 "구름은 푸른 하늘에 있고 물은 병 속에 있네."라고 하였으니, 이 또한 위와 아래를 고루 살핀다는 뜻이다.(藥山云。雲在靑天水在瓶。亦上下察之義也。)】

[2]

깊은 숲속엔 늦봄이 되어도	深林得春晚
늙은 나무에 꽃이 드물구나	老樹着花稀
강줄기를 거슬러 머리를 돌려 보니	回首滄江上
푸른 산에는 석양만 걸려 있네	靑山掛落暉

[3]

새벽 달빛은 나를 꿈속에서 끌어내어	曉月引殘夢
강촌으로 가게 하는 것 같구나	彷彿到江村
울타리 밑까지 조수의 흔적이 남아 있고	籬落潮痕在
늘어진 버들가지 대나무 사립문을 가렸네	垂楊掩竹門

원외 박명구[125]가 당백필을 준 것에 감사하며

【황산곡黃山谷의 〈선성이 붓을 보내오다〉라는 시에 "한 묶음의 붓이 공에게서 왔는데 천금을 주고 사려고 하여도 시중에는 없는 물건이구나."라고 하였다.】

謝朴員外惠唐白筆【命球】【山谷宣城送筆詩。一束喜從公處來。千金求買市中無。】

붓과는 절교한 지 오래인데	毛穎絶交久
기쁘게도 공께서 붓을 보내왔네	喜從公處來
기이한 모양새는 속된 작품이 아니요	奇模非俗品
절묘하게 만든 솜씨 당나라 물건이네	妙制自唐材
붓의 흰 털은 원래 모지라지지 않았고	白首元無禿
붓대는 본래부터 꺾이지 않았네	中心本不摧
이 붓을 산승에게 주는 건 다 이유가 있으리니	投僧良有以
오로지 경전을 필사해 달라는 뜻이리라	一欲寫經回

또 '회' 자 운을 따서 짓다 【이 아래 몇 수는 모두 박 정랑正郎[126]의 시운을 딴 것이니, 이때 그는 해남에 귀양 와 있었다. ○순循과 뇌雷는 두 고을의 이름이다. 그 지역에 관한 이야기는 두렵기만 하니, 곧 사람이 죽어 나가는 곳과 이웃한 지역이다.】

又次回字【此下數首。皆次朴正郞也。時謫海南。○循雷二州名。其地說可怕也。卽隣死之地也。】

    사람이 죽어 나간다고 소문이 자자한 순循·뇌雷 마을과 가까워   死隣說怕近循雷
    날마다 아홉 번씩 마음 졸이며 두려워했으리라   應想肝腸日九回
    세상살이 험하고 기구하니 이 팔이 몇 번이나 꺾였던가   世路崎嶇肱幾折
    인정이란 쉽게 뒤집히는 것이라 뭐라 말하기 어렵구나   人情飜覆口難開
    장사에서 복鵩새를 보고는 부를 지었었고[127]   長沙見鵩曾題賦
    무협에서 원숭이 소리 듣고[128] 홀로 누각에 올랐었네   巫峽聽猿獨上臺
    문장이 뛰어난 신하를 조정 밖에 어찌 오래 두겠는가   豈使詞臣長在外
    머지않아 하늘에서 환옥環玉을 내리는 것을 보게 되리라   卽看天上賜環來

'향' 자 운을 따서 짓다【두보의 시에 "금곡과 동타는 원래 고향이 아니다"라고 하였다. ○당나라 때 입직한 신하들이 꽃 그림자가 여덟 번째의 벽돌에 이르는 것으로 마감 시간을 정하여 집으로 들어갔다고 한다.】

次鄕字【杜詩。金谷同佗[1]非故鄕。○唐時入直之臣。以花影至八甎。爲限而入也。】

[1]

객지의 회포와 시상은 헤아리기 어려워	客情詩思共難量
금곡과 동타는 꿈속의 고향일세	金谷銅駝夢裡鄕
막막한 강가 하늘엔 검은 구름이 뿌려지고	漠漠江天雲潑墨
창창한 바닷가 언덕엔 서리 같은 달빛이 내리네	蒼蒼海嶠月如霜
지주에게 부탁하여 쌀과 생선을 얻고	每憑地主分魚米
때로는 스님에게 절 방을 빌리기도 하였지	時向山僧借室房
어느 날에나 대궐에 다시 입직하여[129]	何日花甎重入直
구리기둥의 감로수[130]로 주린 창자를 채울까	金莖甘露沃枯腸

[2]

가사와 발우로 사는 인생 따질 것도 없으니	衣鉢生涯絶較量
이 몸이 가는 곳이 모두 다 고향이어라	此身隨處卽爲鄕
청정한 한마음 물속에 피는 연꽃인 양	一心淸淨蓮生水
잎이 서리를 떨쳐 버리듯 만사를 버렸다네	萬事駈除葉隕霜
범[131]이란 놈은 매번 줄거리 캐는 길을 따라왔고	於菟每從採藤路
야차는 오래도록 승방을 지켜 주네	夜叉長護誦經房

---

1) ㉔ '同佗'는 '銅駝'의 오류인 듯하다. 두보의 〈至後〉에는 '銅駝'로 되어 있다.

| 나와 남을 함께 구제할 아름다운 일이 있는데 | 自他兼濟由來美 |
| 어찌하여 양주의 차가운 창자[132]를 닮을까 | 何事楊朱是冷腸 |

[3]
하늘의 뜻과 사람 마음은 헤아리지 못할 일	天意人心不可量
공은 원래 이 궁벽한 땅 사람은 아니지	公元非出涸陰鄕
벼슬을 하였지만 빛나는 자리엔 오르지 못했고	爲官不見煌煌位
비방만 쌓여 가니 살벌한 서리를 맞은 듯하네	積謗如臨凜凜霜
함께 소동파 전세의 경계를 이야기하지만	共說東坡前世戒
지영의 후신[133]이 될 줄 누가 알았으랴	誰知智永後身房
나뭇잎처럼 가벼이 나라를 버리리라 말하지 말라	休言去國輕如葉
크고 큰 쇠와 돌처럼 튼튼한 창자임을 징험하였네	驗得輪囷鐵石腸

【고음涸陰과 황황煌煌은 간재簡齋의 주에 보인다.(涸陰煌煌。見簡齋註。)】

'유' 자 운을 따서 짓다
次流字

비 온 뒤 장춘동엔 물이 더욱 불어나니	長春雨後更添流
외로운 신하의 이별 눈물 씻고자 함이리라	欲洗孤臣泣玦愁
우리네 청정한 가풍을 소중히 여기며	愛我家風淸入眼
그대에게 세상일 물어도 묵묵히 머리만 흔드는구나	問君時事黙搖頭
강산이 아름다우니 어떻게 고향을 그리겠나	江山信美寧懷土
구름 비낀 달빛 다정하여 오래도록 누각에 기대섰네	雲月多情久倚樓
한양에 일찍 돌아가지 못한다 탄식하지 마시게	勿歎漢陽歸未早
하늘이 그대를 남쪽 나라에 실컷 놀게 해 주는 것이라네	天敎南國飽眞游

'상'자 운을 따서 짓다【마소유馬少游[134]가 이르기를 "조랑말을 타고 하택을 달리며 고향에서 뛰노는 것으로 만족하네."라고 하였다.】
次床字【馬少游云。騎款段馬乘下澤。與游於鄕里。足矣。】

[1]
밝은 세상에 무슨 일 때문에 남쪽으로 귀양 왔나　　　　明時何事逐南荒
하택에서 수레 타고 노니는 것이 제일 좋다네　　　　　下澤乘車第一方
벼슬과 녹봉에는 원래 우환이 큰 법　　　　　　　　　爵祿元來憂患大
문장도 또한 시비가 많기 마련이라네　　　　　　　　　文章亦自是非長
통달한 사람이라야 천명을 알아 가난을 즐기지　　　　達人知命貧爲樂
속된 선비는 명예를 탐하여 갈수록 바빠진다네　　　　俗士求名去益忙
대나무 지팡이에 짚신 신고서 나를 찾아온다면　　　　竹杖芒鞋如訪我
함께 새끼로 엮은 침상을 나누어도 괜찮겠네　　　　　不妨相與借繩床

[2]
문인은 대부분 공조工曹의 일을 많이 하기에　　　　　文人多作水曹郎
예로부터 축축하고 더운 곳에 일 잦았네　　　　　　　自古頻投瘴癘方
계령을 넘는 데 십이 년이 걸리고　　　　　　　　　　桂嶺經年十二久
조양으로 가는 길 팔천 리나 멀어라　　　　　　　　　潮陽去路八千長
시 짓느라 안색이 파리하다고 말하지 말게　　　　　　莫敎顔色緣詩瘦
늙고 병들어 임금에게 보답 못할까 두렵다네　　　　　恐易衰零報主忙
어느 곳 어느 때에 서로 마주보지 않을까　　　　　　　何處何時不相對
대천세계가 모두 하나의 선상인 것을　　　　　　　　　大千都是一禪床
【박 공은 일찍이 공조工曹의 원외랑員外郎을 지냈다. 동파東坡가 "예로부터 시인이 공조의 벼슬을 많이 하였던 것은 그 자리가 한가하기 때문이다."라고 말하였다. 동파가 혜주惠州에

서 귀양을 마치고 돌아올 때에 금산사金山寺 요원了元 장로에게 편지를 보내 말하길 "돌아가는 길에 마땅히 찾아뵐 것이니, 마을 어귀에 나와서 맞이하지 말고, 옛날에 조주趙州가 상등上等으로 사람을 대접한 것을 본받아 하시오."라고 하였다. 요원이 편지를 보고서도 마을 어귀에 나가 영접하니, 동파가 "어찌하여 편지에 쓴 대로 하지 않았는가?"라고 물었다. 그러자 요원이 대답하길 "그때에 조주는 겸손하지 못하여 선상禪床에서 내려오지 않고 조왕趙王을 맞이했었지요. 금산사 무량상無量相[135]에게는 대천세계가 모두 똑같은 선상인 것과 어찌 같겠습니까. 마을 어귀까지 나온 것도 또한 선상 위나 같다고 할 것입니다."라고 하였다. 동파가 이 말을 듣고 손뼉을 치며 탄식하였다. 조주가 조왕이 오는 것을 보면 선상에 앉아 맞이하고, 대부가 오는 것을 보면 선상에서 내려와 맞이하며, 서인이 오면 마루에 내려가 맞이하곤 하였다. 사람들이 그 이유를 물으니, 대답하길 "왕은 높기 때문에 선상 위에서 맞고, 대부는 중간이기 때문에 중간에서 맞고, 서인은 아랫사람이기 때문에 아래에서 맞는다."라고 하였다. 이 뜻은 상·중·하 세 등급의 근기에 달렸다는 것이다.(朴公曾爲工曹員外。東坡云。自古詩人。多作水曹。以其閑散也。東坡自惠州放歸。投書金山寺了元長老曰。歸路當歷訪。不須出洞口迎接。效趙州上等接人。元見書。出洞口接之。坡曰。何不如書中所示耶。元卽應曰。趙州當日少謙光。不下禪床。接趙王。爭似金山無量相。大千都是一禪床。謂出來洞口。亦禪床上也。坡擊節歎服。趙州見趙王來。坐禪床迎之。見大夫來。下禪床迎之。見庶人來。下堂迎之。人問其故曰。王尊故上待。大夫中間故中待。庶人下故下待也。意在上中下三根機也。)】

'호'자 운을 따서 짓다【소동파의 시에 "술에 취하여 구슬픈 노래를 부르니 침 뱉는 그릇이 다 일그러지는구나."라고 하였다.¹³⁶】

次湖字【坡詩。醉後哀歌缺唾壺。】

신선의 묘한 시가 강호를 움직이고	仙郎妙句動江湖
당나라¹³⁷ 시성詩聖의 뜻을 잡았구나	天寶詩宗隻手扶
커다란 매가 하늘로 차고 오르듯 강건하고	健似俊鷹冲碧落
좋은 말이 먼 길을 달리듯 경쾌하구나	快如良馬走長途
마땅히 악보에 올려 부채를 흔들며 노래할 것인데	宜登樂譜颺歌扇
취하여 부른 노래로 침 뱉는 그릇을 일그러뜨린 데에 비교할까	可但狂吟缺唾壺
천 수의 시를 지으니 만호의 제후도 가볍게 보이리라	千首成來輕萬戶
그대와 견줄 사람 아무도 없다는 것을 알겠노라	知君傍若一人無

'청' 자 운을 따서 짓다
次靑字

나 홀로 사립문 닫고 푸른 산과 바다 함께하니   柴門獨掩海山靑
손은 절로 거문고 타고 귀는 절로 그 소리 듣네   手自搖徽耳自聆
세상 모든 일이 그저 꿈속 나비와 같아서[138]   萬事從敎付栩栩
이 한 몸 그대로 차가운 바람을 타려고 하네   一身直欲御泠泠
순금이 불에 들어가면 그릇이 되고   精金入火終成器
보검이 녹슬지 않았는데 숫돌이 필요할까   寶劒無塵豈假硎
양웅과 비교는 하지 마시게   錯把楊雄相比較
평생에 『태현경』[139]은 짓지 않았다네   平生不作太玄經

윤 선비의 시운을 따서 짓다
次尹斯文

[1]
아침 내내 베개에 엎어져 늦잠을 잤더니	終朝頹枕付沈冥
어디선가 시 짓는 아이 나를 불러 깨우네	何處詩童喚睡醒
섬돌 곁 높다란 나무는 바람에 창문을 두드리고	喬木近階風打戶
짧은 처마 벽과 닿아 빗물이 빗장을 적시네	短簷連壁雨沾扃
그대에게는 보배롭고 소중한 시구가 많을 터인데	多君珍重瓊琚句
어째서 한평생 산속에 묻혀 산 나에게 묻는가	問我平生丘壑形
한번 가서 보고 싶은 생각은 간절하였지만	一往見之非不切
신발 자국 진흙 뜰에 찍히는 것이 싫었다네	旦嫌木屐印泥庭

[2]
배움의 길 바다처럼 깊어 끝이 없고	學海深無底
샘물은 흘러흘러 멈추지 않는구나	源川逝不停
고요한 산속에서 오래도록 시나 읊으며	久吟山寂寂
온종일 혼자서 꼿꼿이 앉아 있네	孤坐日亭亭
조실 빈 방이 환하게 밝아지고	祖室虛生白
향로는 가늘게 푸른 연기를 토하네	香爐細吐靑
물욕의 마음을 나 이미 버렸으니	機心吾已息
고라니 사슴 떼 뜰에 와서 노니네	麋鹿入中庭

박양직 상사의 시운을 따서 짓다 [2수]
次朴上舍【良直】【二首】

[1]
풍류를 좋아하는 박 상사는　　　　　　　風流朴上舍
문장도 아름다워 나의 스승이라네　　　　文雅是吾師
한 번 동림사에서 만나 담소하였더니　　　一笑東林寺
결사시를 세 번이나 전해 왔구나　　　　　三傳結社詩

[2]
좁다란 오솔길 대숲 깊이 뚫려 있고　　　　細逕通深竹
깊숙한 계곡물 작은 누각 가로질러 흐르네　幽溪隔小樓
시 짓는 노인이 나를 찾아온다면　　　　　詩翁來訪我
서로 마주하고서 마음을 비우리라　　　　相對泛虛舟

【두보의 시에 "그대를 대하면 아마도 빈 배를 띄운 듯 마음을 비우게 되지 않을까."라고 한 말이 있다. 『장자』에 "빈 배가 와서 나의 배와 부딪치면 아무리 마음이 좁은 사람이라도 화를 내지 못한다."[140]라고 하였다.(杜詩。對君疑是泛虛舟。莊子。虛舟來觸。雖心之人。不怒。)】

동계 최 선생이 박 생원과 주고받은 시를
부쳐 왔기에 화답한다
東溪崔先生和朴詩以寄奉和

[1]

공은 나의 스승과 가까우셨기에	公與先師好
공을 보면 마치 스승을 뵙는 듯하오	見公如見師
사람을 좋아하면 그 집 까마귀 소리도 좋다는데	愛人及烏語
애초에 시를 부쳐 오리라 믿었다오	始信向來詩

[2]

남들의 말에 동계 노인은	見說東溪老
문장이 오봉루와 같다고 하더이다[141]	文章五鳳樓
이름난 시석詩席에는 맘에 맞지 않는 일 많아서	名場多坎坷
차라리 돌아와 낚싯배에 누웠다오	歸臥釣魚舟

【어떤 사람을 사랑하는 사람은 그 사랑하는 사람의 집 지붕의 까마귀까지도 좋아하고, 사람을 미워하는 자는 그 집의 울타리[142]도 미워한다고 한다. 오봉루五鳳樓는 『세설世說』에 나온다. 감가感可는 수레가 가지 못하는 모양이다. "악행을 저지르는 자가 하는 일마다 모두 잘 풀리고, 선행을 행하는 자가 가는 길마다 나아가지 못하고 어려움을 겪는다."라는 말이 있다.(愛其人者。愛其屋上之烏。憎其人者。憎其儲胥。五鳳樓者。見世說。感可。[1]) 車不行皃。行惡者。觸事偶偕。行惡者。[2]) 觸途感可也。)】

---

1) 옙 '感可'는 시문詩文에서는 '坎坷'로 되어 있으나, 원주原註에서는 '感可'로 표기되어 있다. 다른 문헌에는 '轗軻'로 되어 있기도 하다.
2) 옙 『韓國佛敎全書』와 목판본에 모두 '行惡者'로 되어 있으나, 『佛名經』에는 "선을 행하는 자(行善者)가 하는 일마다 뜻대로 되지 않고(觸事轗軻), 악행을 저지르는 자(行惡者)가 하는 일마다 잘 풀리는 경우가 있기 때문에(是事諸偶) 세간의 어리석은 사람들이 '선악에는 분별이 없다'고 여기게 되는 것이다.(致使世間愚人謂之善惡不分)"라고 되어 있다. 경문과 문맥으로 보아 '행선자行善者'로 고쳐 번역하였다.

장춘동의 조 사백이 찾아왔기에 전에 보내온 시운을 따서 짓다
長春曺詞伯來訪次前詩又奉和

[1]

산중에 사는 맛을 알고자	欲識山中趣
산중의 스님을 찾아왔구려	來訪山中師
말을 하려 해도 말로는 못하겠기에	欲言言不及
이렇게 산중 시를 지어 올리네	乃進山中詩

[2]

유가의 선비와 불가의 스님이 만나서	儒釋相逢處
한나절이 지나도록 누대에서 토론을 하였네	相爭半日樓
북쪽 변방에는 천 사람을 덮을 큰 휘장이 있고	塞北千人帳
강남에는 만 가마를 싣는 커다란 배가 있다 하네	江南萬斛舟

【『안씨가훈顔氏家訓』에 "강남 사람들은 북쪽 변방에 천 사람을 덮을 만큼 커다란 휘장이 있다는 말을 믿지 않고, 북쪽 변방 사람들은 강남에 2만 가마를 실을 만큼 큰 배가 있다는 말을 믿지 않는다."라고 하였다. 오늘날 유가의 사람들과 불가의 사람들이 서로 믿지 않는 것이 이와 같다는 뜻이다.(顔氏家訓云。江南人不信塞北有千人帳。塞北人不信江南有二萬斛舟。今儒釋不相信。如此。)】

조 사백이 시를 써서 내가 스님이 된 것을 풍자하고 오히려 환속하기를 권하기에 시를 지어 화답하다【4수】
曺詞伯以詩譏余爲僧反勸還俗故奉和【四首】

[1]
묵적은 실이 물드는 것을 슬퍼했고[143]   墨翟悲絲染
양주는 갈림길에서 울었었지[144]   楊朱泣路歧
황제와 순임금도 이미 죽었으니   黃虞忽焉沒
아, 나는 이제 어디로 가야 하나   惆愴我安歸

[2]
세상은 막막히 긴 밤과 같지만   天地如長夜
법문에는 한길이 트여 있네   空門通一歧
어차피 이 길을 따라 들어왔으니   旣從此路入
되돌아갈 수는 없는 일이라네   不可反而歸

[3]
서쪽에서 나신 큰 성인이   大聖西方出
따로 안락한 길을 열어 주셨네   別開安樂歧
세상에는 갖가지 병이 많은데   世間多疾病
어찌 알맞은 약을 복용하지 않겠나   胡不服當歸

[4]
대방가에게는 안팎조차 없는데   大方無內外
말속이 스스로 길을 가르네   末俗自分歧
서로 비교하는 것 다 쓸데없는 일   相較渾閑事

나는 그만둘 테니 그대도 돌아가게나 　　　　　　我休君且歸

【첫 구는 스님이 된 뜻을 답한 것이고, 다음은 환속하라는 말에 답한 것이며, 다음은 우리 도에 돌아오기를 권한 것이고, 다음은 다투지 말기를 권한 것이다.(初首答爲僧意。次答還俗意。次勸歸吾道。次勸勿相爭也。)】

동계 노인에게 화답하다
奉和東溪老

[1]
문단文壇의 종장이라기에 어떤 분인가 하였더니	詞林宗匠更何人
선생의 시를 외워 보니 신령스런 느낌이 들었네	得誦公詩覺有神
남포에서 천 자나 되는 낚싯대 홀로 드리우고	南浦獨垂千尺釣
북창에서 한평생 높이 몸을 뉘었네	北窓高臥百年身
가슴을 헤치고 멀리 영롱한 달 비추며	虛襟逈照玲瓏月
온화한 기운은 완연한 봄과 하나 되었네	和氣渾成爛熳春
예로부터 문장 잘하는 이는 불우한 일이 많아	自古文章多未遇
복건145과 가죽띠로 강가에서 늙어 갔지	幅巾韋帶老江濱

[2]
우리 불가의 도는 남에게 설명하기 어려워	吾道終難說向人
그저 내 자신만 신의 경지에 들어갈 뿐이라네	秖宜吾自入吾神
이 좋은 취미 있기에 다른 생각 없으니	已將雅趣無餘念
하릴없이 명예나 좇다가 한 몸을 그르치랴	肯爲閑名誤一身
마음은 물 위에 떠 있는 연꽃처럼 물에 젖지 않고	心似蓮花不着水
몸은 말라 버린 나무와 같으니 어찌 봄을 알겠나	形同枯木豈知春
세상 험한 물살 물리칠 사람 지금 어디에 있나	急流勇退今誰在
온 세상이 고통의 바다에서 허우적거리네	擧世浮沈苦海濱

또 박 상사에게 화답하다
又和朴上舍

바깥세상에서 날 알아줄 이 만나기는 어려운데 　方外難逢知己人
어쩌다 유가 선비를 만나 마음을 나누는 벗이 되었네 　却從儒氏與交神
덕진강 달빛이 그대의 본성이요 　德津江月如君性
도갑산 구름은 나의 몸이라네 　道岬山雲是我身
종소리 울리는 밤이면 꿈에라도 절로 돌아들고 　鍾動梦回蓮社夜
시 짓는 봄이면 흥이 나서 죽호에 들어가네 　詩成興入竹湖春
시를 주고받다 보면 끝이 나지 않으니 　一酬一唱無時了
숲속에 사는 일 그저 적막하지만은 않다네 　林下終非寂寞濱

【죽호竹湖는 박 상사가 사는 곳이다.(竹湖。朴所居也。)】

영보촌의 신 생원이 앞의 시운을 따서 시를 지어 부쳐 왔기에 화답하다【두보의 시에 "손을 뒤집으면 구름 되고 손을 엎으면 비가 되네."라고 하였다.】
永保村愼生員次前韻以寄奉和【杜詩。翻手爲雲覆手雨。】

[1]

태평한 시절에 한가한 사람이 되어서	淸時管取作閑人
숲속에 은거하여 고요히 정신을 수양했네	高臥林泉好養神
공적과 명예가 있다 해도 손을 대지 않고	縱有功名難下手
다만 영욕이 없는 삶에 이 몸을 둘 뿐이네	獨無榮辱可關身
도연명의 국화[146]는 울타리 옆에서 시들어 가고	陶潛黃菊籬邊老
사조의 푸른 산[147]은 집 뒤에 한창일세	謝朓靑山屋後春
세상 모든 일이 구름과 비처럼 손바닥 뒤집듯 쉽게 변하지만[148]	萬事盡隨雲雨手
낚시를 드리운 덕진의 물가엔 별 탈이 없겠지	釣磯無恙德津濱

[2]

평생 마음에 둔 일 어찌 사람에게 말할 수 있나	平生心事可言人
밝을 때엔 하늘에다 어두울 때엔 귀신에다 말하겠네	明有靑天暗有神
고목은 좋은 재목이 못 되어 벌목을 피하였고	古木不材能遠害
큰 표주박은 쓸 곳이 없으나 몸을 편안히 하였네[149]	大瓢無用任安身
경전 두 함을 초저녁부터 밤이 새도록 읽으며	兩函經送初中夜
백 동이의 나물을 사십 년 동안 먹어 치웠네	百瓮虀消四十春
우리들의 하는 양을 미친 짓이라 비웃지 말라	莫笑吾儂狂簡態
이 마음은 이미 명리를 끊어 버렸다네	此心已斷利名濱

【소동파가 젊었을 때 하수河水에 빠졌는데, 하신河神이 건져 언덕 위에 끌어 놓고 말하길 "그

대가 빠져 죽으면 3백 동이의 은銀을 어디에 다 쓴단 말인가."라고 하였으니, 이 말은 소동파가 장차 3백 동이의 은을 녹으로 받을 것이라는 말이었다. 그 뒤 어떤 선비가 이를 모방하여 스스로 하수에 몸을 던지니, 또 하신河神이 나와 건져 주며 말하길 "네가 죽으면 3백 동이의 나물은 어디에 쓴단 말인가."라고 하였다.(東坡小時。溺河中。河神極[1]之上岸曰。公溺死。三百瓮銀。河[2]處消之。盖公食祿三百瓮銀也。有一士效之。自投河。河神又極*之曰。汝溺死。則三百瓮蕫。何處消之乎。)】

---

1) 㧾 '極'은 '拯'의 오류인 듯하다. 이하도 동일하다.
2) 㧾 '河'는 '何'의 오류인 듯하다.

밤비가 내리는 풍경을 보며
夜雨即事

연 사흘 이어지는 가을비에	秋雨連三日
처마의 낙숫물 소리 밤이면 더욱 시끄러워	簷流夜更喧
광풍 불어와 나무를 쓰러뜨리고	狂風吹樹倒
성난 폭우 울타리를 말아 가네	怒瀑卷籬奔
반딧불은 젖는 것을 꺼리지 않고	螢火不妨濕
벌레 소리 점점 따뜻한 곳으로 모여드네	蛩吟漸聚溫
솜을 얻으러 간 어린아이는	小兒乞綿去
배고프면 어느 마을에서 먹고 자려는지	飢食宿何村

박 선비가 여덟 축의 대나무 그림에 시를 지어 달라 하기에 내 모자람을 잊고 무리하여 지어 주다
朴斯文請八軸畫竹詩忘拙强賦

[1]

죽순이 처음 돋아나오는 기세	籜龍上番出
묵은 줄기는 안 보이는 것 같구나	勢若無舊竿
봄바람이 잘 자라도록 열심히 도와주어	春風勤護長
고래도 낚을 수 있는 대나무 되기를 바라네	擬待釣鯤桓

【이 시는 죽순에 관한 것이다. 탁룡籜龍은 죽순이고, 상번上番은 처음이라는 뜻이다. 황산곡黃山谷의 시에 "죽순이 처음으로 올라올 때에는 고래나 환어와 같다."라고 하였다. 이 둘은 모두 물고기 이름이다. 또 환桓은 '이리저리 배회하다'라는 뜻이다.『장자』에 "고래가 움직여 깊어진 곳은 깊은 연못을 이룬다."라고 하였다.(右笋竹。籜龍。笋也。上番。初番也。山谷詩。笋要上番成鯤桓。二魚名。又桓。盤桓也。莊子。鯤桓之審。爲淵審處。)】

[2]

약한 가지에 대 꺼풀이 반은 섞였고	弱枝半含籜
여린 이파리는 색이 짙지 않구나	嫩葉色非深
바람결에 보드라운 옥구슬 소리	姑欠風軟玉
달빛에 금빛 물결인 듯 어여쁘구나	猶憐月漏金

[3]

간들간들 깃발이 말리는 듯	裊裊旋[1]旗卷
소복소복 눈비가 내리는 듯	蕭蕭雨雪聲
위로 보나 아래로 보나 굽은 데 없으니	俯仰終不屈

---

1) ㉤ '旋'은 '旌'의 오류인 듯하다.

| 대나무 곧음에 세 번을 감탄하였네 | 三歎此君貞 |

【위의 제2수는 새로 돋아난 대나무를 읊은 것이고, 제3수는 바람에 흔들리는 대나무를 읊은 것이다. 황산곡의 시에 "많고 많은 왕대에 깃발이 말린 듯하네."라고 하였고, 왕자유王子猷는 "사람이 살아가는 데에 단 하루라도 이 대나무가 없어서는 안 된다."라고 하였다.(上第二首。新竹。第三。風竹也。山谷詩。萬竿苦竹旌旗卷。王子猷云。人生不可一日無此君云云。)】

[4]
고요하게 늘어서서 모든 소리를 죽이고	寂歷悄無響
성긴 가지는 이슬에 젖어 늘어졌네	踈枝浥露低
달이 떠오르자 조금 흔들리는 것은	月來微有動
잠자던 새가 파드득 놀란 것이라네	知是鳥驚栖

【이 제4수는 밤의 대나무를 읊은 것이다. 옛 시에 "뽕나무 삼대가 고요하게 줄을 지었다."라고 하였는데, 이것은 조용하게 줄지어 서 있는 모양을 말한다. 요즘 사람들이 혹 적막寂寞과 같은 뜻으로 쓰기도 하는데, 이것은 잘못된 용법이다.(此第四。夜竹。古詩。桑麻寂歷。謂寂然列立之皃也。今人或以寂寞同用。非。)】

[5]
온몸이 젖은들 어찌 꺼릴쏘냐	何妨全身濕
이파리 이파리마다 구슬이 꿰어 있구나	葉葉綴瓔珞
세 갈래 좁은 길¹⁵⁰로 찾아올 이 없으니	三徑人不來
해 저물면 까마귀와 참새만이 걱정이네	日暮愁烏雀

[6]
대숲이 고운데 안개까지 고와서	竹媚烟亦媚
기이한 모습 더더욱 더해지네	更添一樣奇
대나무에 원래부터 화려한 빛 있었으니	此君元有斐
네가 감히 아름다움¹⁵¹을 다투겠느냐	爾敢鬪猗猗

[7]

곧은 절개를 어쩌다 꺾였을까	貞節緣底折
가늘고 긴 모습 다시 대할 수 없네	無復對檀欒
그래도 남은 가지 아직 있으니	賴有殘枝在
추운 겨울 견뎌 내기를 기대해 보네	相期保歲寒

【위의 제5수는 비 맞은 대나무를 읊었고, 제6수는 안개 속 대나무를 읊었으며, 제7수는 꺾어진 대나무를 읊은 것이다. 단란檀欒이란 대나무의 모양이다. 소동파의 시에 "가늘고 곧은 대나무와 청아한 이야기를 나누네."라고 하였고, 황산곡의 시에는 "야들야들 기다란 대나무 봄 안개에 쌓여 있네."라고 하였다.(上第五。雨竹。第六。烟竹。第七。折竹。檀欒。竹皃。坡詩。淸話對檀欒。山谷詩。檀欒春烟。)】

[8]

열매를 맺고 나면 그만 말라 죽으니	結實因成枯
사람들은 슬퍼하지만 나는 홀로 기뻐한다네	人嗟我獨悅
그 이유 무엇이냐 묻는다면	爲問何以然
봉황이 와서 먹기 때문이라 대답하겠네	鳳凰來可食

【제8수는 마른 대나무를 읊었다.(右枯竹)】

중동【『형초세시기荊楚歲時記』[152]에 "11월에 배추와 무를 거두어 소금에 절인다."라고 하였다.】
仲冬【荊楚歲時記云。仲冬月。收菜菁。鹽之。】

[1]

세월도 참 빠르지 벌써 김치 담글 때가 되었나	駸駸歲月屬鹽菹
대숲 창문 아래 환한 눈빛에 비춰 책을 읽는다	竹下寒窓雪映書
따사로운 햇살 처마 아래 가사의 이를 잡고	愛日臨簷捫衲虱
스산한 바람 고개 넘으면 바위 언덕 원숭이 울음 들리네	悲風度嶺聽岩狙
비질이야 언제나 하지만 시름은 쓸어 내지 못하고	尋常有箒愁難掃
늙고 병든 몸 계율의 갈고리가 없어 졸음도 쫒지 못하네	老病無鉤睡未除
계절이 지나도록 국화꽃이 버텨 주는 것이 기쁘구나	却喜黃花守晚節
몇 가지 차가운 울타리 곁에 서로 의지하고 서 있네	數枝籬畔冷相於

【경에 "졸음을 일으키는 뱀이 너의 마음속에 있으니 계율의 갈고리를 가지고 제거해야 한다."라고 하였다. 두목지杜牧之의 시에서는 "물려받은 경전과 오래된 벼루가 한가하게 서로 의지하네."라고 하였다. '어於'는 '의지하다'라는 뜻이다.(經云。睡蛇在汝心。以持戒之鉤。除之。牧詩。遺經古硯閑相於。於。依也。)】

[2]

그림 같은 대나무 숲속 암자에	竹裡孤庵畫裡如
겨울 석 달 결제하여 안거에 들었네	三冬結制且安居
구름 낀 산에 잠긴 회포 풍성하여도 나쁘지 않아	雲山懷抱富不惡
눈에 비친 달빛 창가에 맑은 기운 넘치네	雪月軒窓淸有餘
시비를 망상으로 분별하는 일 한갓 말 얘기일 뿐[153]	妄辨是非徒喩馬
물고기를 보고서 피차의 즐거움 같음을 알았네[154]	樂同彼此解觀魚

남은 세월 그저 부처님의 가르침에 맞추어 살려 할 뿐　　殘年祇合蓮花課

경전을 강론하고 전하는 흥도 점차 줄어든다네　　講論傳經興漸踈

박 상사의 시운을 따서 짓다
次朴上舍

[1]
골짜기 새가 경상經床 가까이 날아들고 　　　谷鳥親經榻
강가에 피어난 꽃 낚시터의 벗이로다 　　　江花伴釣臺
봄은 산속의 절집에도 찾아오고 　　　　　春尋蓮社至
시는 친구와 함께 오는구나 　　　　　　　詩共玉人來
봄비가 키 큰 잣나무를 다 적시고 　　　　雨濕長身栢
바람은 덜 핀 매화 꽃잎을 떨어뜨리네 　　風催半面梅
세상의 인정을 아직도 떨어내지 못하여 　　情塵猶未拂
해 저물자 고갤 거듭 돌려 보네 　　　　　落日首重回

[2]
숲속에 사는 두 노인네 　　　　　　　　　二老林間叟
강가 누각에 낚싯대 하나를 놓았네 　　　　一竿江上臺
가난한 살림에 찾아오는 손님은 없지만 　　家貧無客到
정자 하나는 참 좋아 스님이 찾아오네 　　　亭好有僧來
흥이 올라 문장과 시구를 이끌어 내면 　　　興引文章句
봄은 처사네 집 매화에서 생기는구나 　　　春生處士梅
다 늙은 나이에 고향집에 돌아와 　　　　　暮年歸宿在
물고기와 새와 함께 배회한다네 　　　　　魚鳥共裵回

순찰사 심이지가 절에 와서 시를 지어 주기에 그 시운을 따서 짓다

巡相沈公【履之】到寺有贈謹次

동림사東林寺 달 밝은 고요한 밤에	東林月上夜潭潭
순찰사께서 한가하게 옛 절을 찾으셨네	使相閑憑古佛龕
상 앞에 세워 둔 촛불 반쯤이나 탔을 즈음	華燭床前將爇半
차고 맑은 종소리 구름 저 밖에서 세 번이나 울리네	寒鍾雲外已鳴三
누각에 올라 서울을 바라보면 북쪽 하늘 높기만 한데	登樓望美天高北
부절을 받아 풍속 살피러 남쪽 길을 열었네	杖節觀風路闢南
문서로 위임 받은 일 끝내고 사람들도 흩어지면	文牒告終賓亦散
다시 흰 가사[155]를 입고 정다운 이야기를 나누리라	更携白衲做淸談

부록 원운 附原

달빛 가득한 연못에 연꽃 물 위로 내밀듯	蓮花出水月盈潭
어느 해에 물병과 석장을 이 절에 두셨나	瓶錫何年寄此龕
영취산靈鷲山의 풍광 속에 다섯 계율 지니고	鷲嶺風光心戒五
호계에 있었던 웃음을 세 번이나 이루었네[156]	虎溪緣業笑成三
보벌[157]이 이미 언덕을 넘어선 것을 알고 있으니	已知寶筏超涯岸
떠다니는 구름 남북으로 흩어지는 것을 한탄하겠나	不恨浮雲散北南
진鎭 옆 산문에서 헛된 망상을 깨려는 듯	帶鎭山門終幻妄
차가운 등불만 뾰족하게 현담하는 사람을 비추네	寒燈一穗照玄談

수령이 유자를 읊은 시의 운을 따서 짓는다

【좌은坐隱은 바둑이다. 파공인巴邛人의 귤 속에서 두 노인이 바둑을 두고 있다고 하였으며,[158] 당시唐詩에는 "귤 숲에 열매가 없어 자손이 바쁘네."라고 하였다.】

謹次使道咏柚韵【坐隱。圍棋也。巴邛人橘中。有二叟圍棋。唐詩。橘林無實子孫忙。】

구월의 맑고 찬 향기를 이월에 맛보니	九月寒香二月嘗
동정의 귤열매 서리를 머금었네	洞庭金實裡含霜
계절이 늦은 만큼이나 단단하게 익어서	應緣晚節終堅固[1)]
남쪽 지방 백성들 잘 저장할 수 있겠네	可但南民善護藏
바둑 두는 사람이 어찌 세상 사람의 괴로움을 알겠나	坐隱豈知人世苦
세공을 바치려면 자손들이 언제인들 안 바쁘랴	歲供能免子孫忙
번천의 풍채는 예나 지금이나 같으니	樊川風度同今古
양주를 지나자면 노란 귤이 수레에 가득했지	試過楊州滿載黃

【번천은 두목杜牧[159]의 호이다. 그의 시에 "술에 취해 양주 거리를 지나노라면 귤이 수레에 가득 차는구나."라고 하였다.(樊川。杜牧號也。其詩。醉過楊州橘滿車。)】

부록 원운 附原

봄철 소반에 담긴 귤도 꽤 맛이 좋아서	春盤橘柚亦堪嘗
향기와 빛깔에 아침 서리 그대로 간직했네	香色依然帶早霜
맑은 운치에는 오히려 풍류객의 시가 남아 있고	淸韻尙留騷客頌
동그란 그 모양 참으로 신선이 숨을 만하네	圓形眞合鶴仙藏

---

1) ㉠『韓國佛敎全書』에는 '固'라고 되어 있으나, 목판본에는 '固'가 '周'로 표기되어 있다. 문맥으로 볼 때『韓國佛敎全書』에 수록한 '固'가 옳으므로, 그대로 번역하였다.

대추와 배는 겨울이 지나면 때깔이 변하고	棗梨顔兒經冬變
복숭아와 살구 향기는 하루도 버티지 못하지	桃杏芳華計日忙
진귀한 과일이야 해마다 배를 타고 건너오지만	珍卉年年充海舶
서울에서 누가 귤나무 한 가지라도 본 적이 있는가	洛園誰見一枝黃

『간재집』의 건제체[160] 시운을 따서 짓다
【이 문체는 포조鮑照[161]로부터 시작되었다.】
次簡齋集建除體【此體始於鮑照】

건제체로 감히 시를 지을 수 있을까	建中吾何敢
이럴까 저럴까 조금 방황하였네	歧路少馳駈
임천에 사는 일 말고야	除非林泉在
무슨 다른 즐거움이 있으랴	渠何樂有餘
책상에 가득한 부처님 경전	滿案貝葉書
읽고 나면 마음이 맑아지지	讀來心淸虛
평지에도 파도는 있는 법	平地有波濤
모름지기 피리를 마구 불지 말 일이다	須愼濫吹竿[1]
선정에 든 경지는 원래 세속의 경지가 아닌지라	定境元非俗
홀로 편안히 즐길 수 있을 뿐이나	怡然獨自娛
자꾸만 집착하면 도리어 병이 되나니	執着還爲病
벗어 버리고 어머니가 낳아 주신 원래 모습을 찾으리라	脫却娘生襦
낡은 가사를 머리에 덮어쓰고 누우면	破衲蒙頭臥
모든 일은 마음대로 쥐락펴락하겠네	萬事從卷舒
위태로운 길에서는 머뭇거림이 많아	危途多坎坷
예나 지금이나 수레 몇 번이나 엎어졌던가	今古幾覆車
이루고 못 이루는 것 자기에게 달린 일	成襪自家事
나머지 두 가지는 구구히 말하지 말게나	餘二勿區區
시선을 거두고 또 들은 것을 돌이키면	收視又反聽

---
1) ㉭ '竿'은 '竽'의 오류인 듯하다.

선심은 바로 편안해지리라	禪心政宴如
자리 깔고 발우를 펴는 그곳에	開單展鉢處
도가 멀리 있지 않으리라	有道良不迂
비 지나는 산속 문을 닫아거니	閉門山雨過
외로운 암자에 오는 손님이 드물구나	孤庵客來踈

팔음가[162]의 운을 따서 짓다
【심회沈回(당나라 때 시인)로부터 시작되었다.】
次八音歌【始於沈回】

금단[163]인들 어찌 뼈를 바꿔 새 몸 만들어 줄까	金丹豈換骨
왕자교王子喬와 적송자赤松子[164] 이름만 있을 뿐이네	喬松但有名
석실에 일찌감치 돌아와	石室早歸來
한가롭게 앉아서 무생을 배웠네	閑坐學無生
털끝만치도 구하는 것 없지만	絲毫無所求
누군들 나만한 부귀를 가졌을까	誰如我富貴
역사에 영웅이 몇이나 되는가	竹帛幾英雄
자세히 살펴보면 모두들 누累가 있지	簡點皆有累
바가지에 담은 밥과 병 속의 물은	匏飯與瓶水
지난날 내가 잘못 살았음을 깨닫게 했네	伊余悟前非
땅에 붙인 인연은 정한 곳이 없어서	土緣無定處
어느 산이나 맘 내키는 대로 돌아간다네	千山任所歸
활 따위를 어찌 차고 다니겠나	革弦焉足佩
가슴속이 천지와 같이 넓은데	胷海寬天地
나무 끝으로 석양은 자꾸 가까워 가니	木末殘陽近
부처님께 의지하는 것이 가장 좋은 생각이지	蓮科最上計

감사에게 올리는 시
上棠營

엊그제 행차가 절 앞을 지날 때에	憶昨征麾過梵宮
등불 아래 나눈 이야기 꼭 스님처럼 맑았네	一燈淸話與僧同
감당 소식[165]이 봄바람 속에 전해 오니	甘棠消息春風裡
새벽달 뜰 때까지 잣나무 아래에서 공부를 하였네	栢樹工夫曉月中
빈도와 같은 경자년에 태어났으나	貧道共生庚子歲
영공은 원래 숫 갑진생이었구나	令公元是甲辰雄
금산의 옥대가 직접 오시기를 어찌 바랄까	金山玉帶吾何望
새로운 화답 시 한 통 보내 주시길 바랄 뿐이네	惟願新詩寄一筒

【배진공裴晉公 도도가 혹이 달린 느티나무 가지를 얻어서 목침을 만들려고 하였다. 그때 낭중郎中 변함變咸이 여러 사물에 대하여 두루 잘 알아서, 그를 불러 여부를 물었더니, 그가 대답하길 "암나무에 생긴 혹은 쓰지 못합니다."라고 하였다. 배진공이 묻기를 "낭중은 몇 살인가?"라고 하니, 낭중이 대답하길 "저도 공공과 같은 갑진생입니다."라고 하였다. 그러자 배진공이 "낭중은 암 갑진생이로구나."라고 말하였다.(裴晉公。度得槐癭。欲作木枕。時郞中變咸博物。乃召問庾。曰。雌樹癭不可用。裴曰。郞中年多少。曰。某與令公同甲辰生。裴曰。郞中便是雌甲辰也。)】

여항의 유정 선사는 항상 누런 소를 타고 다녔기 때문에 호를 정황우라고 하였다. 시랑 장당과 친해서 그가 전당에서 수령으로 근무할 때에 정황우가 그 청사를 찾아가 종일토록 이야기를 나누었다. 장당이 부탁하길 "내일 손님을 청하여 함께 놀려고 하는데, 대사께서도 머물러 동참하시지요."라고 하였다. 이 말을 듣고 유정 선사가 허락하였으나, 막상 이튿날에는 시 한 절구만을 남기고 돌아가 버렸다. 그 시는 다음과 같다. "어제는 오늘 함께 놀기를 약속했으나, 문밖에 나가 지팡이 짚고 다시 생각해 보았소. 스님이 되었으면 산속 절집에 사는 것이 합당한 일, 국사의 잔치 자리엔 마땅하지 않다오." 그 시를 보고 그 자리에 있던 손님들이 고상한 운치가 있다고 칭찬하였다. 어제 수령께서 한번 영문에 들르라고 하셨는데, 영문에 출입하는 것은 본래 산승의 할 일이 아니다. 그런 까닭에 정황우의 시운을 따서 지어 올리니, 바라건대 명령을 어긴 죄를 용서하시면 다행이겠다. 시는 다음과 같다.

餘杭惟政禪師。常乘黃牛。故號政黃牛。與蔣侍郞堂好。堂守錢塘時。政詣其府。終日語堂曰。明日請客同游。師亦留之同祭。政許之。明日留一絶而歸。其詩云。作日曾將今日期。出門扶杖更思惟。爲僧只合投岩谷。國土筵中甚不宜。坐客仰其高韵。昨者使道命一來營門。而營門出入。非山僧本色。故敢依政黃牛韵以上。伏望下恕方命之罪。幸甚。詩云。

한번 청사를 방문하겠노라 약속을 했지만	一訪牙門向有期
돌이켜 생각하니 부질없는 생각이었네	至今回首費離惟
청려장 짚는 일은 어렵지 않으나	不難暫理枯藜杖
청산이 허락하지 않는 걸 어찌하겠나	爭奈靑山不許宜

지난 갑신년 3월 19일은 숭정 의종 황제가 명나라의 패망과 함께 죽은 날이기에 지금의 충청도 화양동에 신종과 무종 두 황제의 사당을 세우고 많은 선비들이 『춘추』를 강론하였다. 작년은 세 번째 돌아온 갑신년이었는데, 당시의 참상이 평소보다 갑절이나 생각났다. 낭주(전라남도 영암군)에 사는 현명직이 먼저 감회시 두 편을 지었고, 여러 선비들이 그에 화답한 시를 많이 지었다. 나는 비록 유가의 사람은 아니지만, 간절한 감회가 있어서 감히 화답하였다. 또 화양동의 바위에 신종과 무종의 필적이 새겨져 있다고 한다.

徃甲申三月十九日。崇禎毅皇帝。殉社之日也。今湖西華陽洞。創神宗武宗二皇廟。多士講論春秋。昨年三回甲申追遠之痛常。朗州玄大雅命直。唱感懷詩二律。諸君子多和。余雖方外之類。亦切感慎。敢爲奉和。又洞石刻神武二宗筆跡云云。

정묘년 갑신년의 고통을 오래도록 견뎌 왔지만	悠悠忍痛卯兼申
아무렴 금년 3월만큼 가슴이 아픈 적이 있었을까	況値今年三月春
환관들이 나라를 팔아넘긴 일 차마 어떻게 말하나	忍說貂璫陰鬻國
황제께서 홀연 신선이 되어 올라가셨으니 더욱 가슴 아프네	痛深龍駕忽升神
이렇게 중원의 사직은 주인을 잃었지만	中原社稷歸無主
우리나라엔 그래도 『춘추』를 강하는 사람이 있다네	東國春秋講有人
비바람아 화양동의 돌을 갈지 말아라	風雨勿磨華陽石
우리 황제의 손때가 만년 동안 새로우리라	我皇手澤萬年新

【명나라 만력萬曆 연간에 당시 커다란 권력을 쥐고 있었던 간신 엄숭嚴崇이 환관 위충현魏忠賢과 함께 나라 정사를 제멋대로 쥐고 흔들었기 때문에 온 세상이 떠들썩하였다. 또 숭정 연간에도 이틈李闖이라고 하고 이자성李自成이라고도 하는 역적이 있었다. 숭정 17년 갑신년에 그 역적 무리들의 세력이 크게 번창하였기에 그때 산해관山海關을 지키고 있었던 오삼계吳三桂가 청나라에 구원을 요청하였고, 청나라 순치順治 황제가 허락하였다. 그러나 청군이 들어오기도 전에 북경에서는 역적 이자성이 성을 함락하였고, 역적의 뇌물을 받은 환관들

은 궁문을 열어 놓고 적을 맞았다. 이에 황제는 매산煤山에 올라가 목을 매고 자결하였다. 청나라 황제가 갑자기 들이닥치자, 이자성은 두려워서 도망쳤고, 오삼계는 명나라 황제의 아들을 옹립하고자 하였다. 그런데 청나라 황제는 "나는 이자성에게 천하를 얻은 것이지, 명나라에서 빼앗은 것이 아니다."라고 말하면서 북경에 도읍을 정하고 주저앉아 버렸다. 오삼계는 청나라를 치고 명나라를 다시 회복하려 하였지만, 중도에 병이 나서 죽고 말았다. 아, 삼계가 만약 살아 있었더라면 명나라의 회복을 기대할 수 있었을 것이다. 명나라 황제의 아들이 세 성省의 성곽을 보전하여 황제의 자리에 올랐기에 홍광弘光과 경력慶曆의 두 연호가 생겼고, 그래서 숭정 뒤로도 두 황제가 더 있게 된 것이다. 그러므로 역사를 기록하는 사람들은 마땅히 홍광과 경력으로 정통을 이어서 촉한蜀漢의 예와 같이하여야 할 것이다.(明萬歷間。權奸嚴崇與窒者魏忠賢。窃弄國柄。天下囂然。至崇禎。國賊李闖。亦云李自成。崇禎十七年甲申。賊勢大熾。時吳三桂守山海關。請大淸來救。淸帝順治許之。來救未至。京賊已陷城。逆璫受賊略。開門迎賊。帝上煤山自縊。而淸帝猝至。賊懼而走。吳三桂欲立明之皇子。淸帝曰。吾得天下於自成。非取於明。遂定都於燕京。三桂將攻淸。欲復明。而中道發病以卒。噫。三桂若在。明之復振。可庶幾。而明之皇子。保三省之城。立爲帝。有弘光慶曆二年號。則崇禎之後。猶有二帝。作史者。當以弘光慶曆。承正統。如蜀漢之例也。)】

경기도에서 벼슬을 하던 어떤 선비가 벼슬에서 물러나 깊은 숲속에 집을 짓고 살면서, 현 사백에게 시를 청하였는데, 나에게 대신 지어 줄 것을 청하기에 지어 주다
京圻有簪纓士。創林下幽居。求題咏於玄詞伯。請余代作。

[1]

초가를 새로 짓고 대나무로 울타리를 쳐서	苫棟新營竹着籬
숲속에서 분수대로 평생을 살아가리라	林泉隨分作生涯
성긴 처마에 해 길게 걸리면 책 교정하던 일도 덮어두고	踈簷日永讐書倦
저녁 여울에 바람이 잔잔하니 낚싯대 잡기 딱 좋구나	晚瀨風和把釣宜
구름과 소나무를 오랜 벗 삼아 즐기고	好與雲松爲耐友
벼슬살이는 사소한 아이들 장난으로 웃어넘기네	笑看軒冕是些兒
남은 세월 배불리 먹으며 오래오래 살 수 있었겠지만	殘年飽飯能延壽
이제는 날마다 나물에 소금 반찬 장만하여 끼니를 때우리라	須辦虀鹽日供炊

【두 책을 서로 맞춰 보는 것을 '글을 교감한다'고 한다. '내耐'는 '오래다'라는 뜻이다. 소동파의 시에 "벼슬살이 또한 애들 놀이에 지나지 않는 것"[166]이라 한 구절이 있다.(兩冊相準曰。讐書。耐。久也。坡詩。軒冕亦兒劇。)】

[2]

시내에 꽃 활짝 피어 울타리 비추는데	溪花淡淡映踈籬
아름다운 풀집이 시냇가에 서 있구나	窈窕衡茅傍水涯
토란을 심어 손님과 나눠 먹을 수 있고	種芋分供賓客可
장서는 자손에게 물려주면 좋겠네	藏書付與子孫宜

볕 든 언덕에선 풀 뜯던 소가 새끼를 부르고	陽坡囓草牛呼犢
저녁 울타리엔 벌레를 문 제비가 새끼를 먹이네	晚壁含虫燕哺兒
숲속에 돌아오니 한가한 흥취가 있어	林下歸來饒閑趣
이제부터 싸움판에서 밥 짓는 일은 없으리라	從今不向劍頭炊

【『환현위설桓玄危說』에 "창머리에서 쌀을 씻고 칼머리에서 불을 땐다."라고 말하였다. 황산곡黃山谷의 시에 "칼머리에서 불 때는 일보다 위태하네."라고 하였다.(桓玄危說云。矛頭淅米劍頭炊。山谷詩。危於劍頭炊。)】

[3]

잡초 무성한 산길 꾸불꾸불 무궁화 울타리까지 뻗어 든	莎徑委蛇入槿籬
흰 구름 저 끝 깊숙한 자리에 새 집을 지었네	幽齋新闢白雲涯
집을 찾고 밭을 구한다고 더럽다 말하지 말라	休言問舍求回[1]鄙
구름을 일구고 달을 낚는 일이 좋음을 알았다네	始覺耕雲釣月宜
시호를 논할 때에 강康이라고 할 부인이 왜 없다는 건가	論謚豈無康子婦
충려는 응당 중모[167]와 같은 아들이 있으리라	充閭應有仲謀兒
덧없는 명예야 이제부터는 간섭하지 않고	浮名從此非干意
산중의 부엌에서 아침저녁 밥 짓는 걸 기뻐하네	惟喜山廚曉夕炊

【허범許汜이 선주先主를 보고 말하길 "옛날에 원룡元龍을 찾아갔을 때에 그가 자신은 침상에 눕고, 손님은 침상 아래에 눕게 하였습니다. 이것은 주인이 손님을 대하는 예가 아닙니다."라고 하였다. 선주가 대답하길 "그대가 밭을 요구하고 집에 대하여 물어보았던 그것은 원룡이 비천하다고 업신여기는 일이기 때문에 그런 것입니다."라고 하였다. 반산半山 왕안석의 시에 "유현덕劉玄德과 말을 섞지 말라. 집을 찾고 밭을 구하는 것을 최고의 목표로 삼네."라는 구절이 있다. ○금루黔婁가 죽자, 증자曾子가 찾아가 조문을 하고 시호를 무엇으로 하면 좋겠느냐고 물었는데, 그 아내가 대답하길 "강康 자로 시호를 하겠습니다."라고 하였다. 증자가 다시 묻길 "선생께서는 입을 채울 만큼 먹어 본 적도 없었고, 몸을 충분히 가릴 만한 옷도 입

---

1) ㉠ '回'는 '田'의 오류인 듯하다.

어 보지 못했는데, 어떻게 편안하였다고 할 수 있겠습니까?"라고 하였다. 그러자 그 처가 대답하길 "선생께서 정승의 자리를 사양하고 나가지 않았으니 귀貴가 넉넉하고, 3천 종鍾의 녹봉을 사양하고 받지 않았으니 부富도 넉넉함이 있습니다. 세상의 담박한 생활을 달갑게 여기고 세상의 낮은 지위를 편안히 여겼으니, 이 어찌 편안하지 않습니까?"라고 하였다. 이 말을 듣고, 증자가 옳다고 긍정하였다. ○「자광전子光傳」에 "충려充閭 가충賈充은 태어날 때에 흰 기운이 집 안에 가득하였기에 점치는 자가 장차 크게 귀하게 될 인물이라고 하며, 이름을 충充이라 하고, 자는 공려公閭라고 하였다."라고 하였다.(許汜見先主曰。昔見元龍。自臥床上。使客臥床下。無客主之禮。先主曰。君求田問舍。是元龍所鄙也。半山詩。無人說與劉玄德。問舍求田計最高。○黔婁卒。曾子徃吊。問以何爲謚。其妻曰。以康爲謚。曾子曰。先生食不充口。衣不盖體。何以爲康。妻曰。先生辭相位不行。有餘貴也。辭粟三千鍾而不受。有餘富也。甘天下之淡泊。安天下之卑位。豈非康乎。曾子曰唯。○子光前[2]曰。充閭賈充。生時白氣充閭。日者曰。將大貴故。名曰充。字曰公閭也。)】

---

2) 옌 '前'은 '傳'의 오류인 듯하다.

구림마을의 박 상사 집을 방문하고 읊다
訪鳩林朴上舍宅有吟

어제 선생 댁을 방문하였을 때에	昨訪先生宅
고고한 매화꽃 마른 대나무를 비추고 있었네	寒梅映瘦竹
초가에는 깔고 앉을 방석이 없다고	茅齋坐無氈
시냇가 바위로 나를 인도하였네	引我溪邊石
주인의 말로는 귀한 손님이 오셔도	自言逢佳客
봄철이라 집안에 먹을 것이 없다네	春家無所食
오직 서호의 경치를 가져다	惟將西湖景
스님에게 바치니 즐기라고 하네	供師可玩樂
용강 물결은 호탕하고	龍江波浩蕩
아촌에는 연기가 덮였네	鵝村烟羃歷
학 한 마리 외로이 산으로 돌아가고	獨鶴孤山返
구름만 하릴없이 구정봉[168]에 떨어지네	閑雲九井落
남쪽 지방 가장 빼어난 명승지를	名勝最南紀
신승이 맑은 기운으로 모았네	神僧鍾淸淑
【도선국사가 구림鳩林 출신이다.(道詵國師。鳩林出。)】	
평생 온 세상을 걸어 다녔으나	平生四海脚
오늘 새삼 눈을 씻게 되었네	今日重洗目
높이 솟은 회사정에	嵬然會射亭
올라가 몸을 기대니 정 더욱 깊네	徙[1]倚情更適
무성한 소나무 깊은 시내를 감싸고	深松抱幽溪

---

1) ㉠ '徙'은 '徒'의 오류인 듯하다.

바람 불면 피리 구멍도 없이 피리 소리를 보내네	風送無孔笛
시인이 어지럽게 휘갈겨 놓은 글씨는	詩人亂揮洒
사방 벽에 지렁이가 기어가는 듯하네	蚯蚓走四壁
숲속에 어느덧 하나씩 모여든 노인들	稍稍集林叟
나에게 어느 산에서 온 손님인가 묻네	問余何山客
선생은 괜한 칭찬을 늘어놓으며	先生浪稱譽
도안道安 대사[169]가 환생한 것이라 하네	再來彌天釋
요월당 앞에 뜬 달은	邀月堂前月
가련하구나 누구를 위하여 밝혀 주는가	可憐爲誰白

【구림鳩林에 요월당邀月堂이 있는데, 옛날 목사 임천령林千齡의 집이다. 지금은 다른 사람이 살고 있다.(鳩林有邀月堂。故林牧使千齡之家。今他人居之。)】

풍류객은 지금 어디에 있을까	風流今安在
새만 울어 대고 꽃은 적적하구나	鳥鳴花寂寂
심초재 안의 주인을	尋初齋中主

【상사上舍 현명덕玄命德을 말한다.(玄上舍命德)】

산속 절 방에서 만난 저녁	邂逅山房夕
동계의 아들 최자는	東溪子崔子
꽃구경 가기로 약속을 했다고 하네	去赴尋花約
돌아가는 길에 우연히 만나서	歸路忽相逢
지팡이 짚고 서서 한참을 이야기했네	植杖語移刻

【'치植'의 음은 '치置'이다.(音置)】

저녁 방아 찧을 때가 되어 까마귀 떼 집으로 돌아가도	夕舂羣鴉歸

【『회남자淮南子』에 이르기를 "해가 연우淵隅에 이르면 낮 방아를 찧고, 연석連石에 이르면 저녁 방아를 찧네."라고 하였다.(淮南子曰。至淵隅爲高舂。至連石爲夕舂。)】

나의 흥취는 영 사그라지지 않는다네	我興猶未息
손을 들어 길 가는 사람에게 인사를 하니	擧手揖路人
산들바람이 지팡이 아래를 스치고 가네	微風鳴短策

석옥 화상의 〈산중에서 지녀야 할 네 가지 위의〉라는 시에 화답하다【서현棲賢 시에 "짚신은 험하기가 범과 같고, 지팡이는 살아 움직이는 것이 꼭 용과 같구나."라고 하였다.】
和石屋和尙山中四威儀【賢棲[1]詩。草鞋獰似虎。柱杖活如龍】

산중을 걸으매	山中行
짚신짝도 꼭 범처럼 사납다네	芒鞋似虎獰
바위에는 겁을 넘어선 꽃이 피고	岩花開劫外
냇가에는 새들이 무생을 노래하네	溪鳥話無生

산중에 머물매	山中住
원숭이와 새들과 친구가 되네	猿鳥以爲友
물을 길어 와 막 아침밥을 지으려는데	運水方朝炊
세상 사람들은 해가 중천에 뜬 점심때라 하겠지	人間日卓午

산중에 앉으매	山中坐
일곱 개의 부들방석이 다 닳았네	七箇蒲團破
선정에서 깨어나 발을 걷고 내다보니	出定捲簾看
허공이 부서져 내리는구나	虛空成粉碎

산중에 누우매	山中臥
세상도 잊고 나도 잊었네	忘世又忘我
손님이 오면 햇차를 끓이려고	客到煮新茶
이웃 암자에 가서 불을 빌려 온다네	隣庵去討火

---

1) ㈜ '賢棲'는 '棲賢'의 오류이다.

전주 감영에서 쌀을 하사한 데 감사하며
謝完營賜米

누가 그림의 떡으로 주린 배를 채울 수 있는가	誰將畵餠解充飢
모래를 쪄서 밥을 짓는 것은 보지도 못했네	未見蒸沙作飯時
고맙게도 관가에서 쌀을 나누어 주었으니	多謝官家分祿米
이제부터 절 부엌에선 날마다 밥을 지을 수 있겠네	從此山廚日供炊

부채를 하사한 데 감사하며
謝賜扇

맑은 바람 밝은 달 한 몸에 다 갖추어　　　　明月淸風備一身
영공 손 안에 날마다 가까이 있었는데　　　　令公手裡日相親
어찌하여 산승에게 주고 갔는가　　　　　　　如何付與山僧去
오늘 같은 태평성세에는 유량의 먼지[170]는 없을 것인데　　聖世應無庾亮塵

〈옥연적〉이란 시의 운을 따서 짓다
次玉硯滴韻

빈가병엔 얼마만 한 허공을 채웠을까	頻伽瓶貯幾虛空
물방울 똑똑 옥통에 떨어지네	滴水涓涓注玉筒
평생을 오직 도자기 연적과 짝을 하였으니	平生獨與陶泓伍
꽉 차면 깨 버려야 하는 박만을 어찌 좇겠나	蹤跡寧隨撲滿同
반듯한 모양새 언제나 물이 비었다 찼다 하는 것을 따르고	正體恒如虛滿處
신기한 기능은 물을 토하고 삼키는 것에 있네	神機都在吐吞中
조그만 이 물건이 이리 현묘한 이치를 가졌으니	眇然一物含玄妙
군자가 이를 가까이하면 도를 통할 것이라	君子由之道可通

【『능엄경』에 이르기를 "빈가병의 두 구멍을 막고 가득히 허공을 채운다."라고 하였다. 병을 빈가 새 모양으로 만들었으므로, 구멍이 두 개가 나 있다. ○박만撲滿은 돈을 모아 두는 그릇이다. 들어가는 구멍은 있지만 꺼내는 구멍은 없으므로, 그릇이 다 차면 깨야만 한다. 공자가 태묘太廟에 들어가니, 모양이 기울어진 그릇이 있기에, 자로子路로 하여금 물을 담아서 시험하도록 했다. 물이 가득 차면 그릇이 뒤집히고, 중간까지 채우면 바르게 서 있고, 완전히 비우면 기울어졌다. 공자가 말하기를 "꽉 차면 뒤집어지지 않는 것이 없다."라고 하였다. 지금 이 연적이 비었을 때와 채워졌을 때가 그것과 꼭 같은 이치이다.(楞嚴經云。以頻伽瓶。塞其兩孔。滿中擎空云云。瓶作頻伽鳥形。故有兩孔。○撲滿。畜錢具也。有入穴無出穴。滿則撲之。孔子入太廟。有欹器。令子路取水試之。滿則覆。中則正。虛則欹。子曰。未有滿而不覆者也。今硯滴虛滿之間。一如也。)】

선지
禪旨

내가 잘 이해를 못해서 그렇지	惟吾自不會
우리 불가의 도는 본래 원만하고 분명하다네	斯道本圓明
하잘것없는 기와나 자갈도 결국엔 부처가 되어서	瓦礫終成佛
허공에서 경문을 강할 것이라네	虛空解講經
연못의 꽃은 달빛을 받아 환하고	池華承月白
산 기운도 가을의 맑은 느낌을 띠는구나	山氣帶秋淸
바람이 서쪽 담의 대나무를 흔드니	風打墻西竹
애초에 눈으로 소릴 듣도록 하여라	端須以眼聽

함께 참례하는 사람들에게 훈시하다
示同叅

반야의 신령한 근본은 본래 원만하거늘	般若靈根本自圓
수레 끄는 소 등에 또 채찍을 가하는구나	車牛背上且加鞭
삼천 리를 가서도 포단은 팔지 못하고	布單不賣三千里
나무에 버섯으로 돋아나[171] 스무 해 세월을 보상했네	樹耳償他二十年
온 세상이 다 박朴을 박璞이라 말해도	擧世皆稱朴爲璞
그 누가 선蟬으로 선禪에 대답할 수 있겠나	何人能以蟬酬禪
스승 없이 깨달음이 기특한 일이나	無師自悟雖奇特
위음불 이전[172]으로 가려고는 하지 말아라	莫向威音佛以前

【소가 수레를 끄는 것을 비유한 것인데, 수레를 친다고 해도 옳고, 소를 때린다고 하여도 옳다. 수레를 몸에 비유하고, 소를 마음에 비유한 것이다. ○경慶 선사가 포단布單을 팔면서 삼천 리를 돌아다니며 옛 선사를 참방할 때에 보시를 받은 적이 있었다. 그러나 도를 깨닫지 못하였기에 20년 동안을 그 집 동산에 버섯이 되어 살면서 은혜를 갚아야 했다. ○정鄭나라 사람들은 아직 다듬지 않은 옥을 박璞이라 하였고, 주周나라 사람은 아직 완전히 마르지 않은 쥐고기를 박朴이라 하였다. 주나라 사람들이 말린 쥐고기 박朴을 가슴에 품고서 정나라 사람을 막아서며 묻기를 "박朴을 사려고 하는가?"라고 하였다. 그러자 정나라 사람은 그것이 다듬지 않은 옥인 줄 알고 "사겠다."라고 대답하였다. 주나라 사람이 물건을 내놓았는데, 그제야 정나라 사람은 그것이 말린 쥐고기인 것을 알고서, 싫다고 거절하고 가져가지 않았다. ○어떤 스님이 대용大容 화상에게 묻기를 "선禪은 무엇입니까?"라고 하였다. 이에 "가을바람이 옛 나루에 임하여도 해가 지는 소리는 들을 수 없다."라고 답하자, 그 스님이 말하길 "저는 선蟬에 대해 물은 것이 아닙니다."라고 하였다. 이에 "너는 무슨 선蟬을 물은 것이냐?"라고 하니, "조사선祖師禪을 물었습니다."라고 답하자, "남화南華탑 가의 소나무 그늘 속에 마실 만한 이슬과 서늘한 바람이 또 많기도 하다."라고 하였다. ○좌랑左朗 선사가 말하길 "위음불威音佛 이전에 스승 없이 혼자서 깨달은 사람이 있다면 그는 아주 뛰어난 견해를 가진 것이지만, 그러나 위음불 이후에 스승 없이 깨달았다는 사람이 있으면 그야말로 외도外道라고 하겠다."라고 하였다.(比牛駕車。打車即是。打牛即是。車喩身。牛喩心。○慶禪師賣布單。向三千里叅訪。古師受施物。道眼不明。爲其園困[1])二十年。○鄭人以玉未理者爲璞。周人以鼠未臘者爲朴。周人懷朴。遏鄭人曰。欲買朴乎。鄭人以爲璞。曰欲買出之。乃乾鼠。曰謝不取。○僧問大容和尙。如何是禪。容曰秋風臨古渡。落日不堪聞。僧曰不問此蟬。容曰爾問那蟬。僧曰祖師禪。容曰南華

塔畔松陰裡。飮露冷風。又更多。○左朗禪師云。威音佛以後。[2] 無師自悟。高勝見解。威音佛以後。無師自悟。天然外道。)】

---

1) ㉮ '囷'은 '菌'인 듯하다.
2) ㉯ '後'는 '前'인 듯하다.

병상 이경모에게 삼가 올리다 【『천관서天官書』에 "하고河鼓의 큰 별은 상장군에 해당하고, 좌우의 별은 좌장군과 우장군에 해당한다. 보름달일 때 활 모양을 하고 있다."라고 하였다.】

謹呈李兵相【景模】【天官書。河鼓大星上將。左右星左右將。滿月弓形。】

[1]

호남의 원수께서는 몸가짐이 아름다워	湖南元帥美範圍
밤마다 하고성河鼓星은 밝은 빛을 흩뿌리네	夜夜河鼓動光輝
호탕한 기상으로 일찌감치 반초班超[173]처럼 붓을 던져 버렸고	豪情早投班生筆
영묘한 재질은 종군終軍[174]처럼 천 조각을 버렸구나	英妙能棄終子衣
칼은 크게 바람 소리를 울리며 고래를 베러 가고	劍吼長風斬鯨去
활을 보름달처럼 당겨 독수리를 맞히고 돌아오는구나	弓開滿月射鵰歸
태평한 때를 만나 변방에 아무 일도 없으니	淸時關塞元無事
오랑캐들이 어찌 한나라 장수 장비[175]를 알아볼까	羯虜焉知漢將飛

[2]

군문의 한 번 약속은 어기기 어려워	轅門一約自難忘
가사 옷깃 떨치며 강단을 내려왔네	手拂袈裟下講床
시냇가의 새들은 길 가까이서 지저귀며 사람을 잡아끌고	溪鳥挽人啼近路
들꽃은 나그네를 환영하듯 그윽한 향기를 내뿜네	野花迎客動幽香
산꼭대기 스님의 집에는 언제 목책을 만들었나	山頭僧住何年砦
성 밖의 백성들은 옛 전쟁터에서 밭을 갈고 있구나	城外民耕古戰場

고맙게도 태평성대 기쁜 세월을 만나 　　　　聖代喜逢太平日
장군도 한가히 앉아서 농사일을 이야기하네 　　將軍閑坐語農桑

사창[176]의 김 사백 형제가 시운을 보냈기에
그 운을 따서 짓다
次社倉金詞伯昆季來韻

[1]
강어귀의 초가집 꿈속처럼 아득한데	江頭草閣梦依依
솔숲 국화 그늘 속으로 작은 오솔길 하나	松菊陰森一徑微
잠에서 깨어 보니 새로 지은 시는 책상에 펼쳐진 채	睡起新詩開案上
맑은 바람 솔솔 불어 가사 옷깃을 흔드누나	淸風颯颯動禪衣

[2]
노란 국화 몇 송이 이슬에 젖어 있고	數朶黃花濕自依
금향로의 향기는 궂은비에 사라졌네	金爐香歇雨霏微
멀리 동파의 형제를 그리워하노니	東坡兄弟遙相憶
혹시 오래된 가사를 기억하는가	倘記雲山舊衲衣

【동파東坡가 옥대玉帶를 풀어서 요원了元 장로에게 주었더니, 요원 장로는 낡은 가사를 벗어 주면서 사례하며 "가희원歌姬院에서 걸식하려고 하기에 산속에서 입던 오래된 가사를 주노라."라고 하였다. 동파는 계계戒戒 화상의 후신後身이기 때문에 오래된 가사라고 하였다.(東坡解玉帶。與了元長老。元以磨衲。謝與東坡曰。欲敎乞食歌姬院。寄與雲山舊衲衣。坡戒和尙後身。故云舊衲衣。)】

[3]
우뚝하게 솟은 봉우리에 만 길 높은 바위요	落落高標萬丈巖
겨울 언덕에 홀로 선 삼나무 같구나	又如冬嶺秀孤杉
타고난 소양이 그런 것뿐만 아니라	非徒有養能如此
가풍이 원래 범상치가 않았다네	自是家風本不凡

【공의 아버지는 이학理學에 일가를 이루었다.(公之家君。以理學有行。)】

[4]
자욱한 안개 속 깊은 바위에 숨어 사는 표범인 듯	霧深斑豹隱幽巖
첩첩 구름 속 삼나무 위에서 잠자는 새인 듯이	雲重胎禽宿老杉
한 벌 가사를 걸치고서 계곡을 관장하면서	一衲頭陁專半壑
속세의 형범[177]을 모르고 사는구나	不知塵世有荊凡

[5]
가을날 산속에서 짧은 편지를 받으니	秋山來短札
저물어 가는 시절에 감회가 새롭구나	晩歲動幽懷
이미 마음이 서로 맞는 것을 알았는데	已許將心契
어찌 만나지 않고 그냥 있겠는가	寧容對面差
꿈속에 돌아가면 구름과 바다는 넓기도 하고	夢歸雲海濶
시가 있어서 형 아우가 함께하였네	詩到弟兄偕
서로 사귀는 의리 변하지 않아서	不變交修誼
비 오는 밤 새벽닭이 울도록 이야기하리라	鷄能雨夜喈

[6]
두 형제[178]를 다 내가 좋아하나니	二難吾所好
강 위의 방 한 칸 그윽하기도 하다	一室江上幽
그대 고운 눈썹을 오래도록 보지 못하여	芝眉久未挹
그리움에 사무친 하루 일 년보다 길어라	相思日如秋

【원덕수元德秀의 눈썹이 짙고 아름다워서 그를 보기만 하여도 사람들은 명예나 이득을 구하는 마음이 다 없어질 정도였다.(元德秀眉紫芝。人見之。名利之心都盡。)】

지난번에 부쳐 온 편지는	向來寄尺蹏
오래도록 책상 위에 놓아두었네	雋永案上留

【혁제烑蹏는 얇은 종이를 말한다.(烑蹏。薄紙也。)】

당신 같은 사람은 원래 속세 사람이 아니니	若子元非俗
요즘 세상에 어디 쉽게 찾을 수 있겠나	今世豈易求
깨끗한 물처럼 몸을 지키고	律身如水淨
빽빽한 나무처럼 책을 읽었네	讀書如林稠
공자의 학문[179]을 전하려고	要傳洙泗學
문장 공부는 일찍부터 거두었네	文章卽早收
춥고 배고픈 속에 때때로 시구를 얻으니	時得寒餓句
읽기만 하면 머리 병이 다 낫는 듯하여라	讀之頭風瘳

【소동파의 시에 "시인은 으레 곤궁한 것, 좋은 시는 춥고 배고픈 데서 나온다네."라고 한 것이 있다. 또 조조曹操가 진림陳琳의 격문을 읽고 "나의 두통이 나았다."라고 말했다 한다.(坡詩云。詩人例窮蹇。秀句出寒餓。曹操讀陳琳檄曰。我頭風快矣。)】

흰 구름 산자락을 둘러쌀 즈음	白雲繞山際
밝은 달이 강 머리에 떠오르네	明月上江頭
삼공[180]의 자리를 준다고 하여도	詎復知三公
이 언덕과 바꾸지 않을 것을 어찌 모르나	終不換一丘
예로부터 외딴 초가집에 살고 있는	自古菰蘆中
은자에겐 청정한 풍류가 많은 법이라네	隱者多淸流

【오나라의 은찰殷札과 장온張溫이 함께 촉나라에 사신으로 가니, 제갈공명이 그들을 보고 탄식하기를 "강동江東의 초가에서 이런 훌륭한 인재가 태어났구나."라고 하였다.(吳使殷札張溫。俱使蜀。孔明見而嘆曰。江東菰蘆中。生此奇才。)】

[7]

반평생을 산골짝에 살았지만	半世居山谷
나의 흥취 나날이 깊어만 가네	我興日以幽
선정 속에 하룻밤을 지나고 나면	定中度一夜
인간 세상의 오십 년이 지나간다네	人間五十秋
언제나 청산을 찾아가서는	每訪靑山去

흰 구름과 자주 함께 머무네	多爲白雲留
덧없는 인생 내 맘에 맞으면 그만	浮生貴適意
다른 것을 어찌 구할 것 있겠나	餘事奚足求
작은 분수나마 만족할 줄을 안다면	微分能知足
발우 하나로도 오히려 넉넉하다네	一鉢猶是稠
봄 산은 작설雀舌 찻잎을 토해 주고	春山崔[1]舌吐
가을 숲에선 은행을 거두어들이지	秋林鴨脚收
자연을 즐기는 풍류병 고질이 되어	烟霞成痼疾
어찔하게 독한 약으로도 고치지 못하네	瞑眩藥不瘳
세상 인연은 터럭만큼도 없건만	世故無一毫
백발은 어찌하여 머리에 가득한가	白髮胡滿頭
내 어찌 늙음을 탄식하겠나	嘆老吾何曾
단구[181]에 갈 것도 없다네	不用向丹丘
시를 짓고서 가만 앉아 있자니	詩成悄然坐
처마 앞에는 반딧불만 떠가는구나	檐前螢火流

【『구사론俱舍論』에 이르기를 "하늘 위에서의 하루 밤낮이 인간 세상의 50년이 된다."라고 하였다. ○쌍정雙井 고석차顧渚茶는 처음 싹이 나올 때의 참새의 혀와 같은 잎을 창槍이라고 부르고, 처음으로 잎이 펴지는 것을 기旗라고 한다. ○압각鴨脚은 은행이다. 산곡山谷의 시에 "가을에는 숲에서 은행을 거두어들이고, 봄이면 그물로 금고琴高를 잡네."라고 하였다. '금고'라는 것은 잉어를 말한다.(俱舍論云。天上一晝夜。人間五十年。○雙井顧渚茶。初萌如雀舌者。謂之槍。初敷而爲葉者。謂之旗。○鴨脚。銀杏也。山谷詩。秋林收鴨脚。春網薦琴高。琴高者。鯉魚也。)】

[8]

인간 세상에는 고뇌가 많기도 하나	人世多苦惱

---

1) ㉥ '崔'는 '雀'의 오류인 듯하다.

우리 불가의 도는 맑고 깊다네	吾道本淸幽
안개에 묻힌 듯 노을에 잠긴 듯 황홀한 연화장세계에	烟霞藏世界
꽃과 나무로 봄가을을 알려 준다네	花木起春秋
진나라의 폭정을 피하려고 도망한 것도 아니며	非是爲逃秦
유후留侯로 봉해지는 일[182]을 원하지도 않는다네	亦不願封留
모든 일은 하나같이 하늘에 맡기고	萬事一聽天
경영하려는 것도 구하려는 것도 없다네	無營又無求
점차 기울어지는 도심을 붙들어 세우고	漸扶道心傾
자꾸 늘어가는 번뇌를 깎아 없앤다네	漸刪煩惱稠
물소[183]는 이미 길들여져서	水牯已純熟
이리저리 풀고 거두길 마음대로 하네	東西任放收
유마거사 홀로 병으로 신음하여	獨吟維摩病
단약을 먹어도 낫지를 않네	餌丹猶未瘳
세상 의원들 다 팔짱 끼고 구경만 하는데	世醫皆拱手
문수보살만이 머리를 끄덕였다네	文殊唯點頭
인천안목人天眼目을 떠 보지도 못하고	未開人天眼
어느새 늙은 비구가 되고 말았구나	已作老比丘
어떻게 하면 근기가 원만한 선비를 얻어서	安得圓機士
법을 전해 구류를 건너게 할까	傳法度九流

【유마거사가 병에 걸렸을 때 문수보살이 와서 병문안을 하고, 함께 불이법문不二法門을 논하였다.(維摩居士示病。文殊菩薩來問疾。共論不二法門。)】

장춘도의 조 사백이 부쳐 온 시운을 따서 짓다
次長春島曺詞伯寄示韵

[1]
구름 같은 마음들을 좋아하는 취향 누군들 이렇게 한가할까　　雲心野趣較誰閑
다만 가는 길이 달라서 산에 오르는 일이 드물 뿐이라네　　祗爲殊蹤罕得攀
선생은 세속에 살면서도 속세에 물들지 않았고　　在世先生不染世
산에 사는 장로는 또한 산을 잊었네　　居山長老亦忘山
장춘도長春島에는 어느 한 면도 범속한 물건이 없고　　長春一面無凡物
월출산의 천 봉우리는 모두가 부처님 얼굴일세　　月出千峰揔佛顔
다른 세계에서 시를 주고받는 일 참으로 대단하니　　方外唱酬眞盛事
잡스런 여러 습관 버리지 못한다 욕하지 마시오　　莫嫌餘習未能刪
【월출月出은 산의 이름이다.(月出。山名。)】

[2]
온갖 일이 인연 따라 이렇게나 한가한데　　萬事隨緣已等閑
한평생 어느 곳에서 따라 오를까　　百年何處可追攀
누가 속세를 벗어나 함께 도에 돌아가려나　　人誰出世同歸道
하늘이 그대와 나를 위해 따로 산을 만들어 두었구나　　天爲客吾別有山
사슴 앞에서는 내일 일을 말하지 말지니　　塵下莫論明日事
거울 속에서 다시는 작년 얼굴을 볼 수 없다네　　鏡中無復去年顔
함부로 읊은 시 못난 글씨라 그대는 비웃지 마소　　漫吟汚筆君休笑
미치광이의 말도 동파는 버리지 않았다네　　狂語坡翁亦不刪

팔구월 사이에 학인들이 모두 흩어지고 국화만 쓸쓸히 피었기에 문득 가슴에 담아 두었던 생각을 읊어 본다
八九月之間學者皆散黃花獨發偶吟記懷

팔월 구월 사이 스님들은 모두 흩어져 떠나고	八月九月僧皆散
잠시 절집 창 밑이 시끄럽지 않을 때로다	暫得軒窓靜不譁
홀로 경상에 기대어 옛날 강했던 경전 다시 익히고	獨倚經床溫舊講
시집을 펼쳐 여러 시인들의 시를 품평해 보네	又開詩卷品諸家
울타리 옆 늙은 나무에 가을 그늘 엷게 드리우고	籬邊古木秋陰薄
누대 밖 차가운 시내에 밤이면 물소리 크구나	樓外寒溪夜響多
사람도 세월과 함께 저물어 가나니	人與歲華同晼晚
한가로이 백발을 긁적이며 국화꽃을 비추어 보네	蕭搔白髮映黃花

면주의 김 사백 형제가 임 선비와 함께 나를 찾아와 시를 주기에 화답하다
綿州金詞伯兄弟與林斯文來訪有詩奉和

절집 부엌에서 닭과 쌀을 어찌 준비하겠나	香積何曾備鷄黍
서쪽 작은 밭에서 무 뿌리만 잔뜩 캐 왔다네	蘿根采采小園西
달팽이는 벽을 타고 올라 기둥에 찰싹 붙어 있고	蝸緣古壁涎粘柱
호랑이는 무성한 숲을 지나며 진흙에 발자국을 찍었네	虎過荒林跡印泥
새로 지은 시 한 수가 더욱 감미롭고 뜻이 깊어	一首新詩宜雋永
십 년 지난 옛날 일들이야 희미하기만 하지	十年徃事政萋迷
내일 아침에는 구정봉 꼭대기에 가서	明朝九井峯頭去
이끼를 떨어내고 옛날에 새긴 글을 읽어 보리라	手拂蒼苔讀舊題

【이 분들이 10년 전에 이 산에 와서 놀았다.(諸公十年前。來遊此山也。)】

서호에 사는 박 생원이 절구 시 한 수를 보냈는데, 거기에 이렇게 쓰여 있었다. "우연히 사냥꾼을 따라 산문에 이르러, 꿩을 조리고 닭을 삶으니 맛도 좋구나. 동림의 연담 스님에게 이 말을 하노니, 평생 무슨 일로 나물 뿌리만 드시오." 이 시에 화답하다【4수】

西湖朴上舍寄一絶云。偶隨獵者到山門。煮雉烹鷄滋味存。寄語東林蓮老衲。一生何事喫蔬根。奉和。【四首】

[1]
몸에 좋고 나쁜 일 서로 문이 되나니　一身休咎互爲門
재미가 있으면 병도 있기 마련일세　滋味存時病亦存
서호의 노거사께 답을 하노니　爲報西湖老居士
내게 와서 나물 뿌리 먹는 것이 낫지 않겠소　不如歸我喫蔬根

[2]
측은히 여기는 마음 인仁과 의義의 문이라　惻隱之心仁義門
분명한 성인의 가르침 책 속에 있다네　分明聖訓卷中存
서호의 노거사께 답을 하노니　爲報西湖老居士
살생은 마침내 재앙의 뿌리가 된다오　殺生終作禍殃根

[3]
만물을 기르는 일 하나의 현묘한 문이니　萬殊亭毒一玄門
태극도[184] 가운데 그 뜻이 있네　太極圖中這意存
서호의 노거사께 답하노니　爲報西湖老居士
닭과 돼지도 본래는 나와 한 뿌리라오　鷄豚與我本同根
【정후은 양양의 뜻이요, 독毒은 육育과 같은 뜻이니, 천지의 기운이 만물을 기른다는 말이다.(亭。養也。毒與育同。天地之氣。亭毒萬物。)】[1)]

[4]

만일 사람들이 대방의 문을 이해한다면	若人會得大方門
범凡나라도 망하지 않았을 것이고 초楚나라도 보존하지 못하였으리[185]	凡未曾亡楚未存
서호의 노거사께 답을 하노니	爲報西湖老居士
말단에 치우쳐 근본을 잃지 마소	莫將枝葉昧元根

---

1) ㉠ 이 주註는 본래 네 번째 시의 아래에 붙어 있었다. 세 번째 시의 첫 구절에 대한 주석이므로 옮겨서 번역했다.

박 상사가 눈을 두고 지은 시운을 따서 짓다
次朴上舍雪詩

흩날리는 함박눈 깨진 창 앞에 떨어지고	六花飛落破窓前
길고 길던 겨울도 이제 저물려 하네	漠漠窮陰欲暮天
나무들 모두 옥구슬 반짝이는 잎으로 치장하니	萬樹盡爲粧玉葉
봉우리마다 소나무 꼭대기도 분별할 수 없구나	千峰無復辨松巓
추운 산속 스님의 아궁이엔 장작을 더 지피고	山寒僧堗添燒木
강물 얼어붙어 어촌엔 낚싯배를 매어 두었네	江凍漁村繫釣船
절 문을 닫아걸었더니 사람 발길도 끊어져	蓮社閉門人跡滅
종일토록 화로 끼고 원안袁安처럼 잠을 잤다네[186]	擁爐終日供袁眠

【원안이 눈 위에 누워 잤다는 말이 있다.(袁安臥雪)】

동짓날 서호의 시운을 따서 짓다
南至日次西湖

동짓날 해는 길고 눈발 띄엄띄엄 날리니　　　　　冬至日長雪影踈
오늘 저녁에는 기쁘게도 물고기 낚는 꿈을 꾸리라　更欣今夜夢維魚
궁중의 수놓는 여인들 이제부턴 실을 길게 늘여야　宮中繡女初添線
하고[187]
숲속에 사는 선비는 배고파 책이라도 삶아 먹으려　林下飢儒欲煮書
하겠네
팥죽을 내오니 코에 맑은 구름이 둘러싸는 듯하고　繞鼻晴雲供豆粥
새로 무친 나물을 내오니 소반 위엔 봄빛이　　　　上盤春色進新蔬
가득하네
양기는 매화 언덕에서 먼저 움직이기 시작하나니　微陽先動梅花塢
문 닫아걸고 앉아 서호를 그리워하네　　　　　　　坐想西湖閉戶居

도백[188] 심소암이 임기가 만료되어 삼가 이별의 시를 올린다【2수】
道伯沈素嚴瓜遞謹呈別章【三[1)]首】

[1]
도백께서 깃발을 날리며 떠난다고 하니	聞道元戎拂去旌
바라만 보아도 나무에 안개 일듯 근심이 생기네	望中烟樹喚愁生
초포에 눈이 개어도 계룡산 봉우리는 흴 테고	雪晴草浦龍岑白
공산에 구름 걷히면 금강물이 푸르리라	雲捲公山錦水靑
백성을 위해서는 잠시 더 머물러야 마땅하지만	且爲黎民宜暫駐
어지신 임금을 생각하면 천천히 갈 수야 있겠나	祗緣明主勿徐行
멀리 떠나셔도 파옹과의 친분은 잊지 않으리니	參寥未忘坡翁契
우리의 도는 무정한 듯하지만 도리어 정이 있다네	吾道無情却有情

[2]
속세 밖 벗과의 사귐이지만 묵계가 깊었기에	方外交游契分深
이별의 한은 마치 비녀를 잃은 듯 잊히지 않네	難禁離恨若遺簪
선가에서 손바닥처럼 뒤집히는 인심을 따를 것인가	禪家肯逐手飜覆
예나 지금이나 비처럼 흩어지는 세상 도리를 탓하네	世道堪嗟雨舊今
밝은 달빛은 천 리까지 꿈처럼 통하는데	明月解通千里夢
청산은 어찌하여 양쪽 고장의 마음을 막고 있나	靑山那隔兩鄕心
이곳 남쪽 백성들은 이제부터 그리움이 간절하여	南民從此去思切
감당나무[189] 그늘을 부지런히 지켜 가리라	勤護甘棠更着陰

---

1) ㉙ '三'은 '二'의 오기인 듯하다.

【『한시외전韓詩外傳』에 "공자가 어떤 부인이 몹시 슬프게 우는 것을 보고 이유를 물었더니, 부인이 대답하길 '전에 땔나무를 베다가 비녀를 잃어버렸기 때문에 슬퍼합니다. 비녀가 아까워서 그런 것이 아니라, 잊히지 않기 때문에 그러는 것입니다.'라고 하였다."라는 내용이 있다. ○두보의 시에 "손을 뒤집어 구름을 만들고 손을 엎어 비를 만드네."라고 하였다. 소동파의 시에 "옛날 빗속에도 찾아오던 친구 지금은 오지 않는구나."[190]라고 하였으니, 곧 지위가 있을 때에는 설사 비가 내린다 해도 찾아오곤 하였지만, 지금은 지위를 잃었기 때문에 비가 오면 찾아오지 않는다는 말이다.(韓詩外傳。孔子見婦人哭甚哀。問之。答曰。向刈薪亡簪。故哀之。非爲惜簪。不忘故也。○杜詩。翻手作雲覆手雨。坡詩。舊雨來人今不來。盖在位時。雖雨人來。今去位故。雨則不來也。)】

박 상사가 부쳐 보낸 시운을 따서 짓다
次朴上舍寄示韵

[1]

물과 산이 첩첩 싸여 편지가 더디 오니	水複山重一字遲
이별 뒤에 그리움이 그치질 않네	非緣別後不相思
사람은 구름처럼 흩어지니 자취를 남기겠냐만	人隨雲散寧留跡
마음은 강물처럼 쉴 새 없이 흐르고 있네	心似江流無歇時
절에서 시를 주고받던 일 지난날의 꿈이 되었지만	蓮社唱酬成昨夢
살구꽃 필 때면 소식 전하자고 미리 약속하였지	杏花消息屬前期
거문고 줄 끊어졌으나 난교를 어디서 구할까	斷絃安得鸞膠續
기이하고 고상한 이야기를 한 번 더 듣고 싶구나	更聽高談闊論奇

【거문고 줄이 끊어졌을 때 난교鸞膠(난새의 힘줄로 만든 아교)가 없으면 이을 수가 없다.(斷絃。非鸞膠。不續也。)】

[2]

청명절 지난 후론 해가 더디 지니	淸明之後日遲遲
창강을 돌아보며 부질없이 그리네	回首滄江費夢思
뜬구름 같은 세상에선 벌써 백발노인이 되어	浮世已成垂白老
꽃피는 좋은 시절 또 봄 산책 갈 때가 되었네	芳辰又到踏靑時
지지배배 새 소리는 무슨 뜻인지 알기 어렵지만	關關鳥語難分意
자꾸자꾸 피어나는 꽃들은 마치 약속이라도 한 듯	續續花開若有期
새로 시 한 수를 지어 이 경치를 기록하고자 하나	欲賦新詩記此景
공처럼 그럴듯한 상대가 없는 것이 안타깝구나	恨無勍敵似公奇

말복에 방옹의 시운을 따서 짓다
末伏次放翁

돌과 쇠도 녹아내리는 말복 더위엔	爍石流金末伏中
절에서 경전 읽는 일과도 제대로 되지 않네	經家日課未全功
봉우리마다 천둥 번개 내리치는 비를 바라니	希逢雷震千峯雨
가사 한 끝에라도 바람을 빌리고만 싶어라	願借袈裟一角風
옥정의 얼음은 감히 바라지도 않지만	玉井氷元非我望
청문의 참외 또한 돈이 없으니 어찌하리	靑門瓜亦奈囊空
피리와 멍석을 가지고 그늘이나 쫓아가 앉아서	惟將笛簟隨陰坐
아침이면 누각 서쪽에 저녁이면 동쪽에 앉는다네	朝向樓西暮向東

【『능엄경』에 "그대가 가사를 바로 입을 때에 바람이 그 끝에서 생긴다."라고 하였다. ○당나라의 제도에 복날이 되면 궁중에서 백관들에게 얼음을 내려 주었다. 두보의 시에 "감히 궁중에서 내리는 옥정의 얼음을 바랄 수 있겠나."191라고 하였다. ○진나라의 소평이 참외를 청문靑門 밖에 심었다고 한다.(楞嚴經云。汝整袈裟。風生其角。唐制。伏日自內賜氷百官。杜詩。敢望宮恩玉井氷。厶1)邵平種瓜靑門。)】

---

1) ㉐ 'ㅿ'는 '秦'의 오류인 듯하다.

욕실에 부치다
題浴室

북이 세 번 울린 뒤에 깨끗한 욕실에 들어가니	第三鼓後入淨室
욕조에 뿌연 연기 물도 알맞게 데워졌구나	滿槽烟凝冷煖均
온몸이 물속에 흠뻑 잠긴 것을 보아하니	便見通身渾是水
알몸에 때가 없는 것도 알겠구나	政知赤肉了無塵
궁녀가 옷을 바친들 마음이 움직일까	宮娥供衣寧動意
제자가 등을 밀어 그간의 은혜를 갚겠다네	弟子揩背解酬恩
오묘한 촉감 뚜렷이 밝아야[192] 부처님 제자가 되리니	妙觸宣明成佛子
수능엄회에는 그런 사람이 있었다 하는구나	首楞嚴會有斯人

【선가禪家에서는 오후에 북을 치면 욕실에 들어가는데, 처음에 북을 두 번 치면 사미沙彌가 들어가고, 세 번 북을 치면 노승老僧이 들어간다고 한다. 궁녀가 옷을 바쳤다는 말은 측천무후則天武后의 일이고, 제자가 등을 밀었다는 말은 신찬神贊 스님의 일이다.(禪家。午後擊鼓入浴。初二鼓沙彌。第三鼓老僧。宮娥云云。則天事。弟子云云。神贊事。)】

능주[193] 봉서루에서 점필재[194]의 시운을 따서 짓다
綾州鳳栖樓次佔俾[1]齋

금오산의 아침 해가 구리 쟁반같이 덩실 떠올라도	金鰲朝日上銅盤
이슬 젖은 대나무 단풍나무 산속은 춥기만 하네	露濕楓篁山自寒
구월의 다듬이 소리 낙엽을 재촉하고	九月砧聲催木落
누각에 가을빛은 길손의 눈길을 잡아 두네	一樓秋色駐節看
맑은 강은 사람의 깨끗한 마음에 비교할 만하지만	江澄可比人心淨
좁은 지세는 내 넓은 안목을 받아 담지 못하누나	地褊難容我眼寬
서쪽 마루 아래 소복하게 많은 연꽃들	更喜西軒荷萬柄
서리를 맞았어도 동글동글 맺힌 푸르름이 눈부시다	經霜猶自碧團團

【금오金鰲는 산 이름이다.(金鰲。山名。)】

---

1) ㉠ '俾'은 '畢'의 오류인 듯하다.

동각에 올리다
呈東閣

서봉에 석장을 날리며	西峯飛錫杖
동각의 시회詩會에 달려갔었네	東閣赴詩盟
들길 걷는 스님의 가사엔 가을 구름 따라붙고	野衲秋雲卷
강가의 단풍엔 석양이 밝게 비추네	江楓夕照明
이 행차야 일찌감치 약속이 있었으니	此行曾有約
서로 만나는 일에 어찌 무정할 수 있겠나	相見豈無情
산속 원숭이와 새들은 나를 꾸짖겠지	猿鳥應嗔我
쓸데없는 명예로 나의 생을 더럽힌다고	閑名累此生

스스로를 경계하다
自警

세 자 검은 뱀은 깜깜한 굴에서 잠을 자고	三尺黑虺眠暗室
흰 쥐 한 쌍은 마른 등나무를 갉아 먹네	一雙白鼠囓枯藤
고향은 지척이나 돌아갈 길 없으니	家山只尺無歸路
한가한 마음에 어찌 애증을 두겠느냐	有甚閑情逐愛憎

【검은 뱀은 잠자는 뱀이다. 경전에 이르기를 "세월이 흘러 사람을 늙고 죽도록 재촉하는 것이 마치 쥐 두 마리가 동시에 등나무를 갉아 먹어 등나무가 그만 쓰러지고 마는 것과도 같다."라고 하였다.(黑虺。睡蛇也。經云。日月流邁。催人老死。如二鼠侵藤。藤自倒也。)】

술을 좋아하는 스님을 경계하다 【불경에 "스님이 손가락으로 술집을 가리키기만 하여도 오백 생 동안 손이 없는 과보를 받게 된다."라고 하였다.】
誡嗜酒禪者【梵經云。僧指酒家。五百生受無手報】

공부를 망치기로는 술보다 더한 것이 없으니	破除功業酒無過
석 잔 술도 사양해야 하는데 하물며 더 많이 마셔서야 되겠나	三爵猶辭矧敢多
경전에서 손 없이 태어나는 과보를 받으리라 한 말을 기억하라	記得經中無手語
스님이 계율을 지키지 않는다면 결국에는 어찌 되겠나	僧而不誡末如何

『연담대사임하록』제1권 시 끝

蓮潭大師林下錄卷一終 詩

■ 주

1 이 시의 시체詩體는 행行으로 행은 고풍古風의 장단구長短句로 엮는다. 〈貧交行〉이나 〈琵琶行〉이 여기에 속한다.
2 맹분孟賁 : 전국시대의 용사勇士로, 물에서는 교룡蛟龍을 피하지 않고 육지에서는 호표虎豹를 피하지 않았다고 한다. 『孟子』「公孫丑 上」에 나온다.
3 화주和州 : 전라도 화순을 말한다.
4 풍부馮婦 : 춘추시대 진晉나라 사람으로, 범을 잘 잡았다고 한다. 『孟子』「盡心 下」에 나온다.
5 이광李廣 : 한나라 때 사람으로 이릉李陵의 손자이다. 우북평右北平 태수太守로 가 있을 때, 음산陰山에서 사냥을 하다가 풀 속에 있는 바위가 범인 줄 알고 쏘았다. 그랬더니 화살이 그대로 바위에 꽂혔는데, 가까이 다가가서 보고서야 바위인 줄 알았다 한다. 바위라는 것을 알고 다시 쏘아 보았더니, 이번에는 화살이 꽂히지 않았다고 한다. 『事文類聚』「技藝部」 '射虎乃石'에 나온다.
6 홍농弘農 땅의~옮겨 갔겠는가 : 진晉나라의 유곤劉琨이 홍농현弘農縣 태수가 되어 어진 정사를 베풀자, 범이 새끼를 등에 업고 황하를 건너 다른 곳으로 옮겨 갔다고 한다. 『晉書』「劉琨傳」에 나온다.
7 주처周處 : 진晉나라 때 사람으로, 용력勇力이 뛰어난 데다 멋대로 행동하였으므로 고장 사람들이 주처와 남산南山의 호랑이, 장교교長橋 밑의 교룡蛟龍을 합쳐 세 가지 큰 해害라고 일컬었다. 주처가 나중에 마음을 고쳐 호랑이와 교룡을 죽이고 뜻을 세워 학문을 연마한 후에 어사중승御史中丞에 올랐고, 제齊나라가 반란하자 토벌에 참여하였다가 전사戰死하였다. 시호는 효후孝侯이다.
8 삼악三惡 : 세 가지 못된 일, 곧 포暴·학虐·파頗를 말한다. 『左傳』 소공昭公 14년 조에 나온다.
9 유년酉年 : '세거계歲居鷄'를 풀어 해석한 것이다.
10 은殷과 주周의 교체기에 광속匡俗의 형제들이 이곳에 초막을 짓고 선도仙道를 닦았다는 고사를 말한다. 『後漢書』「郡國志」4 '廬江郡'에 석 혜원釋慧遠의 『廬山記略』을 인용한 기록이 남아 있다.
11 혜원惠遠 : 혜원慧遠이라고도 한다. 진晉나라의 고승으로, 월저 도안月渚道安을 따라 배웠으며, 여산에 들어가 혜영慧永과 함께 백련사白蓮社를 세웠다.
12 배율排律 : 한시漢詩의 문체 가운데 하나로서, 오언五言이나 칠언七言의 대련對聯을 여섯 개 이상 늘어놓은 시 형식을 말한다. 이것과 앞의 시는 조두수와 연담 대사가 여덟 개의 운자를 번갈아 가며 함께 지은 시이다.
13 귀한 글(貂尾)을~짓는 일 : 초미貂尾는 돈피의 꼬리인데, 고관의 관冠을 짜는 재료로 쓰였다. 그러므로 고귀한 물건을 뜻하는 것이다. 이 말은 고귀한 사람의 문장에 이어 연구聯句를 짓는다는 말이다.
14 눈꽃(六出) : 육출六出은 육출화六出花로 여섯 꽃잎을 가리키는 말이다. 곧 눈(雪)을 뜻한다.
15 세상에 대안도戴安道같이~수가 없구나 : 왕희지王羲之의 아들 왕휘지王徽之는 산음

山陰에 살았다. 눈 그친 어느 겨울날 밤 밝은 달빛 아래 혼자서 술을 마시다가 문득 친구인 대안도가 그리워졌다. 그때 대안도는 담계에 살았기 때문에 왕휘지는 밤새 배를 타고 대안도를 찾아갔다. 그러나 대안도의 문 앞에 거의 이르렀을 때 그대로 돌아와 버렸다. 사람들이 그냥 돌아온 이유를 물었더니 이렇게 대답하였다. "흥취가 나서 찾아 갔다가 흥취가 다했기에 되돌아왔다."『晉書』「王徽之傳」에 나온다.

16 법융法融(594~657) : 우두선牛頭禪의 개조開祖이다. 『大品般若經』을 보다가 진공眞空의 이치를 깨달았다. 스님이 수행을 열심히 하니 새가 꽃을 물어다 주었다는 이야기가 있다.

17 스스로 단념해서는(自畫) : '자획自畫'은 스스로 단념한다는 말이다. 『論語』「雍也」에 "염구가 가로대 '도를 좋아하지 않는 것이 아니나, 힘이 부족합니다.'라고 하니, 공자가 말하길 '힘이 부족하다는 것은 행하다가 중도에 그만두는 것인데, 지금 너는 스스로 한계를 긋고 있구나.'라고 하였다.(冉求曰. 非不悅子之道. 力不足也. 子曰. 力不足者. 中道而廢. 今女畫.)"라는 내용이 있다.

18 위편삼절韋編三絶 : 공자가 『周易』을 많이 읽어서, 죽간을 엮었던 가죽 끈이 세 번이나 끊어졌다고 한다.

19 옥돌이 있더라도~하는 법이라네 : 『詩經』「小雅」〈鶴鳴〉에는 "다른 산의 돌로써 옥을 갈 수 있네.(他山之石. 可以攻玉)"라는 구절이 있다. 후한後漢 말기 왕부王符가 중국의 정치에 대하여 쓴 『潛夫論』에도, "돌로써 옥을 갈고 소금으로 금을 닦으니, 물건에는 천한 것으로 귀중한 것을 다스리거나, 추한 것으로 아름다운 것을 만드는 것이 있다.(且攻玉以石. 洗金以鹽. 物固有以賤理貴. 以醜化好者矣.)"라는 구절이 있다.

20 어진 이를~것을 생각하고 : 『論語』「里仁」에, "어진 이를 보면 나도 그렇게 되기를 생각하고, 어질지 못한 사람을 보면 스스로 반성해 보아야 한다.(見賢思齊焉. 見不賢. 而內自省也.)"라고 하였다.

21 배움을 꾀하면~이루려고 한다면 : 『論語』「子罕」에, "학문이란 큰 산을 만드는 것과 같아 한 삼태기가 모자라 중지하는 것도 내가 중지하는 것이며, 평지에 한 삼태기를 엎어 놓고 나아가는 것도 내가 가는 것이다.(譬如爲山. 未成一簣止. 吾止也. 譬如平地. 雖覆一簣進. 吾往也.)"라는 말이 있다.

22 힘 있는~소용이 없구나 : 『莊子』「大宗師」에 나오는 말이다. "배를 잃어버리지 않기 위해서는 산속 계곡에 감추어 두고, 또 산은 못 속에 감추어 두면 가장 완벽하다. 그런데도 힘이 센 자가 밤에 그것을 등에 지고 도망치면 잠이 들어 알지 못한다." 이 말은 준俊 화상이 산속에서 살았기에, 저승에서 그를 알지 못할 줄 알았는데, 어떻게 알고 데려갔는가. 배를 계곡에 안전하게 두어도 소용없이 지고 가는 것과 같다는 말이다.

23 한산사寒山寺의 한밤 종소리 : 당나라 시인 장계張繼(742~755)의 〈楓橋夜泊〉에, "달 지자 까마귀 울고 하늘엔 서리만 가득한데, 강가 단풍나무와 고깃배 등불은 마주 서서 시름 속에 졸고 있네. 고소성 밖 한산사에서는, 한밤중 종소리가 객선까지 전해 온다.(月落烏啼霜滿天. 江楓漁火對愁眠. 姑蘇城外寒山寺. 夜半鐘聲到客船.)"라고 하였다. 한산사는 중국 강소성江蘇省 오현吳縣에 있는 절 이름이다.

24 저녁 구름 봄 나무(暮雲春樹) : 두보가 이백을 그리워하며 쓴 〈春日憶李白〉에 "위수 북쪽 봄 나무 아래에서 그대를 추억하노니, 그대 있는 강동에는 저녁 구름이 덮였겠네. 언제나 한 통 술을 기울이며, 다시 함께 자세히 글을 논할까.(渭北春天樹. 江東日暮雲.

何時一樽酒, 重與細論文)"라고 하였다. 친구를 그리워하는 마음을 뜻한다.
25 오색의 참외를 심고 : 진秦나라가 망하자 진나라의 동릉후東陵侯 소평召平이 장안長安의 동문東門 밖에 참외를 심어 생계를 꾸려 나갔는데, 색이 오색이었고 맛이 좋기로 소문이 나서, 사람들이 동문과東門瓜 혹은 동릉과東陵瓜라고 하였다. 여기서는 은둔하여 자연의 전원생활을 즐기는 시인의 모습을 나타낸 것이다.
26 의리가 욕심을~냈기 때문이라네 : 강태공姜太公, 즉 주周나라 문왕文王과 무왕武王의 사부師傅인 여상呂尙이 지은「丹書」에, "의리가 욕심을 이기는 자는 순조롭고, 욕심이 의리를 이기는 자는 흉하다.(義勝欲者從, 欲勝義者凶)"라고 하였다는데, 이 말은 『大戴禮記』 권6 「武王踐阼」 제59와 『荀子』 「議兵」에 전해진다.
27 왕희지王羲之가 계禊를 닦던 날이요 : 음력 3월 상사일上巳日(3월 초사흘)에 요사妖邪를 없애 버리기 위해 행하는 제사 의식을 말한다. 왕희지는 영화永和 9년 모춘暮春 초순에 회계會稽 산음山陰의 난정蘭亭에서 여러 어진 사람들을 모아 놓고 계를 닦고 놀았는데, 이 일을 기록한 것이 유명한 「蘭亭記」이다.
28 증점曾點이 기수沂水에서 목욕하던 때로다 : 어느 날 공자가 몇몇 제자들에게 자기의 뜻을 말하라고 하였다. 제자들은 자기의 포부를 말하였는데, 그중에 증점은 "늦은 봄날 봄옷이 만들어지면 어른과 아이 몇 사람과 기수에서 목욕하고 바람을 쏘이면서 시를 읊고 돌아오고 싶다."라고 하였다. 이 말을 들은 공자는 "증점과 함께하겠다."라고 하여 이 생각에 동의하였다. 『論語』 「先進」에 나온다.
29 〈양관곡〉을 거듭 부르며(三疊陽關) : 당나라 왕유王維가 원이二와 송별하며 지은 〈送元二使安西〉에 "위성의 아침 비가 가벼운 먼지를 적시니, 객사의 푸르고 푸른 버들 빛이 새롭구나. 그대에게 한 잔 술 더 기울이라 권하는 것은, 서쪽으로 양관을 나가면 친구가 없음일세.(渭城朝雨浥輕塵. 客舍靑靑柳色新. 勸君更進一杯酒. 西出陽關無故人)"라고 하였는데, 이 시에 가락을 붙인 것을 〈陽關曲〉 또는 〈渭城曲〉이라 한다. 송별가를 뜻한다. 삼첩三疊이란 가사 전체를 부른 다음 제4구인 '서출양관무고인' 부분만을 반복해 읊는다는 뜻이다. 일설에는 제2구 이하를 재창再唱하는 것이라고도 한다.
30 공부工部 : 두보杜甫를 말한다.
31 북(梭) : 베틀에서 실꾸리를 넣고 날실 사이로 오가면서 씨실을 넣어 베가 짜이도록 하는 배 모양의 나무 통을 말한다.
32 축리시祝釐詩 : '축리祝釐'는 신에게 제사하면서 복을 비는 것이다.
33 몸뚱이 보전하자고~굴을 팔까 : 토끼는 언덕에 굴을 팔 때 제가 피할 수 있는 굴을 옆에 세 개 파 놓는다고 한다. 여기서는 사람이 어찌 자기가 위태할 때 회피할 수 있는 길만을 찾겠는가의 뜻이다.
34 병상兵相 : 지방의 무관직을 통칭하는 말이다.
35 유영柳營 : 막부幕府를 이르는 말로, 세류영細柳營이라고도 한다.
36 구걸할 일(庚癸) : 경계庚癸는 군중에서 사용하던 은어로서, 식량을 구한다는 뜻이다. 경庚은 서쪽, 계癸는 북쪽을 말하며, 오행五行으로 볼 때 경은 곡식에 해당하고 계는 물에 해당한다.
37 불살라 버릴 일(付丙丁) : 부병정付丙丁은 불살라 버린다는 말이다. 병정丙丁이라고도 한다. 오행으로 볼 때 병丙과 정丁은 불에 해당한다.
38 약산藥山 : 당대唐代의 승려인 약산 유엄藥山惟儼(745~828 혹은 775~834)을 말한다.

어려서부터 경전에 통달하였으나, 나중에는 문자를 버리고 제자들에게도 글을 읽지 말라고 가르쳤다.

39 해 저문~새만도 못하구나 : 『大學』에 "사람은 머물 자리를 알아야 한다(知止). 곧 아버지는 자애에 머물고, 아들은 효에 머물며, 임금은 인仁에 머물고, 신하 된 자는 경敬에 머문다."라고 하였다. 새조차도 자기가 머물러야 할 곳을 아는데, 사람이 머물 곳을 모르면 새만도 못하다는 뜻이다.

40 홍기紅旗 : 장군이 지휘할 적에 쓰는 깃발로, 공을 세우는 것을 뜻한다. 백낙천白樂天의 〈劉十九同宿〉에 "홍기 들고 적을 치는 건 나의 일이 아니거니, 황제의 조서에는 내 이름 안 들어 있네.(紅旗破賊非吾事。黃紙制書無我名。)"라고 하였다.

41 벼슬살이(紅旗黃紙) : 홍기황지紅旗黃紙는 무관과 문관을 뜻한다.

42 〈채미가採薇歌〉 : 백이伯夷와 숙제叔齊는 주周의 무왕武王이 신하로서 임금을 정벌하는 것을 간하다가, 듣지 않자 수양산에 들어가 〈採薇歌〉를 부르면서 고사리를 캐 먹다가 굶어 죽었다고 한다.

43 형악衡岳 : 형산에 숨어 살았던 나찬懶瓚 선사의 호이다. 그는 성품이 게을러 남이 먹고 남은 것만 얻어먹거나 토란을 구워 먹었다 한다. 이필李泌이 형산에서 책을 읽다가 찾아갔더니, 그가 "세상에 나가 말하지 말라. 10년 동안 재상의 지위에 오르리라."라고 하였고, 과연 뒤에 그 말대로 정승이 되었다고 전한다.

44 융봉融峯 : 호남성湖南省 형산현衡山縣의 서북에 있는 봉우리인 축융봉祝融峯의 약칭이다. 태전 선사가 이곳에 주석하였다.

45 옥승玉繩 : 북두칠성의 네 번째 별이다.

46 용화회상龍華會上 : 용화龍華의 모임이니, 미륵보살이 성불한 후, 중생을 제도하는 법회를 말한다. 미륵보살은 56억 7천만 년 후에 용화수龍華樹 아래에서 성불하여 화림원華林園에 모인 대중에게 경을 설한다고 한다.

47 장화張華 : 진晉나라 사람으로 자는 무선茂先이다. 학문이 해박하여 도위圖緯와 방기方技의 서적까지 두루 보지 않은 것이 없었으니, 당시 사람들이 자산子産에 비교하였다. 『晉書』 권36 「張華列傳」에 나온다.

48 육기陸機 : 진晉나라의 시인으로, 자는 사형士衡이다. 아우인 육운陸雲과 더불어 이륙二陸으로 불리어 명성이 자자했다. 문집으로 『平原內史集』이 있다.

49 들보 뒤로 지는 달(屋梁殘月) : 벗을 그리워하는 간절한 정을 이르는 말이다. 이백李白이 강남에 있을 때 두보가 꿈에서 이백을 보고 지었다는 〈夢李白〉에, "지는 달이 지붕을 가득히 비추니, 마치 그대의 밝은 안색을 보는 듯하네.(落月滿屋梁。猶疑見顏色。)"라고 하였다.

50 면성綿城 : 지금의 무안군을 말한다.

51 이만회李萬恢(1708~?) : 조선 후기의 문신으로, 본관은 연안延安, 자는 자용子容이다.

52 복성福星 : 행복을 주는 별로, 여기서는 선정善政을 베푸는 사람을 말한다. 송宋나라의 선우자준鮮于子駿이 경동전운사京東轉運司가 되었는데, 사마광司馬光이 "지금에 동토의 폐해를 제거하려면 자준子駿이 아니면 불가능하니, 이 사람은 일로복성一路福星이라."라고 말하였다. 『山堂肆考』에 나온다.

53 영합鈴閤 : 장수가 집무하는 곳이다. 여기서는 수령이 집무하는 곳을 말한다.

54 유각춘有脚春 : 다리 달린 봄바람이란, 봄날의 따뜻한 기운이 만물에 미쳐 가는 것과

같은 덕치德治를 말한다. 당唐 현종玄宗 때 송경宋璟이 부임해 가는 곳마다 훌륭한 정치로 백성에게 은혜를 베풀므로, 사람들이 그를 '다리 달린 따뜻한 봄(有脚陽春)'이라 불렀다.

55 문옹文翁 : 한漢나라 때 사람으로, 촉군蜀郡 태수太守가 되어 처음으로 학교를 세우고 교육에 힘썼다. 『前漢書』 89권에 나온다.
56 몽탄夢灘 : 꿈여울이라고도 하는데, 현재의 전라남도 무안군 몽탄면이다.
57 봉사奉事 : 조선 시대의 관직으로, 종8품의 문관벼슬이다.
58 키와 갖옷(箕裘) : 부조父祖의 업을 대대로 이어 오는 일을 말한다. 풀무장이의 아들은 먼저 짐승의 부드러운 가죽으로 가죽옷을 만드는 일을 배우고, 활을 만드는 장인의 아들은 먼저 부드러운 버들가지로 키를 만드는 것을 배운다고 한다. 다시 말하면 쉬운 데서부터 시작하여 차례차례 어려운 곳으로 들어간다는 말로, 선조의 사업을 대대로 이어 가는 것을 이르는 말이다. 『禮記』「學記」에 나온다.
59 북(擲梭)을 던지듯 : 베를 짜느라고 북을 이쪽저쪽으로 던지는 것을 말하는데, 시간이 빠르게 흐르는 것을 비유하는 말로 쓰인다.
60 명주 마개를~새는 날아가고 : 새가 날아와 병 속으로 들어가기에 명주로 마개를 하여 막았더니 명주를 찢고 나와 새가 날아가 버렸다는 고사이다. 여기에서는 학學 대사가 이승을 벗어나 저승으로 간 것을 비유한 말이다.
61 등나무 쓰러졌으니~뱀인들 머물까 : 등나무가 뱀이라는 집착을 벗어나 실상實相을 바로 알았다는 뜻이다.
62 삼생三生 : 전생前生・현생現生・내생來生인 과거세・현재세・미래세를 통틀어 이르는 말이다.
63 한림翰林 : 조선 시대 때 예문관藝文館 정9품 벼슬인 검열檢閱의 별칭이다.
64 숙熟 : 윤숙尹熟(1734~1797). 조선 후기의 문신으로, 본관은 파평坡平, 자는 여수汝受이다. 영조 37년인 1761년 정시문과에 병과로 급제하여 검열이 되었는데, 이듬해에 동궁東宮이 역모를 꾀한다는 나경언羅景彦의 상변上變으로 영조가 장헌세자莊獻世子(사도세자)를 직접 국문하여 상황이 급박하게 되자, 임덕제任德濟 등과 함께 장헌세자를 구명하려고 필사적으로 노력하는 한편, 삼대신三大臣(영의정・좌의정・우의정)을 보고 힘써 간언하지 않는다고 책망하다가 영조의 노여움을 사서 강진으로 유배당하였다. 죽은 뒤에 영의정에 추증되었다. 시호는 충숙忠肅이다.
65 우유를 가려내는 거위(擇乳鵝) : 거위는 우유와 물을 섞어서 같은 그릇에 담으면 용하게도 우유만 마시고 물은 남긴다고 한다. 즉 참과 거짓, 실상과 허상을 분별하는 지혜를 비유적으로 표현한 말이다.
66 강탑講榻 : 설법이나 강경 시에 앉는 법좌나 의자를 가리킨다.
67 신도(伊蒲) : 이포伊蒲는 이포새伊蒲塞의 약칭으로, 우바새優婆塞가 와전된 말이다. 신도信徒를 말한다.
68 토란(蹲鴟) : 준치蹲鴟는 토란의 다른 이름이다. 토란의 모양이 올빼미가 웅크리고 앉아 있는 모양과 비슷하다고 하여 이렇게 부른다. 치준鴟蹲이라고도 한다.
69 검은 피리에 재를 불어 : 동짓날 밀실에 들어가 음률을 측정하는 대나무 재질의 율관을 책상 위에 세워 놓고, 갈대 속의 얇은 막을 태운 재를 율관에 넣고 있으면, 지구가 북으로 기울였다가 남쪽으로 기우는 찰나에 충동되어 재가 날아 움직이게 된다고

한다. 이 시험으로 동지의 시각을 측정하였다.
70 가의賈誼 : 한나라 때 사람으로, 낙양 출신이며 20세에 문제文帝의 부름을 받아 박사博士가 되었고, 1년 만에 태중대부太中大夫가 되었다. 정삭正朔을 고치고 예악禮樂을 일으킬 것을 청하였으나, 대신들의 미움을 받고 쫓겨나 장사왕長沙王의 태부太傅가 되었으며, 33세에 죽었다. 양梁 회왕懷王의 태부가 되어 세상의 혼란함을 개탄하고 눈물을 흘리면서 올린 상소가 유명하다.
71 상림원上林苑 : 진대秦代의 어원御苑으로, 한漢 무제武帝가 확장했다고 한다.
72 사백詞伯 : 시문詩文에 능한 사람이나 문사文士를 높여 이르는 말이다.
73 오래도록 벼슬길을~부질없이 슬퍼하네 : 두보杜甫의 시 〈曲江對酒〉에 "벼슬에 얽매인 몸 창주는 요원한 꿈이라서, 옷깃 떨치지 못하는 걸 그저 슬퍼할 따름이네.(吏情更覺滄州遠。老大徒傷未拂衣。)"라는 표현이 있다.
74 벗을 만나면(盍簪) : 합잠盍簪은 벗이 함께 모이는 것을 말한다.
75 울루鬱壘와 신다神茶 : 모두 문을 지키는 신의 이름이다. 전설에 의하면, 동해 가운데에 도삭산度朔山이 있고, 그 위에 3천 리나 되는 복숭아나무가 있다고 한다. 동북쪽으로는 귀신이 출입하는 문이 있는데, 이 두 신이 그 문을 지키고 서서 지나는 귀신을 조사하고 악귀를 잡아서는 범에게 주어 잡아먹게 한다고 한다. 그러므로 이 두 귀신을 그려 연말에 대문에 붙여 한 해의 평안을 비는 풍속이 생겼다.
76 수레 폭이 같아지니(同軌) : 천하가 통일되어 안정되면 질서가 서서 모든 것을 규정에 맞도록 통일하는데, 수레는 바퀴의 폭을 같게 하고(車同軌), 글에 있어서는 문자를 통일하며(書同文), 행실에 있어서는 윤리를 같게 한다(行同倫)는 『中庸』에 나오는 구절이다.
77 달력(蓂莢) : 명협蓂莢은 상서로운 풀의 한 가지로, 요堯임금 때에 났다고 한다. 1일부터 15일까지는 날마다 한 잎씩 생기고, 16일부터 말일까지는 날마다 한 잎씩 떨어져서, 이것을 보고 책력을 만들었다고 한다. 후세에 와서는 책력의 대명사로 쓰인다.
78 정월(三陽) : 열두 달을 음양陰陽으로 볼 때, 음력 11월에 1양陽이 생기고 정월에 3양이 생기며 4월에 6양이 생긴다. 그리고 5월에 다시 1음陰이 생기고 10월에 6음이 생긴다. 여기서 삼양三陽은 정월을 뜻한다.
79 숭정崇禎 : 명나라의 마지막 황제 의종毅宗 때의 연호(1628~1644)이다. 명나라가 망한 뒤에도 조선은 청나라 연호를 쓰는 것을 꺼려 이 연호를 사용하였다.
80 건륭乾隆 : 청나라 고종 때의 연호(1736~1795)이다. 조선은 병자호란 이후 명나라가 아닌 청나라의 연호를 사용하게 되었다.
81 인풍仁風 : 부채를 달리 부르는 말이다. 진나라 원굉袁宏이 사안謝安으로부터 부채를 선물 받고서 "마땅히 어진 바람을 받들어 올려 저 백성들을 위로하리.(當奉揚仁風慰彼黎庶)"라고 답한 데서 유래한다.
82 편면便面 : 얼굴을 가리는 물건이라는 뜻으로, 부채의 별칭이다.
83 백단白團 : 희고 둥근 부채인 백단선白團扇을 말한다.
84 섬계의 종이(剡藤) : 섬등剡藤이란 중국 섬계剡溪 지방에서 나는 등나무를 원료로 하여 만든 종이로, 섬지剡紙라고도 한다. 서진西晉 장화張華(232~300)의 『博物志』에, "섬계에는 종이를 만들기에 좋은 등나무가 아주 많다. 그래서 종이 이름을 섬등이라고 한다.(剡溪古藤甚多。可造紙。故卽名紙爲剡藤。)"라고 기록하고 있다.
85 주렴(蝦鬚) : 하수蝦鬚는 주렴珠簾의 다른 이름이다.

86 신농씨(牛首) : 우수牛首는 중국 태고 때 전설의 인물인 신농씨神農氏를 말한다. 신농씨가 소의 머리에 사람의 몸을 갖고 있었는데, 온갖 풀을 맛보고 약을 만들었으며, 최초로 농사짓는 법을 가르쳤다고 한다.
87 〈백설곡白雪曲〉 : 초楚나라의 〈白雪曲〉은 너무 고상하여 화답을 하는 자가 적었다고 한다.
88 호련瑚璉 : 종묘에서 기장을 담는 귀한 그릇을 말한다. 『論語』「公冶長」에 나온다. 여기서는 윤금호尹琴湖의 바탕이 훌륭하다는 것을 종묘의 그릇에 비유한 것이다.
89 옹기에서 나온~인연을 알았네 : 당나라 방관房琯이 도사 형화박邢和璞과 어느 폐사에 놀러 가서 늙은 소나무 밑에 앉았더니, 형화박이 사람을 시켜 땅을 파서 독 안에 들어 있는 글을 꺼내었는데, 그것은 옛날에 누사덕婁師德이 지영智永 선사에게 보낸 편지였다. 방관이 그 편지를 보고서, 자기의 전신前身이 지영 선사인 줄을 깨달았다.
90 가을매미(寒蟬) : 겨울매미, 혹은 울지 않는 매미라고도 한다. 여름에 한껏 울어 대던 매미는 차가운 가을 기운에 맞춰 소리를 멎는다고 한다.
91 훌륭한 가업(靑氈) : 선비 기질을 가리키는 말로, 대대로 글 읽는 선비 집안의 가풍이나 가업을 말한다. 『晉書』「王獻之傳」에 나온다. 진晉의 왕헌지가 도둑이 들어 방 안의 물건을 다 가져 가려 하자, "푸른 담요(靑氈)는 우리 집의 오랜 물건이니, 그것만은 놓아두라."라고 하였다. 그러자 도둑이 놀라 도망을 갔다고 한다.
92 책방(芸窓) : 운芸은 다년생인 운향芸香이라는 풀인데, 좀을 물리치는 향기를 지녔으므로 장서실藏書室을 운각芸閣, 또는 운창芸窓이라고 한다.
93 못난 파리는~수 있지 : 공자의 제자 안자顏子의 학문은 공자에 의하여 세상에 더욱 알려졌다고 하였다. 곧 남의 덕에 자기의 일이 잘 되는 것을 부기미附驥尾라고 한다. 이것은 파리가 달리는 말의 꼬리에 붙어서 천 리를 가게 되는 것처럼, 안자도 공자 때문에 세상에 더욱 알려졌다는 말이다. 『史記』「伯夷傳」에 나온다. 여기서는 저자가 윤금호尹琴湖 때문에 세상에 잘 알려지게 되겠다는 겸양어이다.
94 새해라고 불씨도 새로 바꾸었으니 : 고대에는 불씨가 오래되면 화력이 약해진다고 생각하여 해가 바뀌면 국가에서 자연으로 일으킨 불씨를 백성들에게 나누어 주었다. 『論語』「陽貨」에 "나무를 마찰시켜 불을 바꾼다.(鑽燧改火)"라고 하였다.
95 사금갑射琴匣 : 신라 소지왕炤知王 10년에 왕이 천천정天泉亭에서 노닐 때에 까마귀가 상자를 물고 와 떨어뜨렸는데, 그 속에 있던 종이에 "뜯어보면 두 사람이 죽고, 뜯어보지 않으면 한 사람이 죽는다."라고 쓰여 있으므로, 왕은 "두 사람이 죽게 하는 것보다는 뜯지 말아서 한 사람만 죽게 하는 것이 낫겠다."라고 하였다. 그러나 점을 치는 자가 "두 사람은 서인庶人이고, 한 사람은 왕王입니다."라고 하기에 왕이 두려워 그것을 뜯어보았는데, 그 글에는 "금갑을 쏘아라.(射琴匣)"라고 쓰여 있었다. 왕은 궁에 들어가 금갑을 쏘아 맞혔는데, 거기에는 내전內殿에서 분향수도焚香修道하던 중이 왕비와 몰래 간통하고 있었다. 그 후로 매년 정월에 까마귀의 은혜를 감사하여 향기로운 밥을 지어 까마귀에게 먹였다고 한다.
96 영호초令狐楚 : 당나라 화원 사람으로, 다섯 살에 글을 짓고, 약관에 진사에 급제하여 좌습유左拾遺·하남절도사·동평장사 등을 역임하였다. 저서로 『唐御覽詩』가 있다.
97 담대멸명澹臺滅明 : 공자의 제자로, 얼굴이 못생겼으나 덕행이 뛰어나 명성을 얻었다. 그는 길을 걸을 때 지름길로 가지 않았으며, 공적인 일이 아니면 읍재邑宰를 사적으로

찾아보지 않았다고 한다.『論語』「雍也」에 나온다.
98 바위 문(岩扉) : 바위굴의 문이라는 뜻으로, 은둔자나 수행자가 사는 집을 이르는 말이다.
99 순치順治 : 청나라 제3대 황제인 세조世祖 때의 연호(1644~1661)이다.
100 소실산少室山 : 중국 하남성河南省에 있는 산 이름으로, 달마 대사가 이곳에 와서 선종을 창립하면서 선종의 발생지가 되었다. 이곳에 소림사少林寺가 있는데, 삼림森林이 울창한 소실산 속의 절이라는 뜻으로 지은 이름이다.
101 자나불遮那佛 : 비로사나불毘盧舍那佛 혹은 노사나불이라고도 한다. 원래는 태양의 뜻이고, 불지佛智의 광대무변한 것을 상징한다. 부처의 진신眞身인 법신法身을 말한다.
102 술잔 속의 뱀(盃蛇) : 진晉나라 때 악광樂廣의 집에 자주 왕래하는 손님이 있었다. 그런데 한동안 그 손님이 소식이 없어서 그 이유를 물으니, 손님이 대답하길 "전에 당신의 집에서 내온 술을 마실 때에 술잔 속에 뱀의 그림자가 있었다. 그것을 그대로 마셨더니 그 뒤 바로 병이 나서 일어나지 못하게 되었다."라고 하였다. 이에 악광이 그에게 "술잔 안에 비쳤던 것은 뱀 그림자가 아니라, 벽 위에 걸어 놓은 활이 술잔에 비친 것이다."라고 하였다. 그 말을 듣자, 손님은 곧 병이 나았다 한다.『晉書』「樂廣傳」에 나온다.
103 촉나라 가는 길(蜀道) : 촉蜀 땅으로 들어가는 길은 천하에서 가장 험하다고 한다. 이백李白의 〈蜀道難〉이 있다.
104 운수게雲水偈 : 자연 속에서 아무 걸림 없이 자유롭게 살면서 시의 형식에 구애됨이 없이 감흥이 일어나는 대로 읊은 선시이다.
105 양주楊朱는 배 속이 차고 : 전국시대의 사상가인 양주는 '위아爲我'를 주장하여 털 하나를 뽑아 남을 돕는 일도 할 필요가 없다고 하였다. 그렇기 때문에 그의 창자가 항상 차갑다고 한 것이다.
106 묵적墨翟은 배 속이 뜨겁다 : 묵적은 '겸애兼愛'를 주장하여 비록 머리부터 갈아 발뒤꿈치까지 이른다고 하여도 남을 위해 봉사하겠다고 하였다. 그렇기 때문에 그의 창자가 뜨겁다고 한 것이다.
107 업가鄴家 : 업가鄴架라고도 쓴다. 당나라의 이필李泌은 업현후鄴縣侯에 봉해졌는데 책이 많기로 유명하였다. 한유韓愈의 〈送諸葛覺往隨州讀書〉에 "업후의 집에 책이 많아 서가에 3만 축이나 꽂혀 있네.(鄴侯家多書。插架三萬軸)"라고 하였다.
108 황산곡黃山谷 : 소동파와 함께 송대宋代를 대표하는 시인인 황정견黃庭堅을 말한다. 자는 노직魯直이며, 산곡은 그의 호이다.
109 독락와獨樂窩 : 조선 시대 무신인 장석(1687~1764)이 지은 건축물로서, 그의 호이기도 하다. 자는 호이浩而이다.
110 면주綿州 : 면성綿城이라고도 하는데, 지금의 전라남도 무안군에 해당한다.
111 말습은 예로부터~기성처럼 다르다네 :『書經』「洪範」에 "별에는 바람을 좋아하는 것이 있고, 비를 좋아하는 것이 있다. 해와 달의 운행에도 겨울이 있고 여름이 있다. 달이 별을 따르는 것을 보고서 비와 바람을 알 수 있다.(星有好風。星有好雨。日月之行。則有冬有夏。月之從星。則以風雨)"라는 말이 있는데, 이것에 대한 채침蔡沈의 주에 "달이 동북쪽으로 가서 기성에 들어가면 바람이 많이 불고, 달이 서남쪽으로 가서 필

112 눈먼 거북이가~나무를 만나듯 : 부처님을 만나기 어려움을 비유한 말이다. 눈먼 거북이가 바다에 떠돌아다니다가 천 년에 한 번씩 머리를 수면 위로 내미는데, 이때 우연히 바다를 떠도는 구멍 난 나무를 만나 그 구멍에 머리를 끼우는 것과 같이 부처님 법을 만나기가 어렵다는 말이다. 『雜阿含經』 「十六經」에 나온다.
113 상신商臣 : 춘추시대 초楚 목왕穆王의 이름이다. 아버지 성왕成王을 시해하고, 스스로 임금이 되어 12년간 재위하였다.
114 기백箕伯 : 풍백風伯이라고도 한다. 바람을 다스리는 신이다.
115 선천先天 : 서기 712년에서 713년까지의 연호이다.
116 거북이 점(鑽龜) : 거북이가 어부에게 잡혀 오왕吳王의 꿈에 나타났고, 결국 왕의 앞에까지 가게 되었다. 오왕이 이 거북을 살려야 하나 죽여야 하나 점을 쳐 보았더니, 죽이면 길하리라고 점괘가 나왔고, 그리하여 거북이 죽게 되었다. 공자가 이를 두고 "거북은 오왕의 꿈에 나타날 줄만 알았지 어부의 그물에 걸릴 줄은 몰랐으며, 만사를 알아맞히는 점의 대상이 되는 것만 알고 자기가 죽어 창자가 찢어질 줄은 몰랐다."라고 말하였다. 곧 작고 가까운 것만을 알고 크고 먼 것은 볼 줄 모른다는 말이다. 『莊子』 「外物」에 나온다.
117 기산箕山 영수潁水 : 상고上古시대에 세상을 등지고 은둔한 현인賢人인 소보巢父와 허유許由가 숨어 살던 곳이다.
118 거북처럼 숨어 사는 사람(六藏龜) : 육장六藏은 여섯 가지를 감춘다는 뜻이다. 거북이 움츠리면 머리와 꼬리 그리고 네 발을 모두 감춘다는 데서 온 말이다.
119 꿈에 만난 사슴(夢鹿) : 『列子』 「周穆王」〈樵夢鹿〉에 그 고사가 나온다.
120 거북이 뽕나무 겁내듯(桑龜) : 삼국시대 영강永康 사람이 큰 거북을 잡아 왕에게 바쳤는데, 아무리 나무를 많이 때고 삶아도 거북이 삶아지지 않았다. 거북 잡아 온 사람이 마침 거북을 잡아 오던 중에 거북은 뽕나무로 삶아야만 한다는 말을 거북이로부터 들었기에 왕에게 그대로 고하였다. 이에 땔감을 뽕나무를 썼더니 거북이 삶아졌다고 한다. 말을 삼가야 한다는 의미가 담겨져 있다. 『事文類聚』 후집 35권 「龜名元緖」에 나온다.
121 회문체回文體 : 운자를 미리 계산하여 앞에서 또는 뒤에서 읽어도 모두 뜻이 통하도록 지은 시이다.
122 추연鄒衍의 음양오행~방법을 빌렸다네 : 추연은 전국시대 제齊나라 사람으로, 음양오행과 천문지리의 대가大家이다. 여기서는 절을 짓는 데 음양설을 따지지 않고 지었다는 말이다.
123 『淮南子』 「覽冥訓」에 나온다.
124 고기는 못에서~하늘을 난다 : 『詩經』 「大雅」〈旱麓〉에 "솔개는 하늘 높이 솟구치고, 물고기는 못 속에서 뛰는구나.(鳶飛戾天。魚躍于淵。)"라는 구절이 있다. 자연의 원리를 거스름 없이 그대로 따르며 조화를 이룬다는 내용이다.
125 박명구朴命球(1731~?) : 본관은 밀양, 자는 중옥仲玉이다. 영조英祖 29년(1753)에 정시庭試 병과에 합격하여, 통덕랑을 거쳐 현감까지 지냈다. 원외員外는 정원 이외의

벼슬로서, 원외랑員外郞이라고도 한다.
126 정랑正郞 : 조선 시대 때 육조六曹의 정5품 벼슬이다.
127 장사長沙에서 복鵩새를~부賦를 지었었고 : 한나라 때 가의賈誼가 장사 땅에 귀양 가 있을 때, 어느 날 복조鵩鳥가 우는 소리를 듣고 불길함을 알아채고 〈鵩鳥賦〉를 지었다. 그리고 과연 얼마 안 가서 사사賜死되었다고 한다.
128 무협巫峽에서 원숭이 소리 듣고 : 당나라 때 두보杜甫가 무협으로 피난 가서 원숭이 소리를 듣고 슬퍼한 적이 있었다. 두보가 지은 〈秋興〉에 나온다.
129 대궐(花甎)에 다시 입직하여 : 화전花甎은 표면에 꽃무늬가 있는 벽돌을 말한다. 당나라 때 내각의 북청北廳 앞 계단에 화전이 깔린 길이 있었는데, 겨울에 해가 다섯 번째 화전에 이르는 것으로 학사가 입직하는 시간을 삼았다.
130 구리기둥의 감로수 : 『西都賦』에, "신선의 손을 빌려 이슬을 받으니 두 개의 구리기둥이 우뚝 섰네, 속진을 밟아 어지러이 혼탁하나 맑고 호방한 기운 홀로 청정하네.(抗仙掌以承露。擢雙立之金莖。軼埃壒之混濁。鮮顥氣之淸英。)"라고 하였는데, 당의 이선李善이 해석하길, "금경金莖은 구리기둥(銅柱)이다."라고 하였다.
131 범(於菟) : 오도於菟는 호랑이의 별칭인데, 춘추시대 초楚나라의 방언이다. 『左傳』 선공宣公 4년 조에 나온다.
132 양주楊朱의 차가운 창자 : 양주는 전국시대 사상가이다. 그는 위아爲我를 주장하여 털 하나를 뽑아 남을 돕는 일도 할 필요가 없다고 하였다. 그렇기 때문에 그의 창자가 항상 차갑다고 하는 것이다. 반대로 묵적墨翟은 겸애兼愛를 부르짖었기에 창자가 뜨겁다고 한다.
133 지영智永의 후신 : 지영은 수隋나라 때의 스님으로, 왕희지의 후손이며, 글씨를 잘 썼다. 여기서는 박 정랑이 글씨를 잘 썼기 때문에 이른 말이다.
134 마소유馬少游 : 후한後漢 마원馬援의 사촌동생이다. 그는 마원에게 말하기를, "선비로 세상에 살면서 밥 먹고 옷 입고 바퀴통 짧은 수레 타고, 느릿한 말 몰면서 자기 사는 고장에서 선인善人이라는 말 들으면 그것으로 족하지요."라고 하였는데, 그 후 마원이 교지交趾를 정벌하면서 고생이 너무 심하여 자기 사촌동생이 하던 그 말을 자꾸 생각하였다고 한다. 『後漢書』「馬援傳」에 나온다.
135 무량상無量相 : 아미타불상阿彌陀佛像을 말한다.
136 소동파의 〈次韻劉景文見寄〉에 나온다.
137 당나라(天寶) : 천보天寶는 당 현종玄宗의 연호이다. 이때 이백이나 두보 같은 시인이 많이 나왔다.
138 꿈속 나비(栩栩)와 같아서 : 장주莊周가 꿈속에 나비가 되어 날면서, 자기가 나비의 꿈을 꾸는 것인지 아니면 나비가 화하여 장주가 되었는지 몰랐던 것처럼, 만사는 이와 같이 허무하다는 말이다. 『莊子』「齊物論」에 "언젠가 장주가 꿈속에서 나비가 되었는데, 나풀나풀 잘 날아다니는 나비의 입장에서 스스로 유쾌하고 만족스럽기만 하였을 뿐 자기가 장주인 것은 알지도 못하였다.(昔者莊周夢爲胡蝶, 栩栩然胡蝶也。自喻適志與。不知周也。)"라고 하였다.
139 『태현경太玄經』: 한漢나라 때 양웅揚雄이 지은 책이다. 이 책은 『周易』과 비슷한 것으로, 세상 사람들은 양웅이 성인의 흉내를 내서 이 책을 지은 것이라고 비난하였다. 여기서는 윤금호尹琴湖가 시를 지은 것은 스스로의 창작이지, 다른 사람의 시를 모방

한 것은 아니라는 말이다.
140 『莊子』「山水」에 있는 말이다.
141 문장이 오봉루五鳳樓와 같다고 하더이다 : 오봉루는 양梁 태조太祖가 낙양에 세운 큰 건물 이름이다. 여기서는 문장의 솜씨가 웅장한 오봉루와 같이 뛰어나다는 말이다.
142 울타리(儲胥) : 저서儲胥는 군영에서 목책이나 대나무 울타리로 만든 경계선을 말한다.
143 묵적墨翟은 실이~것을 슬퍼했고 : 적翟은 묵자墨子의 이름이다. 묵자는 실에 물들이는 것을 보고 "파란 물감을 들이면 파래지고, 노란 물감을 들이면 노랗게 되다니, 슬픈 일이다."라고 말하였다. 사람이 환경에 따라 쉽게 변하는 것을 개탄한 것이다.
144 양주楊朱는 갈림길에서 울었었지 : 주朱는 양자楊子의 이름. 양자의 이웃이 양을 잃어버리자 동네 사람들이 찾으러 나갔다. 가다가 보니 길이 갈리고 또 갈려서 결국 찾지 못하고 돌아왔다. 양자가 이 말을 듣고 탄식하기를 "대도大道도 이와 같고 배우는 일도 이와 같아서, 길이 많으면 얻는 것이 없게 되어 실패한다."라고 하였다. 『列子』「說符」에 나온다.
145 복건幅巾 : 머리를 뒤로 싸 덮는, 비단으로 만든 두건頭巾을 말한다. 은사隱士 등이 쓰는 것이다.
146 도연명의 국화(陶潛黃菊) : 도연명의 〈飮酒〉에, "동쪽 울타리 아래에서 국화를 꺾어 유연히 남산을 바라보누나.(采菊東籬下。悠然見南山)"라는 구절이 있다.
147 사조謝朓의 푸른 산(謝朓靑山) : 사조는 남제南齊 양하陽夏 사람이다. 오언율시를 잘 지었다. 사조가 종산鍾山 아래 별장을 지어 놓고, 〈遊東田〉이라는 시를 지었는데, 그 시의 말구末句에 "향기로운 청명주는 거들떠보지도 않고, 푸른 산의 성곽만 머리 돌려 바라보네.(不對芳春酒。還望靑山郭)"라는 표현이 나온다.
148 구름과 비처럼~쉽게 변하지만(雲雨手) : 변하기 쉬운 사람의 마음을 비유한 말로, 두보杜甫의 〈貧交行〉에 "손 뒤집어 구름 만들고 손 엎어 비 만드니, 분분하고 경박함을 어찌 다 셀 수 있으랴.(翻手作雲覆手雨。紛紛輕薄何須數)"라고 한 데서 온 말이다. 『杜少陵集』 권2에 나온다.
149 큰 표주박은~편안히 하였네 : 혜자惠子가 장자莊子에게 "위왕魏王이 나에게 큰 표주박을 주었는데, 너무 커서 쓸데가 없다."라고 말하자, 장자가 "그렇다면 강이나 호수에 띄워 배를 만들면 될 일이지, 무엇 때문에 그리 걱정을 하느냐."라고 말하였다. 『莊子』「逍遙遊」에 나온다.
150 세 갈래 좁은 길(三徑) : 삼경三徑은 정원庭園 안의 세 갈래의 좁은 길이란 뜻으로, 뜻이 변하여 은자隱者의 뜰 또는 그 거처를 이르는 말이다.
151 아름다움(猗猗) : 『詩經』「衛風」〈淇奧〉에 "저 기수 물굽이를 바라다보니, 푸른 대나무 아름답게 우거져 있네. 아름답게 문채 나는 우리 님이여, 깎고 다듬은 위에 또 쪼고 간 듯하도다.(瞻彼淇奧。綠竹猗猗。有斐君子。如切如磋。如琢如磨)"라는 구절이 나온다.
152 『형초세시기荊楚歲時記』 : 중국의 양자강 중류 유역을 중심으로 한 형초荊楚 지방의 연중세시기로, 원래는 10권이었으나 명대에 현재의 1권으로 종합되었다. 양梁나라의 종름宗懍이 6세기경에 지은 『荊楚記』를 7세기 초 수隋나라의 두공섬杜公瞻이 증보하고 주석을 달아 『荊楚歲時記』라 하였다. 현존하는 중국 세시기 중에서 가장 오래된 것으로, 초나라 특유의 세시뿐만 아니라, 일반적인 풍습도 기술되어 있다.

153 시비를 망상으로~얘기일 뿐 : 전국시대 말기 공손룡公孫龍이 '백마비마론白馬非馬論'의 인식론을 제창하였는데, 이러한 논의는 일반인의 입장에서 보면 공리공론에 불과하기 때문에 저자가 이른 말이다.

154 물고기를 보고서~같음을 알았네 : 장자와 혜자惠子가 호량濠梁에서 놀다가, 장자가 "피라미가 나와서 노는 것을 보니, 이것은 물고기의 즐거움(魚樂)이로다."라고 하자, 혜자가 "자네가 물고기가 아닌데 어떻게 물고기가 즐거워하는지 알 수 있겠는가."라고 하였다. 여기서는 서로 즐기는 마음이 같기 때문에 물고기의 즐거움을 똑같이 이해할 수 있다는 말이다. 『莊子』 「秋水」에 나온다.

155 흰 가사(白衲) : 백납白衲은 백색 승의僧衣나 백색 가사를 가리킨다. 『四分律』을 비롯한 율장에 따르면 가사의 색은 청색·흑색·목란木蘭색(적색·자주색)이 여법한 것으로 다른 색은 정법에 부합하지 않는다고 하였다. 『大宋僧史略』에서도, "근래에 백색 승의를 입는 자가 있는데 그 잘못이 크다."라고 하였다. 여기서는 한가한 시간에 편한 옷을 의미하기 때문에 가사보다는 흰옷을 입었다고 보는 것이 옳다.

156 호계虎溪에 있었던~번이나 이루었네 : 진晉나라의 혜원慧遠 스님이 여산廬山의 동림사東林寺에 머물 때에, 호계를 건너 속세에 나가지 않겠다고 맹세하였다. 어느 날 도연명陶淵明과 도사 육수정陸修靜이 혜원을 찾아왔다. 혜원 스님이 그들과 이야기를 나누고 돌아갈 때에 배웅을 나갔는데, 세 사람은 알지도 못하는 사이에 호계를 건너 바깥까지 가고 말았다. 그러자 범이 울어서 세 사람은 함께 웃으며 전날의 맹세를 깨뜨린 것을 알았다고 한다. 『廬山記』에 나온다.

157 보벌寶筏 : 직역하면 보배로운 뗏목이나 배라는 뜻이다. 부처님의 묘법으로 생사의 고해를 건너감을 비유한 말이다.

158 파공巴邛 사람에게 귤밭이 있었는데, 그중 한 나무에 세 말의 곡식이 들어갈 만큼 커다란 귤이 달렸다. 그 귤을 따서 쪼개 보았더니, 그 속에 수염이 아름답고 살결이 좋은 노인이 둘 앉아 있었다. 노인들은 서로 "귤 속에 사는 즐거움이 상산商山보다 못하지 않구나.", "어리석은 사람들이 따 버릴까 걱정이다."라고 이야기하고 있었다. 여기에서 좌은坐隱은 바둑을 두는 것이라고 저자가 해석하였으니, 귤 속에서 두 노인이 바둑을 두고 있다는 말이다. 『幽怪錄』에 나온다.

159 두목杜牧 : 당나라의 시인 두목은 얼굴이 잘생기고 풍채가 좋은 사람으로 유명하였다. 자가 목지牧之라서 두목지로 불렸다. 그 당시의 풍습에 연모하는 사람의 수레가 지나가면 귤을 던졌는데, 두목지가 수레를 타고 지나가면 수레에 귤이 가득 찼다고 한다.

160 건제체建除體 : 길흉을 관장하는 열두 신을 건제십이신建除十二神이라고 하는데, 이들 이름을 앞에 넣고 짓는 것이니, 건건·제除·만滿·평平 등이 모두 신의 이름이다.

161 포조鮑照(421~465) : 육조六朝시대의 송나라 시인으로서, 특히 악부樂府에 뛰어났다. 자는 명원明遠이다.

162 팔음가八音歌 : 팔음八音의 글자를 앞에 놓고 짓는 시이다.

163 금단金丹 : 먹으면 장생불사長生不死한다는, 도사道士가 정련한 황금의 정精으로 만든 환약이다. 혹은 도가道家에서 행하는 신기수련神氣修練의 묘술을 가리킨다.

164 왕자교와 적송자(喬松) : 교송喬松은 늙지도 죽지도 않는 선인仙人인 왕자교王子喬와 적송자赤松子를 줄여 일컫는 말이다.

165 감당甘棠 소식 : 주周나라 소공召公은 어진 재상이었다. 그는 지방을 순시할 때 감당나무 밑에서 정무를 처리하였으므로, 후세 사람들이 이 나무를 베지 말라고 노래를 지어 불렀던 것이『詩經』「召南」〈甘棠〉에 실려 있다. 여기서 감당의 소식이란 어진 정사를 한다는 소식이다.
166 소동파의〈送小本禪師赴法雲〉에 나온다.
167 중모仲謀 : 손권孫權의 자이다.
168 구정봉九井峯 : 전라남도 영암군 월출산의 산봉우리 이름이다.
169 도안 대사(彌天) : 미천彌天은 진晉나라 도안道安을 가리킨다. 도안이 양양襄陽에 있을 때에 습착치習鑿齒가 찾아와서 "나는 천하의 습착치라고 하는 사람이요.(四海習鑿齒)"라고 소개하자, "나는 하늘을 꽉 채우고 있는 도안이요.(彌天釋道安)"라고 대답했다고 한다. 이때부터 도안을 미천이라고 부른다고『高僧傳』에 기록되어 있다.
170 유량庾亮의 먼지 : 권신權臣의 위세를 비유한다. 진晉나라 정서장군征西將軍 유량이 막강한 권세를 휘둘렀는데, 언젠가 서풍이 세게 불어 먼지를 일으키자 유량을 혐오하던 왕도王導가 부채로 얼굴을 가리면서 유량의 먼지가 사람을 더럽힌다고 하였다.『世說新語』에 나온다.
171 나무에 버섯으로 돋아나 : 보시를 받아 수행을 하였지만 수행을 부지런히 하지 않아 깨달음을 얻지 못하고 죽는다면, 죽은 후에 보시한 사람의 집 동산에 버섯으로 피어나서라도 제 몸을 뜯어먹게 함으로써 은혜를 갚게 된다는 말이다.『釋門自鏡錄』「懈慢不勤錄」7 '新羅國禪師割肉酬施主事新錄'에 나온다.
172 위음불威音佛 이전 : 위음불은 이 세상에 처음 출현한 부처님인 위음왕불威音王佛을 말한다. 따라서 위음왕불 이전이란 우주가 나타나기 이전, 또는 일체의 사량분별思量分別을 끊어 완전히 무無가 된 것을 말한다.
173 반초班超 : 후한後漢의 명제明帝와 장제章帝 때에 서역을 정벌하여 정원후定遠侯에 봉해진 장수이다. 그는 유명한 반표班彪의 아들로, 사가史家의 집에서 태어났으나, 문필文筆에 종사하지 않고 장수가 되었다.
174 종군終軍 : 한나라 사람이다. 젊어서 큰 뜻을 품고 관關을 나갈 때에 수위가 신표로 삼는 비단을 찢어 주면서 "다시 돌아올 때에 이 신표를 보여야 관문을 통과할 수 있다."라고 하였다. 이에 종군은 "남자가 뜻을 세워 나갔으면 다시 이 모양으로 돌아오지 않는다. 다시 올 때는 황제의 신표를 가지고 통과할 것이다."라고 하면서 비단 조각을 버리고 갔다.『漢書』권64에 나온다.
175 장비張飛 : 삼국시대 촉한蜀漢의 무장으로서 유비, 관우와 함께 의형제를 맺고, 후한 말의 많은 전쟁에서 용맹을 떨쳤다. 유비가 제위에 오르자, 거기장군·사례교위에 임명되었다.
176 사창社倉 : 조선 시대 때 각 고을(지금의 면 단위)에 두고 곡물을 대여해 주던 기관이다.
177 형범荊凡 : 존재하느냐 망하느냐를 정하지 못한 상태를 말한다. 형초荊楚의 임금과 범군凡君이 문답한 고사가『莊子』「田子方」에 나온다.
178 두 형제(二難) : 난형난제難兄難弟, 즉 형제가 모두 훌륭한 것을 가리키는 말이다.
179 공자의 학문(洙泗學) : 수洙와 사泗는 중국 산동성山東省에 있는 강인 수수洙水와 사수泗水를 말한다. 공자가 수사洙泗에서 제자를 가르쳤으므로, 여기서는 공자의 학문을 이르는 말이다.

180 삼공三公 : 정승을 말한다.
181 단구丹丘 : 신선이 사는 곳이다.
182 유후留侯로 봉해지는 일(封留) : 봉류封留는 장량張良의 봉호封號이다. 장량은 한漢 고조高祖를 도와 천하를 통일하고 유후에 봉해졌다. 다른 공신들은 부귀영화를 생각하고 있다가 고조의 손에 모두 죽었지만, 장량은 벼슬을 버리고 숨어 버렸다.
183 물소(水牯) : 선불교禪佛敎에서 소(牛)를 마음에 비유하는데, 수고水牯도 또한 마음을 비유한 말로 보인다.
184 태극도太極圖 : 송宋나라의 유학자 주돈이周敦頤가 우주의 근본을 그림으로 풀어놓고 해석한 것이『太極圖說』이다. 이 글에서는 '무극無極이 태극太極을 낳고, 태극이 음양陰陽을 낳고, 음양이 오행五行을 낳아 만물이 생기게 되는 것'이라고 하였다.
185 범凡나라도 망하지~보존하지 못하였으리 : 범군凡君과 초왕楚王과의 문답이다. 초왕이 범군과 함께 앉았었다. 초왕의 측근 신하가 "범국凡國은 망할 징조가 세 가지 있습니다."라고 하자, 범군은 "범국이 망한다고 하여도 나의 존재는 망하게 할 수 없습니다. 그렇게 보면 초나라가 보존되더라도 지금 있는 사람들을 꼭 보존한다고 말할 수 없는 것입니다. 초왕이 존재함으로써 초나라가 존재한다면 마찬가지로 내가 여기에 있는 한 범나라도 망하지 않으며, 초왕이 여기에 계신다 하여 초나라가 보존되는 것은 아닙니다."라고 말하였다.『莊子』「田子方」에 나온다.
186 원안袁安처럼 잠을 잤다네 : 눈이 한 길이나 쌓인 날 낙양령洛陽令이 밖에 나가 살펴보았더니, 다른 집은 다 문 앞의 눈을 쓸었지만, 원안의 집 앞만은 눈을 쓸지 않았다. 사람을 시켜 들어가 보게 하니, 원안은 눈에 쓰러져 "눈이 와서 모두 배가 고픈데, 남을 찾아가는 것은 마땅한 일이 아니라네."라고 하였다고 한다.『淸異錄』에 나온다.
187 궁중의 수놓는~늘여야 하고 : 위진魏晉시대에 궁인들이 붉은 실로 해그림자를 헤아렸는데, 동지 뒤부터는 매일 실 하나를 더하여 늘였다. 또 당나라 때는 궁중에서 여공女工을 세워 해의 길이를 계산하는데, 동지 뒤부터는 해그림자가 점차 길어지므로 평소보다 여공의 줄이 한 줄 더 늘어났다는 이야기가 있다.
188 도백道伯 : 한 도道의 장관이란 뜻으로, 관찰사觀察使를 달리 일컫는 말이다. 지금의 도지사道知事에 해당한다.
189 감당나무 : 장미과의 나무. 한국·중국·시베리아 등지에 자생한다. 나무·줄기·잎은 약용으로 쓰인다. 여기서는 주문왕周文王의 아들 소공召公이 감당나무 아래 유숙하며 사람들을 교화한 것에 유래한 것이다.『詩經』「召南」에 백성들이 소공을 흠모하여 감당나무를 베지 않아 무성하였다고 하였다.
190 소동파의 〈次韻答王定國〉에 나온다.
191 두보의 〈多病執熱奉懷李尙書之芳〉에 "길에서 더위 먹어 장맛비에 젖을 것 생각하니, 궁중의 은혜로 내리는 옥정의 얼음을 감히 바라리오.(思霑道暍黃梅雨。敢望宮恩玉井冰)"라고 하였다.
192 오묘한 촉감 뚜렷이 밝아야 : 신체의 감각이 인연에 의하여 진리를 밝히는 것이다.『首楞嚴經』제5권,『碧巖錄』78칙에 나온다.
193 능주綾州 : 지금의 전라남도 화순군이다.
194 점필재佔畢齋 : 조선 시대의 성리학자인 김종직(1431~1492)의 호이다. 문장과 경학에 뛰어나 영남학파의 종조宗祖가 되었다.

연담대사임하록 제2권
| 蓮潭大師林下錄 卷二 |

시 2
詩二

능성 동각의 시운을 따서 짓다
次綾城東閣韵

퇴청하여 처마 밑 꽃잎을 스치며 걸으니 衙退巡簷手挽花
관가가 꼭 고즈넉한 들녘의 농가 같구나 官家靜似野人家
스님이 찾아왔다고 산중의 경치를 읊으라 하는데 僧來使賦山中景
붓을 적신 채 깊이 생각에 잠기니 팔차八叉에 부끄럽구나 濡筆沈吟愧八叉

【온정균溫庭筠은 손을 여덟 번 팔짱을 끼고 빼는 동안에 8운韻의 시를 지었다고 하는데, 그것을 온팔차溫八叉라고 부른다.(溫庭筠。八叉手間。八韵成。號溫八叉。)】

---

1) ㉘ '二' 한 자는 편자가 보입한 것이다.

정 생원의 시운을 따서 짓다
次鄭生員

입에서 나오는 말마다 놀라운 시구가 많으니	咳唾落來警句多
시에 능한 것은 수조 하손何遜뿐이 아니었네	能詩不獨水曺何
절집의 봄빛이 지금 한창 좋으니	祇園春色今方好
선생에게 보내 주어 이 경치를 읊게 하고 싶네	輸與先生取次哦

【하손이 공조판서[1]를 지냈기에, 옛 시에 "술을 좋아하는 사람은 진나라 산간이요, 시를 잘하는 사람은 하수조라네."라고 하였다.(何遜爲水曺。卽古詩。愛酒。晉山簡。能詩何水曺。)】

오성으로 가는 길에 짓다 【하지夏至 전에 오는 비를 황매우黃梅雨라고 한다.】
烏城途中 【夏至前雨。謂之黃梅雨。】

사월도 이미 저물었다 하니	四月已云暮
들에는 온통 남가새꽃뿐이라	野花皆蒺藜
비 갠 숲에선 구구구 비둘기 우는 소리	晴林鳩喚雨
한낮 주막엔 제비가 흙을 물고 오는구나	午店燕含泥
보리밭은 물결 따라 출렁이고	麥浪隨水動
모는 물 위로 가지런히 뽀족한 고개 내밀었네	秧針出水齊
황매 비가 내리는 이 좋은 시절	黃梅時節好
돌아가는 길에 자꾸 지팡이를 멈춘다네	歸路數停藜

〈정씨 족보 간행〉이라는 시의 운을 따서 짓다
次鄭氏譜成韵

여러 대 동안 이리저리 뻗어 나간 화려한 문벌	聯芳奕葉各西東
빛나는 그 이름 이제 한 권의 책 속에 모아졌네	爛熳今歸一卷中
어쩌면 이렇게 좋은 뜻을 가진 후손이 나와서	信有後人能有志
전대에 못 이룬 공을 마침내 이루었을까	終成前代未成功
천 갈래 갈라졌던 집안이 하나로 합하고	源流交徹千家合
혼인[2]으로 두 성씨가 하나로 이어졌네	瓜葛相連二姓同
이제부턴 오로지 화목과 우의만을 숭상하여	從此專崇敦睦誼
종친 간의 화목과 친분 정씨 가문의 으뜸 가풍일세	親親先數鄭門風

【『한기漢紀』에 "선제와 혼인으로 친분을 맺은, 남자 여자 할 것 없이 모두 다 모였더라."라고 하였다.(漢紀云。先帝有瓜葛之親。男女畢至。)】

청파 장로에게 부친다
寄淸坡長老

내장산 아래에서 옛날 함께 공부하던 벗이여	內藏山下昔同床
한번 이별한 후 어느새 이십 년이 흘렀구나	一別悠悠二十霜
활달한 그대 기상은 높고도 넓은데	浩氣君應胸磈磊
아등바등 살아가는 나는 머리가 다 희었다네	勞生我已鬢蒼浪
오늘도 부평초처럼 물길 따라 떠다니는 몸	浮萍此日隨流水
편지도 끊어지니 어느 때나 소식을 들을까	斷鴈何時得綴行
탁 트인 맑은 만경창파를 홀로 즐기며	獨喜淸波萬頃濶
용이 용 새끼를 낳듯 화려한 문채를 이루었겠지	龍生龍子斐成章

한 능주에게 세 벗[3]을 보내 주기를 청하여 받고 나서
請韓綾州送三友

붓[4]은 중서령을 오래 맡아	毛穎久作中書令
글 쓰는 일이 힘들었는지 대머리가 되었고	困於書役頭已禿
먹이란 게 원래 겸애를 주장하는 것이라	墨子元來兼愛者
남을 위해 정수리를 갈아 발꿈치에 이르렀네[5]	爲人磨頂已至足
종이는 평생 동안 세상인심을 좇아서	平生楮公亦世情
돈 있는 집만 골라서 찾아다녔지	只解偏向有錢宅
벼루만이 갈아도 얇아지지 않은 채	唯有陶泓磨不磷
빈 방에 홀로 누워 곧고 맑게 살려 하네[6]	獨臥虛室欲生白
앞의 세 친구가 따라주지 않았기에	向來三友不相隨
연적은 있어 봐야 아무 쓸 곳이 없었다네	縱有渠也無所益
공후의 집에서는 본디 선비를 좋아하는지라	公侯之家本愛士
붓과 먹과 종이야 삼천 객이나 되도록 가득하겠지	此輩應滿三千客
술친구 글친구 날마다 함께 모여서 즐기니	酒徒詩朋日相娛
어찌 산중에 들어가 고독을 즐기길 바랐겠는가	肯向山中甘孤獨
그러나 그들이 주인의 명을 거스르지 않고	雖然不拒主人命
고분고분 따라 주어 손아귀에 들어왔네	許分勸送在掌握
지금 반갑게도 이렇게 선뜻 찾아와 주니	如今倘得賁然來
이제부터 글방이 적막하지 않겠네	從此文房不寂寞
벼루도 기뻐하며 좋다고 들썩이니	卽看陶公懽然起
서로 함께 글을 지어 공의 덕을 칭송하리라	相與作詞頌公德

보림사에 다시 와서 전에 지은 시운을 따서 짓다
重到寶林次前韻

다시 와 보아도 숲은 전날 그대론데	重來無恙舊溪林
법당 두 개만 우뚝하니 봉우리처럼 솟아 있네	雙級觚棱聳碧岑
세월이 오래 흘러 스님도 늙었고	歲月崢嶸僧亦老
잉어가 없는 연못 물만 깊어졌구나	魚龍寂寞水偏深
산이 나를 기억할 터이니 낯선 객은 아니지만	山應記我非生客
시가 남만 못하니 다시 고쳐 쓸밖에	詩不如人改故吟
계곡에 자욱한 안개 꼬리를 늘이니	一壑烟霞堪曳尾
한 백 년 마음 편한 신세로구나	百年身世可安心

【대궐이나 법당을 고릉觚棱이라고 한다. 두목지杜牧之의 시에 "고개 돌려 대궐을 바라보니, 저물녘 구름에 막혀 있구나."라고 하였다. ○소동파가 자유子由의 「서현당기棲賢堂記」를 읽고 "집 안에서 물과 돌이 빽빽하고 초목이 무성한 것을 본 것만 같으니, 내가 이것을 마음에 새겨 두고 여산과 인연을 만들어서 후일 다시 산에 들어올 때엔 낯선 객의 신세가 되지 않았으면 하노라."라고 하였다.(大闕。謂之觚棱。法堂亦然。牧詩。回首觚棱隔暮雲。○東坡讀子由棲賢堂記曰。如在堂中。見水石陰森。草木膠葛。吾刻之。欲與廬山作緣。且他日入山。不爲生客也。)】

관산의 오 연리[7]에게 주다
贈冠山吳椽[1]吏

꽃향기 다하니 찾는 손님 뜸하였는데	芳菲度盡客來踈
시인이 멀리서 찾아오니 기쁘기 한이 없네	却喜詩人遠訪余
봄 내내 문을 닫고 앓아누워 있다가	門掩三春長臥病
누대를 열고 반나절 함께 책을 보았네	樓開半日共看書
지는 꽃향기 속에 제비는 흙을 물어 오고	落花香歸含泥燕
옛 못에 노니는 물고기 물결을 만들어 내네	古井紋生吹水魚
구름 밖 종소리에 공양 들 것 생각하는데	雲外鍾聲故思動
석양은 어느덧 죽림의 서쪽으로 넘어가네	夕陽元在竹林西

【'귀故'는 '궤餽'와 같은 뜻이다.(故與餽同。)】

---

1) ㉮ '椽'은 '掾'의 오류인 듯하다.

영남의 지탄 스님에게 주다
與嶺南智綻上人

여름 결제로 절 문 밖을 나가지 않았더니	結夏不出戶
속세의 인연을 쓸어 낸 듯 깨끗해졌네	塵緣淨於掃
꽃잎 지는 시절 제비가 물어 온 진흙 향기롭고	落花燕泥香
녹음 짙은 숲속에 꾀꼬리 소리 잔잔하네	濃綠鶯聲老
영남에서 찾아온 손님이	有客自嶺來
나에게 무생의 도를 묻는구나	訪我無生道
무생의 도는 배울 수 없으나	無生不可學
배울 수만 있다면 흔들림 막을 수 있으리라	可學成繳擾
천지보다 만물이 먼저 생겨난 그 일	有物天地先
분명하고도 또 아득한 일이라네	昭昭還杳杳
성인과 범인이 본래 하나이니	聖凡元一致
하루빨리 오묘한 깨달음을 얻어야 할 것이네	妙悟當及早
고생을 무릅쓰고 찾아온 그대 감사하여	感君辛勤訪
그저 시 한 수[8]로 책임을 때우려 하네	聊以塞潦草
몸조심하여 잘 돌아가시고	珍重好歸去
오는 길을 기억해 두시라	記取來時路

전주의 신여 대사에게 주다
贈全州愼如大師

그대 어찌하여 갑자기 떠난다 하는가 　　　　君今何事忽言歸
내가 뭐 언짢게 한 일이라도 있었던가 　　　　無乃吾經有所違
요즈음 나는 근력도 전만 못할 뿐 아니라 　　　非但年來筋力退
병까지 들고 보니 도고 뭐고 영 생각이 없네 　自從病後道情微
골짝을 떠난 구름은 어느 산으로 가려나 　　　雲移舊壑何山去
꾀꼬리도 깊은 숲을 벗어나 딴 나무로 옮겨 앉네 鶯出幽林別樹依
나중에 선문에서 강론과 토론을 한다면 　　　它日禪門要講討
아마도 이 노승의 사립을 꼭 두드리게 되리라 　也須重欸老僧扉

장흥 수령인 황인영에게 드리다
呈長興使君【黃仁榮】

강건한 기상으로 일찌감치 붓을 내던졌으니   桓桓氣象早投筆
무과에서 공명을 얻기는 쉬웠으리라   虎牓功名拾芥來
적을 막을 계책을 세우느라 정신을 다 쏟았는데   肝膽都輸禦戎策
조정에서는 우선 백성을 잘 다스리는지 시험하였네   朝廷先試牧民才
봄볕이 다리를 달고 집집마다 찾아가듯 온화한 다스림   陽春有脚家家至
밤에도 개조차 짖지 않으니 집집마다 대문 활짝 열었네   夜狗無聲戶戶開
단비 내려 말라 가던 곡식을 소생하게 해 달라고   更喜甘霖蘓槁旱
수령께서 몸소 고룡대에 빌었었네   使君親禱古龍臺

장흥 수령이 부른 시운을 따서 짓다
次長興使君呼韵

관가를 찾아서 눈 내리는 산길을 내려오려니   爲省官家下雪岡
진흙에 푹푹 빠지는 다리 금강의 힘이 아쉽더라   衝泥脚力未金剛
삼생석[9]에서 만나게 될 오랜 인연   宿緣定在三生石
도로 맺어진 사이 백 번 단련한 강철처럼 견고하네   道契堅如百鍊鋼
자천[10]은 거문고를 타면서 덕 있는 교화를 베풀었고   子賤彈琴宣德化
장유[11]는 궁궐에 누워서 무너진 기강을 되잡았네   長孺臥閣整頹綱
밤중에 칼을 어루만지며 긴 탄식만 하고 있으니   中霄撫劍應長嘆
세상이 지금처럼 오랑캐에게 던져졌기 때문이네   天地如今付羯羌

매를 두고 지은 시운을 따서 짓다 [두보의 시에 "풀잎이 마르면 매의 눈길이 빨라지고, 눈이 다 녹으면 말발굽이 가벼워진다."라고 하였다.]
次鷹韻【杜詩。草枯鷹眼疾。雪盡馬蹄輕。】

옥 같은 발톱으로 사람의 팔 짚고 앉아	玉爪坐人臂
금빛의 눈동자는 토끼를 움켜잡을 기세로세	金眸攫兔心
잠깐 사이 푸른 하늘을 오르는 것을 보았는데	俄看衝碧漢
홀연히 다시 거친 숲속으로 들어가네	忽復入荒林
용맹스런 사냥 솜씨 너에게 대적할 이 없으니	猛獵應無敵
곁에서 보고만 있어도 절로 마음 상쾌해지네	傍觀自爽心
풀잎이 마르면 눈길은 더욱 빨라지니	草枯眼更疾
길어진 나뭇가지 가을이 깊었음을 알리네	長枝驗秋深

장흥 수령인 황 공이 임기가 끝나 돌아가게 되어 송별의 시를 올리다【당나라 이원굉李元絋이 호주好畤의 수령에서 윤주潤洲의 사호司戶로 옮겨 가게 되자, 까막까치가 떠나가는 수레를 에워쌌다고 한다.】
長興黃使君遞歸奉別章【唐李元絋。[1] 自好畤令。移潤洲司戶。烏鵲擁征車。】

한나라 태평성대에 어진 관리가 워낙 많았어도	聖世元多漢吏良
호남에서는 영천 태수 황패黃霸[12]를 첫손에 꼽았었네	湖南先數穎川黃
특이한 행적이 구중궁궐에까지도 알려졌으니	應知異蹟九重達
아름다운 그 이름 길이 향기를 뿜는구나	可但芳名一路香
복성이 깜깜한 밤하늘을 비추고	天上福星光照夜
칼집 속의 보검 그 기상이 서리를 능가하네	匣中寶劍氣凌霜
임기가 모두 끝나고 이제 조정으로 돌아가는 길	六期已滿還朝去
까막까치 떼 지어 날며 길 가득 에워싸는구나	烏鵲羣飛擁道傍

---

1) ㉠ '絃'은 '絋'의 오류인 듯하다.

제주 감진어사 박사륜 공에게 올리다
上濟州監賑御史朴公【師崙】

조정에서 어사 자리에 우뚝하게 앉을 사람 보내시니	天遣班心突兀人
사신의 수레가 남쪽 바다 끝까지 왔구나	星軺遠到海南濱
여우 같은 아전들은 범을 만난 듯 걱정이지만	當途狐狢愁看虎
먼 땅의 백성들은 봄 맞은 듯 기뻐하네	絶域蠻氓喜得春
한 달 내내 거세게 불어 대는 바람에 돛대를 올리지도 못하고	浹月盲風難擧帆
열흘이 넘도록 쏟아붓는 궂은비에 나루를 건너지도 못하였네	連旬淫雨不通津
탐라 사람들 어린아이가 어머니를 그리워하듯	耽羅赤子思慈母
하루에도 열두 번 고개를 빼고 그대 오기 기다렸네	一日回頭十二辰

【소동파가 어사 장순민張舜民을 보낸 시에 "어사가 서 있는 누각 자리 우뚝 솟아 길게 몸을 빼고 있네."라는 시구가 있다. 동파는 이 시에 "누대에서 어사가 서 있는 곳을 반심班心이라고 한다."라고 직접 주를 붙였다. ○제주도에서 신라에 조회를 하러 오려면 바다를 건너 탐진耽津을 거쳐 와야 했기 때문에 탐라耽羅라고 불렀다. 탐진은 지금의 강진康津이다.(東坡送御史張舜民詩。班心突兀見長身。自註云。臺中謂御史立處。爲班心。○濟州。自耽津朝新羅。故號耽羅。耽津。康津。)】

박 어사가 탐라에서 육지로 나왔기에 【제주에는 고씨高氏·양씨梁氏·부씨夫氏의 시조가 나왔다는 굴이 있다. 또 남극노인성南極老人星이 비추기 때문에 그 땅에 사는 사람들은 장수한다고 한다.】
朴御史自耽羅出陸【濟州有高梁夫三姓出穴。又南極老人星照。故地人長壽。】

수의어사께서 제주에서 돌아오시느라	繡衣返自瀛
며칠이나 저 큰 바다에 떠 있으셨나	幾日泛重溟
배를 타는 모든 백성들이 살아나게 되었고	百舫蒼生活
삼신산三神山에 임금의 교화를 밝히었네	三山聖化明
고씨의 동굴이 과연 있었나 없었나	有無高氏穴
노인성은 보았는지 못 보았는지	觀否老人星
천년의 사적이 오히려 우습다 비웃는 것은	却笑千年事
약을 캐러 간 일 부질없게 되었기 때문이라네[13]	徒緣採藥行

만연사[14]에 머물며 감회에 젖어
住萬淵寺感懷

삼십 년 만에 고향에 돌아와 보니	三十年來返故鄕
눈앞에 보이는 광경 모두가 슬픔을 자아내네	眼中無處不悲傷
뽕밭 삼밭 낡은 집에는 이제 누가 사는지	桑麻舊宅誰爲主
죽마고우들 반 넘게 세상을 떠났구나	竹馬朋儔半已亡
내 말씨가 좀 둔했다고 여태 기억하는 사람들	記我言音猶謇訥
내 머리가 반백이 된 것을 보고 너무나 놀라는구나	愕隣鬢髮政滄浪
그래도 다행히 우리 고장에는 문헌이 충분하니	獨喜吾邦文獻足
여러 학자들의 좋은 자질[15] 알 수 있어 기뻤네	騰看諸子斐成章

【범지梵志가 아이 때 출가하여 머리가 백발이 된 다음 다시 고향에 돌아오자, 이웃 사람들이 그를 보고 놀라면서 말하길 "당신이 바로 옛날의 그 사람이란 말인가? 영 달라 보이는구나." 라고 하였다.(梵志兒時出家。白首歸鄕。隣人愕然曰。汝古人耶。非也。)】

조 선비가 보내온 시운을 따서 짓다
次曺斯文見寄

한번 이별한 후로 몇 해나 지났던가	一別悠悠問幾年
내가 이렇게 늙었으니 자네 또한 그렇겠지	吾今老矣子應然
진했던 정도 끊어지고 나면 물보다도 더 엷은 법	人情斷處淸於水
세상인심 맛을 보니 쓰디쓴 황련黃蓮 같더라	世味甞來苦似蓮
부처님 동산에 종적을 감추고 사는 일 무어 해로운가	蹤跡何妨藏釋苑
공명으로 능연각凌烟閣에 오르는 일16 저버렸다네	功名孤負畫凌烟
불가에선 어리석은 듯 조용히 있는 것 좋아하는데	空門甘作痴敤1)漢
쓸데없이 이름이 도처에 전해진 일이 부끄럽구나	慚愧閑名到處傳

---

1) ㉠ '敤'는 '獃'의 오류인 듯하다.

유 도곡의 시운을 따서 짓다
次柳道谷韵

[1]
오늘 처음 우리가 만났다고 말하지 마소	休道如今始有期
선생의 풍모는 전부터 잘 알고 있었다오	先生風範已前知
사람 없는 곳 바위 위에 꽃이 활짝 피었고	岩花爛發無人境
비가 오려는지 골짜기 새들이 다투어 지저귀네	谷鳥爭喧欲雨時
오십 년 사는 동안 그저 술만 즐겼고	五十年來唯是酒
평소 가는 곳마다 시 안 짓는 곳이 없었네	尋常行處莫非詩
어저께 보내온 〈백설곡〉[17]에 답을 하려니	向來雪曲若爲報
파인巴人의 노래[18] 〈죽지사〉[19] 같아 부끄러울 뿐이네	慚愧巴歌似竹枝

[2]
봄 흥취 그윽하여 한 잔 술을 올리기에	春興悠悠上一盃
옷 잡혀서 술 마시고 푸른 풀을 밟으며 돌아왔네	典衣南市踏靑來
석양에 시내 따라 산사에 들어서니	夕陽山寺緣溪入
곳곳마다 버들꽃 물가에 활짝 피었더라	處處楊花傍水開

[3]
만사를 제쳐 두고 술 석 잔을 마시고	破除萬事酒三盃
고깃집 문을 지날 때면 고기 좀 실컷 먹자 말을 하네	每過屠門大嚼來
공명의 길에 나가 후세에 이름을 전하는 일도	打就功名傳後世
취한 얼굴에 환한 웃음 하루만도 못하리라	不如一日醉顏開

【옛말에 "푸줏간을 지나면서 '술과 고기 좀 실컷 먹고 싶다.'고 말을 하면, 설사 아무것도 얻지 못한다 해도 그래도 즐겁다."라고 하였다.(古云。過屠門時云。我欲大嚼酒肉。雖不得亦快。)】

사백 이효근에게 화답하다 【단성식段成式[20]이 이르기를 "술 마시고 난 뒤엔 항상 벼루의 북쪽에 앉는다."라고 하였다. 이 말은 곧 책상과 벼루를 남쪽에 두고 사람이 벼루의 북쪽에 앉는다는 것이다. 옛 시에 "병이 나더라도 벼루 북쪽에 몸을 두노라."라고 하였다.】

和李詞伯【孝根】【段成式云。盃宴之餘。常居硯北。盖几硯在南。人坐硯後。古詩。疾病猶存硯北身。】

[1]
오늘에야 비로소 비가 개었는데	今日雨初歇
어린 종이 작은 암자의 문을 두드리네	奚童欵小庵
일생 동안 벼루의 북쪽에 있었으니	一生居硯北
시 짓는 솜씨가 『시경』과 같아졌네[21]	六義近周南
격식을 벗어난 분 오직 공 하나뿐이요	出格惟公獨
다른 사람들은 모두 다 세상 흐름에 따른다네	隨流擧世咸
그대가 글 가르치는 붉은 휘장[22] 아래에는	應知絳帳下
빼어난 사람들이 많이도 모여 있겠네	嬴得俊髦叅

[2]
광유匡裕가 책 읽던 광산[23] 그곳에	匡山讀書處
옛 암자 아무 탈 없이 그대로 서 있구나	無恙舊時庵
동교 위에서 글을 가르치고	教授東膠上
북두성 남쪽을 유람하였었지[24]	游觀北斗南
숨어 사는 야인까지 벌써 그 명성을 알고 있고	野人知名久
심부름꾼조차 그 이름을 외고 다닌다네	走卒誦名咸
냄새나는 것을 버리고 향기 나는 것을 찾는 사람	逐臭尋香者

| 어느 누구인들 그대 가르침을 받아 보길 원치 않겠나 | 阿誰不願叅 |

【동교東膠는 학당 동쪽의 건물이다.(東膠學東齋也.)】[1]

[3]

주옹周顒처럼 아내의 얽매임이 이미 없으니	周妻已無累
이젠 산속 암자에 살아도 좋을 것이네	端合臥山庵
변화무쌍한 시 솜씨는 강남의 시풍[25]을 본받았고	變體效江左
묘한 구절구절 육방옹[26]의 시로구나	工詩似劍南
진실로 부처님을 따른다면	苟能從釋氏
꼭 점을 칠 필요는 없지 않겠나	不必問巫咸
눈썹을 찌푸리고 떠나가지 말지니	且莫攅眉去
마땅히 그로 하여금 2참叅에 취하게 하리라	當敎醉二叅

【『남사南史』에 "주옹과 하윤何胤은 모두 불교를 믿었으나, 주옹은 처를 끊지 못했고, 하윤은 고기를 끊지 못하였다."라고 하였다. 문혜文惠 태자가 하윤에게 묻기를 "주옹의 정진이 어느 정도인가?"라고 하자, 하윤은 대답하길 "제각기 매인 것이 있습니다."라고 하였다. 태자가 다시 묻기를 "어떤 것에 얽매였다는 것인가?"라고 하자, "주옹이 처를 끊지 못하는 것과 하윤이 고기를 끊지 못하는 것이 바로 그것입니다."라고 하였다. 여기서는 지금 이 사백이 홀아비로 살고 있으므로 얽매인 것이 없다고 한 것이다. ○제3구는 실점失粘이다. 강좌江左는 강좌체江左體를 말한다. 검남劍南은 방옹放翁의 『검남집劍南集』을 말한다. ○『사기』에 이르길 "순우곤淳于髡은 주량이 여덟 말 가량이 되며, 2참을 마셔야 취했다."라고 했는데, 『사기』의 주석서인 『사기색은史記索隱』에는 "12참을 마셔야 취했다."라고 했다.(○南史. 周顒何胤. 俱信佛法. 而周未斷妻. 何未斷肉. 文惠太子問. 周公之精進. 何如. 何胤對曰. 各有累. 問累伊何. 曰周妻何肉. 今李鰥居. 故云無累. ○第三句失貼.[2] 謂之江左體. 放翁謂劍南集. ○淳于髡. 飮可八斗. 而醉二叅. 索隱曰. 十有二叅醉也.)】

---

1) ㉠ 이 주註는 본래 세 번째 시의 하단에 있었는데, 편의를 위해 옮겨서 번역하였다. 아래에 나오는 주석들도 이와 같이 교정하였다.
2) ㉠ '貼'은 '粘'의 오류인 듯하다. 한시를 지을 때는 평측에 맞게 글자를 배열해야 하는데 이것을 점법粘法이라 하며, 이 규율에 어긋나는 것을 실점失粘이라 한다.

[4]

풀이 너무나 무성하여 길이 없나 의심했더니	草積疑無路
다리를 다 건너자 홀연히 암자가 나타났네	橋窮忽有庵
첩첩 봉우리가 서쪽과 북쪽을 둘러 있고	亂峯繞西北
작은 골짜기 동남쪽으로 열려 있네	小洞闢東南
말이 가 버리면 길은 더욱 멀어지나니	馬去途逾遠
나귀가 오는 것을 보니 아직 일이 끝나지 않았네	驢來事未咸
이 몸 죽어서 관 뚜껑을 닫은 다음이라야	直向闔棺後
이곳저곳 돌아다니던 참방의 길도 끝나리라	諸方始罷叅

【선문禪文에 이르기를 "말의 일은 이미 갔고, 나귀의 일이 다시 왔다."라고 하였으니, 곧 세상 일이 무궁함을 말한 것이다. 진시陳詩에 "오고 가는 마소가 어느 때나 그칠까."라는 시구가 이 뜻과 같다. ○유의劉毅가 말하기를 "장부는 관을 닫은 뒤에야 일이 비로소 정해진다."라고 하였다.(禪文。馬事已去。驢事到來。言世事之無窮也。陳詩。來牛去馬何時已。亦此意。○劉毅云。丈夫闔棺。後事方之。)】

[5]

궁극의 법은 결국에는 무위법이니	了法無爲法
회암27 생각이 절로 나는구나	令人憶晦庵
저것은 그르다 이것은 옳다고 하는 일	彼非而此是
북쪽을 보고 있자니 문득 남쪽이 되어 버리는 일	北看却成南
함께 귀의하는 사람 적다고 항상 한탄하면서	每恨同歸少
서로 배척하는 것을 오래 탄식했었네	長嗟互斥咸
어떻게 하면 이 모두에 통달한 선비를 만나서	焉逢通一士
한자리에 앉아 참선을 할 수 있을까?	並榻與相叅

【회암晦庵이 말년에 지은 시에 이렇게 읊었다. "한가롭게 하는 일 없이 살아가다가, 심심풀이로 불서를 펼쳐 보았네. 이 무위법을 깨닫고 나니, 몸과 마음이 모두 편안해졌지." 이와 같이 회암은 불서에서 얻은 것이 적지 않았다고 한다. 다음 연聯은 유교와 불교의 시시비비는 마치 남南과 북北에 원래 정해진 방향이 없는 것과 같다는 내용이다.(晦庵末年。有詩云。閑居獨

無事。聊披釋氏書。了此無爲法。身心政宴如。其有得於佛書非淺。次聊儒釋是非。如南北之無之也。)】

[6]
보조普照국사 머물던 이곳에	國師栖息處
아직도 몇 칸 암자가 남아 있구나	尙有數間庵
담 밖으로는 시냇물이 흐르고	流水脩墻外
탑 남쪽으로 자욱하게 걸린 구름	寒雲鎖塔南
마음마다 명백하게 알아차리며	心心知白訖
화살마다 붉은 점을 명중시키네	箭箭中紅咸
신령한 뼈대가 아직도 남아 있으니	靈骨今猶在
참으로 가사를 입고 참선을 할 일이라	方袍信飽叅

【화순和順의 만연사萬淵寺 성주암聖住庵은 보조국사가 계시던 곳이다. '명백하게 알고, 붉은 점을 맞힌다.'고 한 것은, 보조국사의 지견知見이 이와 같았다는 것이다. 국사의 사리가 지금도 절 안에 봉안되어 있다.(和順萬淵寺聖住庵。普照國師所居也。知白中紅。國師知見如此。舍利今在寺中。)】

[7]
젊은 시절에는 사방에 뜻을 펼치려 그렇게 애썼는데	少日四方志
한 칸 암자에서 이렇게 늙어 가다니 참으로 가련하여라	堪憐老一庵
오랑캐의 난리로 중국 땅이 짓밟히고	胡塵迷薊北
종묘와 사직은 강남에서 끊어졌구나	宗社絕江南
외로운 신하의 분통은 어느 때에나 그칠까	孤憤何時已
가는 곳마다 어려움 없는 곳이 없구나	艱虞觸處咸
그때의 일을 생각하자면	細思當日事
장수와 정승은 다 어디에 있었는지	將相乏何叅

【위의 시는 중국(明)이 오랑캐(淸)에게 짓밟힌 것을 탄식한 것이다.(上首。嘆中原板蕩。)】

[8]

이 집 저 집 걸식한 밥 발우 하나에 섞어 담고	一鉢千家飯
한평생을 반쪽 벽만 남은 암자에서 살았다네	百年半壁庵
경서는 아랫목에 잘 간직해 두었고	經書藏奧北
해와 달은 처마 아래로 지나가네	日月轉榮南
태어난 게 늦어서 이룬 일이 많지 않지만	生晚成功薄
나이를 먹어 가며 세상을 두루 경험하였네	年高閱世咸
법문은 어찌 이리도 넓고 큰지	法門何廣大
범인 성인 할 것 없이 함께 참선 수행하네	凡聖任交叅

【오奧는 방의 서북쪽 구석을 말한다. 영榮은 처마를 말한 것이다.(奧。室西北隅也。榮者。簷廡也。)】

[9]

선생의 오언율시 중에서도	先生五字律
오늘 암庵 자 운이 가장 어렵구나	今日最難庵
한강 북쪽 서울 땅에도 이 정도 시는 드물 텐데	應少漢之北
영남 이 시골구석이야 말해 무엇 하겠나	何論嶺以南
세 걸음 딛는 사이 시 짓는 솜씨 자랑 말게	休誇三步速
여덟 번 팔짱 끼는 사이[28] 시 짓는 것보다 오히려 나으리라	却勝八叉咸
뛰어난 사람이라 언젠가는 보배가 될 것이니	雋永終爲寶
공로를 인정받아 장차 만물조화에 참여하리라	功將造化叅

[10]

한 운자를 가지고 지은 시 서른 수가	一韻三十首
잇달아 작은 암자에 도착하였네	連牒到小庵
마음으로 인정하고 극진히 흠모하여	許心終艷慕
합장하고 다시 예를 올렸네[29]	叉手更和南
시를 읊어 보았자 그대 솜씨에 미치지 못하겠지만	玩咏嗟何及
시에 시를 이어 답하는 일 어찌 감히 멈추겠나	賡酬敢已咸
그 속에 참된 흥취가 있으나	個中眞趣在
이 일에 끼려는 사람이 적어 아쉽구나	却歎少人叅

【만연사萬淵寺에 있을 때에 이 사백이 세 번에 걸쳐 서른 수의 시를 보냈었다. 나도 세 번에 걸쳐 서른 수의 시로 답하였다. 한 운자로 서른 수를 짓는 일은 금고에 드문 일이다. 너무 많아서 여기에는 열 수만을 기록한다.(在萬淵時。公三巡送三十首。余亦三巡。和三十首。一韻三十首。今古罕有也。今嫌煩。但錄十首而已也。)】

조 상사의 시운을 따서 짓다
次曹上舍

[1]
젊어서 시와 부賦로 남쪽에 이름을 날렸으니	早歲詞賦動南國
그 연원이 바로 백화담30으로부터 온 것이네	淵源來自百花潭
팔운 율시를 세 번 팔짱을 끼는 사이에 지어 내며	八韻詩成三叉手
십 년의 암자 생활에 만 권 책을 다 읽었네	萬卷書讀十年庵
시회에서는 북소리 울리며 금체시31를 재촉하였고	擊鼓騷壇催白戰
선방에서는 등불 심지를 돋우고 오묘한 이야기를 나누었네	懸燈梵榻做玄談
평생 동안 사해와 미천32처럼 마음이 맞았기에	平生四海彌天契
속세 밖을 오가며 함께 정을 주고 나누었네	方外交情共吐含

[2]
수소처럼 날뛰는 마음 삼십여 년을 닦았더니	三十餘年調水牸
이제는 진흙 묻은 솜처럼 진득해졌네	如今已作絮粘泥
한평생 세 칸 초가에 몸을 부쳐 놓고	生涯分付三椽屋
오랜 세월 엄청나게 많은 산나물을 소비했네	歲月消磨百瓮虀
수양제의 명월주33를 가졌으니 어찌 칼을 잡을까	家有隋珠寧按劍
복숭아 자두나무가 없어도 문 앞에 길이 트였네	門無桃李自成蹊
넘쳐흐르는 흥취에 부질없는 소리도 많아서	端知漫興多狂語
시인과 함께 시 쓰는 일을 자랑했다네	詫與詩人取品題

【수고水牸는 망령된 마음을 수소에 비유한 것이다. ○복숭아와 자두나무는 말하지 않아도 나무 아래로 저절로 길이 만들어지니, 사람들이 와서 열매를 얻으려 하기 때문이다.(水牸。比妄心雄牛也。○桃李不言。下自成蹊。以人來取宲故。)】

도곡 유 선생에게 바치다
呈道谷柳先生

오랫동안 문단에서 인정받던 큰 학자라　　　　　翰墨場中舊碩儒
지난날의 익숙한 솜씨 아직까지 남아 있네　　　　向來習氣未全無
산에 사는 재미에 세상 인연 거의 끊었지만　　　　居山興與世幾絶
시 구절 다듬느라 가을엔 얼굴이 더 말랐네　　　　琢句顔逢秋更臞
나를 단속하는[34] 도의 수행을 새로운 생활로 삼고　約我道耕新活計
그대와 시 내기를 그만두는 일이 이 늙은이의 공부일세　輟君詩戰老工夫

가는 곳마다 소요하는 즐거움만 얻는다면　　　　隨方但得逍遙樂
하늘을 날건 느릅나무에도 못 오르건 따지지 않는다네[35]　不問飛天與搶楡

또 '명' 자 운을 따서 짓다【옛말에 "부잣집의 귀한 아들은 마루 끝에도 앉지 못하게 하지만, 가난한 집의 자식은 높은 데에 올라가도 위태롭다고 하지 않는다."라고 하였다.】
又次鳴字【古云。坐不垂者。千金之子。登高不危者。胥靡之徒也。】

[1]

어젯밤 뜰에는 오동나무 이파리 밤새 울더니	昨夜庭梧一葉鳴
발 속으로 스며드는 가을 기운 맑기도 하여라	入簾秋氣十分淸
찬 바위엔 비 없이도 미끈미끈 이끼 자라나고	寒岩不雨苔長滑
바람 없는 옛 동산에 사각대는 솔잎 소리 들리네	古院無風松自聲
일찍이 세상 밖 푸른 산에 인연을 맺었지만	世外靑山曾有契
거울 속에 비친 백발 세월은 무정하기만 하네	鏡中白髮却無情
몸은 도를 닦는 근본이니 모름지기 소중하게 간직할 일	身爲道本須珍重
어찌 가난뱅이의 가벼운 목숨을 본받을까	肯效胥靡性命輕

[2]

평생 동안 불평불만 울어 대지 않았고	平生不作不平鳴
한평생 속세 떠난 삶은 맑고 맑았네	一片身心分外淸
고요한 밤 소나무에 비낀 달그림자 흐릿하고	夜靜依俙松月影
차가운 이슬 아래 벌레 소리 쓸쓸하구나	露寒淒切草虫聲
적막함이 우리의 도라는 걸 일찍감치 알았고	早知寂寞元吾道
쉽게 변하는 인심이 세상 물정임을 점차 깨달았네	漸覺浮沈是物情
문득 부처님[36]의 말씀이 기억나니	却憶瞿曇曾有語
작은 터럭은 무겁고 태산이 가볍다 하였네	鴻毛爲重泰山輕

[3]

선생은 젊은 나이에 글로써 이름을 떨쳤으니	先生早歲以文鳴
그대의 시는 얼음 병같이 투명하고도 맑구나	詩似氷壺徹底淸
반평생 고향에서 쇠공이를 갈았고[37]	半世家山磨鐵杵
십 년 동안 서울에서 금 구슬 같은 시를 썼네	十年京國擲金聲
가을이 되면 늙은 사람 감회가 새로운데	秋來白髮還多感
늙었어도 청운의 뜻은 오히려 그대로라네	老去靑雲尙有情
공명이야 그림의 떡과 같다고 하지 않는가	聞道功名如畫餠
차라리 눈앞의 술을 가벼이 여기지 말 일이라	眼前尊酒未應輕

【위魏 문제文帝가 이르기를 "공적과 명예는 그림 속의 떡과 같아서 먹을 수가 없구나."라고 하였다.(魏文帝云。功名如畫餠。不可啖。)】

정월 초하루
元日

폭죽 소리에 새로운 한 해를 맞으니	竹火迎新歲
문간에 붙였던 도부桃符38를 새로 바꿔 붙이네	桃扉換舊符
도소주屠蘇酒39는 나중에 마실 나이이고	屠蘇從後飮
축원할 때에나 가장 먼저 부른다네	祝願寂先呼
염불소리에 어범이 흔들리고	讚唄揚魚梵
환호성을 지르며 주사위40를 던지네	歡聲擲雉盧
거울 속에 비친 모습 백발만 더해 가니	鏡中添白髮
이제 다시는 작년의 내가 아니로구나	非復去年吾

【서쪽 지방의 어느 산속에 키가 한 자쯤밖에 안 되는 사람이 살고 있었다. 사람들이 그를 보게 되면 병이 들기 때문에, 섣달 그믐날 밤에 폭죽 소리를 내어 내쫓았다고 한다. ○동쪽 바다 도삭산度索山에 커다란 복숭아나무가 한 그루 있었는데, 뿌리와 가지가 백여 리나 서려 있고 그 아래에 두 귀신이 살고 있었다. 귀신의 이름은 신도神茶와 울루鬱壘라고 하는데, 이들이 여러 귀신을 다스렸다. 황제黃帝가 복숭아나무로 만든 판에 이 두 귀신의 형상을 그려 문에 세워 놓고 귀신을 쫓았다고 하여 이것을 도부桃符라고 부른다. 오늘날에도 종이에 이 두 귀신을 그려서 문에 붙이는 풍속이 있다. ○점치는 사람이 약을 물에 담갔다가 정월 초하루에 그 물로 걸러 만든 술을 도소屠蘇라고 한다. 도屠는 지난 재액을 물리치는 것이고, 소蘇는 새 기운을 소생시킨다는 뜻이다. 이 술은 젊은 사람이 먼저 마시고, 늙은 사람이 나중에 마신다. ○정월 명절에는 바퀴처럼 생긴 둥근 나무를 던지는 놀이를 한다. 그 나무에 붉은 점을 찍은 것은 개가 되므로 좋은 징조로 삼으며, 검은 점을 찍은 것은 꿩이 되므로 흉한 징조로 여긴다. 그렇기 때문에 던질 때 '꿩'이니 '개'니 소리를 친다.(西方山中有人。長尺餘。人見之則病故。除夜爆竹則逃。○東海度索山中。有大桃樹。蟠結百餘里。下有二鬼。曰神茶[1]鬱壘。領衆鬼。黃帝以桃板。畫二鬼。立於門以逐鬼。號桃符。今俗以紙畫之。付於門扉。○占人以藥浸。幷元日取其水漉酒。號曰屠蘇。屠其舊灾。蘇其新氣。少年先飮。老人後飮。○歲時。擲輪木爲戱。輪木紅點爲盧。爲優。黑點爲雉。爲劣。故擲時喝雉呼盧。)】

---

1) 阅 '茶'는 '荼'의 오류인 듯하다.

무등산에 올라
登無等山

[1]
평생 동안 무등산을 마음에 두었다가　　　　　　平生無等介于胸
오늘에야 틈을 타서 지팡이 짚고 오르네　　　　　今日乘閑理瘦筇
서석⁴¹은 보아하니 돌이 있어서일 텐데　　　　瑞石看來知有石
규봉⁴²을 오르고 나니 더는 봉우리가 없구나　　圭峯登後更無峯
지공指公이 남긴 자갈⁴³ 오래도록 눈처럼 남아 있고　志¹⁾公殘礫長留雪
천제의 높은 돈대에는 불노송이 있네　　　　　　天帝高臺不老松
뉘라서 참된 근원이 여기 있는 것을 알았을까　　誰識靈源眞在此
신선이 사는 산 꼭 한라산 금강산만이 아니로세　仙山不必數瀛蓬

[2]
골짜기 굽이굽이 바람 안개 가슴을 씻어 주고　　萬壑風烟許盪胸
지팡이 짚고 들어서니 삼한의 천지가 펼쳐지네　　三韓天地入扶筇
산꼭대기엔 눈 쌓였지만 기슭에는 벌써 꽃이 피고　雪封上頂花開麓
산허리엔 컴컴하게 비 내려도 봉우리엔 달이 밝구나　雨暗中腰月滿峯
천자석에는 아직도 옛날 자취가 남아 있으나　　古迹尙留天子石
당시의 그 대부송이 없으니 우습구나⁴⁴　　　當時應笑大夫松
도솔천에라도 오른 듯이 황홀한 이 기분　　　　飄然怳若登兜率
덧없는 우리 인생 굴러다니는 쑥대⁴⁵ 같음을 잊게 하네　忘却浮生逐轉蓬

---

1) ㉠ '志'는 '指'의 오류인 듯하다.

천초로 만든 향신료를 오성 관아에 올리며
呈椒饌烏城衙

천초[46]는 본래 촉강에서 온 것인데	川椒來自蜀江濱
음식 만들 때 매운맛으로 입맛을 돋우네	作饌從敎合口辛
절 부엌에서 정성스럽게 만들어 관가에 보내니	山廚精備官廚送
군자라야 이 참맛을 알아주리라	君子端知此味眞

【「어사기御史記」에 이르기를 "원외랑의 입맛에 맞게 하려고 매운맛을 가장 깊게 해 보았고, 감찰의 입맛을 돋우기 위하여 덜 맵게 해 보았다."라고 하였다.(御史記云。試員外者爲合口。椒毒寂深。監察爲開口。椒毒小歇。)】

오성 수령이 사직하고 서울로 가게 되어 시를 지어 주다
烏城使君辭職還京呈此

아침마다 홀로 턱 괴고 돌아가고 싶어 하더니	朝朝拄笏動歸情
맹추위에 수령직을 사직하고 행장을 꾸리는구나	欲向嚴冬解綬行
스님이 고별인사도 않는다고 괴이하게 여기지 말라	莫怪山僧無告別
꿈에서 혓바닥에 털이 난 것을 알기 때문이라오	政知夢裡舌毛生

【마량馬亮이 강릉 지사江陵知事로 있다가 체직될 때에 혓바닥에 털이 나는 꿈을 꾸었다. 이 말을 들은 스님이 해몽하길 "혓바닥에 난 털은 깎을 수 없으니, 공께서는 체직이 되지 않을 것입니다."라고 하였다. 이유는 체직이라는 '체遞' 자와 깎는다는 '체剃' 자가 음이 같기 때문이다.(馬亮知江陵。當遞。夢古¹⁾生毛。僧曰。舌上毛剃不得。公不得遞。遞與剃同音。)】

---

1) ㉠ '古'는 '舌'의 오류인 듯하다.

임진년 정월 초하루 입춘에【소동파의 〈원일입춘시 元日立春詩〉에 "하늘도 일 년에 두 번 돌아오는 입춘은 싫다 하네."⁴⁷라고 하였다.】
壬辰元日是立春【東坡元日立春詩。省事天公厭兩迴。】

정월 초하루에 또 율관의 재를 날리니⁴⁸	元日又飛律管灰
매화 한 가지를 산꼭대기에 먼저 피게 하였네	一枝先放嶺頭梅
오늘 아침에 소동파의 말이 기억나는구나	今朝記得坡翁語
하늘도 입춘이 두 번 돌아오는 것 싫어한다는	無乃天公厭兩廻

만성재에 걸린 시운을 따서 짓다
次晩醒齋題咏

만성재에서는 다른 것은 볼 것이 없지만	晩醒無處眼堪開
다만 세상 먼지와 떨어져 숲에 있어 참 좋구나	惟喜林居隔世埃
울타리 아래 도연명의 국화[49]만이 서 있고	籬畔獨留元亮菊
창 앞엔 맹호연孟浩然의 매화[50]가 먼저 피었네	窓前先放浩然梅
낚시터에 낚싯줄을 드리워 넋 놓고 앉았거나	幽磯垂釣無心坐
책상에서 조용히 책을 보다 꿈속으로 이끌리네	靜几看書引睡來
술잔을 잡고 시를 지으며 세월을 보내니	把酒賦詩酬日月
시 한 수 지을 때마다 한 잔씩 기울인다네	詩成一首一傾盃

오성 수령인 윤행원에게 올리다 【『장자』에 "시장 관리인이 돼지를 밟아 보고 돼지가 살쪘는지 야위었는지를 가늠한다."라고 하였다. 오늘날 백성들이 살쪘는지 야위었는지를 살펴서 알아야 한다는 것을 비유한 말이다.】

呈烏城尹使君【行元】【莊子。監市履豕。知其肥瘠。今喩知民之肥瘠也。】

[1]

사방 백 리 좁은 땅이라 할지라도	地方猶百里
수령 자리 잠시 동안 비어 있었네	休蕲暫爲侯
연산혈에서는 종유석이 다시 나오고[51]	乳復連山穴
합포에서는 다시 진주가 나와야 하리라[52]	珠還合浦洲
백성의 형편을 알려면 돼지를 밟아 보듯 하고	知民如履豕
정사를 잘하려면 능숙한 백정보다 더 능숙하여야 한다[53]	能政勝屠牛
시를 짓자고 때때로 승려가 찾아오니	乞句僧時到
대숲 깊숙한 곳에 관아가 있구나	琴堂竹裡幽

[2]

누에와 보리를 얻으러 간 것이 아니고	非緣蠶麥去
관아에는 시제를 나누려고 갔었지	鈴閣爲分題
다리가 끊어져 돌아서 가는 길을 찾아야 했고	橋斷紆尋徑
신에 구멍이 나 진흙을 밟을까 피해야 했네	鞋穿避踏泥
버들가지 나부끼는 옛 성에는	古城楊柳內
죽림의 서쪽으로 석양이 넘어가네	斜日竹林西
길가에서 지나는 사람들 말을 들어 보니	道聽行人語
소 잡는 칼을 닭 잡는 데 쓴다[54]고들 말하네	牛刀困割鷄

【황산곡黃山谷의 시에 "스님은 누에와 보리를 얻으러 가고 벼슬아치는 자주 과일을 얻으러 오는구나."라는 구절이 있다 이 글의 주석에 "스님은 보리를 얻으러 간 것이지 누에라는 말은 하지도 않았는데도 누에까지 얻었는가?"라고 하였다.(山谷詩。僧緣蠶麥去。官數荔枝來。註僧乞麥去。不言蚕。亦乞蠶耶。)】

환월이 물방아를 두고 지은 시운을 따서 짓다
次喚月水碓韵

시냇물 동쪽 서쪽으로 쌍을 이루어 흐르고	東溪西澗自成雙[1]
작은 징검다리 옆엔 물안개 자옥한 물레방아가 있네	中有雲砧傍小矼
물방울 돌 위에 떨어져 옥구슬처럼 부서지고	落石飛湍驚玉碎
숲을 울리며 흐르는 물소리 종을 치는 듯하네	搖林亂響訝鍾撞
가득 차면 기울듯이 가만있다 다시 움직이고	滿傾只爲靜還動
낮았다 높았다 승리가 또 항복이 아닌가	低仰飜疑勝又降
세상일 보아하니 이와 같은 것이 많더라	世道看來多類此
이런 이치 밝혀 보려고 남쪽 창에 의지하였네	欲窮這理倚南窓

---

1) 역 '雭'은 '雙'의 이체자로 쓰였다.

〈포도〉 시의 운을 따서 짓다 【서과[55]는 포도이다. ○서역에서 들어왔기 때문에 세 번째 구절에서 이렇게 말하였다.】

次西果韻【西果蒲萄張。○自西域出來。故頷聯云尔上。】

서쪽 과일이라는 이름을 갖고 어찌 동쪽에서 났을까	旣云西果胡爲東
푸르른 빛깔 동글동글 그 모습 하늘과도 같구나	碧色圓形捴似穹
팔월에 뗏목을 타고 한나라 사신을 따라왔으니[56]	八月乘槎隨漢使
삼신산에 약초 캐러 간 진나라 동자를 비웃겠네[57]	三山採藥笑秦童
얼음 같은 맛으로 문원의 병을 고칠 수 있을 터이니[58]	如氷可去文園病
이슬을 받아먹던 무제의 공 괜한 헛수고가 되었으리라[59]	承露徒煩武帝功
우리들은 얻어먹을 수 없는 것이 안타까울 뿐이니	却嘆吾儕無力致
돈 한 푼 없는 텅 빈 주머니가 부끄럽구나	一錢羞澁乏囊中

서울에 사는 김 선비의 시운을 따서 짓다
次京居金斯文

[1]

옛날 소동파는 부처님 법을 참례하여서	憶昔坡翁叅佛印
사대를 빌려 와 자리를 만들고자 했네	借來四大欲爲茵
가사 입고 깨달음을 공부한 일은 없지만	袈裟見性全無日
도포 입고 선방을 찾는 사람이었지	章縫逃禪又有人
포단에 앉아 옥불자玉拂子를 휘두르며	對坐蒲團揮玉麈
소나무에 걸린 달이 넘어가는 광경 함께 보았네	共看松月轉金輪
말세의 괴로움이 소용돌이치는 곳	誰知五濁相煎處
티끌세상에 살면서도 참된 마음 지키는 일 누가 알랴	能在塵中獨守眞

[2]

보기만 하여도 도심道心이 깊다는 것을 알아서	目擊便能道契深
가을비 내리는 산속에서 마음을 털어놓고 말했지	秋山夜雨細論心
글 짓고 글씨 쓰는 자리에나 가실 손님이	誰知翰墨場中客
연화 자리 절집에 올 줄이야 누가 알았으랴	來向蓮花座上臨
십 년 동안 이치를 궁구하느라 백발만 생겨났고	窮理十年生白髮
임금을 바로 모시려는 상소로 충성을 다하였네	匡君一疏罄丹忱
높은 재주로 선가의 뜻까지도 터득하여	才高又透禪家義
스님을 잡았다 놓았다 마음대로 하는구나[60]	任是宗師被七擒

【김 선비는 이학理學을 하였고, 또 상소를 올린 적이 있다.(金曾爲理學。又作上䟽)】

부록 원운 附原

【내가 권암權庵에 있다가 용흥사龍興寺로 옮겼을 때 김 선비가 지은 시다.(余在權庵。移龍興寺。)】

[1]

용담 스님은 이미 떠났고 설파 스님도 늙었는데	龍潭已去雪坡老
이 적막한 산문에 자리 펴고 강송을 하는 사람이 있구나	寂寞山門講誦茵
권암에 배우러 오는 사람이 많다는 소문을 들었더니	每聞權庵多學者
용흥사에 와서 보니 바로 이 사람이 있어서 그랬었구나	來看龍寺有斯人
하루 세 때의 가르침으로 인자한 중생제도의 길을 여니	三時敎海開慈筏
하룻밤이 지나 선창 너머 밝은 해가 떠오르네	五夜禪窓上日輪
나도 저 티끌세상에선 도를 구하는 사람인지라	余亦塵寰求道者
그대의 심법 맑고 진실함을 높이 산다네	多君心法保淸眞

[2]

한계의 나루 어귀 맑고 또 깊어서	渡口寒溪淸且深
이별할 때 두 사람의 마음을 비춰 주었지	別時留照兩人心
밝고도 밝은 가슴 속엔 염라대왕이 계시고	幽襟白白閻王在
두렵고도 두려운 캄캄한 방에 상제가 임한 듯하네	暗室瞿瞿上帝臨
금바늘로 기운 버선 부처님께 올리고	報佛金針輪襪線
임금을 위해 목숨을 바쳐[61] 정성을 다하네	酬君褥蟦耿葵忱
나만을 아끼는 마음 초월하기는 어려워	偏吾愛海超難得
가을 숲 까마귀를 보며 부모 생각 간절하네[62]	多感秋林反哺禽

환월의 오악시에 화답하다
和喚月五岳詩

[1]

가파른 봉우리 대종이라 부르는데	有岳崢嶸號岱宗
동해까지 가로지르며 많은 봉우리 뻗쳐 있네	橫連東海落羣峰
금으로 만든 상 옥으로 만든 궤가 있는 신선의 방	金床玉几神仙室
구름 쌓인 대궐과 천문은 한나라 무제의 자취인가	雲闕天門漢帝蹤
옛날부터 장인석을 전해 오니	自古相傳丈人石
이제는 대부송도 늙었으리라	秖今應老大夫松
산 위에 올라 보고 천하가 작다고 말하지 말라[63]	莫道登臨天下小
부처님 교화 밖에도 법왕이 봉해졌네	須知化外亦王封

【이것은 태산泰山 동악東岳을 읊은 것이다. 태산은 일명 천손天孫이라고도 하니, 천제天帝의 손자라는 뜻이다. 또한 대종岱宗이라고도 한다. 대岱는 처음이란 말이고, 종宗은 어른이란 말이니, 만물 중에서 가장 처음 생긴 것이자, 오악五岳 중에서 가장 우두머리라는 말이다. ○마명馬明이란 사람이 신녀神女를 따라 이 산에 왔었는데, 평지에서부터 천 리나 되는 그곳에 금으로 만든 상床과 옥으로 만든 책상이 있었다고 한다. 한 무제가 천문天門을 설치했다.(右泰山東岳。泰山一名天孫。天帝之孫也。亦名岱宗。岱。始也。宗。長也。萬物之始。五岳之長。○馬明隨神女。至此山。去地千餘里。有金床玉几。漢武置天門也。)】

[2]

화산華山의 세 봉우리 위천을 누르니	華岳三峯插渭川
오천 길 높은 봉우리 대체 몇 층이나 되는 걸까	五千仞作幾層巓
달 속의 원숭이는 선인장봉仙人掌峯[64]에 걸리고	月中猿掛仙人掌
눈 속의 꽃잎은 옥녀천에 날리는구나	雪裡花浮玉女泉
은사는 항상 신마의 울음소리 듣고	隱士常聞神馬吼
산령은 조룡[65]의 나이를 기억하였네	山靈能記祖龍年

| 시를 읊으면서 청련자⁶⁶를 생각하나니 | 沈吟却憶靑蓮子 |
| 낙안봉 꼭대기에서 하늘에 묻고 싶구나 | 落鴈峯頭欲問天 |

【이 시는 화산華山 서악西岳을 읊은 것이다. 화산은 높이가 오천 길이 된다. 선인장봉에 옥녀玉女가 머리를 감는 대야가 있다고 한다. 옥녀가 항상 말을 타고 오므로 은사隱士가 그 말 울음소리를 들었다는 것이다. ○진秦나라 때 정용鄭容이 시황제始皇帝의 사신이 되어 화산의 북쪽에 이르렀는데, 흰 수레와 흰 말을 탄 사람이 그에게 옥을 주면서 "내년에 조룡이 죽을 것입니다."라고 말하였다.(右華山西岳。山高五千仞。有仙人掌玉女洗頭盆。玉女常乘馬而至。隱士聞其馬嘶。○秦鄭容爲始皇之使。至華陰。見素車白馬。人持璧與之曰。明年祖龍死。)】

[3]

등선대 주변에 흰 구름 자욱하니	登仙臺畔白雲深
서른여섯 봉우리를 어디에서 찾을 수 있을까	三十六峯何處尋
만세 소리 높이 외쳐 천자의 장수를 빌고	萬歲嵩呼天子壽
구 년 동안 면벽하던 조사의 마음을 보겠네	九年壁觀祖師心
옥장의 남은 물로 갈증을 없애고	玉漿餘液徒除渴
영수의 맑은 물에 옷깃을 씻기 원하네	穎水淸波願濯襟
산꼭대기에 비단 다듬던 다듬잇돌 아직도 남아 있어	山頂尙存擣帛石
때때로 선녀가 달 속에서 다듬이질하는 소리 들린다네	時聞仙女月中砧

【이 시는 숭산嵩山 중악中岳을 읊은 것이다. 숭산엔 서른여섯 봉우리가 있다. 한나라 무제가 등선대登仙臺를 지었는데, 동쪽을 태실봉太室峯이라 하고, 서쪽은 소실봉小室峯이라 하였다. 한 무제가 태실봉에 봉선封禪⁶⁷할 때에 마치 만세삼창 소리가 들리는 것 같았다 한다. 달마 대사가 소실봉에 들어가 9년 동안 면벽을 하였다고 한다. 진晉나라 때에 어떤 사람이 숭산의 한 동굴에 떨어졌는데, 그곳에는 두 사람이 바둑을 두고 있었다. 배가 고프고 목이 마르다고 말을 했더니, 한 잔의 물을 주었다. 마셔 보니 힘이 열 배나 솟아났는데, 나와서 장화張華에게 이 일에 대해 물었더니, 그곳은 선관仙館이고, 마신 물은 옥장玉漿이라고 말해 주었다. 숭산 동쪽의 기산箕山에 영수潁水가 있으니, 소보巢父와 허유許由⁶⁸가 살던 곳이라고 한다.(右嵩山中岳。有三十六峯。漢武作登仙臺。東曰太室峯。西有小室峯。漢武封禪太室峯。如聞呼萬歲者三。達摩入小室峯。面壁九年。晉時一人。墜一穴中。有二人圍碁。告以飢渴。與一盃水。飮之。氣力十倍得出。問張華。華曰。此仙舘也。所飮者。玉漿也。東有箕山潁水。巢許所居。)】

[4]

형산衡山은 주위 팔백 리를 휘감아 서려 있고	衡岳盤紆八百里
일흔두 개 봉우리 푸른 하늘에 기이하게 솟았네	靑天七十二峯奇
석 잔 술을 마시고 시를 읊던 곳에서	三盃酒盡朗吟處
골짝마다 구름 개자 묵묵히 기도하였네	萬壑雲開黙禱時
금간이란 책에는 수해를 다스리는 법이 있어	金簡有書治水害
돌 곳집엔 곡식이 없었어도 흉년을 구제했네	石囷無粟濟民飢
글 읽던 서생이 십 년이나 정승을 하게 될 것을	讀書生是十年相
눈 밝은 오랑캐 스님이 대번에 알아보았네	具眼胡僧能自知

【이 시는 형산衡山 남악南岳을 읊은 것이다. 삼배三盃라는 말은 주자朱子의 시에 나오고,[69] '묵도默禱'라는 말은 한유韓愈와 관련된 일이다.[70] 우禹임금이 물길을 정비할 때에 백마의 피를 내어 남악에 제사를 지냈다. 그러자 꿈에 어떤 사람이 나와 자기를 창주 사자滄洲使者라 일컬으면서 『금간옥자金簡玉字』라는 책을 주었는데, 그 책은 치수治水의 요점을 말한 것이었다. 진晉나라의 유린劉璘이 약초를 캐러 이 산에 왔었다. 돌로 된 창고 둘이 있었는데, 하나는 열려 있고, 또 하나는 닫혀 있었다고 한다. 당나라 이필李泌은 이 산에서 글을 읽고 공부하였는데, 나찬懶瓚이라는 스님이 토란을 구워 나누어 먹으며 말하기를 "말을 많이 하지 말라. 마땅히 십 년 동안 재상을 하리라."라고 하였다.(右衡山南岳。三盃。朱子詩。默禱。退之事。禹治水時。血白馬祭南岳。夢一人稱滄洲使者。授金簡玉字之書。言治水之要。晉劉璘採藥。至此山。有石囷二。一開一閉。唐李泌讀此山。僧懶瓚撥火燒芋。分魁芋食之。曰勿多言。當作十年宰相。)】

[5]

태을봉太乙峯과 여러 봉우리 삭방[71]으로 뻗어	太乙羣峰亘朔方
연燕과 대代 땅을 굽어보니 상산常山이라 한다네	俯臨燕代號稱常
뱀 모양을 보니 제갈량諸葛亮의 팔진도八陣圖를 알겠고	蛇形爲陣知諸葛
산꼭대기에 숨긴 보부寶符 조양趙襄[72]의 것이었네	山頂藏符屬趙襄[1)]
유월에도 그늘진 벼랑에는 눈이 쌓여 있고	六月陰崖霜雪積

겨울에도 따뜻한 골짜기엔 계수나무 꽃 향기롭네	三冬暖谷桂花香
일찍 심고 늦게 수확을 하니 곡식이 풍성하여	早生晚殺饒耕穫
이곳에 사는 백성들은 윤택함이 많으리라	能使居民利澤長

【이 시는 상산常山 북악北岳을 읊은 것이다. 상산은 또한 항상恒山이라고도 하며, 높이는 3천 9백 장丈이나 된다. 제갈량의 〈팔진도八陳圖〉에 보면, 상산은 뱀의 기세를 닮아서 머리를 치면 꼬리가 응하고, 꼬리를 치면 머리가 응하고, 허리를 치면 머리와 꼬리가 함께 응하는 것 같다고 하였다. 뱀의 이름은 솔연率然이라 한다. 전국시대 조간자趙簡子가 여러 아들에게 말하기를 "내가 보부寶符를 상산에 감춰 두었는데, 찾는 자에게 왕위를 물려주겠다."라고 말하였다. 여러 아들이 다투어 찾으러 갔으나 찾지 못하였다. 그런데 무휼無恤이 "상산은 대주代州와 이어졌으니, 정벌하여 취할 만합니다."라고 말하였다. 그러자 조간자가 말하기를 "네가 바로 보부가 있는 곳을 잘 아는구나."라고 하면서 왕위를 물려주었다. 당唐 태종太宗이 같은 산에 올라 제사를 지냈는데, 제문에 "계수나무 꽃 달에 잠기고, 송라에 구름 걸렸네. 깊은 골짜기엔 겨울에도 따뜻하고, 잔설은 여름까지도 얼어 있네."라고 하였다. ○『관자管子』에 이르기를 "항산은 북으로는 대주와 이어 있고 남으로 조주를 굽어보고 있다. 그래서 곡식을 일찍부터 심어서 늦게까지 거두니 오곡이 풍요롭다. 네 번 심어서 다섯 번을 수확한다."라고 하였다.(右常山北岳。常山亦曰恒山。高三千九百丈。孔明八陳圖。常山蛇勢。頭擊尾應。尾擊頭應。中擊頭尾應。蛇名率然。簡子告諸子曰。吾藏符於常山上。得者立之。諸子爭徃。無所得。無恤曰。常山臨代。伐之可取。簡子曰。是知符。立之。唐太宗祭此山。文云。桂花浸月。松蘿掛雲。幽谷冬暖。殘雪夏凝。○管子云。恒山北臨代南俯趙。早生而晚殺。五穀之所蓄熟。四種五穫焉。)】

---

1) ㉮ '袤'는 '寰'의 오류인 듯하다.

금수시의 시운을 따서 짓다
次禽獸詩

[1]

기린이 가장 상서로운 짐승이란 말 어찌 헛말이겠나	獸中佳瑞豈虛名
왕이 어진 정사를 베풀 때면 나타나곤 하였지	王者興仁乃得生
궐리73에서 나온 책 성인께서 지으신 것이고	闕里吐書聖人作
서상이 다리를 꺾자 『춘추』가 만들어졌네	鉏商折足魯經成
요순시대에는 진짜 상서로움 알리는 짐승이었지만	唐虞之世眞爲瑞
진한 이후에는 어찌하여 신령스럽지 못한 것일까	秦漢以來胡不靈
오직 청원 선사74만이 한 마리를 얻었으니	獨有淸源[1]能得一
뿔 달린 짐승이 많다 해도 감히 비교할 수 있겠나	諸方衆角敢相幷

【노魯나라 애공哀公이 서쪽으로 사냥을 갔는데 수레를 몰던 서상鉏商이 기린을 잡아 그 발을 부러뜨렸다. 공자가 보고 탄식하여 노래하기를 "당우의 세상에는 기린과 봉황이 노닐었지만, 지금은 그런 태평성세가 아닌데 무엇하러 왔는가."라고 하였다. 청원淸原 선사가 석두石頭 선사를 칭찬하며 말하기를 "뿔 달린 짐승이 아무리 많다 해도 한 마리의 기린이면 족하다."라고 하였다.(魯公西狩。鉏商獲獜。折其足。孔子見而嘆之。作歌曰。唐虞世兮獜鳳游。今非其時來何求。淸源*禪師。贊石頭曰。衆角雖多。一獜足矣。)】

[2]

서역 땅에서는 적을 막아 낸 공이 특별히 많았지	西國偏多禦敵功
코끼리 날카로운 상아와 긴 코를 누가 당해 낼까	銛牙長鼻孰當鋒
『주역』에서 돼지와 함께한 것 부끄럽지만	縱慚易傳齊名彖
선가에서는 용과 함께 말해 주어 기쁘네	却喜禪家並說龍
세 짐승이 하수河水를 건널 때 유독 바닥을 밟았었고	三獸渡時唯徹底

---

1) ⓒ '源'은 '原'의 오기인 듯하다. 이하도 동일하다.

여러 소경이 만지고는 각각 말을 달리 했었지	衆盲摸處各殊容
평소에 몸을 움직이는 것은 사자와 같아서	平生行李同獅子
덕 높은 스님이 아니면 따르려 않는다네	不是高僧不欲從

【천축天竺에서는 전쟁 때 자주 코끼리를 이용하였다. 주역에 단彖과 상象이 있는데, 단은 돼지이다. 돼지는 온몸을 돌려서 돌아보므로, 전체 괘를 풀이하는 것을 단이라 한다. 코끼리는 어금니가 여섯 개이기 때문에 6효爻로 풀이하는 것을 상이라고 하는 것이다. 선가에서는 항상 용과 코끼리는 큰 덕이 있다고 하였다. 코끼리와 말과 토끼 이렇게 세 짐승이 큰 강을 건너게 되었다. 코끼리는 발로 바닥을 디디며 건넜고, 말은 물속을 헤엄쳐 건넜으며, 토끼는 물 위에 둥둥 떠서 건넜다고 한다. 불경에 "여러 소경들을 한자리에 모아서 코끼리를 만지게 하고 느낌을 말하라고 하였다. 코끼리의 배를 만진 사람은 코끼리가 키와 같이 생겼다고 하였고, 꼬리를 만진 사람은 코끼리가 빗자루와 같이 생겼다고 하였다."라는 말이 있다.(天竺多以象敵國。周易象彖。彖。猪也。全躰回顧故。釋全卦曰彖。象六牙故。釋六爻曰象。禪家每云。龍象大德。象馬兎渡河。象徹底。馬行中。兎浮上。經云。衆盲摸象。摸腹者云如箕。摸尾者云如箒。)】

[3]

고양이도 개도 아니고 큰 벌레라서	非猫非獒是大虫
큰 소리로 한번 울부짖으면 바람이 요동을 친다네	一聲長嘯動生風
네가 주처[75]를 따르면 삼악에 들지만	隨從朱[2)]處居三惡
화림 선사를 시봉하면 소공小空 대공大空이 된다네	給侍華林有二空
자식을 사랑하는 것을 보면 이치를 아는 동물일 텐데	愛子方知理上物
사람을 잡아먹는 것을 보면 결국은 흉악한 짐승이로다	食人終作獸中凶
가혹한 정치가 너보다도 사납다는 말을 들었으니	又聞苛政猛於爾
가혹한 아전들 어찌 얼굴이 붉어지지 않겠는가	酷吏寧無面發紅

【남전南泉이 귀종歸宗과 삼산杉山과 함께 호랑이를 보았다. 사람들이 호랑이의 형상을 물으니, 귀종은 "고양이 같다."라고 하고, 삼산은 "개와 같다."라고 하였다. 그러자 남전은 "고양이

---

2) ㉮ '朱'는 '周'의 오류인 듯하다. 이하도 동일하다.

도 아니고 개도 아니며, 커다란 벌레이다."라고 말하였다. 그래서 방언에 호랑이를 대충大虫이라고 한다. 주처周處는 성품이 못된 사람이었다. 그래서 그의 친구는 말하길 "세상에는 세 가지 못된 것이 있는데, 곧 남산에 사는 이마가 하얀 호랑이와 하교河橋 아래에 사는 긴 교룡蛟龍 그리고 너이다."라고 하였다. 그러자 주처는 호랑이를 죽이고 교룡을 잡고는, 못된 마음을 고쳐 착하게 되었다고 한다. 화림華林 선사는 호랑이 두 마리를 시자로 삼았는데, 큰 놈을 대공大空이라 불렀고, 작은 놈을 소공小空이라 불렀다. 공자가 어떤 부인이 슬피 우는 것을 보고 연유를 물었다. 부인이 대답하길 "작년에는 저의 시아버지가 호랑이에게 잡아먹혔는데, 금년에는 나의 자식이 또 잡아먹혔습니다."라고 하였다. 공자가 다시 묻기를 "그런데 어찌하여 여기를 떠나지 않았는가?"라고 하자, 부인이 대답하길 "그래도 이곳은 가혹한 정치가 미치지 않는 곳입니다."라고 하였다. 이 말을 듣고 공자가 말하길 "가혹한 정치는 호랑이보다도 더 사나운 것이로구나."라고 하였다.(南泉與歸宗杉山。同見虎。問其形。宗云如猫。山云如犬。泉曰非猫非犬。是大虫。方言謂虎云大虫。朱*處性惡。其友曰。世間有三惡。南山白額虎。河橋下長蛟。及汝也。處殺虎斬蛟。改惡從善。華林禪師。以二虎爲侍者。大曰大空。小曰小空。孔子聞女人哀哭。問之。對曰。前年虎食其父。今年食其子。子曰。何不移去。曰此地政不苛。子曰。苛政猛於虎。)】

[4]
안개를 토해 내고 구름을 일으키는 무궁한 조화여	吐霧興雲變化長
바닷속에 궁궐을 가지고 있어서 용왕이라 부른다네	海中有府號稱王
비와 바람과 우레를 울리면 겹겹 은하수를 뚫고	風雷震吼透重漢
넓은 천지에 비를 내리어 팔방에 은택을 베푸네	雨澤滂沱施八荒
부처님 모신 감실에 머리를 숙여 그늘을 만들고	俯首仙龕常作蔭
보검에 혼을 전하여 올라가 빛을 발하네	傳神寶劍動生光
너무 끝까지 몰아치면 도리어 후회하게 되는 법	須知亢極還爲悔
구오의 효 가운데 삼갈 것을 잊지 말아라	九五爻中愼勿忘

【용은 항상 머리를 숙여 불당에 그늘을 만든다고 한다. ○칼을 연진延津에 떨어뜨렸더니, 용으로 변해서 하늘로 올라갔는데, 이것을 용천검龍泉劍이라고 한다. 그 빛이 북두성과 견우성의 사이를 비추었다고 한다. ○'높이 오른 용은 반드시 후회할 일이 생긴다'는 말은 건괘 상구上九의 효사이다.(龍常俯首。佛龕以蔭之。○墮劍延津。化龍而去。卽龍泉劍也。光射斗牛之間。○亢龍有悔。乾上九也。)】

[5]

여섯 형상과 아홉 특징 매우 기이하기도 하여	六像九苞也大奇
은주 이전에는 성군들도 따랐었네	殷周以上聖君隨
기산[76]에서 울었던 후로는 소식이 없으니	歧山鳴後無消息
할작[77]만 날아와도 봉황인 줄 아네	鶡雀飛來錯認知
오동나무 열매를 먹다 남긴 껍데기뿐	桐實空餘曾啄粒
벽오동 옛 가지에 둥지가 낡았구나[78]	碧梧已老舊棲枝
어찌하여 한대에 분분히 나타나서	如何漢世紛紛現
기록으로 전하여 자꾸 의심을 일으키는가	傳記悠悠儘可疑

【봉황에 여섯 가지 형상이 있다. 첫째 머리가 하늘을 닮았고, 둘째 눈이 해를 닮았으며, 셋째 등이 달을 닮았다. 넷째 날개는 바람을 닮았으며, 다섯째 다리는 땅을 닮았고, 여섯째 꼬리는 하늘 길을 닮았다. 봉황의 아홉 가지 특징은, 첫째 입은 천명을 내포하고 있고, 둘째 마음이 법도에 맞으며, 셋째 귀가 밝아 통달하였고, 넷째 혀를 굽혔다 폈다 할 수 있으며, 다섯째 여러 빛깔이 빛나고, 여섯째 머리의 벼슬이 법도에 맞으며, 일곱째 부리가 법에 맞으며, 여덟째 소리가 격양하는 듯하고, 아홉째 무늬가 아름답다.(鳳有六像。一頭像天。二目像日。三背像月。四翼像風。五足像地。六尾像緯。九苞。一口包命。二心合度。三耳聽達。四舌屈伸。五彩色光。六冠矩。七矩銳鉤。八音激揚。九文戶。)】

[6]

검은 치마 흰 저고리를 입고 끼룩끼룩 울어 대니[79]	玄裳素服戛然鳴
옛날 요양에 살았던 정령위丁令威[80]가 아니신가	知是遼陽舊姓丁
눈 속에 서 있으면 날아가 버릴 듯하고	立雪却疑飛過去
소나무에 앉으면 빛깔 더욱 분명하네	坐松方見色分明
온전한 사람의 피를 얻으려고 눈썹을 뽑았었고	拔毛要得全人血
날개깃이 잘려서도 하늘을 날고 싶은 마음을 품었었네	鍛翮空懷碧漢情
지금 사람들이 도를 무너뜨린 사람 많다 하나	簡點今人多敗道
그렇다고 학이 새끼 낳는 동물이라 말하지는 말게나	莫言此物是胎生

【이정李靖이란 사람이 숭산嵩山에 놀러 갔다가 병든 학을 발견하였다. 학이 말하기를 "사람이 상처를 입혀서 이렇게 되었으니, 사람의 피를 바르면 나을 것이다."라고 하였다. 이정이 곧 옷을 벗고 살을 찔러 피를 내어 주었지만, 학은 "세상에는 온전한 사람이 극히 적으며, 당신도 온전한 사람은 아니다."라고 말하였다. 그리고 눈썹을 뽑아 주면서 "이것을 가지고 도회지에 나가라. 눈에 비추어 보면 알 것이다."라고 말하였다. 이정이 길을 가는 도중에 스스로를 비추어 보니, 자기는 말머리를 한 형상으로 보였다. 서울에 가서 시험해 보았더니, 모두가 온전한 사람이 아니고, 다 개나 돼지, 소나 말의 머리나 발 따위로 보였다. 그런데 그중에 한 노인만이 온전한 사람이었다. 이정이 병든 학의 이야기를 하였더니, 노인은 곧바로 어깨를 찔러 피를 내 주었다. 이정이 그 피를 가지고 가서 학에게 발라 주니, 학이 고마워하면서 말하길 "당신은 태평한 때를 만나면 재상이 될 것이다."라고 하였다. 진晉나라 때 지둔支遁이란 스님이 학을 선사받았는데, 학이 날아가 버릴까 두려워서 날개의 깃을 잘라 날아가지 못하게 만들었다. 그러자 학은 항상 날개를 늘어뜨리고 지둔을 쳐다보는 것이었다. 지둔은 "하늘을 날고 싶은 마음이 가득할 터인데, 어쩌다가 사람의 구경거리가 되었는가."라고 말하면서, 학의 깃을 고쳐 주고 날려 보냈다. ○고연재鼓淵才라는 사람이 학을 길렀는데, 어떤 손님에게 말하길 "이것은 선계의 신령한 새이다. 다른 새들은 모두 알로 부화하지만, 이 새는 새끼를 낳는다."라고 하였다. 그 말이 끝나기도 전에 종이 와서 말하길 "학이 지난밤에 알 하나를 낳았습니다."라고 하자, 연재淵才가 종을 꾸짖기를 "네가 감히 학을 비난하느냐?"라고 하였다. 잠시 후에 다시 학이 목을 늘이고 알 하나를 또 낳자, 연재가 탄식하며 말하길 "학마저도 도를 무너뜨리는구나."라고 하였다.(李靖游嵩山。見病鶴。曰爲人所傷。得人血塗則愈。靖解衣刺血。鶴曰。世上全人至少。公亦未是。乃拔睫毛與之曰。至都下。映眼照之。可知。李中路自視。乃馬頭也。至洛下驗之。多非全人。皆犬豕牛馬之頭足。唯一老人。是全人。李言病鶴之事。老人刺臂。血與之公。得至塗鶴。鶴謝曰。公當作明時宰相。支遁得鶴。鎩其翮。使不得飛去。鶴每舒翼反顧。遁曰。既有霄漢之心。何爲人玩。乃養成放之。○鼓淵才養鶴。謂容[3]曰。此仙禽也。凡鳥皆卵生。此禽胎生。語未已。奴報曰。鶴夜生一卵。才責曰。敢謗鶴耶。已而鶴延頸。又生一卵。才歎曰。鶴亦敗道也。)】

---

3) ㉭ '容'은 '客'의 오류인 듯하다.

초산[81]의 이 사백의 60운 시를 따서 짓다
次楚山李詞伯六十韻

괴안국槐安國 베개[82] 위에 천지가 열리더니만	槐安枕上闢天地
자고 일어나니 동해가 뽕밭으로 변했구나	一宿東海變桑田
다행히 부처님을 따라 깨달음을 얻고 보니	幸從瞿曇看得破
사람으로 살아가는 길 불 속에서 연꽃을 구하는 일이네	管取人道火中蓮
또 부처님께서 일찍이 남기신 말씀을 들으니	又聞曇老曾有語
불법은 꿀처럼 그저 달기만 하다네	佛法如蜜㙉中邊
그 속에 정신을 쏟아서 신통[83]을 얻을 생각에	箇中留神思游刃
다리 바짝 세우고 위를 향해 나아가려 채찍질을 하였다네	向上立脚要着鞭
안자顔子건 천리마건 행하면 그렇게 될 것이라 믿으며[84]	希顔希驥行卽是
순임금이 누구인가 나도 또한 될 수 있다 생각하였네[85]	舜何人也我亦然
천지를 둘러보면 바로 눈앞도 작기만 한데	回看天地眼底小
꼭 태산 꼭대기에 올라야 그것을 안단 말인가[86]	不必登臨泰山巓
중국과 서역이 원래 한 하늘 밑에 있으니	東震西乾元一天
곤륜산이 산맥을 나누어 서로 이어 있다네	崑崙分脉自相連
천축에는 뛰어난 인재들이 많다 하니	吾聞天竺多人傑
대장부 한 번쯤 가 볼 만도 한 곳이라	丈夫可以效鶩迁
석가여래 법문의 팔만 게송을	如來法門八萬偈
서역의 덕 높은 스님 날마다 세 번 부른다 하네	彼土宗匠日三宣
나는 매여 있는 몸이라 가 보지 못하니 안타까워	自憐匏繫歸不得

고명한 이름만 그저 북두성처럼 우러른다네	高名徒仰北斗懸
위대하다 현장 법사 마음대로 갔다 오다니	偉哉奘師任揭來
열일곱 나라에 인연이 있었네	十七國中有機緣

【당나라 현장玄奘은 서역에 들어가 열일곱 나라를 두루 다니고 돌아왔다.(唐玄奘入西域。遍游十七國而來。)】

달마 존자가 천축국으로부터	達摩尊者自天竺
갈대를 띄워서 바다 건너 동쪽으로 찾아왔네	泛蘆層溟來翩翩
양나라 무제 앞에서 불법을 설법하니	梁皇御前談聖諦
온 세상에 그의 이름 널리널리 알려졌네	曠世高名遠騰騫
눈 속에서 팔을 끊어 마침내 진리를 얻었으니[87]	雪中斷臂終得髓
이로부터 다섯 분파(五葉)[88]가 이름을 빛냈네	從此五葉色嬋姸
부처님의 도는 백억의 갈래를 나누어	隨類佛身分百億
속세에 남긴 경전 삼천 권이나 된다네	出塵經卷等三千
구슬 가지 꺾어 오니 마디마디 옥구슬이며	瓊枝折來寸寸玉
설산에서 수행하던 곳 발자국마다 향초일세	雪山行處步步荃
설법을 하는데 어찌 야간[89]의 소리를 낼까	說法寧作野干鳴
선정에 들어 단정한 모습 사자가 조는 듯하네	入定端如獅子眠

【여래께서는 항상 오른쪽 옆구리를 바닥에 대고 누우셨는데, 사자도 역시 오른쪽 옆구리를 땅에 대고 누워서 잔다. 깨어났을 때에 오른쪽으로 누워 자지 않은 것을 알게 되면 늘 한탄하였다.(如來常右脇而臥。師[1])子亦右脇而睡。及覺非右脇。則每恨不已。)】

오직 도를 향해 나아간 사람이 있었지만	唯有向上一着子
여러 성현이 이어 왔어도 전해지지 않았네	千聖相承終不傳
만약 우리가 지금 옳다고 여긴다면	如今吾徒若爲可
행실은 반듯해야 하고 지식은 원만하여야 한다네[90]	行欲其方解欲圓
도는 저절로 크는 것이 아니라 사람이 키우는 것	道不自弘人能弘

---

1) 옘 '師'는 '獅'의 오기인 듯하다.

젊은 나이를 놓치지 말고 힘써 수행해야 한다네	也須承當趁靑年
금하[91]에서 명을 받은 지 이천 년에	金河顧命二千載
조사의 법등은 불꽃처럼 이어 왔네	祖燈光焰幸相聯
우리 불도가 흥하고 쇠하는 일 후인들에게 달려 있으니	斯道興替在後昆
한밤중에도 이 생각만 하면 연못에 선 듯 아슬하다네	中夜思之如臨淵
몸을 닦고 덕을 닦으며 저녁이면 이루지 못함 반성한다면	修身進德夕惕若
아마도 선조의 자리를 더럽히는 일은 없으리라	庶幾無忝先祖筵
사람들은 고통의 바다에서 발버둥을 치는데	人天撈攦苦海中
흰 소가 끄는 수레에 칠보를 가득 실었네	載得七寶白牛輧
손에 노나라 양공의 창을 빌려 쥐고서	手中借來魯陽戈
한번 휘둘러 능히 불일을 연장하리라	一揮能使佛日延
마귀는 강하고 정법은 약한 것이 어디 오늘만의 일이랴	魔强法弱非今日
쇠와 돌처럼 굳게 뜻을 지킬 일이다	秉志當如鐵石堅
순금을 불에 달구면 빛은 더욱 밝아지고	眞金入火光更粹
낡은 비단에라도 꽃을 수놓으면 더욱 고와 보이지	古錦添花色轉鮮
팔난[92]에선 십지[93]에 뛰어오르지 못하지만	縱未八難超十地
일생에 오천[94]을 배울 수는 있으리라	可得一生學五天
성공하면 마침내 전등록傳燈錄에 실리게 되리니	成功終能載傳燈
능연각凌烟閣[95]에 그려지는 일보다도 나으리라	較來孰與畫凌烟
불경에 소기를 짓는 일에 힘을 다하고	致力金文撰疏記
양웅의 『태현경太玄經』[96]을 배우지 말아야지	不學楊雄事草玄
옛날부터 귀하고 현달한 사람을 꺼리는 것은	每嫌古來貴達者

어떤 이는 시에 빠지고 어떤 이는 술에 미쳤기 때문이지	或入詩魔或酒顚
성현의 문호를 멀리 버리고	聖賢門戶遠抛棄
멋대로 통달하여 청정하고 고고한 체를 하는구나	放達自高任淸便
어지럽게 나머지 다른 일들도 흉내 내고	紛紛餘字爭慕效
비속한 풍속 따라 이리저리 다니길 좋아하네	肩隨下風樂周旋
산도山濤와 왕융王戎이 오군영에서 빠진 것은[97]	山王不入五君咏
모두가 공명에 끌렸기 때문이라네	盖爲功名之所牽
잘못된 일이라면 어찌 한 가지라도 취할 것인가	其失一也何所取
불을 피해 물로 뛰어드는 것과 같은 일이라네	比如避火而投川
당나라 때 두보와 이태백 또한 놀라운 재주로	唐家李杜亦奇才
비단 같은 마음을 수놓듯이 아름답게 읊었었지	錦心繡口徒娟娟
기이하구나 향산의 거사 백낙천白樂天은	異哉香山白居士
속세에서도 유독 허물을 벗을 수 있었으니	能向塵世獨蛻蟬
여만如滿 대사 설법 끝에 현관을 통하여	滿師言下透玄關
한 몸 오래도록 재계하며 부처님 앞을 수놓았네[98]	一身長齋繡佛前
사해에 문장으로 이름을 떨친 소동파도	四海文章蘇長公
금산[99]을 지나다가 집착을 벗어 버리고	曾過金山亦出纏
옥대를 벗고서 산문에 들어와	玉帶解來鎭山門
가사를 갈아입고 부처님께 예를 올렸네	衲衣換着禮金仙
같은 시대 황산곡黃山谷은 어떤 사람이었나	同時山谷是何人
어느 고기인들 더럽지 않겠냐며 도만 닦았으니	何肉無累唯道硏
이 모두는 오랜 겁 동안을 길러온 소양으로	是皆曩劫栽培來
일단 부처님 뜰 앞에 나오자 이치를 터득한 것이라	一機覰破佛墀躔
영광전靈光殿[100]이 원만하게 이루어졌으니	一片靈光本圓成
전세에 세운 공덕을 잃지 않았기 때문이라	倘有前功不唐捐

부처님께서 왕신에게 부촉하여 밖에서 호위하게 하셨으니	佛囑王臣作外護
이 말이 연화편에 실려 있다네	斯言著在蓮花篇
외롭고 허무한 세월 나만 한 사람이 없었지만	所以孤虛莫我若
가끔 도와주는 사람들이 여럿 있었다네	往往扶持有諸賢
서쪽에서 전래된 노래를 아는 자 누구인가	西來一曲知音誰
손 없는 스님이 줄 없는 거문고를 타네	無手禪翁弄無絃
사람을 만날 때마다 번번이 불여귀[101]를 말하니	逢人每道不如歸
혹시 전생에 두견이 아니었을까 의심스럽구나	却疑前身是杜鵑
세상을 살면서 어찌 호가호위狐假虎威[102]하겠나	處世寧如狐假虎
변화란 모름지기 참새가 전鱣을 낳는 것[103] 같아야 하네	變化須同雀生鱣
어찌 이 손으로 불을 모을 수 있겠나	寧以此手握火聚
평생 동안 자공의 전문箋文[104]은 쓰지 않았네	平生不書子公箋
무수한 세월을 청산 속에 몸을 두고 살았으니	靑山無數着身寬
어떤 일에도 얽매일 것이 없었다네	萬事從來無拘攣
자고 일어나면 호미 들고 길가의 풀을 매고	睡起把鉏除徑草
손님이 가고 나면 대를 쪼개어 샘물을 끌어오네	客去剒竹引岩泉
이같이 좋은 강산 어찌 삼공 벼슬과 바꿀까	江山肯將三公換
이 골짜기엔 오직 맑은 바람과 밝은 달만 있다네	風月唯於一壑專
망망한 세상에서 수고롭게 헤매며 살아가는 일	茫茫宇宙勞生事
한편 우습기도 하면서 한편 가련하기도 하네	一則堪笑二堪憐
파란 많고 힘든 일로 백 년 세월을 보내자니	波波役役送百年
그 속에서 견디지 못하여서 죄악을 저지르고 마는구나	叵耐其中罹罪愆
살아서나 죽어서나 이별하는 일 어찌 이렇게 많은가	生離死別又何多

하늘 저 끝으로 저무는 해를 뚫어지게 쳐다본다 落日天涯眼欲穿
송곳 세울 땅 없이 가난이 뼈에 사무쳐 地無卓錐貧到骨
손님이 찾아올 땐 말안장에 앉은 채 애기를 나누었지 有時客來坐馬韉
아이들은 배고프다 아내는 춥다 난리를 하는데 兒號飢餓妻啼寒
무릎에 안고 한숨만 내쉬자니 눈물이 떨어지네 抱膝長吁淚涓涓
돌아오라 돌아오라 어서 산으로 돌아오라 歸來歸來速歸來
불법은 깨끗하고 맑음을 으뜸으로 여긴다네 佛法淸涼最爲先
바다 위 극락 언덕에서 편안하게 수양하면서 安養海上極樂岸
해 저물도록 청련의 반야선을 띄우세 鎭日泛泛碧蓮船
사람들이여 내가 하는 이 말을 부디 믿어 주시게 爲報時人須相信
내 말은 분명히 곧은 줄과 같다네 我言叮嚀直如絃

내소사로부터 격포에 이르러 시를 읊다
自來蘇寺至格浦有吟

지팡이 짚고서 격포에 이르니	移筇臨格浦
텅 비고 트인 풍경 내소사보다 낫구나	虛豁勝來蘇
진鎭을 설치하여 멀리 계책을 세우고	設鎭紆長策
행궁으로 예측 못할 변란에 대비했네	行宮備不虞
하늘은 어디에 끝이 있을까	天將何處盡
땅은 여기서 끝이 났다네	地到此中無
만 리 먼 길 서남쪽 바다는	萬里西南海
응당 초나라 오나라와 접하였으리[105]	應知接楚吳

지지촌에 이르러
到知止村

흰 가사를 입은 산속 스님이	白衲山中僧
단풍 붉은 강가를 걷고 있네	丹楓江上路
걷고 걸어 서호에 이르니	行行到西湖
나뭇잎 지고 다듬잇돌 소리 들리는 저녁이로구나	木落砧聲暮

검포에서 쓰다
題黔浦

낙엽 지고 나면 산은 앙상한 뼈만 남기고	木落山骨瘦
조수가 물러가면 모래밭 불쑥 드러나네	潮退沙痕隆
고기잡이배는 강 위의 해를 희롱하며	漁舟弄江日
한 잎 낙엽처럼 붉게 떠 있네	一葉浮軟紅

순창현에서 비에 길이 막혀
滯雨淳昌縣

지난 밤 춘성에 내리던 비	昨夜春城雨
오늘 아침에도 영 그칠 줄을 모르네	今朝猶未休
나그네 보따리 지팡이와 함께 멈추었으니	短筇滯行李
갇혀 있는 사람들 긴긴 날을 탄식으로 보내네	長日歎拘囚
방이 좁아 다리를 펴기도 힘들고	室狹難伸脚
문은 낮아 자꾸만 머리를 부딪치네	門低每觸頭
주인은 자꾸 술을 권하며	主人頻勸酒
나그네의 시름을 주고받네	斟酌客中愁

황산비[106]전【황산荒山 아래 혈천血川이 있는데, 지금도 있다고 한다.】
荒山碑殿【荒山下有血川。至今稱之】

잘려 나간 비석에는 성왕의 자취가 실려 있고	斷碑載聖蹟
기우는 해는 황산에 걸려 있네	斜日依荒山
왜장 아비발[107]과 싸워 이기고	戰勝阿卑拔
이두란[108]과 공을 나누었네	功分李豆蘭
옛 성에 봄 제비 돌아오고	古城春鷰返
역로에는 한가하게 들꽃이 피었지만	驛路野花閑
옛날이나 다름없이 개천가 바위는	依舊川邊石
점점이 피로 얼룩져 있네	斑斑染血殷

지리산의 빈 암자인 불일암에서 쓰다

【작约은 음이 작酌이며, 나무를 가로질러 놓아 물을 건너게 한 것이니, 지금의 외나무다리를 말한다. 암자의 좌우에 백학봉과 청학봉이 있다.】

題智異山佛日空庵【约音酌。橫木渡水。如今獨木橋也。庵之左右。有白鶴靑鶴峯。】

외나무다리 건너오니 허물어진 암자가 있는데	渡來略约廢庵在
처마 끝 현판에는 불일이란 이름만 남아 있네	楣角猶懸佛日名
나그네 찾아오니 산새는 문밖으로 날아오르고	客到山禽從戶出
비 지난 다음이라 봄풀이 계단 위에 돋아나네	雨過春草上階生
층층으로 흐르는 폭포수 잠룡굴에 떨어지고	層流瀑落潛龍窟
나란히 솟은 봉우리 춤추는 학의 형상이라	並峙峯如舞鶴形
고운[109] 선생 옛 자취를 묻고 싶지만	欲問孤雲千古跡
나를 위하여 분명히 말해 줄 이 누가 있겠나	何人爲我道分明

여러 유생들이 불러 준 운을 따서 짓다
次諸生呼韵

행각승[110]의 종적이야 본래 기약도 없었으니　　水雲蹤跡本無期
서로 만나는 일 어째서 이리 더디냐 말하지 말라　　莫道相逢何太遲
헛되이 이름만 난 것도 도리어 쓸데가 있어서　　却喜虛名還有用
좋은 손님 끌어 모아 오래도록 이야기를 나누었네　　引來佳客語移時

화개동에서 최 처사[111]를 만나
花開洞逢崔處士

갑자기 만났다가 금방 또 이별하며	忽漫還相別
강 머리에서 잠깐 이야기를 하였네	江頭少時語
나그네 물가의 낚시터에 올라서니	客上釣魚磯
바람 불어와 살짝 비를 뿌리네	風送一蓑雨

지양산에서 환월 사형을 만나
之羊山見喚月兄

오늘 한가한 틈을 타서 사형을 만나러 가는 길 今日偸閑尋友于
돌길 좀 험하다고 거리낄 일 있겠나 不妨石路甚崎嶇
꽃들은 이 노인을 넉넉한 웃음으로 맞아 주고 花迎白髮應饒笑
새들도 푸른 산을 날며 마음대로 지저귀네 鳥度靑山任自呼
절을 세운 그대는 큰 사업을 이룰 인물인데 建刹君能成大業
나는 경전도 덮어 버리고 늙은 몸이나 겨우 輟經吾欲養殘軀
지탱하네
뜬구름 같은 세상 우리의 만남이 우연은 아니리니 浮生解后良非偶
새로 시 한 수를 짓지 않을 수가 있겠나 一首新詩未可無

규 스님에게 주다
贈圭上人

늙은 스님은 꼭 동가구[112]와도 같으니	老僧政似東家丘
학인들은 어찌하여 다른 곳을 찾으려 드는가	學者何妨別處求
말을 잃고서 어찌 다시 말을 얻을 것 장담하겠나	失馬安知還得馬
소를 타고 앉아서 도리어 소를 찾고 있으니 우습구나	騎牛堪笑更尋牛
머리 치켜들고 구름 속을 치달리니 길은 넓기도 하고	九皐驤首雲程闊
세 구멍에 감춘 몸 토굴은 깊기도 하여라	三穴藏身土窟幽
새는 나뭇가지를 가려서 앉고 고기도 물을 가려서 사는 법	鳥擇探枝魚擇水
여기저기 알아보며 남녘의 여러 고을을 배우고 다니라	南詢可以百城游

【위魏나라 병원邴原이 여기저기 배우러 다니다가 손숭孫崧을 찾아가게 되었다. 손숭이 말하길 "그대의 마을에 사는 정 공鄭公도 공부를 많이 하여 박식한 사람이다. 그런데도 그대가 그 사람을 놔두고 나를 찾아오다니, 정 공은 이른바 동쪽 집에 사는 구라는 사람이로구나."라고 하였다. 이에 병원이 대답하길 "사람은 각자 자기 나름의 뜻이 있는 법입니다. 어떤 사람은 산 위에 올라가 옥돌을 줍기도 하고, 또 어떤 사람은 바닷속에 들어가 진주를 줍기도 하는 것입니다. 산을 오르는 사람이라고 하여 어떻게 바다가 깊다는 것을 모른다 말할 수 있겠습니까. 선생님께서 정 공을 보고 동쪽 집에 사는 구라는 사람이라고 하신다면, 저더러는 서쪽 집에 사는 어리석은 사람이라고 하시는 것입니다."라고 하였다. 손숭이 이 말을 듣고 사과를 하였다.(魏邴原游學。詣孫崧。崧曰。君鄕鄭公。博聞多識。君捨之來此。鄭所謂東家丘。原曰。人各有志。感登山採玉。或入海求珠。豈可謂登山者。不知海之深乎。先生以鄭爲東家丘。亦以僕爲西家愚。崧謝之。)】

서울 사는 신 생원이 해남에 귀양 와 있기에 그에게 올린다【어렸을 때 화순和順 관아에서 교유가 있었다.】
寄呈京居辛生員謫居海南【兒時。同游和順衙。】

[1]
선친께서 화순읍 수령이었을 때에   先大夫臨和邑日
책방에서 글을 읽으며 함께 자랐지   冊房隨從讀書筵
서로 헤어져 천 리나 멀리 떨어져 있으니   人分地隔一千里
소식이 끊긴 지¹¹³도 어언 사십 년이 되었네   鴈斷魚沈四十年
청운의 뜻을 못 이루다니 그대 어찌 된 일인가   不致靑雲君底事
내가 가사 입고 스님 된 것은 전생의 인연이라네   任歸白衲我前緣
거친 땅에 귀양살이 오는 일이 어디 서생이 할 일이랴   投荒豈是書生戢
그대 외로이 답답한 곳에 누운 것이 안타깝구나   歎息孤蹤臥瘴烟

[2]
오성烏城 관아에서 함께 교유하였는데   烏城舘裏共游嬉
한번 헤어진 다음 얼마나 세월이 흘렀을까   一隔音容歲幾移
옛날 그 어린아이 지금은 다 늙어 버렸으니   昔日兒童今老大
설사 만난다 한들 서로 알아볼 수나 있을까   縱然相對豈能知

[3]
이 태평성대에 대체 무슨 일로 쫓기는 신하가 되었나   何事明時作逐臣
두건을 뒤집어쓰고 쓸쓸히 남쪽 바다까지 왔단 말인가   蕭然襆被到南濱

강을 덮은 짙은 안개는 이겨 내기 어렵겠지만　　蠻江毒霧雖難犯
명산을 실컷 구경하는 것도 성은이라 생각하게나　　飽看名山荷聖恩

또 '구' 자 운으로 시를 지어 대희 스님에게 주다
又吟丘字贈大稀上人

[1]
기세등등 제멋대로 돌아다니는 늙은 비구는	騰騰任運老比丘
성불도 극락왕생도 구하지 않는다네	成佛生天摠不求
서축에서 신선의 경전을 흰 말에 실어 왔고[114]	西竺仙經輸白馬
동관의 노자는 푸른 소를 탔었지[115]	東關夫子駕青牛
삼생의 인연 길은 올 때에 좋았으나	三生有路來時好
만경은 마음 따라갈수록 깊어지네	萬境隨心轉處幽
『남화경南華經』을 읽고 도를 깨친 일 기억하는가	記得南華曾解道
붕새와 뱁새가 본래는 함께 노는 것이라네[116]	大鵬斥鷃本同游

[2]
몇 굽이 맑은 시내에 언덕바지 하나	數折清溪一宛丘
먹고살기 족하니 더 이상 무엇을 구할까	生涯自足更何求
토끼를 잡았으면 그물은 잊어야 하고	須知得兎因忘罘
수레가 나가려면 소를 때려야 하네	也信行車在打牛
백발이라도 경전을 외우며 건강한 몸을 자랑하고	白首講經誇容健
푸른 산에 집을 지어 놓고 마음 내키는 대로 산다네	青山結屋任情幽
대희 선자와 한 책상에 함께 앉으니	同床賴有稀禪子
이 언덕에서 함께 노니는 일 자랑스럽네	記與此丘期共游

【완구宛丘는 사방이 높고 중앙이 낮은 언덕이다.(宛丘四方高。中央低。)】

[3]
명나라 땅에 빛나던 일월은 지금 우리나라[117]에	大明日月在青丘

있으니

　예禮가 사라지면 중국 바다 밖에서 찾아야 하리[118]　　禮失須於海外求

　환관은 끝끝내 말을 사슴이라 우겼고[119]　　宦者終持爲馬鹿

　장수는 연나라를 무찔렀던 그런 소를 얻기 어려웠네[120]　　將運[1)]難得破燕牛

　황제가 촉蜀 땅으로 피신했던 일 차마 눈 뜨고 볼 수가 없으니[121]　　忍看皇帝避鋒蜀

　선우가 유주幽州 땅을 차지한 것이 분하지도 않단 말인가[122]　　不憤單于定鼎幽

　오늘날 온 세상 사람들 상제가 취했다고 근심하고 있으니　　天地卽今憂帝醉

　중원 땅 어느 곳에서 선계의 놀음을 시로 읊을까　　中原何處賦眞游

【불분不憤은 '매우 분하다'라는 뜻이다. ○진秦 목공穆公이 꿈속에 하늘에 올라갔더니, 상제上帝가 술에 매우 취하여 금색으로 쓴 책명策命의 문서를 주면서 말하길 "너에게 순수鶉首[123]의 땅을 주노라."라고 하였다. 순수라는 것은 중원을 비유하여 한 말이었다. 다시 말하면 중원을 선우單于에게 준 것은 상제가 술에 취하였기 때문이라는 것이다.(不憤。甚憤也。○秦穆公夢升天上。上帝大醉。授金策曰。與汝鶉首之地。以喩中原。付與單于。亦帝醉也。)】

---

1) 옌 '運'은 '軍'의 오류인 듯하다.

신 생원이 방면되어 오성에 왔다는 말을 듣고, 가 보고서 글을 지어 올리다
聞辛生員蒙放到烏城徃見有呈

새벽녘 궁중에서는 사면을 알리는 금계[124]가 울었으니	曉闕金鷄唱
먼 땅에 쫓겨 와 있던 신하가 그 소리 먼저 들었네	炎荒逐臣聞
강의 북쪽 한양 길로 사람이 돌아가니	人歸江北路
바다 남쪽 구름에 옷이 다 젖는구나	衣濕海南雲
이별한 지 오래이니 어찌 나를 알아볼까	久別焉知我
서로 만났어도 그대를 알아보지 못하였네	相逢錯認君
지나간 일일랑은 말하지 마시라	休言徃時事
그저 눈물만 하염없이 흐른다네	徒自涕沄沄
구월 구일에 오성에서 마신 술	九日烏城酒
쫓겨 온 신하를 은근히 취하게 하였었네	陶然醉逐臣
국화야 너도 비웃지 말아라	黃花莫相笑
원래 이 사람은 홀로 깨어 있는 사람[125]이란다	元是獨醒人

계사년 섣달 그믐날 밤에 동리산에서
癸巳除夜在桐裡山

어느 곳인들 내 땅 아닌 곳이 있으랴	底處非吾土
오늘 밤 이 산도 또한 그러하다네	今宵又此山
세상 인연을 끊고 고슴도치처럼 웅크리니	息緣寧似蝟
홀로 밤을 지키는 홀아비 신세와도 같다네	守夜暫同鰥
떡국 한 그릇에 부질없이 나이만 더해 가고	湯餠徒添齒
매화는 얼굴을 내밀려고 하는구나	梅花欲動顏
시를 지어 묵은해를 보내려니	題詩餞舊歲
자꾸자꾸 촛대를 잡고 심지를 깎게 되네	頻把燭花刪

오성 임 처사의 외소재에 부치다
題烏城林處士畏昭齋

[1]

무궁화 울타리 오솔길 따라 시내 옆을 지나니	槿籬莎逕趁溪斜
그 가운데 고산 처사의 집이 있다네	中有孤山處士家
비 내리기 전에 꽃나무는 옮겨 심었고	花向雨前移舊朶
서리 내린 뒤에 마른 가지를 주워 땔나무를 하였네	薪從霜後拾枯査
기름진 밥과 고기를 먹는 일은 바라지 않으니	持粱囓肉情非望
집 짓고 밭 가는 생활이야 문제가 없겠지	問舍求田計不差
벽면에 분명하게 쓴 외소라는 글씨는	壁上分明畏昭字
자손들에게 법이 될 말을 남긴 것이로구나	典刑留與子孫多

[2]

그대 선친께서는 밝고 삼가는 마음을 가졌으니	君家先子畏昭昭
평소 어찌 바깥 물질에 흔들리는 일이 있었겠나	平日寧爲外物搖
한수의 그 어른은 기꺼이 물동이를 안고 다녔으며[126]	漢水丈人甘抱瓦
기산에 살던 처사는 표주박 울리는 소리도 싫어했네[127]	箕山處士厭鳴瓢
마음속 밝은 해가 오래도록 비추니	心中白日長相照
머리 위 푸른 하늘 먼 것이 아니라네	頭上靑天本不遼
더구나 어진 자손들 선조의 업을 이어받아	更有賢孫能肯搆
두어 칸 초가집에서 나무하고 물고기 잡으며 살고 있다네	數間茅棟穩漁樵

【임 공림公의 할아버지가 〈소소가昭昭歌〉를 지어 벽에 붙여 놓았다. "한낮에는 햇볕이 밝

고, 밤이면 많은 별들이 빛난다. 소인들은 밝은 곳에서도 남을 속이고, 군자는 밝은 곳에서 오히려 삼가네." 지금 이 노래를 따서 재재(齋)의 이름을 지은 것이다.(林公之王父。作昭昭歌。付壁上曰。白日晝昭昭。衆星夜昭昭。小人欺昭昭。君子畏昭昭。今者摘此名齋也。)】

사집에게 보내는 시[128] 【지난 신묘년 여름에 창평昌平 관가에서 시문집을 빌려 갔다. 여러 번 돌려줄 것을 청했으나 돌려주지 않더니, 금년 갑오 여름에 비로소 보내왔다.】
贈私集【去辛卯夏。昌平官家借去。屢請推尋。不還。今甲午夏。始送。】

내 한평생의 속마음을 너에게 모두 실어 놓았는데	平生肝膽摠輸君
공문에 들어간 후 몇 날이나 헤어졌던가	一入公門幾日分
짧은 시 반 편도 도저히 기억할 수가 없고	半篇短句猶不記
내 마음에 남아 있는 것도 듣기가 어려웠네	剩膏殘腹亦難聞
나와 함께 채소와 죽순을 즐겨 먹던 시절을 잊고	却忘與我甘蔬笋
그들 따라 비린내 나고 향내 나는 음식에 젖었겠구나	嬴得從他染血葷
그래도 오늘 옛 주인에게 되돌아오니 얼마나 다행인지	何幸今日還舊主
전에 지었던 글들 후에 지은 글들과 짝이 되겠네	前吟後作合成羣

사집이 화답하다
私集答

지난번의 이별도 그대 때문이었지만　　　　　向來離別亦由君
인간의 정으로 우리를 갈라놓을 수는 없었네　　秪爲世情渾未分
한 구절 골라내어 사람 만날 때마다 이야기하고　每占一句逢人說
혹 모든 시들을 손님에게 자랑하기도 하였네　　或把全篇詑客聞
천 수의 시 담박한 맛에 젖어 있었으니　　　　千首政知成淡泊
삼 년 동안 그 비린내 견디기 어려웠네　　　　三年叵耐接腥葷
이제 곧바로 깊은 산속에 들어가 숨을 것이니　從今直入深山隱
부질없는 이름으로 우리를 더럽히지 말아다오　莫遣閑名累我羣

혜철암의 시운을 따서 짓다 【공생空生 스님이 바위 위에서 참선을 하니, 제석帝釋이 꽃비를 내려 찬양하였다.】

次慧徹庵韵【空生岩中燕坐。帝釋雨花讚嘆。】

가는 곳마다 시내며 산이며 다 고향 같으니	到處溪山似故園
선가에선 본래 주객을 분별하지 않는다네	禪家元不主賓分
가을 채마밭에는 까마귀가 늙은 호박을 쪼아 대고	秋圃晚瓜老鴉啄
석양 무렵 높다란 나무에는 매미 소리 어지럽네	夕陽喬木亂蟬聞
신선을 찾아갈 땐 황학과 함께하고	尋眞去處携黃鶴
법어를 강하다 잠시 쉴 땐 흰 구름에 누웠네	講法休時臥白雲
참선하던 수보리 재주도 많으시지	燕坐空生多伎倆
제석천은 귀찮지도 않은지 꽃가루를 흩뿌려 주네	煩他天帝散花紛

화개동에서 김복현 상사의 시운을 따서 짓다
花開洞次金上舍【福鉉】韵

[1]

고운[129]과 일두[130]가	孤雲與一蠹
일찍이 이 강 언덕에 살았었다지	曾住此江皐
사람은 흐르는 물처럼 쉽게 돌아가 버리지만	人歸如水逝
이름은 남아서 산처럼 높이 솟아 있구나	名在並山高
오랜 시간 흘러 뒤늦게 태어난 이 몸은	邈矣吾生晚
아득히 꿈속처럼 그리움이 사무치네	悠然梦想勞
요사이 정절[131]로 이름난 새 사람 이름을 들었는데	近聞新靖節
사람은 도연명과 같지만 성은 도陶씨가 아니로구나	人同姓不陶

[2]

예로부터 숨어 사는 군자는	從古隱君子
두건을 쓰고 시골 언덕에서 늙어 갔지	幅巾老一皐
학봉 근처에는 안개가 걷히고	烟消鶴峯近
섬강 높은 곳엔 비가 지나가네	雨過蟾江高
약초나 캐러 다니는 몸 얽매일 것 있겠냐만	採藥身何累
『태현경太玄經』[132]을 베끼느라 마음만 수고롭다	草玄心自勞
세상에 나가고 숨는 것이 모두 도를 닦는 일이니	行藏俱是道
나간다면 요순 같은 임금을 섬기면 좋겠네	願出事虞陶

상월 화상이 덕홍 스님의 장실에 써 준 시운을 삼가 차운하다
謹次霜月和尚贈德洪丈室韻

우리나라에 불가의 도가 더욱 미약해지니	吾道衰微甚海東
한밤중에 끌끌 혀를 차며 허공에 글씨만 쓰네	中霄咄咄坐書空
법문의 책임을 어느 스님에게 지우려나	法門荷擔誰龍象
교화는 제비와 기러기처럼 서로 어긋나기만 하네	教化差違似燕鴻
약한 술[133]로 어찌 천 일을 취할 수 있겠으며	魯酒豈謀千日醉
맹진에서 구 년 홍수를 견딜 수 있을까	孟津堪受九年洪
서로 만나고 보니 평생 동안 한 일이 부끄러워라	相逢媿我平生事
불법을 제대로 배우지도 못하고 그냥 늙기만 하였네	學佛不成成老翁

【두보杜甫의 시에 "감종천일취甘從千日醉"라는 구절이 있는데, 그 주석에 "옛날 유현석劉玄石이란 사람이 술집에 가서 천일주千日酒[134]를 사 마시고 집에 돌아왔다. 술에 취하여 며칠 동안 누워 있었더니, 집에서는 죽은 줄 알고 장사를 지냈다. 술집에서 그 소문을 듣고 천 일 되는 날을 계산하여 그 집에 가서 말하고는 무덤을 파헤치니, 그때서야 깨어났다고 한다."라고 되어 있다.(杜詩。世[1)]從千日醉。註昔劉玄石。從酒家。飲千日酒歸家。醉臥數日。其家以爲死而葬之。酒家聞之。計千日。徃告發塚。方醒。)】

---

3) ㉠ '世'는 '甘'의 오기인 듯하다.

장 스님에게 주다
贈壯上人

한 치만큼의 시간이 한 치의 금만큼 귀하다는 말[135]	一寸光陰一寸金
옛사람이 경계하신 뜻 얼마나 깊은가	古人垂誡意何深
스님[136]조차 푸른 눈[137]으로 보아 주지 않으니	闍梨倘不開靑眼
이 늙은이 부질없이 속마음을 토로하네	老漢徒勞吐赤心

어부
漁父

갈대꽃 우거진 양쪽 언덕 아래로 조각배 떠가고   兩岸蘆花一葉舟
맑은 바람 고요한 밤에 갈고리 같은 그믐달 기우네   風淸夜靜月如鉤
길고 긴 낚싯줄을 깊은 물속으로 던져 넣고   絲綸千尺抛深浪
금빛 물고기 낚고서 그제야 처음으로 쉬는구나   釣得金鱗始便休

묵암의 시운을 따서 짓다
次默庵

[1]
부쳐 온 오언율시는	寄來五字律
냇가의 구름 속을 뚫고 지나온 듯	穿破一溪雲
준걸한 시풍에 세 번 감탄하였는데	雋永發三歎
내용을 읽어 보니 소문보다 훨씬 낫구나	摩挲勝百聞
그대는 하늘을 솟아오르는 매와도 같은데	冲天君似鶻
나는 달을 건지려는 어리석은 원숭이와 같구나	捉月我如猨
그대 시에서는 나물 맛[138]이 나지만	將玉亂蔬笋
월등히 무리를 능가하여 있구나	超然不作羣

[2]
달밤이면 언제나 지팡이 짚고 나서니	柱杖每行月
가사는 반쯤이나 구름에 젖었네	袈裟半濕雲
섬돌에 앉아 꽃 그림자를 보자면	花陰當砌見
시냇물 소리 숲 밖에서 들려오네	溪響隔林聞
부처님 진리는 진나라 사슴처럼 버려지고[139]	佛法遺秦鹿
세상인심은 초나라 원숭이처럼 무너졌구나[140]	世情亡楚猿
어쩌나 우리 고장의 선비들이	堪嗟吾黨子
모두들 들여우 무리와 어울리다니 안타깝구나	盡入野狐羣

침계루에서 삼가 삼연의 시운을 따서 짓다

【황정黃庭은 뜰 가운데이다. 산곡山谷의 시에 "커다란 홰나무가 뜰 가운데 그늘을 드리우고, 용은 거기에 연적 물을 뿌리고 지나가면, 검은 비가 사방에 쏟아지는구나."라고 하였다.】
枕溪樓謹次三淵韻【黃庭。中庭也。山谷詩。大槐陰黃庭。龍舍硯水而去。黑雨注四方。】

아홉 번 강하던 『화엄경』도 이제 늙어 싫증이 나는데	九講華嚴老且慵
이 좋은 산 나를 불러 이곳에 머물라고 허락하였네	名山招我許留蹤
황정에는 늦은 저녁 꽃을 물고 돌아오는 새	黃庭晚到含花鳥
법문을 들은 용은 아침이면 검은 비를 뿌려 준다네	黑雨朝噴聽法龍
누각에는 시단에서 유명한 삼연의 시를 얻었고	樓得三淵詩擅勝
산 이름은 육조의 호를 따라 법종法宗이 되었네	山從六祖號爲宗
이참에 늘그막에 살 별장 자리[141]를 만들어 두려고	此間欲借菟裘地
몇 폭 가사를 여러 봉우리에 활짝 펼쳤다네	數幅袈裟展幾峯

【조계산曹溪山의 주인은 조숙량曺叔良이었기 때문에 조계산이라고 이름을 붙인 것이다. 육조六祖 대사가 이 산에 왔는데, 그때에는 진아선陳亞仙이 주인이었다. 육조 대사가 가사 한 벌을 펼 만한 땅을 청하자, 진아선이 바로 허락하였다. 그러자 육조 대사가 가사를 펼쳐 온 산을 뒤덮었다고 한다.(曺溪山爲曺叔良所主。故號曺溪。六祖至此山。時屬陳亞仙。祖請展一袈裟之地。陳許之。祖展袈裟徧山。)】

묵암의 시운을 따서 짓다
次默庵

[1]

죽음과 삶을 함께 좇은들	黑女功天共逐尋
누군들 차가운 숲[142]에 버려지는 신세 피할 수 있나	何人躱避放寒林
들락날락 세상일을 삼생의 업이라 말하지 마시게	升沈莫道三生業
범인과 성인 되는 길 모두 마음먹기에 달려 있다네	凡聖都由一寸心
번뇌야 제거하려 하여도 완전히 제거하지 못하는 것	煩惱欲除除未盡
법문을 배우고 싶어도 배움의 길 갈수록 깊어지네	法門願學學彌深
주인 늙은이는 항상 소리쳐 깨우쳐 주는구나	主翁每喚惺惺着
마음을 외물에 더럽혀지도록 버려두지 말라고	莫遣靈臺外物侵

【『열반경』에 이런 말이 있다. 공덕천功德天이라고 하는 여자가 있었는데, 그가 이르는 곳마다 사람들은 모두 그녀를 좋아하였다. 또 흑암녀黑暗女라고 하는 여자도 있었는데, 그가 이르는 곳마다 사람들은 그녀를 싫어하였다. 그것을 보고 흑녀가 말하길 "너희들은 모두들 참으로 어리석구나. 내가 공천功天과는 다르지만, 불법에서는 나와 그가 다르지 않고 함께 있는 것이다. 너희들은 어찌하여 저 사람은 좋아하고, 나는 싫어하느냐."라고 하였다. 공천은 생生을 비유한 것이고, 흑녀는 사死를 비유한 말이다. ○서역에는 사람의 시체를 차가운 숲에 버리는 풍속이 있다.(涅槃經云。有一女。名功德天。所至人皆喜。又有一女。名黑暗女。所至人皆憂怖。黑女曰。汝等皆愚。吾殊功天。在法家。吾本相從不離。汝何愛彼而惡吾。功天喩生。黑女喩死。○西域放尸於寒林。)】

[2]

대숲을 흐르는 물소리 달빛 속에 울리니	竹裡寒泉月下鳴
선방 책상에 기대고 앉아 귀를 맑게 씻어 보네	獨憑禪几耳根淸
솔개는 날고 물고기 뛰어오르듯[143] 하늘의 조화를 따르고	鳶飛魚躍天機動
물도 푸르고 산도 푸르니 조사의 뜻이 분명해지네	水綠山靑祖意明

지극한 도는 어려운 것이 아니라 누구나 배울 수 있지	至道無難皆可學
이 말에 혹여 잘못이 있다면 급히 고쳐야 하리라	斯言有玷急須更
조용한 묵암 노인이 요사이 부쩍 시를 탐하니	嘿翁近日耽佳句
혹 너무 근심하여 몸이라도 마를까 걱정이라네	或恐愁肝太瘦生

부록 원운 附原[1]

[1]

가사를 빨려고 비 온 뒤 맑은 시냇물 찾았다가	洗衲淸溪雨後尋
종일토록 푸른 숲을 마주하고 앉았네	坐來終日對蒼林
글을 잘 짓자고 어찌 음란한 시율에 맞출 것인가	攻文豈合滛[2]詩律
법대로 알맞게 연마하여 마음을 정해야 하리라	硏法端宜做定心
세상을 떠나 도를 닦으려던 마음은 병 때문에 약해지고	出世道芽仍病減
티끌 세속을 따르는 정은 늙어 갈수록 깊어지네	隨塵情海逐年深
그대 무슨 술법이 있기에 산속에서 조급함 없이	問君何術山無遍
마른 등나무를 갉아 먹는 두 마리 쥐[144]의 침입을 면했나	免却枯藤二鼠侵

[2]

늙고 쇠한 나이가 되니 귀까지 울리고	衰暮頹齡耳又鳴
육십 년 흐르는 세월에 맑은 정신도 흐려졌네	流光六十減神淸
계율은 병 때문에 소홀해지고 게을러졌으며	律儀因病成踈逸

---

1) ㉷『韓國佛敎全書』에는 2수의 구분이 되어 있지 않으나, 나누어 번역하였다.
2) ㉷ '滛'은 '淫'의 오류인 듯하다.

선학도 생각만 많지 분명한 것은 없네	禪學多思未發明
헛된 말을 떠들며 부질없이 평생을 보냈고	虛說脫空消百歲
잠자는 걸 좋아하여 어둠 속에 삼경을 보냈네	耽眠昏黑過三更
바라노니 부디 병 속의 아편을 꺼내다가	願將出得瓶鵝藥
의술[145]을 베풀어 죽을 사람을 살려 주시게	分施刀圭起死生

주자가 육상산 형제와 함께 아호재에 모여 지은 시운을 따서 삼가 짓다
謹次朱子與陸象山兄弟會鵝湖齋酬唱

[1]
귀한 말씀 가만히 살펴보고 둘 다 흠모하니 　　默觀顯說兩皆欽
끝내는 다 함께 이 마음을 깨우쳐 주었네 　　畢竟同歸悟此心
밝은 달은 들판 나루터를 활짝 비추고 　　明月有輝涵野渡
흰 구름이 가을 봉우리를 싸고 있네 　　白雲無雨裹秋岑
말하고 듣는 일만 숭상하면 참된 근원을 잃게 되고 　　專崇口耳眞源喪
문정146을 열지 않으면 교는 잠기고 만다네 　　不啓門庭敎道沉
그 속에서 오래고 크나큰 공덕을 알아야 하나니 　　箇裡須知功久大
자양산147 산빛은 지금도 우뚝하다네 　　紫陽山色屹如今
【밝은 달이란 구절은 주자를 말한 것이고, 흰 구름이란 구절은 육상산을 말한 것이다.(月用句謂朱。雲體句謂陸。)】

[2]
세 분 큰 학자를 오래도록 우러러 흠모하였으니 　　三大先儒久仰欽
아호148에서 읊은 시로 각각 속마음을 말했네 　　鵝湖酬唱各言心
회옹149의 사업은 바다처럼 깊고 　　晦翁事業深如海
육씨150의 공부는 산처럼 고요하네 　　陸氏工夫靜似岑
너무 지루하여 혹 마음이 흩어질까 두렵고 　　或恐支離近散亂
지나치게 쉬워서 어둠에 빠질까 의심하였네 　　更疑夷簡易昏沉
법문의 어려운 부분 누구에게 질문할까 　　法門妨難從誰質
문득 내가 그들과 한 시대에 살지 않은 것이 한스럽네 　　却恨吾生隔古今

부록 원운 附原

【첫 번째는 육자수陸子壽[151]의 시이고, 두 번째는 육자정陸子靜의 시이고, 세 번째는 주자의 시이다.(初陸子壽。二陸子靜。三朱元晦。)】

[1]

아이가 공경할 줄 알고 어른은 흠모할 줄 아는 일	孩提知敬長知欽
옛 성현이 전하려 한 것이 오직 이 마음이리라	古聖相傳只此心
터가 있어야 집을 지을 수 있나니	大抵有基方築室
터 없이도 큰 집을 짓는다는 말 듣지 못했네	不聞無址可成岑
경전에 주석을 달려고 마음먹었지만 막혀 버렸고	留情傳註成榛塞
정미한 데에 둔 뜻은 그만 잠겨 버렸네[152]	着意精微轉陸沉
벗이여 진중하게 부지런히 공부에 힘쓰게	珍重友朋勤功琢
지극한 즐거움은 현재에 있음을 알아야 하네	須知至樂在于今

[2]

무덤에선 슬픔 복받치고 종묘에선 공경의 마음	墟墓興哀宗廟欽
이 마음 천고 세월이 지나도 닳아 없어지지 않으리	斯人千古不磨心
한 방울의 물이 쌓여 푸른 바다가 되고	涓流積至滄溟海
주먹만 한 돌이 쌓여 태산이 되었구나	拳石崇成泰華岑
평범하고 쉬운 공부 오래 할 수 있지만	夷簡工夫終久大
지루하게 끌어온 사업은 끝내 실패하였네	支離事業竟浮沈
아래로부터 높은 곳으로 올라가는 이치를 알려거든	欲知自下升高處
지금이라도 참과 거짓을 먼저 분별해야 하리라	眞僞先須卞只今

[3]

덕의와 풍류는 일찍부터 사모하던 터	德義風流夙所欽
이별하고 삼 년이 지나니 더욱 마음이 가는구나	別離三載更關心
명아주 지팡이를 짚고서 깊은 계곡을 나와서	偶扶藜杖出寒谷
가마[153]를 타고 가까스로 봉우리를 지나네	又枉藍輿度遠岑
옛 학문을 서로 의논하면 더욱 심오해지고	舊學商量加邃密
새로운 지식을 배양하니 더더욱 깊어지네	新知培養轉深沈
말로는 다할 수 없는 곳에 얘기가 미치면	却愁說到無言處
세상에 옛날과 오늘이 있다는 걸 믿지 못하겠네	不信人間有古今

〈어가오〉[154]의 형식을 빌려 짓다
效漁家傲

[1]
　대삿갓을 눌러 쓰고 봉우리 새벽 구름 속을 헤치며　箬笠披雲靑嶂曉
　아득한 봄 강변을 푸른 도롱이 가랑비에 적시며 가네　綠簑雨細春江渺
　흰 새 날아오르고 돛대엔 바람 팽팽하며 낚싯줄 거두자　白鳥飛來風滿櫂 收綸了
　목동은 손뼉 치며 기분 좋은 휘파람 소리를 전해 오네　牧童拍手傳淸嘯

[2]
　하늘의 밝은 달 한결같이 두루 비추고　明月大虛同一照
　온 집안사람들 물 위에 떠서 시간 가는 줄 모르네　全家泛濤忘昏曉
　취한 눈으로 시끄러운 저잣거리를 바라보니 연기 물결도 시들한데　醉眼冷看城市鬧 烟波老
　이 한가한 번뇌를 누가 알아줄까　誰能認得閑煩惱

마음속 생각을 적다
紀懷

[1]

내 나이 벌써 쉰여섯이나 되었지만	行年五十六
미친 듯 날뛰는 마음 아직도 식지 않았네	狂心猶未歇
한밤중 거울 속에 머리를 비춰 보니	鏡中演夜頭
희끗희끗 반이나 눈이 덮였구나	星星半是雪
유학을 배우려다 이루지 못하고	學儒不成去
산에 들어가 성불을 도모하였지	入山圖成佛
그러나 또 부처가 되지도 못한 채	佛亦不能成
부질없이 그 많은 날들을 허비하고 말았네	空費千日月
부처님 경전을 다 읽고 나서도	讀盡瞿曇經
봄날 자고새가 혓바닥을 놀리듯	鷓鴣弄春舌
달마의 선정에 참여하고자 하여도	欲參達摩禪
개가 마른 똥막대기를 핥는 듯하구나	狗舐乾屎橛
우습구나 내 한평생 해 온 일들	可笑平生事
입이 있어도 정말 할 말이 없구나	無口與人說

【경에 이르기를 "밤중에 거울을 비추어 보고 얼굴에 생김새가 제대로 갖추어 있음을 좋아하고, 자기 머리에 생김새가 볼품없는 것을 보면 싫어서 미쳐 날뛴다."라고 하였다.(經云。演夜愛鏡中頭具面目。憎己頭無面目狂走。)】

[2]

오십 년을 그저 그냥 헛되이 살아왔으니	擔閣因循五十年
이 내 생애 우습고도 또 가련하여라	此生堪笑亦堪憐
계절은 국화꽃 너머로 저물어 가고	天時晼晚黃花外

세상일은 백발 앞에서 혹독하구나	世事崢嶸白髮前
인륜과 천륜을 저버리고 부질없이 홀로 앉았으니	徒自坐孤君父義
일찍이 꿈속에서 본 조사선은 무엇이었던가	何曾梦見祖師禪
유학과 불교 공부에 다 실패하였으니	於儒於佛俱蹉過
염라대왕이 밥값을 내놓으라 할까 겁이 난다네	祇恐閻王索飯錢

윤화순이 과거에 합격하였다는 말을 듣고
축하하며【후산后山의 시에 "시를 배우는 것은 신선을 배우는 것과 같으니, 때가 이르면 저절로 환골탈태하리라."[155]라고 하였다. 방옹放翁의 시에 "비로소 금단이 뼈를 바꾸는 때로다."라고 하였다.】

聞尹和順登第奉賀【后山詩。學詩如學仙。時至骨自換。放翁詩。始是金丹換骨時。】

[1]

금단의 약으로 뼈를 바꾸어 청운의 길을 걸으니	金丹換骨步靑雲
아름다운 이름 많은 사람들 중에 몇 번째로 불리었나	臚唱高名第幾人
임금의 은혜는 오현에 기름진 비를 내리니	惠澤留成烏縣雨
어사화가 부모님의 뜰[156] 앞에 내려왔네	天花降賜鯉庭春
한나라 때 순리[157]처럼 고을을 잘 다스리고	能治漢世稱循吏
주나라의 천자를 잘 보좌하듯 충신이 되시게	補袞周廷作藎臣
자자한 명성 멀리 천 리 밖까지 들리지만	雅望遠聞千里外
포단에서는 마음 움직이는 먼지조차 일지 않네	蒲團不覺動情塵

【여臚는 많다는 뜻이다. 창唱은 방榜에 붙은 차례대로 이름을 부르는 것이다.(臚。衆也。唱。榜次次唱名也。)】

[2]

선비들 모인 자리에서 그 명성이 자자했고	聲價飛騰翰墨場
가을바람 부는 과거장에서 마음껏 향기를 마셨네	秋風桂苑任探香
황금방에 이미 이름을 걸었으니	題名已用黃金榜
백옥당[158]에서 명을 내렸네	錫命應盛白玉堂
어찌 나라의 주춧돌이 될 뿐이겠나	可但邦家爲柱石

관각[159]에서 문장으로 뜻을 펴리라	也知舘閣擅詞章
훗날 높은 지위에 올라 성공한 뒤에도	他年位滿功成後
밭 갈고 고기 잡던 고향이 있음을 기억해 주소	須信耕漁別有鄕

〈촉석루〉 시운을 따서 짓다
次矗石樓詩

옛날 남쪽 오랑캐가 바다로 쳐들어 왔을 때	憶昔南夷犯海區
수천의 군마가 성루를 에워쌌었지	千羣戎馬擁城樓
칠 년 동안 끌었던 전쟁은 하늘마저도 싫어했기에	七年爲亂天應厭
세 장사[160] 강에 몸 던지니 물조차 흐르지 않았네	三將投江水不流
해 저물면 군문에 북소리 울리고	落日轅門笳鼓咽
한밤중에도 칼 기운은 북두성 견우성까지 닿았네	中宵劒氣斗牛浮
이제 누각에 올라 태평한 세월을 기뻐하니	登臨却喜昇平久
눈앞에 자옥한 안개 파도 신선 사는 곳[161] 같구나	滿地烟波似十洲

【최경회崔慶會와 김천일金千鎰 등이 강에 몸을 던졌을 때에 최 공崔公이 지은 시에 "촉석루 위 세 장사는, 한 잔 술을 마시고 웃으면서 강물을 가리켰지. 장강長江의 물은 도도하게 흐르고 있으니, 저 강물이 마르기 전에는 나의 혼도 죽지 않으리라."라고 하였다.(崔慶會金千鎰等。投江時。崔公吟詩云。矗石樓上三將士。一盃笑指長江水。長江之水流滔滔。波不竭兮魂不死。)】

관북의 한 장로와 송별하며【비원飛猿은 고개 이름이다.】
送關北閑長老【飛猿, 嶺名】

사람이 남북으로 헤어지는 곳	南北人分處
한 해가 저물어 가는 시절	乾坤歲暮時
조계산에 와서 법의 진리를 물었고	曹溪來問法
방장산으로 가서 스승을 찾았었네	方丈去尋師
이 밤 푸른 등불 아래 이야기를 나누지만	此夜靑燈話
내일 아침이면 흰 눈 밟으며 이별하리라	明朝白雪辭
비원령飛猿嶺 고갯길은 또 얼마나 험할까	飛猿何峻險
석장을 잘 짚고 조심해 가시게나	錫杖善爲之

사정 스님에게 준다
贈師正上人

스님의 평생 발자취는 물 같고 구름 같아서	平生蹤跡水雲同
지팡이 하나 짚고서 온 세상 산골짝을 누볐지	萬壑千峰付一筇
애석하다 노스님 아무 지시도 해 주시지 않고	可惜老僧無指示
빈손으로 오셨듯 빈손으로 가셨구나	來時空手去時空

조익현 상사의 시운을 따서 짓다
次曺上舍益顯

[1]

아름다워라 조 상사는	於鑠曺上舍
나의 문장 스승이 되겠네	文章爲我師
마음속이 온통 옥구슬처럼 영롱하여	肝腸都是玉
입에서 나오는 말 그대로 시가 되네	咳唾捻成詩
그대 가벼운 나뭇잎처럼 마음대로 돌아다니니	浪跡如輕葉
우리 이별의 회포 어지럽게 엉킨 실타래 같네	離懷若亂絲
어느 밤 또 다시 글을 의논하는 자리에서	論文何日夕
내 백발을 그대에게 숙일 수 있으려나	白首對君垂

[2]

내 스스로 어리석은 놈이라 자조하면서도	自笑痴頑漢
불문에 들어와 스승 자리 사양하지 않았네	空門不讓師
병치레 많은 몸에 술까지 가까이하고	病多還近酒
늙어 가면서는 갈수록 시와 멀어졌었지	老去漸疎詩
바위틈의 샘물은 다투어 옥구슬을 뿜어내고	石潤爭噴玉
벼랑 끝 구름은 가느다란 실타래를 날리네	崖雲細颺絲
나는 공부만 하려면 졸음이 밀려와서	工夫唯有睡
해가 지도록 작은 발을 드리우고 있다네	鎭日小簾垂

방장산 안국사[162]에 부치다
題方丈山安國寺

옛날 방장산 노을 속에서 맹세했었지	方丈烟霞舊有盟
이번 걸음이 남은 생애 위로가 되자고	此行聊可慰殘生
강 건너 군자사君子寺에선 띄엄띄엄 풍경 소리	隔江疎磬來君子
태평화太平花[163] 맑은 향기 문틈으로 새어 드네	入戶淸香自太平
발우가 자꾸 비니 객만 봐도 걱정이 되고	一鉢屢空愁看客
평생 잦은 병치레에 경전 강의를 게을리했지	百年多病倦談經
도반들이 오가는 일 무어 싫을 게 있겠나	何妨法侶來還去
원숭이와 새는 그래도 나의 마음을 알리라	猿鳥依然識我情

【군자君子는 절 이름이고, 태평太平은 꽃 이름이다.(君子。寺名。太平。花名。)】

밀양의 진암 현판에 있는 시운을 따서 시를 지어 손사준·사익 진사 형제에게 드리다
密陽眞庵次玄板韻呈孫進士棣案【思駿思翼】

[1]
객지에서 이렇게 큰비를 어떻게 견디나	客裡那堪雨氣豪
그대 사는 땅 지척이라도 만나기는 어렵구나	仙居只尺亦難遭
잠시 스님께 의지하여 지팡이를 멈추었으니	暫依釋子留笻穩
선생께서 거처할 집 마련해 준 것 감사하네	多謝先生置屋牢
사방을 둘러싼 산은 구름 속에 침침하게 잠겼고	四面山容雲共暗
강물도 가득 불어나 언덕만큼이나 높아졌네	一江水勢岸同高
한 공韓公의 기도¹⁶⁴만은 못해도 마음을 가라앉히면	潛心不及韓公禱
하늘도 언젠가는 우리 마음 헤아려 주지 않겠나	天意終無念我曹

【서재書齋는 손 공이 마련해 준 것이다. 이것은 동생¹⁶⁵에게 주는 시이다.(書齋。公之所置。此呈卯君。)】

[2]
듣자 하니 형님께선 일세의 호걸이라 하던데	聞道長公一世豪
이번에 만나 보지 못하여 참으로 안타깝네	此行却恨未相遭
그대 사는 집을 아쉬운 마음으로 바라보자니	仙庄只得瞻望苦
들판에 퍼붓는 빗줄기 끝없이 길을 막았지	野雨無端關鎖牢
평범한 돌¹⁶⁶이 어찌 저절로 빛을 내겠나	燕石自呈光豈有
그대 〈양춘곡陽春曲〉¹⁶⁷에 답하려 해도 곡조가 너무 높구나	陽春欲和曲彌高
사문의 의발을 응당 전수할 때엔	斯文衣鉢應傳授

| 하수조처럼 시에 능한 자도 끼지 못하리[168] | 不數能詩何水曹 |

【이 시는 형님에게 올린 것이다.(呈長公)】

부록 차운 附次

[1]

총림에서 우뚝 뛰어난 호걸을	逈出叢林亦一豪
호남과 영남으로 떨어져 있어 만나 보지 못했네	地分湖嶺不相遭
절에서 지팡이 멈추셨다는 소식 멀리서 들었고	岩齋忽報投節遠
연사에 깃발을 세웠다는 소문도 들었네	蓮社曾聞堅拂牢
추석인지도 모르는지 하늘에선 장대비를 내리니	不分中秋天雨下
오늘 저녁 훌륭한 법연에 참여하지 못하겠네	未叅今夕法筵高
선비랍시고 갓 쓴 노인네 무어 이룬 일이 있어야지	儒冠白首成何事
숲속에서 몸과 마음을 닦는 그대들에게 부끄럽구나	瓶錫雲林愧爾曺

[2]

선교가 중흥된 것 이 사람이 있어서였지	禪教中興有此豪
이름만 들어 온 지 십 년에 마침 만나게 되었네	聞名十載幸相遭
바위 위 정자 한편에서 마음만 괜히 취해서	岩亭一面心猶醉
돌아오는 길엔 다시 만나자 굳게 약속하였네	院路重逢約更牢
방외의 신묘한 사귐은 물처럼 담담하여	方外神交如水淡
객지에서 좋은 시절 가을을 맞이하였네	客中佳節屬秋高
용호 대덕들과 모두 일찍 알고 지냈지만	龍師虎老皆曾識
우리들의 인연 또 그대와 맺어졌구나	吾輩夤緣又爾曺

동래의 수령 유 공이 지은 〈왜관倭舘에 머물고 있는 일본 승려를 만나기를 청하다〉라는 시의 운을 삼가 차운하다
謹次東萊伯柳公請見倭舘僧

가을바람 타고 석장 짚고 바다를 건너와	錫杖乘秋海上行
가사 입은 스님 황폐한 옛 성에서 잠을 자네	袈裟夜宿古荒城
큰 고을 큰 성곽은 국경 단속이 엄중한 곳이라	雄州巨鎭關防重
도호부의 수령은 맑은 정사를 펼쳤구나	都護明公政令淸
만 리 남쪽 바다까지 왕의 교화로 적시어	萬里南溟沾聖化
천년 역사 동국에 전쟁의 피비린내 그쳤네	千年東國息蠻腥
지금 어떻게 하면 왜관에 들어가서	今來安得入關去
왜승에게 잠시 불경을 강론해 줄까	暫與倭僧講梵經

부록 차운 附次

가을바람에 석장을 날리며 산을 내려와	秋風飛錫出山行
동국 명승을 찾아와 바닷가 성에서 잠을 잤네	選勝東窮枕海城
보배 뗏목으로 중생을 건져 주니 도의 성대함을 알겠고	寶筏濟生知道大
향기로운 차를 객에게 내어 주니 관의 청백함을 알겠네	殘茶留客覺官淸
선가의 정교한 솜씨에 돌도 빛을 발하고	禪家精爽光鬫石
화려하고 넉넉한 세상 살림 새도 고기를 먹네	世路紛華鳥啄腥
도처가 선계[169]이고 모두가 도반이지만	到處方壺皆法侶
오랑캐 중이 어찌 경전의 참뜻을 이해하리오	蠻僧安得解眞經

현 스님을 떠나보내며
送玹上人

봄이 영남을 찾아오는 이 시절	春尋嶺南至
사람은 한양을 향해 올라가는구나	人向漢陽歸
들판 나무에 걸린 구름은 아직 얼음을 머금고	野樹雲含凍
산길에 쌓인 눈 아직 녹지 않았네	山蹊雪未晞
뜬구름 같은 인생살이 참으로 탄식뿐이라	浮生良可歎
좋은 모임은 번번이 어긋나곤 하네	佳會每相違
어느 날 그대를 따라 나서서	何日從君去
옷깃을 떨치며 한번 금강산에 가 볼까	金剛一振衣

해인사에서 농암[170] 상공의 시 58운을 삼가 차운하다
海印寺謹次農岩相公詩五十八韵

서쪽 나라 부처님의 가르침	西天海印教
동으로 십만 리를 흘러 와서	東流十萬里
인연 있는 땅을 찾았더니	要簡有緣土
이 산이 바로 그런 자리라	玆山卽其是
산에 서린 기운이 높고도 커서	盤亘高且大
여러 봉우리 즐비하게 에워쌌구나	並落羣峰比
흰 말이 여기에 와 멈추었으니[171]	白馬到此止
좋은 땅을 어찌 버릴 수 있었겠는가	胥宇寧可已
달마 대사는 마음을 비우고	胡僧自胸虛
갈잎을 꺾어 타고 물을 건너왔네	折蘆渡江汜
바람 먼지 날아오지 않으니	風塵飛不到
깨끗한 샘에 찌꺼기가 없네	雲泉淨無滓
구슬로 높이 장식한 법궁	琳宮起萬架
하나하나 붉은빛 보랏빛 단청을 칠했네	一一塗朱紫
설법할 때에 신통한 일 생겨나니	說法逞神通
온 나라 안이 물 끓듯 일어났네	三韓救鼎沸
공주[172]의 병환이 좋아지셨으니	沁園病良已
임금[173]께서 친히 절을 찾으셨네	翠華親臨寺
불법을 어이 이같이 번거롭게 받드는가	崇奉何雜遝
자주 종을 바꾸면 이해하기 어렵다네	更僕未易指
훌륭한 부처님 다른 나라에서 오셨으니	繡佛來殊域
나라 안에서도 제일 아름다운 불상이라	東國獨擅美
수십 층이나 높은 금탑을	金塔數十層

참으로 아름답게도 쪼고 다듬었구나	雕琢極華靡
낙동강 동쪽에 통도사通度寺도 있지만	江左有通度
신령께서 여기에 끼워 주지도 않았네	其如神不齒
악록174)이 아무리 좋다 하여도	岳麓雖云好
이곳에 비하면 따라오기 어려워	對此亦難跂
아침저녁 여섯 시로 오묘한 하늘 음악을 연주하니	六時奏天樂
온갖 새들 꽃을 물고 날아오네	百鳥含花蘂
신동은 수건과 물병을 받들고 섰고	神童奉巾瓶
궁녀는 목욕물을 올리네	宮娃供浴水
이 일은 천년 전에 있었던 일이라	千秋已往矣
후세 사람들은 거짓인가 의심을 하네	後人疑幻詭
대장경 보관한 장경각 신기한 모습으로	經閣呈神奇
완연히 눈앞에 서 있구나	宛在目前視
우뚝하게 높이 솟은 예순 칸 큰 집	巍峩六十間
그 속에 팔만의 경판을 간직했네	中藏八萬梓
이것이 어찌 사람 힘으로 된 일이겠나	豈由經營力
틀림없이 귀신의 힘으로 세운 것이리라	應籍1)鬼神起
두 번 계년癸年에 절에 화재가 났지만	兩癸火其居
이 장경각만은 타지 않았네	斯閣不隨燬
금과 옥으로 장엄을 하였지만	金玉備莊嚴
자연스럽게 보일 뿐 사치스럽지 않네	宜也非爲侈
모름지기 여래의 법을 믿으면	須信如來法
속세의 모든 병이 낫게 되리라	火宅醫瘡痏
어찌하여 세속의 유학자들은	如何世儒氏

---

1) 옙 '籍'은 '藉'의 오류인 듯하다.

예나 지금이나 꺼림과 훼방이 많은지	今古多忌毁
오만만 부질없이 산처럼 높이 쌓여서	慢山徒增高
꽃같이 착한 마음 북돋아 주지 않는구나	心花不假耔
유불선儒佛仙의 삼교를 관통하였던	三教融一貫
신라 사람 최치원이 참으로 위대했지	偉哉新羅子
문장으로 중국 땅까지 진동시켜	文章動中華
그 명성 아직도 사라지지 않았네	令名今不死
푸른 소나무와 누렇게 시든 나뭇잎이	青松與黃葉
흥망의 이치를 자세하게 알려 주네	細推興亡理
산에 돌아가 신선의 거문고를 타니	歸山弄仙琴
줄이 없어도 오음五音[175]에 맞았네	無絃引商徵
그의 맑은 풍채는 천년이 되었건만	清風隔千古
사람을 감동시켜 오래도록 의지하게 하네	令人感久倚
홍류동紅流洞 물소리 거문고처럼 울리고	紅流浪如琴
무릉의 안개는 비단처럼 펼쳐지네	武陵霞成綺
배고픔도 잊은 채 월담에 앉아서	月潭坐忘飢
선동을 바라만 보아도 기뻤지	仙洞望亦喜
골짝은 구름을 삼켰다가 토하는 듯	衆壑互吞吐
줄지은 봉우리 다투어 치달리는 듯	列岫競奔馳
눈 닿는 곳마다 가까이 닿고 싶어서	盱衡紛應接
한나절을 걸었다 쉬었다 하였다네	半日行且止
벽에는 이끼 끼어 시 흔적도 희미하지만	壁苔萎迷詩
시구 속의 깊은 뜻은 그대로 남아 있네	句中有深旨
더러운 티끌세상을 벗어나 초연히 사는	超然塵世外
황홀한 마음 닮을 수가 없구나	怳惚難相似
지난날 농암 공께서	徃時農岩公

암행어사로 이 땅을 지나시었지	繡衣曾過此
장편의 시를 산문에 걸어 놓으니	長篇鎭山門
장난으로라도 읊기조차 어렵네	把玩難下觜
옷자락을 여미고 묻고 배워 보려 한들	摳衣欲問學
벌써 같은 세상 사람이 아니니 어쩌랴	奈非同世矣
그의 훌륭한 아우 삼연三淵[176] 선생도	難弟有淵翁
스스로 노거사라 칭하였네	自號老居士
벼슬과 녹을 사양할 줄 알고	爵祿知可辭
깊은 산 숲속에 몸을 숨겼네	將身林壑委
시 짓는 사람들 계속 찾아왔어도	吟鞭繼又至
옥 같은 시 구절 누가 능히 따를 것인가	玉律孰能企
세상 사람들은 보배인 줄 모르고	世人不識寶
파사[177]의 저잣거리에 내다 판다네	當鬻波斯市
저런 어리석은 스님들이여	愚也浮屠者
누가 될 일을 하지 않으면 다행이련만	幸無周何累
앞길이 험한 줄을 모르고 있으니	不識前路險
깜깜한 길에서 뒤집힌 수레를 만나리라[178]	冥行遭覆軌
글 속에 머리를 묻고 살며	埋頭文字曰
헛된 명예만 얻었으니 괴로워라	苦爲浮名被
머리 쳐든 학이 되길 감히 바랐지만	敢望驤首鶴
부질없이 아가미 마른 잉어가 되었네[179]	空作曝腮鯉
품은 뜻이 원래부터 곧고 원대하기에	雅志在靰髒
남들과 함께 헐뜯는 말을 하지는 않았네	與人絶譺訿
산에 들어와 산 지 삼십 년 동안에	居山三十年
시비를 따지는 소리 자주 귀에 들어왔건만	是非頻到耳
평생을 망령스럽게 스스로 위로하면서	平生妄自假

북해를 한번 건너 보지도 못하였네	未涉北海涘
이제부터는 강경하는 일도 그만두고	從今抛講床
그냥 떨어진 신짝 보듯이 하여야지	等視一敝簇
명산에 묵은 빚이 있으니	名山有宿債
이번 길에는 발바닥에 굳은살이 생기리라	此行足生胝
바위 골짜기에 길이 절로 만들어지는 것은	岩谷自成蹊
복숭아와 자두나무가 있어서만은 아니지	非是爲桃李
깨끗이 유람하는 일 어디 쉽기야 하겠나	淸游那易得
촛불을 잡고서 시간을 보내리라	秉燭以繼晷
마땅한 자리 찾아 지팡이 멈추어 보니	休筇得其所
외로운 암자가 구름 속에 떠 있구나	孤庵白雲裡
어찌 산속을 적적하다 하나	山中豈寂寥
이렇게 그대들이 가까이 있잖은가	諸公多在邇
객지의 근심을 짐작하신다면	斟酌旅中愁
지나는 길에 들르는 일 잊지 마시게나	過從須不弭
시를 지은들 누가 좋아해 줄까	詩成誰相愛
그저 나 혼자 생각나는 대로 읊어 볼 뿐이네	獨吟有所思

삼가 삼연 선생이 찰 대사에게 준 시운을 따서 짓다
謹次三淵先生贈督師韻

봉우리 빙 둘러 누운 듯 에워싸고	匼匝峯巒偃寨然
푸릇푸릇 천 송이의 푸른 연꽃 무성하네	蔚藍千朶泛靑蓮
신선은 어디 있나 구름은 자취 없는데	神仙安在雲無跡
석가여래 서역에서 오시니 인연 있는 땅일세	尊者西來地有緣
팔만의 대장경은 몇 겁을 지냈는지	八萬眞詮經幾劫
금과 은 아름다운 기운 하늘에 가득하네	金銀佳氣滿諸天
삼연 선생의 시첩이 산문에 붙어 있으니	淵翁詩帖山門鎭
드높은 명성 북두성처럼 걸려 있네	瞻仰高名北斗懸

도홍 스님을 떠나보내며
送道弘上人

요즘 같은 말세에 그대 같은 사람 적으니	晚世如君少
아무나 얻기 어려운 재주 어찌 아니 그러한가	才難豈不然
천 리 밖 멀리 스승을 찾아	尋師千里外
여러 고을을 다니며 길을 물었었네	問道百城前
얽혀 서린 뼈에 날카로운 칼날을 놀리고	盤錯恢游刃
현관[180]에서 일찌감치 채찍을 들었네	玄關早着鞭
돌아가는 발길 만류할 수 없기에	歸筇挽不得
이별의 한은 하늘에 가득하네	離恨滿諸天

보경 스님을 떠나보내며
送寶璟上人

관동 천 리에 살던 손님은	關東千里客
가을 되니 고향 생각이 나는가 보네	秋思起鄕心
돌아가는 길은 온통 산처럼 멀기만 하고	歸路山俱遠
헤어지는 마음 바다같이 깊어라	離情海共深
그대에게 권할 술 한 잔도 없고	無盃君可勸
시 한 구절도 나는 읊기가 어렵네	有句我難吟
다음엔 풍악산에서 만나자 언약하였으니	楓岳他年約
갈 수만 있다면 조만간에 꼭 찾아가리라	行當早晏尋

영월과 환송 두 대사의 영각에 있는 시운을 따서 짓다【영월 스님은 모월 스님의 제자이고 환송 스님의 스승이기 때문에 함련에서 말한 것이다.】
次瀯月喚松二大師影閣韵【瀯月師。慕月之資。喚松之師故。頷聯云尒。】

맑고 높은 영정의 기운 신선처럼 완연하시니 淸高遺像宛如仙
영정에 의지하여 참모습을 밝히며 몇 해를 지내셨나 依幻明眞問幾年
달 아래에서 자리를 나눈 뜻[181]을 흠모하였고 月下慕欽分座義
소나무 사이에서 집안을 잘 다스린 사람[182] 불러일으켰네 松間喚起克家賢
단청을 한 것은 부처님전보다 뒤의 일일 터이고 丹靑只得空王後
오묘한 법체는 상제보다도 먼저 생겼을 것이라 妙體元從象帝先
언제고 여기에 나가도 좋고 떠나도 좋으니 卽此可時離此可
전할 수 없는 곳에도 전할 수 있을 것이라 不能傳處也能傳

최우 시자에게 주다【공자의 문인들은 공자가 걸으면 따라 걷고, 공자가 빨리 걸으면 따라서 빨리 걸었다. 남양 혜충 국사가 세 번 시자를 부르니, 시자도 세 번 대답하였다.[183]】

贈最愚侍者【孔子門人。孔步亦步。孔趨亦趨。忠國師三喚侍者。侍者三應。】

학문을 할 때에 능히 잘못된 길을 가려내야 하나니	爲學能知揀異途
이름은 어리석다 하였지만 본성은 어리석지 않아야지	名雖愚也性非愚
몇 년이나 물병과 석장을 들고 함께하였던가	幾年同處携瓶錫
천 리 길 따라다니며 걷거나 종종걸음 치는 일 배웠었지	千里相隨學步趨
주인의 부름에도 얼른 대답을 하거늘	自喚主人醻一諾
어른이 세 번 부르면 누군들 응하지 않을 텐가	誰違尊者應三呼
모름지기 이런 일을 이번 생에 마치면	須將此事今生畢
그래야만 바야흐로 대장부라 이르리라	然後方稱我丈夫

남한산성 수어장대에 올라 그 현판의 시운을 따서 짓다【삼학사인 오달제吳達濟·홍익한洪翼漢·윤집尹集이 중국에 들어가서 굴복하지 않고 순절하였다.】

登南漢將臺次玄板韻【三學吳達濟洪翼漢尹集。入中原。不伏而死】

오랑캐의 말 탄 군병 멀리서 달려오니	胡騎長馳至
어가御駕가 산성에 와서 멈추었네	山城駐蹕來
적을 막을 지세의 이로움은 있었지만	禦戎饒地利
변란에 대처할 인재가 적었었네	制變少人才
우리 사직을 위하여 세 신하가 죽고 나서	社稷三臣死
얼마나 긴 세월이 흘렀는가	乾坤幾甲回
성에 오르자 분한 느낌이 북받쳐서	登臨多感憤
지팡이 짚고서 오래도록 배회했네	倚杖久徘徊

추월 대사의 세 '공' 자를 따서 짓다
次秋月大師三空字

십 년 동안 숲속에서 공空만 관하며 살았더니   十年林下坐觀空
마음도 비고 법도 비었음을 알게 되었네   了得心空法亦空
마음과 법이 모두 비었어도 아직 지극한 공은 아니니   心法俱空猶未極
공까지 다 비워 낸 후에야 비로소 참된 공이 될 것이라   俱空空後始眞空

이승
此生

이 세상에서 사는 일 참으로 우습기도 하여라	此生良拍手
위왕의 표주박같이 세상에서 버려졌구나[184]	濩落魏王瓢
백발아 너를 어떻게 막을 수 있겠나	白髮那禁汝
푸른 산만이 나를 저버리지 않을 것이라	靑山不負吾
안개와 노을 문지방 아래서 일어나고	烟霞生戶底
해와 달은 뜰 모퉁이를 굴러가네	日月轉庭隅
나그네여 오더라도 웃지는 마시라	客到休相笑
포부만 크던 한 사내 늙어서 더 어리석어졌다네	狂夫老更迂

관북으로 돌아가는 화 스님을 전송하며

【은홍교殷洪喬가 예장豫章 태수로 있을 적에 사인士人들이 백여 통의 편지를 주면서 전해 달라고 하였다. 석두성石頭城에 이르러 모두 시냇물에 던지면서 말하기를 "떠내려갈 것은 떠내려가고, 가라앉을 것은 가라앉으라."라고 하고는, 편지를 배달해 주는 일을 하지 않았다.】

送華師歸關北【殷洪喬爲豫章守。士人付書百餘函。至石頭城。盡投水曰。浮者任浮。沈者任沈。不作置書郵。】

남쪽으로 내려올 때엔 눈발이 석장을 적시더니	南來雪沾錫
북쪽으로 돌아갈 때엔 가을바람 소매 끝을 스치네	北去秋生裾
하얀 이슬 속에 매미 소리도 지쳐 가고	露白蟬聲老
맑은 강물에 드문드문 버들 그림자 비치네	江淸柳影踈
고향 산천은 천 리나 떨어져 있으니	家山千里遠
객지 생활 열흘이 벌써 넘었네	客路一旬餘
부디 홍교를 따라 하지 말고	莫學洪喬否
관북에 돌아가거든 편지를 보내 주시게	關中欲置書

반구대의 시운을 따서 짓다
次盤龜臺韵

꼭 묶어 세워 둔 층층 바윗돌 만고에 기이하고	束立層岩萬古奇
구불구불 높이 서린 누대는 거북과도 같구나	迥臺盤屈狀如龜
강어귀에 새로 선 절에는 꽃이 가득 피었고	江頭花繞新開院
바위에 새긴 바둑판은 이끼에 뒤덮인 지 오래구나	石面苔封舊着碁
관청에서는 손님 접대를 위해 작은 절을 세웠고	官爲供賓營小寺
스님들은 부역을 면하려고 오래도록 머무네	僧緣無役住多時
대 위로 올라 보지만 복사꽃 물결은 보이지 않으니	登臨未見桃花浪
너무 늦게 찾아온 우리들 안타까울 뿐이라네	却恨吾行太較遲

불국사에서 기림사에 이르러 주인 장로에게 주다
自佛國寺到祇林贈主人長老

영남에서도 이름난 명승지라 늘 관심이 있었는데	嶺南勝地每關心
불국사를 이제야 처음으로 찾아왔다네	佛國精藍始一尋
골굴사에서 올 때엔 석굴암을 거쳐 왔고	骨窟來時由石窟
계림으로 향해 가는 길에 기림사에 이르렀네	鷄林向處到祇林
바위엔 아직 꽃이 피지 않았으니 봄놀이는 이르지만	岩花未發春游早
선로와 만나 밤 깊도록 이야기를 나누었네	禪老相逢夜語深
서글픈 우리 인생 다시 만나기는 어렵겠기에	怊悵浮生難再會
시 한 수를 새로 지어 그대와 함께 읊노라	一首新詩對君吟

경주에서 옛 자취를 돌이켜 보며
慶州懷古

동경[185]이 망한 지 몇 겁이나 지났다고	東京亡後幾經刼
문물이 변하여 옛날과는 사뭇 다르구나	文物居然異昔時
포석정 가에는 봄풀이 무성하고	鮑石井邊春草暗
봉황대 아래에 새벽 종소리 구슬프네	鳳凰臺下曉鍾悲
천년의 패업은 한밤의 꿈이 되었고	千年伯業三更夢
만 리의 왕도도 한판 바둑 놀이였네	萬里王圖一局碁
마흔여덟 왕릉은 어느 곳에 있는지	四十八陵何處在
오랜 세월 물처럼 흘러 싸늘한 안개처럼 알 수가 없구나	寒烟流水使人疑

삼가 오성[186]의 수령 정재원[187]의 시운을 따서 짓다
謹次烏城丁使君【載元[1)]】

무성의 길 위에서 거문고 소리를 듣고[188]	武城路上聽絃歌
태수의 고상한 취미가 어떠한가 물었었네	太守高情問若何
산수가 빼어나니 수령이 머물 만한 곳이고	水秀山明堪吏隱
정사가 맑고 관청이 고요하여 스님도 찾아왔네	政淸官靜有僧過
대숲이 집을 둘러싸고 있어 가을도 일찍 오는 듯	幽篁繞屋迎秋早
고목 한 그루 계단을 막아서 해를 거의 가리네	古木當階礙日多
백 리 밖까지 순박한 교화가 미치니 옥송이 적어서	百里淳風庭少訟
문밖에 새 잡는 그물을 쳐 놓아도 되겠구나[189]	端宜門外日張羅

부록 원운 附原

【당시에 나는 해인사에 있었다. 만연산萬淵山을 나한산이라 하였다.(時余在海印寺。萬淵山。名漢羅。[2)])】

보자마자 〈백설가〉[190]를 부를 인재임을 알았는데	一見應知白雪歌
내가 오자 그대는 떠난다니 이 애석함을 어이 하나	我來君去恨如何
나고 자란 마을이 구름 저편에 바로 있지만	有村生長雲邊住
달빛 속에 찾아가 문 두드릴 곳 없구나	無地敲推月下過
환영은 일찍부터 동림사東林寺에 걸려 있었고	幻影東林留揭早
맑고 고운 시는 남쪽 지방에 전해진 것이 많았었네	淸詩南國誦傳多

---

1) ㉠ '元'은 '遠'의 오류인 듯하다.
2) ㉠ '漢羅'는 시의 각운脚韻을 맞추기 위해 임의적으로 글자 배열을 달리한 것 같다. 전라도 화순읍 뒷산을 원래 나한산羅漢山이라고 하였는데, 후에 그곳에 만연사萬淵寺를 세웠기 때문에 만연산萬淵山이라 불렸다.

산속 절집이야 어디를 간들 다 참선하기 좋을 터 　　山齋到處皆禪定
가야산이 나한산보다 꼭 더 좋은 것은 아니리라 　　未必伽耶勝漢羅

오성 동헌[191]에 써서 올리다
上烏城東軒

일찍이 이곳 그대의 정자에서 세 번을 묵으며	憶曾三宿此君亭
너와 나의 구별 없이 마음과 뜻을 함께하였지	不設畦畛意氣傾
정사가 간략하여 동헌에서 시나 읊고	鈴閣論詩緣政簡
관청이 청렴하여 손님을 야채로 접대하네	野蔬待客驗官淸
반 공의 고을에는 아름다운 꽃 난만하게 피었고[192]	名花爛熳潘公縣
사씨의 뜰에는 진귀한 나무들 향기를 뿜고 있네[193]	寶樹芬芳謝氏庭
돌이켜 보면 뽕나무 아래 있었던 일 그리우니	回首猶存桑下戀
불교가 원래 무정하다고 누가 말하는가	禪家誰道本無情

부록 차운 附次

노송나무에 첫눈 내리고 대숲으로 해 기우는데	檜雪初過竹日傾
사미가 문을 두드리는 바람에 처음으로 문을 열었네	沙彌剝啄始開亭
백련사白蓮社는 산과 가깝다 말하고	自言蓮社與山近
매헌은 물처럼 깨끗하다 하네	本爲梅軒如水淸
시객이 오자 짧은 축에 흰 구름이 이는 듯	詩到白雲生短軸
꿈속에서도 밝은 달빛 빈 뜰에 가득했네	梦回明月滿空庭
석장을 날리면서 옛날 약속대로 찾아와 주니	已聞飛錫前期在
세밑에도 시골 사는 걱정을 모두 잊게 되었네	消盡鄕關歲暮情

책방에 올리다
呈册房

오성 죽하정에서 우연히 만나서	邂逅烏城竹下亭
상락주桑落酒[194] 한 잔을 함께 기울였지	一尊桑落共相傾
주유周瑜를 만나 진한 술에 흠뻑 취하고[195]	逢周政似醇醪醉
원헌原憲을 보자 더러운 생각이 싹 사라지네[196]	見憲能令鄙吝淸
젊은 나이에 벌써 문장으로 으뜸 자리에 앉았고	早歲文章應奪席
옛사람들의 시와 예를 집안에서 배웠네	舊家詩禮自趨庭
눈 속에 핀 매화 향기는 멀리서도 맡을 수 있으니	遙知雪裡官梅發
형과 아우 시를 주고받는 마음이야 끝이 있겠는가	兄唱弟酬何限情

부록 차운 附次
【넷째의 이름이 약용若鏞[197]인데, 나이는 18세였다.(第四郞名若鏞。年十八。)】

하늘 높은 가을날 병든 몸 끌고 이별의 정자에 올라	高秋扶病上離亭
다시 만날 약속 다짐하며 자꾸 술잔만 기울였지	細聞幽期酒幾傾
파근 스님 지팡이는 아직도 꿈속을 헤매는데	錫杖波根唯梦想
서석을 따라가며 시를 짓자면 정신이 번뜩 드네	詩從瑞石忽神淸
깊은 오솔길 따라 오신 손님 긴 대나무가 맞이하고	迎人脩竹開深徑
조그마한 뜰에서 고상한 매화가 손님을 접대하네	待客寒梅倚小庭
한 굽이 푸른 산이 저리 가로막혀 있어도	一曲靑山還阻面
밝은 달빛 아래 며칠 사이 정이 많이 들었네	數宵明月更多情

청파에게 부치다
寄靑坡

그대는 아직도 옛날 그 쌍계사에 살고 있는지	問君尙住舊雙溪
가끔씩 오는 소식도 일정치 않으니 궁금하네	消息時來各不齊
하석[198] 수령이 그대를 아주 중하게 여기어	荷石使君推爾重
나 연담을 그대보다 아래로 친다네	蓮潭衲子比渠低
백발의 덧없는 인생 어째서 이별을 하는지	浮生白首寧相別
이곳 푸른 산에서 함께 살았었는데	是處靑山合共棲
높고 높은 부처님의 법문을 향해 오르도록	向上法門高逈逈
서로 격려하며 나아가 계위를 얻어야지	也須商推得階梯

문여성의 벽에 쓰다
題文汝星壁

[1]
골짜기 밭두둑 사이 초가집을 엮었으니　　峽裡田間結草蘆
조용히 시골에 숨어 사는 맛 어떠신가　　　幽居興味問何如
건강한 몸인데 말 없이 걸어가면 또 어떤가　身强豈害行無馬
늙어 가며 생선 반찬만 좋아하겠지　　　　年老唯欣食有魚
대숲 문 앞이 써늘한 봄날 아내는 술을 내오고　竹戶春寒妻進酒
처마 아래 길어진 햇빛으로 아들은 책을 읽으리　茅簷日永子攻書
벼슬살이 험난한 길 풍파 많음을 알 터이니　　君看宦海多風浪
이런 생활을 절대 허투루 보지 않겠지　　　作箇生涯政不踈

[2]
졸렬한 듯 어리석은 듯 초야에 묻혀 사는 노인네　如拙如痴草野翁
걱정 근심 따위 가슴에 담을 일 전혀 없으리　　了無憂患可關胸
평생 술을 좋아했으나 많이 마시지는 않고　　平生愛酒無多酌
이웃에서 벗을 불러 자리를 함께하곤 하였지　　隣曲呼朋共一中
이 세상에 글 모르는 것이 무어 탓할 일인가　　今世何嫌不識字
백성들은 그냥 농사만 지으면 될 일이지　　　斯民莫若慣爲農
가끔씩 깊고 깊은 골짜기로 찾아오는 것은　　有時窮谷來相訪
다만 그대 나이가 나와 같기 때문이겠지　　　只爲生齡與我同

혁인 선자에게 주다
贈煉印禪子

십 년을 행각하며 수양하여 참 나를 찾았으니	十年行脚養成眞
그대 공부 벌써 나루를 건넌 것 감사할 따름이라네	多謝工程已涉津
부처님을 배우는 길 증삼曾參처럼 노둔한들 어떠랴[199]	聖學何妨參也魯
한퇴지처럼 가난한 사람도 문장을 이루지 않았나	文章亦有退之貧
아무렇게나 잘려 도랑에 버려져서는 안 될 일이니	將身莫作溝中斷
모름지기 윗자리의 보배가 되도록 처세하기를 바라네	處世須期席上珍
내 너의 스승으로서 가르칠 방편이 적어	慚愧乃師方便少
여러 사람들 사이에 우뚝 서게 도와주지 못해 부끄럽네	不能助長爾諸人

【오동나무처럼 좋은 재목은 거문고를 만들고, 그 나머지 불량한 재목은 도랑에 던져 버린다. 공자가 말하기를 "선비는 자리에 앉아서 자신을 보물처럼 여겨 초빙해 줄 사람을 기다리는 것이다."라고 하였다. 여기서는 스님도 이와 같이 하여야 한다고 비유한 말이다.(梧桐良材作琴。其餘不良者。斷棄於溝中。孔子曰。儒者在席上。如珍寶。以待聘人。今取喩於僧也。)】

퇴암과 함께 무고를 당해 감옥에 갇혀서
與退庵被誣捏入獄

[1]
스스로 묻노니 내가 무슨 일로 감옥에 들어왔나　　問余何事入圜扉
평생의 일 되돌아보아도 그른 일은 하지 않았는데　點撿平生不作非
다만 전부터 세상 정세에 어두웠기에　　　　　　　只爲從前迷世態
지금 같은 이런 위기에 부딪치게 되었겠지　　　　　如今管取觸危機

[2]
감옥에 들어온 후론 그저 하늘만 쳐다볼 뿐　　　　　自入圜墻但見天
한 시각이 하루 같고 하루가 일 년 같구나　　　　　時長如日日如年
간수들이 술 찾는 소리 어찌 견디나　　　　　　　　那堪獄子徵盃酒
그나마 사미승이 보내 주는 죽이 고마울 뿐이라네　多謝沙彌供橐饘
깊은 밤 멀리서 전해 오는 목탁 소리 들으며　　　　深夜遙傳鳴柝[1]響
깜박이는 등불 아래 칼을 베고 잔다네　　　　　　　寒燈獨照枕枷眠
평생 동안 불경을 읽고도 힘을 얻지 못했으니　　　　平生不得看經力
괴로움과 즐거움이 같다는 말 아무래도 아닌 것 같네　苦樂均平却未然

---

1) 원 '析'은 '柝'의 오류인 듯하다.

오성 수령에게 올리다
上烏城倅

버드나무 무성하고 꽃 환하게 피운 봄날 백 리 길에	柳暗花明百里春
대나무 울타리 엮어 두른 초가집 옛 분위기 물씬하네	竹籬茅屋古風淳
자그마한 고을이라 특별한 일이야 없겠지만	邑如斗大渾無事
창고가 텅 비어 가난을 구제하지 못하는 게 걱정이지	廩似桴空未救貧
산이 가까워 때때로 흰 구름 부르지 않아도 찾아오고	山近白雲時自到
높은 누대에 걸린 밝은 달은 밤이면 이웃이 되네	樓高明月夜相隣
수령의 그윽한 취미 누가 알고 있을까	使君幽趣誰能識
남방에 숨어 사는 사람이라고 말할 것이네	我道南州吏隱人

책방 형제에게 올리다
呈册房棣案

정말 어려운 일은 남의 모범이 되는 일, 시 짓는 거야 큰일도 아니지   大難風範小難詩

산속에 사는 사람에겐 자나 깨나 그대들 생각이 나네   惹起幽人寤寐思

이리저리 떠도는 뜬구름 인생 정착을 할 수 없어   浪跡浮雲無住着

옛 맹세는 밝은 달처럼 몇 번이나 했다가 허물었나   舊盟明月幾盈虧

꽃잎 바람에 흩날리며 봄날도 다 가는데   風飄萬點春將暮

천 봉우리 깊은 산속엔 편지도 더디 오네   山擁千重信亦遲

요사이 찾아가지 못한 것 책망하지 마시게   莫怪向來期不顧

참선하다 행장 꾸리는 일 보통 때와 다르다네   從禪行李異常時

김 선비의 시를 차운하다
次金斯文

세상에는 영 살 만한 곳이 없더니	處世元無地
산에 들어오니 별천지가 있었네	歸山別有天
첩첩 봉우리 꼭대기에 외로운 암자	孤庵衆峯上
온 세상이 지팡이 하나에 걸려 있네	四海一筇邊
고갯마루 오르면 구름이 가사 소매를 따르고	登嶺雲隨衲
강물에 떠가노라면 달빛만 배에 가득하네	浮江月滿船
삼십 년 동안 참선하며 사느라	叅禪三十載
오랜 세월 세속 인연을 잊었다네	長處是忘緣

개흥사
開興寺

유명한 절에서 며칠 잠을 자면서[200]	名藍信信宿
전생의 인연을 헤아려 알게 되었네	料得了前緣
가만히 앉아 지난날을 생각해 보니	坐想經過日
수행의 길 벌써 삼십 년이나 지났네	行當三十年
청산은 옛 모습 그대로인데	靑山依舊貌
백발은 선원에서 늙어 가는구나	白髮老諸禪
다시 올 땐 낯선 객이 아니겠지만	自是非生客
떠나려니 그래도 암담한 마음뿐이네	臨歸意黯然

은성 사미에게 주다
贈旵性沙彌

형산의 한 조각 옥[201]은	荊山一片玉
겉은 평범한 돌 같지만 속이 순수하네	珉表而粹中
어떻게 하면 다른 산의 돌을 취해서라도[202]	焉得他山石
그대를 힘껏 다듬어 줄 수 있을까	爲尒着力攻
갈고 쪼아 그릇을 만드는 것은	磨琢堪成器
결국은 훌륭한 장인의 손에 달린 일이지	畢竟在良工
솜씨 좋은 공인을 부디 빨리 찾아서	良工須早訪
천금 같은 보물을 만들도록 하여라	寶此千金躬

총석정
叢石亭

관동 땅 경치로 이름난 여덟 곳 가운데	關東有八景
그중에서도 총석정이 가장 이름이 높다네	叢石最高名
하나하나 모두가 기둥이 될 만하니	箇箇堪爲柱
성대하게 늘어선 모습 병풍 같구나	森森列作屛
진시황의 채찍으로도 이곳의 돌은 몰아가지 못하였으니[203]	秦鞭駈不去
우왕의 신령스런 도끼인들 어찌 이리 만들겠는가[204]	禹斧削何成
조화는 참으로 헤아리기 어려운 일이라	造化貞難測
시나 읊으면서 홀로 정자에 기대섰네	沈吟獨倚亭

총석정에서 백정봉으로 향하며
自叢石向百鼎峯

총석정에서 흥분한 마음 여전히 사그라지지 않지만	叢石餘情袞袞來
명승지의 경치는 자꾸만 발길을 재촉하네	名區物色苦相催
바닷바람 설산까지 치달아 불어오니	風吹大海雪山走
구름이 물러가 비단 장막 열리듯 뭇 봉우리 드러나네	雲拭羣峯錦帳開
눈앞에 펼쳐진 절경에 다리 아픈 것도 모르니	爲眼不知行脚倦
상쾌한 이 마음 조물주가 시기할까 두려워라	快心或恐化兒猜
봉우리 꼭대기에 있다던 백정 정말 있는지	峯頭百鼎眞然否
날 밝으면 올라가서 두루두루 돌아보아야지	明日登臨數徧廻

신계사
神溪寺

신계사는 비록 규모는 작지만 오래된 사찰이지	神溪雖小古伽藍
게다가 바다 위 삼신산三神山인 봉래산에 있지 않나	況在蓬萊海上三
옥구슬 떨어지는 천 길 비봉폭포와	千丈玉流飛鳳瀑
아홉 굽이 성난 우레 용담이 있다네	九重雷吼怒龍潭
눈앞에 펼쳐진 빼어난 경치 무엇이 대적하랴	眼前勝景許誰敵
천하의 명산이란 말 여기 와서 새삼 깨달았네	天下名山到此諳
행여 반랑이 이곳을 먼저 봤다면	倘使潘郞先得見
화산 남쪽 풍경에 말에서 거꾸러질 정도로 감동했겠나[205]	倒騎不在華山南

칠월 보름날에
中元

오월 보름[206] 바로 어제 지난 것 같은데	上元如昨日
오늘이 벌써 칠월 보름이라네	今日又中元
지루한 장맛비에 얼마나 괴로웠던지	積雨曾爲苦
서늘한 기운 새삼 고맙구나	新凉却有恩
해가 저무니 나그네 마음이 흔들리는데	客懷驚歲暮
세상살이는 파도처럼 뒤집히는구나	世路似波飜
푸른 바다에 둥실 떠 있던 저 달만	獨有滄溟月
나를 따라 밤마다 내 문 앞에 찾아오네	相隨夜到門

심 소암이 유배지에서 죽었다는 말을 듣고

추모하여 만사를 짓다【귀양을 보낼 때는 한쪽이 터진 패옥을 주는데, 그것은 패옥 '결玦'이 결점이라는 '결缺'과 같은 음이기 때문이다. 풀려날 때에는 고리를 주는데, 그것은 고리 '환環'이 돌아올 '환還'과 음이 같기 때문이다.】
聞沈素庵卒於謫所追挽【謫之以玦。玦缺也。放之以環。環還也。】

하늘에 빛나던 규성²⁰⁷ 빛을 잃더니	天上奎星不見光
장사왕長沙王의 가태부賈太傅²⁰⁸ 죽었다 하네	長沙賈傳¹⁾忽云亡
삼 년 동안 결玦을 차고 지냈으니 얼마나 괴로웠을까	三年佩玦那堪苦
하룻저녁에 하늘로 올라가 버리니 가슴이 메어지는구나	一夕登箕儘可傷
임금 곁에서 돕는 사람들은 대체 어떤 사람이란 말인가	袞職何人能補合
이 유학의 길에는 도저히 뜻을 펼칠 도리가 없었나	斯文無路得恢張
참료자參蓼子²⁰⁹와 같은 해에 태어난 인연 때문인가	參蓼與有同庚分
그대 떠나는 길 한 묶음 생풀²¹⁰을 던지니 몇 줄기 눈물 흐른다	一束生蒭泣數行

---

1) ㉮ '傳'은 '傅'의 오류인 듯하다.

영월 선사와 이별하며
別永月師

나그네 고향 생각에 마음 흔들리고	客子鄕心動
변방 땅에는 낙엽이 날리고 있네	關河落葉飛
날이 춥다고 그대는 붙잡으려 하지만	天寒君欲挽
한 해도 저물어 가니 나는 이제 돌아가려네	歲暮我當歸
백발의 끈끈한 정은 헤어지기 어렵지만	白首情難別
청산에 사는 일을 어길 수 없구나	靑山事有違
앞날을 미리 알 수는 없으니	前期未可卜
어찌 눈물이 옷깃을 적시지 않겠나	那得不沾衣

정성 진초 장로에게 부치다 【함월涵月 선사의 법손法孫이며, 완월玩月 선사의 법자法子이다.】
寄靜成震初長老【涵月之孫, 玩月之子.】

관산 넘어 달 떨어지자 빛도 사라지고	關山月落掩光輝
선조의 종풍도 그 빛이 점점 줄어드네	先祖宗風少發揮
어진 조카[211]가 도를 이으니 그나마 기뻐서	却喜阿咸賢繼道
늙은 숙부는 즐거운 마음에 배고픔도 잊었네	能令老叔樂忘飢
추석에 받는 편지 한 통은 천금보다 귀하여	中秋書信千金重
반년 쌓인 나그네 회포 실처럼 희미해지네	半歲羈懷一線微
기죽령 고개가 높아 넘기 어려우나	旗竹嶺高難可越
부질없이 백발을 돌려 보면 날아갈 듯하네	空回白首意如飛

연수헌에 부치다
題宴睡軒

[1]
포단에 앉아서 깜박 졸고만 있어도	宴坐蒲團睡
온갖 시름 씻은 듯이 바로 끊어지네	凝然萬慮斷
꽃을 물고 날아오는 새 한 마리 없으니	含花鳥不來
융공[212]의 게으름을 알 만하네	應識融公懶

[2]
연수헌에는 할 일도 없고	宴睡軒中一事無
늙어서 그런지 공부도 게을러지네	殘年唯懶是工夫
평생 동안 매달렸던 일 모두 사라졌으니	平生穿鑿都消盡
지금의 나는 이미 옛날 그 사람이 아닌 걸 누가 알까	誰信今吾非故吾

세밑에 회포를 적다
歲暮述懷

경전을 강하며 지낸 반평생 괴로움뿐이었으나
지금은 북녘땅에서 그저 먹고 노는 사람이라네
만 리 푸른 바다가 두 눈 가득 들어오는
풍악산楓岳山 첩첩 봉우리에 이 몸을 의지했네
날 저물자 검은 구름은 눈을 빚어 내리고
해 저물면 늙은 버드나무에 새봄이 오네
나그네 주머니에 여비 떨어진들 부끄럽겠나
시 한 수를 또 읊으며 기지개를 쫙 펴 보노라

半世經壇飽苦辛
北來今作倦游人
滄溟萬里供雙眼
楓岳千峰寄一身
日暮頑雲仍釀雪
歲暮殘柳欲生春
客囊金盡何羞澁
且復哦詩一欠伸

금강산을 떠나며
自金剛發行

천 리 타향에서는 만나는 일마다 괴로움이니 千里殊方事事辛
새해 아침 지저귀는 새 돌아가라 권하는구나 新年鳥語勸歸人
풍악산이니 개골산이니²¹³ 들어는 봤지만 曾聞楓岳山皆骨
금강산(衆香城)²¹⁴ 바라보니 눈꽃이 절반을 덮었구나 今見香城雪半身
나그네가 고향으로 백발을 돌릴 수 있을까 爲客可堪回白首
고향에 가면 청춘으로 되돌아갈 것만 같네 還鄕却喜半靑春
이 빼어난 명승지 경치를 거두어 가고 싶지만 名區景物要收去
시 한 수에다 다 풀어놓지는 못하겠구나 一首詩中未盡伸

〈어가오〉의 형식으로 공경과 우의의 뜻을 보내다
以漁家傲送敬誼

[1]
화엄법계의 다함없는 말씀은	華嚴法界重重說
무수히 많은 국토마다 쉬는 때가 없네	刹刹塵塵無間歇
제비 꾀꼬리 노랫소리와 같은 장광설에	燕語鶯吟廣長舌
분별심을 내지 말지어다	休分別
노란 꽃 푸른 대나무가 바로 비로불이라네	黃花翠竹毘盧佛

[2]
대용대기의 깊은 뜻 한마디 말씀에 다 갖추었고	大用大機具一喝
갖가지 공안을 나귀의 말뚝에 매었구나	百千公案繫驢橛
여러 성현들조차 향상의 비결 전하지 않았거늘	千聖不傳向上訣
누설하지 말지어다	莫漏洩
배우는 자는 원숭이가 달을 건지려 하듯[215] 헛수고만 하리라	學者勞形猿捉月

고산[216] 수령 홍 공이 화암사에서 기우제를 지내기에 시를 써서 드리다
高山使君洪公祈雨花岩寺呈此

태수께서 가뭄을 걱정하여	太守方憂旱
산천의 여러 신에게 두루 기도를 올리네	山川事徧宗
구름을 일으키는 문에 공경을 다하며	雲門曾展敬
화암사에서 온갖 정성을 다 바치네	花寺又呈功
천둥으로 가뭄 귀신을 몰아내 줄 것이니	應有雷馳魃
비 내리고 바람 불지 않을 리가 있는가	寧無雨順風
지극한 정성이면 돌도 쇠도 뚫을 수 있으니	至誠貫金石
마침내 풍년이 오는 것을 보게 되리라	終看屬年豊

【발魃은 가뭄 귀신이다. 콧구멍이 하늘을 향하여 있어 비가 콧구멍으로 들어오기 때문에, 항상 가물 때에만 나와 돌아다닌다고 한다.(魃。旱鬼也。鼻孔向上。雨入鼻中。故常以旱時出行也。)】

청파가 화암사에 부친 시의 운을 따서 짓다
次靑坡題花岩韻

[1]
화암사 들어가는 길 한 줄로 길게 뻗었으니	路入花岩一線長
저 산 높은 곳에 흰 구름 마을이 열려 있네	上房高闢白雲鄕
절집에는 금 기운 은 기운이 영롱하고	玲瓏佛寺金銀氣
신령스럽게 둘러싼 산세에 초목이 향기롭다	周匝靈山草木香
모든 일에 벌써 담박한 마음이 되었으니	萬事從前成淡泊
이 한 몸 오늘에야 시원하게 맑아지네	一身今日轉淸涼
전에 찾아오던 새들 이제 소식이 없으니	向來百鳥無消息
융공의 옛 기량은 없어진 것이로구나	已識融公伎倆忘

【우두산牛頭山의 법융法融 선사는 4조祖 대사를 만나기 전에는 자성自聖하려는 마음을 가지고 있었기 때문에 많은 새들이 꽃을 물고 와서 공양을 하였다. 그러나 4조 대사를 만난 뒤에는 성량聖量이 없어졌기 때문에 새가 꽃을 물고 날아오지 않았다고 한다.(牛頭山融禪師。未見四祖時。有自聖之心故。百鳥令花來供。及見四祖後。頓亡聖量故。含花鳥不來也。)】

[2]
산을 좋아하는 그윽한 취미 그대와 같으니	名山幽趣與君長
타향에 있으면서도 고향 같아 기뻤네	却喜他鄕似故鄕
한가하게 불경을 읽거나 먼지떨이를 흔들고	數卷殘經閑揮塵
주렴 밖에 가랑비 내리면 향 타는 냄새 더욱 짙네	一簾微雨好燒香
숲 건너 냇물 소리마다 살아나고	隔林流水聲聲活
온통 짙푸른 녹음 푸릇푸릇 시원하네	滿地濃陰面面涼
시냇가의 새와 바위의 꽃에 마음을 빼앗겨	溪鳥岩花會心處
그윽하게 마주하니 둘 모두를 잊었다네	悠然相對兩相忘

진산 수령의 시를 차운하여 청파를 대신하여 짓다
次珍山倅代靑坡作

천 갈래 눈처럼 하얀 백발 부질없이 늘었지만	空得千莖雪
마음까지 재처럼 식히기는 쉽지 않다오	難敎一寸灰
누에와 보리를 얻으러 간 것이 아니라	非緣蠶麥去
수령에게 사례를 하고 싶어 왔다오	爲謝使君來
남루에서 함께 달을 감상했지만	共賞南樓月
동각의 매화는 함께 보지 못했소	獨違東閣梅
우리 다시 만나거든 술일랑은 권하지 마시오	相逢休勸酒
우리 불가에서는 술을 경계한다오	吾道誡含杯

옥계 김 참봉[217]의 맏아들이 화암사에 와서 '장' 자 운으로 시를 지어 주기에 그 시운을 따서 짓다
玉溪金叅奉之胤郞來花岩用長字以贈又次

그대 지은 시를 보니 어쩌면 이리도 뜻이 깊은지	看來文藻一何長
예로부터 영재는 시골에 숨었다는 말 사실이로다	自古英才隱野鄕
옥계에 집이 있으니 몸도 윤택하지만	家在玉溪身共潤
화암사에서 시 지으니 글귀 더욱 향기롭네	詩逢花寺句彌香
흰 구름 그림자 속을 거닐어도 좋지만	白雲影裡經行好
흐르는 물소리에 담소를 나눔도 시원하다네	流水聲中笑語凉
산방에서 잠자는 일 우연은 아닐 테니	信宿山房非偶爾
그대 돌아가더라도 잊지는 마시게	知君歸去不能忘

추줄산 내원암에 부치다 【당나라 장우張祐의 시에 "사람이 태어나서 양주에서 죽는 게 가장 좋으니, 선지산의 산빛이 묘지에는 더없이 좋기 때문이네."라고 하였다.】
題崷崒山內院庵【唐張祐詩。人生只合楊州死。禪智山光好墓田。】

늘그막 모든 일을 흐르는 저 물에 띄워 보내고	衰年萬事付東流
우연히 이 암자에 와서 잠깐 머무르게 되었네	偶到斯庵暫逗留
적초봉은 소가 누운 형국으로 둘러 있고	積草峰四[1]臥牛局
두 줄기 시냇물은 용이 숨은 연못에서 합쳐지네	雙溪水合伏龍湫
뒤늦게 얻은 새 벗의 푸른 그 눈이 좋아서	新朋晚得欣靑眼
옛 강단을 다시 여니 백발이 된 내가 부끄럽네	舊講重開媿白頭
산빛 여기저기 어디나 다 마음에 드는데	到處山光皆可意
사람이 꼭 양주에서 죽어야 하겠나	人生不必死楊州

---

1) 옘 '四'는 '回'의 오류인 듯하다.

적상산에서 삼가 택당의 시운을 따서 짓다
赤裳謹次澤堂

오래 된 이 성곽 어느 해에 쌓은 걸까	古砦何年設
만세토록 나라를 지키려는 계획이었지	關防萬歲長
금등[218]은 석실 안에 감추어 두고	金縢藏石室
왕실의 책에는 스님을 찬양하는 글이 실려 있네	璿籍讚緇裳
단풍잎 떨어지는 걸 보면 어느덧 가을도 깊었는데	楓葉知秋晚
종소리까지 밤이 금방이라고 재촉하는구나	鍾聲報夜忙
덕유산을 찾아가는 길에는	行尋裕山路
구름도 나를 따라 함께 날아가는구나	雲與我俱翔

겨울 결제에 『화엄경』을 강론하고
結冬講華嚴經

겨울 결제에 부처님께 예를 올리고	三冬結制禮金仙
구회[219]의 화엄을 차례로 펼치었네	九會華嚴次第宣
털구멍마다 백억의 부처님 몸을 나투고	毛孔佛身分百億
먼지 속에 쌓인 경전 삼천 권이나 되네	塵中經卷等三千
돌까지도 이치를 깨달아 머리 끄덕이듯[220]	點頭頑石能知義
허공의 입을 빌려 현묘한 이치를 풀었네	借口虛空解講玄
강당에 가득한 스님들에게 알리노니	爲報滿堂諸法侶
이런 말들이 작은 인연은 아니로다	云云不是小因緣

배우는 사람들에게 훈시하다
示學人

사람을 얻으려고 사방으로 찾아다녔더니 　　得人爲利走諸方
귀밑머리 육십 년 세월을 강요하고 있구나 　　鬢上光陰六十强
선정의 두타[221]는 천 겁 지나도록 고요해도 　　入定頭陀千劫靜
다문존자[222]는 일생 바쁠 수밖에 없네 　　多聞尊者一生忙
글자를 알면 꼭 병이 되기 마련이니 　　每因識字成憂患
그저 명예나 구하다가 상처를 입는다네 　　祗爲求名有損傷
약삭빠른 아이도 도리어 실수를 하는 법이니 　　始信點兒還落節
어리석음까지 뛰어난 고장강을 배우게나 　　不如痴絶顧長康

【『종경록宗鏡錄』에 이르기를 "사냥꾼의 이익은 토끼를 잡는 데 있고, 종사의 이익은 사람을 얻는 데 있다."라고 하였다. 고개지顧愷之에게 3절絶이 있었으니, 글씨가 뛰어났고, 그림이 뛰어났으며, 또 어리석음이 뛰어났다고 한다.(宗鏡云。獵士之利。在得兔。宗師之利。在得人。顧愷之有三絶。書絶畫絶痴絶。)】

쌍용 장로에게 드리다
呈雙聳長老

만년에 갈대가 흔들리듯 시끄러운 시절을 만났으니　晚歲叢林鬧葦麻
용인지 뱀인지 분별하여 용단을 내려야 하네[223]　可中端的卞龍蛇
마음의 본바탕을 평안하게 유지하는 그것이　　　　　平持心地方爲道
도일지니
속세의 인연을 벗어야만 참된 일가를 이루리라　　　脫盡塵機眞作家
불법이란 예로부터 밀랍을 씹듯 재미가 없고　　　　佛法從來如嚼蠟
벗은 모래가 손가락 사이를 빠져 가듯 떠나가네　　　朋儔此去似搏沙
이별하면서 다시 만날 약속을 해 보지만　　　　　　臨分更結殘年約
연사에서의 공부가 가장 어려운 과업이라네　　　　　蓮社工夫最上科
【벗이란 모래를 잡는 것과 같아서 손을 놓으면 절로 흩어지고 마는 것이다.(朋友如搏沙。放手還自散。)】

권 석사[224]가 지은 〈퇴정〉이라는 시의 운을 따서 짓다
次權碩士退亭韻

별장[225]은 구석구석 기이하기도 한데　　一片菟裘面面奇
주인은 높이 누워 편한 대로 살고 있네　　主人高臥任便宜
숲에서 약초를 캐려고 길 아닌 데로 다니고　林間採藥行非徑
비 온 뒤 못가에 바짝 앉아 고기를 구경하네　雨後觀魚坐近池
가을밤이면 쓰르라미 어두운 벽 찾아 모여들고　秋夜鳴螿攢暗壁
석양이면 집 찾는 새 깊은 가지에 앉아 있네　夕陽歸鳥擇深枝
이리저리 들여다보고 마음에 드는 곳은　　眼看物物會心處
사람들은 몰라도 저들은 저절로 아나 보다　人自不知儂自知

경시관[226] 이석하 공의 시운을 따서 짓다
次京試官【李公錫夏】

남쪽 지방의 가을 과거를 주관하려고	南國掌秋試
동당[227]에 시험 날 맞춰 오셨구려	東堂計日來
먼 여행길엔 들판 절집에서 잠을 자고	驛程連野寺
가마는 신선의 누대까지 올라야 했으리	軒盖上仙臺
호기로 마신 석 잔 술에 취하여	豪氣三杯醉
가을 계곡물 소리 마냥 서글픈데	秋聲萬壑哀
등잔 앞으로 스님을 끌고 와서	燈前携白衲
시 짓는 이야기로 밤을 새우네	詩話夜深開

창평 이 사백의 시운을 따서 짓다
次昌平李詞伯

평생 동안 뜻만 큰[228] 줄 스스로 잘 알아서　　　　　平生狂簡自知明
깊은 산에서 병을 치료하느라 낮에도 대문 걸어　　養病深山晝掩扃
닫았네
모든 일 하늘 믿고 맡겼지만 하늘은 헤아리기　　　萬事信天天莫測
어렵듯
백 년 동안 도를 닦아도 도를 이루기란 어렵다네　百年修道道難成
벽에 걸린 등불은 차갑게 불꽃도 일지 않고　　　　燈懸壁上寒無焰
창 앞에 눈 내리는 희미한 소리만 들리네　　　　　雪落窓前細有聲
근래 들어 번뇌가 점차 사라지고 있으니　　　　　　煩惱伊來消漸盡
이걸 다 없애지 못하면 이름도 헛것이라네　　　　　未能除却是閑名

허 생원의 시운을 따서 짓다【사안謝安은 언제나 동산東山229에 머물렀다. 적인걸狄仁傑을 북두성 아래에 한 사람뿐이라고 하였다. ○허순許詢은 자가 현도玄度이다. 어느 날 담언曇彦의 집에 방문하였더니, 담언이 "허현도가 어찌 이리 더디게 오느냐."라고 말하였다.】

次許生員【謝安常在東山。狄仁傑北斗南一人。○許詢。字玄度。訪曇彦。彦曰。許玄度來。何暮。】

[1]

푸르른 소나무 위 하얀 눈이 차가운 연못에 비추고	蒼松白雪映寒潭
허연 선생은 돌로 만든 감실에 누우셨네	許椽先生臥石龕
소씨의 동산에 다섯 빛깔의 오이를 심고230	邵氏園中瓜種五
장가의 대숲에 세 갈래 길을 열었네231	蔣家竹裡徑開三
풍류가 어찌 동산 아래 그 사람만 못할까	風流豈遜東山下
북두성의 남쪽 제일이란 사람과 겨루겠네	人物爭稱北斗南
지난봄 우연히 만났던 일을 항상 생각하노니	每憶前春曾邂逅
언제 다시 만나 현묘한 이야기를 계속할까	何時重與續玄談

[2]

오를 데까지 오른 늙은 용232 푸른 못에 누웠다가	亢極老龍臥碧潭
아무 생각 없이 또 운감에 올랐구나	無心從此上雲龕
군사부는 하나같이 세상에서 고마운 분들이고	君師父謝人間一
불법승은 물외의 세 가지 보물이라네	佛法僧從物外三
늘그막에 산속에 들어와 숨어 살지만	晚歲退藏岩壑裡
전날엔 영남 호남을 두루 돌며 교화를 펼쳤었지	曩時行化嶺湖南
그리운 현도는 어이하여 더디 오나	願言玄度來何暮
고통의 바다 풍파야 말할 수도 없겠지	苦海風波不可談

창평 동헌에 바치다 【소주蘇州의 관청 사옥에 불이 자주 나서, 자황雌黃이라는 염료를 발라서 화재를 막았다. 그래서 황당黃堂이라고 불렀다.】

呈昌平東軒【蘇州官舍。數火起。以雌黃塗之。以避火。號曰黃堂。】

우뚝한 석권암 세운 지 한 해가 지났는데	卓錫權庵歲已周
황당은 아직 모양새를 갖춰 수리하지 못했네	黃堂尙未禮儀修
스님들이 공사를 못했기 때문이지	只緣白衲無公事
우리 수령께서 청산을 등진 것은 아니라네	不是靑山負我侯
달빛 환한 동헌에 장유²³³가 누웠고	月照東軒長孺臥
구름 걷힌 남악에 퇴지가 노니네²³⁴	雲開南岳退之游
흉년에 가난을 구제하려 자신의 녹봉을 쏟아 넣으니	荒年賑施傾官俸
백성들이 굶주려 죽는 것을 면하게 하려는 것이네	能使生民免納溝

개천사 봉익암에 부치다
題開天寺鳳翼庵

문밖엔 차가운 샘물 흐르는 소리	寒泉鳴戶外
종이 장막으로 선방 문을 살짝 가렸네	紙帳掩禪房
병석에서 일어났으나 경전 읽기는 게으르고	病起看經懶
하는 일 없으니 해만 더욱 길게 느껴지네	身閑覺日長
그윽한 난초 향기 뜰 안에 가득하고	幽蘭香動砌
가녀린 대나무 그림자 담장에 비꼈네	瘦竹影斜墻
숲 저 밖 백련사에서	林外白蓮社
종소리에 실려 석양이 넘어오네	鍾聲送夕陽

처마 아래 매화를 노래하다
咏檐梅

금년 이월은 온통 꽁꽁 얼어붙어서	今年二月凍全深
처마 밖의 매화도 싸늘한 느낌 금할 수 없네	檐外梅花冷不禁
바람결에 책상까지 은근한 향기가 넘어오고	風送暗香經案入
엉성한 달그림자 향긋한 찻잔으로 옮겨 오네	月移疎影茗杯侵
매화가지 꺾어서 봄빛을 상처 내지 마시게	莫敎折去傷春色
보고만 있어도 나그네 마음 위로가 된다네	且可看來慰客心
파교灞橋의 신선[235] 지금은 없는데	灞上仙翁今不在
눈 속에 나귀 타고 또 누가 찾겠나	雪中誰復策驢尋

상옥 스님에게 주다
贈象玉上人

옥이란 물건이 금과 은처럼 귀한 보물인데　　　　　玉之爲物等金銀
온 세상 사람들 진짜와 가짜를 분간하지 못하네　　擧世難分假與眞
무슨 죄로 발을 베였나 초나라엔 가지 말게[236]　　 刖足何辜莫向楚
여러 성을 값으로 쳐주는 진나라로 가야 하네[237]　連城酬價且歸秦
다른 산에서 돌을 빌려 무늬를 새기고　　　　　　　攻文可借他山石
그릇을 만들려면 솜씨 좋은 장인을 만나야 하네　　成器宜從巧匠人
게다가 온화하고 윤택한 덕까지도 갖고 있으니　　　況復體含溫潤德
함 속에 감추어 두지 말고 꺼내어 보배를 만들지어다　莫藏韞櫝出爲珍

삼가 화순 수령 임성운의 〈관어정〉 시의 운을 따서 짓다
謹次和順林使君【性運】觀魚亭韵

수령은 이곳 뜰이 좁다고 하면서	使君猶陜此君庭
푸른 숲속 빈 터에 작은 정자를 지었네	環翠遺墟築小亭
규격이 정미하여 제일이라 꼽히고	制度精微評謂甲
난간도 반듯하게 정丁 자 모양이라네	欄軒方正狀如丁
연못이 가까워 고기와 새를 보는 것은 즐겁지만	近池却喜觀魚鳥
깊은 대숲이 달빛 별빛을 막는 것은 좀 아쉽구나	深竹還嫌碍月星
관아에서 물러 나와 장유와 함께 누우니	衙退日供長孺臥
정사에 능하면 몸이 수고롭지 않음을 알겠네	信知能政不勞形

봉학정의 시운을 따서 짓다 【염계濂溪[238]가 뜰 앞의 풀을 뽑아 버리지 않으면서 "저 풀 또한 조화의 뜻이 있는 것이다."라고 말하였다.】
次鳳鶴亭【濂溪不除庭前草曰。彼亦有造化意。】

[1]
세상살이에 머리는 온통 백발이 되었지만 閱世頭全白
시를 탐하다 보면 눈만은 갈수록 더 젊어지네 耽詩眼益靑
문장은 봉황이 상서로운 빛을 바치는 듯 文章鳳呈瑞
수명은 따져 보면 학과 같은 나이라네 壽考鶴同齡
대숲 마을에 밤비 지나고 나면 竹塢經宵雨
홰나무 그늘이 낮에도 뜰을 덮고 있네 槐陰滿晝庭
어지러운 속세의 일일랑은 紛紛塵俗事
이 정자에 절대 이르지 못하겠네 了不到斯亭

[2]
봉학산 산빛에 눈동자 푸르게 물들어 鳳鶴山光滿眼靑
문채를 겸하고 또 연륜까지 더하였네 得添文藻又延齡
건곤의 상은 매화 구경하는 책상에 있고 乾坤象在觀梅榻
조화의 뜻은 풀 돋는 뜰에서 보았네 造化意看生草庭
한편으론 냇물과 산과 다투지 않으며 一面溪山人不競
평생 농사일도 그저 편안할 뿐이라네 百年耕鑿子惟寧
내 맘 내키는 대로 살면 그만이지 從吾所好斯爲可
삼공 자리를 준다 해도 이 정자와 바꿀까 肯把三公換此亭

표관에게 주다
贈表寬

옛 성현은 오륜을 가르치시며	古聖敎敷五
너그러움 간절히 권하셨네	丁寧勸在寬
인은 부드러움과 온화함의 주가 되며	柔和仁是主
예는 겸손과 양보의 발단이네	謙讓禮爲端
흰 가사를 걸친 몸은 평온하고	白衲隨身穩
푸른 산은 가는 곳마다 한가하네	靑山到處閑
공부가 먼 데 있는 것이 아니니	工夫不在遠
그저 내 이름을 잡는 데에 있다네	惟把我名看

연사[239]에서 돌아오는 길에 읊다
淵寺歸路有吟

차가운 빗줄기 살짝 개인 오늘 아침 　　　　今朝凍雨乍新晴
벼랑 아래 작은 강에 봄물 불어났네 　　　　斷岸小江春水生
안개 낀 만연사萬淵寺에서 홀로 돌아오는 길 들개들 　烟寺獨歸山犬吠
짖어 대고
대울타리 서로 잇닿은 마을에는 닭들만 울어 대네 　竹籬相和野鷄鳴
어쩌다 읊는 시구에는 눈 얘기만 쓰게 되지만 　　偶成詩句聊書雪
그래도 매화를 찾고 싶어 잠깐 가던 길을 멈추었네 　欲訪梅花暫駐程
금방 떠나온 고향 땅이 아직도 눈에 삼삼하니 　　才別梓鄕猶在眼
스님에겐 잊어야 할 마음이 없다 누가 말했던가 　　誰言禪者未忘情

문 석사의 시운을 따서 짓다
次文碩士

평생 상서로운 기운[240] 이마[241]에 가득했으나	平生黃氣滿天庭
명예와 이익의 실체를 이미 홀로 깨달았네	名利關頭已獨醒
성인의 경전이 아니면 본래 보지를 않았고	非聖書元非可見
경전의 말씀이 아니면 듣지도 않았었네	不經語是不堪聽
하늘에서 받은 성품 환한 달빛처럼 빛나고	性天霽月寒相炤
귀밑머리는 따뜻한 봄바람 속을 나는 눈발 같네	鬢雪春風暖亦零
공만이 방외의 이런 일을 알아서	方外公惟知此事
두 눈동자 가을 강물처럼 깨끗하구나	雙眸淨似秋江青

연수헌에 부치다
題宴睡軒

주인은 편안히 앉아 졸면서	主人宴坐睡
아무 일에도 상관을 하지 않네	萬事不相干
문 앞에 속세 사람의 수레는 없고	門前無俗駕
울타리 밖으로 푸른 산만 펼쳐 있네	籬外有靑山
문을 나서지 않아도 흥취가 일어나니	不出已成趣
게으름을 피우고 있어도 마음이 편안하네	懶惰心所安
꾀꼬리 울음소리에 낮잠 깨어나서	啼鶯驚午睡
일어나 보면 풍경 그저 한가하네	起來風物閑
높다란 대나무가 숲을 이루어	脩竹自成林
세 칸 초가집을 온통 가려 버렸네	掩映茅三間
어쩌다 가끔 객이라도 찾아오면	有時客來訪
망건도 갓도 없이 그냥 기쁘게 맞는다네	欣迎忘巾冠
서로 만나도 별다른 말은 없이	相見無別語
시로써 묻는 말에 화답만 하네	以詩酬問端
속세가 좁은 것이 눈에 보이니	眼看塵世隘
나만은 이 집이 넓다 하겠네	玆軒獨自寬

무안 지주 이광현 공이 남창으로부터 절에 찾아왔기에 함께 시를 짓다
務安地主李公【光鉉】自南倉到寺同賦

[1]

펄럭펄럭 검은 우산을 쓰고 빗속에 찾아와	翩翩皁盖雨中來
삐걱삐걱 가마 타고 저물녘 누대에 올랐네	伊軋藍輿暮上臺
백발 드리운 늙은 스님 홀로 살고 있는 곳	獨有山僧垂白老
선위²⁴²가 풀을 밟고 찾아올 줄 어찌 알았겠나	豈知仙尉踏靑廻
술 석 잔에 융봉의 호기가 생겨나고²⁴³	融峰豪氣三杯發
대숲 동산 반나절에 한가한 마음을 열었네	竹院閑情半日開
방외의 두 사람이 만나서 함께 시나 지으면 좋으련만	方外相逢詩可已
나물만 먹고 사는 나는 시 한 구절 짓기도 어렵다네	蔬膓餘習句難裁

[2]

남창 가는 길에서 절이 가까워	寺近南倉路
관리가 잠시 선방에 머물렀네	禪房暫駐官
화전 부치는 냄새 젓가락에 가득하고	煮花香滿筯
술잔 잡고 취하여 난간에 기대섰네	把酒醉憑欄¹⁾
붉은 꽃잎 비처럼 날리니 봄도 반은 지났고	紅雨春將半
푸른 등불 깜박이니 밤도 이미 깊었구나	靑燈夜已闌
내일 아침 산을 나가 떠나가면	明朝出山去
가시는 말안장 아래 백성들의 일들이 모이리라	民事集征鞍

---

1) ㉮ '欗'은 '欄'의 오류인 듯하다.

청호자에게 올리다
呈淸湖子

저 아름다운 청호 노인이	彼美淸湖叟
소나무와 바위 사이에 정자를 지었네	築亭松石間
세금 없는 빈 땅에 터를 잡은	地爲無稅土
유소씨有巢氏[244]의 백성이로구나	人是有巢民
대밭 사이로 세 가닥 길을 열어	並竹開三徑
구름을 바라보며 사방을 이웃으로 삼았네	瞻雲作四隣
간결하고 고상함이 버릇이 되어서	簡高自成癖
세상의 잡된 일엔 간여하지 않네	塵雜不干身

양 처사의 〈소쇄원〉 시의 운을 따서 짓다
【선생이 일찍이 〈효부孝賦〉를 지었다.】
次梁處士蕭灑園韵【先生曾作孝賦】

[1]

선생은 후세에 나셔서	先生生後世
위로 성현의 마음을 사모하였네	上慕聖賢心
형산衡山에서 석 잔 술을 마시고[245]	衡岳三杯酒
시상에서 다섯 그루 버들 그늘에 쉬었네[246]	柴桑五柳陰
이름난 동산에 사람이 몇 번이나 모였나	名園人幾會
〈효부〉는 세상에서 다투어 읽네	孝賦世爭吟
십여 호의 작은 명양현에	十室鳴陽縣
누가 전금[247]이 있을 줄 알았을까	誰知有展禽

[2]

소쇄원 정자 아름다워	蕭灑園亭好
올라가 보면 마음 즐거워지네	登臨足賞心
난간에 의지하여 물소리 듣고	凭欄[1]聞水響
자리를 옮겨 꽃그늘에 앉았네	移席坐花陰
그림자는 종처럼 졸졸 따라다니고	數景頻更僕
시를 지어서 크게 소리 내어 읊었네	題詩亂費吟
손님에게 올릴 것이 없다 하지 마시오	莫言無供客
뜰 한구석 능금이 벌써 익었구나	庭畔熟來禽

【내금來禽은 능금(林檎)을 이르는 말이다.(來禽。林檎也。)】

---

1) ㉮ '檆'은 '欄'의 오류인 듯하다.

책방에 이르러 함께 읊다
到冊房共賦

가느다란 지팡이에 몸을 싣고 산길을 내려오니	瘦筇扶力下山歧
아득히 넓은 들판에 눈발이 날리고 있었네	漠漠郊原雪陸離
얼마나 많은 마을 밖 길을 걸었던가	幾處烟村行路外
뉘 집의 다듬이 소리 성안으로 들어오나	誰家砧杵入城時
섣달의 봄소식 매화가 먼저 전하고	臘前春信梅先得
깊은 밤 시정은 촛불만이 알아주네	夜半詩情燭自知
시를 부르고 시로 답하는 오늘의 모임엔	一唱一酬今日會
날은 추워도 마음엔 따뜻한 기대가 있다네	歲寒心事要相期

새봄에 관아에 올리다
新春呈大衙

봄기운 가득 스민 정월 새봄에	淑氣盎然正月春
관아에서는 응당 새해를 축하하겠지	大衙端合賀年新
산을 나서면 시냇가 버들이 나를 보고 찡긋 웃는 듯	出山溪柳如嚬我
마을에 내려와 관아에 이르니 매화도 사람을 보고 웃네	到郡官梅又笑人
옛 선비가 마음에 기생을 두었다[248] 잘못 알 듯이	錯比先儒心有妓
늙은 스님의 눈에 속된 티끌 없다는 것을 모르는구나	不知老釋眼無塵
무엇 때문에 이렇게 자꾸 오가는 것이겠나	往來屑屑緣何事
평생을 도道로 친구할 것을 알리고자 함일세	領畧平生以道親

【'기생을 마음에 두다'라는 말은 정자程子의 일이다.(心有妓。程子事。)】

또 단사에 올리다 【동파東坡의 시에 "빛깔이 향기보다 뛰어나다."라고 하였고, 간재簡齋의 시에는 "향기가 빛깔보다 뛰어나다."라고 하였다.】
又呈檀社【東坡詩。色勝香。簡齋詩。香勝色。】

새봄은 나를 잘 살게 해 줄 것이니	知是新春善養吾
이마가 훤하게 빛나며 펴지는 듯하네	天庭黃色政敷腴
평생 멋대로 도안道安에 견줬더니	平生浪比彌天釋
오늘에야 진실로 습착치를 만났네[249]	今日眞逢四海儒
내 인품은 쓸모없이 버려지는 자갈돌 같지만	人品我如沙石後
그대의 시 재주는 빛과 향기 모두 갖추었네	詩才君合色香俱
원컨대 그대는 하루 빨리 벼슬길에 올라서	願言早致靑雲上
관아에서 마음껏 문장 솜씨를 발휘하게	舘閣詞章任秉樞

『분충록』을 읽고 삼가 택당[250] 선생의 시운을 따서 짓다
奮忠錄謹次澤堂韵[1)]

[1]
여래께서 어지러운 세상을 구하려고	如來救亂世
우리 사명 대사를 고이 보내셨구나	抱送我先師
도덕으로 바다 건너 오랑캐를 교화하였으니	道德蠻夷化
대사의 위세와 명성은 초목까지도 다 알았네	威名草木知
조정의 신하들 누군들 아름답다고 하지 않겠나	朝臣誰不美
임금께서도 또한 훌륭하다 말씀하셨네	聖主亦云奇
포상으로 사당을 세워 기렸으니	襃賞崇祠宇
우담바라꽃이 가지에 다시 피어나네	曇花更秀枝

[2]
고기 먹는 사람들은 꾀쓰는 것이 얼마나 비열한지	肉食謀何鄙
전쟁의 공로는 세상을 피해 사는 대사에게로 돌아갔네	功歸逃世師
짤막한 병기 하나에도 피의 흔적이 없고	短兵無血刃
한 치의 혀로도 번거로운 말은 하지 않았네	寸舌不煩辭
어지러운 세상에 난리를 평정하시고	亂世能平亂
위태한 나라를 위험에서 건졌다네	危邦得出危
수염 기른 걸 보고 남다른 뜻이 있음을 알았더니	存髥知有意
끝내는 대단한 대장부가 되었구나	終作丈夫兒

---

1) ㉯ 『韓國佛敎全書』에는 2수라는 표시와 각 수의 구별이 없다. 역자가 구분하여 넣었다.

또 다른 운을 따서 짓다
又次他韵

지난날 국운이 양구년의 액운을 만나 　　　　　憶昔運當陽九年
대사께서 분연히 일어나 낯선 배를 탔다네 　　祖師奮起渡生船
전쟁을 의논하다가 수염은 천 가닥 눈발같이 세어 버리고 　論兵鬚染千莖雪
나라를 위하여 만 리 하늘 멀리 가벼이 몸을 보냈네 　爲國身輕萬里天
높은 품계를 받아 대장의 호칭을 썼으나 　　　崇級書從大將號
기이한 묘책은 상승의 선정[251]에서 나왔네 　　奇謀出自上乘禪
공을 이루고 나선 가야산 아래로 돌아가 누우니 　功成歸臥伽山下
이 난리가 전생의 인연을 갚은 것임을 비로소 알겠네 　始覺風塵償宿緣

【양구陽九는 액厄이다. 4,617해 사이에 아홉 액이 있는데, 양액陽厄이 다섯이고, 음액陰厄이 넷이다. 곧 양구는 양액 다섯 중의 마지막에 해당한다. 스님은 승대장僧大將의 칭호를 받았다.(陽九。厄也。四千六百十七歲之間。有九厄。陽厄五。陰厄四。即陽九陽厄五中之末。師受僧大將之號。)】

묵암 화상을 애도하며
挽默庵和尙

[1]
칠십 년 하고도 사 년을 더한 세월에	七十星霜又四年
경전을 강하다 병들어 눕길 번갈아 반복했지	講經吟病遞相連
총명한 데다 평생 동안 많은 책을 읽었으니	平生博覽兼聰慧
어느 종사인들 그대와 어깨를 견주겠는가	那介宗師敢比肩

[2]
늙어 가며 소식 없음을 더욱 한탄했지만	衰年却恨隔音容
그래도 언젠가 다시 만나려니 생각했더니	猶謂前頭得重逢
오늘 아침 이리 먼저 가 버릴 줄 누가 알았나	誰識今朝先我去
옛일을 돌아보면 흐르는 눈물 참을 수 없네	不堪回首涕無從

[3]
올 때에 그렇게 자취도 없이 오더니	來無所來伊麽來
평소엔 묵묵했지만 입을 열었다 하면 천둥 같았지	平生一黙喧如雷
갈 때에도 또 자취도 없이 마음대로 가 버리니	去無所去任麽去
항상 고요한 그 광명 속으로 돌아가 쉴 것이라	常寂光中歸宿處

[4]
중년에는 「이성론」을 기술하고	記得中年理性論
소 등이 휠 만큼 많은 책을 지었는데	積成卷軸粗牛腰
가득 싣고 떵떵거리며 돌아가지는 못하니	爛熳同歸終未得
법문과 대의가 다 소용 없는 것일까	法門大義兩無聊

【조粗는 추麤와 같다.(粗與麤同)】

이호를 건너며
渡梨湖

보슬비 바람에 비껴 날리면 물결도 따라 일렁이고 　細雨斜風水自波
작은 조각배 나를 싣고 갈대 꽃밭으로 들어가네 　扁舟載我入蘆花
꿈결인 듯 몽롱한 이 그림 같은 풍경 속에 　依然此景如圖畵
어부들 저녁 노래 크게 울리고 있네 　又有漁歌唱晚多

법사에 이르러 동헌에 올라 【공해控海는 동헌의 이름이다.】
到法寺上東軒【控海東軒名】

백발이 되어 다시 찾아온 나그네	白首重來客
단풍잎도 다 떨어져 가는 시절이라네	丹楓欲盡時
날씨가 차니 흐르는 물마저 힘이 없고	天寒流水瘦
나뭇가지 앙상하니 봉우리만 우뚝하네	木落衆峰危
내가 너무 늦게 온 것일까	却恨吾行晚
잠깐 사이 가을 경치 절정을 놓친 걸까	乍違秋景奇
공해헌控海軒 아래 피어 있는 국화는 그래도	遙知控海菊
노승이 와서 시 한 수라도 지어 주길 기다리겠지	應待老僧詩

『백곡집』에 있는 〈백마강〉이란 시의 운을 따서 짓다
【백제가 망할 때에 백마白馬를 써서 용龍을 낚아 올렸다고 한다. 궁녀들이 다 강물에 몸을 던졌다 하여 낙화담落花潭이라고 한다.】
次白谷集白馬江韵【百濟亡時。以白馬釣龍。羣妓盡落江中。謂之落花潭。】

옛 왕조의 남은 자취 참 처량도 하다	前朝遺跡政堪愁
꽃은 지고 용도 죽고 그저 물만 흐르고 있네	花落龍亡水獨流
양나라 옥에서 상서 올린 추자가 죽었으니[252]	梁獄上書鄒子死
한나라 조정에서 간하던 가생에게 부끄럽구나[253]	漢廷執事賈生羞
황산벌 풀잎은 영웅의 눈물로 물들고	黃山草染英雄淚
백마강 물소리는 옛 나라의 가을을 슬퍼하네	白馬江鳴故國秋
고란사에 사는 노스님 세상 걱정을 잊고	蘭寺老僧忘世念
흥망을 하나의 빈 배처럼 본다네	興亡等視一虛舟

【성평자成平子가 글을 올렸으나 하옥되어 죽었다. 부여에서 30리쯤 되는 곳에 황산黃山이 있다. 황산벌 전투에서 패하여 백제가 망했다. 백마강가에 고란사皐蘭寺가 있다.(成平子上書。下獄而死。扶餘三十里許。有黃山。戰敗黃山而濟亡。白馬江上。有皐蘭寺。)】

운담 장로에게 주다
贈雲潭長老

아, 덕 높은 운담 장로는	於鑠雲潭老
총림의 눈 밝은 대사로다	叢林明眼師
함께 살지 못한들 무슨 상관이 있나	何妨不同住
예로부터 서로 알고 지내니 기쁘네	却喜舊相知
물이 깊으면 고기와 용이 모여들고	水積魚龍聚
구름이 깊으면 범과 표범이 사는 법	雲深虎豹隨
지금 종문이 적막하니	宗門今寂寞
부디 힘써 지켜 내기 바라네	努力願扶持

설파[254] 화상을 추모하는 만사
追挽雪坡和尙

[1]

청량산 현수[255] 스님 가신 지 어언 천 년	賢首淸凉隔千載
화엄의 종주는 이제 스님뿐이셨네	華嚴宗主獨師存
평생 동안 강직하여 사람들이 어려워하였고	平生剛直人皆畏
도행이 깊고 굳어 온 세상이 존경하였네	道行深固世共尊
진언은 백만 번을 두루 외웠고	神呪誦過百萬徧
대장경은 열다섯 번을 골고루 강했었지	大經講周十五番
봄바람이 무생곡을 부르니	春風唱出無生曲
온갖 짐승들도 슬픔에 넋이 나가는구나	白牯狸奴亦斷魂

[2]

두류산에서 세상과 단절하고 참선하기를 오십 년	坐斷頭流五十秋
넓고 넓은 불법의 바다를 마음껏 만끽하였네	汪洋法海漫天游
밤송이 솜으로 싸서 향 좋은 미끼를 드리우고	綿包栗棘垂香餌
금고리 옥으로 끊어 낚싯바늘을 만들었네	玉折金圈作釣鉤
경계 없는 금붕어 물결 위로 오르듯	無限錦鱗升浪級
몇 번이나 번개로 언덕을 흔들었나	幾多雷火震山丘
중생을 이롭게 하려는 서원밖에 다른 일 없었으니	利生滿願無餘事
좋은 몸 받아서 하늘나라에 들어가리라	好箇將身入斗牛

[3]

백발이 성성한 형과 아우 하늘 반대편에 떨어져서	白髮弟兄各天涯
중간에서 번번이 약속이 어그러지는 것을 한탄했지	中間每恨久愆期

깊은 봄날 화암사 절 안에서	花岩寺裡春深處
영각산에 해 넘어갈 때 우리 만났었지	靈覺山中日暮時
나도 몰래 자꾸자꾸 되돌아보면서	那堪回首重重望
그리운 마음 도무지 사라지지 않는구나	不歇將心恰恰思
스산한 산바람 불어와 나무를 뒤흔드니	旋嵐吹倒陰涼樹
이 눈물 단지 사사로운 정 때문만은 아니리라	此淚非徒爲我私

삼가 동각의 〈이른 매화〉 시의 운을 따서 짓다
謹次東閣早梅韻

남쪽 땅에는 섣달 전에 벌써 봄소식이 돌아와	南地臘前暖信廻
관청 뜰 매화 한 가지 어젯밤에 피었구나	官梅昨夜一枝開
거문고 타는 잔치 자리에 맑고 은은한 꽃향기	淸香暗動彈琴席
달구경 하는 누각에 비끼는 가느다란 꽃 그림자	瘦影橫斜玩月臺
떠들썩한 시 짓는 모임엔 이름을 감추고 빠졌지만	藏名獨漏騷人賦
흥취가 나서 자꾸만 태수의 술잔을 기울였네	引興頻傾太守杯
그렇지 않아도 허연 머리에 눈까지 맞을까 겁이 나서	只爲皓頭衝雪㤼
동각 모임에는 참여하지 못했으나 얼굴에는 웃음이 찼네	未參東閣笑盈腮

부록 원운 附原

서산 봉우리 달빛이 자꾸만 꿈속으로 들어오더니	西峰月色夢頻廻
따뜻한 방 안에 막 꺾어 온 매화 송이 마침 피어나네	煖閣新梅時正開
산과 바다에서 맺은 좋은 인연 흰머리를 탄식하며	山海淸緣嗟鬢髮
공무 중에 틈을 타서 누대에 올라섰네	簿書餘暇有樓臺
나도 또한 위로[256]처럼 향수병에 걸렸는가	病同韋老思田里
시 짓자니 여廬 선사가 술을 경계한 생각이 나는구나	詩憶廬禪戒酒杯
스님이 시석에 참여하니 마치 화신을 대한 듯	若對花神參韻釋
눈처럼 흰 얼굴로 자리의 격을 높여 주는구나	應添一格雪霜腮

정 대사의 시축에 있는 운을 따서 짓다
次政師軸

  북쪽에서 공부한 사람 남쪽으로 내려오니   北路學人又向南
  남방의 지식인들 무슨 말을 할 수 있겠나   南方知識作麼談
  좋은 옷을 좋아하지 않으니 좋은 옷도 좋다 안   衣無好好好無好
여기고
  단 음식을 달게 여기지 않으니 달아도 단 줄을   食不甘甘甘不甘
모르네
  행동은 형평을 잃지 않고 말도 또한 아름다워   行若衡平言可采
  악기 줄처럼 곧은 마음 얼굴에는 한 점 부끄러움이   心如絃直面無慚
없구나
  윤회의 업보는 삼독 때문에 받는 것이니   輪回業報由三毒
  어리석고 화내고 탐하는 일 하지를 말아라   莫作痴嗔莫作貪

박 선비의 시운을 따서 짓다
次朴斯文

[1]
날이 갈수록 황풍이 변해 가니[257]	皇風日以變
태고의 황제 무회씨無懷氏[258]가 그립구나	令我憶無懷
불문에 들어와 일을 한다 하여	釋苑來爲使
유림에 어긋나는 일은 아니리라	儒林不受差
세상에 뜻 맞는 동지가 없으니	世無同志在
누구 나와 함께할 사람이 있는가	誰有與吾偕
때를 알고 오가는 새가 오히려 부러우니	還羨知時鳥
비 오나 바람 부나 짹짹짹 지저귀네[259]	風雨亦喈喈

[2]
천고의 긴 세월 고요하고 그윽한데	悠悠千古下
백 년의 한평생 시끄럽고 어지럽네	擾擾百年間
사람들은 모두 고해에 빠졌는데	苦海人皆溺
나는 홀로 불문에 돌아왔네	空門我獨還
몸에는 오직 흰 가사 걸치니	隨身惟白衲
가는 곳마다 푸른 산이 반기네	到處有靑山
이렇게 사는 생애 너무나 좋건만	作箇生涯好
세상 사람들 어찌하여 의지하지 않는가	世人胡不攀

[3]
당우와 삼대가 지난 후로는	唐虞三代後
성인의 도가 분명히 드러나는 때가 없었지	聖道不分明

세상살이 가시덤불에 막혀 있고	世路荊榛結
사람 마음은 탐욕에 얽혀 있구나	人心利慾縈
부처님이 서방정토에서 내려오셔서	眞人降西土
그 가르침이 동쪽 땅으로 전해졌네	遺教向東程
해처럼 밝은 지혜로 천지를 비추어	慧日輝天地
만고에 오래도록 이름을 남기셨구나	長留萬古名

수령이 찾아왔기에 삼가 시를 지어 올리다
謹呈使君來臨

봄바람 부는 날 검은 수레[260]를 타고 산속 절을 찾으니	春風皁盖入山扃
이틀 밤 동안 현묘한 이야기 나누며 의기가 투합하였네	兩夜談玄意氣傾
벽 위에 걸어 둔 등불 꺼지지 않고 밝게 비추고	壁上燈懸明不滅
창 밖에 쌓인 눈빛 차갑고 생기 있는 기운을 보내네	窓間雪照冷仍生
수령께서는 부디 시 내기를 하자고는 마시오	使君且莫挑詩戰
승려의 몸으로는 수행 이야기가 마땅하다오	衲子端宜話道耕
길 떠나려는데 날씨가 매섭게 차가워졌으니	臨發天寒政料峭
좁고 험한 세상길을 걸어야 할 것 같소	崎嶔峽路若爲行

부록 차운 附次

잣나무 뜰 앞 빗장에는 눈이 잔뜩 쌓였는데	栢樹庭前雪滿扃
여윈 얼굴 맑은 게송에 귀가 기울여지네	臞容淸偈耳堪傾
다섯 해 바닷가 마을에 살며 몸이 늙었으니	五年海邑身全老
훗날 여산에서 만나도 낯설지는 않으리라[261]	他日廬山面不生
항주杭州에 머물면서 진압한 초나라 사람처럼	如楚駐杭能坐鎭
영주潁州가 그립지만 가서 밭 갈지 못하니 어쩌랴	奈區思潁未歸耕
아무 공덕도 없는 사람이 산문에 들어가자니	曾無功德山門及
수령으로 가는 이번 행차 너무도 부끄럽네	多愧繩床作此行

임 생원의 시운을 따서 짓는다
次林生員韵

옛적 줄 없는 거문고[262]를 함께 타던 일	憶昔同彈沒絃琴
아득한 옛일이 지금도 눈가에 생생하네	悠悠徃事怳如今
그대 시골 바닷가에서 재주를 썩히니 안타깝구나	高才可惜居滄海
내 신세야 푸른 산에서 늙어 가는 게 마땅하지만	浪跡端宜老碧岑
봄빛은 어느덧 삼월도 저물어 가는데	春色正當三月暮
한 잔 술을 마주하니 시정이 더욱 깊어지네	詩情更對一杯深
공교롭게 만나지 못하는 인연 심히 한스러워	夤緣却恨巧違甚
좋은 계절 등지고 앉아 혼자 마음 짚어 본다네	孤負芳辰細話心

삼가 임금께서 채 상국의 문집에 쓰신 시운을 따서 짓다【초楚나라 안릉군安陵君이 초왕에게 말하길 "만세가 지난 뒤에 대왕의 몸이 황천에서 개미에게 욕을 당하는 것을 한번 생각해 보십시오."라고 하였다.】

謹伏次御題蔡相國文集韻【楚安陵君, 告楚王曰, 大王萬歲後, 以身試黃泉褥螻蟻。】

[1]
범의 울부짖음 큰 바람을 얻은 듯이[263] 比如虎嘯得風勃
성주께서는 조정에 그대 같은 정승을 얻었네 聖主臨朝有此卿
경전과 술수로 얻은 공명 역사에 빛나고 經術功名光國乘
높은 벼슬 대를 이어 집안 전통이 되었네 簪纓門閥繼家聲
북경에 사신 가서 국사를 잘 처리하였고 燕京奉使能專對
궁중에서는 글을 지어서 맹세를 하였네 鳳閣修文作主盟
이제까지의 깊고 큰 은혜 어떻게 갚을까 前後恩渥何以報
천 생 동안 대왕께 오는 개미를 막으리라[264] 身爲褥蟻閱千生

[2]
문원에 본래 적수가 될 만한 사람은 없었으니 翰苑元無敵手勃
나라 안의 인물이 꼭 장경만은 아니지[265] 長城不必數長卿
간재[266]의 시구처럼 향기로 나라를 흔들고 簡齋詩句香傾色
자미[267] 같은 문장은 옥구슬 소리를 울리네 子美文章玉振聲
홀을 잡고 벼슬한 인연으로 임금을 모시느라 靴笏夤緣丹鳳侍
시골에서 갈매기와 노닐려던 맹세를 저버렸다네 江湖孤負白鷗盟
높은 자리에서 공을 모두 이루고 난 다음에 行當位滿功成後
밭 갈고 고기 잡는 또 다른 생활을 하여 보리라 須信耕漁別有生

임금께서 쓰신 원운 御題原韻

호걸의 기상으로 몰아붙이듯 필력 강건하니　　　　傑氣駈來筆力勍
필체에서 마치 경을 마주 대한 듯하구나　　　　　　七分如對畫中卿
곳곳마다 거센 파도처럼 달려 일어나는 기세는　　　奔騰處有浪濤勢
연燕과 조趙의 소리처럼 강개할 때가 많았네[268]　　慷慨時多燕趙聲
북극성은 바람과 구름의 늦은 만남을 밝히고[269]　　北極風雲昭晩契
푸른 강의 갈매기는 옛 맹서를 잊지 않았네[270]　　　滄江鷗鷺屬前盟
고향으로 간 뒤에도 본보기가 되어　　　　　　　　湖州去後模楷在
동산[271]에서 서울 생활을 읊으며 기뻐하네　　　　且喜東山咏洛生

채 상국의 차운 蔡相國次韵

대왕의 글은 내용도 섬세하고 글씨도 호방하여　　　寶牋膩細彩毫勍
용루에서 잔치할 때 필묵[272]을 불렀었네　　　　　清讌龍樓喚墨卿
추율을 부니 연곡에 따뜻한 기운이 돌아오고[273]　　鄒律嘔回燕谷暖
파인이 순소[274] 소리에 놀라 일어나네　　　　　　巴人驚起舜韶聲
임금께서 개인 문집에 글을 실어 준 일 본 적이
있는가　　　　　　　　　　　　　　　　　　　　恩私載籍何曾見
보배 같은 편지 신령스러워 함께하기를 맹세하네　珍札[1]神明與共盟
이 몸이 그저 나의 몸만은 아님을 이제야 알았으니　始覺此身非自有
아버지가 나를 낳으신 후 임금께서 또 한 번 나를
낳으셨네　　　　　　　　　　　　　　　　　　　父生之後又君生

---

1) ㉠ '珍札'이 『樊巖集』에는 '塵刹'로 되어 있다.

남창서재의 시운을 따서 짓는다
次南倉書齋韻

봄바람 비를 뿌려 불탔던 곳 푸르게 가꾸니　　東風吹雨燒痕靑
온 세상 산과 강이 옛 모양을 바꾸었네　　　　滿地山河換舊形
어미 제비 날아와 작년에 살던 집을 손질하고　乳燕補添前歲壘
꾀꼬리는 울며불며 저문 봄 이별을 노래하네　　流鶯啼送暮春聲
시냇가의 버들개지 가지마다 눈꽃 같고　　　　溪邊柳絮枝枝雪
처마 아래 매화꽃은 점점이 별처럼 박혔구나　　檐外梅花點點星
들판에 별 좋은 경관 없다는 말은 하지 말거라　莫道野居無勝景
붉게 깎아지른 언덕 푸른 절벽이 비단 병풍처럼　丹崖翠壁錦爲屛
둘렀네

동짓날 밤에 수령께서 전주의 제관이 되어
행차한 것을 생각하며
冬至夜憶使君作完營祭官之行

동짓날 생생한 기운 밤이 되어 더욱 맑아지는데	冬至氤氳夜更淸
수령께서는 멀리 패풍[275] 감영에 계시는구나	使君遠在沛豊營
음기가 차차 사라지고 양의 기운이 움직이니[276]	群陰剝盡天根動
만물이 다시 살아나며 땅의 기운이 화평해지네	萬物昭蘇地氣平
등불은 나그네 시름 따라 깜빡깜빡 꺼지지 않고	燈伴客愁明不滅
술이 시상을 끌어내니 취했다가도 다시 깨는구나	酒挑詩思醉還醒
멀리 노령에서 돌아오는 길에	遙知蘆嶺歸來路
쌓인 눈 모래알처럼 말발굽 소리를 울리겠네	積雪如沙馬足鳴

수령이 남악에 유람 갈 때 따라가 두보의 시운을 따서 함께 짓다
從地主南岳之游拈杜韵同賦

[1]
봄이 오면 불탔던 곳에도 푸른빛이 생겨나니	春入燒痕綠漸生
남산 풍경이 수령의 시정詩情을 끌어내었나	南山引起使君情
가마 타고 성문을 나서니 경관은 곱기도 하고	肩輿出郭烟花媚
나막신 신고 언덕에 오르니 물과 돌이 빛나는구나	步屧登崖水石明
수령의 혜택은 삼월에도 비를 빚어 내리게 하니	惠澤釀成三月雨
부임 여섯 해 만에 순박한 풍속 고을에 가득하네	淳風吹滿六年城
흥이 올라 창강에서 고개를 돌려 보니	興闌回首滄江上
저물녘 어디선가 고기잡이배의 피리 소리 들리네	何處漁舟晚笛橫

[2]
이번 유람은 평생에 처음 보는 기이한 일인데	玆游奇絶冠平生
잔칫상에 넘쳐 나는 것이 어찌 시골 인심뿐이겠나	濫則遨床豈野情
수령을 대접하는 예가 원래 그렇게 후한데	只爲使君寬禮數
게다가 좋은 시절 청명절을 맞았구나	更緣佳節屬清明
아침에 남악에 오르니 길가엔 꽃들이 인사하고	朝登南岳花迎路
밤에는 동헌에서 잠을 자니 성안에 달빛 가득 찼구나	夜宿東軒月滿城
내일이면 나 살던 산골짝으로 훌쩍 떠나가리니	來日飄然歸故壑
지팡이는 여기저기 어지럽게 길을 낸다네	杖頭途道亂縱橫

【『성도기成都記』에 "태수가 유행을 나갔을 때에 남녀가 나무 탁자에 쭉 벌여 앉은 것을 오상遨床이라 하며, 태수를 오두遨頭라 한다."라고 하였다.(成都記。太守出游。士女列于木床。謂之遨床。太守謂遨頭。)】

수령이 마포 한 필을 보낸 것에 감사하며
謝地主送麻布一匹

[1]
구름 따라 산을 떠돌 때 입었던 낡은 가사　　　　　着得雲山舊衲衣
낡아서 반쯤은 구름 따라 날아가 버렸네　　　　　　氀毿一半逐雲飛
입고 있어도 맨살을 가릴 수 없어　　　　　　　　　披來那免赤身露
밤마다 모기와 등에 배불리 먹고 간다네　　　　　　夜夜蚊䗈飽腹歸

[2]
새 삼베 두 단으로 좋은 옷을 만드니　　　　　　　二端新布好裁衣
어깻죽지 탑처럼 날아오르려 하네　　　　　　　　塔向肩頭喜欲飛
모기와 등에가 부리를 대지 못할 뿐 아니라　　　　可但蚊䗈難下觜
이제 큰 더위도 어찌 덤빌까　　　　　　　　　　蘊隆從此何所歸
【『모전毛傳』에 "텁텁하게 더운 날씨, 우렁차게 울리는 천둥소리, 바글바글한 열기들."이라고 하였다.(毛傳。蘊蘊而熱。隆隆之雷。虫虫而熱。)】

수령이 임기가 만료되어 교체되므로 이별의 시를 바치다
地主瓜遞呈別章

남녘 지방을 다스리며 여섯 해를 살았으니	撫字南州六年居
백성을 위로해 온 공적은 역사로 쓸 만하네	勞來功績史應書
온 마을에 복성이 두루 비추어	一路福星曾徧照
집집마다 그를 살아 있는 부처님이라 하였네	萬家生佛欲他如
그대 머물기를 원하는 백성들 길을 막고	願留可但民遮道
떠나려 하자 까치가 수레를 에워싸는구나	臨發將看鵲擁車
세상 밖을 오가며 사귀던 정 이제 끝날까	方外相從今已矣
머리를 돌리면 흐느낌을 감추지 못하겠네	不禁回首暗欷歔

홍명인 장로에게 드리다
贈洪溟仁長老

만경창파 너른 바다 달빛은 서리처럼 흰데	洪溟萬頃月如霜
갑자기 만나게 되니 할 말이 더 많구나	忽漫相逢意更長
천 리 밖 멀리 있어도 편지를 잊지 마시라	他日莫淹千里信
오늘 밤 함께 화로에 향을 태우며 빌었네	今宵共爇一爐香
거문고 소리에 춤추는 건 음광[277]의 버릇이며	聞琴起舞飮光習
거울 내려놓자 머리를 잊는 건 연야달다의 광기라네[278]	放鏡迷頭演夜狂
다시 한번 코끝에 묻은 파리 날개만큼의 회칠을 벗겨 내어야[279]	好是重來斲蠅翼
스님의 코에서는 다시 빛이 생겨나리라	衲僧鼻孔更生光

회포를 적다
紀懷

늙어 가면서 세상과의 인연은 더욱 적어져	晚來緣事少
언제나 판두방[280]에 누워만 있다네	常臥板頭房
부처님 법을 강하다가 몸은 다 늙었는데	講法身全老
참선하는 길은 아직도 멀기만 하네	參禪路更長
정신은 캄캄한 밤만 같은데	精神如暗夜
머리는 이미 서릿발처럼 세었구나	鬢髮已淸霜
이런 일은 사람이면 누구나 당하는 일	此事人皆爾
내게 닥쳤다고 가슴 아플 것은 아니라네	相逢莫歎傷

황 수사에게 올리다
呈黃水使

아, 장군께서는 늙을수록 더욱 굳세어지시니	於鑠將軍老益剛
조정에서 특별히 명을 내려 남방을 맡기셨네	朝家特命殿南方
가슴은 넓고 넓어 운몽雲夢[281]을 삼킬 듯	胸襟浩浩吞雲夢
이마는 훤한 것이 태항산太行山[282]이 솟은 듯	眉宇津津秀太行
정찬포鼎弗浦 바닷물 소리 밤새 베갯머리에 들리고	鼎弗潮聲來夜枕
옥주산[283] 그림자 봄날 술잔 속으로 들어오네	沃洲山影入春觴
태평한 시절에 어찌 전쟁을 말할까	時淸豈有論兵事
세월만 귀밑머리에 서릿발을 내리고 지나가네	歲月交磨鬢似霜

임 대아[284]에게 주다
贈林大雅

나는 그대를 잊고 그대 또한 나를 잊어	我亦忘君君亦忘
오랜만에 서로 마주하니 둘이 모두 잊었구나	悠然相對兩相忘
잊는 가운데도 잊어서는 안 될 것이 있으니	忘中亦有難忘了
자기를 잊어야 그야말로 정말 큰 잊음이라네	此物忘時是大忘

『연담대사임하록』 제2권 끝

林下錄卷之二終

시는 성정에 근본을 두고 마음속의 깨달음을 말로 드러낸 것이기에, 저절로 성률聲律에 합치된다. 그렇기에 서역으로부터 우리나라에 이르기까지 공부가 뛰어난 고승들은 다 시구로 게송을 지었으니, 이는 모두 깨달음으로 말미암아 표현하게 된 것이다.

　그렇기 때문에 우리 화상께서 평생 동안 경전을 강의하는 여가에, 혹 선비나 스님과 주고받은 시와 혹은 온화한 바람과 밝은 달을 보고 느낀 시, 그리고 문文과 부賦 등은 모두 깨달음으로 말미암아 성정에서 나온 것이다. 구구절절 많으면 많을수록 더욱 보배가 되니, 참으로 세상을 놀라게 할 만한 희귀한 소리라 하겠다. 수양제隋煬帝의 야광주처럼, 곤륜산의 옥돌처럼 빛나니, 어떻게 집안에만 둘 수 있겠는가.

　이런 까닭에 이 글을 장인의 손을 빌려 인쇄에 부치니, 이 글이 비단 불가 안에서만 전해 읽을 문장이 아니라 그의 성정을 천년 뒤에까지도 볼 수 있는 귀중한 글이기 때문이다.

　가경嘉慶 4년 기미(1799)[284] 4월 어느 날에, 문인 영월 계신靈月誡身은 삼가 발문을 쓴다.

　손제자孫弟子 완호 윤우玩湖尹祐가 삼가 글씨를 썼다.

夫詩本性情。心有悟而發於言者。自諧聲律故。自西天至東土。絶代高僧。咸有句偈。皆由悟而所發也。然則我和尙。平生講經之餘。或儒釋唱酬之所應。或光風霽月之所悩。詩若文賦。亦由悟而發於性情也。言言句句。愈多而愈珍。眞可謂驚世稀聲。隋珠崑玉。何置廡下乎。是以倩工入榟。非但爲傳家之文采。亦貴見性情於千載之下。

　嘉慶四年己未四月日。門人靈月誡身謹跋。

　孫弟子玩湖尹祐謹書。

참제자懺弟子 : 해월 도일海月道日, 봉암 계준鳳岩桂畯, 퇴암 성봉退岩性蓬, 와운 의현臥雲義賢, 화담 유규花潭有奎, 용파 성탄龍坡性綻, 운담 대일雲潭大日, 목암 환웅牧庵煥雄, 영파 충신影波忠信, 평담 재의平潭再宜, 환응 지성喚應止性, 팔송 승혜八松勝惠, 오운 기영五雲琪永, 청담 석홍淸潭碩洪, 정월 계익定月戒益, 상파 세찬霜坡世賛, 명허 치홍冥虛致鴻, 용암 윤성龍岩允成, 도봉 홍준道峯弘俊, 완호 윤우玩湖尹祐, 망해 하일望海襀鎰, 영주 등한影洲等閑, 송악 우신松岳佑愼, 해붕 전령海鵬展翎, 영담 최우影潭最佑, 용허 석민龍虛碩旻, 승화勝華, 지언智彦, 근철謹哲, 내총乃摠, 삼름三凛, 긍수亘修, 응윤應允, 여척如倜, 승찬勝賛, 두성斗性, 인석仁碩, 봉선奉善, 찬훈賛訓, 순정舜定, 윤현允賢, 민학旻學.

문제자門弟子 : 퇴운 각홍退雲覺洪, 금암 월미錦庵月彌, 해봉 화인海峯華仁, 완해 견현玩海見賢, 백련 도연白蓮禱衍, 만암 환여萬庵幻如, 정월 시철定月時掇, 홍파 타민洪波妥旻, 의암 찬인義庵璨仁, 만봉 준익萬峯俊益, 벽련 경진碧蓮慶進, 청담 창관淸潭暢寬, 혜월 제해慧月濟海, 미봉 보한眉峯甫垾, 영월 계신靈月誠身, 병암 취겸柄庵就謙, 평암 하연平岩夏衍, 화운 인우華雲仁佑, 백봉 정선栢峯正宣, 자월 계철慈月戒哲, 환암 혁인煥庵炼印, 야운 봉윤野雲奉允, 원봉 대철圓峯大哲, 양악 계선羊岳戒琁, 금담 보명金潭普明.

상좌上佐 : 학추學湫, 취찬趣賛.

각공刻工 : 연관演寬, 신삼愼森, 환명幻溟, 품삼品森, 순성順性, 성해性海.

전라도 영암靈岩 미황사美黃寺에서 개간하고, 해남海南 대둔사大芚寺에 판목을 옮겨 두었다.

懺弟子。海月道日。鳳岩桂畯。退岩性蓬。臥雲義賢。花潭有奎。龍坡性綻。雲潭大日。牧庵煥雄。影波忠信。平潭再宜。喚應止性。八松勝惠。五雲琪永。淸潭碩洪。定月戒益。霜坡世賛。冥虛致鴻。龍岩允成。道峯弘俊。玩湖尹祐。望海襀鎰。影洲等閑。松岳佑愼。海鵬展翎。影潭最佑。龍虛碩旻。勝華。智彦。謹哲。乃摠。三凜。亘修。應允。如個。勝賛。斗性。仁碩。奉善。賛訓。舜定。允賢。旻學。

門弟子。退雲覺洪。錦庵月彌。海峯華仁。玩海見賢。白蓮禱衍。萬庵幻如。定月時揆。洪波妥旻。義庵瓚仁。萬峯俊益。碧蓮慶進。清潭暢寬。慧月濟海。眉峯甫埠。靈月誠身。柄庵就謙。平岩夏衍。華雲仁佑。栢峯正宣。慈月戒哲。煥庵烋印。野雲奉允。圓峯大哲。羊岳戒璇。金潭普明。

上佐。學湫。趣賛。

刻工。演寬。愼森。幻溟。品森。順性。性海。

全羅道靈岩美黃寺開刊。移鎭于海南大芚寺。

주

1 공조판서(工曹) : 국가의 토목이나 건축에 관한 공무를 맡아보던 공조工曹의 장관을 말한다.
2 혼인(瓜葛) : 오이(瓜)와 칡(葛)은 덩굴이 서로 엉클어져 뻗으므로, 인척姻戚 관계를 가리키는 말로 쓰인다. 과갈지친瓜葛之親, 과갈지의瓜葛之誼와 같이 쓰인다.
3 세 벗 : 문방사우는 종이(紙)·붓(筆)·벼루(硯)·먹(墨)인데, 여기서 벼루를 제외한 세 가지를 말한다. 이 시는 문방사우를 의인화하여 읊은 것이다.
4 붓(毛穎) : 일명 모추자毛錐子라고 한다. 고대에 토끼털로 붓을 만들었기 때문에 이렇게 표현한 것이다. 영穎은 붓끝이 뾰족하다는 뜻이다. 진시황이 붓을 좋아하여서 중서령中書令에 봉했다 하여, 중서군中書君이라고도 하였다. 한유韓愈의 「모영전毛穎傳」에 나온다.
5 먹이란 게~발꿈치에 이르렀네 : 묵자墨子는 전국시대의 사상가로서, 겸애주의兼愛主義를 제창하였다. 천하에 유익한 일이라면 이마를 갈아 발꿈치까지 이르더라도 해야 한다고 주장하였다. 여기서는 사람들을 위해 몸체를 갈아서 먹물을 만들어 내는 먹을 겸애주의자인 묵자에 비교한 것이다.
6 벼루만이 갈아도~살려 하네 : 『논어論語』「양화陽貨」에 "단단하다 하지 않으랴, 갈아도 얇아지지 않으니. 희다고 하지 않으랴, 검은 물을 들여도 검어지지 않으니.(不曰堅乎。磨而不磷。不曰白乎。涅而不緇。)"라고 되어 있다. 군자君子는 닳지 않고 물들지 않듯이 세상의 어떠한 유혹에도 본심과 그 바른 처신을 잃지 않는다는 말이다.
7 연리掾吏 : 말단의 행정을 담당한 사람으로, 서리胥吏·아전衙前이라고도 한다.
8 시 한 수(潦草) : 이규경李圭景의 『오주연문장전산고五洲衍文長箋散稿』「서독항용자변증설書牘恒用字辨證說」에 "요즘 편지에 요초潦草라는 말로 초서로 휘갈겨 쓰는 것을 가리키고 있으나 역시 잘못된 것이다. 여종옥呂種玉의 『언청言鯖』에 '문사文士가 일을 촉박하게 하는 것을 노초佬悼라 한다.'고 하였고, 육기陸機의 『문부文賦』에는 '촉박하고 산만하여 짝을 잃었다.(佬悼瀾漫失儔)'는 말이 보인다."라고 하였다.
9 삼생석三生石 : 당나라 이원李源은 원관圓觀 스님과 친했다. 삼협三峽에서 함께 노닐 때에, 물을 푸고 있는 부인을 보고서 원관이 말하길 "저 애기를 밴 부인의 성이 왕씨王氏인데 바로 내가 몸을 의탁할 사람이다. 12년 후에 천축산天竺山 밖에서 만나기로 하자."라고 하였다. 그러고는 과연 그날 저녁에 원관은 죽고 애기를 밴 부인은 애기를 낳았다. 12년 뒤에 이원이 그 장소에 가 보니, 어떤 목동이 노래를 부르길 "삼생석 위에 옛 정을 품은 혼백, 달을 감상하고 바람을 읊는 일이야 논할 필요도 없지. 옛 친구가 멀리서 찾아오는 것 부끄럽구나, 이 몸 비록 달라졌어도 성품이야 그대로 있는 것을.(三生石上舊情魂。賞月吟風不要論。慚愧情人遠相訪。此身雖異性長存。)"이라고 하였다. 이 노래를 듣고 이원은 바로 목동이 원관의 후신後身이라는 것을 알았다고 한다. 후세 사람이 천축사天竺寺 뒷산에 있는 삼생석이 이원과 원관이 만난 장소라고 하였다.
10 자천子賤 : 공자의 제자 복불제宓不齊의 자字가 자천이다. 단보單父의 재상宰相이 되어, 당堂에서 내려오지 않고서 거문고를 타면서 교화를 하였다고 한다. 『사기史記』 제67권에 나온다.
11 장유長孺 : 한漢 무제武帝 때 사람으로, 이름은 급암汲黯이며, 자는 장유이다. 곧은 말

을 잘했던 사람으로 유명하다. 『漢書』 제51권에 나온다.
12 황패黃霸 : 한나라 선제宣帝 때 영천 태수로 발탁되었는데, 치적이 당대에 으뜸이었다고 전한다. 『前漢書』 제19권에 나온다.
13 천년의 사적이~되었기 때문이라네 : 진시황은 죽지 않으려는 욕심에, 방사方士들의 말을 듣고 어린 남녀 3천 명과 서불徐巿 등을 동해로 보내어 불사약不死藥을 캐오도록 하였지만, 그들은 끝내 돌아오지 못했다. 전설에 그들이 제주도에 와서 약을 캤다고도 하고, 또는 일본 열도에 들어가 살았다고도 한다. 여기서는 그런 일이 우습다는 말이다.
14 만연사萬淵寺 : 전라남도 화순에 있는 절이다.
15 좋은 자질(斐成章) : 좋은 비단의 문채를 이루듯이 사람의 타고난 바탕이 좋다는 말이다. 『論語』 「公冶長」에 나온다. 이 시의 작자가 고향에 가서 보니, 그곳의 자제들이 공부를 잘하고 있다는 뜻으로 한 말이다.
16 능연각凌烟閣에 오르는 일 : 공신으로 이름을 떨쳐 능연각에 오르는 영광을 말한다. 과거 봉건시대에 공신을 표창하고 능연각에 공신의 초상화를 그려 넣었기에 하는 말이다.
17 〈백설곡白雪曲〉 : 〈陽春白雪曲〉이라고도 한다. 초楚나라의 수도 영郢에서 연주하던 가장 고상하다는 가곡의 이름으로, 훌륭한 사람의 언행은 평범한 사람이 이해하기 어려움을 비유적으로 이르는 말이다. 송옥宋玉의 「對楚王問」에 나온다.
18 파인巴人의 노래 : 촌구석인 파촉巴蜀 사람이 부르던 노래라는 뜻으로, 수준이 낮은 유행가를 말한다.
19 〈죽지사竹枝詞〉 : 민간 풍속을 읊은 악부로, 역시 평범한 노래라는 뜻이다.
20 단성식段成式 : 당나라의 문인으로 시를 잘 지었다. 당대에는 그의 명성이 이상은李商隱이나 온정균溫庭筠과 견줄 만하였다. 저서에 『酉陽雜俎』가 있다.
21 시 짓는~『시경』과 같아졌네 : 육의六義는 『詩經』의 풍風·아雅·송頌·흥興·부賦·비比를 말하는 것이다. 『周南』은 시경의 편명으로, 주周 문왕文王의 교화를 노래한 것이다. 『詩經』의 첫머리에 있다.
22 붉은 휘장(絳帳) : 후한後漢 마융馬融이 붉은 비단 휘장을 쳐 놓고 제자들을 가르쳤다고 한다. 후세에 제자를 가르친다는 뜻으로 이 말을 썼다. 강사장絳紗帳이라고도 한다.
23 광산匡山 : 강서성江西省 북쪽에 있는 여산廬山의 별칭. 광려匡廬라고도 한다. 은주殷周시대 때 광유匡裕라는 신선이 이 산에서 여막을 짓고 살았으므로 이렇게 불린다.
24 동교東膠 위에서~남쪽을 유람하였었지 : 동교는 원래 주周나라 때의 대학으로, 학당의 동쪽에 있는 건물이라는 뜻인데, 옛날에 학당의 동쪽에는 양반의 자제가 기숙하였고, 서쪽에는 서얼이나 평민의 자제가 기숙하였다. 그 위에서 가르친다고 한 것은 더없는 최고의 가르침을 베풀었다는 뜻이다. '북두성의 남쪽'이란 말은, 북두성은 최북단에 있는 별인데 그 남쪽이라고 하였으니, 온 세상이라는 뜻이다.
25 강남의 시풍(江左) : 강좌江左는 양자강의 하류 남안南岸을 이르는 말이다. 동진東晉과 제齊나라, 양梁나라, 진陳나라가 이곳에 도읍을 하였기 때문에 남조南朝라고 칭하며, 곧 강남을 말한다. 한漢나라와 위魏나라 시대의 시를 고체古體라고 하고, 동진 이후의 시를 금체今體라고 하였다.
26 육방옹陸放翁(劒南) : 검남劒南은 남송南宋 시대의 시인 육유陸游(1125~1209)의 시집인 『劍南集』을 말한다. 방옹放翁은 육유의 호이다.

27 회암晦庵 : 주자朱子를 말한다.
28 여덟 번~끼는 사이 : 시를 빨리 짓는다는 뜻이다. 『全唐詩話』에 "온정균溫庭筠은 언제나 손을 여덟 번 팔짱을 끼는 사이에 8운韻을 다 지어내니, 당시 사람들이 온팔차溫八叉라 불렀다."라고 하였다.
29 예를 올렸네(和南) : 화남和南은 합장하고 예배하는 것이다.
30 백화담百花潭 : 사천성 성도 밖에 있는 완화계浣花溪를 말하니, 명나라 때 어느 부인이 늙은 승려가 물에 빠져 옷이 젖은 것을 빨아 주었는데, 그때 갑자기 연못 가득히 백화가 떠 있었다 하여 이름을 백화담이라 하였다고 한다. 당나라 때 시인 두보가 이곳에 초당을 짓고 한동안 기거하였다. 여기서는 조 상사의 시가 시성詩聖인 두보의 시에 그 연원을 두고 있다는 뜻이다.
31 금체시(白戰) : 백전白戰은 시인이 시재詩才를 겨루기 위해 시를 지을 때에 그 시제詩題에 밀접한 관계가 있는 글자를 쓰지 않도록 하는 시작 방법으로 금체시禁體詩라고도 한다. 예를 들어 눈(雪)에 관련된 시를 지을 때에 옥玉·은銀·려麗·서絮·로鷺·학鶴 같은 글자를 쓰지 않는 것이다. 구양수歐陽修, 소식蘇軾 등이 이 방법을 즐겨 사용하였다.
32 사해四海와 미천彌天 : 진晉나라 습착치習鑿齒와 도안道安 법사를 말한다. 도안 법사가 양양襄陽에 있을 때에 습착치가 찾아와서 "나는 천하에 습착치라고 하는 사람이요.(四海習鑿齒)"라고 소개하자, 도안은 "나는 하늘을 꽉 채우고 있는 도안이요.(彌天釋道安)"라고 대답했다고 한다. 『高僧傳』에 기록되어 있다. 여기서는 도안과 습착치처럼 한 번 보고 서로를 알아보는 좋은 관계였다는 것을 말한 것이다.
33 수양제의 명월주(隋珠) : 수양제隋煬帝가 어느 날 뱀이 상처가 난 것을 보고 약을 발라 구해 주었더니, 뱀이 물속에서 명월주明月珠를 물어 와 은혜에 보답하였다. 이 구슬은 변화卞和의 옥과 함께 천하의 보배가 되었다. 여기서는 주인이 훌륭한 지식을 간직하고 있다는 말이다.
34 나를 단속하는(約我) : 안자는 그의 스승 공자께서 가르치는 방법을, "차근차근 순서에 따라 이끌어서 글로써 나의 지식을 넓히시고, 예로써 나의 행동을 단속하게 하신다.(夫子。循循然善誘人。博我以文。約我以禮。)"라고 하였다. 『論語』「子罕」에 나온다.
35 하늘을 날건~따지지 않는다네 : 『莊子』의 「逍遙遊」에 보면 "북쪽 바다에 곤鯤이란 고기가 있는데, 크기가 몇 천 리나 된다. 이것이 변하면 붕鵬새가 되는데 등의 넓이가 역시 몇 천 리나 된다. 계절이 바뀌고 바닷물이 옮겨지면 하늘로 올라 남쪽 바다로 갔다. 그런데 이때 비둘기가 붕새를 보고 생각하기를 '어떻게 하면 저렇게 하늘까지 날까? 나는 힘껏 날아 봐도 겨우 느릅나무 위까지밖에는 날지 못하는데.'라고 탄식하였다."라고 하였다. 여기서는 세상에 나가 출세하건 혹은 비둘기처럼 졸렬하게 지내건 따지지 않는다는 뜻으로 썼다.
36 부처님(瞿曇) : 구담瞿曇은 석가모니 붓다의 본명인 Gautama Siddhārtha를 음사한 구담실달瞿曇悉達에서 연유한 것이다.
37 쇠공이(鐵杵)를 갈았고 : 이태백이 어려서 산에 들어가 글을 읽다가 마치지 못하고 집으로 돌아오고 있었다. 태백은 길에서 어느 노파가 쇠로 만든 방아공이를 갈고 있는 것을 보고 그 이유를 물었다. 노파는 "바늘을 만들려고 갈고 있다."라고 대답하였다. 태백이 그 말에 감동되어 다시 산으로 들어가 공부를 마치고 돌아왔다고 한다. 『潛確類

書」에 나온다.

38 도부桃符 : 새해 아침이면 복숭아나무로 만든 판자 두 개에 각기 신도神茶와 울루鬱壘 두 신神의 이름을 써서 방문 옆에 달아 둠으로써 악귀를 물리치는 풍속이 있었다. 후세에는 도부가 입춘 때 기둥에 써 붙이는 '춘련春聯'을 이르는 말로 쓰였다.

39 도소주屠蘇酒 : 설날에 마시면 사기邪氣를 물리치고 장수한다는 도소屠蘇를 넣은 약주인데, 섣달 그믐날 밤에 이 술을 마시는 풍습이 있다. 일설에는 옛사람이 도소옥屠蘇屋에서 술을 만들었으므로 도소주라 한다고도 한다. 『荊楚歲時記』에 따르면, 당나라 때 손사막孫思邈이 도소주방屠蘇廚房을 만들었다고 한다.

40 주사위(雉盧) : 치雉와 노盧는 저포희樗蒲戱라고 하는 백제 때에 있었던, 나무로 만든 주사위 같은 것을 던져서 승부를 내는 놀이의 가장 좋은 패이다. 후세에 저포는 윷놀이를 뜻하는 말로도 쓰였다.

41 서석瑞石 : 전라남도 광주 무등산의 서석대瑞石臺를 말한다. 이 서석대의 경치 때문에 무등산을 서석산이라 부르기도 한다.

42 규봉圭峯 : 무등산 장불재에서 동쪽으로 약 2킬로미터쯤에 있는 봉우리이다. 원래 규봉이란, 절 입구에 우뚝 솟은 세 개의 돌기둥이 마치 임금 앞에 나갈 때 신하가 들고 있는 홀같이 생겨서 이를 한자로 취하여 규봉이라 한 것이다. 이 바위를 또 삼존석三尊石이라 부르는데, 여래존석·관음존석·미륵존석으로 불리며, 도선 국사가 명명했다고 전한다.

43 지공指公이 남긴 자갈 : 무등산에 있는 지공指空너덜을 말한다. 너덜은 지구의 화산활동이 활발했을 무렵 땅 속의 바위들이 솟아오르면서 용암이 되어 흐르다가 식어 버리자, 산비탈을 따라 미끄러져 내려와 쌓여 형성된 것으로, 한마디로 돌무더기라고 할 수 있다. 지공너덜은 산의 정상에서 동남쪽으로 3킬로 남짓한 지점에 있으며, 너덜 안에는 보조석굴普照石窟과 석불암石佛庵 터가 있다. 인도의 승려 지공指空 대사가 이곳에 와서 석굴을 만들고 많은 제자에게 불법을 가르치면서 좌선수도하다가 그의 법력으로 수없이 많은 돌을 이곳에 깔아 놓았기에 누가 어느 돌을 밟아도 덜컥거리지 않는다는 전설이 전해져 내려오고 있다.

44 대부송大夫松이 없으니 우습구나 : 진시황이 태산에 올라 봉선封禪하고 내려오다가 비를 만나자, 큰 소나무 밑에서 비를 피하였다. 그리하여 그 소나무에게 대부大夫라는 벼슬을 주었다. 여기서는 옛 자취가 남은 천자의 돌은 남아 있는데, 대부송이 없기에 웃었다는 말이다.

45 굴러다니는 쑥대(轉蓬) : 쑥대가 뭉쳐서 바람에 굴러가는 것을 말한다. 『後漢書』「車服志」에 "상고시대 때 성인이 쑥대가 뭉쳐서 바람에 굴러가는 것을 보고 바퀴를 만들었다."라고 하였다. 고향을 떠나 이리저리 떠돌아다님을 비유한 말로 쓰인다.

46 천초川椒 : 산초나무를 말한다.

47 이 말은 1년에 입춘이 두 번 들면, 하늘도 할 일이 많아 다음 해 정월 초하루에 입춘이 들게 하였다는 말이다.

48 율관律管의 재를 날리니 : 율관은 본래 음률을 측정하는 대나무를 말하는데, 대나무관에 재를 불어 넣어 절기를 측정하는 기구로도 쓰인다. 여기서는 정월 초하루에 율관을 가지고 절기를 측정하니 입춘이 들어 봄이 되었다는 뜻이다.

49 도연명의 국화(元亮菊) : 원량元亮은 도연명을 가리킨다. 도연명의 〈飮酒〉라는 시에

"동쪽 울타리 아래에서 국화를 꺾어 그윽하게 남산을 바라보누나.(采菊東籬下。悠然見南山。)"라는 구절이 있다.

50 맹호연孟浩然의 매화 : 당나라 시인 맹호연의 〈踏雪尋梅〉라는 시에 "아득한 겨울 하늘 눈꽃이 나부끼고, 큰 눈은 오리털처럼 휘날리는데, 호연은 바람과 추위를 무릅쓰고, 눈 밟으며 매화 찾아 떠돌아다니네.(數九寒天雪花飄。大雪紛飛似鵝毛。浩然不辭風霜苦。踏雪尋梅樂逍遙。)"라고 하였다.

51 연산혈連山穴에서는 종유석이 다시 나오고 : 석종유石鍾乳란 탄산석회를 함유한 물이 바위틈에서 흘러내려 응고된 고드름을 말하는 것으로, 약재로 사용한다. 연산連山에서 석종유가 생산되었는데, 탐욕스러운 지방관이 오자 석종유가 나오지 않았고, 뒤에 선정을 베푸는 수령이 오자 다시 나왔다는 말이 전한다. 유종원柳宗元의「零陵郡復乳穴記」에 나온다.

52 합포合浦에서는 다시~나와야 하리라 : 합포는 진주가 많이 생산되는 곳으로 유명하였다. 그러나 탐욕스러운 태수가 부임해 오자 나지 않게 되었고, 얼마 뒤 맹상孟嘗이 태수로 가서 선정을 베풀자 다시 나왔다고 한다. 곧 선정을 베풀어서 자연도 조화를 이루어 도와주는 경지까지 도달해야 한다는 말이다.『後漢書』「孟嘗傳」에 나온다.

53 능숙한 백정보다~능숙하여야 한다 : 소를 잡는 백정이란 말은 기술이 신의 경지에 도달한 것을 이르는 말이다.『莊子』에 보면, 백정이 소를 잡을 때에 서투른 백정은 칼날의 이만 자꾸 빠뜨려 자주 칼을 갈아야 하지만, 능숙한 백정은 뼈의 연결 마디를 잘 알아 19년이나 칼을 갈지 않고 써도 칼이 무더지지 않았다고 한다. 여기서는 정치를 잘 하려면 능숙한 백정보다 더 능숙하여야 한다는 말이다.『莊子』「養生主」에 나온다.

54 소 잡는~데 쓴다 : 공자의 제자 자유子游가 무성武城의 수령이 되어 가서, 거문고를 타면서 마을을 다스렸다. 공자가 거문고 소리를 듣고 웃으며 이르기를 "닭을 잡는 데 어쩌자고 소 잡는 칼을 사용했느냐."라고 하였다. 이 말은 이상적인 정치를 하려는 자유의 재능을 자그마한 고을에 등용하니 어울리지 않는다는 말이다. 여기서도 수령으로 온 사람이 인품과 재능이 훌륭하여 작은 고을을 다스리기에는 아깝다는 말이다.『論語』「陽貨」에 나온다.

55 서과西果 : 서과는 보통 수박을 말한다. 저자는 서과가 포도라고 생각하고 이 시를 쓴 것으로 보인다.

56 팔월에 뗏목을~사신을 따라왔으니 : 한 무제는 흉노의 해를 근심한 나머지 서역과 화친하여 흉노를 협공하려고 하였다. 이때 사신으로 간 사람이 장건張騫이었다. 장건이 여러 해 만에 여행을 마치고 중국으로 돌아왔는데, 이때 포도가 그들을 따라 서역에서 중국으로 들어왔다고 한다. 여기서 팔월은 사신이 팔월에 중국에 돌아왔기에 하는 말로 보인다.『漢書』제61권에 나온다.

57 삼신산에 약초~동자를 비웃겠네 : 진시황은 오래 살려고 동남동녀童男童女 3천 명과 서불徐市에게 동해의 삼신산三神山에 들어가 불사약을 캐 오도록 명하였다. 여기서는 포도는 서역에서 중국으로 왔는데, 중국에서는 불로초를 구하러 동쪽으로 동남동녀를 보냈다니 우습다는 말이다.

58 얼음 같은~있을 터이니 : 사마상여司馬相如가 효문원孝文園의 영令이 되었었기에 문원文園은 사마상여를 가리키는 말이다. 그는 만년에 소갈消渴병을 앓다가 죽었다. 소갈은 지금의 당뇨병이다. 당뇨병에는 물을 많이 먹기 때문에 포도를 많이 먹어 수분을

섭취한다면 병을 낫게 할 만하다고 한 말이다. 『史記』「司馬相如傳」에 나온다.
59 이슬을 받아먹던~헛수고가 되었으리라 : 한 무제는 신선이 되고 싶어 하여 방사方士들의 말을 듣고 건장궁建章宮 위에 동반銅盤을 만들어 이슬을 받아먹었다. 여기서는 포도송이가 이슬이 맺힌 것과 같으니 포도를 먹었으면 되었을 것인데, 부질없이 승로반承露盤 같은 것을 만들어 이슬을 받았다는 말이다.
60 잡았다 놓았다 마음대로 하는구나 : 삼국시대 제갈공명諸葛孔明은 추장酋長 맹획孟獲을 일곱 번 사로잡았다가 일곱 번 놓아주었다. 그리고 마침내 맹획은 제갈량에게 항복하였다. 여기서는 종사宗師와 선禪을 토론하는 사이에 마음을 끌었다 놓았다 한다는 말이다. 황정견黃庭堅의 〈吉老十小詩〉에 답한 시에 "담선극칠금담禪劇七擒"이라 하였고, 사용史容의 주에 "선문답을 토론하는 것에 비유하면, 공명이 맹획을 일곱 번 놓아주고 일곱 번 사로잡는 것과 같다."라고 하였다.
61 임금을 위해 목숨을 바쳐(酬君褥蟻) : 욕의褥蟻는 은殷나라의 사상례士喪禮에 붉은 천으로 관棺 덮는 이불을 만들고, 이불 네 모서리에다 여러 마리의 오고 가는 개미 형상을 그렸던 데서 온 말이다. 임금을 위해 죽는 것을 말한다. 『禮記』「檀弓」에 나온다. 『戰國策』「楚策」에서는 "안릉군安陵君이 울면서 '대왕께서 돌아가신 후에는 이 몸도 황천에 함께 가서 개미를 막는 돗자리가 되려 합니다.'라 했다."라고 하였다.
62 까마귀를 보며~생각 간절하네 : 까마귀(反哺禽)는 새끼일 때에 어미가 60일 동안 먹이를 물어다 준다고 한다. 새끼는 여기에 보답하기 위하여 다 자란 뒤에는 60일간 어미에게 먹을 것을 물어다 준다고 한다. 『本草綱目』「慈烏」에 나온다.
63 산 위에~말하지 말라 : 공자는 동산東山에 올라가 보고 노魯나라가 작다고 하였고, 태산泰山에 올라 보고는 천하가 작다고 한 적이 있다. 『孟子』「盡心 上」에 나온다.
64 선인장봉仙人掌峯 : 화산華山에서 가장 높은 봉우리의 이름이다.
65 조룡祖龍 : 조祖는 처음이라는 뜻이고 용龍은 임금의 상징이니, 진시황을 말한다.
66 청련자青蓮子 : 이백李白의 호이다. 이백은 화산의 낙안봉落鴈峯에 올라서 "이 산이 가장 높으니 호흡하는 기운이 상제上帝의 자리와 통할 것이다."라고 생각하였다. 사조謝朓의 유명한 시를 가지고 오지 못한 것이 한이 되니, 머리를 긁으면서 푸른 하늘에 물을 뿐이라고 하였다. 『事文類聚』「華山」에 나온다.
67 봉선封禪 : 봉토封土를 쌓아 하늘에 제사 지내며, 땅을 깨끗이 쓸고 산천에 제사 지내는 일을 말한다.
68 소보巢父와 허유許由 : 중국 고대의 대표적인 은사이다. 요임금이 허유에게 천하를 선양하려고 하니, 허유가 산골짜기로 도망하여 더러운 소리를 들었다고 귀를 씻었다. 소보가 소에게 물 먹이러 왔다가 허유의 귀 씻은 물이 더럽다고 상류로 올라가서 물을 먹였다고 한다.
69 주자의 〈南岳〉에서 "막걸리 석 잔(三盃)에 호탕한 흥이 발동하여 낭랑히 시를 읊으며 축융봉을 내려오네.(濁酒三盃豪興發。朗吟飛下祝融峯。)"라고 하였다.
70 한유韓愈가 형악衡嶽에 올라 지은 〈謁衡嶽廟遂宿嶽寺題門樓〉라는 시에 "내가 찾아온 것은 마침 가을비 내리는 계절이라, 음기가 어둑하건만은 씻어 낼 맑은 바람도 없네. 마음을 가라앉히고 말없이 기도(默禱)를 올리니 뭔가 반응이 있는 듯도, 신명이 어찌 정직한 자의 기도를 들어주지 않겠는가. 조금 있자 운무가 개며 드러나는 뭇 봉우리, 쳐다보니 우뚝하게 창공을 버티고 있구나.(我來正逢秋雨節。陰氣晦昧無清風。潛心

默禱若有應。豈非正直能感通。須臾靜掃衆峯出。仰見突兀撑青空)"라고 하였다.『韓昌黎集』권3에 나온다.

71 삭방朔方 : 방향을 이를 때에 북극을 가리키는 말이다. 중국 섬서성陝西省 서북방을 가리키는 말로도 쓴다.
72 조양趙襄 : 조양자趙襄子를 말한다. 양자襄子는 진晉나라 조간자趙簡子의 작은 아들 조무휼趙無恤의 시호이다.
73 궐리闕里 : 공자가 태어나고 죽은 곳이다. 공자는 만년에 이곳에서『詩經』과『書經』을 정리하고,『春秋』를 지었다.
74 청원淸原 선사 : 청원 행사淸原行思. 육조六祖 혜능慧能의 법을 이었다. 혜능의 문하에 청원과 남악南岳 두 제자가 있어 2대 법통이 나왔는데, 청원의 법은 조계曹溪로 흘렀고, 남악의 말류末流는 임제臨濟가 되었다.
75 주처周處 : 진晉나라 때 사람으로, 용력勇力이 뛰어난 데다 멋대로 행동하였으므로 고장 사람들이 주처와 남산南山의 호랑이, 장교長橋 밑의 교룡蛟龍을 합쳐 세 가지 큰 해害라고 일컬었다. 주처가 나중에 마음을 고쳐 호랑이와 교룡을 죽이고 뜻을 세워 학문을 연마한 후에 어사중승御史中丞에 올랐고, 제齊나라가 반란하자 토벌에 참가하였다가 전사戰死하였다. 시호는 효후孝侯이다.
76 기산歧山 : 중국의 섬서성陝西省 기산현歧山縣 동북쪽에 있다. 주周 문왕文王 때에 이 산에서 봉황이 울었다고 한다.
77 할작鶡雀 : 꿩과에 속하는 산새 이름이다. 한漢나라 때 경조윤京兆尹 장창張敞의 집에 있던 할작이 승상부丞相府에 날아가 모이니, 사람들이 봉황이 날아왔다고 오인하였다 한다.『漢書』「黃霸傳」에 나온다.
78 오동나무 열매를~둥지가 낡았구나 : 봉황은 대나무의 열매가 아니면 먹지 않고, 오동나무가 아니면 둥지를 틀지 않는다고 한다.
79 검은 치마~울어 대니 : 소동파蘇東坡의〈後赤壁賦〉에 "때는 한밤중이라 사방을 둘러보아도 조용하더니, 마침 외로운 학이 동쪽에서 강을 가로질러 날아오는데, 날개는 수레바퀴처럼 크고 검은 치마에 흰 저고리를 입은 채로 끼룩끼룩 길게 소리 내어 울면서 나의 배를 스쳐 서쪽으로 날아갔다.(時夜將半。四顧寂寥。適有孤鶴。橫江東來。翅如車輪。玄裳縞衣。戞然長鳴。掠予舟而西也)"라고 하였다.
80 정령위丁令威 : 한漢나라 때 사람으로, 신선의 술법을 배워 학으로 변해서 하늘로 올라갔다고 한다. 뒤에 요양성遼陽城 문루에 내려와 앉았는데, 어떤 소년이 활을 겨누어 쏘려고 하자, 날아오르면서 말하길 "새야, 새야, 이 새는 정령위라네. 집 떠난 지 천 년만에 다시 돌아왔다네. 성곽은 옛날과 같건만 사람들은 다 옛사람이 아니로구나. 어째서 신선을 배우지 아니하고 여기저기 무덤이 되었는가(有鳥有鳥丁令威。去家千年今始歸。城郭如古人民非。何不學仙塚壘壘)"라고 하였다.
81 초산楚山 : 전라북도 정읍시 시기동에 있는 산이다.
82 괴안국槐安國 베개 : 당나라 순우분淳于棼이 낮에 느티나무 아래에서 잠을 자다가 괴안국에서 노니는 꿈을 꾸었다. 괴안국 공주와 결혼하여 남가군南柯郡의 태수가 되고 영화를 누리면서 살았는데, 깨고 보니 꿈이었다는 고사이다. 남가일몽南柯一夢이라고 한다. 이공좌李公左의「南柯記」에 나온다.
83 신통(游刃) :『莊子』「養生主」에 포정庖丁이 문혜군文惠君을 위하여 소를 잡는데, 문혜

군에게 말하기를 "신의 칼이 19년을 지내 오는 동안에 소를 잡아 분해한 것이 수천 마리지만, 칼날이 새로 숫돌에 갈아 놓은 것 같습니다. 그 마디는 틈이 있고 이 칼날은 무디지 않으니, 무디지 않은 칼로 틈이 있는 데를 찾아 들어가면, 그 칼날을 놀리는 데 있어 반드시 여지가 생깁니다."라고 하였다. 그래서 맡은 일을 잘 처리하는 것을 유인游刃이라 한다.

84 안자顔子건 천리마건~것이라 믿으며 : 『晉書』「虞溥傳」에 "천리마가 되기를 바라는 말은 또한 천리마가 될 것이며, 안자가 되기를 바라는 무리는 또한 안자의 무리가 될 것이다.(希驥之馬。亦驥之乘。希顔之徒。亦顔之倫也。)"라고 하였다. 여기서는 진실로 하려는 마음을 먹으면 이루어진다는 말이다.

85 순임금이 누구인가~있다 생각하였네 : 성현의 경지에 오를 것이라고 다짐하여 뜻을 세우는 말이다. 『孟子』「滕文公 上」에, 안연顔淵이 말하기를 "순임금은 어떤 사람이며, 나는 어떤 사람인가. 순임금이 되려고 노력하는 자는 또한 순임금같이 될 것이다.(舜何人也。予何人也。有爲者亦若是)"라고 하였다.

86 태산 꼭대기에~안단 말인가 : 『孟子』「盡心章 上」에, "공자는 일찍이 동산에 올라 노나라가 작다는 것을 깨달았고, 태산에 올라 천하가 작다는 것을 알았다.(登東山而小魯。登泰山而小天下。)"라고 하였다.

87 눈 속에서~진리를 얻었으니 : 중국 선종의 제2조인 혜가惠可는, 처음에 숭산嵩山의 소림사少林寺로 달마 조사達摩祖師를 찾아가서 눈 속에 앉아 가르침을 구하였으나 허락하지 않으므로, 드디어 자기 왼팔을 칼로 끊어 굳은 의지를 보여서 마침내 허락을 받고, 크게 깨달아서 끝내 중국 선종의 제2조가 되었다. 『景德傳燈錄』 권3에 나온다.

88 다섯 분파(五葉) : 달마達磨의 전법게傳法偈에 "내가 이 땅에 와서 법을 전하여 미혹한 중생을 구제하였는데, 꽃 한 송이에 다섯 잎이 열렸으니 저절로 열매가 맺혔네."라고 하였다. 선종禪宗이 다섯 종파로 나뉠 것을 예언한 말이다.

89 야간野干 : 짐승 이름이다. 이리나 여우와 비슷하며 청황색 개와도 비슷하다. 밤이면 떼를 지어 다니며 이리처럼 운다고 한다.

90 행실은 반듯해야~원만하여야 한다네 : 당나라 때 명의 손사막孫思邈의 말에, "담膽은 크게 하고 심心은 작게 하며, 지智는 원만하게 하고 행行은 곧게 해야 한다."라고 하였다.

91 금하金河 : 중인도 구시나국에 있는 발제하跋提河를 말한다. 이 강에서 사금砂金이 많이 나기 때문에 붙여진 이름이다.

92 팔난八難 : 부처님을 만날 기회를 얻지 못하고 정법正法을 듣지 못하는 등의 여덟 가지 재난을 말한다. 곧 지옥地獄·축생畜生·아귀餓鬼·장수천長壽天·맹롱음아盲聾瘖啞·울단월鬱單越·세지변총世智辯聰·생재불전불후生在佛前佛後를 말한다. 팔난처八難處·팔난해법八難解法·팔무하八無暇·팔불한八不閑·팔비시八非時·팔악八惡·팔불문시절八不聞時節이라고도 한다.

93 십지十地 : 보살이 수행하는 계위인 52위位 가운데 제41위에서 제50위까지를 이른다. 곧 환희지歡喜地·이구지離垢地·발광지發光地·염혜지焰慧地·난승지難勝地·현전지現前地·원행지遠行地·부동지不動地·선혜지善慧地·법운지法雲地이다.

94 오천五天 : 다섯 종류의 하늘이다. 곧 세간의 임금인 세천世天과, 삼계의 여러 하늘을 말하는 생천生天, 그리고 정천淨天과, 보살을 말하는 의천義天, 불성이 공空하지 않다

는 것을 아는 모든 부처를 말하는 제일의천第一義天 등을 이른다.
95 능연각凌烟閣 : 당唐 태종太宗이 공신 스물네 명의 초상을 그려서 보관한 누각이다.
96 『태현경太玄經』: 한漢나라 때 양웅이 『太玄經』을 지어 『周易』의 흉내를 냈다고 한다.
97 산도山濤와 왕융王戎이~빠진 것은 : 산도와 왕융은 모두 죽림칠현竹林七賢에 들어간다. 송宋나라 안연지顔延之가 죽림칠현에 대하여 각각 노래를 지었지만, 산도와 왕융은 벼슬이 높다 하여 빼고 지었다고 한다.
98 기이하구나 향산香山의~앞을 수놓았네 : 당唐 무종武宗 때에 백거이白居易가 형부상서刑部尚書로 있다가 벼슬을 내놓고 물러나 향산으로 들어가서 향산거사香山居士라고 자호하고는, 승려 여만如滿 등과 함께 향화사香火社를 결성하고 만년을 보냈다. 『舊唐書』 권166 「白居易列傳」에 나온다.
99 금산金山 : 강소성江蘇省 진강시鎭江市 서북쪽에 있는 산으로, 동진東晉 때 창건된 중국의 대표적 선찰禪刹인 금산사金山寺가 있다. 금산사는 양자강楊子江 가운데 우뚝 서 있어 예로부터 택심사澤心寺, 용유사龍游寺로도 불리다가 청淸 성조聖祖 때 강천사江天寺라는 이름으로 바뀌었다. 송宋나라 승려 요원了元과 소동파가 노닐었던 곳으로 유명하다.
100 영광전靈光殿 : 한漢나라 경제景帝의 아들 공왕恭王이 세운 궁전 이름이다. 한나라가 힘이 약해졌을 때 도적들이 쳐들어와 다른 궁은 모두 불살랐지만, 영광전만은 우뚝 선 채로 그냥 남아 있었다 한다.
101 불여귀不如歸 : 옛사람들의 말에 두견의 울음소리가 '불여귀'라고 말하는 듯하다 하여 두견새를 이르는 말로도 쓴다. 촉왕蜀王 망제望帝가 그의 신하 별령鱉靈의 처와 간통하여 왕위를 버리고 도망가니, 마침 그때 두견새가 '불여귀, 불여귀' 하면서 울었다고 한다. 이 말은 집으로 돌아가는 것만 같지 못하다는 말이다. 『史記』 「蜀王本紀」에 나온다.
102 호가호위狐假虎威 : 여우가 범의 앞에 서서 범의 위엄을 빌려 다른 짐승을 두렵게 한다는 뜻이다. 이 말은 강을江乙이 초楚 선왕宣王에게 아뢴 말로, 아랫사람이 윗사람의 세력을 등에 업고 함부로 하는 것을 빗대어 한 말이다. 『戰國策』에 나온다.
103 참새가 전鱣을 낳는 것 : 후한後漢 때 양진楊震의 자字는 백기白起인데, 젊었을 때부터 학문을 좋아하여 경서에 통달하였으므로 당시 선비들이 '관서의 공자(關西孔子)'라고 칭하였다. 수십 년 동안 주군州郡의 부름에 응하지 않고 제자들을 교육하였다. 어느 날 관작冠雀이 전어鱣魚 세 마리를 물고 강당 앞에 날아와 앉았는데, 도강都講이 전어를 가지고 양진 앞에 나아가 말하기를, "전어는 경대부卿大夫 옷의 상징이고, 삼이라는 숫자는 삼공三公을 뜻하는 것이니, 선생께서는 이제 벼슬길에 나아가실 것입니다."라고 하였다. 그 후 양진은 형주 자사荊州刺史, 사도司徒, 태위太尉 등의 관직을 역임하였다. 『後漢書』 권54에 나온다.
104 자공子公의 전문箋文 : 벼슬을 구하는 서찰을 말한다. 자공은 한漢나라 진탕陳湯의 자이다. 진함陳咸이 군수郡守 자리에 머물러 있으면서 진탕에게 뇌물과 함께 서찰을 보내기를, "자공의 힘을 입어서 도성에 들어갈 수 있으면 죽어도 한이 없겠습니다.(卽蒙子公力。得入帝城。死不恨)"라고 하였는데, 뒤에 조정에 들어가 소부少府가 되었다. 『漢書』 권66 「陳萬年傳」에 나온다. 황정견黃庭堅의 〈次韻陳少章晁適道贈答詩〉에서는 "차라리 동곽의 신발을 신을지언정, 자공의 서찰을 보내지 않으리.(寧穿東郭履。不

遺子公書)"라고 하였다.
105 초나라 오나라(楚吳)와 접하였으리 : 초楚나라·오吳나라는 중국의 강남에 위치한 나라이다. 고대에는 이곳에 이민족이 살았기 때문에 치외治外로 여겼다. 여기에서는 육지가 격포格浦에 와서 끝나니, 이곳 밖은 왕의 교화가 미치지 않는 곳으로 보고, 오나라·초나라와 연결되었다고 여긴 것이다.
106 황산비荒山碑 : 이성계李成桂·이두란李豆蘭 장군이 고려 우왕 6년(1380)에 지리산 근방 황산에서 왜적 아기발도阿只拔都군을 물리친 황산대첩荒山大捷을 기념하기 위해 선조 10년(1577)에 세운 승전비勝戰碑로, 전라북도 남원군 운봉면雲峯面 화수리花水里에 있었는데, 일제강점기 때 파괴되고 지금은 파편만 남아 있다 한다. 김귀영金貴榮이 비문을 짓고, 송인宋寅이 글씨를 쓰고, 남응운南應雲이 글을 새겼다.
107 아비발阿卑拔 : 황산대첩의 왜장 아기발도阿只拔都를 말한다. 당시 나이가 겨우 16세가량인 어린 장수였으나, 무술과 용맹이 대단하였다. 몸에 견고한 갑옷을 입고, 또 얼굴에는 청동으로 된 투구를 쓰고 있어서, 화살을 쏘아 맞힐 틈이 없었다. 태조가 이두란李豆蘭에게 그의 투구 끈을 맞히라고 하고는, 투구가 떨어지자 곧 그를 활로 쏘아 죽였다고 한다.
108 이두란李豆蘭 : 여진족女眞族 무장武將 출신으로, 고려에 귀화한 뒤 북청北靑에서 거주하였으며, 이성계李成桂와 의형제를 맺고 그의 등극登極을 도와 개국 일등공신에 올랐다. 퉁佟이라는 원래의 성姓 대신 이씨李氏를 하사받았다. 이지란李之蘭이라고도 한다.
109 고운孤雲 : 신라 말의 학자인 최치원崔致遠의 호이다.
110 행각승(水雲) : 수운水雲은 유수행운流水行雲의 준말로, 흐르는 물과 떠도는 구름처럼 종적이 일정하지 않음을 뜻한다. 행각승行脚僧을 달리 이르는 말이다.
111 처사處士 : 벼슬길에 나아가지 않고 조용히 초야草野에 묻혀 사는 선비를 일컫는 말이다.
112 동가구東家丘 : 동쪽 집에 사는 공구孔丘라는 뜻으로, 공자의 서쪽 이웃에 살던 한 어리석은 사람이 공자가 성인인 줄 모르고 "저 동쪽 집에 사는 구丘라는 사람을 내가 안다."라고 한 데서 온 말이다. 사람을 알아볼 줄 모르는 것을 비유적으로 이르는 말로서, 여기서는 세상이 제대로 알아보지 못하는 훌륭한 인재를 뜻한다. 『顔氏家訓』「慕賢」에 나온다.
113 소식이 끊긴 지(鴈斷魚沈) : 안단어침鴈斷魚沈은 소식이 끊긴 것을 말한다. 기러기의 왕래는 때가 일정하므로 비단을 기러기의 발에 매달아 멀리 서신을 전달했다. 또 한漢나라 때의 악부樂府에 "나그네가 멀리서 찾아와 내게 잉어 한 쌍을 주고 가기에, 아이 불러 잉어를 삶게 했더니 뱃속에 한 자의 비단 편지가 있었네.(客從遠方來。遺我雙鯉魚。呼童烹鯉魚。中有尺素書。)"라고 하였다.
114 서축에서 신선의~실어 왔고 : 후한後漢 명제明帝 때 처음으로 불교가 중국에 들어왔다. 그때 마등摩騰과 축법란法蘭이 흰 말에 불경을 싣고 중국에 왔는데, 처음에는 홍려시鴻臚寺에 머무르다가 명제가 절을 지어 주어 그곳에 거처하였다. 그리고 불경도 그곳에 보관하였으니, 불경을 백마에 싣고 왔다 하여 백마사白馬寺라고 이름을 지었다. 여기서는 대희大稀 스님이 머무는 절에 불경이 있기에 이렇게 말한 것이다.
115 동관의 노자는~소(靑牛)를 탔었지 : 동관東關은 함곡관을 말하고, 부자夫子는 노자

老子를 가리키는 말이다. 노자가 만년에 푸른 소가 끄는 수레를 타고 서역으로 갈 때 함곡관을 지나게 되었는데, 관령關令 윤희尹喜가 맞아 제자의 예를 올리며 가르침을 청하였다고 한다. 「關令傳」에 나온다.
116 『남화경南華經』을 읽고~노는 것이라네 : 『南華經』은 장자莊子의 저서 『莊子』를 높여 부르는 말이다. 『南華經』의 「逍遙遊」에 보면, 북극의 바다에 곤鯤이란 고기가 있고, 그 고기가 변하여 붕새가 된다고 한다. 이 새는 또 때로는 바람을 타고 구만 리의 하늘에 올라 남쪽 바다까지 가는데, 뱁새가 그 모습을 보고 비웃으며 "저 놈은 어디로 가는가. 나는 아무리 높이 날아도 나무 꼭대기까지나 올라갔다가는 다시 내려오곤 하는데."라고 말하였다. 이 말은 큰 것과 작은 것도 본래는 한곳에 있었고, 대지大知와 소지小知도 본래는 하나라는 말이다.
117 우리나라(靑丘) : 청구靑丘는 우리나라를 가리키는 말이다. 오행설五行說에서 보면 청색은 동쪽을 상징하는 색인데, 우리나라가 중국의 동쪽에 있기 때문에 이렇게 부른 것이다.
118 예禮가 사라지면~찾아야 하리 : 중국 땅에서는 명나라가 망하고 이민족인 청나라가 중국을 통일하였기에 명나라의 예악과 문물이 사라져 버렸으며, 따라서 그 예는 중국의 바다 밖인 우리나라에 있다는 말이다. 우리나라 사람들은 명나라를 숭배하고 청나라를 배척하려는 숭명배청崇明排淸의 사상이 농후하여 변발을 하지 않고 연호도 명나라의 연호를 그대로 썼었다. 모든 제도에서 명나라의 것을 많이 따랐기 때문에 이른 말이다.
119 환관은 끝끝내~사슴이라 우겼고 : 진시황이 죽고 아들 호해胡亥가 즉위하였을 때 환관 조고趙高가 승상이 되어서 권력을 잡고는, 다른 사람들의 입을 막으려고 하였다. 조고는 황제 앞에 망아지를 끌고 와서 매어 놓고 "이것은 사슴이다."라고 말하면서, "감히 말이라고 말을 하는 자는 엄벌에 처하겠다."라고 말했다. 그러자 아무도 입을 열지 못하였다. 황제가 웃으면서 승상이 잘못 알고 있는 것이 아니냐고 하였으나, 승상은 다른 신하에게 물어보라고 하였다. 그러자 여러 사람들 가운데 반은 말이라고 하였고, 반은 사슴이라고 대답하였다. 말이라고 말한 사람은 뒤에 엄벌을 받았으니, 다시 조고가 하는 일에 감히 반대되는 말을 하지 못하였다. 얼마 안 가서 조고의 전횡으로 진나라는 망하였다. 『史記』「秦始皇本紀」에 나온다. 여기서는 환관들이 전횡하여 명나라를 망쳤다는 뜻으로 한 말이다.
120 장수는 연나라를~얻기 어려웠네 : 전국戰國시대 연燕나라는 세력이 강해지자, 장군 악의樂毅를 시켜 제齊나라를 공격하였다. 결국 제나라의 읍 두 곳만을 남기고 나머지는 모두 함락시켰다. 제나라 장수 전단田單은 자기의 처첩까지도 군대에 편입시켜 사졸들에게 음식을 나누어 먹이는 일을 시키는 등 군을 정비하는 동시에, 노약자들에게 항복할 뜻을 보이게 하였더니, 그것을 본 연나라 군대는 해이해졌다. 전단은 이 틈을 타서 성안에서 천여 마리의 소를 구하여 비단으로 입히고 용의 무늬를 그린 다음, 소뿔에 창이나 칼을 잡아매고 꼬리에 갈대를 묶어서 밤에 성문에서 꼬리에 불을 붙여 내몰았다. 소는 연나라 군대의 진영으로 달려가 적군을 받아 죽였으니, 연나라 군대가 크게 패하여 달아났고, 제나라는 옛 땅을 회복하였다. 『史記』「田單傳」에 나온다. 여기서는 명나라 장군이 청나라 진영을 패퇴시키지 못했다는 말이다.
121 황제가 촉蜀~수가 없으니 : 당나라 현종玄宗이 안록산安祿山의 난을 만나 촉蜀으로

피난을 갔었다. 여기서는 이자성李自成의 난에 숭정제崇禎帝가 목을 매어 죽고, 종친宗親인 영력제永曆帝는 면전緬田으로 피난 간 것을 이른 말이다.
122 선우單于가 유주幽州~않단 말인가 : 선우는 흉노匈奴의 왕이니, 여기서는 청나라 태종太宗을 말하는 것이다. 유주는 기주冀州 북쪽의 땅으로 지금의 북경을 말한다. 다시 말하면 이민족인 청나라가 중원中原에 들어와 통치하는 것이 분하지 않느냐는 말이다.
123 순수鶉首 : 별자리 이름이다.
124 금계金鷄 : 제왕이 사면령赦免令을 내릴 때 깃대의 끝에 금색으로 만든 닭을 달고 그 밑에 사면되는 죄수의 이름을 써 붙였다. 그러므로 사면을 뜻하는 말이다. 『隋書』「刑法志」에 나온다.
125 홀로 깨어 있는 사람 : 초楚 양왕襄王은 간신奸臣들의 말을 듣고 굴원屈原을 장사長沙로 귀양 보냈고, 굴원은 거기서 〈離騷〉와 〈漁父辭〉 등의 문장을 지었다. 〈漁父辭〉에서 굴원은 "온 세상이 모두 흐리지만 나 홀로 맑고, 모든 사람이 취하였지만 나 홀로 깨어 있으니, 그렇기 때문에 쫓겨나게 된 것이로다."라고 하였다.
126 한수漢水의 그~안고 다녔으며 : 공자의 제자 자공子貢이 남쪽으로 초楚나라에 여행을 갔다가 돌아오는 길에 한수 남쪽을 지나게 되었다. 그곳에서 어떤 노인이 채소밭에 물을 주고 있는데, 땅속으로 물이 솟아나는 데까지 지하도를 뚫고 항아리를 들고 들어가 물을 담아 안고 나와 채소밭에 물을 주는 것이었다. 노인이 이렇게 애쓰는 것을 보고 자공이 말하길 "이런 일에 쓰는 편리한 기계가 있습니다. 힘은 적게 들고, 효과는 백배나 더 큽니다. 그것은 바로 두레박이라는 물건입니다."라고 하였다. 그 말을 들은 노인은 불쾌하게 여기며 대답하길 "나는 스승에게 이렇게 배웠습니다. 교묘한 기계를 지니고 있는 자는 교묘한 지혜를 짜내어 마음속에 간직하게 되므로, 그렇게 되면 순수한 본심이 갖추어지지 않는다 합니다. 그러므로 나는 그런 것이 있다는 것을 알지만, 쓰지 않는 것입니다."라고 하였다. 『莊子』「天地」에 나오는 이야기이다.
127 기산箕山에 살던~소리도 싫어했네 : 기산에 살던 허유許由는 그릇이 없어 손으로 물을 떠 마셨다. 어떤 사람이 이를 보고 표주박 하나를 주니, 그는 표주박으로 물을 떠 마시고는 나뭇가지에 걸어 놓았다. 바람이 불어 표주박이 흔들려 소리가 나자, 허유는 번거롭다 하여 표주박을 버리고 말았다. 이와 같이 세상을 등지고 숨어 사는 사람은 남의 간섭을 싫어하고 자연 그대로 산다는 것이다. 『太平御覽』 제762권에 채옹蔡邕이 쓴 『琴操』에 나온다.
128 사집私集은 개인의 문집이나 시집이란 뜻으로, 여기서는 연담 대사의 시를 엮어 만든 시문집을 말한다. 이 시는 시문집을 의인화하여 읊은 글이다.
129 고운孤雲 : 신라 최치원崔致遠의 호.
130 일두一蠹 : 조선 정여창鄭汝昌의 호.
131 정절靖節 : 정절은 도연명陶淵明의 존칭이다. 일찍이 「五柳先生傳」을 지어서 스스로 비유하기도 하였다. 팽택령彭澤令으로 있을 때에 하루는 독우督郵가 도착하자, 아전들이 "의관을 바로 갖추고 뵈어야 한다."라고 권했다. 도연명은 "내가 오두미五斗米의 녹 때문에 허리를 굽힐 수 없다."라고 하고서, 곧바로 관인官印을 내놓고 고향인 시상리柴桑里로 돌아와 〈歸去來辭〉를 지었다고 한다. 『晉書』 제94권에 나온다.
132 『태현경太玄經』 : 서한西漢의 양웅揚雄이 찬술한 것으로, 전체 10권으로 되어 있다.

『周易』에 의지하여 지은 이 책은 현묘한 천지만물의 근원을 밝히고 크나큰 그 공덕을 표현하였다는 뜻으로 '태현경'이란 이름을 붙였다고 한다.

133 약한 술(魯酒) : 노주魯酒는 노魯나라의 술이라는 말이다.『莊子』「胠篋」에 "노나라 술이 언짢았기 때문에 한단邯鄲이 포위를 당했다."라는 고사에서 유래하여, 형편없는 술, 혹은 맛이 없는 술이란 뜻으로 쓰인다.

134 천일주千日酒 : 고대의 중산中山 사람인 적희狄希가 천일주라는 술을 만들었는데, 이 술을 마시면 취해 천 일 동안 잠든다고 한다. 진晉나라 장화張華의『博物志』권5에 나온다.

135 한 치만큼의~귀하다는 말 : 주자朱子의「勸學文」에 "소년은 쉽게 늙고 학문은 이루기 어렵다. 짧은 시간이라도 가벼이 여기지 말라. 못가에 피었던 봄풀은 아직도 꿈속인 듯 아련하건만, 섬돌 앞 오동나무 잎은 이미 가을 소리를 내는구나."라고 하였다.

136 스님(闍梨) : 사리闍梨는 아사리阿闍梨의 약칭이다. 모범 또는 정행正行이란 말로서, 제자의 모범이 되는 덕이 높은 스님을 이르는 말로 쓰인다.

137 푸른 눈(靑眼) : 친한 사람을 대하는 눈을 뜻하는 표현이다. 진晉나라 때 죽림칠현竹林七賢의 한 사람인 완적阮籍은 예의를 지키는 형식을 싫어하였다. 그래서 너무 예의를 차리는 사람을 보면 흰 동자 가득한 눈으로 보고, 친근한 사람을 만나면 푸른 동자의 눈으로 대하였다고 한다.『晉書』「阮籍傳」에 나온다.

138 나물 맛(蔬笋) : 소순蔬笋은 소순기蔬笋氣를 말한다. 스님들의 시에서 느껴지는 나물 냄새라는 뜻이다.

139 부처님 진리는~사슴처럼 버려지고 : 사슴은 황제의 자리를 가리킨다. 진秦나라의 두 번째 황제가 조고趙高와 이사李斯 등의 농간에 제위를 유지하지 못하게 되자, 천하의 영웅들이 다투어 천자가 되려고 하여 난장판이 되었다. 진나라는 끝내 황제의 자리를 유지하지 못하고 빼앗겼다. 여기서는 조선 시대 사람들 가운데 불교에 귀의하는 자가 갈수록 적어지는 것을 탄식한 말이다.

140 세상인심은 초나라 원숭이(楚猿)처럼 무너졌구나 : 초나라는 강남에 위치하였으므로 원숭이가 많다고 한다. 원숭이의 우는 소리는 구슬프다고 하는데, 여기서는 불교의 교화가 세상에 잘 행해지지 않음을 탄식한 말이다.

141 늘그막에 살 별장(菟裘) 자리 : 토구菟裘는 노魯나라 고을 이름으로, 지금의 산동성 사수현泗水縣 북쪽에 있다. 노魯 은공隱公이 "토구에 별장別莊을 경영하라. 내 장차 거기에 가서 늙으리라."라고 하였으므로, 전하여 은퇴해 살 곳을 말한다.『左傳』에 나온다.

142 차가운 숲(寒林) : 한림寒林은 숲속에 사람의 시신을 내다 버리는 곳을 말한다. 범어로 시타尸陀, 혹은 시타屍陀라고 하며, 그 숲이 깊고 써늘하기 때문에 한림이라고 번역하였다. 시타림屍陀林이라고 한다.

143 솔개는 날고 물고기 뛰어오르듯(鳶飛魚躍) :『詩經』에 "솔개는 날아서 하늘에 이르고, 물고기는 못에서 뛰어오른다.(鳶飛戾天, 魚躍于淵)"라고 하였다.

144 마른 등나무를~마리 쥐 : 흰 쥐(日)와 검은 쥐(月)가 등나무 덩굴을 끊는 것을, 시간이 흘러 사람의 생명을 앗아가는 것에 비유한 것이다.

145 의술(刀圭) : 도규刀圭는 약을 뜨는 숟가락으로, 전하여 약을 가리키는 말로 쓰인다.

146 문정門庭 : 본래는 대문이나 중문 안에 있는 뜰이라는 뜻인데, 불가에서는 선禪의 종

문宗門, 즉 종지宗旨를 말한다. 혹은 암자라는 뜻으로도 쓴다.
147 자양산紫陽山 : 주자가 글을 읽던 곳이다.
148 아호鵝湖 : 송宋 효종孝宗 순희淳熙 2년(1175)에 동래東萊 여조겸呂祖謙이 복재復齋 육구령陸九齡과 그의 동생 상산象山 육구연陸九淵을 광신현廣信縣에 있는 아호사鵝湖寺로 초청하여 주자와 학문의 이동異同을 강론하게 했다. 『宋元學案』 권57 「復齋學案」에 나온다.
149 회옹晦翁 : 주자를 말한다.
150 육씨陸氏 : 송나라의 학자 육상산陸象山을 말한다. 상산은 호이고, 이름은 구연九淵, 자는 자정子靜이다. 동시대의 주자와 다른 이론을 세워 뒷날 육왕학陸王學, 즉 양명학의 원조가 되었다.
151 육자수陸子壽 : 자수子壽는 육구령陸九齡의 자이다. 육상산의 형이다.
152 잠겨 버렸네(陸沉) : 육침陸沉은 물이 아닌 육지에서 잠겼다는 말인데, 세상에 등용되지 못하고 파묻혀 있는 것을 말한 것이다.
153 가마(藍輿) : 남여藍輿는 뚜껑이 없는 작은 가마로서, 주로 산길 등 좁은 길을 갈 때 이용한다. 앞뒤에서 각각 두 사람이 어깨에 멜 수 있도록 만들어졌다.
154 〈어가오漁家傲〉 : 송나라 때 보고 읽는 것에만 그치는 시의 형식에 대한 반발로 노래를 부를 수 있는 가사인 사詞라는 문체가 유행하였는데, 〈漁家傲〉는 북송의 범중엄范仲淹(989~1052)이 지은 사로서, 후에 사의 한 형식으로 자리하였다.
155 후산后山은 송나라 진사도陳師道의 호. 〈次韻答秦少章〉에 나오는 구절이다.
156 부모님의 뜰(鯉庭) : 이鯉는 공자의 아들인데, 이가 뜰을 지날 때에 공자가 「周南」과 「召南」을 읽었느냐고 물은 적이 있다.
157 순리循吏 : 훌륭한 관리 또는 지방관을 말한다. 한나라 때 황패黃覇는 동해 태수東海太守가 되어서 도적을 잘 막아내고, 백성들을 농사에 힘쓰도록 교화시키는 훌륭한 관리였다. 『史記』와 『漢書』에 나온다.
158 백옥당白玉堂 : 궁중에서 관리들이 집무하는 곳을 말한다.
159 관각館閣 : 경연청經筵廳·규장각奎章閣·홍문관弘文館·예문관藝文館·춘추관春秋館·성균관成均館의 총칭으로, 문장을 잘하는 사람들이 집무하는 곳이다.
160 세 장사(三將) : 임진왜란 때 진주의 촉석루에 올라가 국가의 장래를 통탄하며 죽기로 맹세하고 나라에 충성을 다할 것을 다짐한 세 장사로, 김성일金誠一·조종도趙宗道·이노李魯를 말한다.
161 신선 사는 곳(十洲) : 십주十洲는 전설상의 신선이 사는 곳이다. 조주祖洲·영주瀛洲·현주玄洲·염주炎洲·장주長洲·원주元洲·유주流洲·생주生洲·봉린주鳳麟洲·취굴주聚窟洲이다.
162 안국사安國寺 : 경상남도 함양 마천에 있는 절이다.
163 태평화太平花 : 단청에서 꽃잎이 사방으로 펴져 정면으로 보이게 그린 꽃무늬를 말한다.
164 한 공韓公의 기도 : 한유韓愈는 다섯 가지 궁귀窮鬼를 기도로 물리치려고 애썼다. 다섯 가지의 궁귀窮鬼란 지궁智窮, 학궁學窮, 문궁文窮, 명궁命窮, 교궁交窮이다. 여기서는 저자가 한유처럼 궁한 것을 기도로 없애 보려고 애를 썼다는 말이다.
165 동생(卯君) : 묘군卯君은 간지에 묘卯 자가 들어간 해에 출생한 사람이란 뜻으로, 아

우를 가리키는 말이다. 송나라 소식蘇軾이 아우인 소철蘇轍의 생일 축하 시에 "동파가 이것을 가지고 묘군에게 축수한다.(東坡持是壽卯君)"라고 한 데서 유래하여, 아우를 묘군이라고 부르기 시작하였다고 한다.

166 평범한 돌(燕石) : 연석燕石은 연산燕山에서 나는 옥과 비슷하면서도 옥이 아닌 돌을 말한다. 송나라의 한 어리석은 사람이 진짜 옥으로 아는 바람에 세상의 웃음거리가 되었다는 고사가 있다. 사이비似而非한 것, 가치 없는 것을 비유하는 말이다.

167 〈양춘곡陽春曲〉 : 〈白雪陽春曲〉이라고도 한다. 노래가 너무나 고상하여 이해하기가 어려워서 화답하는 사람이 적었다고 한다. 여기서는 손 진사의 시가 격조가 높아 상대하기가 어렵다고 하는 말이다.

168 하수조何水曺처럼 시에~끼지 못하리 : 양梁나라 때의 시인 하손何遜이란 사람은 일찍이 건안왕建安王의 수조水曺가 되었기 때문에 하수조라고 불렸다. 여기서는 손 진사의 학덕이 너무나 높아 이를 전수할 때엔 하손과 같은 인물도 끼워 주지 않을 것이라는 말이다.

169 선계(方壺) : 방호方壺는 신선이 산다는 섬으로 방장方丈이라고도 한다. 발해渤海의 동쪽에 있다는 오도五島의 하나로 첫째는 대여岱輿, 둘째는 원교員嶠, 셋째는 방호, 넷째는 영주瀛洲, 다섯째는 봉래蓬萊라 한다. 『列子』「湯問」에 나온다.

170 농암農岩 : 김창협金昌協(1651~1708)의 호가 농암農巖 또는 삼주三洲이다. 자는 중화仲和, 시호는 문간文簡이다. 벼슬보다 문학과 유학의 대가로서 이름이 높았고, 당대의 문장가이며, 서예에도 뛰어났다. 문집으로 『農巖集』, 저서로 『農巖雜識』·『朱子大全箚疑問目』, 편서로 『江都忠烈錄』·『文谷年譜』 등이 있다.

171 흰 말(白馬)이~와 멈추었으니 : 후한後漢 명제明帝 때 불교가 처음 중국에 들어올 때에 마등摩騰과 축법란竺法蘭이 흰 말에 불경을 싣고 중국에 왔다고 한다. 명제가 백마사白馬寺를 지어 불경을 간직하게 하였는데, 여기서는 해인사에 불경을 간직했다는 말로 썼다.

172 공주(沁園) : 심원沁園은 후한 명제明帝의 딸 심수 공주沁水公主의 원림園林인데, 일반적으로 공주의 원림을 뜻하는 말로 쓰인다.

173 임금(翠華) : 취화翠華는 비취빛 새 깃으로 장식한 깃발로, 천자의 기旗이다. 천자를 가리키는 말로 쓰인다.

174 악록岳麓 : 중국 호남성 장사현長沙縣에 있는 산 이름으로, 악록서원岳麓書院이 있다. 주자朱子와 장식張栻이 강학하던 곳이다.

175 오음五音 : 궁宮·상商·각角·치徵·우羽를 말한다.

176 삼연三淵 : 김창흡金昌翕(1653~1722)의 호가 삼연이다. 자는 자익子益이며 시호는 문강文康이다. 기사환국 때 아버지가 사사되자, 형 창집·창협과 함께 은거하였다. 성리학에 뛰어나 형 창협과 함께 이이 이후의 대학자로 이름을 떨쳤으며, 낙론洛論을 지지하였다. 문집에 『三淵集』, 저서에 『瀋陽日記』·『文趣』, 편서에 『安東金氏世譜』가 있다.

177 파사波斯 : 서역의 나라 이름으로, 지금의 이란이다.

178 뒤집힌 수레를 만나리라 : 앞에 간 수레가 넘어지면 뒤에 따라가던 수레는 경계하게 된다는 뜻이다. 곧 앞 사람의 잘못을 거울삼아 경계한다는 말이다.

179 아가미 마른 잉어가 되었네 : 황하의 상류에 있는 급류를 용문龍門이라고 하는데, 잉

어가 이곳을 뛰어올라 가야 용으로 화하여 하늘에 오를 수 있으며, 여기서 실패하면 옆의 반석에 떨어져 물도 마시지 못하게 되어 아가미가 마른다고 한다. 용문에 오르는 것을 등용문登龍門이라 하며, 사람의 영달에 비유하기도 한다. 이곳을 뛰어넘지 못하면 명예와 영달을 잃게 된다는 것이다.

180 현관玄關 : 현묘한 도에 들어가는 관문이라는 뜻으로, 불문佛門에 들어가는 입구를 말한다.

181 자리를 나눈 뜻(分座義) : 분좌分座는 선원에서 수좌가 주지를 대신해서 접화接化한다는 말이다. 여래께서 가섭에게 반좌半座를 나눈 것에 연유되었다.

182 집안을 잘 다스린 사람(克家賢) : 극가현克家賢은 부모의 유업을 잘 이어 가정을 잘 다스리는 사람을 말한다.

183 혜충 국사가 시자를 세 번 부르니, 시자가 세 번 대답했다. 그러자 혜충 국사가 말하길 "내가 너를 저버렸나 했더니, 네가 나를 저버리는구나."라고 하였다.

184 세상에서 버려졌구나(濩落) : 확락濩落은 호락瓠落이라고도 쓰며, 쓸모가 없어 세상에서 버림받음을 이르는 말이다. 위왕魏王이 장자莊子에게 큰 박씨를 주어 장자가 심었더니 열매가 달렸는데, 크기가 쌀 다섯 섬을 넣을 만하였고, 간장을 담으면 무거워서 들 수가 없었다. 쪼개어 표주박을 만들었으나 무엇도 담을 수 없어 부수고 말았다. 여기서는 자기도 큰 포부를 가지고 있지만, 세상에서 알아주는 사람이 없어 버림을 받았다는 말이다. 『莊子』 「逍遙遊」에 나온다.

185 동경東京 : 경주慶州의 옛 이름이다.

186 오성烏城 : 전라남도 화순의 옛 이름이다.

187 정재원丁載遠(1730~1792) : 당시 화순 현감으로 있었던 정약용丁若鏞의 부친 하석荷石 정재원.

188 무성武城의 길~소리를 듣고 : 공자 제자 자유子游가 무성의 재宰가 되어 잘 다스렸다. 그는 예악禮樂으로 백성을 가르쳤으므로 읍민邑民들이 다 책을 읽고 거문고를 탔다고 한다. 『論語』 「陽貨」에 나온다.

189 문밖에 새~놓아도 되겠구나 : 새를 잡는 그물을 칠 정도로 사람들의 왕래가 적다는 말이다. 곧 수령이 깨끗한 정치를 베풀어 송사訟事하는 일이 적으므로 관청을 찾는 백성이 적다는 말이다. 한漢나라 때 적공翟公이 정위廷尉가 되자 손님이 문에 항상 가득하더니, 파직되자 문에 찾는 사람이 없어 새그물을 칠 정도였다고 한다. 『史記』 「汲鄭傳」〈贊〉에 나온다.

190 〈백설가白雪歌〉 : 굴원屈原의 제자인 송옥宋玉이 초楚나라의 수도인 영郢에서 〈白雪曲〉을 불렀다. 〈陽春曲〉과 함께 손꼽히는 초나라의 2대 명곡으로, 그 곡조가 너무나 고상하여 예로부터 창화唱和하기 어려운 곡으로 일컬어져 온다.

191 동헌東軒 : 지방의 현감縣監·수사水使 등이 사무를 집행하던 관아를 말한다.

192 반 공潘公의~난만하게 피었고 : 반 공은 반악潘岳을 이른다. 〈秋興賦〉를 지은 사람으로 유명하다. 그는 일찍이 하양河陽현령이 되어 복숭아와 자두나무를 많이 심고 꽃을 즐겼다. 『晉書』 제55권에 나온다.

193 사씨謝氏의 뜰에는~뽐고 있네 : 진귀한 나무란 훌륭한 자제子弟를 이르는 말이다. 진晉나라 때 사안謝安이 자제들을 훈계하면서 묻기를 "너희들이 우리와 무슨 상관이 있어서 이렇게 잘 기르려고 하는 줄 아느냐?"라고 하였다. 그러자 조카인 사현謝玄이

대답하길 "비유하자면 귀한 난초나 나무와 같은 것을 뜰에 심으려 하는 것과 같습니다."라고 하였다. 곧 훌륭한 자제를 두는 일은 좋은 화초가 뜰에 있으면 향기를 뿜는 것과 같다는 말이다. 여기서는 수령이 자제들을 잘 둔 것을 말한 것이다. 『晉書』 「謝玄傳」에 나온다.

194 상락주桑落酒 : 뽕잎이 지는 가을에 빚은 술을 말한다.

195 주유周瑜를 만나~흠뻑 취하고 : 삼국시대 정보程普란 사람은 자신이 나이가 많다고 자기보다 연하인 주유를 경시하였다. 그러나 주유는 꾹 참고 그에게 잘잘못을 따지지 않았다. 뒤에 정보가 스스로 깨닫고 마음 깊이 따르고는, 다른 사람들에게 말하길 "내가 주유와 함께 교제하였던 것은, 진한 술을 마시고 나도 모르게 취한 것과 같다."라고 하였다. 『吳志』 「周瑜傳」에 나온다.

196 원헌原憲을 보자~싹 사라지네 : 원헌은 공자의 제자이다. 원헌이 노魯나라에 살 때에 몹시 가난하였기에 좁은 흙집에 풀로 지붕을 이었으며, 문은 뽕나무로 묶어 지도리를 하고, 헌 옷감으로 방의 칸막이를 하였다. 천장 위에서는 비가 새고, 방구들 아래에서는 습기가 차올랐다. 동문同門인 자공子貢이 큰 말을 타고 찾아가니, 집 앞에 수레를 놓아 둘 공간조차도 없었다. 그리고 원헌을 만나 보니, 원헌은 가죽나무 껍질로 만든 갓을 쓰고, 떨어진 신을 신고, 명아주 지팡이를 짚고, 문 앞에서 맞는 것이었다. 자공이 원헌에게 말하길 "선생은 어찌하여 이렇게 병이 들었는가?"라고 하자, 원헌이 대답하길 "내가 알기로는, 재물이 없는 것을 가난이라 하고, 배우고도 행하지 못하는 것을 병이라 한다. 지금 나는 가난한 것이지, 병든 것이 아니다."라고 하였다. 이 말을 듣고 자공이 부끄러워하였다. 『莊子』 「讓王」에 나온다.

197 약용若鏞 : 당시 오성의 수령 정재원의 넷째 아들인 정약용丁若鏞(1762~1836)을 말한다.

198 하석荷石 : 정약용丁若鏞의 부친 하석 정재원丁載遠(1730~1792)을 가리키는 것으로 보인다. 정재원은 벼슬길에 올라 연천현감·화순현감·예천군수 등 고을 수령을 지냈고, 조정에 들어와 호조 좌랑과 한성 서윤을 지냈으며, 다시 수령으로 나가 울산부사를 거쳐 진주목사晉州牧使까지 지냈다.

199 증삼曾參처럼 노둔한들 어떠랴 : 삼參은 공자의 제자 증자曾子의 이름. 증자는 공부하는 데는 둔했지만, 성인의 도를 전하는 데는 적전嫡傳이 되었다. 『論語』 「先進」에 나온다.

200 유명한 절에서~잠을 자면서 : 『詩經』 「周頌」 〈有客〉에 "손님을 묵고 또 묵게 한다.(有客宿宿, 有客信信)"라고 하였다. 하루 자는 것을 숙宿이라 하고, 이틀 자는 것을 신信이라 한다.

201 형산荊山의 한 조각 옥 : 주周나라 때 초나라 사람인 변화卞和가 형산에서 박옥璞玉을 얻어서 여왕厲王에게 바쳤는데, 여왕이 옥인玉人을 시켜 감정한 결과 옥이 아니고 돌이라 하므로, 왕을 속였다고 변화의 왼쪽 발꿈치를 베었다. 그 후 무왕武王 때에 그 옥을 다시 바쳤으나 옥공이 또 돌이라고 하므로, 왕은 변화의 오른쪽 발꿈치를 베었다. 그 뒤 문왕文王이 즉위하자 변화는 그 박옥을 안고 형산 아래로 가서 3일 주야를 울어서 눈물이 말라 눈에서 피가 나올 지경이 되었다. 왕이 사람을 시켜 물으니, 화씨가 "저는 발꿈치가 없어져서 서러운 것이 아니라, 옥을 돌이라 하는 것이 서러워서 웁니다."라고 하였다. 왕이 옥공을 시켜 그 박옥을 쪼개어 보니, 그 속에서 정말 보옥寶

옥이 나왔기에, 화씨벽和氏璧이라고 부르게 되었다.『韓非子』「卞和」에 나온다. 여기서는 은성 사미가 옥돌과 같이 자질이 뛰어나나, 그를 알아보고 이끌어 줄 스승을 아직 만나지 못하였다는 것을 비유적으로 쓴 말이다.

202 다른 산의 돌을 취해서라도 : 타산석他山石은 다른 산에 있는 거친 돌도 나의 옥을 갈아 아름답게 만드는 데 쓸 수 있다는 말이다.『詩經』「小雅」〈鶴鳴〉에 나온다. 여기서는 은성 사미의 자질이 훌륭하므로 옥에 비유했고, 돌을 취하여 갈고 닦아 보배로 만들고 싶다는 말이다.

203 진시황의 채찍으로도~몰아가지 못하였으니 : 진시황은 무력으로 중국을 통일한 다음, 거대한 장성長城을 쌓는 공사를 시작하여 국민들을 괴롭히고 가혹하게 다스렸다. 훗날 한漢나라 가의賈誼는『過秦論』을 지어 이를 비난하였으니, 그 글에 "두 주나라를 병합하고 여러 제후국을 멸망시키고서, 지존의 지위에 올라 세상을 제압하였으며, 회초리를 잡고 천하를 매질하여 위엄을 사해에 떨쳤다.(呑二周而亡諸侯. 履至尊而制六合. 執敲扑而鞭笞天下. 威振四海.)"라고 하였다. 여기서는 총석정의 돌만은 진시황의 권력으로도 가져가지 못하였다는 말이다.

204 우왕의 신령스런~이리 만들겠는가 : 우왕이 황하黃河를 다스릴 때에, 도끼로 용문산龍門山을 끊어서 황하의 물이 통하도록 하였다고 한다.『書經』「禹貢」에 나온다. 여기서는 총석정의 돌기둥은 우왕의 신부神斧(禹斧)로 깎아서 만든다 하더라도 이렇게 아름답게 만들 수 있겠는가 찬탄한 말이다.

205 행여 반랑潘郞이~정도로 감동했겠나 : 반랑潘郎은 송나라 때의 시인 반랑潘閬을 이르는 말이다. 화산을 지나면서 지은 시에 "높고 애틋한 삼봉이 태허를 찌르고, 머리 돌려 바라보니 나귀에서 거꾸러질 듯하여라.(高愛三峯揷太虛. 回頭仰望倒騎驢)"라고 하였다.『逍遙集』에 나온다.

206 오월 보름(上元) : 상원上元은 음력 5월 15일을 말한다.

207 규성奎星 : 문장文章을 주관하는 별이라고 한다.『初學記』에 나온다.

208 가태부賈太傅 : 한漢나라 때 가의賈誼를 이르는 말이다. 그는 문제文帝를 섬겨서 젊은 나이에 박사博士가 되었고, 한 해 사이에 태중대부太中大夫가 되었다. 정삭正朔을 고치고 예악禮樂을 일으키려 하였지만 대신들의 미움을 받아, 장사왕의 태부太傅가 되었다가 33세에 죽었다.『史記』제84권에 나온다.

209 참료자參寥子 : 송나라 승려인 도잠道潛을 말하니, 참료자는 별호別號이다. 시를 잘 지었으며, 소식蘇軾 등과는 함께 시를 짓는 벗이었다.

210 한 묶음 생풀(生芻) : 어진 사람이 흰 말을 타고 왔다가 돌아갈 때 한 묶음의 생풀을 주어 먹인다는 말이 있다. 어진 사람에게 예를 올린다는 말이다.『詩經』「小雅」〈白駒〉에 나온다.

211 조카(阿咸) : 삼국시대 위魏나라 완적阮籍의 조카 완함阮咸이 재주가 뛰어나 명성이 있었으므로, 남의 조카를 아함阿咸이라 부르게 되었다.

212 융공融公 : 우두선牛頭禪의 개조開祖 법융法融(594~657)을 말한다. 스님이 수행을 열심히 하니 새가 꽃을 물어다 주었다는 이야기가 있다.

213 풍악산이니 개골산이니 : 풍악楓岳과 개골皆骨은 모두 금강산의 다른 이름이다.

214 금강산(衆香城) : 중향성衆香城은『維摩經』「香積佛品」에, "중향이란 나라가 있는데 불호는 향적香積이라 한다."라고 한 데서 유래한다. 금강산의 다른 이름이기도 하다.

215 원숭이가 달을 건지려 하듯 : 원숭이가 우물에 비친 달을 건지려고 하는 일이다. 지혜도 없이 함부로 행동하는 것을 비유한 말이다. 『海錄碎事』에 나온다.
216 고산高山 : 현재의 전라북도 완주군에 해당한다. 고산이라는 지명은 현재 면소재지로 쓰이는데, 이곳에 화암사花岩寺가 있다.
217 참봉參奉 : 조선 시대 때 종9품 벼슬로, 능전陵殿·사옹원司饔院·내의원內醫院·군자감軍資監 등에 속해 있던 최말단직의 품관이다.
218 금등金縢 : 금실로 봉한 상자로, 나라의 비밀문서를 넣어 귀중하게 보관하는 것을 말한다. 여기서는 적상산에 『朝鮮王朝實錄』의 사고史庫가 있었기 때문에 이른 말이다.
219 구회九會 : 칠처구회七處九會를 말하니, 『華嚴經』은 부처님이 연화장세계와 지상과 천상을 오가며 중생을 위해 일곱 장소에서 아홉 회의 법회를 행한 것을 내용으로 한다.
220 돌까지도 이치를~머리 끄덕이듯 : 중국의 승려 도생道生이 평강平江의 호구산虎丘山에서 돌을 모아 청중으로 삼고 『涅槃經』을 강설하자, 돌들이 알아듣고 고개를 끄덕였다고 한다.
221 두타頭陁 : 본래는 범어로서, 번뇌와 탐욕을 버리고 청정하게 불도를 닦는 수행, 수행자를 말하는데, 여기서는 부처님의 제자인 가섭迦葉을 말한다.
222 다문존자多聞尊者 : 아난阿難을 말한다.
223 만년에 갈대가~내려야 하네 : 송대 조동종曹洞宗 승려로 묵조선默照禪을 주창한 굉지 정각宏智正覺(1091~1157)의 〈與天池信長老〉라는 시에서 "만년에 총림에서 갈대처럼 삼대처럼 시끄러운 시절을 만났으니 용인지 뱀인지 분별하여 용단을 내려야 하네.(晚歲叢林鬧葦蔴, 可中著眼辨龍蛇)"라는 구절을 차용한 것으로 보인다. 굉지선사宏智禪師는 중국 산서성 습주隰州 사람으로, 성은 이李, 이름은 정각正覺이며, 시호가 굉지선사이다. 임제종 대혜 종고大慧宗杲(1088~1163)와 함께 당시 선종의 2대 감로문甘露門이라 일컬어졌다. 이 시는 『宏智禪師廣錄』 8권에 나온다.
224 석사碩士 : 예전에 벼슬이 없는 선비를 높이어 부르던 말이다.
225 별장(菟裘) : 토구菟裘는 지금의 중국 산동성 사수현泗水縣에 해당한다. 여기서는 늙어서 은거하는 장소를 가리킨다. 『春秋左傳』에는 우부羽父가 태재를 죽인 후 왕을 사양하고 늙어서 토구에 머물 것이라 한 데서 유래한다.
226 경시관京試官 : 조선 시대에 3년마다 각 도에서 과거를 치를 때에 서울에서 보내는 시험 감독관을 말한다.
227 동당東堂 : 식년과式年科 또는 증광시增廣試 때에 과거를 보는 장소이다. 식년시式年試나 증광시 자체를 동당이라고도 한다.
228 뜻만 큰(狂簡) : 광간狂簡은 사람됨이 뜻만 크고 행하는 일은 소홀하게 하는 것을 말한다. 『論語』 「公冶長」에 나온다.
229 동산東山 : 진晉나라 사안謝安이 이른 나이에 관직에서 물러나 회계會稽 땅에 은거했다는 산을 말한다. 『晉書』 「謝安傳」에 나온다.
230 소씨邵氏의 동산에~오이를 심고 : 진秦나라 때 소평召平이 동릉후東陵侯에 봉해졌다. 진나라가 망하자 평범한 선비가 되어 장안長安의 동문東門 밖에 오색의 참외를 심고 살았는데, 맛이 좋아 사람들이 동문과東門瓜라고 하였다. 『史記』에 나오는 이야기이다.
231 장가蔣家의 대숲에~길을 열었네 : 한漢나라 때 장후蔣詡란 사람은 왕망王莽이 한실

漢室을 빼앗자, 벼슬을 버리고 고향에 돌아가 숨어 살았다. 뜰에 세 갈래의 길을 만들고, 오직 구중求仲과 양중羊仲과 함께 조용히 지냈다고 한다.
232 오를 데까지~늙은 용 : 『周易』 건괘乾卦의 상구효上九爻는 항룡亢龍으로 극에 이르러 변하게 될 상象이다. 여기서는 허 생원이 늙었다는 뜻으로 한 말이다.
233 장유長孺 : 한漢나라 급암汲黯의 자이다. 동해東海 태수와 회양淮陽 태수를 했었고, 기개와 지조가 있어서 조정에서 황제에게 직접 간하자, 무제武帝가 사직신社稷臣이라고 칭찬하였다.
234 구름 걷힌~퇴지가 노니네 : 퇴지退之는 한유韓愈의 자이다. 당송팔대가唐宋八大家의 한 사람으로, 조주潮州 자사를 지냈다. "남악南岳에 구름이 개였네."라는 말을 하였는데, 창평이 우리나라의 남방이기 때문에 이 말을 인용한 것이다.
235 파교灞橋의 신선 : 당나라 정계鄭綮를 말하는 것이다. 정계는 시 짓기를 좋아하였다. 하루는 어떤 사람이 "상국相國께서는 근래 새로운 시를 지었습니까?"라고 하자, "시상은 파교에서 눈바람 속에 나귀 등을 타고 갈 때나 생기는 것이다.(詩思在灞橋.風雪中驢背上.)"라고 대답하였다. 『全唐詩話』에 나온다.
236 무슨 죄로~가지 말게 : 초楚나라 사람 변화卞和가 옥돌을 얻어 초나라 여왕厲王에게 바쳤는데, 가짜라고 잘못 감정하여 발꿈치가 잘린(刖足) 고사를 말한다.
237 여러 성城을~가야 하네 : 전국시대 조趙나라 혜문왕惠文王이 귀한 옥을 가지고 있었다. 진나라 소왕昭王이 이 말을 듣고 사람을 조나라에 보내어 열다섯 개의 성과 바꾸자고 청하였다. 이런 이유로 이 옥을 연성벽連城璧이라고 한다. 『史記』 「廉頗傳」에 나온다.
238 염계濂溪 : 송나라의 유학자인 주돈이周敦頤(1017~1073)의 호이다.
239 연사淵寺 : 화순군의 만연사萬淵寺를 말한다.
240 상서로운 기운(黃氣) : 옛날에 점을 치는 자들은 누런색을 대표적인 길한 기운으로 보았는데, 사람의 얼굴 가운데 이마의 양쪽 미간에 누런 기운이 돌면 기쁜 일이 있을 것이라고 하였으며, 공경公卿이 될 상으로 보았다.
241 이마(天庭) : 천정天庭은 관상에서 두 눈썹의 사이 또는 이마의 복판을 이르는 말이다.
242 선위仙尉 : 본래 매복梅福의 미칭이다. 매복은 한漢나라 때 군문학郡文學이 되고 다시 남창위南昌尉에 제수되었다. 뒤에 고향에 돌아와 살았지만, 어느 날 처자를 버리고 집을 나가 신선이 되었다고 한다. 그래서 후세에 그를 선위라고 부르게 되었다. 『漢書』 「梅福傳」에 나와 있다. 여기서는 이 공이 현령의 관직에 있었기 때문에 이렇게 부른 것으로 보인다.
243 술 석~호기가 생겨나고 : 주자朱子가 형산의 축융봉祝融峯에서 술에 취하여 내려오면서 지은 〈南岳〉 시에 "내가 만 리 길 올 때 바람 타고 왔는데, 낭떠러지 층층구름 가슴을 열어 주네. 술 세 잔에 호기가 발동하니, 낭랑하게 시를 읊으며 축융봉을 내려가네.(我來萬里駕長風. 絶壑層雲許盪胸. 濁酒三杯豪興發. 朗吟飛下祝融峯.)"라고 하였다.
244 유소씨有巢氏 : 중국의 태고시대 전설상의 인물이다. 사람들에게 집을 짓고 살면서 짐승의 피해를 막는 방법을 가르쳐 주었다고 한다. 『韓非子』에 나온다.
245 형산衡山에서 석~술을 마시고 : 주자朱子가 형산의 축융봉祝融峯에서 술에 취하여 내려오면서 지은 〈南岳〉 시의 내용이다.

246 시상柴桑에서 다섯~그늘에 쉬었네 : 시상은 도연명陶淵明이 살던 곳이다. 도연명은 집 앞에 다섯 그루의 버드나무를 심어 놓고 스스로 오류五柳선생이라고 불렀다. 양처사가 주자와 도연명을 가장 사모하였다는 말이다.

247 전금展禽 : 춘추시대 노魯나라의 현인賢者인 유하혜柳下惠의 이름이다. 맹자는 그가 성인聖人과 화和한 자라고 칭찬하였다. 『孟子』 「萬章」 下에 나온다.

248 마음에 기생을 두었다 : 정자程子 형제가 남의 잔치에 참여한 적이 있었다. 잔치 자리에서 기생이 노래를 부르자, 동생 이천伊川은 화를 내며 바로 일어나 돌아와 버렸고, 형 명도明道는 태연하였다. 이튿날 서재에서 형제가 함께 만났는데, 이천은 아직 노기를 풀지 못하고 있는 것이었다. 명도가 이천을 보고 말하길 "어제의 그 잔치 자리에서 나는 기생을 마음에 두지 않았었는데, 너는 오늘 서재에 있으면서도 마음속에 아직도 그 기생을 담고 있구나."라고 하였다. 일반 사람들은 기생의 옆에 계속 있던 정명도가 기생을 마음에 두고 있다고 생각하고, 자리를 떠난 정이천은 기생을 마음에 두지 않았다고 생각하나, 실제는 그 반대라는 것이다.

249 도안道安에 견줬더니~습착치習鑿齒를 만났네 : 미천彌天은 진晉나라의 고승 도안을 가리키고 사해四海는 재사才士 습착치를 가리킨다. 도안이 양양襄陽에 있을 때 습착치가 와서 "나는 사해四海 습착치요."라고 하자, 도안이 "나는 미천彌天 석도안이다."라고 대답하였다.

250 택당澤堂 : 조선 시대의 문신인 이식李植(1584~1647)의 호이다.

251 상승의 선정(上乘禪) : 일체의 번뇌煩惱를 여의고 진리眞理를 깨달음을 말하니, 최상승선最上乘禪이라고도 한다.

252 양나라 옥에서~추자鄒子가 죽었으니 : 추자는 전국시대의 사상가 추연鄒衍을 말한다. 그는 음양오행설陰陽五行說을 제창하여 여러 나라에 유세하다가 참소하는 사람 때문에 양梁나라의 옥에서 죽었다. 여기에서는 백제 의자왕이 간신들의 말을 듣고 충신 성충成忠을 옥에 가두어 죽인 뒤 얼마 안 가서 백제가 망한 것을 말한 것이다.

253 한나라 조정에서~가생賈生에게 부끄럽구나 : 가생은 한漢나라의 가의賈誼를 말한다. 가의가 상소하여 나라의 병폐를 모두 지적하였으니, 여기서는 의자왕이 간한 신하를 보기에 부끄럽지 않느냐는 말이다. 『史記』 제64권에 나온다.

254 설파雪坡 : 조선 시대 승려인 상언尙彦(1707~1791)의 호이다. 화엄학 연구에 큰 업적을 남겼다.

255 현수賢首 : 화엄종의 제3대 교주로서, 당나라 측천무후則天武后 시대에 살았다.

256 위로韋老 : 당나라 때 시인인 위응물韋應物을 가리킨다. 〈聞雁〉이라는 시에 "고향은 아득하니 어디인가. 떠도는 길손의 서글픈 심사로다. 회남의 가을비 오는 밤에, 멀리서 지나가는 기러기 소리 들리네.(故園渺何處。歸思方悠哉。淮南秋雨夜。高齋聞雁來。)"라고 하여, 고향을 그리는 시로 유명하다.

257 황풍皇風이 변해 가니 : 황풍은 천자의 교화를 말한다. 세상이 날로 어지러워짐을 뜻하는 말이다.

258 무회씨無懷氏 : 전설에 나오는 중국 태고 때의 황제. 복희씨伏羲氏 이전의 황제라고 한다. 도잠陶潛의 「五柳先生傳」에 나온다.

259 비 오나~짹짹 지저귀네(風雨亦喈喈) : 닭은 폭풍우 속에서도 울어 장차 날이 새는 것을 알린다는 말로, 좋은 세상이 올 것을 알려 주는 길상吉祥이 있기를 바란다는

뜻이다. 여기에서 풍우風雨는 난세를 뜻하고 개개喈喈는 닭이 우는 소리이다. 『詩經』 「鄭風」〈風雨〉에 나온다.

260 검은수레(皁蓋) : 조개皁蓋는 조선 시대에 과거 급제자에게 특별히 주던 검은빛의 수레 포장을 말한다. 여기서는 수령이 타고 온 가마를 뜻한다.
261 훗날 여산廬山에서~낯설지는 않으리라 : 여산 동림사東林寺에 살던 혜원慧遠 스님은 유학자인 도연명陶淵明과 도사道士인 육수정陸修靜과 교유하였다. 여기서는 속세 사람인 수령과 스님인 연담 대사가 명산인 여산에서 후일 다시 만난다면, 이상이 다른 처지라도 혜원과 도연명, 육수정처럼 정답게 이야기를 나눌 것이라는 말이다.
262 줄 없는 거문고(沒絃琴) : 진晉나라 도잠陶潛은 음률을 알지 못하면서도 줄 없는 거문고 하나를 가지고서 술이 거나할 때마다 그 거문고를 어루만져 자기의 뜻을 부쳤다는 고사에서 온 말이다.
263 범의 울부짖음~얻은 듯이 : 『周易』 건괘乾卦에 보면 "구름은 용을 따르고, 바람은 범을 따른다."라고 하였다. 용과 범은 왕을 비유한 말이고, 바람과 구름은 대신大臣을 뜻한 말이다. 이것은 훌륭한 임금과 신하가 서로 만남을 이른 말로서, 여기서는 정조正祖와 채제공蔡濟恭이 만난 것을 가리킨 말이다.
264 천 생~개미를 막으리라 : 초楚나라 안릉군安陵君이 초왕楚王에게 이르기를 "대왕께서는 만년 뒤에 황천黃泉에서 개미에게 시달릴 것을 한번 생각해 보십시오."라고 한 말에 대하여, 여기서는 황천에 가서 천 번을 다시 태어나는 동안 머물며 왕의 시신에 오는 개미를 쫓아 주겠다고 한 말이다.
265 나라 안의~장경長卿만은 아니지 : 장경은 한漢나라 때의 문장 사마상여司馬相如의 자字이다. 채제공이 문장에 능하니, 문장을 꼽을 때에 꼭 사마상여만 꼽을 것이 아니라, 채제공도 그와 겨룰 만하다는 말이다.
266 간재簡齋 : 송宋나라 사람 진여의陳與義의 호로, 시에 능하였다.
267 자미子美 : 당唐나라 시인 두보杜甫의 자字가 자미이다.
268 연燕과 조趙의~때가 많았네 : 옛날 연나라와 조나라가 나라를 세웠던 지방에는 강개한 선비들이 많았다고 한다. 한유韓愈의 「送董邵南序」에 나온다. 여기서는 채제공이 비분강개할 때에는 연나라와 조나라 지방의 선비들과 같았다는 말이다.
269 북극성은 바람과~만남을 밝히고 : 『論語』 「爲政」에서 공자는 말하기를 "덕으로 정치를 하면 마치 북극성이 북쪽에 있으면 여러 별이 그곳으로 향하는 것과 같다."라고 하였다. 풍운風雲의 만남은 훌륭한 임금과 훌륭한 신하의 만남으로, 여기서는 정조와 채제공이 만나 훌륭한 정치를 하면서 군신 간의 친분을 유지했다는 말이다. 늦은 만남이란, 둘 사이에 나이 차가 있어 채제공이 연로했을 때 만났다는 말이다.
270 옛 맹서를 잊지 않았네 : 채제공이 은거하여 자연과 함께하겠다던 생각을 잊지 않고서, 벼슬에서 물러나 낙향하였다는 말이다.
271 동산東山 : 진晉나라 사안謝安이 이른 나이에 관직을 사퇴하고 회계會稽 땅 동산에 은거했다. 『晉書』 「謝安傳」에 나온다.
272 필묵(墨卿) : 묵경墨卿은 먹의 이칭이다. 송나라 소식蘇軾의 「萬石君羅文傳」에, "이 때에 묵경墨卿, 저선생楮先生이 모두 문장에 능하다고 해서 총애를 받았는데, 네 사람이 마음이 맞아 서로 잘 지내니, 당시 사람들이 '문원文苑의 사귀四貴'라 하였다."라고 하였다. 문원의 사귀는 모순毛純·나문羅文·묵경·저선생으로, 각각 붓·벼루·

먹·종이를 가리킨다.
273 추율鄒律을 부니~기운이 돌아오고 : 추율은 전국시대 제齊나라 사람 추연鄒衍이 불던 음률音律을 말한다. 연곡燕谷은 연燕나라의 북쪽에 있는 계곡으로 1년 내내 추운 계곡이다. 그러나 추연이 음률을 불면 여기에 따뜻한 기운이 생겼다고 한다. 유향劉向의 『別錄』에 나온다. 여기서는 정조께서 정치를 잘하여 교화가 벽지 서민에게까지 미친다는 말이다.
274 순소舜韶 : 순임금의 음악으로, 고귀한 노래이다.
275 패풍沛豊 : 한漢 고조高祖 유방劉邦이 처음으로 군사를 일으킨 곳이다. 유방은 천자가 되자, 이곳 사람들의 부역을 면제시켰다. 여기서는 제왕의 고향이란 말로 쓰였다.
276 음기陰氣가 차차~기운이 움직이니 : 『周易』에 따르면, 동지가 되면 10월의 순음純陰에서 밑에 양陽이 하나 생기게 된다. 이후에 천지에는 양이 점점 더 생겨 4월까지 양이 성하게 되는 것을 이르는 말이다.
277 음광飲光 : 가섭존자迦葉尊者의 번역된 이름이다. 스스로 빛을 마시므로 다른 작은 빛은 사라져 버린다는 뜻이다.
278 거울을 내려놓자~연야달다의 광기라네 : 인도 실라성室羅城에 살던 연야달다演若達多라는 사람이 거울에 자기 얼굴이 비치지 않는다고 자기 머리를 찾았다는 고사이다. 『楞嚴經』에 나온다.
279 코끝에 묻은~벗겨 내어야 : 『莊子』「徐無鬼」에 나오는 이야기이다. 영郢나라 사람이 자신의 코끝에 파리 날개만큼 얇은 회칠을 해 놓고 장석匠石에게 그 코끝에 묻은 칠을 깎게 하였더니, 코끝에 묻은 회칠만 깎아 내고 코는 멀쩡했다는 것이다.
280 판두방板頭房 : 판도방辦道房·판도방判道房 등으로 쓰며, 흔히 판두방으로 읽기도 한다. 절에 있는 방의 이름인데, 경기도·강원도 지방에서는 부목이나 속객들이 모여 있는 방을 말하고, 경상도 일부에서는 큰스님이 혼자 있는 딴방을 말하고, 또 일부에서는 큰방을 가리키기도 한다.
281 운몽雲夢 : 한漢·위魏 이전엔 그리 크지 않은 습지를 지칭했는데, 진晉 이후로 동정호洞庭湖까지 포괄하는 큰 호수를 뜻하게 되었다. 한나라 사마상여司馬相如의 「子虛賦」에 "운몽과 같은 것 여덟아홉 개를 한꺼번에 집어삼키듯, 그 흉중이 일찍이 막힘이 없었다.(吞若雲夢者八九。於其胸中。曾不蔕芥。)"라는 표현이 나온다.
282 태항산太行山 : 길이 험하기로 유명한 산으로, 산맥이 걸쳐 있는 산서성山西省의 양장판羊腸坂은 특히 꾸불꾸불하여 험한 길로 알려져 있다. 여기서는 신세의 기구함을 비유한 말이다.
283 옥주산沃洲山 : 중국 절강성 신창현新昌縣 동쪽에 있는 산으로, 북쪽은 사명산四明山과 마주하고 있다.
284 대아大雅 : 본래는 『詩經』의 편명인데, 내용이 매우 바르고 고상하므로, 보통 나이가 서로 비슷한 친구나 문인에 대하여 존경한다는 뜻으로 상대방에게 사용한다.
285 가경嘉慶 4년 기미(1779) : 정조 23년으로 연담 대사가 입적한 해이다.

연담대사임하록 제3권

| 蓮潭大師林下錄 卷之三 |

송광사 영해 화상 대회에 올리는 소 【경오년의 일이다.[1]】

제자 아무개 등이 영해影海 대선사를 공경하여 받드니, 저 아무개는 조계산曺溪山 송광사에서 삼가 화엄대회華嚴大會를 엽니다.

올해 경오년 여름 안거일安居日에 개경開經을 시작하면서, 먼저 깨끗한 공양을 차려 놓고 우러러 화엄회상의 본사本師이신 비로자나毘盧遮那여래와 아홉 번의 법회에서 설법하신 여러 큰 보살님들과 시방삼세의 설법을 듣고 증험하신 부처와 보살들과 한없이 많고 많은 삼보께 공양을 올립니다. 그리고 다시 항상 계시거나 와서 모이시는 바다같이 많은 신중神衆들에게도 공양을 올립니다. 또 우러러 나라의 명운이 길이 이어지고 부처님 법륜이 멈추지 않고 언제나 굴러서 산문이 고요하고 모여드는 대중이 더욱더 많아지기를 빕니다.

엎드려 생각하건대 비로자나부처님의 원력은 끝이 없어서 하나의 몸, 많은 몸, 국토의 몸으로 두루 나투어 보이시며,『방광화엄경方廣華嚴經』은 감히 헤아리기도 어려운 법문이어서 절에서 하는 말이나 속세에서 하는 말이나 중생들이 하는 말 어느 한 곳에 한정되지 않습니다. 이것은 이른바 문수보살이나 보현보살 같은 대인의 경계이니, 어찌 성문이나 연각 같은 소승의 인연이 되겠습니까?

본사本寺는 지금으로부터 30년 전, 무용無用 선사를 받들고 큰 법회를 열었었습니다. 그때의 수백 명이나 되는 학승들 가운데에서 고제高弟[2]이신 영해 대사께서 가장 뛰어난 당기當機[3]이셨습니다. 엎드려 생각하건대 대사께서는 타고난 본래의 성품이 굳건하고 바른 데다가 학문까지 독실하였습니다. 그렇기에 굵은 뿌리를 서리고 단단한 마디를 얽어서 솜씨 좋은 백정이 날카로운 칼날을 마음대로 놀리듯[4] 하셨고, 배움에 들거나 당堂에 오르실 때에도 마치 조적祖逖과 같이 남보다 먼저 채찍을 들 수 있었던 것입니다.[5] 명상名相[6]과 식수識數[7]는 우리 대사에게 이르러 명백하게 밝혀졌고, 관행觀行[8]과 의문義門[9]에 있어서는 다른 사람은 감히 흉내도 못 낼 정도였습니다. 실제로 여러 방면에서 주요한 안목眼目[10]이 되셨으니 어찌 다만 일문의 굳건한 성곽[11]이기만 하였겠습니까.

성대한 법회로 법의 도량을 베푸는 일은 선대로부터 계속 이어져 왔으니, 옛날부터 전해 오는 가승家乘을 따르는 일을 어찌 오늘에 이르러 멈출 수 있겠습니까. 하물며 시절 인연까지 도우시어 음식·의복·의약·침구 등 네 가지 생활용품이 결핍됨이 없고, 멀리서나 가까이에서 모두들 우러러보며 팔방에서 달려왔습니다. 이리하여 이제 총림에서는 여름 안거철을 맞아 특별히 마갈摩竭 산화散花[12]의 자리를 열게 되었습니다.

사람은 누구나 온 대지를 덮을 만큼 크고도 넓은 눈 하나를 가지고 있으니 이 눈 밖을 벗어나는 경전이란 없고, 또 티끌 하나하나 속에도 법계를 두루 덮을 부처님 경전 한 권이 있으니 이 경전 밖을 벗어나는 눈이란 없습니다. 이와 같이 크고 넓은 눈으로 항상 백천만억 권의 이 같은 경전들을 펼쳐 보고, 또 이러한 경전을 가지고 널리 백천만억 사람의 이 같은 눈을 열어 줍니다. 칠처구회七處九會[13]의 모든 자리에 잠시 짧은 시간조차도 허비하지 않고 두루 참석하며, 육상六相[14] 십현十玄[15]을 그저 생각만 하여도 그대로 화합하여 녹아듭니다.

엎드려 원하옵건대 나라의 도읍이 견고하고 왕업이 길이 번창하여, 주상께서는 금륜金輪과 은륜銀輪의 자리를 보전하시고 온 나라 백성들은 크나큰 복락의 바다 기나긴 장수의 바다를 몸으로 누리게 하옵소서. 설법을 주관하시는 스님께서는 지혜장엄과 복덕장엄의 이엄二嚴을 원만하게 성취하시고, 설법을 들으시는 스님들께서는 단번에 십지十地[16]를 뛰어넘게 하옵소서. 그리고 이 설법을 보고 들어 유익함을 얻을 수 있도록 팔난八難[17]의 중생들을 막지 마옵시고, 이렇게 베풀고 받아서 맺은 인연으로 이 사부대중이 모두 세 가지의 덕[18]의 고국에 다 함께 돌아갈 수 있도록 하여 주시옵소서.

찬탄을 이루 다 말할 수 없어서 바다만큼 많은 먹물로 글을 쓴다 하여도 다 헤아리기 어려우니, 이 설법을 널리 알려 유통시키는 일을 어찌 감히 그만둘 수 있겠습니까. 모든 중생이 텅 비어야 비로소 그만둘 것입니다.

삼가 소를 올립니다.

松廣寺影海和尙大會疏【庚午】

弟子某等。敬奉影海大禪師。某謹於曹溪山松廣寺。開建華嚴大會。以今庚午雨際。安居日起始開經。先設淨筵。仰供華嚴會上本師毘盧遮那如來。九會說主諸大菩薩。十方三世證聽主伴帝網重重無盡三寶。次及常住來集海會神衆。仰冀國祚延長。法輪常轉。山門肅靜。會衆成益者。右伏以毘盧遮那佛。願力無盡。普現乎一身多身國土身。方廣華嚴經。法門難思。不碍於刹說塵說衆生說。是所謂文殊普賢大人境界。豈可爲聲聞緣覺小乘因緣。本寺於三十年前。奉無用先師開大會。學衆之數百人。內有影海高弟爲當機。伏惟大師。素是天稟堅貞。加以學問敦實。盤根錯節。庖丁之刃恣遊。入室升堂。祖逖之鞭先着。名相識數。至吾師而彰明。觀行義門。非餘人之彷彿。實爲諸方之眼目。可但一門之金湯。設巨會之法場。自先世而相繼。遵舊來之家乘。豈今日而獨停。況時緣恊諧。無四事之乏闕。而遠近瞻仰。自八表而奔趨。爰以叢林坐雨之期。特啓摩竭散花之席。人人皆有盡大地一隻眼。眼外無經。塵塵俱含徧法界一卷經。經外無眼。以如是眼。常轉百千萬億卷如是經。用如是經。普開百千萬億人如是眼。七處九會。不消彈指而徧烝。六相十玄。只在當念而融攝。伏願國都鞏固。王業永昌。主上轉位於金輪銀輪。萬民致身於福海壽海。說主和尙。圓成二嚴。聽者闍梨。頓超十地。見聞爲益。不遮八難衆生。施受結緣。同歸三德故國。贊難[1]固莫可盡。海墨書而難量。流通豈敢其休。衆生空而方絶。謹䟽。

---

1) ㉮ '難'은 '歎'의 오류인 듯하다.

선암사 상월 화상 대회[19]에 올리는 소

제자 아무개 등과 외호外護하는 여러 신자들은 공경을 다하여 상월霜月 대선사를 받들어 모시며, 저 아무개는 삼가 선암사에서 화엄대회를 개설하여 갑술년 3월 15일 오늘부터 개경을 시작합니다. 이하 내용은 앞의 소疏와 같기에 생략합니다.

삼성三聖[20]이 융합하여 하나로 나타난 것이므로 비로자나부처님은 여러 부처님의 근원이 되며, 만법이 모여 한마음으로 귀의하기에 『화엄경』은 모든 경전의 근본이 됩니다. 그러므로 온갖 오묘한 이치를 포함하여 말과 생각 따위를 멀찍이 초월하였습니다. 대승과 소승을 막론하고 상덕上德은 보고 듣는 것을 닫는 까닭이 바로 이 때문이니, 십주十住[21]의 초심初心에서 정각正覺을 이루는 것이 어찌 저절로 되는 일이겠습니까.

엎드려 생각하건대 우리 대사께서는 뛰어난 재기를 모아 타고났으니 하늘이 우리나라에 빼어난 인재를 내리신 것이며, 또 우리 대사께서 나오시게 된 연원도 분명하니 바로 서산西山 대사로부터 도통을 이으신 것입니다. 신통한 재주로 여러 경전을 두루 섭렵하여 일찍이 설암雪巖 스님의 문하에 들어갔고, 대교大敎[22]에서 큰 지혜를 깨쳐 월저月渚 대사로부터 전해 오던 종지宗旨를 이었습니다. 진실로 대사의 명성은 멀리까지 전파되었으니, 그 덕풍德風이 두루 미친 것은 당연한 일입니다. 그렇기 때문에 여기저기서 나름대로 두각을 나타냈다는 사람들도 모두 국사의 법석에 참여하지 못하는 것을 부끄럽게 생각하였고, 범처럼 용처럼 서슬 퍼렇게 한 시대를 휩쓸던 인물들도 모두 다투어 솜씨 좋은 장인의 문을 두드리며 자신의 가치를 인정받으려 하였던 것입니다. 이처럼 대사께서 법으로 감화시킴이 더할 수 없이 성대하며, 길을 열어 가르쳐 주신 공도 이미 너무나 깊습니다. 다만 대사의 나이 이제 70세가 가까워 오니 한편 기쁘기도 하지만 또 한편 두렵기도 한 마음 어찌 없겠습니까. 세상에 백세를 사는 사람이 흔하지 않으나, 그래도 저희는 언제나 그저 대사의 수명을 늘리고 싶은 생각만 간절할 뿐입니다.

이에 말회末會를 크게 열어 만년의 성대한 행사를 거행하려고 합니다. 때마침 사람들의 의논도 하나로 모아져 따로 모의를 할 것도 없이 모두가 같은 생각을 갖고 있으며, 게다가 여론이 이미 쏠리어 기꺼이 따르는 무리도 많으니, 더 말해 무엇 하겠습니까. 시주하는 사람들은 바다가 물을 받아들이듯 구름이 모여들 듯 사방에서 모여들었으며, 배움을 청하는 학승들은 용이 날뛰어 일어나서 무리를 지어 찾아들 듯 팔방에서 모여들었습니다. 그리하여 이제 우리는 옛날에 결제하던 기간을 이용하여 경전을 여는 시기로 삼으려 합니다. 종소리 북소리와 범어梵魚[23] 울리는 소리는 마치 여러 하늘이 음악을 연주하여 바치는 소리와도 같고, 향기로운 꽃과 등잔불 촛불은 바다처럼 많은 대중이 공양을 올리는 자리와 같습니다. 설법하시는 저 스님의 높은 자리에서 울려 나오는 말씀은 보현普賢보살을 보혜普慧보살에게서 보는 듯 의심할 정도이고, 화엄법회 꽃자리 아래에 겹겹으로 모시고 둘러싼 무리들은 이생異生이 동생同生 사이에 함께 섞여 있는 듯합니다. 마치 보리菩提의 도량에 들어가 친히 6품品의 설교를 듣는 듯하고, 황홀하게 타화천他化天[24]에 올라가 직접 십지十地의 행行과 위位를 여쭙는 듯합니다. 5백 년 전에 숨겨 놓은 현묘한 교화가 있다는 말이야 옛날부터 들어 왔지만, 3천 년 뒤에 이렇게 맑은 빛을 보는 행운을 만나게 될 것을 누가 알기나 하였겠습니까. 이미 평소 원하시던 크고 깊은 법을 이루셨으니, 이제는 오직 현묘한 감응이 넓고 크게 퍼지기를 우러러 빕니다.

엎드려 원하옵건대 화엄 도량을 열려는 기약이 원만하게 이루어진 이때에, 요사한 마귀의 훼방이나 장난은 멀리 숨어들게 하소서. 그리하여 아무리 미세한 변고나 병이라 하더라도 이 대회를 주관하는 스님의 몸을 침노하지 못하게 하시고, 그저 오직 몸을 청정하게 닦고 힘써 배우고 싶은 마음만이 배우는 사람들의 마음속에 언제나 간절하게 하소서. 그렇게 된 뒤에라야 비로소 나라를 복되게 하고, 임금을 도와 중생을 제도하며, 세상을 이롭게 할 수 있을 것입니다. 설법을 하는 스님과 듣는 대중들이 모두 함께 법계를 인증하여야만 나를 이롭게 하고 남도 이롭게 하는 두 가지 이익이 원만하게 이루어지는 것을 보게 될 것이며, 보시하는 자와 보시를 받는 자가 다 함께 지혜의 종자를 이루어야만 비로소 삼륜三輪[25] 이 고요하게 비는 것을 알게 될 것입니다. 자신이 지금 자리한 그곳이 바로 극락이니, 달리 그 속에 무슨 육취六趣[26]의 괴로움이 있겠으며, 이 사람들이 바로 비로자나부처님이시니 안팎의 장애[27]가 주는 번뇌를 단번에 끊을 것입니다.

삼가 글을 올립니다.

仙巖寺霜月和尙大會疏

弟子某等。與諸外護檀越。敬奉霜月大禪師。其謹於仙巖寺。開設華嚴大會。以今甲戌三月十五日起始開經。云云同上。

融三聖顯同體。毘盧爲諸佛之源。會萬法歸一心。華嚴是群經之本。故包含衆妙。而逈超言思。二乘上德杜視聽。良以此也。十住初心成正覺。豈徒然哉。伏念我師。英氣所鍾。降秀質於東國。淵源有自。承道統於西山。游慧刃於諸經。早爲雪巖之入室。開智鏡於大敎。能繼月渚之來宗。固名翼之遲飛。宜德風之周扇。所以諸方之擎頭戴角。不紊國師之席。咸以爲羞。一時之律虎義龍。競扣匠石之門。欲定其價。法化之盛。無以加焉。啓迪之功。亦已深矣。但以稀年將迫。豈無喜懼之情。百歲不多。每切延促之念。肆欲末會之大開。式爲晩年之勝擧。顧時議所在。不謀而同。況輿情已歸。樂從者衆。四方之檀施。則海納雲投。八表之釁徒。則龍奔衆驟。用古者結禪之限。爲今日開經之期。鐘皷梵魚。彷彿諸天之獻樂。香花燈燭。依俙衆海之興供。寶座上落落唱酬。疑普賢於普慧。華筵下重重侍衛。混異生於同生。

如入菩提塲中。親承六品之敷揚。悅昇他化天上。面稟十地之行位。久聞五百歲前。尙匿玄化。誰知三千年後。幸覩淸輝。旣成素願之弘深。仰丐玄應之廣大。伏願洎道塲期限之圓滿。使魔妖障戲之遠遁。雖細故微恙。不侵於會主身上。惟淸修力學。常切於學者心中。然后方能福國祐君。可以度生利世。說聽同證法界。可見二利之圓成。施受俱成慧因。始知三輪之空寂。在處是極樂。箇中有甚六趣之苦依。是人卽毘盧。直下頓斷二障之煩惱。謹䟽。

시왕에게 비는 소

　법왕의 관부에서는 바늘구멍만 한 허점도 용납할 수 없으니 착한 일이든 악한 일이든 오직 그 일을 지은 자가 받게 되지만, 사사로운 정으로는 말처럼 큰 짐승도 통하게 할 수 있어서 화가 되었건 복이 되었건 돌려 고칠 수가 있습니다. 하물며 우리 중생의 몸이 모두 시왕十王[28]의 법안에 달려 있으니, 더 말할 것이 있겠습니까. 이에 저희 비구들은 한마음으로 정성을 다하여 돌아가신 은사의 구천에 계신 명혼冥魂에 바칩니다.

　엎드려 생각하오면 돌아가신 우리 대사께서는 몸은 비록 집을 나왔으나 마음은 아직 도에 들지 못하였습니다. 업장業障과 보장報障과 번뇌장煩惱障은 한 번의 생에서 만들어지는 것이 아니고, 탐하는 마음과 성내는 마음과 어리석은 마음은 진실로 여러 생 동안의 습기習氣가 쌓여서 생기는 것입니다. 젊은 나이에는 먹고사는 일에 골몰하여 그저 돈과 재산을 불리느라 딴마음 먹을 겨를이 없었고, 만년에는 질병이 그치지 않았으니 경전을 읽고 염불을 할 겨를이 있었겠습니까. 지난날에는 뱀 우글거리는 우물 속에 떨어져, 그나마 가까스로 잡고 매달린 등나무 넝쿨을 쥐가 갉아먹듯이 아슬아슬 급박하였는데, 이제 드디어 병 속에 갇혔던 새가 홀연 날아오르게 되었습니다. 사람이 평생 동안 살아온 행적을 살펴보면, 오는 세상에 받을 과보를 충분히 징험해 볼 수 있습니다. 그러니 쓸데없이 피눈물을 흘린들 무엇 하겠습니까. 대신 집안일을 주관할 만한 재주 있는 자식이 되지 못하여 부끄러울 따름입니다.

　혹 이제라도 정성을 다하면 속죄가 되어 스승님을 괴로움에서 구제할 수 있을까 생각하여서 100일 동안에 여덟 번이나 재를 올렸고, 시왕에게 예를 올린 것도 한두 번이 아니었습니다. 이것으로써 아마도 돌아가신 스승님의 앞길을 어느 정도는 제도할 수 있겠지만, 이렇게 그치는 것은 저희 제자들이 평소에 원하던 바가 아닙니다. 그렇기에 지금 이렇게 길일을 잡아서 다시 법연을 베풉니다. 재를 올릴 때 재단을 차리는 의식은 자신이 가진 정성을 다 바치는 데 뜻이 있는 것이니, 법회를 진행하는 자질구레한 규범이 어찌 사람 손에 의해 만들어지는 것이겠습니까. 범패 소리 장엄하게 울리는 가운데 위로는 삼보의 여러 성인을 청하고, 나부끼는 깃대 화려한 꽃 그림자 속에 아래로 여섯 세계의 여러 중생을 부릅니다. 내일은 삼단三壇에 두루 공양을 올리고 본마음을 펼칠 것이니, 오늘밤 미리 시왕께 먼저 예를 올려 따로 특별히 정성을 바칩니다.

엎드려 원하오니 돌아가신 스승님께서는 부처님과 시왕의 가피를 받아 생전의 일로 죽은 뒤에 받는 업보에서 속히 벗어나 천 생生 만겁의 쾌락을 누리시며, 그저 오직 천상과 사람 세상만을 왕래하게 하소서. 또 과거세에 돌아가신 부모님께서도 영원히 삼유三有[29]의 윤회를 여의게 하시고, 지금 살아 있는 제자들도 갖은 재앙의 침해를 받지 않게 하소서. 그리고 저 파도가 닿는 바다 먼 끝까지 고통 받고 있는 중생들을 모두 소생하게 하여 주소서.

祝十王䟽

官不容針。於善於惡。惟作之者受。私或通焉。爲禍爲祥。可轉之而更。況此衆生之身。皆係十王之案。肆磬小比丘一片丹悃。用薦亡恩師。九泉冥魂。伏念亡師。身雖出家。心未入道。業障報障煩惱障。固非一世之資熏。貪心嗔心愚痴心。實是多生之習氣。早歲也。産業汨沒。唯是殖貨營財。晩年焉。疾病沉綿。何暇看經念佛。曩仍井蛇之相囓。遂致瓶雀之忽飛。考平生之攸行。足來果之可驗。徒泣血而奚爲。愧非幹蠱之子。倘盡誠則可贖。思欲拔苦於師故。乃百日之間齋。已營於八度。十王之下禮。又非夫一巡。由斯而庶度亡師之前程。止此則奈非弟子之素願。所以特差穀日。重設法筵。齋壇禮儀。要在盡己之有。法事軌度。豈可因人而成。魚梵聲中。上請乎三寶諸聖。幡花影裡。下召夫六道群靈。明日三壇之普供。通伸本志。今宵十王之先禮。別陳精誠。伏願亡師。蒙一聖十王之加持。速脫生前死後之業報。享千生萬劫之快樂。唯向天上人間而徃來。亦願先亡父母。永離三有之輪回。現存弟子。不受千災之侵害。餘波所洎。苦類咸蘇。

법천사 동자의 삭발수계식에 올리는 소【을해년(1755)의 일이다.】

이번에 발심한 동자 34인은 저 세간의 번뇌를 싫어하고, 우리 불가의 무위無爲를 사모하는 자들입니다. 그렇기 때문에 부모의 은혜와 사랑을 끊어 버리고, 부처님 법의 청량한 자리에 몸을 던졌습니다. 다행히 국왕의 불금不禁 정책에 힘입고 또한 부모의 허락을 받아, 오늘 우리 부처님께서 도를 이룩하신 날 밤에 특별히 계단을 설치하고 갈마羯磨[30]를 행하여 스님을 만들려 하옵니다. 우러러 바라오니 부처님의 지혜와 명을 이어서 스스로를 제도하고 또 다른 사람도 제도하도록 하소서.

들자 하니 석두石頭 스님의 문하인 단하丹霞[31] 스님은 무명초를 깎을 기미를 깨달았고, 마조馬祖 스님의 문하인 석공石鞏[32] 스님은 무명초의 뿌리를 거두었다고 합니다. 먼저 깨달은 사람들의 자리는 비록 우리 동자들이 따라갈 수 없다 하더라도, 뒤에 입문한 이들의 가슴속에도 또한 대장부의 뜻은 있습니다. 그러나 연꽃이 물속에서 피어나려면 모름지기 때맞춰 내려 주는 비의 도움이 있어야 하고, 깨끗한 생각으로 평범한 사람의 생각을 초월하려면 반드시 종사宗師의 가르침에 의지하여야 합니다. 이에 삼업三業을 청정하게 하고 우러러 여섯 대사를 청하였으니, 동자들의 정수리에 마지막 남은 머리꽁지[33] 끊는 일을 맡기니 세 번 좋다고 응답하였고, 위없는 지혜를 구하는 일을 찬탄하며 입을 모아 훌륭한 일이라고 칭찬하였습니다. 동그랗게 삭발을 하고 반듯하게 가사를 입자 모습이 갑자기 변하였고, 표시 없는 것을 지니며 표시 나는 것을 받았으니[34] 계품戒品이 갖추어 원만해졌습니다. 감히 어떻게 윤왕輪王[35]의 참다운 아들이 되었다고 하겠습니까만, 적어도 아들과 손자의 종자를 이어 가는 씨앗을 심는 일은 끊어지지 않을 것입니다.

이제 의식을 모두 마쳤으니 바라고 비는 일이 어찌 없겠습니까. 계戒를 설하신 스님께서는 영원히 선문의 주춧돌이 되시고, 일을 주간하신 대덕은 항상 이 가르침의 바다에 나루터와 다리가 되어 주옵소서. 그리고 오늘 머리를 깎은 사미승들은 석문의 좋은 보배가 되게 하시고, 마당에 가득한 신도들은 극락정토로 돌아가게 하옵소서. 사은四恩[36]을 뛰어넘고 삼유三有[37]를 벗어 버리어, 법계의 모든 중생들과 다 함께 원만한 지혜를 심게 하옵소서.

法泉寺童行削髮疏【乙亥】

玆者新發意童行三十四人。厭彼世間之有漏。慕此空門之無爲。割父母之恩愛。投佛法之淸凉。幸蒙國王之不禁。亦受父母之允許。以今我佛成道之夜。特設戒壇。羯磨爲僧。仰冀續佛慧命。自度度他者。伏聞石頭堂下丹霞。悟剗草之機。馬祖庵前石鞏。歇無明之本。先覺分上。雖非小童子可追。後生胃中。亦有大丈夫之志。然而蓮花出水。須憑時雨之滋。淨念超凡。必資宗師之指。玆淨三業。仰請六師。任他斷最後周羅。三應可爾讚我求無上般若。一稱善哉。圓却頂而方却袍。形儀忽變。無表持而有表受。戒品俱圓。那堪作眞子於輪王。庶不斷兒孫之種草。羯磨已訖。呪願可無。說戒闍梨。永作禪門柱石。執事大德。常爲敎海津梁。剃頭沙彌。爲釋苑之良寶。合堂淸衆。歸極樂之淨方。四恩超升。三有解脫。法界衆生。同圓種智。

비 내리기를 비는 소 【경진년(1760)의 일이다.】

이번에 주지를 맡은 신 승려 아무개는 올해의 이 극심한 가뭄 때문에 삼가 절집 안의 모든 대중을 거느리고 지극한 마음으로 삼보자존三寶慈尊과 제석천왕帝釋天王과 사해용왕四海龍王에게 간절하게 기도하며 엄숙하게 공양을 차려 올리옵니다. 우러러 바라오니 우로雨露의 은택을 내려 주십시오.

엎드려 생각하건대 나라는 백성을 근본으로 삼기에 백성을 보살피는 정사에 마땅히 부지런해야 하고, 백성은 먹는 것으로 하늘을 삼으니 심고 거두는 일을 어찌 게을리할 수 있겠습니까. 바람과 비가 순조롭게 불고 내려 주기만 조마조마 기다리면서, 시절이 화평하고 한 해 농사가 풍년 들기를 진실로 바랐건만, 어찌하여 축융祝融이 시령時令을 맡은 이 여름철에 전욱顓頊의 영묘함을 본받는 날이 없는 것입니까.[38] 하늘엔 바람이 불다가도 곧 그쳐 버리고, 구름은 비를 내리려다가 도리어 사라져 버립니다. 초복이 곧 닥치니 벌써 김을 매야 할 시기가 되었는데, 5월이 다 저물어 가는 지금까지도 모를 심은 논이라곤 찾아볼 수가 없습니다. 두레박은 진흙에 묻힌 채 쉬지 않는 날이 없고, 도롱이는 벽에 걸린 채 한가한 때가 많습니다. 넓은 들판엔 푸른 기운이라곤 없는데 어떻게 쑥쑥 자라난 벼이삭 보기를 기대하겠으며, 사방 들판엔 온통 마른 흙바닥이 허옇게 드러나 있으니 곡식이 기름지고 무성하게 자라기를 바라기 어렵습니다. 풀과 나무들은 비와 이슬의 은택에 젖기를 바라고, 백성들은 간절한 마음으로 모두 비를 바라고 있습니다.

우리 주상께서 이처럼 훌륭하시니 어찌 상림桑林에 나아가 여섯 가지 일로 스스로를 자책할 일이 있겠습니까.[39] 태수도 공평하고 정직하니 동해東海에 있었던 것과 같은 원통한 3년[40]도 당연히 없을 것입니다. 가련한 우리 백성들, 무슨 잘못이 있겠습니까. 을乙년과 병丙년에 참혹하고 험한 꼴을 당하고 이제 겨우 몇 해가 지났을 뿐인데, 또 다시 서쪽으로 북쪽으로 떠돌며 걸식하는 꼴을 어찌 차마 볼 수 있겠습니까. 그런데 또 금년에는 벼를 심는 일조차 그림의 떡이 되어 버리는 이런 어려운 형편을 당하니, 이제 배고픔을 면하려면 모래라도 삶아 먹어야 될 지경입니다.

엎드려 생각하오면 저희들은 훌륭한 임금이 계시는 세상에서 이름을 숨기고 불가에 발자취를 맡긴 사람들입니다. 속세를 벗어나 들판의 사슴처럼 살고 있는 이 어리석은 소승들이 무엇을 알겠습니까. 빈한하고 구차한 살림에 몸 부치고 거처할 집이 없는 것이 마치 아무 담벼락에나 붙어 사는 달팽이와도 같습니다. 그러므로 이 몸이 죽고 사는 일이야 별로 개의할 일이 아니지만, 불쌍한 저 백성들의 험난한 형편이야 어찌 관심을 갖지 않을 수 있겠습니까. 이에 한마음으로 정성을 기울여 삼보의 가피加被를 우러러 빕니다.

그리고 또 하늘은 만물을 낳아서 성숙하게 하시는 덕을 품으시고 신룡神龍은 보살의 이름을 얻어서, 대자대비하신 지극한 공덕으로 반드시 가뭄의 우환을 돌이켜 주시고, 생각조차 할 수 없는 신묘한 작용으로 백성들의 재앙을 꼭 없애 주십시오. 제석천의 선법당善法堂[41]에서 숨어 있는 사해의 교룡을 때려서 일으키시고, 수미산 꼭대기에서 구천九天의 우레와 번개가 위세를 떨치며 일어나게 하옵소서. 어찌 석연石燕[42]을 날게 하고 상양商羊[43]을 춤추게 하지 않으십니까. 온 허공계에 뭉게뭉게 구름이 피어오르게 하여 수천 리 땅에 주룩주룩 장맛비가 내리게 하옵소서. 거북 등처럼 갈라진 논바닥 밭고랑에 물을 대어 사방 들판이 문득 푸르게 물들도록 바꾸어 주시고, 수레바퀴 자국에 고인 물에 목이 말라붙어 뻐끔뻐끔 겨우 숨만 쉬고 있는 물고기를 적셔 주시어 만백성이 모두 다 즐겁게 하소서. 그리하여 노래하고 덩실덩실 춤추면서 곡식을 심고 논밭을 갈게 하옵소서. 크나큰 은혜로 넉넉하게 비를 내려 주셔서 풍년의 경사를 흠뻑 누리게 하시고, 마침내는 풍성하게 수확하여 크게 역사에 남도록 하옵소서. 그리되기만 한다면 지극한 감격을 이기지 못할 것입니다.
삼가 소疏를 올립니다.

祈雨疏【庚辰】

玆者住持臣僧某。以今年亢旱事。敬率合院大衆。至心恳禱三寶慈尊。帝釋天王。四海龍王。嚴陳供養。仰冀雨露之澤者。伏以國以民爲本。牧養之政宜勤。民以食爲天。稼穡之功寧怠。要在乎風調雨順。信望乎時和歲豊。何當祝融司令之時。全無顒頇效靈之日。天將風而即止。雲欲雨而還消。初伏將臻。正當鉏草之節。五月已暮。不見移秧之疇。桔橰困塗兮。休息無日。襏襫掛壁兮。閑暇多時。幽野難靑。何期維禾之穟穟。周原盡白。難冀彼黍之油油。草木思沾雨露之恩。生靈盡切雲霓之望。主上聖明。豈有桑林六事之責。太守公直。宜無東海三年之寃。哀我生民。咎何所在。慘遭乙丙之險。纔過數年。忍看庚癸之呼。又迫今歲種稻。鏺成盡餠療飢。那可蒸沙。伏念弟子等。逃名聖世。寄迹空門。痴蠢何知。出俗甘同於野鹿。貧寒苟活。無家實類於墻蝸。顧此身之死生。無足介念。哀彼民之夷險。寧不關心。玆傾一心之精誠。仰丐三寶之加被。次惟上天抱生成之德。神龍得菩薩之名。大慈悲之至功。必能轉旱魃之患。不思議之妙用。決可度黎民之災。善法堂中。打起四海蛟龍之蟄。須彌頂上。震動九天雷電之威。何假石燕之飛。不籍[1]商羊之舞。徧虛空界。油然而興雲。數千里方。沛然而霪雨。灌漑旱疇之龜坼。四野頓靑。沾濡涸轍之魚喁。萬民咸樂。且歌且舞。載種載耕。旣需優渥之恩。豊亨兆慶。終收簡穮之利。大有豊年。無任悃激之至。謹疏。

---

1) ㉠ '籍'은 '藉'의 오류인 듯하다.

점안법회에 올리는 소 【대둔사大芚寺에서 갑신년 봄에 있었던 일이다.[44]】

사바세계에서 하는 말에 따라 재齋를 마련하여 올리는 것입니다. 대시주 아무개 등과 화주승 아무개와 도감 아무개와 별좌 등은 다 함께 발심하여 솜씨 좋은 장인을 청하고, 영산靈山 탱화 한 축軸과 삼존장륙三尊丈六 괘불 한 축과 아미타阿彌陁 괘불 족자와 삼십삼조사三十三祖師 탱화 각각 한 축씩과 범왕梵王과 제석帝釋의 대형 탱화 각 한 축과 천룡天龍 탱화 여러 축과 시왕十王의 탱화 각각 한 첩씩을 그렸습니다. 그리하여 지금 불사를 원만하게 완성한 날에 삼가 점안법회點眼法會를 베푸오니 부디 굽어 보살펴 주시기 바랍니다.

엎드려 생각하오면 우전왕優塡王의 상서로운 모습은 서역에서 뛰어난 교화를 열었고, 아육왕阿育王의 신령스런 거동은 동쪽 나라 중국에 상서로운 빛을 발하였습니다. 두텁게 바른 붉고 푸른 색채는 부처님의 참모습을 방불케 하고, 장엄한 옥과 금은 부처님의 신묘한 모습과 흡사합니다. 발제拔提[45] 비구가 이미 죽었다고 말하지 마십시오. 분명 도솔천에 다시 태어났을 것입니다. 법신法身・보신報身・화신化身의 삼신三身이 바로 이것이며, 계학戒學・선학禪學・혜학慧學의 삼학三學도 여기에서 구할 수 있습니다. 마야부인摩耶夫人의 배 속에서 나신 부처님과 서른세 분 대조사들도 솜씨 좋은 붓 끝에 몸을 맡겨 명을 세우고, 수미산 꼭대기 제석천帝釋天과 범천梵天의 여러 하늘 대중들도 비단폭 위에서 엄숙하게 모습을 나타냈습니다. 우레가 울리고 번개가 번득이는 속에서도 방할棒喝의 가풍을 눈으로 보는 듯하고, 바람 불고 빗줄기 쏟아지는 속에서도 꾸짖고 보호하시는 위엄 있는 명령이 귀에 들리는 듯합니다.

이 모두가 큰 시주님들의 신심 속에서 만들어진 것이며, 또한 모든 비구들의 지극한 정성에서 흘러나온 것입니다. 이미 범인과 성인이 인연으로 합하였으니, 서로 감응하여 도로 사귀는 일이 어찌 없겠습니까. 상상도 할 수 없이 커다란 부처님과 조사님의 자비는 마치 팔을 한 번 펴는 것처럼 빨리 괴로움을 없애고 즐거움을 주시며, 예측도 할 수 없이 다양한 천인과 귀신의 변화는 터럭 하나 불어 날리는 것처럼 쉽게 재앙을 없애고 복록을 내려 주십니다.

엎드려 생각해 보면, 지금처럼 한 올의 실, 한 방울의 물도 시주하기 어려운 시절에 저 많은 돈과 기름진 토지를 흔쾌히 증여한 일은, 다만 금생에서 선善의 종자를 스며 나게 할 뿐 아니라, 실로 많고 많은 겁이 지나도록 믿음의 인과를 이루게 될 것입니다. 이는 참으로 가상한 일이며 그 응보도 아주 성대할 것입니다.

다시 또 생각해 보면, 화주가 되어 모연하는 스님이나 절을 지키고 재물을 관리하는 스님들은 비야성毘耶城[46]에서 장자의 집을 찾아다니듯, 만나蔓拏 존자의 회상會上에서 대중의 마음을 저버리게 될까 두려워하듯, 갖은 수고를 하였습니다. 동으로 서로 분주하게 뛰어다니며 시주를 모으는 일을 할 때에는 만 가지 어려움을 만났고, 있는 것과 없는 것을 바꾸어 팔고 사서 마련하자니 백 가지 어려움을 겪었습니다.

세 번 다시 생각해 보면, 눈으로 판단하고 손으로 직접 그리는 일에는 화가의 신기神機가 참으로 묘했고, 마음으로 그윽하게 합하여 이치까지 밝아지는 것은 증사證師의 관찰력이 가장 깊었습니다. 점 하나 고치는 일조차 사소한 오차도 없는 것을 보며 별자리를 읽는 정교한 기술을 징험하였고, 마귀도 요동치지 못하는 것을 보고 진언을 외는 신비한 위력을 알게 되었습니다. 향적주香積廚[47]에서는 날마다 삼시 세끼 공양 음식을 올리고, 사방팔방 넓게 뚫린 길로는 온갖 곳으로 사람들이 오고 갔습니다. 따라서 이 일에 참여한 모든 사람들은 수고도 많았고 애를 먹은 일도 한두 가지가 아니었습니다. 이것은 열이면 열 모든 사람들이 친히 눈으로 본 일들이니, 어찌 이 한 사람의 입으로 다 헤아려 말을 할 수가 있겠습니까.

돌아보면 이렇게 여러 인연이 모두 함께 귀의하였기에 바야흐로 이 큰일을 능히 마칠 수 있었습니다. 이 가운데 혹 한 가지라도 빠진 것이 있었다면 이와 같이 커다란 공덕을 이루어 내기는 어려웠을 것입니다. 그리하여 이제 점안하는 자리를 마련하고 특별히 소원을 빌게 되었습니다.

　엎드려 비옵니다. 우리 대왕 마마와 왕비 마마, 그리고 태자 저하 삼궁三宮의 성수聖壽를 위하여 세 번 만세를 부르오니, 이 한 나라의 번창하는 기반 위에서 사해가 하나로 통일되게 하옵소서. 문관과 무관 모든 신하들은 부지런히 임금을 보필하는 충성심과 절개를 갖게 하시고, 백성들은 풍년의 경사를 이룩하게 하옵소서. 이마 희끗한 사나운 범은 자취를 감추게 하시고 눈썹을 붉게 칠한 도적48도 자취를 거두게 하소서. 외적들이 변방에서 침입하지 않게 하시고, 옥과 비단은 모두 우리나라로 들어오게 하소서. 그리고 다음으로 또 바라옵나니, 여러 지방에 사시는 우리 시주님들과 이 법회의 화주가 된 사람들 모두 금생에서는 마치 하늘에 구름이 일어나듯 오복五福을 두루 받게 하시고, 내세에는 마치 배가 저 언덕에 이르듯이 구품九品49 연화대의 극락세계에 태어나게 하소서. 온전한 기능으로 결단하여 저 무슨 질병의 마귀, 죽음의 마귀, 번뇌의 마귀 따위를 모두 벗어나게 하시고, 한 생각 원융하여서 등각等覺·묘각妙覺·구경각究竟覺을 단번에 초월하게 하소서. 구곡계九曲溪 시내 물줄기 언제까지나 흐르고 장춘동長春洞 골짝은 시들지 않고 억만년 동안 영원히 지탱하게 하여, 올해와 같은 고통스러운 잡역은 점점 없어지고 훌륭한 인재는 자꾸자꾸 태어나서 항상 머물게 하시어, 부디 수천의 인재를 넉넉하게 꼽게 되기를 기도합니다. 또 다시 비옵나니, 멀고 가까운 거리 따지지 않고 찾아와 이 법회를 보고 듣는 자 모두가 괴로움에서 벗어나게 하시고, 원수이거나 친한 사람을 따지지 말고 스님이거나 속세의 사람이거나 다 함께 청정한 도반이 되게 하소서. 부처님을 사모하는 처음의 발원을 원만하게 이루게 하시고 발심한 본래의 뜻을 활짝 펼치게 하소서. 우러러 여러 부처님의 자비스러운 얼굴을 뵈오며, 삼가 여러 사람들 마음속 평소 생각을 아뢰옵니다.

點眼疏【大芚寺甲申春】

據娑婆云云。設辦齋者大檀越某某等。化士某。都監某。別座等。同共發心。敬請良工。畫成靈山幀一軸。三尊丈六掛佛一軸。阿彌陀掛佛一幀。三十三祖師幀各軸。梵王帝釋大幀各一軸。天龍幀幾軸。十王各帖。以圓滿之日。敬設點眼法會。仰冀攝護者。右伏以。優塡瑞像。啓勝化於西乾。阿育靈儀。浮祥光於東震。堆丹抹綠。彷彿眞身。莊玉嚴金。依俙妙體。休道拔提已滅。擬從兜率再生。法報化三身。祇遮便是。戒定慧三學。卽此可求。麼耶肚裡。卅三大祖師。好箇筆端下。安身立命。須彌頂上。釋梵諸天衆。儼然絹幅上。打撑做模。雷鳴電閃底捧喝家風。如見眼下。風行雨驟底呵護威令。若聞耳邊。盡從大檀越信心中做來。亦自斂比丘至誠上流出。旣得凡聖緣合。豈無感應道交。佛祖之慈悲難思。拔苦與樂如伸臂。天神之靈變莫測。消災降福若吹毛。伏惟丁此寸絲滴水難施之時。念彼百金腴田肯捨之事。非特今生熏發善種。實從廣刼成就信因底事。可嘉厥報殊勝。再伏惟勸化募緣之士。監護管財之員。毘耶城中。要尋長者之宅。蔓挐會上。恐負大衆之心。東西奔馳。募化之事。萬般辛楚。有無交易。設辦之功。百種艱難。三伏惟眼辦手親。畫士之神機甚妙。心冥理顯。證師之觀力最深。更點不差。驗瞻星之精切。鬼魔無擾。認誦呪之威靈。香積厨中。日三時之供饋。康衢路上。通四方而徃來。服勞許多。喫苦非一。是皆十目之所視。豈以一口而可陳。顧衆緣之同歸。能事方畢。倘一種之有闕。大功難成。肆開點眼之筵。特伸祝釐之願。伏祝三宮聖壽。呼萬歲者三。一國昌基。以四海爲一。文武勤弼亮之忠節。黎庶致豊穰之慶祥。白額潛蹤。赤眉歛跡。干戈不犯於塞北。玉帛咸歸於海東。然後願十方檀越之身。一會緣化之衆。現生五福之受用。若雲起長空。來世九品之徃生。如舟到故岸。全機坐斷兮。說[1]甚病魔死魔煩惱魔。一念圓融兮。頓超等覺妙覺究竟覺。九曲恒流。長春不老。永垂諸億萬斯年。苦役漸殺。俊髦間生。常住夫數千餘指更祈。無論遠近。若瞻若聆。咸脫苦倫。不問寃親。是僧是俗。同爲淨侶。庶圓慕佛之初願。得暢發心之本懷。仰對諸聖之慈容。謹陳輿情之素志。

---

1) ㉑ '說'은 '脫'의 오류인 듯하다.

바닷가 수륙재에 올리는 소 【을미년(1775) 겨울 미황사美黃寺에서 있었던 일이다.[50]】

부처님을 받드는 제자인 저희 비구들은 간절하고도 큰 서원을 내어서 온 나라의 백성들이 떨치고 일어나기를 권청합니다. 혹여 부모나 처자가 물에 빠져 죽은 사람이 있다면 그 넋을 건져 구제하는 방편이 될까 하여 여기 수륙水陸의 도량을 마련하고, 겸하여 예를 올리고 참회하는 법석을 베풀었습니다. 향불과 등불, 떡과 과자, 차와 과일들을 하나하나 수미산처럼 쌓고 향수 바다처럼 벌여 놓고는, 시방삼세 제석천 겹겹의 보배 그물(寶網)처럼 끝이 없는 삼보와 제석과 범천과 사왕천四王天과 천룡팔부天龍八部의 모든 신중들께 우러러 공양하오니, 모두 함께 보호하여 주시옵소서.

산에 살면 범에 물려 죽는 일이 많고 물가에 살면 물에 빠져 죽는 일이 많은 것은, 어차피 그럴 수밖에 없는 일이라 사람의 힘으로 어찌할 수가 없는 일입니다. 그리하여 거센 바람이 바다에 들이치면 언제나 하늘이 뒤집힐 듯 높이 파도가 일어나고, 모래펄에 달빛이 음산하게 비추는 밤이면 번번이 귀신이 울부짖는 듯한 울음소리를 내곤 합니다. 진실로 여래의 자비심이 아니라면 누가 이들 물속에 몸을 던진 자와 바다에 빠져 죽은 자에게 구제의 손길을 내밀어 줄 수 있겠습니까. 이에 보잘것없는 이 제자 간절한 마음으로 원력을 일으켜, 여기 중생을 제도하는 배를 띄우고자 합니다.

지금 이 바닷가 어촌 사람들이나 섬사람들 누구인들 배가 뒤집혀 부모나 형제를 잃는 참변을 당해 보지 않은 이가 있겠습니까. 너 나 할 것 없이 누구나 남편이나 아내, 아들과 딸을 물에서 잃는 재난을 많이들 보았을 것입니다. 엉엉 구슬프게 울어 대는 저 처참한 귀신의 곡소리는 물고기에게 잡아먹힌 혼백이 고기 배 속에서 지르는 외마디 소리일 것입니다.

덜덜 떨면서 춥다고 칭얼대는 저 슬픈 울음소리는 파도에 휘말려 죽은 혼백이 바닷속에서 서럽게 우는 소리일 것입니다. 이 소리를 듣고 자손 된 자 어느 누구인들 목이 메고 가슴이 무너지지 않을 수 있겠습니까. 부질없이 하늘과 땅을 원망하며 울부짖어 보지만 혼자서 목만 메이고 창자와 쓸개는 찢어질 듯할 것입니다.

들자오니 불법에서 쓰는 방편이 바다에서 생업에 종사하는 사람들을 편안하게 다스려 준다 하옵니다. 이에 육화六和의 높은 경지를 이루신 선사를 청하여 여기 성대한 삼단三壇의 법석을 열었습니다. 부평초 떠 있는 물가에는 혼백을 부르는 자비의 배 즐비하고, 푸른 버들 늘어진 언덕에는 부처님을 맞이할 청정한 휘장을 둘렀습니다. 일곱 두루마리 불경을 강설하니 영산靈山의 유법遺法이 그대로 전해 온 듯, 시방에 참회하고 예를 올리니 연화대로 이끌어 주실 스승이 바로 여기 계시는 듯합니다. 상서로운 빛이 바다를 비추니 셀 수 없이 많고 많은 귀신들의 넋이 떠 있는 배 위에 영혼을 실어 놓고, 맑은 방울 소리 하늘을 진동하니 얼마나 많은 물고기와 새우와 게들이 저 파도 아래에서 이 법문을 듣고 있겠습니까.

엎드려 바라오니, 아득히 거센 파도는 아뇩阿耨의 못처럼 맑고 잔잔하게 변해지며, 망망하게 펼쳐진 저 땅은 열반의 언덕으로 변하게 하소서. 철위산은 단번에 해 아래로 사라지게 하시고, 금모래 땅을 오래도록 여울 앞에 나타나게 하소서. 물에 빠져 죽은 지 오랜 사람이나 요사이 빠진 사람이나 모두 다 해탈을 이루게 하시고, 남자의 혼백이거나 여자 혼백이거나 모두 다 초탈하여 오르게 하소서. 다시 바라오니, 오늘 이후로는 하늘에는 모진 바람과 궂은비가 없게 하시고, 바다에는 높은 파도가 들이치지 않게 하옵소서. 그렇게만 된다면 엎어진 배를 찾아 헤매는 일이 어찌 있겠으며, 바다에 들어갔다가 영원히 못 돌아오는 일이 어찌 생기겠습니까. 그리고 바라오니, 불법을 권유한 자와 시주를 보탠 자, 이 자리에서 일을 돕고 함께 참여한 사람들 모두가 몸과 마음 즐거운 서방 극락세계로 돌아가게 하시고, 이 일을 보고 들은 사람으로부터 미워하여 헐뜯는 사람에 이르기까지 모두 함께 고통의 바다를 여의게 하소서.

우러러 삼보를 마주하여 삼가 소疏를 올립니다.

川邊佛事疏【乙未冬美黃寺】

奉佛弟子比丘某等。發弘誓願。勸起海國人民。或有父母妻子。赴水溺死者。爲拯救之方便。開水陸之道場。兼設禮懺法席。香火燈燭。餠䬷茶果。一一如須彌山。一一如香水海。仰供十方三世。帝網重重。無盡三寶。釋梵四王。天龍八部。一切神衆。同加攝護者。伏以山居多虎亡。水居多渰死。勢所然矣。人未免焉。所以風鼓海洋。常漲黷空之浪。月陰沙磧。每聞泣夜之魂。苟非諸如來慈悲。誰能垂投溺之手。爰起小弟子願力。切欲橫度生之舟。玆者水國漁村。島人海俗。誰無父母兄弟。或罹覆舟之災。各有夫婦女男。多見淹水之患。啾啾鬼哭。慘矣。魚腹之孤魂。吒吒寒聲。哀哉。波心之滯魄。爲子孫者。孰不哽咽而塡臆。叫天地兮。徒自號咷而摧胆。今聞佛法之方便。能令業海而淸平。敬請六和之禪師。大開三壇之法席。白蘋浦上。櫛比招魂之慈航。綠柳岸頭。碁錯迎聖之淨幕。經演七軸。靈山之遺軌如存。懺禮十方。蓮臺之導師不遠。祥光照海兮。無央數神魂鬼魄。舟中載靈。鈴聲振空兮。幾許箇魚龍蝦蠏。波底聽法。伏願洪波杳杳。變作阿耨之池。大地茫茫。化成涅槃之岸。直敎銕圍山。頓悄日下。佇看金沙地。立現灘前。不問久滯近沈。皆得解脫。無論男魂女魄。盡能超升。更願從此以後。天無烈風淫雨。海不鼓浪揚波。寧有覆舟之相尋。永無入海而不返。抑願勸者施者。乃至執務同叅者。悉歸樂邦。見人聞人。以及娟嫉相毁人。共離苦海。仰對三寶。謹疏一心。

바다 시왕님께 올리는 소

　운운하옵고, 오늘 이 자리에 모인 저 아무개 등은 바닷가 백성 가운데 배가 뒤집혀 물에 빠져 죽은 이들의 혼백을 구제하여 교화하는 방편으로 성대한 수륙水陸의 도량을 열었습니다. 특별히 정성을 기울여 지장대성地藏大聖과 명부시왕冥府十王 등 신중들께 우러러 공양을 올리오니 신묘한 구원의 손길을 드리워 주시기 바라옵니다.

　엎드려 생각하오면, 중생의 죽음 가지가지라 하여도 물에 빠져 죽고 불에 타 죽은 자 그 가운데 더욱 애처롭고, 중생을 모두 제도해야 하겠지만 괴로운 세상 참혹한 지경에 빠진 자 가장 먼저 구제해야 할 것입니다. 비단 보살의 자비심만 이러한 것이 아니라, 여러 군왕의 후덕한 정사 또한 마땅히 그러해야 할 것입니다. 이 바닷가 백성들은 본래 고기를 잡고 조개를 캐는 일을 생업으로 삼아 살고 있습니다. 대부분이 배를 타거나 장사를 하는데, 진주를 캐려면 파도가 잔잔해 줘야만 합니다. 사람이 사는 데 다른 길도 있다는 것을 어찌 모르겠습니까만, 이곳 백성들은 배를 타지 않고는 다른 일을 할 수가 없는 사람들입니다. 생각해 보면 바다 가운데서 갑자기 밀어닥친 거센 파도를 만나면 미처 육지에 나가지도 못하고 그 자리에서 선 채로 죽고 말며, 바다 가운데 사나운 바람이 갑자기 불어닥치면 배를 지키기는커녕 앉은 채로 그만 죽고 맙니다. 천 길 높은 흰 파도에 실려 시신은 어디로 떠가는지 알 수 없고, 만경창파에 흔들리는 외로운 혼백 의지할 곳이 없습니다. 바닷가에서 죽은 남편을 생각하며 통곡하는 아내의 모습을 차마 눈 뜨고 볼 수 없습니다. 바닷가 벼랑에 서서 아들을 부르는 어머니의 목소리를 어찌 차마 듣고 있겠습니까. 바람과 파도로 인한 재난은 해마다 늘 반복되는 일, 안개 자옥한 바다에서 생기는 근심을 누구인들 면할 수가 있겠습니까. 비록 이것이 지난 세상 정해진 업 때문이라 하나, 또한 금생에 망령되이 행한 업 때문이기도 합니다.

엎드려 생각하오니, 저희들이 직접 나서서 도와줄 힘은 없지만, 저 속 박을 풀어 주고 싶어서 언제나 가련하게 여기는 마음으로 항상 구제할 방법을 찾아왔습니다. 이제 삼보의 자비와 높으신 덕을 우러러 의탁하오니 법의 보시를 베풀어 주시고, 나아가 시왕十王의 엄숙한 명령을 기도하오니 특별히 신표를 내려 주소서. 여기 작은 정성이나마 다하여 여섯 가지 맛의 갖은 공양을 올리니, 엎드려 바라오니 금으로 만든 석장을 잠깐 들어서 물속에 잠긴 혼령을 건져 주시고, 옥으로 만든 책상 잠깐 열어서 바닷속 귀신 명부에서 그들 이름을 지워 주소서. 그리하여 고통의 바닷속 파도 저 아래에서 더 이상 구슬픈 울음소리 들리지 않게 하시고, 즐거운 인간의 세상길에서 다시 밝고 밝은 발자취를 보게 하소서. 다시 바라옵니다. 임금이 훌륭하고 신하가 정직하다면 어찌 백성이 돌을 안고 물에 빠져 죽는 일이 생기겠으며, 나라가 태평하고 시절이 좋다면 새 임금을 추대하여 바다 저 밖으로 내모는 일은 결코 없을 것입니다. 저 파도가 닿는 바다 먼 끝까지 고통받고 있는 중생들을 모두 소생하게 하여 주소서.

川邊十王䟽

云云。某等伏爲海國人民。覆舟渰死者。大開水陸之道場。以垂拯救之方便。別陳精誠。仰供地藏大聖冥府十王等衆願垂妙援者。伏以等是死也。水漂火焚尤可哀。莫非化焉。苦趣慘境先所救。非但菩薩之慈心如此。亦乃列王之德政應然。盖此海民。本以漁採爲生涯。多用再[1]楫通商。賈探珠宜靜浪。豈是不知有路。莫乘船非所暇。顧狂潮忽至。未及出陸而立亡。猛風急吹。未[2]由護船而坐渰。千層白浪。屍歸何方。萬頃滄波。魂托無所。臨江哭夫之狀。不忍見焉。立岸呼兒之聲。豈堪聞也。風浪之作孼。每歲常然。烟波之喚愁。何人能免。是雖宿世之定業。亦由今生之妄行。伏念某等。未能自資。欲解他縛。每切怜愍之志。常念救濟之方。仰托三寶之慈尊。將陳法施。更祈十王之嚴令。特下文符。肆罄一寸虔誠。仰呈六味供養。伏願金錫暫擧。拯拔水輪之魂靈。玉案乍開。爻周海鬼之簿籍。苦海波底。不聞噭噭之聲。樂道人間。再見熙熙之迹。更願主聖臣直。寧有懷石而投江。道泰時淸。不見捧日而赴海。餘波所泊。苦類咸蘇。云云。

---
1) ㉮ '再'는 '舟'의 오류인 듯하다. 2) ㉯ '朩'은 '木'의 오류인 듯하다.

전주 남천교의 신설을 축하하는 소

이번에 해동 조선국 호남도 전주부全州府 남천南川에 다섯 칸의 홍예다리[51]를 새로 세우니, 준공하는 날에 낙성재落成齋 자리를 마련하여 경하하고 찬사를 올립니다.

엎드려 아뢰오니, 별빛 무지개가 뿜어내는 아름다움 족히 이 고운 이름에 걸맞게 뚜렷이 드러나고, 부처님의 해가 빛을 내어 특별히 상서로운 감응을 드리웁니다. 지금 이 남천은 수레바퀴가 길을 내고 사람들이 왕래하는 요긴한 나루터입니다. 그런 까닭으로 옛날부터 다리를 놓았던 것인데 어쩌다가 그만 우뢰와 홍수에 무너지고 말았습니다. 이것은 사람이 일을 제대로 처리하지 못한 탓일 터, 꼭 하늘의 때가 그러하여 이리 된 것은 아닐 것입니다.

한여름[52] 석 달 사이에 홍수라도 났다 하면 지척의 거리도 천 리 길처럼 멀어져 버리고, 한겨울 석 달 동안에 극심한 추위를 만나면 바짓가랑이를 걷어 올리고 물을 건너야 했으니 참으로 괴로웠습니다. 이리하여 우리 고장의 여러 덕 높으신 어르신들께서는 늘 이 다리가 좁고 견고하지 못한 것을 안타깝게 여겨서, 주위의 힘을 빌려서라도 꼭 크고 넓은 다리를 만들어 오래오래 남기고 싶어 하였습니다.

다행히도 지난번 우리 고을 감사를 지내신 윤 공尹公께서 제일 먼저 몇몇 사람에게 권하여 일을 추진하도록 한 것이 바로 이 일을 시작한 동기가 되었고, 윤 공이 손수 먼저 7백 동銅의 돈을 내어 모금을 도운 것이 사실상 기금을 모으는 출발이 되었습니다. 윤 공께서는 우리 고을의 부유한 대시주들을 설득하여 5백 냥을 보시하도록 하였고, 또 53개의 읍을 찾아[53] 각 사찰의 명망 있는 스님들에게도 시주를 하게 하였습니다. 이렇게 하여 많고 많은 돈이 쌓였고, 수많은 장인들도 모여들게 된 것입니다. 금년 상사일上巳日[54]에 일을 시작하여 올해 동짓달에 준공을 하였으니, 무지개 모양의 돌다리는 참으로 장대하며, 외나무다리 무너진 모습은 진실로 누추하였습니다.

이리하여 낙성하는 날을 잡아서 경하하고 찬양하는 재齋를 올립니다. 만다라를 쭉 벌여 놓고 향적주香積厨의 공양 올릴 음식은 전주 고을의 여러 사찰에 각각 지정하여 마련하도록 하였습니다. 부처님을 청하여 맞이하고 갈마羯麽하는 의식을 올리는 일은 이 산 저 산의 선사들에게 나누어 부촉하였습니다. 꽃과 촛불들은 해를 가릴 만큼 많고 번기와 일산들은 온통 허공에 펄럭이니, 흡사 시방세계 부처님들께서 구름을 타고 내려오시는 듯하고, 종소리와 북소리가 산을 울리고 목어와 범패 소리가 땅을 진동하니, 삼천三天[55]의 갖가지 음악이 부처님을 호위하고 오시는 듯합니다. 법석의 의식을 원만하게 마치도록 부처님의 거울을 두루 비추어 주소서. 엎드려 복을 비는 축원을 세 번 정성을 다해 펼치고 부처님 가피의 은혜를 바라면서 아홉 번 머리를 조아립니다.

엎드려 바라옵건대, 명철하신 우리 주상 전하께서는 성대한 덕이 후손에까지 넉넉히 미치게 하시고, 도가 밝게 이어지게 하소서. 성수聖壽가 무강하시어 마치 남산이 만 년을 가듯 하시고, 왕의 교화가 영원히 펼쳐져 이 나라 구석구석까지 두루 미치게 하소서. 그리고 또 원하오니, 감사께서도 하시는 일마다 크게 빛나시어 밖에 나오셔서는 이 남쪽 지방의 울타리가 되시고, 특히 은총을 받으시어 안에 들어가셔서는 궁중의 동량이 되게 하소서. 전 감사께서도 몸소 선업을 쌓으셔서 녹봉이 천종千鍾의 부를 채우도록 하시고, 복과 덕이 더하여서 일품一品의 높은 지위에 오르게 하소서. 어진 수령께서는 백 리 땅에 좋은 정사를 베푸시어 곧 궁궐에서 부르시기를 기다리게 하시고, 여섯 해 은혜로운 정사를 베푸신 공으로 순임금처럼 발탁되는 은혜를 받으소서. 절제사 장군께서는 무가의 경전 중에 『육도六韜』[56]와 『옥령玉鈴』[57] 편에 숙달하시어 일찍이 후한 녹봉을 받으며 군사를 다스릴 적에 군율軍律이 청명하였으니, 명예와 공이 더욱 드러나게 하소서. 중영中營[58]의 양좌良佐께서는 이 공사를 완성하기까지 특별히 감독한 공이 있었으니, 그 보답으로 절도사에 오르는 영광이 어찌 없겠습니까. 일을 주관한 여러분과 재물을 보시하신 두 분 어르신께서도 복록이 바다같이 넓고 깊어 남천과 함께 오래오래 흐르게 하시고, 수명이 산처럼 굳건하고 튼튼하여 부서지지 않는 돌다리 같게 하소서. 그 밖의 다른 화주를 맡으셨던 분들과 여러 곳에서 보시한 신도들도 모두 마음속 원하는 바를 이루게 하시고, 집안에 재앙이 영원히 사라지게 하소서. 몸을 수고롭게 힘써 일한 공장工匠들도 모두 부처님의 은혜를 입게 하시고, 오고 가며 인연을 맺은 사람들과 기꺼이 구경 온 모든 사람들도 골고루 이익을 받게 하소서. 그리고 또 남쪽으로 가거나 북쪽으로 가거나 말을 타고 가거나 걸어가는 모든 지위가 높고 낮은 백성들과 남녀노소가 다 같이, 이 다섯 칸의 돌다리에 오르듯 저 구품九品 연화대에 오르기를 두루 바랍니다.

삼가 소疏를 올립니다.

全州南川橋新設慶賛疏

玆者海東朝鮮國湖南道全州府地南川五架虹橋新設畢功之日。修設落成齋慶賛者。右伏以星虹紀美。足彰巨麗之稱。佛日流光。特垂吉祥之應。今此南川。輪蹄便道。迬來要津。所以興梁之修。自古有矣。奈何雷雨之作。逐旋壞之。寔由人謀之不臧。不必天時之所致。九夏大水只尺。便成千里之遙。三冬祈[1])寒揭厲。難免一時之苦。爰有本府諸老。盡是宿德之人。每恨斯橋之狹小不牢。欲借他山而張大久傳。幸我前巡相尹公。首勸二三子。畫策即倡事之叼。先施七百銅。助緣宗聚財之本。引起同州之大富檀越。許施半千餘緡。遴差各寺之有名比丘。行化五十三邑。泉布委積。工匠來臻。董役於今歲上巳之辰。竣功於同年復陽之月。虹形石質。宗爲壯哉。徒杠圮橋。良可陋也。肆涓落成之日。敬修慶賛之齋。曼拏羅排備。香積厨供羞。

各定本州寺院。佛陁耶請迎。羯麽耶儀式。分付諸山禪師。花燭蔽日。幡盖飄空兮。依俙然十方諸佛乘雲而下。鍾皷搖山。魚梵動地兮。彷彿乎三天衆樂扈佛而來。法事圓成。佛鑑徧照俯歟祝釐之願。三展虔誠。仰冀加被之恩。九頓首領。伏願睿聖文明主上殿下。德懋垂裕。道光顯承。聖壽無彊。比南山之萬歲。王風永扇。振東國之八紘。次願巡相令公。舉集不休。出爲南藩之屛翰。別膺茂渥。入作北闕之棟樑。前巡相令公。積善在躬。祿盈千鍾之富。進戩祐德。位躋一品之高。知州賢候。百里宣風。即竢漢臺之召。六期流惠。當承舜陛之恩。節制將軍。韜鈐夙練於武經。早受吉祿。鎭撫常淸於師律。益著名勳。中營良佐。斯役之成。別有監護之力。厥功之報。豈無旄節之榮。主事僉員。施財兩老。福海深廣。與南川而長流。壽山堅強。等石橋之不泐。諸餘化士。各處檀家。共逐心中之願求。永消身上之災障。工匠執務之勞筋苦骨。同被加持。徃來結緣之隨喜觀光。均沾利益。然後普願。南去北去。馬行步行。上下人民。老少男女。一躍此五間之石陘。咸登彼九品之蓮臺。謹疏。

---
1) ㉠ '祈'는 '祁'의 오류인 듯하다.

기_記1)

외소재기

나의 고향 친구인 임 공_{林公} 영중_{令仲}이 밭고랑 사이에 몇 칸 안 되는 풀집을 짓고, 외소_{畏昭}라는 이름으로 현판을 내걸었다. 그러고는 내가 글을 좀 한다고 오해하여 나에게 기문_{記文}을 지으라고 하기에 나는 이렇게 사양을 하였었다.

"우리 고을에 문장으로 이름이 난 선비가 많으니, 내가 구차하게 글을 쓴다면 반드시 웃음거리가 되고 말 것이다. 나는 더구나 자네가 이렇게 청할 만한 사람이 못 된다네."

그러나 영중은 이렇게 말하는 것이었다.

"그렇지 않다. 사람은 누구나 각기 나름대로의 뜻이 있기에 어떤 이는 산에 올라가 옥을 캐고, 또 어떤 이는 바다에 들어가 구슬을 찾기도 하는 것이다. 어찌 산에 오르는 자는 바다가 깊다는 것을 모른다고 말할 수 있겠는가. 내가 앞으로 우리 유가의 학자들에게도 두루 글을 구할 것인데, 자네의 글도 함께 받기를 원하는 것이니, 자네는 사양하지 말아 달라. 옛날 각범_{覺範}59)이 황산곡_{黃山谷}60)의 서실에 기문을 써 주고, 포암_{蒲庵}61)이 학사_{學士}의 정자에 기문을 써 주었던 일이 있다. 이렇게 예를 들 수 있는 일들이 얼마든지 있으니, 이 일을 그르다고 말하는 것이 잘못된 것이다."

이에 나는 결국 사양하지 못하고 이렇게 쓰노라.

---

1) ㉯ '記' 한 자는 편자가 보입한 것이다.

좋구나. 재실에 외소畏昭라는 이름을 붙이다니, 참으로 그럴 듯한 말이로다. 지난날 내가 어렸을 때에 공의 할아버지께 글을 배우며 곁에서 모시고 지낸 적이 있었다. 선생님께서는 〈소소가昭昭歌〉를 지어서 벽에 걸어 두고는, 언제나 잊지 않으려고 경계의 말[62]로 삼으셨다. 〈소소가〉에는 이렇게 쓰여 있었다.

"군자는 밝은 곳에서도 두려워하지만, 소인은 밝은 곳에서도 속인다."

이 한 구절로 선생님의 뜻을 충분히 증명할 수 있을 것이다. 선생님께서는 궁벽한 시골 마을에 살면서 학문을 가르치는 것을 소임으로 삼으셨는데, 방문 밖에는 항상 학생들이 벗어 놓은 신이 가득하였다. 위로는 이치를 궁구하여 자신을 닦는 학문으로부터 아래로는 저속한 속어[63]를 기록한 여러 전책典冊에 이르기까지, 배우는 사람의 그릇에 따라 글을 가르치셨으니 이 시골 마을이 온통 우리 선생님의 가르침을 받았던 것이다.

지금 공이 이렇게 집을 잘 지어 놓고, 지어 붙일 만한 이름이 많았을 텐데도 쓰지 않고, 외소를 중히 여기며 이름으로 붙이는 것은 돌아가신 분의 뜻을 따른 것이라 하겠다. 천지는 분명하게 위에 있고, 귀신도 분명하게 곁에 있으며, 해와 달과 별과 산천초목의 크고 작고 짧고 긴 것, 새와 물고기 등 동물과 식물의 수만 가지 각기 다른 종류들이 그 모두가 분명한 물건 아닌 것이 없다. 『대학大學』에서 말하는 "열 사람의 눈과 열 사람의 손가락이 보고 가리키는 바이다."라는 말과, 『중용中庸』에서 말한 "은미한 것보다 더 잘 드러나는 것은 없다."라는 말은 홀로 있을 때에 더욱 삼가라는 뜻이 분명하다. 아침과 낮에 한 일을 밤이면 꼭 상제에게 고한 것은 열도閱道[64]가 마음 다스리기를 분명히 한 것이고, 평생 동안 행한 일을 모두 남에게 말할 수 있었던 것은 속수涑水[65]의 마음 씀씀이가 분명했기 때문이다. 인간이 몰래 하는 말이라도 하늘이 들을 때는 우렛소리처럼 듣고, 어두운 방에서 마음을 속이더라도 신의 눈은 번개와 같이 알아본다. 이처럼 모든 것이 너무나 밝고도 분명하니, 마땅히 두려워해야 하는 것이다.

전에는 선생님께서 이것으로 노래를 지으셨고, 지금은 공이 이것으로 재실의 편액을 만드는구나. 옛사람과 지금 사람이 같은지 다른지는 확실히 모르겠으나, 밝은 데서도 두려워하는 이 마음은 일치하니, 어찌 두 가지가 될 수 있겠는가. 공은 또 집에 계시는 아버지께 조석으로 문안을 드리고 잠자리를 살펴 드리며, 매끄럽게 옷을 빨아 드리고 뜻을 따라 마음을 기쁘게 해 드리니, 자식 된 도리를 다한 것도 또한 밝고 분명하게 행하는 도인 것이다.

아! 아름답도다. 이것이 어찌 진실로 공의 집에서만 전할 가훈이겠는가. 이 집에 오는 자가 이를 돌아보고 음미하며 이를 생각하고 실천하기를 집에서 항상 밥을 먹는 일과 같이하여 하루라도 빠뜨리지 않는다면, 아마도 한 나라 전체가 인仁을 일으키는 것에 가깝게 될 것이니, 수신제가치국평천하修身齊家治國平天下의 도가 여기에서 벗어나지 않는다. 우매한 나의 생각은 이상과 같으나, 여러 말 잘하는 선비들은 달리 무슨 말을 할지 모르겠구나.

우선 이렇게 외소재기畏昭齋記를 쓴다.

畏昭齋記

余同鄉友林公令仲氏。搆數間茅屋於田間。以畏昭文其楣。誤以余爲粗嫺文墨。俾爲之記。余曰辭。五¹⁾鄉多文章士。苟爲之必笑余。且非子之請之失當。令仲曰否。人各有志。或登山采玉。或入海求珠。豈可謂登山者。不知入海之深耶。余將徧求於吾儒。而兼及於子。子無辭。昔覺範題山谷之室。蒲庵記學士之亭。既有例可援。非之者非也。余辭不獲。乃爲之言曰。旨哉。畏昭之名齋也。曩余卯時。從公之先王父先生學。得侍左右。先生嘗作昭昭歌。以題壁爲書紳之戒。有曰君子畏昭昭。小人欺昭昭。先生之志節。可於此一句足徵。先生窮居鄉里。以教導斯文爲己任。學者踵門。戶屨常滿。上自窮理修省之學。下至兎園典册。隨器以接。一鄕蒙其熏陶。今公之肯搆斯堂也。亦多可取之名不書。重畏昭。克遵先志也。天地昭昭而在上。鬼神昭昭而在傍。日月星辰。山川草木。洪纖短長。飛潛動植之類。有萬不齊。罔非昭昭之物也。大學之十目手所指示。中庸之莫顯乎隱微。愼獨之昭昭也。朝晝所爲。夜必告帝。闃道之治心昭昭也。平生行事。皆可語人。涑水之用心昭昭也。至若人間私語。天聽若雷。暗室欺心。神目如電。皆昭昭之可畏者也。先夫子以此而作歌。今公以此而扁齋。古今人之同不同。不可知而其畏昭昭之心。一也二乎。公又家大人在堂。定省朝夕。滫瀡承懽。以盡子㪍者。亦昭昭之道也。嗚呼休哉。此豈亶公之家乘。凡登是堂者。顧諟而玩味。念玆而履踐。如家常茶飯。不可一日而無之。則其殆庶幾乎。一國興仁。而修齊治平之道。不外是矣。迂愚左見如是。不知篤論君子。別有何語。姑書之。以爲畏昭齋記。

---

1) ㉮ '五'는 '吾'의 오기인 듯하다.

만연사 삼청각기

삼청각에 붙일 만한 그럴듯한 이름이 많았지만 경치에서 이름을 취하지 않은 것은 세 가지 맑은 것을 주로 취하였기 때문이다. 내가 처음 이 누각에 오를 때에 삼청三淸의 뜻을 알고 싶었지만 알 수가 없었다. 그래서 이렇게 혼잣말을 하였었다. '흐르는 것 중에 맑은 것은 물이라는 것을 알고, 움직이는 것 가운데 맑은 것은 바람인 것을 안다. 이것이 두 가지 맑은 것이라면, 그 세 번째는 무엇일까?'

밤이 되어 몇몇 사람들과 함께 다시 누각에 올랐는데, 때마침 보름 가까운 날이라 거의 꽉 차 둥글어진 달이 산꼭대기에 둥실 솟아오르더니 하늘을 쭉 지나가면서 대지를 두루 밝게 비추었다. 그러자 이 누각은 마치 달을 삼키는 듯 토하는 듯 그 달빛을 듬뿍 받는 것이었다. 맑은 달빛이 사람에게 엄습하니, 그 황홀함은 마치 나를 광한전廣寒殿[66] 위에 앉혀 여러 신선들과 함께 노닐게[67] 하는 것 같았다. 그런데 낮에 보았던 물과 바람 그 두 가지 맑은 것이 함께 있는 것이 아닌가. 나는 그제야 갑자기 깨닫게 되어 너무나 기뻐서 나도 모르게 이렇게 말하였다.

"아, 아름답구나. 이것이 어찌 세 가지 맑은 것이 아니겠는가."

생각해 보면 이곳은 성에서 아주 가까운 곳이라, 속세의 시끄러운 소리와 먼지바람이 닥치기 쉬운 곳이다. 그런데 무슨 수로 이 좋은 자리를 얻고, 그리고 또 어떻게 이것을 권력 가진 자들에게 빼앗기지 않을 수 있었을까. 참으로 다행하고도 또 다행한 일이 아닌가. 또 이 세 가지가 세상 어느 곳엔들 없을까마는, 속세의 티끌이 눈을 흐리게 하고 이득과 손해를 따지는 욕심이 사사로운 정을 끌어, 눈에 들어와도 소경처럼 보지 못하고 귀에 들어와도 귀머거리와 같이 듣지 못하는 것이리라. 그러니 누가 능히 그것을 알아 좋아하고 즐거워할 수가 있겠는가.

진실로 세속 밖의 승려처럼 몸뚱이를 한낱 껍데기라고 생각하면서 기호와 욕심 따위를 끊어 버린 자라야, 물건을 보아도 물건으로 여기지 않고 나 자신을 보면서도 나를 잊을 수 있을 것이다. 그리하여 물을 보면 내 마음 빈 것을 보는 듯, 바람을 만나면 내 마음이 맑은 것을 본 듯, 달을 쳐다보면 내 마음 밝은 것을 보는 듯 여길 수 있는 것이다. 그리하여 보이는 경계가 정신과 일치되고 만나는 물건이 나와 융합되어서, 내가 세 가지 맑은 물건인지, 저 세 가지 맑은 물건이 바로 나인지를 모르는 경지에 이를 수 있을 것이다. 이렇게 하여야 저 깨끗한 물건이 곧 나이고 내가 곧 깨끗한 물건이 되어서, 물건도 아니고 나도 아닌 경지에 이를 수 있다. 이것이 바로 이 세 가지 맑은 물건 삼청이 많고 많은 아름다운 경치를 훌쩍 뛰어 넘어 홀로 우뚝 위에 서는 까닭이며, 또 옛사람들이 이 삼청이라는 글을 현판의 글로 써서 달아 놓곤 하였던 이유이다.

이에 이 기문을 쓰며, 후일 더 좋은 말을 해 줄 군자를 기다린다.

萬淵寺三淸閣記

三淸閣多可名之。景不取。主三淸也。余始登斯閣。求三淸之義而不得曰。流而淸者。吾知其水也。動而淸者。吾知其風也。是二淸也。烏在其三。及夜。與二三子復登。時近望日。山月向滿。涌出山椒。歷天不周。大地同昨。而斯閣也。如吞如吐。得之最專。淸光襲人。怳然坐我於廣寒殿上。與諸仙子相羊也。而晝之所見二物之淸。亦相隨焉。余於是乎。怡然自得曰。嘻噫休哉。此豈非三淸耶。顧此城市。甚近囂塵相逼。而何從以得此。又不爲有力者所敓。玆非幸歟。玆非幸歟。又此三也。何所獨無而風塵眯眼。利欲嬰情。目寓之而如瞖。耳對之而如瞶。誰能知而好而樂之乎。苟有方外之士。外形骸而絶嗜欲者。不物於物。忘我於我。觀水也。爲心之虛。臨風也。爲心之淸。對月也。爲心之明。境與神會。物與我融。不知我是三淸耶。三淸是我耶。物我我物。非物非我。此三淸之所以獨超於衆景之上。而古人取之以文于楣者也。姑書此。以俟夫篤論君子。

독락와기

　즐거움으로 말하면 도道보다 더 즐거운 것은 없으니, 도는 세상에서 가장 지극한 즐거움이다. 도를 떠나서 즐거움을 구한다면, 그것은 음식을 버리고서 배부르기를 구하는 것과 같다. 이른바 세상에서 말하는 즐거움이란 풍악과 여색으로만 치달아 마음대로 진탕하게 노는 것인데, 요행히 명예와 이득을 얻어서 즐거운 일들이 눈앞에 놓여 있다 하더라도, 그것은 그저 잠시 뜻에 맞는 일에 불과하다. 마음에 맞는 일을 얻으면 기뻐하고 또 잃으면 슬퍼하면서, 얻음과 잃음이 서로 찾고 슬픔과 기쁨이 서로 엇갈려 애태우게 된다. 그래서 어느 한순간 한 생각도 안정될 때가 없으니, 우리 부처님께서 세상살이를 고통의 바다(苦海)에 비유하신 것도 실로 이 때문이다.

　도를 아는 사람은 마음속에 품은 생각이 넓어서, 막혔을 때나 뚫렸을 때나, 수고로울 때나 편안할 때나, 이득이 있을 때나 손실이 있을 때나, 옳거나 그른 모든 일에 대하여, 항상 태연하여 마음에 매어 두는 바가 없다. 이 때문에 사물과 나를 함께 잊고 심경心境이 융화하여, 이 세상을 그저 지나치는 여관처럼 여기고 만물을 쓸모없는 허깨비(蒭狗)[68]처럼 생각한다. 안개와 노을 속을 시나 읊으며 거닐고, 세월 가는 대로 몸을 맡기면서 늙음이 오는 것도 모른다. 그 즐거움은 손발을 휘저으며 기뻐 춤추는 것과도 바꿀 수 없으니, 그 마음 그 상황은 설사 부모 자식 사이에도, 또는 스승이나 벗 사이에도 주고받지 못하는 것이다. 그렇기 때문에 '홀로 즐긴다(獨樂)'고 하는 것이다.

　저 부귀영화, 그리고 아름다운 음악과 어여쁜 여인과 질펀하게 노니는 즐거움은 온 세상이 모두 다 좋아 즐기는 일이니, 그것을 어찌 혼자만 즐긴다고 할 수 있겠는가. 더구나 어쩌다 때때로 잃게 되는 일이 있고 그렇게 잃고 나면 바로 괴로워지니, 이것을 어찌 즐거운 일이라고 할 수 있겠는가. 그래서 보살이 "일체의 괴로움을 버리고 떠나 궁극의 즐거움(究竟樂)을 얻으리라."라고 말하지 않았던가. 여기서 이른바 궁극의 즐거움이란 것이 또한 도를 가리키는 말이다. 일단 한번 얻으면 다시는 잃는 일이 없어서 세간을 멀리 초월할 수 있기 때문에 궁극의 즐거움이라 말하고, 또 더없는 즐거움(無上樂)이라고 하는 것이니, 지금 말하는 독락獨樂과 은연중에 서로 부합되는 말이다.

유가에 있어서도 또한 그러하니, 공자·맹자·안자·증자 등이 도를 공부하는 것으로 즐거움을 삼은 이야기가 경전에 실려 있어 분명하게 알 수 있다. 그리고 동평왕東平王[69]은 "선善을 행하는 일이 가장 즐겁다."라고 하였는데, 이 또한 도에 가까운 것이다. 주문공朱文公[70]은 일찍이 두보의 시(杜詩)에 대해 "두보의〈추흥秋興〉여덟 수는 세상에 드물게 뛰어난 시이지만, 늙음을 탄식하고 신분이 비천함을 애통해하는 뜻을 담고 있다."라고 하였다. 사람이 도를 몰라서는 안 되는데, 두보는 아마도 도를 알지 못하였기 때문에 이렇게 늙음을 탄식하고 비천한 신분을 애통해하였던 것이리라. 이러한 뜻을 마음속에 품고 있으면 도무지 즐거운 일이 없게 되니, 도를 깨달은 후에라야 즐거울 수 있음을 증명하는 것이다.

우리 문중의 사형이신 독락獨樂 대사께서 세상을 돌아다니는 일을 그만두고 산속에 깊이 들어가 나오지 않으며 독락이라고 스스로 호를 붙인 것은, 아마도 도에 뜻을 두었기 때문일 것이다. 만년에 방장산方丈山 서쪽 기슭 조용한 곳에 암자를 짓고 그곳에서 여생을 마칠 계획을 하면서 '독락'이라는 글을 써서 편액을 내걸었으니, 대사께서 도에 뜻을 두고 늙어도 그 뜻을 꺾지 않겠다는 뜻을 가지고 계시다는 것을 더더욱 믿을 수 있었다. 내가 그 집에 세 번이나 찾아갔는데, 연꽃이 어여쁜 연못과 대나무 둘러친 울타리, 제각기 이름을 가진 꽃들과 희귀한 풀들이 빼빼하고 무성하여 즐겨 감상하면서 쉴 만한 곳이더라. 옛사람은 "세상의 많고 많은 온갖 풀잎 끝 하나하나에도 살아 있는 조사의 참뜻(眞意)이 담겨 있다."라고 말하였다. 그러니 대사께서 도를 행하는 즐거움이야 어디에 계신들 얻지 못하겠는가. 영운靈雲[71] 선사가 복숭아꽃을 보고 깨달은 일과 향엄 지한香 嚴智閑[72] 선사가 대나무 치는 소리를 듣고 깨달은 일 같은 것이야 대사의 문중에서는 언제나 흔히 있는 일이다.

그러나 혹 꽃그늘이 눈에 아른거리며 대나무 소리가 귀를 스칠 때에, 정겨운 소리와 아름다운 색에 도취되어 자신을 돌이켜 살피지 못한다면, 앞에서 말한 '독락'이라는 것도 곧 세속 사람들이 말하는 것처럼 누구나 똑같이 즐기는 그런 일이 되고 말 것이다. 그렇게 된다면 결국은 얻고 잃는 괴로움을 면하지 못하게 될 것이니, 그러므로 나는 이 '독락'이라는 이름과 실제(實)가 서로 부합되지 않을까 걱정이 되기는 한다. 그러나 대사께서는 오래도록 선사의 문하에서 가르침을 받으면서 그 도를 익히 들으셨으니, 어찌 그런 일이야 있겠는가. 그저 이렇게 글을 써서 다시 만날 날의 징표로 삼을 뿐이다.

獨樂窩記

樂莫樂於道。道爲天下之至樂。捨道而求樂。是猶棄食而求飽也。世之所謂樂者。不過馳騁聲色。僥倖名利。快事當前。適情而已。得之而喜。失之而悲。得失相尋。悲喜交煎。未嘗有一念安靜之時。吾佛世尊。喩之以苦海者。良以此也。知道之人。襟思浩然。窮達勞佚。得喪是非。泰然無所係於心。故物我俱忘。心境雙融。以天地爲蘧廬。以萬物爲芻狗。嘯咏烟霞。寄傲日月。不知老之將至其樂也。政未易以足蹈手舞。旣其情狀焉。雖父子師友之間。不得以授受。故謂之獨樂。彼榮華富貴。聲色佚游之樂。世之所同也。豈謂之獨也。有時而失。失則爲苦。豈謂之樂也。菩薩有言。離一切苦。得究竟樂。所謂究竟樂者。亦指道也。一得無失。超諸世間。故謂之究竟樂。亦謂之無上樂。與今之所謂獨樂。暗相符矣。在儒亦然。孔孟顏曾之以道爲樂。布在經傳。昭然可知。而東平以爲善爲最樂者。亦近乎道也。朱文公嘗題杜詩曰。杜甫秋興八首。爲世絶唱。而有歎老哀卑之意。人不可以不聞道也。盖不聞道。故有歎老嗟卑之意。才有此意。介于胃中。則無所樂也。可驗其聞道然後可以爲樂也。我門兄。獨樂大師。游方旣破。深藏而不市。以獨樂自號。盖寓意於道也。晚歲等[1]靜室於方丈山之西麓。爲終焉之計。以獨樂文其楣。益信其志於道。老而不衰也。余於是窩也。三奏節音矣。蓮沼竹塢。名花異草。森然蔚然。可玩可愒。古人云。百草頭上。一一有活底祖師意。師之爲道之樂。何徃不可靈雲之桃花。香嚴之擊竹。亦師之家。常茶飯矣。其或花陰翳眼。竹響聒耳。醉倒聲色之中。而莫之反省。則向之所謂獨樂。便是世之所謂同樂。未免得失之苦。吾恐名宲不相稱也。然師久游先師之門。熟聞其道。豈可爾耶。遂記之。以爲再會之徵。

---

1) ㉠ '等'은 '築'의 오류이다. 목판본에는 '䇳'으로 되어 있다.

보흥사 성도암기

보흥사의 서쪽 기슭에 성도암이 있었는데, 지난 갑신년(1764, 영조 40) 10월 어느 날 화재가 났다. 절의 여러 대중들은 옛사람이 이루어 놓은 공이 자취도 없이 사라져 버린 것을 안타까워하고 행각승들이 기거할 곳이 없게 된 것을 염려하여, 등호等浩 선사에게 공덕주功德主를 맡기고 월암수月庵修 공에게 재정을 맡기고, 통정通政 처환處還에게 공사를 감독하도록 하였으니, 금년 정월에 공사를 시작하여 4월에 마쳤다.

그러고는 마침내 본산本山의 학인 영오永旿 스님을 보내어 나에게 기문을 써 달라고 하였다. 내가 영오 스님에게 물었다.

"지난날 성도암成道庵에 살던 사람 중에서 도를 이룬 사람이 몇이나 되는가?"

그러자 영오 스님이 답하였다.

"저는 들어온 지 얼마 되지 않아 잘은 모릅니다만, 노스님들에게 듣기로는 한 사람도 없다고 합니다."

그래서 내가 다시 말하였다.

"이렇게 실상은 없고 단지 껍데기만 있으니, 하늘이 재앙을 내린 것도 이 때문이겠구나. 무릇 정도正道는 결코 흥하는 일도 쇠하는 일도 없는 법이다. 천 명의 부처님이 세상에 나왔다 하여도 일찍이 그 숫자가 더해진 것이 없었고, 설사 천 명의 부처님이 나오지 않는다 하더라도 부처님 수가 줄어든 것이 아니다. 사람들은 어찌하여 이곳에 뿌리를 내리고 살면서도 재물과 명예의 욕심에 이끌리고 세속의 괴로움에 몸을 빠뜨려, 그 많고 많은 사람 중에서 한 사람도 도를 이룬 자가 없단 말인가. 나는 성도암이라는 이 암자의 이름 중에서 '도'라는 이름만 남겨 두고 '성成' 자는 없애 버리고 싶다.

다시 또 생각해 볼 것 같으면, 설사 도가 있다 하더라도 사람이 그것을 성취하지 못한다면 그것은 곧 모르는 것과 다름없는 것이라. 이렇게 도를 알지 못하면 도가 없는 것과 다를 것이 전혀 없으므로, 나는 또 도라고 하는 그 이름도 아울러 없애 버리고 아예 다른 이름으로 바꾸고 싶다. 그러나 사람이 비록 도를 이루지 못하고 알지 못한다 하더라도, 도 자체는 더해지거나 줄어드는 일은 없다. 옛날부터 지금에 이르기까지 도라는 것이 어찌 사람이 하기에 따라 있었다 없었다 하였겠는가. 그렇다면 도를 이룬 사람이 없다고 하는 것은 말이 되지만 도가 아예 없다고 하면 말이 안 되는 것이니, 그래도 도라는 글자는 그대로 두는 것을 허락해야 하겠다.

그러나 또 생각해 보면, 사람이 어찌 이러한 남의 말에 부화뇌동할 수 있겠는가? 혹시라도 어쩌다가 기질이 맑고 깨끗한 자가 있어서 이 암자의 이름에 붙은 '도'라고 하는 글자를 보고, 사모하고 좋아하면서 이곳에서 경전을 공부하고 참선을 하여 성실한 마음으로 구하여 도를 성취하는 일도 기대할 수 있을 것이다. 설사 성취는 하지 못한다 하더라도 적어도 도에서 멀지 않을 것이라. 그러므로 '성도成道'라는 이름을 보존하는 일은 옛날 중국에서 초하룻날 제사에 양고기를 올리는 예를 지키던 일과도 같은 것이다.[73] 이 이름이 제대로 보존되는가 아니면 없어지는가는 모두 사람에게 달린 일이니, '성도'라고 하는 이 두 글자는 함께 보존하여도 좋겠다. 이에 성도암이라는 암자 이름을 현판에 써서 걸어 놓고 이 이름을 보존해 줄 사람을 기다리노라."

普興寺成道庵記

寺之兌縶。有成道庵。去甲申十月日災。寺衆惜前人之功。念雲水捿遲之無所囑。等浩禪師爲功德主。月庵修公尸其財。通政處還監其役。以今正月始。四月終。走本山學人永昕。謁余文爲記。余問曰。曩之居成道。成道者幾人。昕曰。余後生不知。而聞諸古老無有。余曰。無其宗。而徒存其賓。天之所以災者。以此。夫正道無興衰。千佛出世未曾增。千佛不出世未曾減。

奈何人根斯下。利名牽其欲。塵勞汨其身。千萬人中。無一人成之者。吾欲存其道名。而削其成字也。復重思之。道雖存。而人不能成。則不知。不知則與無無異。亦欲幷其道而全奪。易以異名也。然人雖不成而不知。道則旣無增減。亘古亘今。豈可隨人而有無耶。然則可曰無成。不可曰無道。道可許其存也。又思之。人豈雷同間。有氣質之淸粹者。見其道名。慕而好之。看經於斯。叅禪於斯。心誠求之。其成可期。雖不成。不遠也。則成道之名。猶告朔之羊也。或存或去。惟存乎人。成道二字。俱可存也。重扁于楣。以遲或存者。

만연사 두 국사의 영정 중수기

보조普照국사를 모실 수 없다면 진각眞覺국사는 누구의 제자도 되지 않겠다고 하였고, 보조국사는 또 진각국사가 아니면 제자로 받아들이지 않겠다고 하였으니, 이 두 분의 사제 관계는 천 년에 한 번 만날까 말까 한 참으로 특별한 것이었다. 그분들이 행하신 공덕과 업적은 당시에 뚜렷하게 드러났을 뿐 아니라, 후세에까지도 전기傳記에 기록되어 전하고 있으니, 여기에서는 생략하기로 한다.

우리 절에서 두 분 국사의 영정을 봉안하고, 향불과 촛불 그리고 공양을 끊이지 않고 올려 온 것이 이미 오래되었는데, 지금 두 분의 영정이 모두 낡아서 바라보노라면 참으로 어찌할 바를 모르겠다. 이에 비구 안성安性이 발원하고 모연하여, 두 분의 영정을 다시 그렸는데 그 장엄함이 극치에 이르렀다 하겠다. 맑고 고상한 영정 모습은 공경하고 배알할 때에 저절로 엄숙해지지 않을 수가 없다. 어떤 자가 두 분 국사가 바로 이것(영정)이라고 말한다면 '나(국사)는 저것이 아니다.'라고 할 것이며, 또 누가 두 분 국사는 이것이 아니라고 말하면 '저것이 바로 나(국사)다.'라고 할 것이다. 눈 밝은 스님들은 한번 잘 분별하여 보시라.

萬淵寺兩國師影子重修記

非普照。眞覺不願爲弟子。非眞覺。普照不以爲弟子。此之師弟。眞所謂千載一遇者也。其功業之顯於當時。垂於後世。備在傳記。今可略也。而寺之奉安。兩國師眞影。不絶香火供養者久。今也。兩像俱老。瞻仰失儀。有比丘安性。發願募緣。重設繪事。極致莊嚴。淸高遺像。彷彿七分。駿奔祇謁。罔不肅敬。謂兩國師卽此耶。我不是渠。謂兩國師不卽此耶。渠正是我。具眼衲子。試辨看。

회양부 무학당기

고을마다 무학당武學堂이 있는데, 여러 비장裨將이며 교위校尉들이 활쏘기를 연습하는 곳이다. 그러니 무학당이라는 이름은 그곳에서 하는 일을 그대로 쓴 것이라 하겠다. 혹은 육일정六一亭이라고도 부르는데, 그것은 활 쏘는 일이 육예六藝[74] 가운데 하나이기 때문이다. 또 혹 관덕정觀德亭이라고도 하는 것은 활을 쏘는 사람의 마음이 곧으면 활을 쏘면 과녁에 모두 적중하기에, 활 쏘는 것에서 그 사람의 덕을 볼 수 있기 때문이다.

지금 이 회양淮陽 땅은 관동關東 지역에서도 규모가 큰 도회지이다. 물건을 싣고 돌아오거나 실어 나가는 길목은 도적 떼가 모여드는 장소가 되곤 한다. 그런데 혹시라도 급한 일이 생기면 이를 막는 책임은 모두 재관材官(무관)에 있게 된다. 그렇기 때문에 이렇게 당堂을 만들어서 힘써 무술을 익히도록 권하는 것이다.

지난번 정유년 큰 홍수에 원래 있던 당이 다 쓸려 내려가 버리고 말았다. 마땅히 그때 곧바로 다시 세웠어야 하는 것이지만, 우물쭈물 미루어 오면서 최근까지도 손을 대지 못하고 있었다. 그런데 박사근朴思根이라는 사람이, 그렇지 않아도 언제나 본부에 모범이 되어 오던 사람인데, 이를 개탄하면서 다시 세울 계획을 세운 것이다. 그가 뜻에 맞는 장인을 구하고 경영하면서 정성을 다하여 이 당을 세우자, 또 사수思秀 등 여러 사람이 그를 따르며 함께하였다. 그리하여 모년 모시에 일을 시작하여 모년 모시에 준공하였으니, 화려하면서도 법도에 맞은 당의 모습이 옛 건물의 모습보다도 자못 나은 듯하구나.

아, 참으로 좋은 일이로다. 활쏘기를 배우려고 하는 사람은 항상 이 당堂에 거처하면서 힘써 배우고 정밀하게 익혀서, 버들잎을 뚫고[75] 이의 가슴팍을 관통하는[76] 절묘한 경지에까지 이르도록 하시라. 그뿐 아니라 창과 칼을 춤추듯 마음대로 다루고『육도六韜』와『삼략三略』을 배워 통달하여, 연마한 무예의 기술이 손자孫子나 오자吳子같이 되고 염파廉頗[77]와 이목李牧[78]에 견줄 만하게 되시라. 지금 우리나라가 태평성세를 만난 지 오래라, 무쇠로 만든 사발같이 견고하고 반석처럼 안정되어 있다. 그러므로 무예를 닦는 일에 굳이 힘쓸 필요야 없을 것이지만, 그러나 또한 평시에 무예를 가르치는 이유는 편안할 때에 몸을 단련하고 안정되었을 때에 위태한 지경을 대비함으로써 예상하지 못한 변고를 미리 막는 데에 있는 것이니, 바라건대 여러분들께서는 부디 힘써 익히시라.

이 당堂에 올라 바라보면, 옥녀봉 여러 봉우리들 서남쪽으로 쭉 늘어섰고, 서쪽 나루 쪽으로는 긴 강줄기가 온 고을을 돌아 흐른다. 이러한 지세 또한 병가兵家에서 말하는 유리한 지형이니, 여기에 함께 기록할 만한 일이리라. 봄이 되고 가을이 되면 아침저녁으로 시시때때 변하는 아름다운 풍경은 그저 한때 눈만 즐겁게 하는 것일 뿐이니, 여기에 더 이상 장황하게 쓸 필요도 없으리라.

淮陽府武學堂記

列邑有武學堂。諸裨校習射之所也。名以武學者。直書其事也。或曰六一者。射是六藝之一也。或曰觀德者。射者心直。則發皆中鵠。因射而觀其德也。今淮陽關東之一大都會也。歸輸之塗。冠聚之地。脫有緩急。捍禦之道。都在材官。故設堂而勸勉焉。往在丁酉。爲大水所捲而去。即當重復之如不及。而因循擔閣。尙未之遑。有姓朴名思根者。常羽儀本府。慨然有復立之計。經理意匠。竭心締搆。從而響應者。又有思秀等諸公。以某年某時董事。至某年某時竣功。輪奐制度。頗勝舊貫。猗歟美哉。願學射者。恒居是堂。力學精習。得至穿楊貫虱之妙。不啻如此。舞弄槍劍。講通韜鈐。其用武之道。彷彿孫吳。頡頏頗牧矣。今國家昇平已久。堅如金甌。安如盤石。將無所事此。而亦有平時講武者。習勞於逸。防危於安。預備不虞也。願諸公勉之。登斯堂也。玉女諸峯。羅列西南。西津長江。環擁一府。此亦兵家之得地形。俱可書也。至若春秋。朝暮變態之景媚。悅一時之眼目而已。不必贅焉。

중간본 『화엄경』에 붙이는 서문

이 경전의 현묘한 뜻과 소초疏抄를 붙인 연기는 청량淸凉 대사[79]가 자세히 설명하여 두었으니, 나 같은 후학이 더 이상 말을 덧붙일 것도 없다. 또 평림平林이 『화엄경』을 합본하였던 일이나 우리나라에서 간행을 하게 된 유래 따위도 백암栢庵 스님의 서문에 모두 실려 있으니, 다시 거론할 필요가 없으리라. 그래서 지금 이 서문에서는 설파雪坡 대사가 이 책을 다시 간행하게 된 일의 시말에 대하여 설명하려고 한다.

옛날 강희康熙 기사년(1689, 숙종 15)에 백암 화상이 징광사澄光寺에서 처음으로 이 책을 간행한 이래로 인쇄하고 배포하는 일이 끊어지지 않아 지금에 이르기까지 무려 80여 년이 되었다. 그런데 지난 경인년 겨울에 경판을 모신 누각에 불이 나서 80권의 경판이 모두 재가 되어 날아가고 말았다. 아, 이 말겁末劫 시대의 학인들에게는 원만한 믿음과 몸소 행하는 실천이 없어서 세상에 아무 이득도 되지 못하는 까닭에, 부처님께서 화두금강火頭金剛[80]을 보내어 이 책판을 거두어 용궁으로 되돌려 가 버리신 것일까. 아니면 지금 세상 사람들로 하여금 책을 다시 간행하는 인연을 맺어 큰 공덕을 누리게 하시어, 경전 간행의 공덕을 옛사람에게만 돌리지 않으려고 하신 것일까.

대개 비상한 일은 비상한 사람이 아니면 행할 수 없는 것이다. 지금 여러 큰스님들이 모두 입적하셨고 오직 우리 설파 대사만 남아 계시어 불교계에서는 마치 영광전靈光殿[81]과 같이 높이고 우러러보니, 방대한 경전을 간행하는 큰일을 피해 갈 수 없었다. 이런 까닭으로 여러 문인들에게 명하여 이 일을 두루 알리고 시주를 모으게 하였으니, 시방의 시주들이 모두 화합하여 그림자가 몸을 따라다니듯 이 일에 동참하였다. 그리하여 마치 불이 있으면 마르고 물이 흐르면 젖는 것과도 같이 힘들이지 않고 자금을 많이 모을 수 있었다.

갑오년(1774) 봄에 판각을 시작하여 다음 해 을미년(1775) 여름에 판각을 완료하였고, 영각사靈覺寺에 장경각(經閣)을 세워 이 경판을 보관하였다. 장경각 안에는 불상을 안치하고 그 부처님 앞에 공양 음식을 올리는 일도 아울러 함께 진행하였다. 큰 위력과 법력을 가진 우리 대사의 도덕에 감화되지 않았다면 이렇게 일이 성사될 수 있었을까. 다만 이번 간행에 있어서 구본舊本에 오류가 있었던 곳은 해인사본海印寺本과 대조하여 개정하였고, 근거를 찾을 수 없는 것은 그대로 두고 논하지 않았다.

이것을 보고 어떤 사람은, 청량 대사나 규봉圭峯 화상 같은 고승도 오류가 있는 부분에 주석을 내어 지적만 하였지 문장 자체를 고치지는 않았으며, 문장의 예나, 또 지금의 글과 저본이 되는 글 가운데 어느 것이 잘못된 것인지는 알 수 없다는 뜻으로 비평을 한다. 그리고 아울러 이 책이 근거를 찾을 수 없는 것에 대해서는 권말에도 결정을 지어 놓지 않았고, 개정한 부분에도 주석을 내어 밝히지 않은 것이 큰 흠이라고 한다.

나는 여기에 대하여 이렇게 해명을 하겠다. 청량 대사와 규봉 화상도 정경正經을 감히 고치지 못하였다는 것이, 지금 소초疏抄에서 정경을 인용한 것에서 그 근본을 고찰하여 개정한 것과 어찌 같은 예가 되겠는가. 설사 이제 겨우 경전을 배우는 자라 하여도 글의 뜻을 대략 알기만 하면 어디가 잘못되었는지를 분변할 수 있을 것이다. 하물며 설파 대사가 경문을 강하는 안목은 그 옛날 어떤 어진 스님보다도 낫다. 게다가 또 이『화엄경』은 특별히 강경할 인연이 더 많아서 자그마치 열다섯 번이나 강하였다. 그래서 지금 여러 곳에서 이 경문을 강하는 자들 중에 대사의 강설을 기본으로 삼지 않는 사람이 없다. 그러니 대사 같은 분이 어찌 어리석게 머뭇거리며 어디가 잘못된 줄을 몰라 밝히지 못하였겠는가. 지금 말학의 전문가들은 각각 자기만의 논리를 주장하고 있다. 그러므로 비록 우리가 뜻을 결정하여 바로잡았다 하더라도, 그들이 우리를 믿지 않을 뿐만 아니라 두려워하는 자도 많을 것이다. 이 때문에 그대로 두고 논하지 않은 것이다. 개정한 부분에 주석을 내지 않은 것은 대사가 그 개정의 공을 자기에게 두지 않고 후세 사람들이 자기를 알아주기를 바라지 않았기 때문이다.

대사가 해낸 이 『화엄경』 간행은 다른 누가 한 일과 비교하더라도 몇 등급이나 높은 대단한 일인데, 이렇게 도리어 논평의 대상이 되고 말았구나. 아, 먼지를 불어서 하자를 찾아내는 일은 세상의 인심이 혹 그럴 수도 있는 일이다. 그러니 깨끗하고 하얀 옥돌에 파리 한 마리 날아드는 정도야 무엇 때문에 걱정하겠는가. 저 천룡天龍과 귀신과 팔방의 배우는 자들이 모두 함께 이 경전을 공경하고 유통시키면서 중생이 다 없어질 때까지 전하게 될 것을 나는 알 수 있다.

이것으로 서문을 삼는다.

重刊華嚴經序

一經玄旨。疏抄緣起。淸涼備殫其說。非後學之所可得而評隲也。平林合本之事。刊行東國之由。具載栢老序中。不必重提。惟今所書。雪坡大師。重刊始終也。昔在康熙己巳。栢庵和尙。初刊於澄光寺。印布不絶。至于今八十餘年。羲於庚寅冬板閣災。八十卷板子。盡爲灰飛。噫。末刼學人。無圓信手行。於世無益。故如來遣火頭金剛。收歸龍宮與。抑將使今之人。得締重刊因緣。亨大功德。不專歸於古人與。夫非常之事。非非常之人。莫能行。今諸大耆德。淪落殆盡。而惟大師存焉。叢林仰之。巋然若魯靈光。則大經鋟梓之大事。宗爲躱閃不得。故命諸門人。均鳴化喙。十方檀越。翕然景從。如火就燥水就濕。不勞鳩僝。泉布輪囷。以甲午春董役。越明年乙未夏竣功。建閣于靈覺寺。以藏之。閣中佛像。像前粢盛之需。並一時就緒。
非大威德法力冥資。我大師道德所感而能然乎。但是擧也。舊本有誤處。譬
海印本文改定。無所據者。存而不論。或以清凉圭峰。於誤處。但指註而不
改正。文之例。及今文本文未詳孰誤之義。彈之。幷其無所據處。不決於卷
尾。洎夫改定處。不爲注明之事而爲欠。余爲之解曰。清凉圭峰於正經不
敢改。今就疏抄引文處。攷其本而正之。豈爲同例。泛學者。亦能粗知文義。
卞其譌譌。況師講經眼目。攷古賢席。又於此經。偏有緣講。至十有五遍。
現今諸方。演此經者。莫不宗大師。豈可儱侗婟嫿。不卞孰誤耶。末學專門。
各私其論。雖決義正之。非亶莫吾信。亦多曉曉者。所以存而不論也。不注
明改定者。不居其功。無求知於後世也。師之此事。尤較人數等。而反以爲
鼓唇之端。嗚乎吹毛求疵。世情或然。皦皦白璧。何憂蒼蠅。吾知夫天龍神
鬼與八表學者。共矜式而流通。無衆生乃已也。是爲序。

『사산비명』[82]에 붙이는 서문

하늘은 은하수와 북두성北斗星으로 문장文章을 삼고, 땅은 산천초목으로 문장을 삼는다. 그리고 사람에게 있어서의 문장은 바로 육경六經과 예악禮樂을 말한다. 크게는 성리性理와 기수氣數의 학설에서 작게는 만물의 미세한 일들까지도 모두 문장으로 말미암아 관통하지 않는 것이 없다. 그렇기 때문에 문장이란 도를 관통하는 그릇이라 하겠다.

옛날 노자와 공자, 그리고 우리 석가모니부처님, 이 세 분 성인은 모두 주나라 때에 나셨다. 이 세 분께서 베푸신 가르침의 내용은 각기 다르지만, 모두 대도大道의 경지에 도달한 점은 동일하다. 그러나 불교·도교·유교, 이 삼교三敎의 후학들은 모두 각자 익숙한 공부에만 안주하고 자기 좋아하는 것에만 치우쳐 있어서, 말을 보고 사슴이라고 우기는 따위의 언쟁과 피 튀기는 싸움[83]이 도대체 세상 끝날 때까지도 중지될 기미를 보이지 않는다. 이런 사태에 대해 나는 벌써부터 지붕을 올려다보면서 탄식하지 않은 적이 없었는데, 그러다가 고운孤雲 선생이 지은 글을 읽고서야 머리를 조아리고 이렇게 외쳐 말하게 되었다.

"하늘이 우리 선생을 이 세상에 태어나게 하시어 삼교를 관통하도록 하셨구나. 참으로 위대하구나. 이 이상 더할 것이 없도다. 이미 『주례』에 '금탁金鐸을 두드려 무武를 떨쳐 일으키고, 목탁木鐸을 두드려서 문文을 떨쳐 일어나게 한다.'라 전하지 않았던가. 이렇게 보면 우리 고운 최치원 선생은 바로 삼교의 목탁이 되신 분이시다."

그러나 선생은 어차피 유가의 관을 쓰고 관복을 입고서 벼슬살이를 하며 사신 분이다. 선생이 유교의 관복을 입었다는 것은 곧 유교를 종주宗主를 삼았다는 말이다. 그리고 선생은 글로써 공자와 맹자의 도를 지켜 내셨던 분이다. 고려 시대에서부터 선생이 문묘에 배향되어 제사를 받으신 것도 바로 이러한 공적 때문이었다. 그런데 조선조에 이르러 퇴계 선생이 이렇게 반박을 하고 나섰다.
 "근래에 내가 『동문선東文選』을 보니, 최고운崔孤雲은 온몸이 불교에 푹 젖어 산 사람이다. 그런 그가 외람되게도 문묘에 배향되어 제사를 받아먹고 있다."
 이 말은 퇴계 선생이 자신이 의지하는 유교 하나만을 지키는 데 생각이 국한되어 있었기 때문에 나온 말일 것이다.
 신라 이전에는 문장에도 능하면서 도를 통달한 자가 있었다는 말을 들어보지 못하였다. 그런데 선생께서는 신라 말엽에 태어나시어 12세에 당나라에 들어가 스승을 찾아 힘써 배웠으며, 18세에는 과거에 급제하여 중국 조정의 중요한 직책을 두루 역임하셨다. 고병高駢[84]이 황소黃巢를 토벌할 때에 선생을 불러 종사관으로 삼았으니, 그때 나온 표表와 서書·계啓 같은 것들이 모두 선생의 손에서 나온 것이다.[85] 황소는 선생이 쓴 격서檄書를 읽고 놀라서 자기도 모르게 침상에서 떨어졌다는 말이 전하고, 이 일 때문에 선생의 이름이 천하에 알려지게 되었다. 선생은 신라 헌강왕憲康王[86] 때에 중국 황제의 조서를 받들고 우리나라에 돌아와 중국에서 배운 것들을 그대로 시행해 보고자 하였으나, 당시의 조정 권신들이 선생을 시기하여 뜻을 펼치지는 못하였다. 진성여왕眞聖女主 때에 선생이 상소를 올려 시급하게 개혁해야 할 일들을 아뢰자, 여왕께서는 선생의 뜻을 가상하게 여기어 받아들이셨다.
 아, 선생은 우리나라 문장의 창시자이시니, 그렇다면 선생이 성리학에 능하지 못하였을 리는 절대로 없는 일이다. 그런데 때를 만나지 못하였기에 이런 보물을 간직하고도 제대로 써먹지 못하였으니, 참으로 아까운 일이 아닐 수 없다. 아마도 선생의 본뜻은 당나라에서 벼슬을 하고자 했던 것이리라. 그러나 그때 당나라 조정에는 환관들이 날뛰고 나라 밖에서는 지방의 절도사들이 횡포를 부리고 있던 시기였다. 더구나 후량後梁의 주전충周全忠이 당나라를 찬탈하려는 징조가 이미 싹트던 때였기에, 선생은 결국 우리나라에서 벼슬을 하려고 마음먹게 되었던 것이다. 그런데 그렇게 돌아온 신라도 정신없는 임금이 못된 무리들에게 정치를 맡겨 놓고 있었고, 음란한 여왕은 나라의 기강을 어지럽히고 있었다. 고려가 푸른 소나무처럼 새로 일어나고 신라는 누런 낙엽이 되어 몰락할 운명이 닥쳐오는 그때에,[87] 선생은 자신의 몸뚱이 하나도 감당하기 어려웠을 것인데, 하물며 자신의 도가 행해지기를 바랄 수 있었겠는가. 그리하여 선생은 마침내 깊은 산을 찾아 들어가 사슴들과 벗하여 놀거나, 덩굴을 잡고 올라 달구경이나 즐기는 한가한 생활을 하게 되었던 것이다. 그러나 그렇게 사는 것이 어찌 공의 본심일 수 있었겠는가.

　삼국시대 이후로 문장에 뛰어난 재주 많은 선비들이야 시대마다 끊이지 않았지만, 그중에서도 오직 선생의 이름만이 당대에서 후대에 이르기까지 모든 세대를 지나도록 빛을 발하고 사람들의 입에서 입으로 회자되고 있다. 나무꾼이나 부엌에서 일하는 여인네들까지도 모두 선생의 성과 이름을 알고 선생의 문장을 칭찬하였으니, 선생의 그 한 몸에 얻은 명예는 무엇으로도 이름을 붙일 수 없을 만큼 큰 것이었다. 선생이 만일 좋은 시절에 어진 임금을 만나서 그의 문장을 쓰고 그의 뜻을 행할 수 있었더라면, 임금을 바로잡고 세상을 구제하는 방법에 있어서 선생이 어찌 주공周公이나 공자의 도에 어긋났겠는가.

　『동문선』이라면 나도 본 적이 있는데, 그 책에 실린 선생의 글은 불가에서 행한 일과 건축물에 대한 찬양에 불과하다. 그런데 퇴계 선생은 이것 하나에만 집착하여 그렇게 지적한 것이다. 선생의 문집이 30권이나 되고 『계원필경桂苑筆耕』도 20권이나 되는 저작인데, 그 속에 어찌 치국안민治國安民의 방법과 심성이기心性理氣의 논의가 없겠는가. 황소가 침상에서 떨어졌다는 격문과 여왕이 가상히 여겨 받아들였던 상소문에서 그 한 단면을 볼 수 있으니, 문묘에 배향하는 일이 어찌 외람되다는 말인가.

　다만 선생께서는 부귀영화를 다 버리고 산속에 들어가 살면서 널리 대장경을 섭렵하고 그 불법 바다에 들어가 모래알 같은 보배 말씀을 공부하는 데 힘을 쏟았을 뿐이다. 그 총명한 재주와 탁월한 식견으로 대장경을 보자마자 이 세상의 도가 두 가지가 아니며 성인도 두 가지 마음을 가진 것이 아님을 알아차렸던 것이다. 그리하여 어느 한쪽에 기울어지지 않고 좌우[88] 어느 쪽에도 치우치지 않았기에 각각 그 종교에 따라 널리 찬양하였던 것이다. 옛날에 왕자안王子安[89]이 「익주부자묘비益州夫子廟碑」[90]를 지으면서 성인의 열 가지 조목條目을 열거하고, 「여래성도기如來成道記」를 지으면서 석가의 여덟 가지 상相을 말한 적이 있는데, 우리 고운 선생의 문장도 또한 이런 종류의 글이다.

지금 이 사산비四山碑에 새겨 넣은 글은 부처님의 행업과 불경 및 제자백가의 책에 실린 내용까지도 두루 섞어서 글을 지은 것이다. 대구를 맞춘 것이 매우 기묘하고 고사를 인용한 것도 매우 광범위하여 어느 한 글자도 옛글의 내력 없이 인용한 것이 없으니, 그렇기에 그 넉넉하고 기름진 멋과 향기가 오래도록 후세 사람들의 마음을 촉촉하게 적시는 부분이 많다. 그러므로 불가의 스님들이 이 비명碑銘을 잘 간직하여 길이 보존하는 것은 너무나 당연한 일이라 하겠다. 그러나 혹 어떤 사람은 이 비명을 이렇게 비평하기도 한다.

"오로지 변려騈儷의 문체만을 숭상하였을 뿐, 체제가 비속하고 약해서 한퇴지韓退之나 유종원柳宗元의 문장처럼 웅장하고 기이한 멋이 없다."

그러나 나는 이 글에 대해 이렇게 말하겠다.

"한퇴지와 유종원의 문장력이 선생보다 우수하다 하더라도, 진실로 우리 선생의 이러한 문장의 격格은 한퇴지나 유종원이 따라올 것이 아니다."

지금 계익戒益 스님이 비명을 한 권의 책으로 베껴 와서, 그 책머리에 나의 글을 붙여 주기를 요구하는구나. 내가 어찌 감히 이처럼 정결하지 못한 글솜씨로 부처님의 머리를 더럽힐 수 있겠는가. 그러나 퇴계가 우리

고운 선생을 탄핵하고 반박한 뒤로는 어느 한 사람도 다시 선생의 명예를 붙잡아 일으킨 자가 없기에 내가 특별히 이렇게 부연하여 밝히니, 천 년 뒤의 사람들까지도 우리 고운 선생의 본뜻이 어디에 있었는지를 알게 하려는 것이다. 이것이야말로 이른바 아침저녁으로 선생을 만나는 것과 거의 같지 않겠는가.

四山碑銘序

天以雲漢星斗爲文。地以山川草木爲文。而人之文。六經禮樂是也。大而性理氣數之說。小而萬物纖悉之事。無不由文而通。故云文者貫道之器也。昔者。三聖人。並作於姬周之世。雖設敎各異。而同歸乎大道則一也。三敎後學類。皆各安所習。阿其所好。指馬之爭。玄黃之戰。窮塵不已。余未嘗不仰屋而嘆。洎乎讀孤雲先生所爲文。稽首颺言曰。天生我先生。統貫三敎。大哉。蔑以加矣。已傳有之。金鐸振武。木鐸振文。先生其三敎之木鐸與。然先生旣冠儒冠服。儒服則必以儒敎爲前茅。由其文子。以憲章孔孟也。自高麗從祀文廟。良以此也。而我朝退陶先生曰。近看東文選。崔孤雲以全身佞佛之人。濫厠祀例。盖局於守一也。新羅以前。未聞有爲文爲道者。而先生挺生羅季。十二入唐。尋師力學。十八登第。歷職淸要。高騈討黃巢。辟爲從事。其表章書啓。皆出其手。巢見檄書。不覺椸下床。由是名振天下。憲康王時。奉詔東還。欲展西學之所蘊。而爲時輩所忌。未果。眞聖女主時。疏陳時務。主嘉納之。噫。先生爲東國文章之首倡。則未必不能性理之學。而遇非其時。依寶而未售。可勝惜哉。盖先生之意欲仕唐也。則宦寺擅于內。藩鎭橫于外。朱梁篡代之兆已萌。欲仕本國也。則昏主委政。匪人女后。淫瀆亂紀。靑松黃葉之運已迫。固不可容吾身。而況望其行吾道乎。遂乃尋深山而友麋鹿。扳薜蘿而弄明月。是豈公之本心也哉。自三國以後。文章才士。代不乏人。而惟公之名。光前絶後。膾炙人口。以至樵夫竈婦。皆知誦公之姓名。稱公之文章。其所得於一身者。必有不可得而名言矣。如其遭淸時遇明君。得用其文。得行其志。則其匡君救世之術。何曾偝背於周孔之道乎。東文選余亦曾見。其所載先生之文。不過贊佛事與浮屠也。退陶夫子。執此一段而刺之也。先生之文集有三十卷。桂苑筆耕有二十卷。其中豈無治國安民之術。心性理氣之論乎。黃巢下床之檄。女主嘉納之疏。可窺一班也。配享文廟。何濫之有。秖緣先生辭榮居山。博涉大藏。入海筭沙。以明敏之才。超詣之見。一覽便知天下無二道。聖人無兩心。不滯方隅。不祖左右。故各隨其敎而弘贊也。昔王子安。撰益州夫子廟碑。盡聖人之十條。述如來成道記。窮釋迦之八相。先生之文。亦類是矣。今此四碑撰銘。大浮屠行業。內典外書。雜糅成文。而對偶甚妙。引事甚廣。無一字。無來歷。其滕膏殘馥。沾丐後人多矣。宜乎桑門之徒。藏弆而雋永也。或以專尙騈儷。體格卑弱。無韓柳之雄渾。詭奇少之。余曰韓柳之文。優於先生。固是先生之此格。韓柳不若也。今盎上人。傳寫一卷。謁余文題其卷首。余何敢以不潔。汚佛頭。而但退陶公彈駁之後。無一人扶起者。余故特敷演而申明之。使千載之下。知先生之志之所在也。其庶幾乎所謂朝暮遇之者歟。

연지암 만일회의 방명록에 붙이는 서문

곰곰이 생각하건대, 중생이 서 있는 이곳이 바로 진성이어서 생각마다 아미타불이 나타나고, 법계의 연기가 본디 청정하여 곳곳마다 연화장세계가 피어난다. 그런데 어찌하여 하늘에서 받은 성품은 바람처럼 요동을 치면서 장식의 바다[91]에 물결을 일으키는가. 세 가지 독[92]이 거센 불길처럼 일어나니, 사람들은 자신의 성품이 바로 아미타불이라는 것을 알지 못하고, 여섯 세계를 오르락내리락하니, 누구인들 오직 이 마음이 정토라는 것을 알겠는가. 꿈속에서 또 꿈을 꾸니 길고 긴 밤은 새벽이 되기 어렵고, 미혹을 따라 자꾸 미혹을 쌓아 가니 다시 돌이킬 날이 없구나.

이 때문에 우리 부처님께서는 이 혼미함에서 벗어날 해탈의 길을 보여 주시고자, 따로 방편의 문을 열고 서쪽 하늘에 있는 정방淨方을 가리켜서 동쪽 사람들이 사모하게끔 인도하셨다. 미타불이 아버지시고 연화장세계가 어머니가 되었으니 자식을 낳으면 순전한 아들이 되며, 백옥지白玉池와 황금대黃金臺는 장엄하고도 청정한 부처님의 국토가 된다. 바람 속에 흔들리는 나뭇가지와 달빛 아래 반짝이는 이슬방울은 고공苦空[93]을 설명하고, 물새와 산새들은 불법을 드날린다. 수명은 헤아릴 수도 없이 길고 광명도 끝이 없으니 이로 말미암아 부처님의 명호가 정해지고, 칠보가 장엄하고 십선十善이 장엄하니 이로 인해 국토의 이름이 되는 것이다. 시방에 모두 정토가 있고, 그곳마다 계시는 부처님은 가장 좋은 인연이 되니, 온종일[94] 아미타부처님을 항상 생각하고 외운다면, 십만억 국토 밖에 있는 극락국極樂國을 손가락 퉁기는 잠깐 사이에 뛰어넘어 갈 수 있으리라. 이것이 지금 오탁五濁[95]이 뒤섞여 속을 태우는 이 괴로운 시절에 이렇게 성대한 만일회萬日會를 여는 까닭이다.

원래 저 동진東晉의 혜원慧遠 법사가 백련사白蓮寺에서 처음 결사를 열었던 그 기이한 발자취가 긴 세월을 지나 지금까지 전파되었고, 고려의 발징發徵[96] 화상이 그 뒤를 이어 건봉사乾鳳寺에서 법회를 열자 바로 그날 천 사람이 극락에 왕생하였다. 다시 생각하면 영명永明·중봉中峯·운서雲栖·초석楚石 같은 스님들도 모두 선가의 큰 인물로서 모두 다 정토 법문을 숭상하였으니, 진실로 이 법문에서 쉽게 지도해 주는 대로 따르면 여러 품류의 중생이 각기 자신의 근기에 따라 수행할 수 있음을 알 것이다.

꼭 부여잡고 힘써 노력해야 할 공부 가운데 이보다 더한 것이 어디 있겠는가. 아무리 엉터리 선객이라도 마침내는 이 법문에서 맞은 듯 번쩍 정신이 들 것인데, 하물며 역풍과 순풍이 앞뒤에서 불어 대고 유혹의 화살과 번뇌의 화살이 좌우에서 침공함에 있어서야 말해 무엇 하겠는가. 그 속에 머리를 묻고 온 세상 사람들이 모두 다 그 속에서 몸을 굴리고 있으니, 어떤 사람이 능히 그것을 끊어 버릴 수 있을까.

여기 우리 성한性罕 스님은 이 땅의 한 사람 범부로서 일찍이 이 부질 없는 세상이 그저 허황한 꿈인 것을 알아차리셨다. 세상의 인연을 벗어났기에 어린 나이에 선문에 발을 들여 속세의 인연을 다 끊고 마침내 정업淨業에 손가락을 담그셨다. 말세를 만나 부처님 법이 뒤집혀 땅에 떨어진 것을 개탄하고, 이 사람들이 고통의 바다에 빠져 허우적거리고 있는 것을 슬프게 여기셨으니, 그리하여 드디어 자비심과 원심願心과 광대심廣大心을 발휘하여 부처님을 염송하고 부처님께 예를 올리며 부처님을 공양하기로 작정한 것이다. 그래서 마음을 함께하고 업業을 같이하는 백 명이나 되는 사람들에게 오래오래 마음을 수행해 보자고 권고하여 만 일萬日이라는 날짜를 기한으로 정하였다. 진실로 마음과 도량이 넓고 넓어 일을 능히 감내할 사람이 아니었다면, 어떻게 이처럼 높은 뜻으로 발원하여 사람들을 제도하고 선善을 따르게 할 수 있었겠는가.

또 백화白華와 문곡文谷 두 대사가 있으니, 부처님 법을 지키는 데에 모범[97]이 되시며 우리 선문의 영수가 되는 분들이시다. 오랜 시간 불경을 강설하는 동안에는 배우는 자들의 귀의하는 바가 되었고, 정토의 학업을 닦으심에는 불문에서 우러러 믿는 바가 되었다. 입은 은하수와 같아서 설법을 할 때에는 구름이 일어나는 듯하고, 혀는 우레와 천둥이 뒤집히는 것 같아서 설법을 들으려는 자가 마치 담장처럼 밀어닥쳤다.

사자좌에 앉아서 대중을 포섭하는 일, 그 어떤 사람이 능히 할 수 있는 일인가. 어리석은 사람들의 귀를 잡고 깨우쳐 주는 주맹主盟이 되는 일은 우리 대사만이 할 수 있는 일이다. 또한 수행을 함께하는 대중들은 지난 겁에 많은 덕을 심어서 금생에서 이와 같이 특이한 인연을 받게 된 것이라, 원력의 바람이 한번 스치자 모든 계곡에서 일제히 메아리 소리가 울리고, 법비가 잠깐 쏟아지자 삼초三草[98]가 한꺼번에 싹이 텄다. 물거품과 같은 이 허깨비 몸뚱이 탄식이 절로 나오니, 괴안국에서 누린 영화 한바탕 봄꿈[99]과도 같구나. 갖가지 금가루를 체로 쳐서 찌꺼기를 걸러 내듯 이 한 몸을 옥돌처럼 더욱 열심히 갈아서 1만 날 동안 마음속으로 성실하게 법을 구한다면, 상중上中 사이의 품品으로 몸이 왕생할 수 있을 것이다. 누구인들 이것을 아름답다고 찬탄하지 않겠는가. 진실로 원하는 대로 이루어질 것이다.

나는 넓디넓은 바닷속에 들어가 기약 없이 모래알을 세듯 이미 수백 권이 넘는 책을 읽어 왔고, 또 소나무를 흔들어 먼지를 털어 내듯 불자拂子를 흔들며 살아온 지도 어언 20여 년이 훨씬 지났다. 그런데 갈수록 의혹이 많아져서 들여우의 무리로 떨어질까 두렵기도 하였고,[100] 문자만을 음미할 때에는 다음 생에 책 파먹는 좀벌레의 몸을 받게 되는 것은 아닐까 염려하기도 하였다. 이미 다 늙은 나이가 되었지만 밝은 거울이 형상을 대하는 듯 환하기는 여전히 어렵다. 더구나 이와 같은 성대한 법회 자리를 만나게 되니 미련한 돌덩이 같은 이 몸도 구슬처럼 빛나는 여러 스님들과 함께 어울리고 싶은 마음이 더욱 절실하다. 그러나 오히려 머뭇거리기만 하면서 앞으로 나아가지 못하고, 그저 주위만 맴돌면서 뒤에서 기다리기만 한다. 참으로 아직까지 불경을 강설하던 습기가 다 끊어지지 않앉을 뿐만 아니라, 교화하는 인연을 맺고자 하였던 옛 발원이 마무리되지 않고 남아 있기 때문이리라. 나는 본래 능력이 남들만 못하니, 이렇게 의로운 일을 보아도 어떻게 감히 용기를 내겠는가.[101] 그러나 다른 사람들은 어쩌면 나와는 다르기 때문에 인仁을 행할 때를 만나면 절대 사양하지 않는구나.[102] 큰스님께서는 나의 남은 생애 동안 법회의 말석에 참여하도록 허락하셨고, 대사께서는 내가 좋아하는 것을 따라 나의 갈 길을 정하여 일을 마무리하도록 허락하셨다. 연지암蓮池庵 만일회의 명단에는 내 이름을 미처 기록하지 못하였지만, 선적仙籍을 기술할 때에는 내게 서문을 지으라고 청해 주셨다.

내가 겉만 번지르르한 천박한 재주[103]를 가지고 외람되게도 감히 큰스님들의 아름다운 이름자를 적은 선방의 방함록을 더럽히게 되었으니, 스스로도 적당히 만족하고 마는 내 자신이 부끄러운 것을 알겠고, 또 내가 분수를 헤아리지 못하였다는 것도 너무 잘 안다.

다만 후일 어느 해에 이 절에 들어올 때에 모르는 낯선 손님이라는 소리를 면해 보고자 하는 마음뿐이다. 오늘 글을 억지로 얽는 것은 가까운 사람들이 찾아와 청하는 걸음을 끝내 사양할 수 없었기 때문이다.

멀리서 바라보며 예를 올리고 삼가 이 글을 써서 돌려보낸다.

건륭乾隆 계사년(1773) 3월 경신일에 호남 비구 유일이 우러러 쓰다.

蓮池萬日會序

切以衆生之立處卽眞。彌陁念念現。法界之緣起本淨。蓮花處處開。奈何性天風搖。致使識海浪動。三毒熾盛。人昧自性之彌陁。六道升沉。誰識惟心之淨土。因夢有夢。長夜難晨。從迷積迷。復路無日。故我世尊。欲示解脫路。別開方便門。指西天之淨方。引東人之欣慕。彌陁父蓮花母。生子也純男。白玉池黃金臺。嚴土之惟淨。風柯月露。宣說苦空。水鳥山禽。敷揚佛法。壽命無量。光明無量。佛號由斯。七寶莊嚴。十善莊嚴。國名因此。十方皆有淨土。彼佛最爲勝緣。二六時中阿彌陁。繫念常誦。十萬億外極樂國。彈指可超。此所以丁今五濁之交煎。啓此萬日之勝會者也。原夫東晋遠法師。叔結社於白蓮。異蹟萬歲傳播。高麗徵和尙。繼設會於乾鳳。同日千人往生。復惟永明中峯。雲栖楚石。皆以禪家宗匠。俱崇淨土法門。良由此門。指的易用。當知群品。隨機可行。喫緊工夫。疇過於此。虛頭禪客。終蟄於斯。況復逆風順風。前吹後扇。花箭毒箭。左攻右侵。那裡埋頭。擧世滔滔。皆是箇中轉腦。何人斷斷能然。爰有性罕上人。曾以博地凡夫。能知浮世幻夢。擺脫世故。早托迹於禪門。謝絶塵緣。終染指於淨業。慨末法之顚墜。悼斯人之沉淪。遂發悲心願心廣大心。以要念佛禮佛供養佛。勸起同心同業。數至百人。熏修長期久期。限定萬日。苟非心量恢恢當事幹能者。焉能志願卓卓度人從善乎。又有白華文谷兩大師。佛法羽儀。空門領袖。久講貝典。學者之所歸依。脫修蓮科。叢林之所信仰。口似河漢。說法若雲之興。舌翻雷霆。聽者如墻而進。據猊座而攝衆。其何人能。執牛耳而主盟。惟我師是。抑又同業大衆。曩規植衆德本。今生感斯異緣願風一號。百籟齊響。法雨午霑。三草並萠。歎泡漚之幻身。等槐安之春夢。筬百金而如脫。玉一身而競磨。十千日內。心誠求之。上中品間。身可徃矣。孰不歆羨。良可願從。愚也入海算沙。已閱數百許卷。搖松揮塵。洽踰二十餘霜。轉多疑惑。恐墮野狐之隊。唯味文字。慮受蠢魚之身。旣迫衰齡。難似明鏡之對像。況逢勝會。愈欲頑石之混珠。猶趑趄而不能前。每裹回而留待後。非壹講經之習氣未歇。亦由化緣之夙願尙殘。我本不如人。豈敢勇乎見義。人或不如我。故不讓於當仁。頭上公假我餘年。當叅末會。壇中師許人前路。可遂本心所喜。蓮池中錄。名雖未遑。仙籍上述。序邊有請。猥將黔驢之賤枝。敢累龍象之芳銜。自知適足爲羞。多見不量其分。但以他年入院。要免生客之呼。今日勒文。不辭隣人之走。遙向爲禮。謹書以歸。峕乾隆癸巳三月庚申湖南比丘有一畊睇書。

표훈사[104] 정양암[105] 헐성루 중창을 기념하는 서문

자라 등 같은 봉우리가 우리 동쪽 나라에서 솟아나니 진秦나라 때 처음으로 봉래산이라는 이름이 중국까지 소문이 났고, 『화엄경』[106]이 서역에서 전래되어 오니 한나라 이후에 바야흐로 금강산이라는 이름이 생겨났다. 영랑봉[107]에서 선사들이 득도하는 것을 이미 3천6백 년 동안 보아 왔고, 법기봉[108]에서 불경을 강설하는 것을 1만 2천 봉우리가 항상 둘러싸고 있었다. 그렇기 때문에 절 주위 안팎으로 산이 두루 둘러싸고 있는 것이 마치 신선이 탄 수레가 오가는 자취가 어렴풋이 보이는 듯하다.

이 정양사 헐성루로 말할 것 같으면 신라와 고려 때의 큰스님(韻釋)이 세웠다고 전하지만 그 일을 뚜렷이 기록한 문헌[109]이 남아 있지 않아서 징험할 수가 없으니 어찌하겠는가. 솟아오르는 태양의 볕을 똑바로 마주 받으면서, 헐루歇樓는 이 티끌세상이 한낱 헛된 꿈일 뿐임을 깨우쳐 준다. 산 전체의 올곧은 산줄기가 몰려 모인 곳으로, 온 골짜기의 신령스런 기운을 머금어 간직한 자리이다. 화살촉처럼 뾰족뾰족 서 있는 천 길 봉우리는 돌아보며 가리키는 곳마다 사람이 읍揖하며 절을 하는 듯하고, 우레처럼 울어 대는 만 줄기의 폭포수는 어디에 앉으나 어디에 누우나 언제든지 그 쏟아지는 소리가 들린다. 눈발이 휘날려 중향성衆香城[110]을 덮으니 반야를 구하느라 울다 죽은 파륜波崙[111]의 뼛가루를 보는 듯하고, 비로봉 꼭대기에 구름이 일어나니 마치 가섭이 향불을 사르는 듯 황홀하다.

여섯 번의 아랑위포兒郎偉拋[112]를 부르고 들보를 올리니 창건 당시 주인이 쓴 거대한 글씨가 참으로 소중하고, 네 운韻의 시가 벽에 걸렸으니 후대 시사詩士들의 뛰어난 시 구절이 너무나도 새롭다. 이것은 다 누각에 올라 얼핏 바라본 경관일 뿐이니, 빼어난 경관은 종을 차례로 바꾸어 가면서 세도록 시킨다 하여도 다 셀 수 없을 만큼 많다. 이러한 경관은 시 짓는 선비들에게 시의 재료를 더해 줄 것이니, 이 누각이 어찌 신선들의 좋은 거처이기만 하겠는가. 그러나 창건한 후로 오랜 세월이 지나고 보니 자꾸만 집이 너무 낡았다는 탄식을 하게 되었다. 여러 차례 거듭 수리를 하였지만, 이제는 머잖아 기둥이 흔들릴 지경의 흉한 모습을 보기에 이르렀다.

여기 지금 우리 도의 관찰사이신 김종정金鍾正[113] 공은 대단한 군자로, 여러 대를 내려온 대신의 집안이며, 높은 관직으로 빛나는 문벌의 큰 인물이다. 세 번이나 옥절玉節을 가지고 우리 고장에 부임해 왔으니 임금의 은혜가 앞뒤를 통틀어 이보다 더 클 수 없고, 10년 동안에 두 번이나 산에 들어왔으니 평범한 낯선 손님이라고는 할 수 없다. 염閻 공의 의장儀仗이 등왕각滕王閣에 일찍이 임하였던 것 같고,[114] 소동파의 문장이 적벽赤壁을 거듭 찬탄한 것과 같다.

기괴한 봉우리와 시원하게 트인 언덕은 지난날의 풍광보다 못할 것이 없으나, 무너진 벽과 기울어진 들보는 오늘 하루도 견뎌 내기 어려울 정도로 심각한 지경에 있었다. 이리하여 수리할 계책을 세우고는 창고의 곡식을 아낌없이 모두 쏟아부었으니, 상관上官이 앞장서서 먼저 열 가구 몫의 재화를 시주하자, 여러 고을에서도 바로 따라서 모두들 얼마 안 되는 녹봉[115]이라도 나누어 시주하였다. 관가에서 먼저 나서서 주선을 하니, 우리 스님들이 어찌 감히 이 일을 회피하겠는가. 지습智習과 처경處敬 두 스님은 절 안에서 모범이 되는 분으로 여러 스님들을 이끌고 계시는데, 어떨 때는 세상에 나아가 시주를 권하여 재물을 모으기도 하고 또 어떨 때는 앉아서 재물의 용도를 관장하기도 하였다.

그리하여 신축년 2월에 공사를 시작해서 갑오년 단옷날에 준공을 하였다.[116] 난간에 기대어 손님을 맞고 접대하는 분주함이야 어디 옛날만 하겠는가마는 지팡이 짚고 구경하는 흥취만은 더욱 새로운 정을 더하였다.

애석하구나! 우리 관찰사께서는 조정으로 돌아가시는 길을 어찌 그리 재촉하셨는지, 이 누각의 공사를 마친 자리에 참여하지 못하셨구나. 이 절이 설사 천 년의 자취를 지닌 고찰古刹이라고는 하지만 모두가 공의 덕택으로 원래 모습을 회복하게 된 것이며, 그리고 이 일을 맡아 하신 두 스님의 복도 후일에 또 어디로 돌아가겠는가.

나는 호남 땅에 사는 한낱 보잘것없는 중으로 세상 밖을 이리저리 부질없이 떠돌아다니는 사람일 뿐이다. 명산인 금강을 그리는 오랜 숙원이 있던 차에 요행히도 청정한 경계인 이곳에서 지낼 기회를 얻었는데, 마침 이 누각을 낙성落成하는 잔치를 접하게 되었고, 갑자기 이 글을 지으라는 요청까지 받게 되었다.

그리하여 큰 재주[117]가 있는 사람이 해야 할 일을 외람되게도 내가 맡게 되었으니, 솜씨를 잘못 놀려 손에 상처 입는 실수를 어떻게 면할 수 있겠나.[118] 내가 원래부터 절묘한 글[119]을 쓸 만한 재주가 없는 사람이니, 괜히 이 좋은 누각 벽에 낙서만 하게 될까 참으로 부끄럽다.

表訓寺正陽庵歇惺樓重剏序

鰲岑東湧。秦時始聞蓬萊之名。虱藏西來。漢後方有金剛之號。永郞之得道。已閱三千六百年星霜。法起之談經。常繞一萬二千峯眷屬。所以琳宮梵宇。周匝內外之山。鶴駕鷖駿。依俙往來之迹。至若正陽寺歇惺樓者。相傳羅麗之韵釋所剏。爭奈杞宋之文獻無徵。正面當杲日之陽。歇樓惺塵世之夢爾。其一山正脉之輻湊。萬壑靈氣之含藏。簇立千峯。拱揖指顧之內。雷鳴萬瀑。喧豗坐臥之中。雪封香城。如見波崙之粉骨。雲起爐頂。怳似迦葉之燒香。六偉上樑。當時地主之鉅筆藉重。四韵題壁。後來詩翁之秀勾競新。是皆登樓之大觀。難可更僕而盡數。定爲騷人之添詩料。奚亶神仙之好樓居。但以刼海頻迁。每起屋老之歎。鑽燧屢改。將見棟撓之凶。爰有本道觀察使金公【名鍾正】大君子。喬木世臣。簪纓門閥。一路三指節。莫大前後之主恩。十年再入山。不是尋常之生客。閣公之榮戟。滕閣曾臨。坡仙之文章。赤壁重賞。奇峯爽塏。無恙羲時之風光。壞壁傾梁。那堪今日之景狀。

乃興修理之計。不恤倉廩之傾。上官爲囧。先施十家之産。列邑隨塵。共分五斗之餘。官家旣能周旋。僧徒詎敢躱閃。智習處敬兩上人。羽儀一寺。領袖衆僧。或行勸聚財。或坐管用度。董役於龍集。辛丑之大壯。竣功於杓建。甲午之端陽。凭欄[1]應接之紛。何爽昔日。植節玩愒之趣。更添新情。惜乎。我公之還朝。一何其促。斯樓之訖役。未能得臨。雖然古寺千年之蹤。都由公復。他日二梵之福。當復何歸。愚也。湖南病禪。物外浪迹。要償名山之宿債。幸遂淨界之淸游。適當落成之筵。遽及勒文之請。濫爲大匠之斲。傷手何逃。元無幼婦之辭。昁壁是愧。

---

1) ㉮ '欄'은 '欗'의 오기인 듯하다.

금성의 강성규 석사가 양친을 위하여 베푼 회혼례를 축하하는 서문

　자식이 부모를 섬김에 누군들 효도를 다하려 하지 않겠는가. 효도라는 것은 진실로 사람의 자식이라면 누구나 마땅히 하여야 할 도리이다. 옛사람들은 이렇게 말하였다.
　"세상에는 행복한 일 세 가지와 불행한 일 세 가지가 있다. 대체로 태평세월을 즐기면서 부모 봉양을 잘하는 것이 첫 번째 행복이고, 벼슬길에 올라 부귀영화를 함께 누리는 것이 두 번째 행복이며, 도를 지키고 몸을 성실하게 닦아서 세상에 길이 이름을 날리는 것이 세 번째 행복이다. 이 세 가지 일은 사람이면 누구나 똑같이 하고자 하는 것이다. 만약에 혹 너무 가난하고 신분이 천하여 살 집도 없이 병과 난리에 시달리는 것이 첫 번째 불행이고, 설사 녹봉을 많이 받고 영화를 누린다 하여도 부모가 일찍 돌아가셔서 모시고 봉양할 기회를 얻지 못하는 것이 두 번째 불행이며, 까닭 없이 시비가 생겨 혹 불의不義에 빠지는 것이 세 번째 불행이다. 불행이야 어디 사람의 자식으로서 하고 싶은 일이겠는가?"
　여기 이 금성錦城 사람인 강기서姜器瑞 선비는 양친 부모를 받들어 모실 때에 맛있는 음식을 올려 정성을 다하였으니, '가난한 살림에도 기쁜 마음으로 부모를 잘 섬겼다는 말(菽水之歡)'[120] 정도로는 그 효도하는 마음을 다 표현할 수가 없다. 또 문장을 잘하여 세상에 이름을 날림으로써 부모를 기쁘게 하였으니, 세 가지 행복 중에 두 가지는 이루었다고 할 수 있겠다. 게다가 저 세 가지 불행이라고 하는 것은 도무지 알지도 못하는 사람이다. 지금 이 기서 씨의 행복 중에는 또 남들은 도저히 미치지 못하는 것이 있으니, 남극의 노인성이 아버지께서 기거하시는 마루를 비추고, 중천의 무녀성婺女星이 어머니께서 계시는 방에 훤히 빛나서, 부모님의 송백과 같은 곧은 정절이 80세가 지나고도 더욱 무성하신 것이다.

마침 금년에 두 분 어르신께서 합환례를 치르시는 때를 맞아서, 기서 씨는 창고에 쌓아 둔 곡식을 아낌없이 내어 이렇게 다시 혼례 잔치를 베풀어 드리는 것이다. 잔치 자리에는 술이 못물처럼 넘치고 안주도 수풀처럼 빽빽하게 놓여서, 술잔과 안주 접시 어지럽게 벌여 있으니 축하하며 올리는 술잔 순서도 알 수 없이 바쁘게 오고 간다. 자리를 가득 메운 고마운 손님들이 시를 지어 송축의 말씀을 올리니, 시축이 소 등에 한 짐 실어야 할 만큼 많이도 쌓였구나. 이러한 기쁨은 더구나 앞에 말한 세 가지 행복 가운데에도 없는 것이니, 참으로 아름다운 일이로다.

내가 세상 사람들을 자세히 살펴보니 수명과 부귀를 겸하기는 참으로 어려운 일이다. 설사 수명과 부귀를 겸한 사람이라 하더라도, 거기에 더해 자식을 많이 가지는 행운까지 갖기는 더욱 어려운 일인 듯하다. 그런데 지금 이 기서 씨의 부모는 장수를 누리고 건강한 데다가, 집안을 꽉 채운 훌륭한 자손들이 혼인[121]으로 좋은 집안과 맺어졌다. 자식들이 아침 문안과 저녁 잠자리를 정성껏 봐 드리면 부모님은 그저 곽자의郭子儀가 그랬듯이 턱만 끄덕이고,[122] 맛있는 음식은 자손들을 모아 함께 나누며 즐기면서 항상 왕희지王羲之처럼 높은 안목을 즐겼다. 세간 출세간 두 세상을 살면서 이렇게 커다란 복락을 누리는 사람을 나는 이 기서 씨의 부모님밖에 못 보았다.

아! 하늘의 이치는 길하고 상서로운 일로 착한 사람에게 보답하게 되어 있구나. 그렇다면 지금 이 기서 씨의 부모가 무슨 착한 일을 하였기에 이런 복록을 누리게 되었을까. 아니면 기서 씨가 훌륭하여 그 복이 부모에게까지 올라가 부모의 복록을 연장시켜 주는 것인가? 나는 기서 씨를 만나 보지는 못하였지만 그 아우를 알고 있어 아우를 통해 형의 이야기를 익숙하게 많이 들어왔다. 이제 또 그의 문장과 글씨까지 보게 되었는데, 글씨와 문장이 단아하고 매우 여유가 있구나. 기서 씨 형제는 참으로 누가 더 낫다 누가 더 못하다 비교를 할 수 없을 만큼 모두가 뛰어난 재주를 가지고 있다. 내 바라노니, 이 두 훌륭한 형제께서는 부디 중도에 그치는 일 없이 끝까지 덕을 키우고 학업을 성취하기에 힘쓰시라. 그리하여 마침내는 청운의 뜻을 꼭 이루어서 부모님들께서 함께 그 부귀영화를 누리실 수 있도록 하시라. 이리 한다면 이른바 세 가지 행복 가운데 하나도 빠지는 것이 없게 될 것이니, 이 어찌 성대한 일이 아니겠는가. 부디 기서 씨의 두 형제는 힘써 노력할 것이다.

錦城姜碩士聖奎爲二親設回昏宴序

子之事親。孰不欲盡孝。孝固人子之所當爲也。然而古人曰。有幸不幸者三。夫樂於治平而能有養者。其幸一也。身躋祿仕。同被貴榮。其幸二也。守道誠身。顯名不泯。其幸三也。是三者。人所同欲也。若或貧賤無家。困於衰亂。一不幸焉。祿厚身榮。親不侍養。二不幸焉。孼生無階。或陷非義。三不幸焉。不幸。豈人子之志哉。今錦城姜斯文器瑞。上奉二親。甘旨盡誠。不必以菽水承懽而已。又善文章。立名斯世。以悅其親。可謂能有三幸之二。其不幸之三。非所知也。今器瑞之幸。又有人所不及者。南極之星。照於椿軒。中天之婺。煥乎萱室。松栢貞節。逾八袠而益茂。今年適丁晬期。器瑞傾困倒儳。再設牢宴。有酒如池。有肴如林。盃盤狼藉。獻酬無巡。滿座佳賓。賦詩獻頌。積成卷軸。粗于牛腰。此又三幸之所無猗歟。休哉。余觀世人。兼壽富爲難。兼壽富而多男爲尤難。今器瑞之親。旣壽且康。芝蘭滿庭。瓜葛相連。晨曛定省。惟點子儀之頷。分甘相樂。每娛羲之之目。處于兩間。享此介福。吾于器瑞之親。見之矣。噫。天道以吉祥。報施善人。今器瑞之親。作何善而致此歟。抑器瑞之賢。上延父母歟。余不見器瑞而知其弟。熟聞其兄。又及其文若筆。而又文雅有餘。器瑞難於爲兄也。吾願夫二難。不中途止。育德進葉。[1] 以致靑雲之上。俾其同被貴榮。則所謂三幸無一遺焉。豈不盛哉。惟器瑞兄弟勉旃。

---

1) 歲 '葉'은 '業'의 오류이다.

『심성론』에 붙이는 서문

　이 한 권의 책은 묵암 장로와 내가 을미년(1775) 가을 동안에 심성에 대하여 함께 논한 내용을 기록한 것이다. 여러 부처님과 중생들의 마음이 제각기 다 원만하므로 일찍이 하나였던 적은 없다는 것이 묵암 장로의 주론主論이고, 각각 원만한 것이어서 원래가 하나라는 것은 나의 주론이었다.
　묵암 장로는 그의 시에서 이렇게 말하였다.

　　나 이제 내 마음 시키는 대로 혼자서 돌아가니
　　남들이 다들 가는 그 길 따라가지는 않으리라

　이 말은 스스로 깨우친다는 뜻이다.
　그리고 나는 이런 시를 썼다.

　　선세의 성현께서 모두 같은 말씀 하셨으니
　　후대 사람들 누가 감히 그 말씀을 어길까

　이는 바로 모든 글들은 뜻이 정해져 있다는 말이다.
　무릇 한 가지 일을 두고 서로 옳다고 다투는 일 가운데는 간혹 양쪽이 다 옳은 일도 있을 수 있을 것이다. 지금 우리가 다투고 있는 이 두 가지 주장은 우리 불가에서는 아주 중요한 요체要諦가 되는 것으로, 어느 한쪽이 옳다고 하면 나머지 한쪽의 주장은 틀리다는 말이 된다. 우리 두 사람은 그저 제각기 스스로의 생각이 옳다고 주장하면서 결정을 짓지 못하고 있는 것이다.
　아, 지금 이 세상에 도는 사라지고 그 도를 행하던 성현도 없어, 먼지

바람만 꽉 차 있구나. 어떻게 하여야 사리에 완전히 통달한 사람을 찾을 수 있을까. 이치를 이치에 맞게 설명하고 사리를 사리에 맞춰 설명해 주는 그런 성현이, 지금 이 세상에 나오셔서 버리고 취할 것을 올바르게 정해 주시는 일이 있을까. 이런 사람을 머지않아 만나게 되기를 그저 바라고 또 바라 마지않는다.

그러나 시비는 비록 확실하게 판정할 수 없었으나, 지금의 세상에 살면서 이런 일을 가지고 서로 말할 자도 또한 드물 것이다. 그러므로 배우는 자들이 혹시라도 이 글을 통하여 심성이 돌아가는 바를 연구한다면, 높이 오르고 멀리 행함[123]에 있어 이『심성론』이 작은 도움이야 되지 않겠는가.

心性論序

此一卷。默老與不侫。共論心性於乙未秋間者也。諸佛衆生之心。各各圓滿。未曾一箇者。默之論也。各各圓滿者。元是一箇者。愚之論也。默詩云。我今任獨歸。勿行行處去。即自得之論。愚詩云。先聖皆同說。後生孰敢違。即齊文定旨也。凡所相爭者。或有兩是之事。今此兩論。法門大關節。一是則一非。但以吾兩人之各自爲是。不可定也。噫道喪人亡。埃風渺瀰。焉得有通方之士。說理如理。說事如事者。作於今世。楷定去取耶。寔有望於朝暮遇之。然是非。雖不可定。居今之世。譚此事者。亦罕其人。學者倘或仍此。究其心性之所歸。則此論豈不爲升高行遠之一助也耶。

양 수재 보구에게 주는 서문

　금상 재위 2년 겨울에 나는 용성龍城에 있는 파근사波根寺에 살고 있었다. 그때 양 수재 보국 씨가 둔덕리屯德里에 있는 그의 집으로부터 찾아와서 『논어』를 읽었는데, 그는 약관의 나이로 외모가 출중하고 지기志氣가 온화하였다. 글을 읽다 여가가 나면 항상 나에게로 와서 이야기를 나누곤 하였으니, 또 내가 글을 조금 안다고 생각하여 의심나는 곳이 있으면 불쑥 찾아와서 묻곤 하는 것이었다.
　내가 비록 어린 시절에 그 책을 읽기는 했지만 일단 산에 들어오고 나서는 한쪽에 치워 두고 한 번도 펴 보지 않았고, 게다가 이제는 늙기까지 하였으니 어떻게 감히 선비의 공부를 도와줄 수 있겠는가. 그러나 그가 부끄러움을 무릅쓰고 질문한 것을 모른 척하기는 어려워 잠시 찾아보고 연구하여 알게 되는 것은 대답해 주고, 그래도 모르는 것은 감히 대답하지 않은 채 그렇게 보름 가량이 지났다.
　그러던 어느 날 저녁에 그가 나에게 떠난다고 고하러 와서 이런 말을 하였다.
　"산속에서 사는 것과 속세에서 사는 것이 다르니, 오랫동안 따르며 배울 수는 없습니다만, 그렇다고 어찌 이별의 회포가 없을 수 있겠습니까."
　나는 그의 손을 잡고 말하였다.
　"앉아라. 내 자네에게 할 말이 있다. 오늘날 과거를 치르기 위해 준비하는 공부는 사람을 명리의 빗장 안에 잘못 묶어 놓거나 족쇄를 채워 놓거나 그 함정에 빠지게 한다. 그리하여 본래 타고난 천성을 깜깜하게 가려서, 성인의 도학道學을 멀리하도록 만드니, 참으로 애석한 일이 아닌가.
　지금 그대가 『논어』를 읽고 있는데, 이 『논어』라는 책은 행단杏壇에서 공자를 따라다니며 학문을 배우던 무리들이 공자의 언행과 동정을 기록해 놓은 것이다. 가까이는 자신을 닦고 집안을 다스리는 작은 일로부터 멀리는 나라를 다스리고 천하를 평화롭게 하는 커다란 도리에 이르기까지 이 책 안에 갖추어지지 않은 것이 없다. 그러므로 이제 그대는 이 책을 부지런히 힘써 공부하여서 성인의 심법心法을 체득하여 그대의 마음속에 자득自得하도록 하라. 이 책뿐만이 아니라 오경五經과 사서四書에 대해서도 모두 그렇게 한다면, 이것이 바로 한순간에 깨닫는 공부가 될 것이다. 그와 더불어 순서를 밟아 수행해 나아가는 공부도 함께 함으로써 그 묘용妙用을 가지런히 해야 한다. 그런 다음에 벼슬길에 올라서 배운 바를 행하는 것이다. 그리고 만약 집에서도 항상 그렇게 한다면, 우리 임금을 요순 같은 성왕으로 만들고, 우리 백성을 왕도의 혜택으로 화락한 백성이 되게 할 수 있을 것이다. 이 일이 바로 그대가 숭상하는 유가에서 마땅히 해야 할 본분의 일이니, 다른 술수를 빌릴 일이 아니다.

그런데 지금 글을 읽는 선비들은 그렇게 하지를 못하고 있으니, 『소학』에 입문하는 어린 나이부터 선생은 아이에게 '네가 부지런히 글을 읽으면 과거에 급제하여 벼슬을 얻을 수 있으니, 그렇게 되면 너의 몸이 부귀하게 되고, 그 혜택이 삼족三族에게 미치게 될 것이다. 그러니 너는 모쪼록 힘써 공부하여야만 한다.'라고 말한다. 그렇기 때문에 요즘 글을 읽는 사람들이 어려서부터 늙어 꼬부라지도록 그저 기이한 말만 찾아내고 기묘한 구절만 추려 내려고 하며, 이렇게 찾아낸 기묘한 글귀를 눈에 걸고 입에 바르고 다니는 것이다. 오직 과거 시험에 급제하여 벼슬을 얻으려는 이 계획에만 모든 생각이 매달려 있고, 얼른 입신출세하여 집안을 윤택하게 하는 데에만 모든 생각이 급급한 것이다. 그래서 성인의 도학 따위는 멀찍감치 하여 무엇인지 알려고도 하지 않는다. 이것이 어찌 옛 성현께서 책을 지어서 후세에 전하신 본뜻이겠는가.

그대도 또한 지금 이 세상에 사는 사람이라 글을 읽는 본뜻이 또한 지금 세상의 다른 사람들과 같을 것이니, 애석하지 않은가. 그러나 그대는 지금 나의 말을 듣고 분연히 길을 바꾸어 성현의 본뜻에 합치되도록 힘쓰기를 바란다. 그렇게 힘써 행하여 지금 유행하는 속세의 상습常習을 등지고 멀리한다면, 아마도 성현의 길에 거의 가깝게 도달할 수 있을 것이다.

내가 그대에게 이렇게 말을 하는데도 자네는 기어이 돌아가야 하겠는가. 여보게, 구구한 이별의 회포는 도 닦는 사람이 할 말이 아니니라."

贈梁秀才寶龜序

上之二年冬。余在龍城之波根寺。有梁秀才寶國。自屯德里第[1])來。讀論語。甫勝冠也。姿狀白晢。志氣務和。每讀書之暇。就余語。又以余爲粗識字。有疑處。輒來問余。兒時雖讀此書。一自入山。置而不閱。今又老矣。何敢助長乎。君子而重其不恥之問。暫爲尋繹。知者應之。不知者不敢如是者。將半月許一夕告去曰。山野處殊。不得久相從。豈無別恨之介懷耶。余把其手而言曰。居。吾語君。今世科程之學。錯了人桎梏人。陷人於名利關中。昧却本有之天性。參商聖人之道學。可不惜乎。今君讀論語。論語乃杏壇鑽仰之徒。記夫子之言行動靜也。近自修身齊家。遠至治國平天下之道。無不備焉。今君亹勉從事。體會聖人之心法。自得於吾心之中。非宣此書。於五經四書皆爾。則此乃修省之學。與修序工夫。齊其妙用。然後登仕。行其所學。如用家常。則致吾君於堯舜。躋斯民於熙皥者。乃自家之常分。非假於它術。今讀書之士不然。自髫年入小學時。先生語之曰。爾能勤讀書。可以及第得官富貴乎。吾身澤及乎三族。爾其勉之哉。故讀書者。自倪至耄。搯搶奇言。捃撫妙句。挂眼而塗口。念念祗在科擧官職之是圖。伋伋乎立身潤屋。而於聖人之道學。邈不知何物。是豈古昔聖賢。作之述之。以傳後世之本意歟。今君亦今世之人也。其讀書之意。亦同今世之人。可不惜乎。君今聞余言。忿然改轍。務契聖賢之本意。力而行之。方今流俗之常習。違而遠之。其殆庶幾乎。吾語君竟歸歟。君乎。區區別懷。非道人之所言也。

---
1) 옝 '第'는 '茅'의 오류이다.

회덕재에 붙이는 서문

능성綾城으로부터 북쪽으로 5리[124]쯤 가면 산천이 아름답고 초목이 무성하며, 샘물이 달고 땅이 기름진 마을이 하나 있다. 글 읽는 선비와 농사짓는 농사꾼이 어울려 살고 있는, 겨우 사오십 가구 남짓한 이 마을의 이름은 회덕懷德이라고 한다.

옛 책에 "백성들이 마음에 항상 품고 사는 것이란 없다. 백성들은 덕 있는 사람만을 마음에 품고 그리워한다."라고 하였으니, 이것은 바로 덕이 있는 임금을 마음에 두고 그리워한다는 말이다. 그러나 지금 이 마을 이름에서 '덕을 품는다'는 것은 앞의 말과는 다르니, 여기서 '덕을 품는다'는 말은 사람들로 하여금 각각 '마음속에 덕을 간직하여' 착한 사람이 되기를 기대한다는 뜻이다.

그 마을에 윤尹 석사碩士가 살고 있는데, 마을 사람들이 다들 '좋은 분'이라고 말하는 사람이다. 내가 처음에는 그를 잘 알지 못하였다가, 지난해 가을에서야 처음으로 본 고을 능주의 책실冊室에서 만나 서로 이야기를 나눈 적이 있었다. 또 아이가 병이 나서 한번 그 집을 찾아가 약 처방을 물은 적이 있었기에 그런 인연으로 결국 낯을 익히게 되었다.

그가 일전에 자그마한 집을 하나 짓고는 '회덕'이라고 편액扁額을 달면서 나에게 그 서문을 써 달라고 청하였기에 나는 이런 말을 하였었다.

"새로 정사精舍를 지었으니 내다 걸 만한 좋은 이름이 어찌 없겠는가. 그런데도 굳이 이렇게 마을 이름을 그대로 취하여 쓰는 것은 마음을 닦는 방법에 이 이름만 한 것이 없기 때문이리라."

한창려韓昌黎도 이런 말을 하였다.

"인의仁義의 도가 스스로 충족하여 밖에서 오는 것을 더 이상 기다릴 것이 없는 것을 덕德이라고 한다."

또 『자훈字訓』에서는 이렇게 말하였다.

"덕德은 '얻다'라는 뜻이니, 대개 도를 얻어서 스스로 충족하게 되면 더 이상 밖에서 오는 것을 기다릴 필요가 없다."

지금 이 윤 군尹君은 위로는 부모를 받들어 효도를 다하고, 아래로는 처자를 양육하여 사랑을 다하는 사람이다. 자기 스스로 얻어서 더 이상 밖에서 오는 것을 기다릴 것이 없는 사람에 거의 가깝다고 하겠다. 그렇기 때문에 '회덕懷德'이라는 이름이 사실과 완전히 부합되어서 소위 말하는 헛된 이름이 아니니, 이 어찌 아름답지 않은가.

윤 군은 어려서는 글을 읽어 선비로서의 학업을 수련하였고, 나중에는 의술[125]을 연구하여 그 신묘한 방문을 터득하였다. 병에 따라 약을 지어주어서 병든 사람을 구제한 일이 많았기에 사람들은 훌륭한 의원이라고 칭찬하며 환자들이 항상 문을 가득 메우곤 한다. 이것 또한 '덕을 품는' 한 가지 일이 되므로 모두 기록할 만하다.

내가 보고 생각하는 것은 이와 같으니, 주인께서는 이 말들 가운데 버릴 것은 버리고 취할 것은 취하시라.

懷德齋序

由綾城而北行一牛鳴地。山川有佳氣。草木華滋。泉甘土沃。有一聚落。士農雜居。厪四五十家。名以懷德。傳有之民罔常懷。懷于有德。謂懷有德之君也。今云懷德有異於此。令人各懷心德。以期爲善人也。里中有尹碩士。人謂之善人。余初未知。去年秋得見於本州册室與之語。又以兒病。一造其廬問藥。遂爲熟面。君嘗搆一小塾。榜以懷德。謁余文爲序。余謂新築精舍。豈無令名可揭。而特取里名者。凡修心之道。莫此名若也。昌黎曰。仁義之道足乎己。無待於外之謂德。又字訓云。德得也。盖得道而足於己。則無待於外也。今尹君仰事父母。以盡其孝。俯育妻子。以盡其慈。殆庶幾乎得於己而無待於外也。則懷德之名。正符於寔。非所謂賓。豈不休哉。君少讀書。以修士子業。晚究越人之方。而得其妙。應病投劑。捄人頗多。人以善醫稱之。病者塡門。此亦爲懷德之一端。俱可書也。左見如是。唯主人去取焉。

상량문
上梁文

칠불암[126] 상량문

진나라 사람들이 불사약을 찾아 우리나라에 온 다음에 삼신산이라는 이름이 비로소 중국에까지 알려지게 되었으니, 신라 때에는 왕이 명을 내려 옥천玉泉이었던 절 이름을 쌍계雙溪라고 바꾸게 하였다.

국사의 발자취 시들지 않고 옛 모습 그대로인데 절은 안개 자옥한 산 봉우리를 의지하고 서 있고, 학사學士 최치원이 써 놓은 글귀 지금까지도 새삼스럽게 비석이 구름을 뚫고 하늘 높이 우뚝 솟았다. 큰 강이 감싸듯 둘러 흐르니 섬진강으로 진주까지 통하고, 수많은 봉우리가 병풍처럼 에워싸서 곡령鵠嶺은 연곡燕谷까지 뻗어 내렸다. 이런 까닭으로 구름 안개 자옥한 이 골짜기가 오랜 세월 큰스님이 노니시는 자리가 되었던 것이며, 천 년 세월을 지나는 동안에 혹은 신선이 왕래한다는 전설까지 남기게 된 것이다. 이른바 동림사東林寺[127]를 바다 밖 이 땅에까지 옮겨 와서 호리병 속에 또 다른 세계를 열었으니, 이 일이 어찌 우연히 이루어진 것일까. 진실로 거짓은 아닐 것이다.

이렇게 이 암자를 세우기까지는 구름 위에 놓인 옛 터전을 개척하여 벽에다 지금의 이름을 내걸게 되었으니, 산 하나의 올곧은 산줄기가 그대로 감추어진 곳이며 온 골짜기의 신령스런 기운이 한데 모여든 자리이다. 옛날 신라 시대에 신문왕神文王이 조정에서 정사를 다스릴 때면 언제나 두류頭流(지리산) 신선이 함께하였으니, 그 신선의 호는 옥부玉浮였다. 그의 자취는 선인 부구자浮丘子[128]와 같았고, 도는 유마 거사 비야옹毘耶

翁[129]과 같았다 한다. 옥피리 소리 날아가 왕궁에 살고 있던 일곱 왕자를 깨우치자, 왕자들이 한밤중에 성을 넘었으니 높고 존귀한 국왕의 자리를 버린 것이며, 산에 들어온 지 여섯 해 만에 삼계三界가 한낱 꿈이란 것을 깨달았다. 이 일은 마치 실달 태자悉達太子가 부처가 된 일과도 같으니 농옥 공주弄玉公主가 봉황을 따라온 일[130]을 어찌 논할 것이 있겠는가. 이리하여 절 하나를 세우고 칠불암이라고 이름을 지었다.

예로부터 지금까지 세월이 오고 가는 동안 뽕나무밭이 푸른 바다로 바뀔 만큼 커다란 변혁이 얼마나 많았던가. 시간이 지나고 시절이 바뀌면서 비바람 몰아치는 변천의 세월을 또 얼마나 많이 만났던가. 그러나 하늘과 땅 귀신(天神地祇)이 오래도록 돌보아 주시어 성인의 자취가 사라지지 않을 수 있었으니, 반타석盤陀石 아래에는 옥피리 한 자루 아직까지 남아 있고, 무봉탑無縫塔 속에는 일곱 개의 사리가 여전히 간직되어 있다. 한쪽에는 영지影池의 못물이 마르지 않고 남아 있어 당시 모후께서 찾아와 왕자들의 모습을 훔쳐보던 사실을 상상할 수 있고,[131] 천 년 묵은 마른 나무가 아직도 살아서 훗날 다시 선옹仙翁이 나타나기를 기다리고 있다.

그러므로 시방十方에서 몰려와 법회를 가지며 항상 부처님의 도량[132]을 열곤 하였고, 팔부귀중八部鬼衆은 진리를 수양하는 이곳을 오래도록 삼엄하게 보호하였다. 경절문徑截門[133]의 한 가닥 활계活計[134]가 예로부터 지금까지 줄기차게 이어 오고, 과량기過量機[135]의 오위문五位門[136]은 사방 길마다 통하였다. 살활殺活[137]의 종지를 드날리고 방할棒喝[138]의 가풍을 지으셨으며, 의리선義理禪과 정토문淨土門[139]은 허여하진 않았어도 고루 경론을 펼치고, 속세 사람들이 알아들을 수 있는 법을 설하니, 참으로 헤아려 볼 만한 일이다. 삼경이 되지 않으면 잠자리에 들지 못하도록 하고, 오직 한 끼 공양을 하는 것도 정오를 지나고는 먹지 못하게 한다. 이러한 까닭으로 본분을 제대로 지키는 스님이 아니라면 여기서 살아 내기 어려우니, 엉터리 선객들이야 어찌 이곳에 머무를 수 있겠는가.

지금 이 무임無任 노스님과 무가無價 큰스님은, 한 분은 오래도록 송곳처럼 꼿꼿하게 불법을 지켜 오신 분이고, 또 한 분은 선문에서 큰 덕을 인정받고 있는 스님이시다. 혹은 고상한 지식과 견문으로 상승上乘[140]을 초월하였고, 혹은 자비의 심정으로 숱한 품계를 섭렵하였다. 앞뒤 차례로 주지를 맡으면서 이 암자에 비바람이 침노하는 것을 개탄하여, 시주를 빌러 동분서주하면서 물과 불의 고통에서 중생을 제도하였으니, 앞사람이 부르면 뒷사람이 응하면서 집집마다 이어져 장안長安까지 통하였다.

옛날에 황폐하였던 곳이 지금 다시 흥성한 것은 갖가지 인연이 대수大數에 귀의했기 때문이니, 거사들이 먹을 밥이 발우에 가득하고 장자들이 바친 금이 동산에 널려 있구나. 노나라의 공수반公輸班[141] 같은 솜씨 좋은 장인이 부르지 않았는데도 스스로 찾아오고, 항량項梁[142]이 묻어 버렸던 가혹한 진나라의 채찍을 빌리지 않았어도 목재며 석재가 모두 다 갖추어졌다. 묘한 솜씨로 묘한 계책을 운용하니 아름다운 법륜이 다시 흥성하게 되었다.

금빛 찬란한 용마루가 공중에 걸쳐 있으니 도솔천의 궁전을 보는 듯하며, 옥같이 깨끗한 절 모양 은하수에 씻은 듯이 멀리 봉래산 상서로운 구름과 접하여 있다. 서천축西天竺의 난타사爛陀寺[143]와 크기를 다툴 것도 없고, 남방의 악록서원岳麓書院[144]과도 어느 곳이 더 기이한지 비교할 필요가 없다.

사방으로 서로 이어 육위六偉[145]의 송축을 지어 한번 소리를 청하여 부르고 나서 몇 아름이나 되는 커다란 들보를 들어 올렸다.

    어영차, 들보를 동쪽으로 던져라
    동산東山의 법석에 종풍을 떨치시고
    홀로 법을 이어 오신 오직 한 분 대옹碓翁께서
    천고 세월 지켜 온 분신이 이 속에 계시네

어영차, 들보를 남쪽으로 던져라
남쪽 지방의 선방으로는 이 암자를 꼽으니
청렴결백한 가풍 세 묶음의 대나무 껍질로 전해 오고
손님 대접도 조촐하여 일곱 근 가사 하나뿐이라네

어영차, 들보를 서쪽으로 던져라
서쪽에서 오신 조사의 뜻을 글로 쓴다면
조주趙州 스님의 한 글자[146]가 가장 절실하리니
전제全提[147]인지 반제半提[148]인지 따지지 말아라

어영차, 들보를 북쪽으로 던져라
대궐[149]에 계신 임금께서 마음이 풀리지 않아
옥촉玉燭과 금향로로 부처님 단에 예 올릴 때에
맑은 경쇠 소리 울리며 삼축三祝[150]을 노래하네

어영차, 들보를 위로 던져라
상방세계上方世界를 찾으려 하실 때엔
부디 한 그릇 기름진 쌀밥을 가지고 와서
사람들의 막힌 코를 뚫어 주시라

어영차, 들보를 아래로 던져라
상床 아래서는 도를 행하고 위에서는 가부좌를 하고 앉아
부디 망상을 버리시고 참선을 잘하시라
태양[151]이 한밤중에도 떠오르는 것을 보게 되리라

엎드려 바라기는 상량한 뒤로도 순임금의 해가 다시 밝혀지고 우담화

가 다시 나타나게 하옵소서. 태평세월의 조짐이 없다고 말하지 말라. 태평성대를 노래하는 격양가擊壤歌[152]가 다시 들릴 것이다. 부디 정법이 쇠하지 않는 것을 알라. 이 선방에서 견성하는 스님들이 많이 나실 것이다.

七佛庵上梁文

秦人采藥。華夏始聞三神之名。羅王降綸。玉泉更換雙溪之榜。國師之蹤跡。不老依舊。寺倚霞岑。學士之文章。尙新至今。碑聳雲漢。大江環抱。蟾津通於晋陽。萬岫屛圍。鵠嶺馳於燕谷。由是烟霞一洞。永作龍鉢虎錫之盤旋。風月千秋。或傳鸞驂鶴駕之來徃。所謂移東林於海外。開別界於壺中。豈徒然哉。良非借矣。至若斯庵也。拓雲上之舊址。揭壁間之今名。一山正脉之函藏。萬壑靈氣之輻湊。昔在新羅之代。神文臨朝。爰有頭流之仙。玉浮其號。迹似浮丘子。道則毘耶翁。飛玉笛之一聲。警金闕之七子。踰城半夜。舍萬乘之尊榮。入山六年。悟三界之夢幻。洽同悉達太子。頓成佛來。奚論弄玉公主。但隨鳳去。於是一竿建利。七佛命名。古徃今來。幾經滄桑之變革。時移事換。多見風雲之迁更。然而神祇悠扶。聖迹不泯。盤陁石下。一柄玉簫尙存。無縫塔中。七枚舍利宛在。一面影池不竭。想當時母后之來窺。千年枯樹猶生。後他日仙翁之再到。所以十方聚會。常啓選佛之場。八部森嚴。永護修眞之所。徑截門一段活計。亘古亘今。過量機五位門庭。通衢通路。擧揚殺活宗旨。拈弄棒喝家風。義理禪淨土門尙不許。平展經論。說俗諦法字。[1)] 可得商量。除三更而不許就眠。只一食而莫之過午。故非本分衲子。難以住持。豈可虛頭禪客。所能栖泊。今玆無任老宿。無價大師。一是佛法古錐。一是禪門碩德。或以脫洒知見。高超上乘。或以慈悲心情。廣擂群品。先後主席。慨斯庵之雨風。東西乞緣。濟衆生於水火。前者呼後者應。家家門戶透長安。昔之廢今之興。種種因緣歸大數。滿鉢屈土之餠。布園長子之金。不招魯班公輸。而工匠自臻。無假梁埋秦鞭。而木石咸具。運妙手於妙筭。得美輿於美輪。金甍排空。仰瞻兜率之宮殿。玉利磨漢。遙接蓬萊之需雲。西竺之爛陁不爭多也。南方之岳麓。較誰奇焉。係相四方。撰出六偉之頌。請唱一関。助擧數抱之梁。兒郞偉抛梁東。東山法席振宗風。承當獨有碓翁在。千古分身在此中。兒郞偉抛梁南。南國禪林說此庵。清白傳家三束篾。等閑對客七斤衫。兒郞偉抛梁西。西來祖意若爲題。趙州一字最親切。莫問全提與半提。抛梁北。北闕聖君心不釋。玉燭金爐禮蓮壇。一聲淸磬歌三祝。抛梁上。上方世界要相訪。須持一粒飯香來。穿却人人鼻孔障。抛梁下。下床行道上床坐。莫須妄想好祭祥。會見金烏飛半夜。伏願上梁之後。舜日重明。曇花再現。莫道太平無象。人間更聞擊壤之歌。須知正法不衰。林下猶多見性之士。

---

1) ㉮ '法字'는 목판본에 협서로 되어 있는 듯하나 판독하기 어렵다.

대둔사 청운당 상량문

들자 하니 주왕周王이 영취사靈鷲寺를 창건한 것은 한나라 명제明帝가 백마사白馬寺를 세운 것보다도 이전의 일이라 하며, 채음蔡愔이 서역을 방문한 것은 곽거병霍去病 장군이 북방을 정벌한 다음의 일이라 한다.

이렇게 부처님 법이 동시에 드러나 만날 수 있는 것은 마치 해와 달이 하늘을 지나가는 듯 보여도 돌지 않는 것과 같다. 이 까닭에 부처님 법이 동쪽으로 전해 와서 절을 세우고 도량을 열 때에 중국인지 외국인지 따지지 않았고, 『화엄경』으로 교화를 펴서 부처가 되고 조사가 될 때에도 동인東人의 절인지 서인西人의 절인지 논하지 않았다.

나라로 말할 것 같으면 중국 바다 밖 조그만 나라이고, 산으로 말할 것 같으면 그 나라 안에서도 남쪽 한 끄트머리에 있지만, 그러나 오랜 역사가 있으니 중국의 4대 명산에도 부끄러울 것이 없고 계곡이 넓고 평평하기로는 나라 안에서도 자랑할 만하다. 중관자中觀子[153]의 책 속에 기록된 내용을 모아 보면 채蔡 한림의 비석에 새긴 명문을 질정해 볼 수 있다.

일찍이 오도悟道 화상께서 터를 잡으신 이래로 가끔씩 훌륭한 스님이 나와서 절을 보수한 일이 많았고, 청허清虛 대사가 법을 전하신 뒤로는 후학들이 당을 열어 주지를 맡은 자도 많았다. 청허당 서산 대사의 비단 휘장과 옥 발우가 보전되니 절이 더욱 빛이 났고, 금과 은으로 쓴 불경을 영원히 보존하니 산문이 더욱 빛났다. 대웅전 이층 법궁에는 삼존불상이 의연하게 앉아 계시고, 극락전極樂殿 무량각無量閣에는 천 분 부처님이 층층이 앉아 계신다.

팔상전八相殿 아래 서쪽으로 철경루鐵鏡樓가 서 있고, 또 그 서쪽에는 향로전香爐殿이 자리하였다. 시왕전十王殿에서 곧바로 왼쪽에는 나한전羅漢殿이 있고, 또 그 왼쪽에는 향적주香積廚가 서 있다. 대장전大藏殿 서쪽 전각은 예로부터 전해 오는 영정을 안치한 곳이고, 달마전達摩殿 안쪽의 벽에는 새로 그린 지금 대사의 진영을 걸었다. 지장전地藏殿과 용화당龍華堂이 있다. 옛 법당의 좌우를 보필하는 전각은 청운당靑雲堂과 백설당白雪堂이고, 새 법당 동서로 난 행랑은 명월루明月樓와 청풍료淸風寮이다. 눈빛 시퍼런[154] 스님들 쉬지 않고 정진[155]하니 만행萬行을 닦는 팔해당八解堂이요, 약사여래[156] 고요히 내려다보고[157] 계시니 양진당養眞堂과 한산전寒山殿이라. 문수보살[158]이 원통전圓通殿과 수륙전水陸殿에 계시니 미타불[159]이 어찌 별실別室과 중실中室에 아니 계실까. 승당까지 같이 있고, 송월료送月寮와 요월료邀月寮에 만월전滿月殿까지 다 갖추어 있다. 대양문大陽門과 해탈문解脫門 등 안팎의 문이 담담潭潭하고, 침계루枕溪樓와 가허루駕虛樓 등 신구新舊의 누각이 널찍하구나. 두 봉우리가 대치하는 모습을 볼 것 같으면 산줄기 하나 신월암新月庵 터를 비껴 지나고, 두 시내 물줄기 합해져서 아홉 구비 졸졸졸 장춘동長春洞까지 치달려 흐른다.

신동神童이 해를 끌어오니[160] 미륵부처님의 상이 북쪽(北彌勒庵)과 남쪽(南彌勒庵)에 만들어지고,[161] 신령한 소가 배를 인도하여 오니[162] 진불암眞佛庵이 새로운 듯 전통을 간직하였다. 서암西庵과 남암南庵이 서로 마주해 있고, 심적암深寂庵은 명적암明寂庵과 이웃하였다. 미타암彌陀庵이 또한 새롭고 상원암上院庵은 홀로 우뚝 웅장하구나. 산천의 빼어난 경치는 골라 쓰지 않은 곳이 없으며, 공사에도 또한 갖은 기묘한 솜씨를 다하였다. 바닷가 언덕에는 함께 즐길 향나무를 세웠고 마을에는 늘어나는 보배가 빛났다. 자비의 구름을 서역에서 끌어오고 부처님의 법비가 동쪽 땅에 내림에서 연유하니, 발원을 드리운 바람이 한번 불어치니 신도들이 호응하여 무위無爲의 교화에 함양되고 공덕의 하늘에 여유롭게 노닐게 되었다.

이리하여 덕 높은 스님들 앞다투어 달려 나가 남으로 북으로 아름다운 명성을 다하였고, 선종과 교종을 더불어 세워서 예로부터 지금까지의 의식을 정하였다. 사계절로 범패 소리 흘러나오니 경전의 가르침 오래도록 펼쳐지며, 갖가지 향이며 꽃이며 온갖 맛난 음식은 언제나 시주들의 공양으로 잘 차려져 있다. 서천축의 난타爛陀[163]가 우리나라에 옮겨 왔을까, 상방의 도사천覩史天[164]이 인간세계로 날아왔을까. 웅장하기로는 세상에 견줄 것이 없고 아득하기로는 미칠 것이 없구나.

다만 절 마당에 가을이 깊어 가니 총림에 빛이 사라짐을 탄식하고, 조사의 뜰에 해가 기우니 법륜이 거두어진 것을 슬퍼하노라. 덕 높으신 스님들 자취를 거두시니 용과 하늘도 도량을 보호하지 않고, 속된 무리들 참된 사람을 함부로 쓸어버리니 수해와 화재의 재난 변괴가 나타나게 되었다. 악한 운수가 여러 절에 골고루 퍼지고 재앙의 조짐이 이 산에까지 미쳐 오니, 신사년[165] 해가 바뀌는 첫 달(一月), 명협풀에 이파리 두 개 돋아나는 날[166] 밤이었다. 청운당에서 갑자기 곤륜산 같은 큰 불길이 일어나, 중실中室까지 함께 옥석이 다 타 사라지는 화재를 당하였다. 대둔사 일대가 전부 아무것도 남지 않은 빈터가 되어 버렸으니, 두륜산은 천 년 세월 동안에 생전 보지도 못한 재난을 처음으로 만난 것이다.

시내도 울고 산도 슬퍼하며 구름도 걱정하고 달도 조문하였다. 만물이 저러한데 인심은 더구나 어떠하였겠는가. 법왕의 도량을 영원히 비워 둘 수는 없는 일이며 조사의 공적도 또한 때를 놓치지 말고 중수하는 것이 당연한 일이다. 목탁을 치면서 사방에서 시주를 빌었더니 샘이 솟듯 베가 걷히고, 관청에 고하고서 이 산에서 나무를 베어 오니 수레 가득 나무와 돌이 쌓였다. 화재로 타고 남은 엄청난 재와 잔해[167]를 깨끗이 쓸어 내고, 동태사同泰寺[168]의 옛터와 같이 넓은 땅을 개척하고서, 하우夏禹의 신비스러운 도끼를 빌려다 노나라 공수반 같은 솜씨 좋은 장인에게 주었다.

두 전각을 합하여 하나의 요사寮舍로 만드니 옛 제도를 따른 것이고, 지난날의 재앙을 바꾸어 새롭게 경사를 만드니 예전보다도 갑절이나 빛나는구나. 높고도 빛나는 모양 꿩이 날고 새가 날개를 편 듯하고, 단단하고 조밀한 솜씨 소나무가 무성한 듯 대나무가 빽빽한 듯하구나. 산세는 더욱 높아진 듯 물빛은 더욱 고와진 듯하다. 옥돌로 만든 섬돌 위에 꽃이 활짝 피어나니 땅의 신이 사계절 내내 봄날을 바치는 듯하고, 달빛이 금모래 밭을 비추니 하늘이 한밤 내 꺼지지 않는 촛불을 밝혀 두신 듯하구나. 천룡이 보호하고 귀신이 호위하시어 불법이 항하의 물결처럼 영겁을 뻗어 가고, 산이 에워싸고 물이 거듭 겹쳐 싸서 더러운 티끌은 이 연하의 세계에 이르지 않으리라. 불경을 들쳐 가며 공부를 하거나 주석을 논하는 자리에서 강설하는 사람의 일이 전일하고 정밀하게 하시고, 차를 마시러 오거나 발우를 씻으러 오는 스님들의 생계가 늘 충족할 것이라.

이에 육위六偉의 짧은 노래를 부르며 몇 아름이나 되는 긴 들보를 들어 올리노라.

어영차, 들보를 동쪽으로 던져라
두륜산 봉우리 깎아지른 듯 하늘 높이 솟아 있고
백운교白雲橋 다리 위로 선인이 지나가니
저무는 달빛 아래 옥피리 소리 맑기도 하여라

어영차, 들보를 남쪽으로 던져라
독룡毒龍이 잠긴 자리에 물이 고여 연못을 이루었으니
불경 소리 듣고 돌아가면서 구름 기운을 후후 불어
인간 세상을 향하여 단비를 내려 뿌려 주시리라

어영차, 들보를 서쪽으로 던져라
백설당白雪堂 높이높이 푸른 시내를 베고 누워[169]
산 바깥세상의 붉은 티끌은 날아들지 못하니
경상을 길게 이어 놓고 앉아서 책을 보리라

어영차, 들보를 북쪽으로 던져라

향로전香爐殿 위 관음각觀音閣에
여덟 팔八 자 원통문圓通門을 열면
문 앞에서 말 타고 수레 탄 손님을 웃으며 맞으리라

어영차, 들보를 위로 던져라
도솔천兜率天의 높이 몇 만 길이나 될까
미륵자존彌勒慈尊 부처님 그 속에 계시니
아침마다 저녁마다 머리 들어 우러르리라

어영차, 들보를 아래로 던져라
커다란 전각 깊고 넓어 참선하는 스님들께 맡기니
작디작은 정성이라도 없애기는 어려운 법
매일같이 하는 공부 잠시도 놓지 마시게나

엎드려 바라건대 상량한 뒤로도 속세의 탁한 기운 침노하지 않고 선가의 유풍이 더욱 성대하게 하소서. 신령스러운 땅에는 발자국 발자국마다 설산의 풀이 돋아나서 계곡에 들어서기만 하면 첨복薝蔔[170]의 좋은 향기를 맡을 수 있게 하시고, 스님네들 한 분 한 분 푸른 바다 구슬처럼 빛나서 법당에 오르면 높은 스님들을 볼 수 있게 하소서. 천 년 세월 복 받은 이 땅에 오래도록 보시하는 신자들이 귀의하게 하시고, 만고 세월 정결한 가람에 영원히 청정한 법륜이 유전하게 하소서.

大芚寺靑雲堂上梁文

盖聞周王之叔靈鷲。已在漢明帝白馬之前。蔡愔之訪西天。原是霍將軍北征之後。槩佛法之同時顯晤。猶日月之歷天不周。所以象駕攸驅。建利開場。不問中國外國。虯藏所化。成佛作祖。無論東人西人。之寺也。國是海外福邦。山又國中炎徼。粃設之久遠。無愧夫四山。洞府之寬閑。可誇於一國。蒐中觀子卷中之記。質蔡翰林碣上之銘。悟道和尙肇基以來。賢哲之間世粃修者盖夥。淸虛大師傳法之後。雲仍之開堂住持者許多。錦襴玉鉢之相傳。院宇生色。銀字金經之永鎭。山門增輝。大雄殿二層宮。三尊巍巍。極樂殿無量閣。千佛重重。八相殿下而西曰。銕鏡樓。又其西曰。香爐殿。十王殿直而左曰。羅漢殿。又其左曰。香積厨。大藏殿西軒。卽爲古影之室。達摩殿內壁。新挂今師之眞。地藏龍華。古法堂之左輔右弼。靑雲白雪。新法堂之東翼西廊。明月淸風。碧眼之精進不息。八解萬行。藥師之寂照俱兼。養眞寒山。文殊卽是圓通水陸。彌陁豈非別室中室。大同僧堂。送月邀月。盡是滿月。大陽解脫。內外之門潭潭。枕溪駕虛。新舊之樓坦坦。至若兩峰對峙。一脉橫抽新月之基。雙溪合流。九曲斜奔長春之洞。神童挽日彌勒之像。成北成南。靈牛導船眞佛之庵。維新維古。西庵與南庵對。深寂爲明寂隣。彌陁亦能淸新。上院獨擅宏壯。莫不選山川勝槩。窮土木奇功[1]海岸植與樂之香。日鄕耀增長之寶。盖由引慈雲於西極。注法雨於東垂。願風一號。信竅齊響。陶甄於無爲之化。優游於功德之天者也。玆以龍象交馳。盡南北之美。禪敎雙設。定古今之儀。魚梵四時。長演貝多羅之敎。香花六味。每備伊蒲塞之供。西竺爛陁。移來鰈域。上方覩史。飛下人寰。壯哉無雙。邈乎難及。但以釋苑秋晩。嘆叢林之銷光。祖庭日斜。嗟法輪之輟軫。高僧歛迹。龍天不護道場。俗類濫眞。水火每現灾祟。惡運周行諸刹。祥徵轉及此山。辛巳更新之初。莫葉吐二之夜。靑雲忽起崑岡之火。中室同受玉石之焚。大芚寺一邊。都歸何有之地。頭崙山千古。初逢未曾之灾。澗咽山哀。雲愁月吊。物色尙爾。人心何如。法王道場。不可消歇於永刼。祖師功績。端宜修復之赳時。擊儺乞於諸方。泉布充牣。告官伐於本局。木石輪囷。掃昆明之刼灰。拓同泰之遺址。倩夏禹之神斧。授魯班之良工。合二社爲一寮。制度邁古。轉宿灾爲新慶。光彩倍前。輪焉奐焉。翬飛而鳥革。固矣密矣。松茂而竹苞。山若增高。水若彌麗。花明玉砌。地媼呈四時之春。月照金沙。天翁點長夜之燭。龍護神衛。佛法更延河沙之刼波。山複水重。風塵不到烟霞之世界。轉經可注論可。講者之事業專精。喫茶來洗鉢來。衲僧之活計具足。爰唱六偉之短曲。用擧數抱之脩梁。兒郞偉抛梁東。輪峯如削聳靑空。白雲橋上仙人過。玉笛聲寒落月中。南。毒龍潛處水成潭。聽經歸去噓雲氣。洒向人間黑雨甘。西。白雪堂高枕碧溪。山外紅塵飛不到。長連床上坐積書。北。香爐殿上觀音閣。打開八字圓通門。笑看門前車馬客。上。兜率天高幾萬丈。彌勒慈尊在彼中。朝朝暮暮頭頻仰。下。厦屋渠渠任坐師。寸絲滴水也難消。日用工夫無暫捨。伏願上梁之後。俗氛不侵。禪風益熾。地靈步步雪山草。入洞唯聞簷菖之香。僧寶人人滄海珠。升堂皆見象龍之類。千年福地。長占檀信之歸依。萬古精藍。永保淸規之流傳。

---

1) ㉤ '功'은 '巧'의 오류인 듯하다.

태안사 법당 상량문

　우리나라의 남쪽 땅에 유명한 산이 많으니, 동리산桐裏山도 그 가운데 하나이다. 신라 이후 큰스님이 많이 나왔지만 철徹 노스님 같은 분은 다시 둘도 없는 분이시니, 세상 사람들과 함께 힘을 합하여 처음으로 법당을 지으셨다. 멀리 천보天寶[171] 초년에 신승神僧 세 사람이 최초로 창건하였으나, 그 규모와 구조가 영 허술하였다. 이에 국사께서 이곳에 주석하시어 절의 전각을 웅장하게 지으셨으니, 깊은 도덕의 힘으로 교화를 크게 펼치신 결과이다. 나라에서 높이고 받들어 기운찬 바람을 한번 일으키니, 보시하는 신도들이 귀의하고 많은 사람들이 다 함께 호응하였다. 큰 공덕의 바다에 모든 것을 받아들여 하나도 버리는 일이 없었고, 구름처럼 많은 전각은 참으로 장엄하기만 하다.
　큰스님들이 와서 머물러 계시어 어리석은 사람은 이곳에서 견딜 수 없으니, 총림의 위엄스런 거동을 어느 산 절집인들 따를 수가 있을까. 전해 내려오는 기풍이 아직 엄연히 살아 있으니, 바른 부처님 법 끝내 없어지지 않을 것이다. 옛날에는 법문을 설하는 법당이 있어서 부처님 말씀을 통하여 이치를 나타내어 스님들을 깨우쳤고, 뒤에는 부처님을 받드는 전각이 되어서 중생을 이끌어 감응으로 정성을 다하게 하는구나.
　지난번 순치 병인년(1656, 효종 7)에 전체를 다시 세웠고, 이어 강희 갑자년(1684, 숙종 10)에는 전각 윗부분만 고쳤다. 진실로 허공과 같이 아무런 인연의 장애를 받지 않는 형상은 무너지는 일이 없겠지만, 사람이 만든 물건이라 끝내는 허물어지고 상하고 마는 것이다. 해가 가고 달이 가면서 다시 집이 너무 낡았다는 걱정을 면하지 못하게 되었고, 바람에 쓸리고 비에 깎이면서 기둥까지 흔들리는 흉한 모습을 보기에 이르렀다.
　돌이켜 생각해 보면 우리 동파桐坡 대사는 원래 이 산 출신으로, 이 절에 머문 세월도 오래되었으니, 눈으로 보이는 것에 대해 어찌 아무렇지도 않게 걱정이 없을 수 있었겠는가. 마음속으로 생각한 나머지 드디어 크게 발원을 하게 되었다. 인仁을 행할 상황을 만나면 절대 양보하지 않아야 한다고 성인이 말하였듯이, 의로운 일을 보고서 용감하게 행동에 옮기는 것이 바로 군자의 길이다. 하물며 절을 세우는 불사의 공업功業은 평범한 스님으로는 그 짐을 감당하기 어려운 일임에 있어서랴. 그러나 불사를 위해 사람들에게 보시하길 권하는 일을 종사宗師의 곁에 살면서 피할 수 없는 일이다. 좋은 인연으로 여기저기 시주할 사람을 모으러 다니니, 메아리가 울리는 듯 그림자가 따르는 듯 호응하였다.

드디어 좋은 날을 점쳐서 길일을 택하여 금년 2월 날을 잡아 공사를 시작하였으니, 기둥과 들보는 소를 가릴 만큼이나 우람하고, 처마의 서까래는 날아오르는 봉황새와도 같았다. 처마 끝 모서리가 뾰족하게 튀어나와 반쯤 하늘로 치솟아 올라 있고, 창문은 넓고 훤해서 첩첩 봉우리를 그 안에 모두 담아내었다. 하늘에 어리어 있는 길조의 기운은 멀리 방장산의 상서로운 구름과 이어져 있고, 부처님을 에워싼 광명은 바로 옆 조계산曹溪山의 옥처럼 맑은 달빛과 연이어 있다. 환상의 세계인가 의심이 생길 정도이며, 마치 변화로 이루어진 성과도 같이 장엄하였다.

이제 육위六偉의 노래를 부르며 여러 개의 아름드리 들보를 든다.

　　어영차, 들보를 동쪽으로 던져라
　　약사여래의 세계가 눈앞에 통해 있네
　　이 사바세계 사람들은 질병이 많으니
　　다스리는 약[172]을 내리시어 큰 효력 나게 하소서

　　어영차, 들보를 서쪽으로 던져라
　　연화세계의 구품九品은 수레처럼 크나니
　　누구라도 그 속으로 향하여 가고자 한다면

여섯 글자 나무아미타불의 명호를 힘써 부르라

어영차, 들보를 남쪽으로 던져라
곳곳마다 모두가 밝고 바른 방향이로구나
진중한 이 선재동자 어떤 사람인가 하면
온갖 고을을 떠돌며 일생 동안 참례하였네

어영차, 들보를 북쪽으로 던져라
대천세계 모두가 근심 없는 나라이니
근심 없는 그 나라에 무슨 걱정 있겠는가
태평가 한 곡조나 함께 부르세

어영차, 들보를 위로 던져라
하늘에 별자리 차례로 벌여 있고 해와 달은 밝은데
우러러 귀의하는 일 등한히 하지 말아라
보살의 화신 모습 아닌 것이 없느니라

어영차, 들보를 아래로 던져라
높고 높은 황금의 자리에 홀로 앉으신 이
다만 이분만이 바로 참된 여래이시니
금빛 부처님 찬란한 얼굴 불을 건너지 못한다 말하지 말라

　엎드려 비오니, 상량한 뒤로도 많은 부처님께서 내려오시고 팔부八部의 신장께서 보호하여 주소서. 삼륜三輪이 텅 비어 고요하니[173] 크나큰 해탈의 법문이며, 자리自利와 타리他利가 원만하고 밝으니 그 공덕이 불가사의하다.

泰安寺法堂上梁文

國之南名山類多。桐裏即其一也。羅以後韵釋輩出。徹老更無二焉。人境相投。院宇肇叔。粤在天寶初載。爰有神僧三人。草昧營之。制度率爾。洎國師降誕。使仁祠張皇。盖由道德之深。致使敎化之大。國家之崇奉。長風一號。檀信之歸依。百竅齊響。大功德海。含攝無遺。諸宮殿雲。莊嚴有所。龍象蹴踏。非驢所堪。叢林威儀。何山能及。遺風尙有存者。正法終不泯焉。古有演法之堂。警衲子因言顯理。後爲奉佛之殿。引衆生寓感投誠。爰於順治丙寅。全體改建。繼以康熙甲子。上面更張。良以虛空之形。不見爛壞。有作之物。終成毀傷。日去月來。未免屋老之歎。風磨雨琢。將見棟撓之凶。顧惟桐坡大師。以本山人。住此寺久。目覩所在。豈可恝然無愁。心思之餘。遂乃卓爾發願。當仁不讓。聖人所言。見義勇爲。君子之道。況叔建功業。爲凡僧者。荷擔難堪。而勸化機緣。在宗師邊。躱閃不得。良緣歷募。響應而景隨。穀日是差。龜從而筮恊。諏今大壯之月。董此興諱之功。柱梁蔽牛。欀桷飛鳳。舳稜突兀。半入層空。窓闥虛明。中吞疊嶂。蟠空瑞氣。遠接方丈之壽雲。繞佛光明。旁蓮曹溪之璇月。疑是幻住。儼若化城。乃唱六偉。用擧數抱。兒郞偉抛梁東。藥師世界望中通。娑婆國土人多病。願賜刁圭奏大功。西。蓮花九品大如車。若人欲向彼中去。六字聖名着力提。南。明正之方觸處咸。珍重善財何許者。百城烟水一生叅。北。大千都是無憂國。無憂國內有何憂。齊唱太平歌一曲。上。列宿森嚴日月晃。瞻仰歸依莫等閑。無非菩薩化身相。下。鬼鬼獨坐黃金座。只遮便是眞如來。莫道金容不度火。伏願上梁之後。諸佛降臨。八部呵護。三輪空寂。大解脫之法門。二利圓明。不思議其功德。

법천사 법당 상량문

사람이 좋은 경계를 얻어서 도를 통하려면 마땅히 좋은 자리를 가려야 하고, 땅이 사람을 기다려 이름이 나게 되려면 훌륭한 주인을 구해야만 한다. 이러한 까닭에 명산에는 반드시 훌륭한 스님이 있는 것이다.

지금 이 승달산僧達山 법천사法泉寺는 읍지邑誌에 기록된 자료를 모아서 보고, 조사 스님으로부터 전해 오는 말과 대조하여 볼 것 같으면, 멀리 송宋나라가 남쪽으로 천도한 때인 바로 우리 고려 중엽에 세워진 절이다. 중국의 유림사維臨寺에 원명圓明 대사가 계셨는데, 삼학三學(戒·定·慧)의 학문이 깊어 그 교화로 삼천 세계를 젖게 하였고, 오중五衆[174]이 그림자처럼 따라 제자의 수가 5백 명이나 되었다. 이것은 보살이 세상에 나는 일이 어쩌다 간혹 있는 일이기 때문이니, 이 어찌 여래께서 시키시는 일이 아니겠는가. 금나라가 중국을 거듭 침략하자 위태로운 나라에서 살기 어렵다는 것을 알게 되었고, 송나라의 국운이 평안하지 못하자 아마도 스스로 고요한 곳을 택하였던 것이 아닐까. 이리하여 돛단배를 타고 바다를 건너와 만 리 밖 이 땅에서 산을 찾았더니, 첩첩 봉우리에 무성한 숲은 이 산만 한 곳이 없었다 한다. 여기에 절을 세우고 주석하셨으니 다시 어느 곳에 살 곳을 구하겠는가. 5백 명이나 되는 제자들이 뒤를 이어 찾아오고 시방의 신도들도 부르지 않아도 찾아왔기에, 이곳에 수월도량水月道場을 세우고서 공화空花[175]를 깨닫는 청정한 업을 닦게 된 것이다. 스님들이 모두 도에 통달하였다고 하여 산의 이름도 이렇게 승달산이라고 부르게 되었고, 법이 샘물처럼 솟아난다고 하여서 절도 법천사라는 이름을 얻게 되었다.

그러나 이러한 역사를 기술해 놓은 문헌이 부족하여 이 절이 세워진 정확한 연대를 증명하기가 어려우니 어찌하겠는가. 세월이 바뀌어 지나가니 부처님을 모신 전각도 여러 차례 변화가 있었을 것인데, 지나온 세월이 너무나 요원하니 승방이 지어지고 헐린 역사를 무슨 수로 알겠는가. 지금 법당을 고쳐 수리하느라 옛날 상량문의 기록을 얻어 보게 되었으니, 그 대략은 이러하다.

처음 이 절을 창건한 때는 정확하게 알 수 없으나 영락 기해년(1419, 세종 1)에 세 번째로 중건을 하였고, 만력 계유년(1573, 선조 6)에는 네 번째 중창을 하였다고 한다. 임진년에 왜구가 난리를 일으키고 정유년에는 왜적의 기세가 더욱 치열해져서, 사람 살던 집들은 다 불타 없어지고 죽은 사람의 피가 못을 이룰 정도였다. 아, 나라의 불행한 운수가 이처럼 극에 도달하였으니, 참으로 절을 높이 세우기를 바랄 수가 없는 상황이었다. 커다란 전각과 수많은 방들이 모두 잿더미가 되었고, 금모래 반짝이던 보배로운 땅에는 잡초와 쑥만 무성하게 되었다. 그리하여 승복 입은 스님들은 모두 새나 짐승처럼 달아나 숨어 있다가, 난리가 다 지나간 뒤에야 까마귀나 제비가 집을 찾듯 차차 돌아왔다. 눈에 보이는 전각이란 전각은 모두 쓰러져 잿더미가 되고 말았으니 처참하고 애잔한 마음 극에 달하였고, 다시 세우고야 말겠다는 맹세를 하였으니 분주하게 뛰어다니는 수고를 마다할 수가 있겠는가. 이리하여 만력 29년(1601, 선조 34)에 이르러 마침내 다섯 번째 중창을 하게 되었으니, 법당을 우선 가장 먼저 세우고 승당을 차례로 지어 완성하였다.

건륭 56년(1791, 정조 15)인 지금까지 모두 191년이라는 세월이 흘렀는데, 이렇게 오랜 시간을 지탱해 온 것은 절집을 아주 정밀하게 지었기에 그런 것이리라. 저 많은 건물을 각각 그 훼손된 정도에 따라 다시 수리하여서, 어떤 것은 더 크게 짓기도 하고 또 어떤 것은 더 작게 짓기도 하였는데, 오직 이 법당 하나만은 다시 짓는 일도 헐어 내는 일도 없이 옛날부터 지금까지 그대로 전해 왔다. 다만 이 전각을 창건하고 여러 해가 지났으니, 전각이 너무 낡았다는 탄식이야 어찌 없을 수 있겠는가. 마침 때가 이르러 인연 있는 사람들이 모였기에 용마루를 굳건하게 올릴 계획을 세울 수가 있게 되었다.

　나는 우리 부처님 너른 교법의 바다에 떠 있는 물거품과도 같은 사람이며 선림의 병든 나뭇잎과 같은 사람이다. 거칠고 경박한 내 몸가짐은 어디에 간들 입에 담을 만한 것이 못됨을 스스로 잘 알고 있으니, 서투른 내 재주로 감히 여러 대중들의 논의 가운데 손가락 안에 꼽히기를 바라겠는가. 어느덧 세월만 덧없이 흘러 나도 공자가 붓을 던졌던 일흔하나의 나이[176]를 맞았으니, 노환이 쳐들어와 마냥 앉아서 혜능慧能 대사가 왔던 곳으로 되돌아가던 그때를 기다리기만 하였다. 그러나 이 절은 내가 처음 불교에 발을 들여놓았던 곳인 만큼, 이 때문에 여러 스님들이 제일 먼저 앞장서기를 요구하는 일을 사양하지 못하고 힘을 더하기로 허락한 것이다.

　뜻을 같이하는 사람들을 이끌어 다들 시주에 참여하도록 하였고 신심 있는 사람들에게 권하여 모두 보시하는 마음이 우러나도록 하였다. 그러나 절터 안에는 재목으로 쓸 만한 나무가 없는데다 소나무를 베는 일이 아주 엄격하게 금지되어 있으므로, 어쩔 수 없이 새 재목을 쓰는 사이사이 옛 재목을 끼워 넣어야 할 상황이 되었다. 절에 모아 둔 재화는 없고 도움을 주는 시주도 드물어서, 낡고 헐은 것만 보수하여 고치고 괜찮은 것은 그대로 두어야 했다. 이렇게 옛 모습 그대로 보수를 하니 일과 힘이 많이 줄었으나, 새로 수리한 그 모습 아름다워 눈과 귀를 다시 호사롭게 하였다. 숲속에 들어가면 첨복의 향기 은은하게 풍기고, 누각에 오르면 범패 소리 더욱 잘 들린다. 향로에 피어오르는 가느다란 연기를 따라 하루 여섯 때에 하늘 음악 소리가 울려 퍼지고, 등불 심지 휘황하게 밝힌 속에 오경을 알리는 종소리[177]가 달밤을 울린다. 이리하여 우리 절은 더욱더 광채를 더하고, 용신龍神의 영험한 위엄도 배나 더하게 되었다.

　이제 길일을 잡아서 여러 개 아름드리 커다란 들보를 막 들어 올리려 하니, 변변찮은 이 사람 있는 힘껏 온 힘을 기울여서 감히 여기 육위의 노래를 부르노라.

어영차, 들보를 동쪽으로 던지니
신선 사는 방장산 멀리 보이는구나
어떻게 하면 불사약을 캐다가
우리 임금님께 올려서 하늘처럼 긴 수명을 누리시게 할까

어영차, 들보를 서쪽으로 던지니
멀리 보이는 극락세계 길 잃을 염려가 없구나
산중의 여러 스님들께 부디 부탁하오니
저 언덕에 귀의하여 하루 빨리 오르시게

어영차, 들보를 남쪽으로 던지니
훌륭한 도반 아직도 오십삼선지식으로 남아 있네[178]
선재동자도 지금 세상에 다시 태어나
온 고을을 떠돌며 평생토록 찾아다니리

어영차, 들보를 북쪽으로 던지니
임금님 바라보는 마음이 영 놓이지를 않는구나
화봉華封 사람들 성인에게 빌 일이 겨우 셋뿐이었으니[179]
우리 임금님 누리실 한도 끝도 없는 복과도 같구나

어영차, 들보를 위로 던지니
구름 한 점 없는 저 하늘 온통 한 빛으로 푸르네
일월성신日月星辰이 항상 빛을 발하고 있으니
우리네 심사와 비교하면 누가 더 오래 갈까

어영차, 들보를 아래로 던지니

보이는 것 법궁 아니면 승사僧舍로다

짚신을 삼아서 신고 떠돌며 한평생을 보내려느냐

염불하고 불경을 읽는 것으로 일과를 삼을 것이라

엎드려 바라오니, 상량한 뒤로 우리 불가의 교화가 크게 떨쳐 일어나고, 부처님의 가르침이 해와 같이 오래도록 밝게 하소서. 이곳 땅이 신령스러우니 걸음마다 설산의 인욕초忍辱草가 나게 하시고, 천 명이나 되는 많고 많은 스님들 모두 다 푸른 바다의 진주가 되게 하소서. 오래도록 이 나라의 이름난 절이 되어서 영원히 천 년토록 복을 누리는 땅이 되게 하소서.

法泉寺法堂上梁文

人得境而道通。勝地當選。境待人而名著。賢主是求。所以名山。必有韵釋。今僧達山法泉寺者。蒐邑誌之所記。質祖派之相傳。粤在宋朝之南迁。即爲高麗之中葉。維臨寺有圓明師。三學淵深化被三千界。五衆影附。戱滿五百人。寔爲菩薩之間生。豈非如來之所使。金虜荐寇。諒危邦之難居。宋寶不寧。盍靜處之自擇爾。乃一帆渡海。萬里尋山。疊嶂豊林。莫此山若也。卓錫胥宇。更何處求乎。半千鬐徒。相尋而至。十方檀越。不速而來。爰叛水月道場。以修空花淨業。僧皆達道。山以之得名。法如湧泉。寺由是立號。爭奈紀述之文獻不足。致使叛建之年代難徵。叛海迁更。佛殿之沿革有數。星霜遼遠。僧寮之成毁何知。今仍法堂之改修。得見上梁之記載。其署云初叛之時代。不可以得祥。[1] 永樂己亥。是第三營。萬歷癸[2]酉。爲第四叛。逮壬辰倭寇爲亂。及丁酉賊勢益張。火燼人室廬。澤量人骨血。嗟邦運之不幸極矣。信寺門之難望歸然。鵝殿蜂房。鞠爲煨燼。金沙寶地。唯見草萊。被緇之徒。盡爲鳥獸之窟。經亂以後。漸成烏燕之歸。滿目頹殘。悽愴之懷已極。矢心營立。奔走之勞何辭。乃至萬歷廿九年。遂成一院第五叛。法堂最初興建。僧堂次第修成。泛今乾隆五十六年。洽爲一百九十一載。良爲流傳之久遠。盖由結構之緻精。倦彼衆寮。隨毀隨成。或加或減。惟玆一殿。無興無廢。亘古亘今。但以刱久年深。豈無屋老之歎。時至緣會。可見棟隆之期。愚也。敎海浮漚。禪林病葉。狂簡之態。自知不齒於諸方。生踈之才。敢望屈指於衆論。歲月流邁。行當孔夫子絶筆之年。老病侵尋。坐待能大師歸根之限。但此寺院。是余發足之方。故諸僧徒。請以倡首之事。辭不獲命。許而效勞。引起同志之人。均鳴化喙。勸請有信之士。共發施心。局內無材松。禁至嚴勢。將用新間舊。寺中乏儲。檀家鮮助事。當補缺存完。因舊貫而爲之。暫省功力。得新修之美矣。更倅瞻聆。入林唯聞舊菖之香。登樓更聽梵唄之響。爐烟細細。六時之天樂騰空。燈穗煌煌。五更之華鯨吼月。林泉更增光彩。龍神倍加威靈。穀日是差。數抱之梁方擧。蔬膓盡倒。六偉之頌敢陳。兒郞偉抛梁東。方丈仙山在望中。安得採來不死藥。獻吾當宁壽穹崇。西。遙望蓮邦路不迷。寄語山中諸法侶。歸依彼岸早扳隮。南。善友猶存五十三。童子如今再出世。百城烟水一生叅。北。望美人兮心不釋。華封祝聖不過三。爭似吾王無量福。上。碧落無雲天一樣。日月星辰常放光。吾人心事較誰長。下。除非公殿是僧舍。豈徒梱屨作生涯。念佛看經爲日課。伏願上梁之後。禪風大振。佛日長明。一方地靈。步步雪山忍草。千衆僧寶。人人滄海神珠。長爲一國之名藍。永作千年之福地。

---

1) ㉢ '祥'은 '詳'의 오류인 듯하다. 2) ㉤ '祭'는 '叅'인 듯하다.

제
題

'호계삼소도虎溪三笑圖'[180]의 제문題文과 서문

옛날 동림사東林寺의 혜원 스님은 여산廬山에 은거하고 있었는데, 만승萬乘 천자인 진제晉帝의 고귀한 신분이나 군주인 환현桓玄[181]의 우레처럼 무서운 위엄으로도 그의 뜻을 굴복시킬 수 없었다.

혜원이 손님을 배웅할 때에는 언제나 호계虎溪를 경계로 삼아서 그 이상은 절대 나가지 않았다. 그런데 어느 날 유학자 도연명과 도사 육수정을 배웅하러 나갔을 때에는 자기도 모르는 사이에 그만 호계를 지나 버리고 말았다. 나중에야 그 사실을 깨달은 세 사람은 서로 돌아보면서 크게 한바탕 웃었다.

아, 이것은 그들의 도가 어느 정도 경지에 이르렀기에 일의 형세 따위를 다 잊을 수 있어서 그랬던 것이 아니겠는가. 옛날이나 지금이나 사람들은 '삼소도三笑圖'라고 하여서, 곧잘 이 광경을 그림으로 그리곤 한다. 그러나 사람들은 단지 그 그림을 보고 즐기려고만 할 뿐, 세 분 현인의 마음이 서로 통하여 얻은 것이야 어찌 알겠는가. 내 여기에 이 말을 써서 깨우쳐 주고자 하니, 나와 뜻을 함께하는 사람은 잘 가려서 이해하도록 하라.

사람들은 다들 말한다.

"세 사람은 종교가 서로 각각 달랐지만, 도는 본래 하나로 융합되는 것이다. 자기 고집만 부리면 서로 어긋나게 되지만, 자기가 하던 일까지도 잊으면 곧 통하게 되는 법이다. 이렇게 도라는 것은 둘이 아니라는 것을 완전히 통달한 분들이 바로 저 세 현인들이다."

나는 이렇게 말하겠다.

"자신이 몸담고 있는 세상 밖으로 몸을 던지니, 각자가 가지고 있던 긴요한 주장들이 같아졌구나. 마음속으로는 도에 독실하였지만 겉으로는 잊었기에, 호계를 넘지 않겠다던 맹세를 허공에 집어 던졌던 것이리라. 서로 돌아보면서 한바탕 웃던 그 가운데 즐거움이 있었으니, 무엇 때문에 종교가 다르다느니 다르지 않다느니, 도가 같다느니 같지 않다느니 비교하겠는가."

題虎溪三笑圖幷序

昔東林遠公。隱居廬山。雖晉帝萬乘之貴。桓玄震主之威。莫能屈。嘗送客。以虎溪爲界。及乎送儒者陶淵明道士陸修靜。過之矣。旣覺相顧囅然。噫。得非道有所至而事有所忘耶。古今人多模寫之。謂之三笑圖。止爲玩樂而已。豈知三賢相得之所在耶。余於是筆而曉之。惟同志者擇焉。說者皆謂。三家異敎。一道本融。守株而乖。忘筌乃通。達此無二。惟彼三翁。余謂方外投分。密勿同風。篤於內而忘其外。擲虎溪於虛空。相顧一笑。樂在其中。夫何必較敎之異不異。道之同不同也。

또

웃음에는 긍정하여 웃는 웃음과 긍정하지 않으면서 웃는 웃음, 두 가지가 있다. 도연명의 웃음은 혜원을 긍정하나 육수정을 긍정하지 않은 웃음이었고, 육수정의 웃음은 혜원을 긍정하나 도연명을 긍정하지 않은 웃음이었다. 그러나 혜원의 웃음은 도연명을 긍정하면서도 육수정을 긍정하지 않고 육수정을 긍정하면서도 도연명을 긍정하지 않은 그런 웃음이었다.

어째서 그러한가. 도연명은 '웃을 만한 이유가 있다'고 할 것이고, 육수정은 '웃을 이유가 없다'고 할 것이지만, 혜원이라면 '웃을 이유가 있기도 하고 없기도 하다'고 말할 것이기 때문이다.

又

笑有肯笑不肯笑。陶之笑肯遠不肯陸。陸之笑肯遠不肯陶。遠之笑肯陶不肯陸。肯陸不肯陶。爲甚如此。陶曰有。陸曰無。遠公曰。亦有亦無。

제자술서요이기후[182]

규봉圭峯과 목우자牧牛子[183]가 칡과 등나무 넝쿨이 얽힌 구덩이 속에 빠져 있는데, 나 무이자無二子[184]는 그들을 깨끗한 곳으로 끌어내 줄 능력이 없다. 뿐만 아니라 오히려 나뭇가지와 넝쿨을 잡아끌면서 후세의 배우는 자의 다리를 들어 올려 일어서지 못하게 하는구나. 오추슬마烏芻瑟摩[185]여, 어디에 있는가? 나에게로 성화星火 한 덩이를 가지고 오너라.

題自述序要二記後

圭峯牧牛子。和身絆倒於葛藤坑中。無二子不能引出於淨潔地上。更爲牽枝引蔓。令後代學者。擡脚不起。烏芻瑟摩在麽。爲我將一星火來。

삼가 임금님께서 지으신 석왕사 비문 뒤에 붙인다

신臣 승僧 유일有一은 삼가 우리 주상 전하께서 지으신 석왕사 비문을 읽고, 머리를 조아려 이렇게 외친다.

"하늘이 우리 성상에게 유·불·선 삼교三敎를 꿰뚫어 보도록 하셨으니, 아, 성대하여라. 더 이상은 더할 사람이 없으리라."

삼가 살펴보건대, 이 한 편 비문의 대의는 이러하다.

'조선 건국 초기에 왕업을 일으킨 상서로운 일과 지금 왕실에 후사가 태어난 경사는, 이 모두가 부처님의 자비로운 영험에 의한 것이다.'

누가 감히 이 말을 믿지 않을 수 있겠는가. 무릇 성인의 말씀은 하늘과 같으니, 백성 된 자가 감히 하늘을 믿지 않겠는가.

옛날에 명나라 태조 고황제高皇帝가 이런 말을 하였다.

"이 세상에 두 가지 도가 있을 수 없으며, 성인에게도 두 가지 마음이 있을 수 없다."

그러고는 불교로써 암암리에 왕통을 돕는 강령으로 삼았으니, 아마도 성취하고 보필하여 부처님의 가르침을 베풀고 정신을 받들려고 했던 까닭이리라. 또한 불경을 가까이하면서 아울러 실천하려고 한 것이다. 금세의 우리 태조 대왕께서는 조선의 국운을 열고 하늘의 도에 따라 다스리시며, 왕업을 일으킬 절을 세우셨다. 그리고 지금의 임금께서는 원자가 탄생한 경사에 감동하여, 친히 비명碑銘을 지으시어 불교를 믿지 않을 수 없다는 뜻을 분명히 밝히시기에 이르렀다.

그런데 어찌하여 예나 지금이나 유학자들은 불교를 거부하고 배척하면서 삼엄한 법령으로 다스리려 하는가. 이 도라는 것은 비유하자면 해와 같은 것이라 하겠다. 훌륭하신 선왕과 그 후손들께서는 여러 대를 내려오면서 서로 감응이 되어, 저 하늘 가운데 해가 비추지 않는 곳이 없다는 것을 아셨는데, 저 유학자들은 해를 보고도 이러한 사실을 알지 못하는구

나. 지금 우리나라의 선비들은 이러한 태평 시대에 태어났으니, 우리 임금께서 하시는 원대한 일을 잘 받들어 들으시라. 주비周髀[186]로 계산하고 토규土圭[187]로 측량하여 해의 실체를 깨달으면, 나아가 우리 임금을 받들어 밝히는 일이 거의 이루어진 것으로 생각된다. 이렇게 하여 지금 나라에 어지럽게 퍼져 있는 삼교가 다 함께 교敎는 달라도 도는 하나인 경지로 돌아갈 수 있다면, 이보다 더 다행한 일이 어디 또 있겠는가.

신 승 유일은 절하고 머리를 조아려 삼가 이 글을 쓴다.

謹題御製釋王寺碑文後

臣僧有一。謹讀我主上殿下御製釋王寺碑文。稽首颺言曰。天命我聖上。統貫三敎。大哉。蔑以加矣已。伏視一篇大義。以國初興王之瑞。當朝降嗣之慶。捻由佛氏慈悲之靈。孰敢不信。夫聖人之言。天也。爲人民者。敢不信天乎。昔大明高皇帝有言。天下無二道。聖人無兩心。遂以佛敎。爲幽贊王綱。凡所以裁成輔相。設敎佑神。亦傍籍而並行。今我太祖。啓運而御天。叔興王之寺。逮至當宁。感慶于降嗣。親製碑銘。申明佛道之不得不信。如何古今儒氏。辭而闢之。凜乎戎索。夫道譬之則日也。聖祖神孫。曠世相感。而見日于中天。靡所不炤。而彼儒氏之見日。不能如此。今我東揩大家。生于盛明之世。欽聞聖謨洋洋。宜乎籌以周髀。測以土圭。而日體見焉。于以憲章聖朝。蓋思過半矣。由是而爛熳。同歸乎三敎無二之道。幸孰大焉。臣僧有一拜手。稽首謹題。

망하례전문[188]

경술년(1790, 정조 14) 6월 18일 정묘일 무신시戊申時에 우리 원자께서 탄생하셨습니다.[189] 이에 전 표충사表忠祠 원장院長 신 승 유일과 본사 주지 신 승 덕행德幸과 그 외 온 절의 여러 스님들이 모두 모여 법당에서 망하望賀의 예를 차리고 향을 피우고 사배四拜를 올리며 문명예성文明睿聖 주상 전하께 전문을 올립니다.

엎드려 생각해 보면, 우리 대왕께서 오랫동안 세자를 두지 못하셨기에 억조 신민이 모두 간절한 마음으로 대왕께서 왕자님들을 많이 낳으시기를 빌어 왔습니다. 이제 우리 부처님께서 훌륭하신 원자를 안아 보내셨으니, 조정과 민간에서 일제히 세자[190]의 탄생을 기뻐하는 노래를 부르고 있습니다. 북소리를 울리며 춤을 추는 사람들이 거리를 가득 메우고 기뻐 소리치는 환호가 땅을 흔들 지경입니다.

삼가 생각하오니, 우리 주상 전하께서는 문명文明으로 세상을 다스리시어 요임금 순임금과도 같은 선정을 베푸십니다. 하늘의 도는 인仁을 숭상하는 사람에게 보답을 베푸는 법이라 왕실의 혈통이 이리 빼어나게 나시는 것을 보게 되었으며, 또 백성은 마음에 덕이 있는 사람을 기다리고 그리하게 마련이라 이씨李氏 왕실의 아름다운 이름 오래오래 번창하기를 바랍니다. 이렇게 태평한 시대를 만났으니 부디 성대盛代의 국운이 다시

---

1) ㉮ '文' 한 글자는 편자가 보입한 것이다.

열리기를 바랍니다.

  엎드려 생각하건대, 신 승 등은 대왕의 교화 밖에 사는 하찮은 백성들로서 불가에 입문한 승려들이며 들에 뛰노는 사슴과 같이 미천한 무리입니다. 하례하는 말석에도 참여하지 못한 것은 대개 저희가 백관百官에 하나로도 끼지 못하기 때문입니다. 그래서 저희는 해바라기가 해를 바라보듯 깊은 정성으로 멀리나마 대왕께서 계시는 그곳을 바라보면서 그저 혼자서 만세를 세 번 불러 봅니다.

  신 승 유일과 덕행 등은 절을 하고 머리를 조아리며 삼가 전문을 올립니다.

望賀禮箋文

庚戌六月十八日丁卯戌申時。元子降誕。前表忠祠院長臣僧有一。與本寺住持臣僧德幸。及合寺諸僧等。於法堂上。設望賀之禮。焚香四拜。奉獻箋文于文明睿聖主上殿下。伏以吾王曠闕儲宮。億兆咸切多男之祝。我佛抱送聖子。朝野齊唱少海之歌。鼓舞塡街。歡聲動地。恭惟主上殿下。文明御世。堯舜同風。天道報施崇仁。喜見金枝之挺秀。民心懷附有德。佇希仙李之聯芳。允當累洽之期。幸啓重雍之運。伏念臣僧等。化外微物。林間髡徒。麋鹿賤蹤。莫叅燕賀之端。盖非百工之一。葵藿深悃。遙望龍光之下。只自呼萬歲者三。臣僧有一德幸等。拜手稽首謹箋

긍현 사미에 대한 제문

　무인년 5월 초하루 병술에 무이無二 노인은 차 한 잔과 향 한 개를 올리고, 옛날 나에게 배웠던 긍현亘賢의 영전에 고하노라.
　아, 지금 같은 세상에서 그대와 같은 근기는 아무리 찾아도 다시 만나기 어려울 것이다. 그대가 18세 나이에 천태산天台山에서 나를 따라 출가할 때에 아주 총명하여 글을 많이 알고 있었다. 그래서 경전을 가르치면 아무리 복잡하고 어려운 곳이라도 한 번 듣고 바로 이해하였고, 어떤 것은 듣지 않고도 그냥 알았으며, 시도 잘 짓고 글씨도 잘 쓰는 외에 또 다른 재주도 참 많았다. 이 때문에 내가 그대를 사랑하고 아끼면서, 내 스스로 군자의 세 가지 기쁨 가운데 한 가지인 가르치는 기쁨을 얻었다고 좋아하였다. 그런데 지난 달 그대가 고향에 다니러 갔던 그 길이 영원히 죽음으로 갈라지는 이별이 될 줄이야 누가 알았겠는가.
　아, 가슴 아픈 일이로다. 그대가 본래 타고난 바탕이 워낙 깨끗하고 연약하여 수명이 길지 못할 듯은 하였다. 그래도 나는 그대가 서른이나 마흔까지라도 수명을 얻는다면 시작한 공부를 마무리할 수 있을 것이고, 그리하여 위로는 그대의 어머니가 하나밖에 없는 아들을 출가하도록 보내준 뜻에 보답하고, 그 다음은 스승이 그대에게 학문을 권했던 뜻에 보답해 줄 것이라 진심으로 기대하였다. 또 그 다음으로는 내가 그대를 가르쳐 인재를 만들려고 한 수고를 위로 받고자 하는 마음도 있었으니, 그대가 그렇게만 되었다면 비록 죽는다 하더라도 무슨 여한이 있었겠는가. 왜 하늘은 그대를 세상에 오래 남겨 두지 않았을까. 그대는 얻기 어려운 사람의 몸을 받아 태어났고, 거기다 만나기 어려운 부처님 법까지 만났으며, 그뿐 아니라 무슨 일이든 해낼 만한 좋은 자질을 타고나지 않았던가. 그런데 그대 나이 이제 겨우 스무 살, 게다가 학업은 반도 이루지 못했는데, 어찌 갑자기 이렇게 떠나 버린단 말인가. 하늘이여, 하늘이여! 영재를 내어 주셔 놓고 어찌하여 이렇게 금방 빼앗아 간단 말입니까. 예로부터 남보다 훌륭한 사람은 수명이 짧다는 말이 있는데, 어쩌면 하늘도 역시 어진 사람을 아껴서 빨리 데려가는 것이란 말인가.

그러나 재주 있는 사람이 요절하는 것은 팽조彭祖[191]처럼 오래 사는 것보다는 오히려 나은 일일지도 모르겠다. 저렇게 오래오래 살다 간 노인이라도 칭찬할 만한 것이 아무것도 없다면, 그런 삶을 보고야 그 누구인들 제대로 살았다고 말하겠는가. 또 그대는 외아들이면서도 출가하여 스님이 되었기에 사람들은 모두들 그대가 속세로 다시 돌아가 버릴 것이라고 의심하였다. 그러나 그대의 뜻을 보아하니 꼭 그렇게 되지는 않았을 것 같다. 나는 스님이 되고 속인이 되는 일은 모두 전생의 인연 때문에 정해지는 것이라 생각한다. 만일 전생의 인연이 스님이 될 인연이라면 설사 속인이 되려고 한들 그렇게는 되지 못할 것이다. 아, 그대가 과연 스님의 몸으로 죽었으니 진실로 전생의 인연이 우리 불교에 있었던 것이리라. 그러니 설사 이 세상에 오래 머물러 살았다 하더라도 그 인연이 어디로 가겠는가. 그렇지만 그대가 죽었다는 소식을 듣고 가늘 수 없는 아픔을 가슴에 안는 이 일보다는, 차라리 그대를 속세로 돌려보내는 편이 낫지 않았을까 싶다. 가령 그대가 속세로 돌아가서 다행히 죽음을 면할 수 있었다면 참으로 이런 슬픈 일은 일어나지 않았을 것이며, 그리고 설사 죽었다 하더라도 슬픔이 이처럼 크지는 않았을 것이다.

아, 참으로 가슴 아프다. 그대 일찍이 나에게 "황매黃梅에서 홍인 선사가 혜능 선사에게 한밤중에 법을 전하신 것처럼[192] 그렇게 법을 전해 받기를 간절히 바라옵니다."라는 게송을 지어 바쳤었는데, 어찌하여 그 희망을 이루지도 못하고 갑자기 죽어 버렸단 말인가. 그런데 황매에서 밤에 전해진 것은 마음을 전했던 것이니, 다만 이 마음의 본체만은 살고 죽는 일과는 전혀 상관이 없는 것이다. 그대가 스무 해 전에도 이 마음을 가지고 태어났고 스무 해가 지난 지금도 바로 이 마음을 가지고 죽었을 것이다. 그리고 지난날 나를 찾아왔을 때에도 이 마음을 가지고 왔었고, 지금 나를 버리고 떠날 때에도 또한 이 마음을 가지고 갔을 것이다. 3년 동안 나를 시봉한 것도 역시 이 마음이었고, 하루아침에 영원히 이별하고 떠난 것도 또한 이 마음이었으리라. 내가 그대와 더불어 묻고 대답할 때에 이미 이 마음을 모두 전하였고, 또 일찍이 이 마음을 모두 받기도 하였던 것이다. 그렇지 않은가.

오늘 저녁은 그대가 떠난 지 삼칠일이 되는 날이다. 간단하게 차茶를 차려 자리를 마련하고, 그대의 영가靈駕를 불러 법어 한마디를 내리노라. 그대는 지금쯤 본래의 불성이 가진 신령스런 광채만 오로지 드러나고 속세의 티끌은 이미 다 벗었을 것이니, 이전에 그대가 형체形體에 구애되어 살았을 때와 비교하면 한층 더 총명해졌을 것이다. 그러니 어찌 한번 부르기만 하면 바로 알아차리고 돌아오지 않겠는가. 정말 그렇다면 오늘 이렇게 용산龍山에서 한밤중에 제사를 올리는 일은 그때 황매산에서 한밤중에 마음을 전했던 일과 조금도 다를 것이 없다. 혹 그렇지 않더라도 내 그대를 위하여 부처님께 예를 올리며 몇 번이고 절하고 몇 번이고 염불하여 그대를 극락왕생의 길로 천도하리라.

원컨대 그대는 이 공덕을 가지고, 크게는 곧바로 정토에 향하고, 작게는 사람 몸을 받는 인연을 잃지 말도록 하며, 다시 태어나서도 꼭 출가하여 스님이 되어서 반야의 인연을 맺고 보리 지혜의 싹이 되도록 하여라. 비록 맑은 차 한 잔을 올리지만, 간절한 정성은 천 길이나 되는 것을, 그대는 정말 아는가.

참으로 슬프다. 그대 흠향하게나.

祭亘賢沙彌文

維戊寅五月初一日丙戌。無二老漢。以一椀茶一炷香。告汝新故學者亘賢之靈而言曰。嗚呼。居今之世。求如爾之機。亦難得矣。爾年十八。從余于天台。頗聰明識文義。經敎上盤錯。能一聞而解。或不聽而知。能詩能筆。亦其餘才。余故愛而重之。自以爲君子之一樂。誰知去月之鄉行。永作終天之訣耶。嗚乎痛哉。爾之禀質淸弱。似乎短壽。然而余之所望者。若得三四十之壽。可以成就事業。上以報汝母。捨獨子出家之志。其次報汝師勸學之心。又其次慰余敎。汝匠成之勞。雖死何憾焉。奈何天不殷遺。旣得難得之人身。幸逢難逢之佛法。亦禀可爲之資質。年才二十。業未半途。而遽爾夭折耶。天乎天乎。旣生英才。又何奪之速也。自古淑於人者。壽或有促。豈天亦慳賢者耶。然才之夭。勝於彭。彼黃耉而無稱。其誰曰生。且汝以獨子爲僧。人多疑返初。然觀汝之志。不必定也。余謂爲僧爲俗。都由宿緣。緣若在僧。雖欲俗而不得。嗚乎。汝果以僧而死信乎。緣在吾道也。雖久住。其緣奚住。然與其聞汝之死。抱無涘之痛。不若歸俗之爲愈也。使汝歸俗。幸而不死。固無悲矣。雖死。悲不如此也。嗚乎痛哉。汝甞呈偈于余曰。望切黃梅半夜傳。如何望未遂而遄歸也。然黃梅所傳。傳個心也。只個心體。生死無間。汝二十年前。以此而生。二十年後。以此而死。曩者訪余而來。亦以此也。今也捨余而去。亦以此也。三年勢侍。亦以此也。一朝永訣。亦以此也。余與一問一答時。早已傳此了也。早已受此了也。其或未然。今夕當汝亡之三七夕。略設茶筵。喚汝靈駕。下一則法語。汝今靈光獨露。迥脫根塵。比汝向之拘於形殼時。更添一分聰明。豈不可一喚之處。豁然知歸耶。若爾則今日龍山之半夜。與當時黃梅之半夜。絲毫無間矣。更或不然。爲汝禮佛幾拜。念佛幾聲。薦汝徃生之路。願汝仗此功勳。大者直向淨土。小者不失人身。再得出家。更結般若之淨緣。終作菩提之種草。淸茶一甌。赤心千丈。汝其知耶。嗚乎尙亨。

서암 선사 입탑 제문

온 법계가 다 무봉탑無縫塔[193]인데 어느 곳에 사리를 넣을 것이며, 온 대지가 모두 황금의 사리이니 어느 곳에 탑을 세우겠습니까. 국사께서는 오래도록 바늘만 한 허점도 용납하지 않았으며, 도의 근원을 찾아 궁리하고 생각하여 번뇌를 씻어 버렸습니다.

선사께서 떠나신 지 오래지 않은지라 제자들은 아직 선사의 참뜻을 다 헤아리지는 못하고 있습니다. 다만 활활 타오르는 불더미 속을 뒤져 사리 한 알을 꺼내니 그 광채 너무나 찬란해 해와 달을 삼킬 정도이며, 여기 그 작은 돌조각 하나를 가지고 몇 층 되는 탑을 세우니 널리 하늘과 땅을 아우릅니다. 탑이 완성되기 전에는 사리가 탑 안에 간직되었지만, 탑이 다 세워진 뒤에는 오히려 탑이 사리 속으로 들어갑니다. 층층이 우뚝 솟은 석탑의 그림자는 둥글둥글 여유롭고, 둥글둥글 경사진 석탑의 모양은 멀찍이 범접할 수 없습니다. 폭풍이 산봉우리를 무너뜨린다 해도 저 탑은 무너지지 않고, 겁화[194]가 바다를 다 끓여 말린다 해도 이 사리는 언제까지나 보존될 것입니다.

산에는 울긋불긋 붉은 꽃이 만발하고 들에는 맑은 물 푸르게 흐를 때에 한없는 공양을 갖추어 올리는 제구가 될 것이며, 숲에서 귀신이 울어대고 고개 너머 범 우짖는 소리 들려올 때에 언제까지나 변함없이 따라다니며 옹호하는 신장이 될 것입니다. 촛불 촛농이 뚝뚝 떨어지는 모습은 마치 제자들이 흘리는 피눈물 같고, 등잔 불빛이 깜박깜박 빛나는 모습은 마치도 선사의 마음의 불빛을 완연히 접한 듯합니다.

부디 진중하소서. 바라건대 흠향하소서.

瑞岩禪師入塔祭文
遍法界盡箇無縫塔。什麼是珠。盡大地都盧黃金珠。何處有塔。國師良久。

不容針錐。耽源商量。無端漏洩。今則先師也不良久。弟子也不商量。只向大火聚。迸出一顆珠。光吞日月。聊將小石片。做成數層塔。大包乾坤。未成塔時。珠已藏於塔內。旣成塔後。塔還入於珠中。層落落兮影團團。圓陁陁兮孤逈逈。毘嵐偃岳而這塔不壞。刧火煮海而筒珠常存。山花紅野水青。現成無盡底供養具。林鬼號嶺虎嘯。永作常隨之擁護神。燭泪涓涓。如帶弟子之血淚。燈火耿耿。宛接先師之心光。不審珍重。伏惟尚饗。

마을 길 보수에 동참하길 바라는 글

지지持地[195] 성사聖師께서는 부처님을 위하여 몸소 흙을 지어 보배 계단을 만드셨고, 설산동자雪山童子[196]께서도 부처님을 위해 머리털을 풀어 펼쳐서 진흙을 덮었습니다. 대개 세상이 평온하면 마음도 평온하고 불토佛土가 깨끗하면 이 몸과 국토도 깨끗해지니, 이것이 어찌 다만 정해져서 고정된 일이기만 하겠습니까. 이것은 또한 인과인 것이 확실합니다.

지금 이 마을 길은 비록 절 문 앞에 있기는 하지만 실제로는 관가의 역마가 다니는 역로의 큰 길입니다. 그러므로 이 길에서는 매일 스님이 다니는 것을 보기도 하지만, 또 수레와 말이 지나는 통행로이기도 합니다. 여러 해 동안 비에 씻기고 바람에 갈렸기에 지금은 땅이 꺼지고 돌이 무너져, 왕래하기가 매우 어려워 지나다니는 나그네들도 아주 괴로웠습니다. 혹시 서둘러 흙을 져다가 부지런히 진흙을 덮는다면 길이 평탄해져서 마음까지도 편안해지는 효과가 있을 것입니다. 그러나 이 일을 혼자의 힘으로는 해 내기 어려우므로 여러 대중들의 힘을 빌려야 할 형편입니다.

엎드려 바라오니, 쌀 몇 알과 돈 몇 푼이라도 보시하여서 큰길을 보수하도록 도와주십시오. 그리하면 비단 대총지문大摠持門[197]에 손가락을 퉁기는 짧은 시간에 들어갈 수 있을 뿐만 아니라, 저 공덕의 언덕에도 산책하듯 걸어서 오를 수 있을 것입니다. 부디 모든 사람들의 앞길이 평탄하여 장애가 없고, 이르는 곳곳마다 경사로움이 넉넉하기를 빕니다.

洞路修築文

持地聖師。以身負土。雪山童子。布髮掩泥。盖世界平則心界平。佛土淨則身土淨。豈惟典刑爲具在。是亦因果之歷然。今此洞路。雖在寺門之前。宗爲官驛之大道。每見僧行之外。亦是車馬之通衢。累經雨囓風磨。今見土陷石傾。徃來甚難。行旅多苦。倘作負土掩泥之勤。庶致土淨心平之效。然事難獨辦。勢假衆扶。伏願共捨粒米分文。助成通衢大路。非但大揑持門彈指可入。彼功德岸。信步能登。奉祝人人之前程。平坦無碍。處處之所至。吉慶有餘。

사성암 중창문

온 세상 총림이 바다처럼 나열해 있으니 화상의 광대한 규모가 새롭고, 산중에 절이 우뚝 서 있으니 진眞 국사國師가 남기신 제도 옛날 그대로구나. 황홀하기가 공중에 선 누각과 같아 팔면이 영롱하고, 세상 밖의 아름다운 경치 가득 차며, 그 가운데 침구와 의복과 음식과 탕약의 네 가지가 모두 충족하다. 배우려는 자들과 잠시 머무는 스님[198]들이 찾아와 선재동자가 남쪽으로 와서 법문을 물은 일(南詢)[199]을 의논하고, 납의를 입은 스님들이 구름처럼 모여들어 달마가 서쪽에서 온 큰 뜻을 이야기한다.

비록 정법正法은 시절 운수와는 상관이 없다고는 하지만, 그러나 도량은 인연 따라 변해 가는 것을 어찌할까. 방장실 앞에는 풀이 한 길이나 자랐고, 장련상長連床[200] 위에 먼지 뽀얗게 쌓인 지가 또 얼마나 되었던가. 이것이야말로 우거진 온갖 풀을 향해 호미를 휘둘러 괜스레 흰 구름만 쪼개 버린 격이니, 선불장選佛場[201]을 열려고 하지 말라. 세 줄 서까래 조그마한 암자에서 쇠사슬의 결박을 풀고 이 땅에서 만난 사람 함께 살아가리라. 빈도貧道가 맨손으로 암자를 다시 세우려 하는 것은 다만 달마 대사가 중국에 오셔서 법을 전하여 얻으신 것처럼 한 꽃송이에 다섯 개 잎새[202]가 열리는 그러한 아름다운 결과를 붙들어 일으키기 위해서이다. 부자들은 온갖 인연 모두 벗어 버리고, 모름지기 나에게 한 푼 보시를 하시라. 그저 보기 좋으라고 억지로 일을 만드는 일 없이, 벽돌을 깨어 옥을 만들어 낼 것을 보증하리라.

四聖庵重剏文

環天下叢林羅列海。和尙之弘規尙新。就山中蘭若巋然。眞國師遺制依舊。怳若空中樓閣。八面玲瓏。贏得物外烟霞。四事具中。學者旦過。商量南詢法門。衲僧雲臻。漏洩西來大意。雖然正法不關時運。爭奈道場亦隨緣迁。

方丈室前。草深一丈。長連床上。塵沉幾時。玆乃向百草頭邊。鉏破白雲折。莫開場選佛。就三條椽下。匙挑金鑽端。合立地逢人。貧道隻手欲修成。祇爲扶他五葉。長者萬緣都放下也。須乞我一文。果能不把看。蠶絲蠏筐。可以管得取。拋磚引玉。

불상 권선문

　우전왕優塡王의 상서로운 상은 처음으로 인도에서 교화를 펼쳤고, 아육왕阿育王의 신령스러운 거동은 중국에서 상서로운 빛을 발하였습니다. 발제跋提[203] 비구가 이미 죽었다고 말하지 마십시오. 도솔천에 다시 태어나서 세상 밖에까지 환하고 아름답게 밝히고 있을지, 인간 세상의 아름다움을 눈이 부시게 비춰 주고 있을지 모르는 일입니다. 계율·선정·지혜 삼학三學은 이것을 떠나서는 구하기 어렵고, 법신法身·보신報身·화신化身 삼신三身도 바로 그러합니다. 엄숙한 신불神佛의 얼굴이 있는 듯하니, 감히 공경하지 않겠습니까. 불과佛果를 우러러보면서 부처님께 귀의할 마음을 먹는 것도 바로 이 불상이 있기 때문입니다.

　지금 이미 부처님의 그늘 속에 들어와 그림자를 쉬었으니, 먼저 불상을 세워서 마음을 닦아야 합니다. 보름달 같은 부처님의 얼굴을 만들고자 서까래같이 큰 붓을 청하였습니다. 부처님 법륜이 항상 굴러가고 왕업이 영원히 창성하기를 빕니다.

佛像勸善文

優塡瑞像。肇勝化於西乾。阿育靈儀。浮祥光於東震。休道跋提已滅。疑從兜率再生。炳煥世表之休明。暎奪人間之秀麗。戒定慧三學。離此難求。法報化三身。秖遮便是。儼神容之如在。敢不敬乎。望佛果而知歸。賴有此矣。今旣就陰而息影。首假立像而攝心。欲成滿月之容。請下如椽之筆。奉祝法輪常轉。王業永昌。

불유 모연문

 도는 밝은 것도 어두운 것도 아닌지라 승당 앞에는 해가 한밤중에도 비치고, 밤에는 길고 짧음이 있으니 부처님 전각 안에는 빛 속에도 한 점 어둠이 들어 있습니다. 눈부신 빛이 푸른 산의 온갖 꽃들에 내려 부서지니 등불에 기름 떨어진 것을 누가 알겠으며, 대지에 불을 붙여 눈 어두운 중생들을 깨쳐 이끄니 어느 누가 감히 싸늘하게 식은 재에는 불씨가 없다고 말하겠습니까. 밝은 불빛을 찾아서 곧장 어둠을 밝혀야 하리니, 불빛 없이는 도저히 밤길을 갈 수가 없는 법입니다. 등불 빛이 푸른 유리에 부딪혀 흩어지면 천문千門을 동시에 환히 비춰 주고, 등불을 걸어 놓고 보배 창고를 열어 보니 삼라만상이 휘영청 벌여 있습니다. 귀한 기름을 등불에 더해 부으면 기름 한 방울 한 방울마다 백 개 천 개의 해와 달을 갖추어, 하늘에서 받은 본래 성품으로 새 새벽을 열 것이니, 사람 사람마다 모두 만 길이나 높이 뻗어가는 광선을 갖게 될 것이 분명합니다. 어째서 그런가 하면, 내가 등명불燈明佛[204]을 뵈오니 본래 지니신 광명이 상서롭기 이와 같기 때문입니다.

佛油募緣文

道非明暗。僧堂前日照三更。夜有長短。佛殿裡光含一點。爍破靑山萬朶。那知紙燈無油。點開大地群盲。誰道寒灰沒焰。覔火直須探撥。投明不許夜行。拶破碧琉璃。焜煌乎千門同照。揭開多寶藏。交羅乎萬像聯輝。果能油貴添燈。滴滴具百千日月。管取性天開曉。人人有萬丈毫光。何以故。我見燈明佛。本光瑞如是。

불기 모연문

석가모니부처님 샛별이 뜨는 새벽까지 한밤 내 가부좌를 하고 앉았으니, 법신은 비록 원만하게 통달하였으나 설산에 앉아 있은 지 여섯 해 만에 육신은 앙상하게 말라 버리고 말았습니다. 그렇기 때문에 숲에서 양을 치던 여인이 우유로 만든 죽을 바쳤고, 물속의 용왕龍王은 공양을 받아 담을 발우를 부처님께 바쳤던 것입니다. 비록 부처님께서는 날것과 익은 것 두 가지 다 드시지 않으시나, 중생을 위하여 하루에 일곱 집을 돌며 음식을 빌었습니다. 이러한 까닭에 이 불기佛器는 없어서는 안 되는 물건인 것입니다.

엎드려 바랍니다. 병이나 소반, 비녀나 팔찌 따위, 무엇이나 있는 대로 시주를 하시면, 그것을 모아 녹여서 쇠로 만들고 그릇을 만드는 일은 저 솜씨 좋은 장인의 손에 맡길 것입니다. 수명과 부귀와 아들 낳는 일 등을 사람마다 원하는 바에 따라 축원하면서, 모든 사람의 각기 다른 마음에 맞추어 응답할 것입니다.

이제 우리 세존께서 법륜을 굴리시니 온갖 선한 과업에 함께 감응합니다. 부디 이 세상을 편안한 곳에 두시어 만백성을 즐거운 곳으로 옮겨 주십시오.

佛器募緣文

見明星一夜。法身雖圓。坐雪山六年。色身即槁。所以林間牧女。呈乳酪之漿。河上龍王。獻維衛之鉢。雖云如來。無生熟之二藏。乃爲衆生。有分衛於七家。此所以是器之不可無也。伏願瓶盤釵釧。隨所有而施之。融爲一金。器在彼巧匠。壽富多男。從吾願而祝之。分應千般心。惟我世尊。一軸所輪。萬善同感。伏祝置天下於安處。移萬姓於樂方。

대종을 주조하기 위한 모연문

 우리 선가에서 종이나 북을 설치하는 목적이 어찌 단순히 음악을 즐기려는 데 있겠습니까. 종을 만드는 까닭은 아침저녁으로 대중의 경각심을 불러일으키고, 움직이고 정지하는 모든 절차를 정리하는 데 있어서 이 종이 없으면 안 되기 때문입니다. 석양이 산을 머금고 먼 마을에서 저녁밥 짓는 연기가 피어오를 때 몇 번의 맑은 종소리 구름 너머 숲 밖으로 새어나가면, 길을 지나던 나그네나 갈림길에서 방황하는 사람들, 그 소리를 듣고 여기에 하룻밤 묵으면서 밥을 먹을 절이 있다는 것을 알게 됩니다. 그래서 종소리 그치기도 전에 마음은 이미 그곳으로 달려가고, 그로 인하여 마치 주문공朱文公이 동안현同安縣 관사에서 어느 날 밤 문득 세상의 무상함을 깨달은 것[205]과 같이 마음 거두는 법을 깨닫는 사람도 있을 것입니다. 혹시라도 그런 사람이 있다면, 절에서 종과 북을 만들어 설치하는 것을 별것 아닌 일이라 할 수 있겠습니까. 그러므로 우리는 지금 종을 주조鑄造하려고 합니다.

 그런데 황제黃帝가 솥을 만들던 수양산首陽山의 동銅[206]은 캐기가 어렵고, 진시황秦始皇이 종을 만들었던 진나라의 병기[207]는 이미 다 사라졌습니다. 이제 우리를 도와 함께 종을 만들어 줄 사람은 오직 그대들 신도들뿐입니다. 부디 이 모연문이 이르는 곳마다 그대들 머리를 끄덕여 이 불사에 동참하기를 승낙해 주십시오.

 받들어 축원을 올리니, 이른 새벽이나 달이 뜨는 저녁이면 이 종소리 맑게 울려서 인간 세상의 길고 긴 꿈을 깨우게 하소서.

鑄鍾募緣文

禪家鍾鈸之設。豈但樂云乎哉。所以警覺晨昏。整齊動止者。非此莫能。而夕陽啣山。遠村烟起之時。嘹喨數聲。漏出於雲外林末。俾行人過客彷徨歧路者。得知其棲食之有所也。至若一聲未終。心已走作。因此而悟收心之法。如朱文公之在同安之夜者。或有其人矣。鍾皷之設其淺淺乎哉。故今欲鑄就。而首陽之銅難採。秦家之兵已銷。即助我共成者。其惟檀氏歟。斯文所到。願各點頭奉祝。淸晨落月一聲鍾。喚起人間長夜夢。

또

누가 일찍이 종을 보았습니까. 힘껏 치면 큰 소리가 나고 살짝 치면 작은 소리로 울며, 치지 않으면 울리지 않습니다. 우리가 시주를 하여서 복을 구하는 것도 또한 이와 똑같습니다. 시주를 많이 하면 복을 많이 받게 되고 시주를 적게 하면 복을 적게 받게 되며, 시주를 하지 않으면 받을 복이 없는 것입니다.

그러므로 우리 불교를 믿는 신자들은 마땅히 시주를 해야 하며 안 하면 안 된다는 것을, 또 많이 해야 하며 적게 해서는 안 된다는 것을 알 것인데, 내가 무슨 걱정을 하며 여러 말을 할 것이 있겠습니까.

又

曷嘗觀夫鍾乎。大扣大鳴。小扣小鳴。不打不鳴。以施求福。亦猶是矣。多施多福。小施小福。不施無福。凡我檀家。可知宜施不宜否。宜多不宜小。余何忉忉鼓喙。

북을 만들기 위한 모연문

이렇게 크고 유서 깊은 절에 어찌 큰 북이 하나 없습니까. 여러 신도들이 평소에 재물도 많이 들고 보배도 아주 많이 들어갈 것이라고 말하곤 했는데, 아마 그렇기는 할 것입니다. 그러나 그저 소가죽 두 조각만 있어도 북이야 울릴 수 있지 않겠습니까. 그 정도면 약간의 재물만 있어도 될 것입니다.

이제 여기 소매 속에 짤막한 소문疏文을 써 넣고 다니며 여러 현명한 신자들에게 두루 간청하오니, 각자 엽전 한 꾸러미나 두 꾸러미, 그저 형편 되는 대로 조금씩 시주하는 인연 공덕을 내어 주신다면, 우렁찬 북소리가 삼천대천세계에 가득 찰 수 있을 것입니다. 그리하여 아침저녁으로 부처님의 음성과 부처님의 말씀을 듣고, 입과 마음으로 신자들의 천만 가지 복록을 축원할 수 있기를 받들어 빕니다.

皮皷募緣文

許大古院宇。如何無大鼓大搥。幾多善檀那。素稱曰多財多寶。是則是。只牛皮兩片動不動。當寶鈔若干。爰袖小疏。普懇諸賢。各捨取一貫二貫。功緣便聲。徹三千大千世界。朝朝暮暮。好聽梵音。海潮音。口口心心。願祝百福千萬福奉祝。

바라 권선문

세상을 다스리는 도리 중에는 예禮와 악樂이 가장 중요하고, 속세를 떠나는 인연 가운데에는 부처님의 가르침이 첫째입니다. 예의는 옥과 비단이 없으면 표현할 수 없고, 음악은 종과 북이 없으면 전할 수가 없습니다. 더구나 우리 불가에서도 법악法樂을 개설하는 것만은 허락하지 않았습니까. 대세지보살大勢至菩薩은 당幢과 번幡을 삐죽삐죽 높고 장엄하게 세우고, 관음보살은 바라를 쳐서 멀리서나 가까운 곳에서나 이 소리를 들으면 세속의 번뇌를 해탈하도록 하셨습니다. 이렇게 하면 명성이 높고 크게 드러나고, 복 받는 이득 끝이 없을 것이며, 인간의 꿈처럼 어두운 마음을 깨우쳐 주고 천지 성현의 덕에 두루 보답하는 길이 될 것입니다.

바라건대 부디 시주에 동참하여 함께 도량에 모일 수 있기를 바랍니다.

鈸鐃勸善文

治世之道。禮樂爲要。出世之緣。聲敎居先。禮非玉帛而不表。樂非鍾鈸而不傳。況乎佛家許開法樂。幢幡勢至。高低建立莊嚴。鐃鈸觀音。遠近聽聞解脫。聲名高大。福利無邊。警人間昏夢之心。答天地聖賢之德。幸希布施。同會道場。

가사 권선문

가섭 존자는 계족산鷄足山에서 새 가사를 집어 들었고,[208] 황매현黃梅縣에서는 한밤중에 홍인 선사께서 뜻대로 가사를 전해 주었습니다.[209] 더구나 꿰맨 흔적 터진 틈 하나 엿볼 수 없는, 모름지기 참으로 바늘 끝 하나도 들어가지 않는 것입니다. 이것은 어머니의 바지도 아니며, 또 땀 냄새 나는 적삼도 아닙니다. 일찍이 조계산 정상을 향하여 통발을 던졌으나 남은 것이 없고, 여기 이 대유령大庾嶺 꼭대기에서 끌어당겼으나 떨어지지 않았습니다.[210] 금시조金翅鳥마저 공경할 줄 알고, 사자와 같은 짐승조차 감히 훼상毁傷하지 못하는 물건입니다. 일단 이 가사를 입기만 하면 대대로 해탈의 인연을 맺게 되니, 누가 이 옷을 만들어 조각조각마다 복덕의 과보를 감응케 하시겠습니까.

원컨대 시주들께서는 다 함께 기꺼운 마음을 내어, 우러러 부처님을 생각하는 과보를 반드시 증명해 보시기를 바랍니다.

袈裟勸善文

鷄足山中。斬新拈出。黃梅夜半。信手傳來。更無縫罅可窺。須信針搭不入。不是娘生袴子。又非鵑臭布衫。曾向曹溪峯頂。罩却無餘。此是大庾嶺頭。提持不起。金翅鳥也。猶知敬尊。獅子獸焉。不敢傷毁。若能披着。世世常爲解脫之因。誰當造成。條條皆感福德之果。惟願檀氏。共發肯心。仰念世尊。必垂證明。奉祝。

관동 만세교 중수문

정鄭나라 사람 자산子産[211]은 자신의 수레로 나루에 있는 사람들을 직접 건네주었으니 정치를 할 줄 모르는 사람이었고, 화정華亭 선사는 낚싯배를 끌어다가 나루터에 건네주었으니 사람을 구제하는 방법을 알았던 것입니다. 이 두 일이 비록 세상을 구제한 것으로는 다를 것이 없지만, 하나는 그때에 바로 한 것이고, 다른 하나는 때를 기다려 하였던 것입니다.

삼가 생각하건대, 우리 화사化士 스님께서는 학문은 경·율·론 삼장三藏을 두루 통달하시고, 자비심은 태생·난생·습생·화생의 사생四生을 한결같이 불쌍하게 여기시는 분입니다. 길 잃은 자에게 나루터를 가르쳐 주는 공덕으로 말할 것 같으면 오히려 장저長沮보다도 훨씬 나으시어 정도正道로 귀의할 수 있도록 이끌어 주시며, 자비로운 마음으로 마룻대를 설치한 공로도 걸닉桀溺보다 한참 뛰어나서 개울을 젖어 가며 건너지 않게 해 주셨습니다.[212] 벌써부터 대승의 법사라고 칭찬이 자자하셨으니, 이제 큰 강에 다리를 놓는 일을 주관하실 만합니다. 그리하여 보통 사람이나 성인이나 모두 건널 수 있고 수레나 말이 지나갈 때에도 아무 걱정이 없기를 바랍니다. 나라와 백성을 위하여 관리들이나 서인들이 모두 힘을 합하여 함께 다리를 놓아야 할 것이니, 시주를 하는 일이 참으로 마땅합니다.

바라건대 두루 은혜를 베풀어 아름다운 명예를 날리소서.

關東萬歲橋重修文

鄭子産濟以乘輿。不知爲政。華亭誠挐乎釣艇。會要渡人。雖救世以無殊。在適時而有待。恭惟化士大師。學通三藏。悲憫四生。指迷津。遠邁長沮。令歸正道。架慈棟。高超桀溺。弗涉若淪。旣稱大乘法師。可作長川橋主。渡凡渡聖。輪蹄經過。冀無虞。爲國爲民。士庶同成。宜贊施。幸垂周惠。請掛芳啣。

나무다리를 놓는 글

강을 건너려 할 때에 배가 없다면 지척의 거리도 천 리처럼 멀어지기에, 나무를 걸쳐 다리를 놓는 데에 임시로 약간의 경비를 사용하여야겠습니다. 비록 돈도 별로 안 들고 공사에도 힘이 많이 들지 않겠지만, 그래도 이 다리는 널리 사용되어 혜택을 받는 사람이 많을 것입니다.

엎드려 기도하오니, 위태로운 곳에 다리를 설치하고 중류中流에는 지주砥柱를 세울 수 있도록 해 주십시오. 내가 이 다리에 글을 지어 붙이는 일이 꼭 영광스러운 일만은 아닙니다. 사마司馬가 남으로 내려오거나 북으로 올라갈 때에 다들 이곳에 이르러서는 이리저리 방황하고 물을 물음에 와룡臥龍이 이리저리 섞여 있다가 이에 의지해 풀어질 것입니다. 노래는 다음과 같습니다. 이제 이 물을 건너기 어려웠던 예전의 걱정거리는, 완전히 면하게 되었네. 부디 다 함께 기꺼이 참여할 마음을 내어서, 각각 도움의 손길을 보태 주시기를 빕니다.

造木橋文

渡河無筏。咫尺成千里之遙。架木爲橋。從權僅數金之費。雖價廉廉而工省也。乃用溥而惠多焉。伏祈險處示津梁。且以中流作砥柱。題詞不必榮。司馬南來北徃。盡此縱橫。問水應須看。臥龍七錯八差。憑玆融會。謳歌可謂。云爾病涉。吾知免夫。共發肯心。各垂隻手。

돌다리를 놓는 글

무지개가 걸린 듯 아름다운 돌다리가 거대하고 우아한 모습을 드러내니, 까마귀와 까치도 때맞춰 특별히 상서로운 호응을 표하였습니다.

지금 이 다리는 수레와 말이 지나다닐 편리한 길이며, 물과 뭍을 잇는 중요한 나루터입니다. 여러 고을의 공물을 수송하는 일이 춘하추동 어느 한 철 끊이지 않고, 많은 백성들이 오고 가는 일도 동서남북 어느 지방 사람을 따로 논할 것이 없었습니다. 그러나 다리가 끊어져 길이 막혔으니, 어떻게 편안히 건널 수가 있겠습니까. 물이 깊은 데다가 강변의 언덕까지 무너져서 서로 통하기가 무척 어려웠습니다. 비바람 거센 여름이면 물결이 벼랑을 칠 정도로 거칠게 일어나고, 눈보라 몰아치는 추운 겨울이면 싸늘한 얼음이 하늘까지 이어질 정도입니다. 이 강이 얼마나 깊은지 얼마나 얕은지 누가 추측이나 하겠습니까마는, 절대로 바짓가랑이를 걷고 물속을 걸어서 건널 수는 없습니다. 새벽이면 달려오던 말이 진퇴유곡의 상황에 근심을 품고, 석양의 외로운 나그네 물가에서 맞은편 언덕을 멍하니 바라보며 탄식만 하였습니다.

이참에 신도 비구 아무개가 격려하고 채찍질하여 도와주시는 크나큰 힘을 빌리고 솜씨 좋은 장인의 공력을 의지하고자 하니, 원컨대 부디 보답할 길 없는 크나큰 은혜를 베풀어 스스로 더없는 복록을 취하도록 하소서. 저 언덕에 이르는 길에 말을 타고 오건 걸어서 오건 따지지 않으니, 다 함께 이 공력을 이룩하는 데 시주를 적게 하건 많이 하건 누가 뭐라고 하겠습니까.

造石橋文
星虹紀美。足彰巨麗之稱。烏鵲順時。自表殊祥之應。今某橋也。輪蹄便道。水陸要津。列邑貢輸。不絶於春夏秋冬之日。萬姓來徃。無論乎東西南北之人。然而橋斷路窮。何以利涉。水深岸缺。難可相通爾。其淫雨狂風。濁浪排岸。嚴冬朔雪。寒氷連空。誰能測其淺深。決難可以揭厲。凌晨走馬。幾抱惟谷之愁。落日孤笻。徒齎望涯之歎。玆者信人比丘某。欲借秦鞭之勢。以資郢匠之功。願施不報之恩。自取無爲之福。共達彼岸。不問騎來步來。同成斯功。何論小施大施。

찬 1
贊__1)

문수대사찬
文殊大士贊

문수이건 문수가 아니건	是文殊非文殊
구름 걷히면 허공이고	雲開碧落
법계를 나오건 법계를 들어가건	出法界入法界
달빛 가득한 땅이로다.	月滿坤維
용과 뱀이 섞여 있는	龍蛇混新2)兮
오대산五臺山213 정상	五臺之頂
범인과 성인이 함께 사는	凡聖同住兮
칠불의 스승이로다	七佛之師

---

1) ㉜ '一' 한 글자는 편자가 보입한 것이다.
2) ㉠ '新'은 '雜'의 오류인 듯하다.

보현대사찬
普賢大士贊

헝클어진 머리카락에	蓬鬢蕭蕭
초라한 초의를 입으셨지만	草衣楚楚
심문心聞의 종주가 되시고	心聞[1]之宗
드넓은 발원의 바다에 선조가 되시었네	願海之祖
부처님께서 고개 돌려 보니 갖가지 꽃들이 붉게 피어 있고	象王回首百花紅
수없이 많은 국토에서 대사의 면목을 보겠네	刹刹塵塵面相覰

---

1) ㉭ '聞'은 '門'의 오류인 듯하다.

달마 대사찬
達摩大師贊

서천에서는 일찍이 이견왕²¹⁴을 꺾더니	西天曾挫異見王
동토에서는 양梁나라 무황을 후려쳤네	東土撞着梁武皇
확 트여서 성스럽다고 할 것이 없으니	廓然無聖兮
진나라 송곳²¹⁵처럼 쓸데가 없네	秦時輾轢鑽
구 년 동안을 면벽하여도	九年面壁兮
상여 수레 떠난 뒤의 약주머니처럼 소용이 없구나	喪車後藥囊
눈 속에서 한 사람을 찾아내니²¹⁶	雪中引得一箇
이제야 비로소 인재를 얻었구나	方始能破天荒
이때부터 악독이 더욱 번성하였으나	從此惡毒滋長
동시에 오엽의 향기를 퍼뜨렸다 하네	喚作五葉聯芳
이 못난 내가 대사의 먼 후손 자리에 서 있으니	這漢忝爲末裔
얼굴 가득 부끄러움을 견디지 못하겠네	不堪滿面慚惶
한 잔의 차와 화로 가득한 향불을 올리니	一甌山茗一爐香
집안의 허물을 거듭 밖으로 드날리는 꼴이로구나	家醜重重又外揚

『연담대사임하록』 제3권 끝

第三卷終

주

1 「蓮潭大師自譜行業」의 기록에 의하면 1750년(영조 26, 경오) 봄의 일이다.
2 고제高弟 : 고족제자高足弟子의 줄임말로, 학식과 품행이 뛰어난 제자를 말한다.
3 당기當機 : 부처님의 설법이 중생의 근기에 따라 이익을 주는 일을 말한다. 바꾸어 말하면 부처님의 설법에 적합한 근기라는 뜻이다.
4 솜씨 좋은~마음대로 놀리듯 : 학문이나 예술 등이 깊은 경지에 들어간 정도를 비유하는 말이다. 『莊子』 「養生主」에 나오는 고사이다.
5 조적祖逖과 같이~있었던 것입니다 : 조적은 범양范陽 사람으로 강개慷慨하여 지절志節이 있었다. 친분이 두터웠던 유곤劉琨은 조적이 등용되었다는 말을 듣고 편지를 보내어 말하길 "내가 창을 베고 잠을 자면서 아침을 기다린 것은 적을 맞아 섬멸하기 위함이요, 항상 조적이 나보다 먼저 채찍을 들까 두려웠다."라고 하였다. 『晉書』 「劉琨傳」에 나오는 말이다. 여기서는 영해影海 선사가 남보다 먼저 학문에 뜻을 두었다는 말을 하는 것이다.
6 명상名相 : 일체의 사물에는 명名과 상相이 있으니 귀로 들을 수 있는 것을 명, 눈으로 볼 수 있는 것을 상이라고 한다. 이것은 모두 허망하고 거짓된 것으로 법의 실성에 계합되지 않지만, 범부는 항상 이 실성이 없는 명상을 분별하여 갖가지 망상과 의혹을 일으킨다.
7 식수識數 : 마음이 활동하는 차례.
8 관행觀行 : 관심수행觀心修行의 약칭이다. 마음으로 진리를 관觀하여 진리와 같이 몸소 실행하는 것을 말한다. 또는 마음을 관조하는 행법行法을 말한다.
9 의문義門 : 각종의 의리義理를 말한다. 각 문중마다 차이가 있어서 피차에 서로 혼동치 않는 것을 뜻한다. 문門은 차별의 뜻이다.
10 안목眼目 : 물건의 주요한 것을 비유하여 일컫는 말이다.
11 굳건한 성곽(金湯) : 금성탕지金城湯池를 말하는데, 성곽과 못이 견고한 것을 뜻한다.
12 산화散花 : 부처님에게 공양하고 꽃을 흩뿌리는 것을 말하니, 현밀顯密의 법요식法要式에 산화散華의 의식이 있다.
13 칠처구회七處九會 : 80권본 『華嚴經』에 부처님이 『華嚴經』을 설한 장소와 모인 자리를 이렇게 표현하였다. 그 장소를 일곱 번 바꾸었고 아홉 번 모여서 설법하였다고 한다.
14 육상六相 : 총상總相·별상別相·동상同相·이상異相·성상成相·괴상壞相을 말한다. 범부가 보는 바의 사상事相에 따라 말을 하게 되면 사상이 각각 막히고 멀어져서 여섯 가지 상을 갖추지 못하게 된다. 그러나 만약 성안聖眼이 보는 바 제법諸法의 체상體相으로 말할 것 같으면, 하나하나의 사상 가운데 이 여섯 가지 상이 원융한 것을 볼 수 있다.
15 십현十玄 : 십현연기十玄緣起, 또는 현문玄門이라고 한다. 십현연기 무애법문無礙法門이라고도 하며, 화엄종에서 세운 것이다.
16 십지十地 : 십성十聖이라고도 한다. 보살이 수행하는 계위인 52위位 가운데 제41위로부터 50위까지의 10위를 말하는 것이다. 이 10위는 부처님의 지혜를 만들어 능히 지키고 움직이지 않으며, 일체 중생을 교화하여 이익을 주는 것이 마치 대지가 만물을 싣

17 팔난八難 : 부처님을 뵙고 법을 듣는 데에 여덟 가지 장애가 있다. 지옥地獄·아귀餓鬼·축생畜生·울단월鬱單越·장수천長壽天·농맹음아聾盲瘖啞·세지변총世智辨聰·불전불후佛前佛後의 여덟 가지를 말한다.
18 세 가지의 덕(三德) : 『涅槃經』에서 설한 대열반大涅槃이 구비하는, 법신덕法身德·반야덕般若德·해탈덕解脫德의 세 가지 덕을 말한다.
19 「蓮潭大師自譜行業」에 의하면 1754년 갑술년 봄의 일이다.
20 삼성三聖 : 화엄삼성華嚴三聖.『華嚴經』과 관련 있는 비로자나불·보현보살·문수보살을 말한다.
21 십주十住 : 들어가서 반야를 다스리는 것을 주住라 하고, 주하면서 공덕을 만드는 것을 지地라 한다. 이미 믿음(信)을 얻은 뒤에 나아가서 불지佛地의 계위에 머무는 것을 말한다. 발심주發心住·치지주治地住·수행주修行住·생귀주生貴住·방편구족주方便具足住·정심주正心住·불퇴주不退住·동진주童眞住·법왕자주法王子住·관정주灌頂住를 말한다.
22 대교大敎 : 여래의 교법敎法, 특히 『華嚴經』을 일컫는 말이다.
23 범어梵魚 : 어범魚梵을 말한다. 어범은 어산魚山 또는 어산漁山이라고도 한다. 산동성山東省 동아현東阿縣 서쪽 8리쯤에 있다고 한다. 진사왕陳思王 조식曹植이 여기서 놀다가 범천梵天의 음성을 듣고 범패梵唄를 만들었다고 한다. 그래서 범패를 어패魚唄 또는 어범이라고 한다.
24 타화천他化天 : 타화자재천他化自在天을 줄인 이름이다. 욕계欲界 육천六天의 여섯째이므로 제6천이라고도 한다. 이 하늘은 하천下天에서 남의 즐거움을 빌려 놀기에 타화자재라고 한다.
25 삼륜三輪 : 무상륜無常輪·부정륜不淨輪·고륜苦輪을 말한다.
26 육취六趣 : 중생의 업에 의하여 윤회하는 여섯 가지 세계, 즉 지옥취地獄趣·아귀취餓鬼趣·축생취畜生趣·아수라취阿修羅趣·인간취人間趣·천상취天上趣를 말한다.
27 안팎의 장애(二障) : 이장二障은 혹장惑障을 두 가지로 나눈 것으로, 번뇌장煩惱障과 소지장所知障, 내장內障과 외장外障을 말한다.
28 시왕十王 : 『十王經』에 나오는 저승에서 죽은 자를 다스리는 열 명의 대왕이다. 진광왕秦廣王·초강왕初江王·송제왕宋帝王·오관왕五官王·염마왕閻魔王·변성왕變成王·태산왕泰山王·평등왕平等王·도시왕都市王·전륜왕轉輪王을 말한다.
29 삼유三有 : 삼계三界와 같은 말이다. 유有는 존재한다는 뜻으로, 선악의 업인業因에 따라 받게 되는 고통과 즐거움이 제각기 다른 욕유欲有·색유色有·무색유無色有를 말하는 것이다.
30 갈마羯磨 : 작법이라고 번역한다. 수계受戒나 참회 때의 의식작법을 가리키는 것이다.
31 단하丹霞 : 등주鄧州 단하산丹霞山의 천연天然(739~824) 선사로, 석두石頭 선사의 법을 이었다. 어릴 적에 유교와 묵자墨子를 전공하여 구경九經을 통달하였다. 단하는 절에 들어가 2년 동안 밥 짓는 일을 맡았는데, 어느 날 석두가 대중에게 "내일은 불전 앞의 풀을 베고자 한다."라고 하였다. 이튿날 대중이 모두 풀을 베려고 괭이와 낫을 가지고 나왔는데, 단하는 유독 칼과 물을 가지고 나와서 석두 앞에 꿇어앉자, 화상이 웃으면서 머리를 깎아 주었다. 단하의 정수리에 봉우리가 우뚝 솟아 있었는데, 화상이 이를

만지면서 "천연이로다."라고 했다. 그리하여 법명을 천연이라고 하였다.

32 석공石鞏 : 마조 선사의 제자인 혜장慧藏을 말한다. 강서성 임천현 무주撫州 석공산石鞏山에 살았기 때문에 이 이름을 얻게 되었다. 석공 스님은 출가 전에 사냥꾼이었는데, 어느 날 사슴을 쫓다 마조 선사의 암자 앞까지 오게 되었다. 마조 선사의 똑같은 생명인데 왜 자신을 쏘지 않느냐는 질문에 무명을 벗어던지고 출가하였다고 전한다.

33 머리꽁지(周羅) : 주라周羅는 또는 주라발周羅髮, 수라首羅라고 한다. 번역하여 소계小髻, 즉 상투를 말한다. 사미가 득도할 때에 머리에 다섯이나 셋의 상투를 남겨 놓았다가 화상의 앞에 가서 꿇어앉으면 화상이 이것을 깎는다.

34 표시 없는~것을 받았으니 : 표시 나지 않는 계체戒體는 받아 지니고, 표시 나는 계첩戒牒을 받았다는 말이다.

35 윤왕輪王 : 윤보輪寶를 굴리면서 일체를 굴복시켜 다스리고, 수미須彌 사주四洲를 통솔하는 대왕, 즉 전륜성왕轉輪聖王을 말하는 것이다.

36 사은四恩 : 네 가지의 은혜를 말하는 것으로, 어머니의 은혜·아버지의 은혜·여래의 은혜·설법 법사의 은혜를 말하기도 하고, 또는 부모의 은혜·중생의 은혜·국왕의 은혜·삼보의 은혜를 말하기도 한다.

37 삼유三有 : 여기서 삼유란. 생유生有·본유本有·사유死有를 말한다.

38 축융祝融이 시령時令을~없는 것입니까 : 전욱顓頊은 중국 상고시대의 이상적인 군주이고 축융은 여름의 시령을 맡은 신으로, 전욱의 아들, 혹은 손자라고도 한다. 여기서는 축융이 어찌하여 훌륭한 부조父祖의 인정仁政을 본받지 않고, 이와 같이 여름에 비를 내리지 않느냐는 말이다.

39 상림桑林에 나아가~일이 있겠습니까 : 은殷나라 탕왕湯王이 7년의 가뭄에 몸소 상림의 들에 나아가 비를 빌 때에, 여섯 가지 일로 자책自責을 하였다고 한다. 첫째는 정사政事가 균형을 잃지 않았는가, 둘째는 백성들이 직분을 잃지는 않았는가, 셋째 궁실이 사치스럽지는 않은가, 넷째 궁녀의 투기가 성행하는가, 다섯째 뇌물이 행해지는가, 여섯째 아첨하는 무리가 창궐하는가 등이었다. 그러자 곧 수천 리 땅에 비가 내렸다고 한다.

40 동해東海에 있었던~원통한 3년 : 동해라는 곳에서 자식도 없는 과부가 역시 홀로 된 시어머니를 정성껏 모시고 살고 있었다. 이에 시어머니는 며느리를 몹시 가엾게 여겨서, 며느리가 재가를 하도록 권했으나 며느리는 끝내 떠나지 않았다. 그러자 시어머니는 며느리가 자기 때문에 시집을 가지 못한다고 생각하고는 스스로 목을 매어 죽어 버렸다. 이렇게 되자 시누이는 며느리가 어머니를 박대하여 목을 매어 죽게 하였다고 관청에 고소하였고, 관청에서는 며느리를 잡아다 가두고 혹독한 형벌로 다스렸다. 그리하여 마침내 며느리가 허위 자백을 하였고, 태수는 그 며느리를 사형에 처하였다. 이일이 있은 뒤로 동해에는 계속 비가 내리지 않았다고 한다. 마침내 3년이 지나, 옥사獄事에 밝은 우정국于定國의 아버지 우공于公이 새로운 태수로 부임하게 되었다. 새 태수가 옥사를 다스리면서 옛날 사형을 당한 과부 며느리가 효부였던 것을 알고 그의 묘에 제사를 지냈더니, 곧 큰비가 내렸다고 한다. 『說苑』 「貴德」에 나온다.

41 선법당善法堂 : 제석천의 강당을 말한다. 수미산 꼭대기 희견성喜見城 밖 서남쪽에 있다. 이곳에서 사람의 선악을 논한다고 한다.

42 석연石燕 : 돌의 일종인데, 표면에 무늬가 있고, 모양은 제비와 비슷하여 큰비가 오면

날아다닌다고 한다. 『本草』「石燕」에 나온다.
43 상양商羊 : 전설상의 새로, 다리가 하나뿐이고, 부리는 붉으며, 깃이 아름답다고 한다. 낮에는 숨어 있다가 밤이면 날아다니는데, 이 새가 나타나면 큰비가 올 징조라고 한다.
44 「蓮潭大師自譜行業」의 기록에 의하면 1764년(영조 40, 갑신) 봄의 일이다. 연담 대사는 1760년부터 해남 대둔사 주지를 맡았다.
45 발제拔提 : 바제婆提 비구의 이름이다. 석성釋姓 가운데 왕을 발제석왕跋提釋王이라고 부른다. 발제는 현賢으로 번역한다. 부처님이 처음 가비라성迦毘羅城에 돌아왔을 때 500여 인과 함께 출가하여 자신의 노비였던 우바리優婆離에게 머리를 깎고 구계具戒를 받은 후, 마침내 아라한과阿羅漢果를 증득하였다고 한다.
46 비야성毘耶城 : 비야리성毘耶離城을 말한다. 유마거사維摩居士가 살던 곳이다.
47 향적주香積廚 : 선원의 주방을 말한다.
48 눈썹을 붉게 칠한 도적(赤眉) : 적미赤眉는 서한西漢 말의 떠돌이 도적 떼를 부르는 이름이다. 왕망王莽이 한나라를 찬탈하자, 낭야琅琊의 번숭樊崇이 거莒에서 군사를 일으켰는데, 왕망의 군대와 혼돈을 피하여 눈썹에 붉은 칠을 하였기 때문에 적赤이라는 이름을 붙였다. 『漢書』「王莽傳」에 보인다.
49 구품九品 : 극락세계에 왕생하는 아홉 종류의 품류品類라는 뜻이다. 상상上上·상중上中·상하上下·중상中上·중중中中·중하中下·하상下上·하중下中·하하下下를 말한다.
50 미황사美黃寺는 전라남도 해남군 서정리에 있는 절이다. 연담 대사는 1768년에서 1769까지 미황사의 주지를 맡았다. 입적하기 바로 전 해인 대사 나이 78세이던 1797년 8월에도 미황사에서 스스로 「蓮潭大師自譜行業」을 지었다고 기록되어 있다.
51 홍예다리(虹橋) : 양쪽 끝은 처지고 가운데는 높여서 무지개처럼 만든 둥근 다리를 말한다.
52 한여름(九夏) : 여름 3개월 90일 간을 말한다.
53 53개의 읍을 찾아 : 선재동자가 문수사리를 뵙고 발심하여, 남으로 내려가면서 오십삼 선지식을 차례로 찾아뵙고 법계에 증입證入하였다고 한다. 여기서는 여러 선지식을 찾아가듯 시주자들을 정성으로 찾아다녔다는 의미로 53이라는 숫자를 쓴 듯하다.
54 상사일上巳日 : 3월 3일을 말한다.
55 삼천三天 : 불교에서 세운 삼신三身 또는 바라문에서 세운 삼신을 말한다. 마리지천摩利支天·변재천辯才天·대흑천大黑天을 말한다.
56 「육도六韜」 : 병서兵書의 이름이다. 주周나라의 여망呂望이 지은 책으로, 「文韜」·「武韜」·「龍韜」·「虎韜」·「豹韜」·「犬韜」로 나뉘어 있으므로 육도라고 하였다.
57 『옥령玉鈴』 : 병서로서, 저자와 연대는 미상이다.
58 중영中營 : 조선 후기 훈련도감訓鍊都監의 오영五營 가운데 하나이다.
59 각범覺範 : 송나라의 스님이다.
60 황산곡黃山谷 : 송대宋代의 시인 황정견黃庭堅(1045~1105)을 말한다. 산곡山谷은 그의 호이다.
61 포암蒲庵 : 명나라의 스님이다.
62 경계의 말(書紳之戒) : 자장子張이 "어떻게 하여야만 자기의 뜻대로 행해집니까?"라고 물었더니, 공자가 대답하길 "말이 진실하고 믿음직하며 행실이 돈독하고 삼가면 오랑캐의 나라라도 행해지나, 말이 진실하지 못하며 행실이 바르지 못하면 고향에서라도

행해질 수 있겠느냐."라고 하였다. 자장은 이 말을 듣고 잊어버릴까 염려하여 곧 자신의 띠에 써 두었다. 『論語』「衛靈公」에 나오는 말이다. 이렇게 훈계가 될 만한 말을 기록하여 옆에 두고 항상 잊지 않는 것을 서신지계書紳之戒라고 한다.
63 저속한 속어(兎園) : 서한西漢 경제景帝 때 양梁의 효왕孝王이 하남성河南省 상구현商邱縣의 동쪽에 만든 토원兎園을 효왕의 사후에 경제가 백성에게 경작하게 하였는데, 토원의 세금을 기록한 장부가 다 속된 말(俚語)로 되어 있었다. 이로 인해 저속한 글을 토원책兎園冊이라고 한다. 『五代史』「劉岳傳」에 나온다.
64 열도閱道 : 송나라 조변趙抃의 자이다.
65 속수涑水 : 사마광司馬光이다.
66 광한전廣寒殿 : 달 속에 있다고 전하는 항아姮娥가 사는 전각殿閣이다. 광한궁廣寒宮 또는 광한부廣寒府라고도 한다.
67 함께 노닐게(相羊) : 상양相羊은 상양徜徉, 즉 배회한다는 뜻이다.
68 쓸모없는 허깨비(芻狗) : 추구芻狗는 마른 짚으로 만든 개로서, 제사에 사용하고 제사가 끝나면 버리는 물건이다. 곧 쓸데가 있으면 쓰다가 쓸데가 없어지면 버리는 물건을 비유하는 말이다. 『道德經』에 이르기를 "천지가 어질지 못하여서 온갖 물질을 추구로 만들고, 성인이 어질지 못하여서 백성을 추구로 삼는다.(天地不仁。以萬物爲芻狗。聖人不仁。以百姓爲芻狗。)"라고 하였다.
69 동평왕東平王 : 후한後漢의 유창劉蒼을 말한다.
70 주문공朱文公 : 주자朱子를 말한다.
71 영운靈雲 : 당나라 복주 영운산靈雲山의 지륵志勒 선사를 말한다.
72 향엄 지한香嚴智閑(?~898) : 당대唐代의 선사로, 청주靑州 사람이며, 속성은 유씨劉氏이다. 기와 조각을 무심코 던지다가 대나무에 맞아 내는 딱 소리에 깨달았다고 한다.
73 고대 중국에서는 천자가 매년 12월에 명년의 월력月曆을 제후에게 나누어 준다. 제후는 이것을 받아 조묘祖廟에 간직하고, 매월 초하루에는 양을 잡아 고한 다음, 그 달의 책력을 받아 국내에서 행하게 하였다. 그러나 후세에 내려오면서 이대로 시행되지는 않고, 유사有司들은 그저 양만 잡아 올렸다. 이를 본 공자의 제자 자공子貢이 이러한 예를 없애자고 공자에게 건의하였다. 그러자 공자가 대답하길 "자공아, 너는 그 양이 아까워서 하는 말이냐, 나는 그 예를 귀하게 여기노라."라고 하였다. 『論語』「八佾」에 나온다. 여기서는 실제로 도를 이룬 자가 없다고 하지만 이름만이라도 보존하여서 훗날에 혹 이름 그대로 도를 이루는 자가 나오기를 기대한다는 말이다.
74 육예六藝 : 예禮·악樂·사射·어御·서書·수數를 말한다.
75 버들잎을 뚫고 : 전국시대 양유기養由基란 사람은 활을 잘 쏘는 명수였다. 백 걸음이나 떨어진 먼 곳에서도 버들잎을 쏘아 맞혀 떨어뜨렸다고 한다. 『戰國策』「西周策」에 나온다.
76 이(虱)의 가슴팍을 관통하는 : 기창紀昌이라고 하는 사람도 활의 명수로, 먼 곳에서 활을 쏘아 이의 가슴 가운데를 관통하였다고 한다. 『列子』「湯問」에 나온다.
77 염파廉頗 : 전국시대 조趙나라의 명장名將으로, 문무의 재주를 겸비하였으므로 염파가 장수로 있을 때는, 강성했던 진秦나라조차도 감히 덤비지 못할 정도로 위엄을 떨쳤다고 한다. 『史記』 권81「廉頗藺相如列傳」에 나온다.
78 이목李牧 : 전국시대 조趙나라의 명장으로, 일찍이 흉노匈奴를 크게 격파하여 그들로

79 청량淸凉 대사 : 화엄종華嚴宗의 4조祖이며, 이름은 징관澄觀(738~839)이다. 『華嚴經疏抄』 80권을 저술하였다.
80 화두금강火頭金剛 : 범어로 오추사마烏芻沙摩라고 한다. 더러운 것을 없애 주는 명왕明王으로, 온몸에서 큰불을 낸다고 한다.
81 영광전靈光殿 : 한漢나라 경제景帝의 아들 공왕恭王이 건립한 궁전 이름이다. 한나라가 중간에 국력이 쇠하여서 도적이 사방에서 일어나 서경西京의 미앙궁未央宮과 건장전建章殿은 모두 불에 탔지만, 이 영광전만은 홀로 우뚝하게 남아 있었으므로 사람들이 모두 우러러보았다고 한다.
82 『사산비명四山碑銘』 : 신라 말기의 학자 최치원崔致遠이 지은 비문 가운데, 신라의 불교사를 비롯하여 한문학사·사상사 등 여러 면으로 자료적 가치가 높은 네 편을 뽑아 엮은 책이다. 네 편의 비문은, 첫째 국보 제8호인 충청남도 보령시 성주면 성주리 성주사 터에 있는 '숭엄산성주사대낭혜화상백월보광탑비명崇嚴山聖住寺大朗慧和尙白月葆光塔碑銘', 둘째 국보 제47호로 지정된 경상남도 하동군 화개면 운수리 쌍계사 경내에 있는 '지리산쌍계사진감선사대공령탑비명智異山雙溪寺眞鑑禪師大空靈塔碑銘', 셋째 경상북도 경주시 외동면 말방리 대숭복사에 있었던 '초월산대숭복사비명初月山大崇福寺碑銘', 넷째 보물 제138호인 경상북도 문경시 가은면 원북리 봉암사 경내에 있는 '희양산봉암사지증대사적조탑비명曦陽山鳳巖寺智證大師寂照塔碑銘'이다. 이 『四山碑銘』은 조선 선조와 광해군 때 해안海眼 스님이 처음으로 『孤雲集』에서 네 비문을 뽑아 책으로 엮고 주석을 붙인 이래, 연담 유일蓮潭有一·몽암蒙庵·홍경모洪景謨 등의 주해가 이어졌으며, 근세까지 모두 십수 종의 주해본이 나왔다.
83 피 튀기는 싸움(玄黃之戰) : 『周易』 곤괘坤卦 상육효上六爻에 "용이 들에서 싸우니, 그 피가 검고 누렇다.(龍戰于野。其血玄黃)"라고 하였고, 「文言傳」에 "현황玄黃은 천지가 뒤섞인 색이다.(玄黃者。天地之雜色。)"라고 하였다. 여기서는 서로 싸우는 것을 이른 말이다.
84 고병高騈(821~887) : 당나라 말기에 절도사節度使를 지냈다.
85 황소黃巢의 난은 당나라 말기 희종僖宗 건부乾符·중화中和 연간(875~884)에 일어나 당나라가 멸망하는 계기가 된 반란이다. 황소가 반란군을 이끌고 있을 때 이를 막기 위해 진압군을 파견했는데, 그때 최치원도 종사관으로 참전을 하였다. 그가 쓴 『討黃巢檄文』은 황소를 두려움에 떨게 하였다고 하여, 중국에 널리 그 명성을 떨쳤다.
86 헌강왕憲康王 : 신라 제49대 왕으로, 서기 875년에서 886년까지 재위하였다.
87 고려 태조 왕건王建이 두각을 나타내자, 최치원은 신라가 망하고 고려가 일어나게 될 것을 알았다 한다. 당시의 전하는 말에 "곡령鵠嶺은 소나무가 푸르고, 계림은 노란 잎이 된다."라는 말이 있었다고 한다. 『輿地勝覽』에 나온다.
88 좌우左右 : 유교와 불교를 말한다.
89 왕자안王子安 : 당나라 초기의 시인 왕발王勃(650~676)의 자가 자안子安이다. 초당사걸初唐四傑 가운데 한 사람이다.
90 「익주부자묘비益州夫子廟碑」 : 당나라 왕발王勃이 지은 것으로, 여기에서 성인聖人의 열 가지 일을 들어 말하였다. 곧 성인의 대업大業·지상至象·강적강적降跡·성무成務·구

시교時敎 · 입교立敎 · 찬역贊易 · 관화觀化 · 응화應化 · 유풍遺風을 말한 것이다. 『王子安集』에 나온다.

91 장식藏識의 바다(識海) : 진여眞如를 일컬어 여래장如來藏이라고 하는데, 진여가 인연을 따라 모든 법을 일으키는 것이 마치 바다의 파도와 같으므로 장식의 바다라고 하는 것이다.

92 세 가지 독(三毒) : 삼근三根이라고도 한다. 탐독貪毒 · 진독瞋毒 · 치독痴毒을 말하니, 깨달음에 장애를 일으키는 세 가지 번뇌인 탐냄 · 성냄 · 어리석음을 말한다.

93 고공苦空 : 유루과보사상有漏果報四相 가운데 둘이다. 유루의 과보는 삼고三苦와 팔고八苦의 근본이 되므로 고苦라고 하고, 만유萬有는 하나도 그 실체나 제 성품이 없으므로 공空이라 하는 것이다.

94 온종일(二六時) : 이륙시二六時는 하루 밤낮 12시를 말하는 것으로 중국의 역법에 따른 것이다.

95 오탁五濁 : 오혼五渾이라고도 한다. 겁탁劫濁 · 견탁見濁 · 번뇌탁煩惱濁 · 중생탁衆生濁 · 명탁命濁을 말한다.

96 발징發徵 : 신라 시대의 승려로, 휘는 동량棟樑(?~785)이다. 염불종念佛宗의 개조이며, 우리나라 최초로 만일염불회萬日念佛會를 조직하였다. 신라 경덕왕 17년(758) 강원도 건봉사乾鳳寺에서 만일미타도량을 개설하여 27년째 되던 785년에 만 일이 차자, 같이 수행하던 31인과 함께 공중으로 솟아 극락왕생하였다고 한다. 지금도 건봉사 서쪽 5리쯤 되는 곳에는 공중으로 날아가다가 그곳에서 몸을 버렸다는 소신대燒身臺가 있으며, 그 유골은 소신대의 돌 속에 간직하였다고 한다.

97 모범(羽儀) : 『周易』 점괘漸卦에 "기러기가 육지에서 차츰 나아감에 그 날개는 가히 의표로 쓸 만하다.(鴻漸于陸。其羽可用爲儀)"라고 하였고, 공영달孔穎達은 소疏에서 "높은 자리에 처해서도 능히 그 자리 때문에 스스로 매이지 않으면, 그 날개는 다른 물건의 전범으로 쓸 수 있으니, 귀하고 모범이 될 만하다.(處高而能不以位自累。則其羽可用爲物之儀表。可貴可法也)"라고 하였다. 후에 우의羽儀라는 말은 높은 자리에 있으면서 재주와 덕이 있어 사람들에게 존중을 받거나 모범이 될 만한 사람의 비유로 쓰였다.

98 삼초三草 : 풀은 상 · 중 · 하가 있어서 약용 · 식용 · 잡풀이 있듯이 사람에게도 그 근기에 따라 상 · 중 · 하의 차이가 있다는 것이다. 『法華經』 「藥喩品」에 나온다.

99 괴안국에서 누린~한바탕 봄꿈 : 당나라 때 순우분淳于棼이 대낮에 큰 느티나무 밑에서 술에 취하여 잠이 들었는데, 꿈속에 대괴안국에 가게 되었다. 그곳의 국왕이 그의 딸을 아내로 삼아 주고 그를 남가군南柯郡의 태수로 삼아 주었기에 20년간 온갖 부귀영화를 누렸으나, 깨어 보니 한바탕 꿈이었다는 고사이다. 남가일몽南柯一夢이라고도 한다. 『異聞集』에 나오는 이야기이다. 헛된 한때의 부귀영화를 뜻하는 말로 쓰이기도 한다.

100 당나라 백장 스님이 법회를 열었는데, 법문을 듣는 무리들 가운데 머리 허연 노인이 한 사람 있었다. 그는 전생에 "대승 학인도 인과에 떨어집니까?"라고 묻는 질문에 "대승 학인은 인과에 떨어지지 않는다."라고 대답을 했지만, 속으로 의심을 가졌기에 5백 생 동안 여우의 몸을 받았다고 한다.

101 공자는 "의로운 일을 보고 행하지 않음은 용기가 없기 때문이다."라고 하였다. 여기서는 겸양謙讓하여 이른 말이다. 『論語』 「爲政」에 나온다.

102 공자가 말하기를 "인仁에 대해서는 스승에게도 양보하지 않아야 한다."라고 하였다. 『論語』「衛靈公」에 나온다.
103 겉만 번지르르한 천박한 재주 : 검려지기黔驢之技. 검주黔州 땅에는 원래 노새가 없었다. 그래서 어느 날 어떤 사람이 노새를 끌고 가는 것을 본 범은, 노새가 큰 소리로 울부짖는 것을 보고 아주 두려워하였다. 그러나 어쩌다 노새의 발에 채인 범이 노새가 사실은 힘이 보잘것없다는 것을 알아채고 노새를 잡아먹었다. 곧 겉치레만 있고 실속이 없는 일을 비유하는 말이다. 유종원柳宗元의 「三戒」에 나오는 이야기이다.
104 표훈사表訓寺 : 의상義湘의 제자인 표훈表訓 스님이 8세기 전반에 창건한 절이다. 절의 위치는 법기보살法起菩薩이 상주하고 있다는 금강산의 법기봉法起峯을 배경으로 하고 있다.
105 정양암正陽庵 : 금강산 표훈사 뒤쪽 5리쯤에 위치한 암자이다. 고려 태조가 이곳에 올라왔을 때 법기보살이 현신하여 석상石上에서 방광放光을 하였고, 이에 감격한 태조가 정양사를 창건하였다고 한다.
106 『화엄경』(蚪藏) : 규장蚪藏은 용궁 속에 있는 장경이라는 뜻으로, 『華嚴經』을 말한다. 규蚪는 규궁蚪宮을 말하니 바로 용궁龍宮이요, 장藏은 장경이라는 뜻이다. 용수보살 龍樹菩薩이 용궁에 들어가서 『華嚴經』을 가져왔다고 한 데서 유래한 말이다. 『華嚴經』의 내용 중에 "동쪽 땅 금강산이 있으니, 일만 이천 봉우리이다."라는 말이 있다고 한다.
107 영랑봉永郞峰 : 금강산 내금강의 한 봉우리이다.
108 법기봉法起峰 : 금강산의 한 봉우리이다. 이곳에 법기보살이 상주하면서 설법을 하고 있다고 하여 붙여진 이름이다. 80권본『華嚴經』에 금강산이 법기보살의 주처라고 밝히고 있는데, 80화엄의 「諸菩薩住處品」에서는 방위별로 산 이름을 열거하고 예로부터 여러 보살들이 머물러 살았음을 상기하고 있다. 그 내용 가운데 동북방 청량산 다음에 금강산을 열거하고, 거기에 법기보살이 거처하며 1,200여 명의 권속을 거느리고 지금도 설법을 한다고 하였다. 그 설법의 내용은 주로 반야에 관한 설법이라고 한다.
109 기록한 문헌(杞宋文獻) : 기송杞宋은 『論語』「八佾」에 나오는 공자의 말로, "모든 옛 나라의 역사를 징험할 수 있으나, 오직 기나라와 송나라의 역사만은 징험할 수 없으니, 그것은 문헌이 부족한 때문이다. 문헌만 있다면 내 능히 징험해 보일 수 있겠다.(夏禮吾能言之。杞不足徵也。殷禮吾能言之。宋不足徵也。文獻不足故也。足則吾能徵之矣。)"라고 말하였다.
110 중향성衆香城 : 중향국衆香國. 불경에 등장하는 나라 이름인데, 부처님은 향적국香積國이라 부르셨다. 그 나라의 누각이나 동산과 뜰이 모두 향기롭고 그 향기가 시방 무량세계를 온통 감싼다는 곳이다.
111 파륜波崙 : 또는 파륜波倫이라고도 하며, 살타파륜薩陀波崙의 약칭으로 보살의 이름이다. 상제常啼라고 번역한다. 반야般若를 구하기 위하여 7일 밤낮을 울며 곡하였다는 보살이다.
112 아랑위포兒郞偉抛 : 상량문上樑文 문장의 투식套式이다. 앞부분에 내용을 다 쓴 다음, 뒤에는 축祝을 하는데, "어영차, 들보를 동쪽으로 던져라."라는 등의 말로 시작하여 동쪽·서쪽·남쪽·북쪽의 사방과 위와 아래를 합하여 모두 여섯 번의 "아랑위포"

제3권 • 627

를 부르게 된다. 이때 각 방향에 대한 축원은 각각 일곱 자씩 세 구를 짓게 된다.
113 김종정金鍾正(1722~1787) : 본관은 청풍淸風, 자는 백강伯剛, 호는 운계雲溪이다. 저서로는 『雲溪集』·『四禮輯要』·『文獻輯略』 등이 있다. 시호는 청헌淸獻이다.
114 당나라 때 홍주洪州 목사 염백서閻伯嶼가 등왕각滕王閣을 다시 지었다. 여기서는 관찰사의 의장이 여기에 임한 것이 염백서가 등왕각에 임한 것과 같다는 말이다.
115 얼마안 되는 녹봉(五斗) : 오두五斗는 오두미五斗米를 말한다. 『晉書』 「隱逸傳」 '陶潛'에 나오는 말로, 아주 적은 관가의 녹봉을 뜻하는 말이다.
116 신축년은 1781년, 갑오년은 1774년이다. 착공과 준공 연대가 이렇게 틀리는 것은 원본의 오류로 보인다. 미황사판 목판본에도 역시 이렇게 되어 있다.
117 큰 재주(大匠之斲) : 초나라의 서울 영郢에 한 사람이 살고 있었는데, 한번 묻으면 잘 떨어지지 않는 하얀 흙이 코끝에 묻었다. 이때 목공 가운데 명수名手인 장석匠石을 시켜 깎게 하니 장석이 자귀를 흔들어 바람을 내어 백토만 깎고 코는 조금도 상처를 내지 않았다고 한다. 지극히 공교한 공장工匠을 형용한 말이다. 『莊子』 「徐無鬼」에 나오는 이야기이다.
118 여기서는 저자가 겸양한 말로 이 「表訓寺正陽庵歇惺樓重甁序」와 같은 문장은 자기보다 훌륭한 문사文士가 지어야 할 글이라는 말이다. 기술이 서투른 사람은 으레 일을 하다가 손을 다치는 예가 많기 때문에 손을 다친다고 표현한 것이다.
119 절묘한 글(幼婦之辭) : 한나라 때 효녀 조아曹娥의 비문 뒤에 "황견유부외손제구黃絹幼婦外孫齏臼"라고 새겨져 있었다. '황견黃絹'은 색사色絲이니 '절絶' 자가 되고 '유부幼婦'는 소녀少女이니 '묘妙' 자가 되고 '외손外孫'은 여자女子이니 '호好' 자가 되며 '제구齏臼'는 수신受辛이니 '사辭' 자가 된다. 따라서 '절묘호사絶妙好辭', 즉 비문의 내용이 절묘하고 문장도 좋은 말이라는 뜻으로 새겨 놓은 것이다. 『世說新語』 「捷悟」에 나온다.
120 가난한 살림에도~섬겼다는 말(菽水之歡) : 숙수지환菽水之歡은 콩죽과 맹물 같은 하잘것없고 거친 음식을 먹을 정도로 가난한 살림에도 부모를 기쁘게 하며 잘 봉양한다는 뜻이다.
121 혼인(瓜葛) : 오이(瓜)와 칡(葛)은 다 덩굴식물이므로, 덩굴을 지어 이어지는 친척 관계나 사회관계를 비유한다. 부부를 비유하기도 한다.
122 곽자의郭子儀가 그랬듯이 턱만 끄덕이고 : 곽자의(697~781)는 당나라 때의 무장으로, 자손이 번성하여 백 명의 자식과 천 명의 손자를 둔 사람으로 유명하다. 자손이 너무 많아 얼굴만 알 뿐 일일이 이름을 기억하지 못했기에, 자손들이 인사를 하면 그저 고개만 끄덕여 인사를 받았다고 한다. 여기서는 강 석사의 부모가 자식 복이 많다는 뜻으로 썼다.
123 높이 오르고 멀리 행함(升高行遠) : 높고 멀다는 것은 큰 학문을 뜻한 말이다. 『中庸』에 "군자의 도는, 비유하자면 먼 곳에 감에 가까운 곳에서부터 시작하고, 높은 곳에 오름에 얕은 데서부터 시작하는 것과 같다.(君子之道, 如行遠必自邇, 如登高必自卑.)"라고 하였다. 『中庸』 15장에 나온다.
124 5리里(一牛鳴地) : 소 울음소리가 들릴 만큼 가까운 거리를 말한다. 일우후지一牛吼地라고도 하고, 줄여서 일우명一牛鳴이라고도 한다. 대략 5리쯤의 거리를 말한다.
125 의술(越人之方) : 월인越人은 전국시대의 유명한 의사인 편작扁鵲의 이름이다. 의술

이 고명한 사람을 가리킨다.
126 칠불암七佛庵 : 경상남도 하동군 화개면 범왕리에 있는 절이다. 가락국 김수로왕의 일곱 왕자가 출가하여 이곳에서 모두 성불하였다고 한다.
127 동림사東林寺 : 혜원慧遠 스님이 살던 여산에 있는 절을 말한다.
128 부구자浮丘子 : 고대 전설에 나오는 선인으로, 부구공浮丘公이라고 한다.
129 비야옹毘耶翁 : 비야毘耶는 비야리성毘耶離城으로, 이곳에 거처하던 유마維摩 거사를 말한다.
130 농옥 공주弄玉公主가~따라온 일 : 인도 갠지스강 상류 지방에 있던 태양왕조 아유다국의 공주 허황옥許黃玉이 우리나라에 와서 가락국 태조 김수로왕의 왕비가 되었다는 설화를 말한다.『三國遺事』「駕洛國記」와『東國輿地勝覽』「河洞誌」에 나온다.
131 일곱 왕자를 출가시킨 뒤 김수로왕金首露王 부부는 아들을 보고 싶은 마음을 억제할 수 없어 가락국 수도인 김해에서 배를 타고 남해 바다를 거쳐 섬진강을 거슬러 올라와 지리산 골짜기까지 찾아왔다. 그러나 왕자들의 수행을 돕고 있던 장유 선사는 수도 중인 왕자들의 마음을 흐트러뜨릴까 봐 상봉을 허락하지 않았다. 그러던 어느 날 왕비가 아들이 수도하는 운상원을 찾아갔더니, 장유 화상은 "마마의 아들들이 모두 성불했으니, 오늘은 만나 봐도 좋습니다."라고 허락하였다. 이때 공중에서 "연못을 들여다보면 아들을 만날 수 있으리라."라는 소리가 들려 연못을 들여다보았더니, 황금빛 가사를 걸친 일곱 아들이 하늘로 올라가는 모습이 보였다고 한다. 그래서 영지를 일명 천비연天飛淵이라고도 한다.
132 부처님의 도량(選佛場) : 당대唐代 천연天然 선사는 애초에 유학을 익혔는데, 장안長安으로 과거를 보러 가는 길에 만난 선승에게 "관리로 뽑히는 일(選官)이 부처로 뽑히는 일(選佛)만 못하다. 지금 강서江西 지방에 마조 대사가 있는 곳은 부처를 뽑는 장(選佛場)이니, 가 볼 만할 것이다."라는 말을 듣고 처음 마음을 바꾸어 출가하여 선문을 익히게 되었다. 이 때문에 후에 선불장選佛場은 개당開堂 · 설계設戒 · 도승지지度僧之地를 가리키는 말로 쓰이게 되었다.
133 경절문徑截門 : 경절은 직절直截과 같다. 교외선문敎外禪門의 별칭으로 삼승三乘의 교문敎門에 지위와 순서를 밟지 않고 바로 부처의 지위에 오른다는 법문이다.
134 활계活計 : 생활의 계책이란 뜻으로, 승려가 하루 여섯 때(六時) 가운데 수행하는 거취를 말하는 것이다.
135 과량기過量機 : 도량度量이 일반인보다 뛰어난 근기根機, 부처다 범부다 딱히 이름을 붙일 수 없는 근기를 말한다.
136 오위문五位門 : 오위五位는 불도를 수행하는 5종의 계위를 말한다. 자량위資糧位, 가행위加行位, 통달위通達位, 수습위修習位, 구경위究竟位이다.
137 살활殺活 : 조사祖師가 학인學人을 가르치는 방법을 평하는 말이다. 살殺은 일체를 부인하여 어떤 것도 나타나지 않게 하는 것이고, 활활은 일체를 인정함으로써 자유롭게 마음대로 왕래하게 하는 것이다.
138 방할봉갈棒喝 : 선가의 종장宗匠이 사람을 대하는 방편으로, 몽둥이로 때리거나 크게 소리 지르는 것을 말한다.
139 정토문淨土門 : 정토교淨土敎와 같다. 문은 차별의 뜻이다. 자기 힘으로 수행하여 현세에 성인이 되는 성도문聖道門에 대하여, 아미타불阿彌陀佛의 구원에 의해 극락정

토에 왕생해서 성불하고, 다시 이 세계에 돌아와 중생을 제도하는 성업聖業에 종사할 것을 가르친 법문을 말한다.
140 상승上乘 : 대승大乘의 다른 이름으로, 상행上行이라고도 한다.
141 공수반公輸班 : 춘추시대 노魯나라의 솜씨 좋은 장인이다.
142 항량項梁 : 진秦나라 사람으로, 사람을 죽이고 적국인 오吳나라에 피신해 살았다. 그곳에서 군대를 길러 학정을 펼쳤던 진나라 군대와 맞섰다. 항우項羽의 숙부이다.
143 난타사爛陁寺 : 나란타那爛陀라고 음역한다. 또 나란타사那蘭陀寺·나란타사那爛陀寺·아란타사阿蘭陀寺라고도 표기한다. 의역하면 시무염사施無厭寺라는 뜻이 된다. 고대 중인도 마게타국摩揭陀國의 수도 왕사성王舍城 북쪽에 있던 큰 사원이다.
144 악록서원岳麓書院 : 중국 호남성 장사현長沙縣 서쪽에 있는 서원의 이름으로, 주자와 장식張栻이 강학하던 곳이다.
145 육위六衛 : 상량문上樑文 문장의 투식套式으로 여섯 번 "아랑위포兒郎偉抛"를 부르며 축원을 하는 것이다.
146 조주趙州 스님의 한 글자 : 어떤 승려가 조주에게 "개도 불성이 있습니까?"라고 물었는데, 조주는 "없다(無)"고 대답하였다. 또 다른 승려가 다시 "개도 불성이 있습니까?"라고 묻자, 조주는 "있다(有)"고 대답하였다.
147 전제全提 : 종문宗門의 강요를 완전히 제기하는 것을 전제라고 한다.『無門關』송頌에 "'개도 불성이 있다'는 한마디가 완전히 정령正令을 제기하였다."라고 하였다.
148 반제半提 : 불교의 근본 진리를 남김없이 제시하는 것이 아니라, 그 반 정도만을 제시하는 것을 반제라 한다.
149 대궐(北闕) : 북궐北闕은 경복궁의 별칭이다.
150 삼축三祝 : 요임금이 화華라는 곳을 지나는데 화봉인華封人이 요임금의 앞에 나와 빌었다. "성인은 장수하시고 부귀하시며 다남多男하소서." 후세에 축하의 말로 많이 쓰인다.『莊子』「天地」에 나온다.
151 태양(金烏) : 금오金烏는 해의 별칭이다. 해 속에 세 발 달린 까마귀가 있다는 전설에서 나온 말이다.
152 격양가擊壤歌 : 농부가 태평한 세월을 읊는 노래이다.
153 중관자中觀子 : 중관 해안中觀海眼(1567~?)을 가리킨다. 중관은 대둔사 사적을 기록한『죽미기竹迷記』를 지었다.
154 눈빛 시퍼런(碧眼) : 벽안당碧眼堂을 말한다.
155 정진精進 : 정진당精進堂을 말한다.
156 약사여래(藥師) : 약사전藥師殿을 말한다.
157 고요히 내려다보고(寂照) : 적조당寂照堂을 말한다.
158 문수보살(文殊) : 문수전文殊殿을 말한다.
159 미타불(彌陀) : 미타전彌陀殿을 말한다.
160 해를 끌어오니(挽日) : 이 산 가련봉迦蓮峰 아래 만일암挽日庵이 있다.
161 미륵부처님의 상이~남쪽에 만들어지고 : 북미륵암과 남미륵암을 말한다.
162 배를 인도하여 오니(導船) : 이 산 도솔봉 아래에 도선암導船庵이 있다.
163 난타爛陀 : 비구의 이름이다. 선환희善歡喜, 목우牧牛 등으로 한역한다. 혹은 용왕의 이름이라고도 한다.

164 도사천覩史天 : 도사다천覩史多天의 약칭이다. 즉 도솔천兜率天을 말한다.
165 신사년 : 건륭乾隆 26년, 서기 1761년이다. 이해 1월 2일에 청운당이 화재로 불탔는데, 세초에 바로 중건하였다고 한다.
166 명협莫莢풀에 이파리~돋아나는 날 : 명협풀은 요임금 때 났다는 전설상의 상서로운 풀이다. 초하루부터 보름까지 하루에 한 잎씩 났다가, 열엿새부터 그믐까지 하루에 한 잎씩 떨어진다고 하여, 달력 풀 또는 책력 풀이라고도 하였다. 여기서 잎이 두 개가 생겼다고 하였으니 2일이라는 말이다.
167 화재로 타고~재와 잔해(昆明劫灰) : 한漢 무제武帝가 곤명지昆明池를 파다가 겁회劫灰를 발견하였으니, 곤명지는 수군훈련장으로 사용하기 위해 인공적으로 만든 연못이고, 겁회는 세상이 파멸할 때 일어난다고 하는 큰불의 재를 말한다.
168 동태사同泰寺 : 중국 강소성江蘇省 강녕江寧 동북쪽에 있는 절로 양梁 무제武帝 보통普通 2년(521) 9월에 건립되었다.
169 푸른 시내를 베고 누워(枕碧溪) : 침계루枕溪樓를 말한다.
170 첨복簷蔔 : 서역에 나는 향기 나는 풀의 이름이다.
171 천보天寶 : 당나라 현종玄宗의 연호로 서기 742년에서 756년까지를 이른다.
172 다스리는 약(刁圭) : 조규刁圭는 도규刀圭라고도 한다. 옛날에 약을 떠먹던 3촌寸 정도 되는 숟가락을 조刁라고 하였다. 규圭는 도량형의 단위로 1승升의 천 분의 일에 해당한다.
173 삼륜三輪이 텅 비어 고요하니(三輪空寂) : 삼륜체공三輪體空과 같다. 시공施空·수공受空·시물공施物空을 말하는 것으로, 보시행普施行을 하는 데 있어서 베푸는 사람·받는 사람·베푸는 물품이 공하다는 것이다.
174 오중五衆 : 출가한 다섯 무리를 말하는 것으로, 비구·비구니·식차마나式叉摩那·사미沙彌·사미니沙彌尼 등 다섯 부류의 사람을 말한다.
175 공화空花 : 공중의 꽃이란 뜻으로, 실체는 없는데 망령된 마음으로 분별하고 헤아려 일으킨 제상諸相을 뜻하는 말이다.
176 공자가 붓을~일흔하나의 나이 : 공자는 만년에 고국으로 돌아와 『春秋』라는 역사책을 지었다. 그런데 애공哀公 14년에 임금이 서쪽으로 사냥을 갔다가 기린을 잡았다는 말을 들은 공자는 붓을 던지고 『春秋』를 쓰지 않았다. 당시 공자의 나이 71세였다.
177 종소리(華鯨) : 화경華鯨은 범종梵鐘의 일종이다. 화華는 그 장식이 화려함을 뜻하고, 경鯨은 그 소리의 웅장함을 뜻한다.
178 오십삼선지식으로 남아 있네 : 선재동자가 문수사리를 뵙고 발심한 후, 남으로 내려가면서 오십삼선지식을 차례로 찾아뵙고 법계에 증입證入하였다고 한다. 여기서의 53이란 숫자 역시 그만큼의 선지식들이 날 것을 기대한다는 말로 쓰인 듯하다.
179 화봉華封 사람들~겨우 셋뿐이었으니 : 화봉삼축華封三祝은 화봉 사람들이 요임금을 보고는 성인이 장수(壽)하기와, 부유(富)하기와, 아들을 많이 낳기(多男子)를 축원하였다는 말이다. 태평성대를 누리다 보니 더 이상 바랄 것이 없어서 이렇게 성인의 장수와 부귀와 다산만을 축원한다는 말이다.
180 호계삼소도虎溪三笑圖 : 진晉나라의 혜원慧遠 법사가 호계를 벗어나지 않겠다던 맹세를 깼다는 사실을 알고는, 도연명陶淵明·육수정陸修靜과 함께 웃었다고 하는데, 이것을 호계삼소虎溪三笑라 한다. 이 광경을 그린 그림을 '호계삼소도'라고 한다. 『廬

山記』에 나온다.
181 환현桓玄 : 진晉나라 사람으로, 일명 영보靈寶라고도 한다. 은중감殷仲堪에게 추천되어 맹주盟主가 되었다. 서쪽으로 형옹荊雍을 평정하여 위세가 날로 성하였고, 도독형강 팔주 군사都督荊江八州軍事, 형강 이주 자사荊江二州刺史가 되었다. 얼마 후 군사를 동원하여 반란을 일으켰다. 건강建康에 들어가서 스스로 태위太尉가 되었고, 안제安帝로 하여금 선양禪讓토록 강요하여 황제의 자리에 올랐으며, 영시永始로 연호를 바꾸었다. 얼마 안 가서 유유劉裕 등에게 주살되었다. 『晉書』 제99권에 나온다.
182 이 글은, 규봉圭峰 선사의 『都序』와 보조普照 국사의 『節要』에 대해 연담 대사가 자신의 견해와 설명을 붙인 사기私記 두 권을 쓰고, 그 뒤에 붙인 제문題文이다.
183 목우자牧牛子 : 보조 국사 지눌知訥(1158~1210)의 호이다.
184 무이자無二子 : 연담 대사의 자가 무이無二이다.
185 오추슬마烏芻瑟摩 [S] Ucchuṣma) : 오추사마烏芻沙摩라고도 음역하며, 번역하여 화수금강火首金剛, 화두火頭라고도 한다. 밀교의 분노존으로 불정결不淨潔이라고도 하는데, 수행 터를 보호하거나 재난을 방지하기 위한 목적에서 이 명왕을 모신다.
186 주비周髀 : 고대 수학의 한 가지로, 천문天文을 계산하는 데 사용하였다.
187 토규土圭 : 중국 고대의 옥기玉器로, 해의 그림자를 재는 데 사용하였다. 『周禮』 「地官」에 나온다.
188 전문箋文은 기념일에 맞추어 축하하는 목적으로 임금이나 왕후에게 올리는 글이다. 이 글은 왕세자의 탄생에 망하望賀의 예를 올리며 쓴 글이다.
189 이날에 수빈 박씨綏嬪朴氏가 원자를 낳았다.
190 세자(少海) : 소해少海는 세자를 가리킨다.
191 팽조彭祖 : 고대에 장수한 것으로 유명한 사람이다. 800여 세를 살았다고 한다. 『莊子』 「逍遙遊」에 나온다.
192 황매黃梅에서 홍인~전하신 것처럼 : 선종의 제5조第五祖 홍인弘忍 선사는 황매현黃梅縣 빙무산憑茂山에 있었는데, 한밤중에 혜능을 조사당 안으로 불러 『金剛經』을 설하여 주었다. 혜능은 한번 듣고 그 말이 끝나자마자 문득 깨쳐서 그날 밤에 법을 전해 받았다고 한다.
193 무봉탑無縫塔 : 또는 난탑卵塔이라고도 한다. 무봉無縫은 무형무상無形無相의 뜻으로, 그 모양이 마치 새의 알과 같이 타원형으로 되어 있으므로 난탑이라고도 하는 것이다. 흔히 선승의 석탑을 무봉탑이라고 부른다.
194 겁화劫火 : 괴겁壞劫의 삼재三災 가운데 화재火災를 말한다. 세계가 괴멸되는 괴겁의 시대에 일어나는 화재이다. 이때에 일곱 개의 해가 하늘 위에 나타나 초선천初禪天까지 이 화재로 불타 버린다고 한다.
195 지지持地 : 보살의 이름이다. 부처님이 어머니를 위하여 설법하려고 도리천忉利天으로 올라갈 때에 이 보살이 삼도三道의 보계寶階를 만들었다고 한다.
196 설산동자雪山童子 : 설산대사라고도 한다. 석가모니부처님이 과거세에서 보살도를 닦을 때에, 동자로 있으면서 설산雪山에서 고행을 하던 때의 이름이다. 부처님이 진흙길을 건너려 하자 긴 머리를 풀어 헤쳐 그 위를 밟고 건너게 하였다고 한다.
197 대총지문大摠持門 : 대다라니문大陀羅尼門을 말한다.
198 잠시 머무는 스님(旦過) : 불교에서 단과료旦過寮에 묵는 행각승을 단과승旦過僧이

라 한다. 저녁에 찾아와서 밤을 묵고, 다음날 아침(過旦)에 떠나기 때문이다.
199 선재동자가 남쪽으로~물은 일(南詢) : 남순南詢은 선재동자가 문수사리를 뵙고 발심하여, 남으로 내려가면서 오십삼선지식을 차례로 찾아뵙고 법계에 증입證入하였다는 것을 말한다.
200 장련상長連床 : 또는 장련탑長連榻이라고도 한다. 선사禪寺의 승당에 놓여 있는 길고 큰 좌상을 말하는 것으로, 한 상에는 5, 6인 정도가 앉을 수 있는 크기이다.
201 선불장選佛場 : 석가모니부처님이 당을 열어서 계戒를 설하는 곳을 선불장이라고 한다. 선당禪堂, 승당僧堂, 좌당坐堂의 다른 이름이다.
202 다섯 개 잎새(五葉) : 『傳燈錄』「達磨章」에 나오는 달마전법達磨傳法의 게偈에 "내가 이 땅에 와서 법을 전하여 미혹한 중생을 구하니, 한 꽃에서 다섯 개 잎새가 자연히 이루어지네."라고 하였다. 오엽은 바로 초조初祖인 달마 대사 이후에 다섯 선사인 혜가, 승찬, 도신, 홍인, 혜능 선사를 말한다. 여기서는 연담 대사도 이와 같이 불교의 심법을 후세에 길이 전승하겠다는 뜻이다.
203 발제跋提 : 주 45 참조.
204 등명불燈明佛 : 일월등명불日月燈明佛의 약칭이다. 과거세에 세상에 태어나 지금의 석가모니부처님이 여섯 가지 상서로운 상相을 나타냈던 것처럼 『法華經』을 설했다 한다.
205 주문공朱文公이 동안현同安縣~깨달은 것 : 주문공은 주자朱子를 말한다. 주자는 24세에 천주泉州 동안현의 주부主簿가 되었다. 그는 관사에서 밤에 자다가 세상의 무상함을 느꼈다고 한다. 『朱子大全』에 나온다.
206 황제黃帝가 솥을~수양산首陽山의 동銅 : 오제五帝의 한 사람인 황제가 수양산 아래에서 동을 캐어 솥 세 개를 만들었다고 하는 기록이 전한다. 『史記』「封禪書」에 나온다.
207 진시황秦始皇이 종을~진나라의 병기 : 진시황은 천하를 통일하고 다시는 서로 싸움하지 못하도록 하기 위하여 천하의 무기武器를 함양咸陽에 모아 종과 금인金人 12구를 만들어 궁중에 두었다. 『史記』「秦始皇本紀」에 나온다.
208 가섭 존자는~집어 들었고 : 석가모니의 발우鉢盂를 미래세에 출현하실 미륵불에게 전해 드리기 위해, 부처님의 상수제자上首弟子인 가섭 존자가 발우와 가사를 가지고 인도의 계족산鷄足山에서 멸진정滅盡定에 들어 기다리고 있다는 말이다.
209 황매현黃梅縣에서는 한밤중에~전해 주었습니다 : 5조祖 홍인弘忍 선사가 황매현 빙무산憑茂山에서 한밤중에 혜능에게 법을 전해 주고 가사를 전한 일을 말한다.
210 조계산 정상을~떨어지지 않았습니다 : 5조 홍인 선사가 육조 혜능 선사에게 가사를 전하였으니, 조계산에는 이제 남은 가사가 없다는 말이다. 또 혜능 선사가 가사를 받아서 떠난 다음, 도명道明이 대유령까지 쫓아와 가사를 빼앗으려고 잡아당겼는데, 조금도 움직이지 않았다고 한다.
211 자산子産 : 자산은 정나라 대부 공손교公孫僑의 자字이다. 40년 동안 정치를 잘하였으므로 공자도 그를 칭찬하였다. 그가 집정執政할 때 자기가 타던 수레로 진溱과 유洧라는 강에서 사람들을 태워 건네주자, 이 일을 두고 맹자는 '자산이 정치를 할 줄 모르는 사람'이라고 비난하였다. 맹자는 개울에 다리를 놓아 주면 많은 사람들이 마음대로 건널 것인데, 정치를 하는 사람이 이렇게 한 사람 한 사람 비위에 맞추려면 끝

이 없는 일이라고 하였다. 『孟子』「離婁 下」에 나온다.
212 길 잃은~해 주셨습니다 : 장저長沮와 걸닉桀溺은 모두 춘추시대 은거하던 현인이다. 공자가 어느 곳을 지나다가 이들에게 자로子路를 시켜 나루터를 물은 일이 있었다. 『論語』「微子」에 나온다.
213 오대산五臺山 : 중국 4대 명산의 하나이다. 전설에 의하면 문수보살이 나타난 곳이라 하며, 청량산淸凉山이라고도 한다.
214 이견왕異見王 : 남인도 향지왕香至王의 아들. 달마 대사의 조카이다. 처음에는 불교를 탄압했지만, 뒤에 달마 대사로부터 감화를 받아 불교를 후원했다.
215 진나라 송곳(皽櫟鑽) : 탁력찬皽櫟鑽은 진나라 시황이 아방궁을 건립할 때 만든 거대한 송곳으로, 아방궁을 다 짓고 난 후에는 쓸모가 없게 되었으므로, 쓸모없는 사람을 비유하는 말로 쓰인다.
216 눈 속에서~사람을 찾아내니 : 눈 속의 한 사람은 혜가慧可(487~593) 선사를 말한다. 남북조南北朝시대의 승려로, 달마의 제자가 되었을 때, 눈 속에서 왼팔을 절단하면서까지 구도求道의 성심을 보이고 인가를 받았다.

연담대사임하록 제4권
| 蓮潭大師林下錄 卷之四 |

찬 2
贊二

환성 노화상찬
喚惺老和尙贊

저런, 이 노화상은	咄這老和尙
오랜 세월 맺은 인연이 크시기도 하네	曠劫結緣大
이 나라에서 좌선하고 앉은 지 사십 년에	坐斷海東四十年
곳곳에서 용맹정진하는 좌선 자리가 만들어졌고[1]	到處自成折床會
자운을 두루 펴고 은혜를 베푸니	慈雲徧布慧澤霧霈
진실로 땅과 바다의 모범이 되며	眞可謂利海章程
우리 법문의 시채蓍蔡[2]라고 할 만하구나	法門蓍蔡
그런데 어쩌자고 말년에	如何末後
수미首彌를 터득하고 대해를 건넜다고 자부했다가	擔得須彌渡大海
금산대회에서 얘깃거리가 되고 말았던가	金山大會作話橋
팔풍[3]이 땅을 휩쓸고 울부짖는 일 참으로 우스워라	笑看八風括地號
이 모두가 예전의 묵은 빚을 갚는 것이라고 누가 말했던가	誰道從來償宿債

---

1) 원 '二' 한 글자는 편자가 보입한 것이다.

호암 화상찬
虎巖和尙贊

이 하나의 두루마리 영정은	這一軸影子云
호암 화상이라고 하지만	是虎岩和尙
앞으로 가까이 다가가 자세히 살펴보니	近前仔細看
원래 선사의 형상이 아니네	元非先師像
우리 선사의 모습을 알고자 하는가	要識先師麽
몸은 광명의 깃발이고	身是光明幢
마음은 신통을 간직했으며	心是神通藏
맑디맑은 눈은 사방 큰 바다 같고	目淸四大海
길고 긴 눈썹 터럭 삼천 자나 되었다네	眉毛三千丈
손으로 하늘 가득 그물을 펼치고	手把漫天網子
대그릇 벌여서 온갖 용상을 낚더니	羅籠百萬龍象
어느 날 아침 크게 웃고 금강산으로 떠나시어	一朝大笑金剛去
만 이천 봉우리 진실한 법신이 되었다네	萬二千峯眞身相

또
又

이 스님과 환성 사옹께서는	這介阿師與喚惺師翁
원한의 빚을 갖고서 같이 모였는지	寃債相聚
어떻게 서로 이다지도 견해가 엇갈려	如何見解相違
같은 길을 가면서 걸음은 달리했던가	同行不同步
한 분은 북쪽 땅에서 태어나 남쪽 땅에서 돌아가셨지만	北出而南化
또 한 분은 남쪽 땅에서 태어나 북쪽 땅에서 마치셨고	南出而北了
한 분은 체體와 용用을 철저하게 궁구하셨으나	一是體用到底
또 한 분은 체와 용을 서로 바꾸어 가며 사용하셨네	一是體用交互
그렇기에 우리 스님을 찬贊할 만한 말은	可謂師贊
심기와 봉鋒[4]을 서로 바꾸어 쓰면서도	互換機鋒
임제가의 종지를 잃지 않으셨다는 것이네	不失臨濟家宗旨
비록 그렇다 하더라도	然雖如是
두 노인네에게 각각 스무 방망이는 때려야 하리라	二老漢各與二十棒始得
왜냐하면 그것은 그들이	何故只爲他
같은 가지에서 나서 같은 가지에서 죽는 이치를 몰랐기 때문이네	未會同條生同條死

월성 대사찬
月城大師贊

밝은 달이 홀로 둥근 바퀴를 굴리어	月朗孤輪
온 세상 모든 나라가 동시에 환하게 밝아지는	萬國同輝
이것이 우리 월성 대사의 마음이며	師之心也
성곽이 천 길 높디높아	城高千仭
어떤 도적 떼라도 엿보기 어려운	六賊難窺
이것이 우리 월성 대사의 기상이네	師之氣也
진실로 이 한 폭의 영정	允矣一幅之影
다만 여기에서 풍겨 나오는 대사의 모습으로도	只從這裡流出
마땅히 유가[5]의 무리들까지	宜乎西河之徒
앞다투어 우러러 사모할 것이라네	錯然仰止

자암 대사 진찬
慈庵大師眞贊

평생 동안 서너 명 제자[6]를 거느리고서	平生護三四神足
모두에게 부처님의 가르침을 배우게 하였으니	皆令學佛
이른바 능히 부처님 법을 지켜 낸 분이시라	所謂能護
그 높은 호불의 공은 보호해야 할 것이다	功高所護
더구나 말년에 정업을 닦기까지 하였으니	況晩歲淨業
미륵왕생이 어찌 어려울 일이 있겠는가	彌勒徃生乎何有
나는 이 두 가지 단서를 가지고	吾以此兩端
우리 자암 대사의 찬을 갖추어 짓노라	爲贊師之具

설파 화상찬
雪坡和尙贊

우리나라에는 『화엄경』이 있는 듯 없는 듯 자취가 미약하였더니	東國華嚴若存若亡
우리 대사께서 그 사이에 태어나 화엄의 무너진 강령을 정리하여 갖추어 놓으셨네[7]	我師間生整其頹綱
그렇게 하여 화엄종의 십현법문[8]을 거듭 널리 펼 수 있게 되었으니	十玄法門重得恢張
그 누구인들 청량[9] 스님이 다시 살아 오셨다고 말하지 않겠는가	其誰不曰再來淸凉
경전을 강설하는 문중에서는 글자나 문구의 해석을 존중하고	講說之家以解爲尊
조용히 침묵하는 선가의 무리는 계행을 지키는 수행만을 귀하다 하네	靜嘿之徒偏貴行門
그러나 우뚝 높으신 우리 대사께서는 언행을 아울러 지니셨으니	倬彼大師言行並存
그 군자다운 기틀을 보고서 어느 누가 우러러 따르지 않을 수 있겠는가	君子樞機孰不仰遵

불과 대사찬
佛果大師贊

임제[10]의 머리 가운데에서도 골수이며	臨濟頂中髓
양기[11]의 눈 중에서도 동자로구나	楊歧眼中瞳
한 방 치받아 범과 외뿔소를 사로잡았고	捧頭擒虎兕
할 한 번 내리쳐서 뱀과 용을 분별하였네	喝下辨蛇龍
본색은 시냇물 요동치는 바닥이어도	本色川蘯苴
용처는 조금도 동요하지 않으셨네	用處不雷同
홀로 하늘 땅 저 멀리 세상 밖에 서 계셨으니	獨立乾坤外
만 마리 말이 공하다는 것을 어찌 알겠는가	那知萬馬空

대혜 선사찬
大惠禪師贊

    담당[12]의 방에서 입 다물고 중얼중얼 염불을 하다가   湛堂室中口拑舌佛

    파근을 보고 나서는 숨기운이 새어 나오지 않네   逮見巴勤無出氣處

    산들바람 전각 모서리를 스치면 식은땀이 죽 흐르는데   薰風殿角白汗通流

    호랑이 목을 산 채로 잡고 뱀 머리를 휘어잡네   生禽虎項活捉蛇頭

    새까만 죽비를 번득이며 바다로 산으로 다니실 제   黑柒竹篦掀飜海岳

    훤한 대낮 맑은 하늘에 우레에 천둥이 울리고 눈과 우박 내렸었네   白日靑天雷霆雪雹

    재주 높으면 헐뜯고 시기하는 말이 생기고 불법이 성대할 때 마귀도 강하게 일어나는 법   才高謗起法盛魔强

    본래 타고난 바탕이 곧고 강직하여 형양[13]과 매양에 귀양을 갔었네[14]   本色草料衡陽梅陽

청허 보제존자찬
淸虛普濟尊者贊

물 길어 돌아오는 길	汲水歸來
산빛 짙푸르고 흰 구름도 둥실 떠 있는데	山靑雲白
낮닭이 뜬금없이 울어 대는 것을 보니	午雞一聲
이제야 막 능사를 마치셨나 보다	能事方畢
임금께서 그려 주신 대나무 그림[15]은	卸畫墨竹
임진년 왜란이 얼마나 힘들었는지 보여 주고	駿龍蛇厄
여기 번성하게 공덕을 따르는 무리가 있으니	寔繁有徒
그 어떤 큰 숫자로도 셀 수 없네	其麗不億

사명 홍제존자찬
四溟弘濟尊者贊

삭발하고서 먼지 구덩이 속세를 떠나와	削髮逃塵世
십 년 동안을 구름 자욱한 숲속에 살면서	十年雲林
신선처럼 살겠다는 맹세를 하고	結猿鶴之盟
수염을 길게 늘여 깎지 않은 채 대장부 모습을 드러냈네	存髥表丈夫
하루아침 짧은 대화로 임진년 왜란의 재앙을 해결하였으니	一朝談笑 解龍蛇之厄
자공의 말솜씨인가 병충[16]의 글솜씨인가	子貢之辯歟 秉忠之迹歟
왜적[17]들로 하여금 의를 흠모하여 항복하게 하였으니	能使柒齒 慕義而讋伏
지금 이백 년 세월이 지나도록 전쟁을 알리는 경보가 없었다네	迄今二百年來 炎徼息警
아, 아름답구나. 이 모든 일이 누구의 힘인가	噫嘻休哉。是誰之力也
조정에서 사우[18]를 존숭하는 일은 너무나 당연하니	宜乎朝家崇祠宇
깨끗한 시냇물과 상큼한 나물로 때맞춰 제사를 올린다네	澗水沼毛甞又禴

환성 노화상찬
喚惺老和尙贊

넓은 이마와 풍성한 턱선, 그리고 해맑은 눈과 커다란 귀	廣顙豊頤 海目鴻耳
이렇게 묘사를 하고 보니 거의 부처님의 관상과 흡사하구나	描得七分 彷佛相似
저 삼세의 부처님을 다 삼켜 버릴 것 같은 입이며	若夫呑却三世佛之口
온 세상 모든 사람을 다 밟아 죽일 것 같은 발이로다	踏殺天下人之足
승요니 오도자[19]의 그림은 말할 것도 없고	莫道僧瑤吳道子
목련존자나 사리불[20]의 말로도 못 따르리라	縱饒目連鶖子徒名邈
아, 부처님 법 바다가 넓어 법문이 번성하니	噫 法海浩瀚 門庭鬧熱
참으로 보살이 거듭나신 것임을 알겠구나	信知菩薩之重來
청평사淸平寺에서 나온 짤막한 비갈의 글[21]은 볼 것도 없겠네	不待淸平之短碣

안빈 선사찬
安貧禪師贊

승달산이 높다 하고	僧達山高
사자봉이 높다 하나	獅子峯高
우리 안빈 노스님의 콧구멍과 비교하면	較吾安貧老人鼻孔
그저 넓은 허공의 털끝밖에 되지 않으리	猶太虛之一毫
살아생전에 쾌활하게 생활하면서	生前快活兮
창가며 음주며 거리낌 없이 하셨으니	不妨唱歌飮酒
죽은 후에 신으로 변하시어	死後神變兮
불 속에 들어가도 타지 않으리라	管取入火不燒
두 눈동자는 사해처럼 확 트여서	雙眸四海空蕩蕩
부처와 조사를 어린아이처럼 내려다보는구나	下視佛祖爲兒曹

자찬
自贊

사람들은 누구나 다 나는 참이고 너는 거짓이라 말하면서도	人皆謂我眞爾假
그 양쪽 모두가 참이 아니라는 것을 영 모르고 있는 것 같구나	殊不知兩俱不眞
만약 오늘의 일만을 밝히려 든다면	若明今日事
본래의 몸은 깜깜하게 알 수 없게 되리니	昧却本來身
문인 납자들이 괜히 쓸데없이	門人衲子還多事
억지 단청을 꾸며서 엉뚱하게 새로 그려 낼 것 같으면	强就丹靑描得新
그 참모습에 흡사하게 묘사할 수 있으려나	只可七分相似
형체를 뛰어넘는 진실한 정신을 전할 수는 없을 것이네	未得脫體傳神
또 너는 평생에 자비로운 마음이라곤 없었으니	且爾平生無慈悲
누군들 너와 더불어 친하게 잘 지냈겠느냐	阿誰與爾好相親
차라리 그대의 본사 법천사로 돌아가서	不如歸爾法泉本寺
법당 벽에 영정을 걸어 놓으면 세밑이나 복날이나 납일에	掛壁上歲時伏臘
먹다 남은 국이나 쉰밥이라도 공양하는 사람이 있을 것이네	殘羹餿飰供有人
내 손이야 본래부터 부처님 손처럼 자비롭지만	我手本如佛手

내 다리는 도리어 당나귀 다리[22]와 같아서	我脚還同驢脚
어떨 때는 멀쩡하게 불경을 강설하고 부처님께 예불을 잘 올리다가도	有時講經禮佛
또 어떨 때는 사람들에게 욕설을 퍼붓거나 손님에게 소리를 지르기도 하였네	有時辱人罵客
단지 여러 생을 거듭해 온 습기 때문일 것이며	只緣多生習氣
순일하여 잡됨이 없는 경지에 이르지 못하였기 때문이네	未能純一無雜
설령 영정을 그리겠다면 그리지 못할 것이야 없겠지만	縱然描也描得
그러나 누가 여기에 향을 피워 올릴 것이며	阿誰爇香
또 누가 여기에 잔을 부어 올릴 것인가	阿誰奠酌噓
아, 그러나 아무리 그렇다 하여도	然雖如是
돈 한 닢만 장인에게 갖다 주면	好將一文錢與匠人
시키는 대로 몇 번이고 눈썹을 그리고 수염을 지우며 영정을 그려 주기는 할 것이라	從教累他眉鬚落
이놈은 마음속에 아무 가진 것이 없으면서도	這漢中無所有
감히 이 부처님 안 계시는 세계[23]에서 존귀하다는 칭송을 받으며	敢向無佛處稱尊
많은 사람들이 모인 강당에서 입을 벌려 마구 떠들곤 하였었네	大坐講堂開口喧喧
매번 좀 영리하다 싶은 납자만 만나면 꼭	每逢伶俐衲子

모두 당에 오르도록 하여 나의 문중에 들어오게 하려고 했었네	盡欲升堂入門
사실 이런 일들은 다만 선종에 누를 끼치는 일이었을 뿐이니	似這般底 只得帶累先宗
절대로 호암 스님의 제자라거나 환성 스님의 손제자라고 말하지 말라	切莫道虎岩骨子喚惺幹孫
네 형상을 보면 궁상맞은 모습에 짧은 눈썹 자그마한 눈	看爾形貌 一箇窮相 眉短眼小
그리고 삐쭉 튀어나온 입과 화들짝 들린 들창코가 아니더냐	口尖鼻仰
도안도 밝지 못하고 강법도 유창하지 못하였으니	道眼不明 講法未暢
여러 곳으로 많은 종사를 찾아다닌 일이 부끄럽기만 하구나	怪夫諸方歷數宗師
또 어떤 사람들은 이렇게 말하네	亦稱
연담 화상은 산 좋고 물 좋은 옛날 화순 땅에서	蓮潭和尙 山明水秀古和州
오백 년 전 옛날의 국사가 다시 태어난 것이라고	五百年前國師誕
그러나 이제 땅 기운이 그만 쇠했는지	如今地靈老生
꼭 막힌 이 답답한 사람[24]은	遮擔板漢
한참 눈은 움푹 꺼져 있고 콧구멍도 반쯤 막혀 있다네	眼目何大凹 鼻孔沒一半
서른 해 동안 선을 강론하고 교를 강론하며	三十年禪講敎講
가려 모은 이것도 단지 허황된 글일	簡點來祇是杜撰

뿐이라네

    이런 사람은 그냥 구덩이나 하나 파서 산 似這般底 端可一坑活埋
채로 묻어 버리면 그만인 인물
    무엇 하러 많은 암자에 얼굴을 그려 놓고 如何萬庵做模打樣 與後人看
후인들에게 보라고 한단 말인가

영산법어 【재齋를 지내기 전의 법어이다.】

꾀꼬리 우짖는 소리 제비 지저귀는 소리 모두가 근본법륜根本法輪을 굴리는 것이며, 노랗게 피어난 꽃과 푸르게 자라난 대나무는 색신삼매色身三昧를 널리 드러내는 것이다. 그러므로 상근기의 큰 지혜를 가진 사람이라면 이 중에서 곧바로 알아채서 고향에 도달할 것인데, 오늘 이 산승은 어째서 꼭 법좌에 올라 입으로 이러니저러니 떠들어 대는 것인가.

다만 오늘 이렇게 재를 올리는 사람들이 특별히 돌아가신 선사를 위하여 있는 정성을 다해 재를 마련하고, 이 산승에게 대사를 천도할 수 있는 말 한마디를 해 달라고 청하였다. 이 일은 사실 산승이 감당할 수 없는 중한 일이지만 어차피 이 자리에 올라왔으므로 자꾸만 안 한다고 거절만 할 수는 없는 일이라 이제부터 감히 몇 마디 말을 고하리라.

대개 이 영산작법靈山作法이라는 것은 본 사찰의 석가세존을 위하여 특별히 공양을 차려 놓고, 이어서 석가모니부처님께서 영산회상靈山會上에서 설법하신 『법화경』을 독송하면서 영가를 천도하는 것이다. 그런 까닭으로 영산작법이라고 부른다. 대개 『법화경』의 내용은 사람 사람마다의 실상實相과 묘법妙法을 밝힌 것이다. 그리고 연꽃에 비유하여 설명한 것은, 연꽃은 진흙 속에서 피어나면서도 청정한 본연을 지키고, 또 연꽃은 꽃을 피울 때에 이미 그 꽃 속에 열매가 맺혀 있어서, 이것은 인연과 과보가 동시에 일어나기 때문이다.

지금 이 영가靈駕(선사의 영혼)는 일체중생들과 함께 육도六道의 더러운 땅을 윤회하면서 그 사이에 받는 괴로움과 즐거움의 차이가 있었어도, 한결같은 심성은 변하거나 바뀌지 않고 더러움 없이 청정하여 여러 부처님이나 여러 조사님들과 비교하여도 조금도 더하거나 덜함이 없었으니, 이것은 이른바 연꽃이 더러운 곳에서 살면서도 언제나 청정한 것과 같다. 또 이 영가는 탐내는 마음(貪心)과 성내는 마음(嗔心)의 번뇌 가운데서도 덕상德相과 신통을 완연히 구족하여 여러 부처님의 과덕果德과 비교하여도 털끝만큼도 어긋남이 없었으니, 이것이 이른바 연꽃이 막 피기 시작할 때 바로 열매를 맺는 것과 같다. 그렇다면 이 영가는 진점겁塵點劫[25] 전에 수행을 모두 마쳤으며 성불 또한 마친 것인데, 지금 다시 이렇게 억지로 재를 마련하여 천도를 위한 기도를 할 필요가 어디 있겠는가. 그러나 이치가 홀로 행하는 법이 없고 일도 한결같지는 않은 법이다. 이 영가가 비록 본래 그대로 청정하고 본래 그대로 구족하긴 하였지만, 맑고 평온한 세계에 무명無明의 바람이 갑자기 일어나면 삼세三細[26]와 육추六麤,[27] 삼독三毒과 사상四相이 어지럽게 다투어 일어나 업業을 따라 윤회하면서 육도六道를 왕래하고 삼도三途를 기어 다니는 것을 어쩌지 못할 것이니, 그 고통은 말로는 차마 형언할 수 없다. 그렇다면 앞에서 말한 청정한 본연과 여러 부처님의 과덕果德이란 것은 과연 어디에 있다는 것인가. 비유하자면 마치 어떤 단정하고 부유하고 존귀한 신분을 가진 사람이 자신의 집에서 잠깐 잠이 들었고, 잠이 들었기 때문에 꿈을 꾸게 되었는데, 꿈속에서 낯선 고장을 떠돌아다니며 가난과 비천한 신분으로 인하여 갖가지 모진 고통을 당하지만, 그 꿈속에서 그는 자신이 본래는 단정하고 부귀한 사람이라는 사실을 전혀 알지 못하는 것과 같다.

　오늘 이 영가는 본래 그대로 청정하고 본래부터 부처님의 덕상을 갖추었으니, 저 단정하고 부귀한 사람과도 같다. 그런데 지금은 진리를 깨닫지 못한 무명無明의 혹업惑業으로 인하여 업에 미혹되어 잘못된 고통의 과보를 받고 있는 것이다. 이것은 마치 저 부귀한 사람이 꿈속에서 비천한 신분에 떨어져 가난으로 인하여 온갖 모진 고통을 당하는 것과도 같은 일이다. 그러므로 오늘 이렇게 재를 마련하여 천도하는 일은 이 영가를 그 잠 속의 꿈에서 깨어나게 하려는 것이니, 바라건대 이제 재를 올리는 자들은 생각을 극진히 하고 정성을 다하도록 할 일이다. 위로 여러 부처님을 공양하여 아래로 모든 중생에게 미치게 되어야 모든 잡념이 한꺼번에 공해지니,[28] 능소能所[29]의 망상이 낱낱이 소멸된 다음에라야 부처님께서 감응하시며, 여러 부처님께서 감응한 다음에라야 영가를 천도할 수 있는 것이다. 그렇게 함으로써 그 영가로 하여금 무명의 꿈에서 영원히 깨어나 부귀한 본래의 집에 돌아가 앉게 하고 자신이 부귀한 사람임을 깨닫게 할 수 있을 것이다.

이제 알겠느냐. 만약 사람이 여러 부처님의 경계를 알고자 한다면, 마땅히 자기의 뜻을 허공처럼 깨끗이 하여 망상과 모든 집착을 멀리 여의고 마음이 향하는 곳마다 어디나 구애됨이 없게 해야 할 것이다.

靈山法語【齋前】

鸎吟燕語。盡轉根本法輪。黃花翠竹。普現色身三昧。上根大智。於此薦取。到家了也。何必山僧。今日升座。口吧吧地。但今日齋者。特爲亡師。盡誠設齋。欲令山僧。提說薦師一句。山僧不敢當。而旣登此座。不可一向違拒。敢告數語。盖此靈山作法者。別爲本寺釋迦世尊。以陳供養。仍讀靈山會上所說法華經。薦拔靈駕也。故云靈山作法。盖法華經中。明人人之宗相妙法。而以蓮花爲喩者。蓮花處於淤泥之中。淸淨本然。又蓮花當於開花時。早已結果於花中。因果同時也。今靈駕與一切衆生。同一輪廻於六道染土之中。其間雖有苦樂之不同。而一眞心性。常不變易。淸淨無染。與諸佛諸祖。小無增減。此所謂蓮花之處染常淨也。又此靈駕。貪嗔煩惱之中。德相神通。宛然其足。與諸佛果德。分毫不謬。此所謂蓮花之方。花卽果也。然則靈駕。塵點劫前。修行亦竟。成佛亦竟。何必今日。强爲設齋。以祈追薦乎。然理無獨行。事非一向。靈駕雖本自淸淨。本自具足。爭奈淸平世界。無明風忽起。三細六麁。三毒四相。紛然競起。隨業輪廻。徃返六道。匍匐三途。其爲痛苦。不可形言。向之所謂淸淨本然。諸佛果德。果安在哉。比如端正富貴之人。在自家室中。忽然而睡。睡故有夢。夢中流離他鄕。見貧賤極苦等事。而自不知端正富貴也。今日靈駕。本自淸淨。本具佛德。如彼端正富貴人也。今日因無明惑業。枉受苦報。如彼富貴之人。夢中見貧賤極苦等事也。然則今日設齋追薦之事。欲爲靈駕覺悟睡夢也。願諸齋者。克念盡誠。上供諸佛。下及衆生之時。一空雜念。能所妄想。一一寂滅然後。諸佛感應。諸佛感應然後。靈駕可薦。令其永覺無明之睡夢。歸坐富貴之本家。還會麽。若人欲識諸佛境界。當淨其意如虛空。遠離妄想及諸取。令心所向皆無碍。

또

대도大道는 형상이 없고 자심自心은 허공과 같다. 참된 법은 본디 이와 같으니, 참된 법이 어찌 설법과 그 설법을 듣는 가운데에 뚝 떨어지겠는가. 옛날 수보리 존자가 바위에 편안히 앉아 있는데 천제석이 공중에서 꽃을 뿌리니, 수보리 존자가 물었다.

"꽃을 뿌리는 이는 누구시오?"

제석이 대답하였다.

"나는 제석이라 합니다. 존자께서 반야에 대해 설법을 잘하시는 것을 보고, 꽃을 뿌려 찬탄한 것입니다."

수보리 존자는 말했다.

"내가 본래 말을 한 적이 없습니다. 그런데 어찌하여 제가 반야에 대해 설법을 잘했다고 하십니까?"

제석이 말하였다.

"존자가 설법을 하지 않았으나, 말을 하지 않는 것이 곧 진정한 설법인 것입니다. 저 또한 존자의 설법을 들은 적이 없으니, 들은 게 없는 것이 곧 진정한 들음인 것입니다. 그러므로 존자가 반야에 대해 설법을 잘했다고 한 것입니다."

그렇다면 오늘 회주는 설법을 하지 않아야만 '진정한 설법'을 하는 것이 될 것이고, 또 오늘 재를 올리는 여러분들도 듣는 것이 없어야만 '진정한 들음'을 얻게 되는 것이다. 그런데 무엇 때문에 꼭 이렇게 당나귀 같은 입술을 나불거려서 함곡관[30]을 빠져 나오는 데 썼던 닭 울음소리를 빌려 시끄럽게 울면서 미치광이 같은 담론을 하고 허망한 말을 늘어놓은 후에 설법을 했다고 하는 것인가. 하지만 이러한 경지는 달통한 사람들끼리 만나 문자를 넘어선 경지를 서로 알아보아서 마음과 마음이 저절로 전해지는 이심전심의 신묘한 뜻이다. 그렇기에 오늘 나는 말을 안 하는 '진정한 설법'을 할 수는 없고, 오늘 재 올리는 자들도 또한 들음이 없는 '진정한 들음'을 들을 수는 없으리라. 반드시 어언삼매語言三昧[31]를 빌린 다음에라야 비로소 설법도 있게 되고 설법을 듣는 일도 있게 될 것이다. 이런 까닭에 『능엄경』에서는 "이 진실한 부처님 가르침의 체는 청정하게 소리를 듣는 데에 있다."라고 하였던 것이다. 그러나 내가 말로 하는 것은 만에 하나만큼도 부처님의 설법에 미치지 못한다는 것을 말해 둔다.

지금 이 『법화경』에는 우리 불세존께서 문수보살과 미륵보살 등의 여러 대보살과 성문제자인 수보리와 사리불 등에게 사람마다 본래부터 갖추고 있는 일승묘법一乘妙法[32]을 설법하신 내용이 기록되어 있다. 이것은 오늘 이 영가가 본래 스스로 수용하고 있는 일상적인 일이다. 따라서 지금 여기에 모인 대중들이 다 함께 입을 모아 『법화경』 한 권을 읽는다면, 그 속의 문장이 곧 세존께서 얼굴을 가릴 만큼 긴 혀로 연설하신 것과 똑같은 것이 된다. 지금 이 산승이 떠들어 대는 쓸데없는 말(野干說)[33]을 어찌 경전의 말씀과 비교하여 이러니저러니 논할 수 있겠는가. 오늘 이 영가는 살아생전에는 육근六根과 육진六塵에 얽매여 있었기에, 비록 신묘한 불법을 들었다 하더라도 듣지 않은 것과 같았을 것이며, 비록 불신佛身을 보았다 하더라도 마치 보지 못한 것과 같았을 것이다. 그러나 지금은 사대四大가 각각 분리되어서 육근과 육진을 멀리 벗어나고 오직 오로지 참된 신령한 깨달음만이 홀로 형체의 밖으로 드러나 있으므로, 모든 색色이 부처님의 법신이며 모든 소리가 부처님의 말씀이라는 것을 알 수 있다. 그렇다면 오늘 대중이 『법화경』을 읽을 때에, 보통 사람의 평범한 눈으로 본다면 그저 무의미한 쓸데없는 말 같겠지만 오직 영가만은 홀로 밝게 드러난 지혜의 눈으로 볼 수 있으리니, 이렇게 본다면 어느 하나 부처님 말씀 아닌 것이 없을 것이다. 그러니 반드시 한 구절 한 글자에서 일승의 묘법을 보아 깨뜨려서, 흰 소[34]가 끄는 큰 수레를 몰고 바로 저 열반의 고향에 도착할 것이니, 오늘 이 재를 마련한 의미가 어찌 크다 하지 않겠는가.

이 자리에 모인 대중들은 부디 청정한 마음으로 경전을 읽도록 하고, 재 올리는 자들은 마음을 비우고서 듣고 받아들이기 바란다.

又

大道無形相。自心等虛空。眞法本如是。肯落說聞中。昔須菩提尊者。岩中宴坐。天帝釋空中散花。尊者曰。散花者誰也。帝釋曰。我帝釋也。見尊者善說般若。散花贊歎也。尊者曰。我本無說。何謂善說般若。帝釋曰。尊者無說。無說眞說。我亦無聞。無聞眞聞。故云善說般若。然則今日會主。無說然後。方爲眞說。今日齋者。無聞然後。方爲眞聞。何必鼓驢脣而發啞關。假鷄之聲。喃喃忉忉。狂談妄說然後。方爲說法也。然此乃達者相逢。文外相見。以心傳心之妙旨也。今日山僧。不能以無說爲眞說。今日齋者。亦不能以無聞爲眞聞。必假語言三昧然後。方可有說有聞也。故楞嚴經云。此方眞敎體。淸淨在音聞也。然有一說。我之有說。萬不及於佛說。今法華經中。吾佛世尊。與文殊彌勒諸大菩薩及聲聞弟子須菩提舍利弗等。說人人本具之一乘妙法。則今日靈駕。本自受用之家事也。今大衆異口同音。共讀法華一卷。則其中文句。皆世尊覆面之所演。豈與今日山僧之野干。說同日而論其高下哉。今靈駕。生時爲六根塵所拘。雖聞妙法。而宛如不聞。雖見佛身。而宛如不見。今則四大各離。迥脫根塵。唯有一眞靈覺。獨露於形骸之外。能知一切色是佛身。一切聲是佛說。則今日大衆之讀經。以凡眼觀之。則似乎喧雜無意味。而靈駕之獨露慧眼。無非是佛說也。必于一句一字下。覰破一乘之妙法。長御白牛之大車。快到涅槃之家郷。今日設齋。豈不大哉。願大衆澄心讀經。齋者虛心聽受。

수륙법어【재가 끝난 뒤의 법어이다.】

사성四聖과 육범六凡[35]이 한 법계에 함께 있어 자줏빛 비단 장막 속에 흩뿌려 놓은 진주와 같으니, 오늘 이 평등무차회平等無遮會[36]를 여는 시주의 정성스런 마음에 어찌 동참하는 사람이 없겠는가. 오늘 이 재를 지내기에 앞서 회주會主 화상께서 이미 영가에게 자세히 설명하시어, 영가로 하여금 그 한 말씀을 듣고서 곧바로 자기가 돌아갈 길을 깨달아 고통을 여의고 즐거움을 얻을 수 있게 하셨다. 그러니 지금 재를 집행하는 이 사람(秉法)[37]이 어떻게 감히 그 사이에 다른 말을 더 보탤 수가 있겠는가. 부처님 법을 알지도 못하는 자가 어찌 두렵지 않겠으며, 곁에서 보는 사람들도 역시 비웃지 않겠는가. 그러나 사람마다 각각 가지고 있는 뜻이 있는 법이라, 미친 사람의 말 가운데도 성인聖人이 배워야 할 말이 있다고 하지 않았던가. 그러므로 이제 주위 사람들이 보고 비웃을 것을 생각하지 않고 감히 일장 연설(貝闕)을 올리겠노라.

수륙水陸이라는 것을 설명하면 이러하다. 십법계 중에서 여러 부처님과 보살과 연각과 성문, 이 네 성인은 성스럽기 때문에 청정하다. 그래서 물에 비유한다. 천도天道와 인도人道와 수라修羅와 방생傍生과 아귀餓鬼와 지옥地獄의 여섯 종류 범부는 평범하기 때문에 더럽다. 그래서 육지에 비유한다. 이 사성과 육범이 다 같이 일진법계一眞法界[38] 중에 있으면서 하나하나가 다 본래 참되고 하나하나가 다 밝고 신묘하여, 어느 하나 더하거나 덜함이 없고 어느 하나 더 높고 더 낮음의 차이도 없다. 그렇기에 진주를 뿌린 것 같다고 말한 것이다.

오늘 재를 올리는 자들은 크게 신심을 내어 두루 공양거리를 마련하여 갖추고, 시방 법계의 모든 국토와 모든 장소에 있는 모든 성인과 범인들을 빠뜨리지 않고 두루 청하였다. 그러므로 평등무차대회平等無遮大會라고 말하는 것이다. 귀의하는 마음이 이처럼 넓고도 크니, 그 과보 또한 넓고도 클 것이다. 비단 오늘의 영가가 사성의 가피를 입어 육범의 고해를 벗어날 뿐만 아니라, 또한 시방세계의 육도 중생들도 다 같이 이익과 복락의 은택에 젖지 않는 이가 없으리니, 이 어찌 위대하지 않은가.

 그러면 사성이 강림하시고 육범이 와서 모이는 것을 무엇으로써 알 수 있겠는가. 사성과 육범은 본래 한마음이므로 알 수가 있는 것이다. 오늘 이 자리에는 각 사찰에서 도를 인도하는 스님들이 아무 절에 사는 아무개가 돌아가신 자기 선사를 위해 재를 마련하였다는 소식을 듣고 거리가 멀고 가까움을 따지지 않고 다들 찾아와 주었다. 그리고 여러 고을에 사는 할아버지, 할머니, 젊은이와 어린아이들도 아무 절에서 재가 있다는 소식을 듣고 구경을 하려고 다들 모여 왔다. 또 그리고 사방의 걸인들도 한번 배불리 먹어 볼까 하는 마음으로 이곳으로 찾아왔다. 앞에서 말하기를 인도의 마음은 다른 다섯 세계의 마음과 같고, 육범의 마음이 곧 사성의 마음이라고 하였다. 대개 이 신령하고 밝게 지각하는 마음은 공간으로는 시방세계에 두루 뻗어 있고 시간으로는 과거·현재·미래의 삼제三際에 다하여, 여기에도 온전히 있고 또 저기에도 온전히 있는 것이어서 결코 분리할 수가 없는 것이다. '자줏빛 비단 장막 속에 흩뿌려진 진주와 같다.'고 한 말은 그 자줏빛 비단 장막의 그림자가 이 진주에도 온전히 있고 저 진주에도 온전히 있어서, 낱낱의 모든 진주가 각각 하나씩의 자줏빛 비단 장막 그림자를 다 가지고 있다는 뜻이다. 그러므로 한 개의 인도가 올 때에는 나머지 아홉 세계[39]도 동시에 함께 오는 것이니, 이는 사성과 육범의 마음이 하나이기 때문이다. 비유하자면 십법계가 한 폭 종이에 함께 그려져 있을 때 그 가운데 인도가 그려진 자리를 끌어당기면 나머지 아홉 가지를 그린 곳도 동시에 끌려오는 것과 같은데, 그것은 이 그림이 한 장의 종이에 함께 그려져 있기 때문이다. 그러므로 오늘 재를 올리는 이 자리에는 사성과 육범이 모두 다 와서 공양을 받으실 것이니, 사성은 받음이 없이 받을 것이며, 육범은 기뻐하면서 받을 것이다. 이렇게 십법계가 다

감응하게 되면, 오늘 이 자리에 있는 영가는 이 십법계의 가피를 동시에 입어서 괴로움을 여의고 즐거움을 얻게 될 것이며, 더러움을 바꾸어 청정하게 될 것이니, 마치 언약의 좌부左符[40]를 찬 것과 같으리라. 또 오늘 재를 거행하는 사람도 또한 십의 칠 정도는 공덕을 함께 받았을 것이니, 그 과보가 어찌 크다 하지 않겠는가.

작법作法할 시간이 늦었으므로 이 정도로 말을 마치겠다.

水陸法語【齋後】

四聖六凡一法界。紫羅帳裡撒眞珠。如今平等無遮會。檀信誠心豈可孤。今日齋前。會主和尙。盡底掀飜。令靈駕一言之下。頓悟自己之歸路。離苦得樂了也。今者秉法。何敢措語於其間哉。豈不識法者可懼。傍觀亦不笑我耶。然人各有志。狂夫之言。聖人澤焉。今當不顧傍觀之哂。敢呈一場敗闕。水陸者。十法界中。諸佛菩薩緣覺聲聞。此四聖。聖故淨也。喩之以水。天道人道修羅傍生餓鬼地獄。此六凡。凡故染也。喩之以陸也。此四聖六凡。同在一眞法界中。一一天眞。一一明妙。不增不減。無高無下。故云撒眞珠也。今日齋者。發大信心。廣備供具。十方法界。塵塵利利。一切聖凡。無不普請。故謂之平等無遮大會也。歸依之心。旣如是廣大。其果報亦得廣大。非但今日靈駕。得蒙四聖之加被。超脫六凡之苦海。亦令十方世界。六道含靈。無不同沾利樂。豈不偉哉。然四聖之降臨。六凡之來會。何由以知之。以四聖六凡。元是一心。故可以知也。今者各寺引導道者等。聞某寺某人爲其亡師設齋。皆不計遠近而來赴。各處老翁老婆壯者幼者。聞某寺有齋。皆爲賞玩而來會。四方乞人。亦欲一飽而來到。上來人道之心。卽餘五道之心也。六凡之心。卽四聖之心也。盖此靈明知覺之心。橫徧十方。竪窮三際。全在此而全在彼。不可以分也。如紫羅帳裡撒眞珠。則紫羅帳之影。全在此珠。全在彼珠。一一眞珠。無不各具一紫羅帳影也。故一介人道來時。餘九界同時同來。以同是一心故也。比如十法界。同畫於一幅紙中。牽其人道之畫處。則餘九畫處。同時牽來。以同在一紙中故也。然則今日齋筵。四聖六凡。咸來受供。四聖無受而受。六凡歡喜而受。十法界皆能感應。則今日靈駕。蒙此十法界之同垂加被。離苦得樂。轉染成淨。如佩左符也。今日齋者。亦同受七分功德。其果報豈不大哉。作法時晩。姑置是事。

불상 점안 법어

대나무 한 가지를 땅에 꽂자 여래의 궁전[41]이 그 자리에서 바로 눈앞에 나타나고, 풀 한 줄기를 뽑아 들자 그대로 부처님 장륙금신丈六金身[42]이 되었네.

어쩌다가 사람들의 근기가 이렇게 낮아지고 법문法門도 따라서 막혀서, 저 화주 스님이 바람 속을 헤치고 다니며 이슬 아래 잠을 자는 수고를 하게 되었을까. 동으로 서로 시주를 빌러 다니며 여러 시주들에게 권하고 청하면서 발원하여 신심을 일으키게 하여 각기 자신의 형편에 따라 물건을 보시하게 하였고, 조심스레 뛰어난 장인을 청하여 극진한 정성으로 신묘한 여래 몸의 형상을 조성하여 환하게 드러내었으니, 누군들 달려와 우러러 경례하지 않겠는가. 그렇기에 보시를 베푼 이와 보시를 받은 사람들의 여러 가지 인연과 공덕과 과보는, 광대하기가 온 법계와 같으며 극진하기는 저 허공과도 같도다. 위대하구나, 정말 위대하구나. 무어라 찬탄을 하여도 다할 수가 없구나. 여러 대중들은 이제 알겠는가.

내가 보기에는 만들어진 불상의 규모가 너무 작아서 아쉬웠다. 어째서 삼계의 이십팔천二十八天[43]을 모두 가져다 불상의 머리를 만들지 않았는가. 어째서 백억의 수미산須彌山과 사대주四大洲[44]를 가지고 불상의 몸을 만들지 않았는가. 그리고 맨 아래 금륜金輪[45]과 수륜水輪[46]의 경계까지로 불상의 발을 만들지 않았는가. 만약 그렇게 불상을 만들었다면 이 사바세계 천상천하의 모두가 다 하나의 불상이 될 터이니, 어찌 장엄하지 않겠으며 어찌 크지 않겠는가. 그렇다면 오늘 이 자리에 모인 화주와 시주, 별좌와 화원畵員, 그리고 온 세상의 백성들 전부에 이르기까지 이 모든 사람들이 어느 곳에 있더라도 몸을 편안히 하고 명을 세울 수 있을 것이니, 여러 부처님 몸 안에서 중생이 생각마다 성불을 한다고 말할 수 있으리라.

만약 어떤 사람이 나와서 나에게 이런 말을 한다 해 보자.

"스님의 설법은 어떻게 그렇게도 허황합니까? 그 정도가 너무 심해서 사람들의 생각과는 영 거리가 있습니다."

그러면 나는 한 걸음 물러나 또 말할 것이다.

"그렇다면 남섬부주南贍部洲[47]로 하나의 불상을 만들고, 서구다니西瞿陀尼[48]로 또 하나의 불상을 만들며, 동승신주東勝身洲[49]로 다시 하나의 불상을 만들고, 북구로주北俱盧洲[50]로 또다시 하나의 불상을 만든다고 합시다. 그리고 움직이는 생명으로도 각각 불상을 만들고, 우거진 숲속의 풀과 나무 한 그루 한 그루로도 다 불상을 만든다고 합시다. 그렇게 되면 무엇을 사주四洲라고 하고 무엇을 중생이라고 하며, 또 무엇을 초목총림이라고 부르겠습니까?"

그러면 또 어떤 사람이 말하리라.

"이 말도 너무 허황하여 실정에 맞지 않습니다."

그러면 나는 바로 또 이렇게 말하리라.

"남섬부주는 도로 남섬부주에 돌려주고, 북구로주는 도로 북구로주에 돌려주며, 움직이는 모든 생명들은 도로 중생에게 돌려주고, 총림의 풀과 나무는 도로 무정물無情物[51]에게로 돌려주어, 각각 자기 위치에 돌아가 모두가 전혀 조금도 움직이지 않는다면 어떻겠습니까?"

또 어떤 사람은 말하리라.

"만약에 그렇다면 이 세상에는 하나의 불상도 없게 됩니다. 그건 너무 부족합니다."

그러면, 곧바로 또 말할 것이다.

"그렇다면 석가불도 만들고 미타불도 만들고, 관음보살도 만들고 지장보살도 만들고, 십육나한도 만들고 시왕의 상도 만들며, 범왕제석梵王帝釋도 만들고 천룡팔부天龍八部도 만들어서, 아래위로 여러 분들을 각각 구분을 해 놓는다면 어떻겠습니까?"

그러면 대중들은 말할 것이다.

"이것은 바로 사상事相에 해당되니, 오늘날 여러 사찰에서 만들어 받들고 있는 것이 이것과 다르지 않습니다."

그러면 내가 말하리라.

"앞의 삼도三度가 바로 법문의 대절大節인데, 대중들이 아무도 알지 못하고 있는 것입니다. 그러므로 내가 부득이 시시콜콜한 설명으로 대중을 위해 설명을 붙이겠습니다. 첫째, '사바세계 전체가 하나의 불상이 된다.'는 말은 『능엄경』에서 이른바 '산하대지와 명암색공明暗色空이 하나로 둥글게 뭉쳐진 청정보각淸淨寶覺이다.'라는 것입니다. 이 말은 전체 대지가 하나로 우뚝 솟은 금덩어리와 같아서 그대로 여래선如來禪이라는 말입니다. 그 다음, '사주四洲가 곧 불상이고 움직이는 생명체가 다 불상이 되며, 나무와 풀도 모두 불상이 된다.'는 말은 『법화경』에 이른바 '만법萬法이 하나하나 실상實相을 가지고 있어서 법마다 온전한 참이고 기器마다 다 금金이다.'라는 것이니, 이 또한 여래선입니다. 그리고 셋째, '사주는 도로 사주에 돌려주고 움직이는 생명체는 도로 생명체에 돌려주며, 초목은 도로 초목에 돌려준다.'는 말은 『법화경』에 이른바 '이 법은 법의 자리에 머무르며 세간상 그대로 상주한다.'는 것과 같습니다. 말하자면 산은 산대로 물은 물대로 각각 완연하다는 말입니다. 그런즉 조사선祖師禪[52]은 법문에 자연히 단계와 등급이 있는 것이니, 따라서 공덕과 과보도 또한 깊고 얕음이 있는 것입니다. 그런데도 여러분들이 이 말을 허황하고 요원하며, 혹은 부족하다고 여기고 있으니, 이 어찌 애석한 일이 아니겠습니까?"

그중에 『화엄경』을 공부한 자가 나와서 말할 것이다.

"화상은 『능엄경』과 『법화경』의 한 실상 도리를 인용하여 설명하였고, 또 여래선과 조사선을 덧붙여 설명하였습니다. 이 말씀이 비록 진선진미盡善盡美하지만, 그래도 화엄원교華嚴圓敎의 일다원융一多圓融과 대소무애大小無碍의 현문玄門에까지는 미치지 못했습니다. 『화엄경』에 말하기를, '한 터럭 끝에도 미진수의 세계가 나타나고, 하나의 작은 티끌에도 말할 수 없이 많은 여러 부처님이 나타난다. 이 세간의 국토(依) 가운데 우리의 몸(正)이 드러나고,⁵³ 또 그 몸 가운데 일체 세간의 국토가 드러나니, 한 분 부처님과 하나의 세계에 온 법계가 두루 다 펼쳐지는 것이다.'라고 하였습니다. 그러므로 지금 비록 단지 하나의 불상과 하나의 보살상을 만들었지만, 이미 미진수만큼의 모든 불상과 모든 보살상을 완성한 것이고, 또 미진수의 국토를 완성한 것입니다. 따라서 그 공덕의 넓이와 크기는 전체 법계와 같고 그 지극함은 허공과도 같을 것이니, 이 어찌 위대하지 않습니까?"

그러면 내가 말하리라.

"그 말이 참으로 훌륭합니다. 다만 그 생각의 폭을 미루어 넓히지 못했을 뿐입니다. 앞에서 내가 한 말도 역시 어찌 여기에서 벗어나겠습니까? 왜냐하면 하나의 일과 하나의 모습인들 어떻게 이 원융한 법계를 떠나서 존재할 수 있겠습니까. 오늘 만든 이 불상이 비록 작지만 또한 크고 작음에 구애될 것이 없습니다. 그리고 방금 불상이 작아서 아쉽다고 한 말은, 그러한 사람의 마음에 나아가서 그 마음을 미루어 넓히고자 한 말입니다. 원컨대 여러 시주들께서는 다 이와 같이 보아주기 바랍니다."

佛像點眼法語

揷一竹枝。如來宮殿。當處現前。拈一莖草。丈六金身。秪遮便是。奈何人根斯下。法門隨閉。勞他化主。風行露宿。東乞西化。勸諸檀那。發願起信。隨分施物。敬請良工。極盡精妙。如來身相。煥然顯露。誰不駿奔。瞻仰敬禮。然則施受諸緣。功德果報。廣大同法界。究竟如虛空。偉哉偉哉。讚嘆莫窮。大衆還會麽。以我觀之。造成聖像。恨其太小。何不以三界二十八天爲佛頭。百億須彌四大洲爲佛身。最下金輪水際爲佛足耶。然則娑婆世界。天上天下。都盧個一佛像。豈不壯哉。豈不大哉。然則今日化主施主別座畫員。乃至天下人民。在於何處。安身立命。可謂諸佛身中衆生念念成佛也。

若有人出來謂我曰。師之說法。何其虛遠耶。大甚逕庭。不近人情。即當退一步更曰。然則以南贍部洲作一佛。西瞿陁尼作一佛。東勝身洲作一佛。北俱盧洲作一佛。蠢動含靈。各各爲佛。草木叢林。一一爲佛。然則喚甚麼爲四洲。喚甚麼作衆生。喚甚麼作草木叢林。又有人曰。此語亦迂濶。即當更曰。南贍部洲。還他南贍部洲。乃至北俱盧洲。還他北俱盧洲。蠢動含靈。還他衆生。草木叢林。還他無情之物。各還其位。捴不動着則如何。有人曰。若然則世界都無一佛。太不足也。即當更曰。然則或成釋迦佛。或成彌陁佛。或成觀音菩薩。或成地藏菩薩。或成十六羅漢。或成十王等像。或成梵王帝釋。或成天龍八部。上下諸位。各有分限則如何。大衆曰。此正相當於事相。今諸刹承奉。不出於此也。余曰。前之三度。乃法門大節。而大衆皆不知。余不得已拖泥帶水。爲大衆注脚。最初娑婆世界。都盧一佛身者。楞嚴所謂山河大地明暗色空。一圓融淸淨寶覺。所謂盡大地一挺金也。爲如來禪。次言四洲是佛。蠢動皆佛。草木皆佛者。法華所謂萬法一一宗相。法法全眞。器器皆金也。亦如來禪。第三云。四洲還他四洲。蠢動還他蠢動。草木還他草木者。法華所謂是法住法位。世間相常住。所謂山山水水各宛然也。即祖師禪。法門自有堦級。則功德果報。亦有深淺。而諸君以爲虛遠。以爲不足。豈不惜哉。介中有華嚴學者。出來道。和尙引楞嚴法華一宗相道理。又配屬如來禪祖師禪。雖盡善盡美。而猶不及華嚴圓敎一多圓融大小無碍之玄門也。華嚴經云。一毛端現微塵數世界。一微塵中現不可說諸佛。依中現正。正中現依。而一佛一刹。皆周徧法界。則今雖但成一佛一菩薩。而已成微塵數諸佛諸菩薩。亦成微塵數國土矣。其爲功德。廣大同法界。究竟如虛空。豈不大哉。余曰。斯言善矣。但不知推而廣之也。向來余言。豈外於是也。何者。豈有一事一相。離於圓融法界之中耶。今之造成雖少。亦大小無碍。而今言恨其小者。就其人情。欲推而廣之也。願諸施主。咸作如是觀。

가사 법어

　무명 옷감 위로 촘촘히 떠가는 바늘이, 한 땀 한 땀이 그대로 관세음이라

　사나운 짐승도 공경할 마음이 절로 생기고, 원한 품은 새도 독한 마음을 풀게 되네

　상품과 중품의 과보는 장엄 바다까지 나아가고, 길고 짧은 바느질 자국은 공덕의 숲을 만들었네

　시주에게 보답이 있다는 것을 진실로 믿어야 하니, 가을 강물 맑고 깨끗한 그 위에 달이 와서 임했구나

대중들이여, 위의 네 구절의 게송에서 나는 가사를 만드는 공덕을 다 말했다. 그러나 이 게송 중에 밝힌 가사 공덕의 뜻과 이치를, 아는 자는 물론 알겠지만 아마 모르는 자도 있을 것이다. 여기 대략의 내용을 해설하겠다.

첫 구절은 바느질하는 장인이 바늘로 무명천을 꿰매는 광경을 말한 것이다. 한 땀 한 땀 옷깃을 꿰매어 가노라면 바느질한 모양이 마치 오솔길과 같게 되니, 그렇게 많은 바느질 자국을 내며 촘촘하게 꿰맬 때에 바느질하는 사람과 시주한 사람들은 다 함께 매번 한 땀씩 뜰 때마다 관음보살의 명호를 생각하게 된다. 한 바늘 한 바늘 꿰맬 때마다 그렇게 할 것 같으면, 바느질을 하는 처음부터 끝까지 관음보살을 생각하는 것이 몇 천 번이 될지 모를 일이다. 다만 이 공덕만 해도 또한 헤아릴 수 없을 만큼 크다.

둘째 구절은 다음과 같다. 사냥꾼이 몸에 가사를 걸치고 사자를 쏘려고 하자, 사자가 입을 크게 벌리고 달려들어 사냥꾼을 죽이려고 하다가, 사냥꾼이 입고 있는 가사를 보고는 공경의 예를 갖추고 물러갔다는 말이다. 또 금시조金翅鳥가 매양 용자龍子[54]를 잡아먹기에 용왕이 이 일을 부처님

께 고하니, 부처님께서는 가사 한 벌을 용자에게 입히라고 하셨고, 그러자 금시조는 독한 마음을 풀고 다시는 잡으려 하지 않았다고 한다. 이것이 모두 다 가사의 공덕인 것이다.

셋째 구절의 상품·중품·하품의 세 가지 품品은 각자 복덕과 지혜를 장엄하는[55] 광대한 과보를 말한다. 바느질할 때에 네 번을 길게 뜨고 한 번은 짧게 뜨거나 또 세 번은 길게 뜨고 한 번은 짧게 뜬다는 것 등이 다 공덕을 수풀처럼 무성하게 만드는 것을 말한다.

넷째 구절에서는 시주가 청정한 마음을 가지고 있으면 여러 부처님들이 오셔서 임하시게 되니, 마치 맑은 강에 달빛이 비치는 것과 같다는 말이다.

새나 짐승들까지도 공경하고 존중할 줄 아는데, 하물며 사람에 있어서야 말할 것이 있겠는가. 더구나 이 가사를 만든 사람은 그 공덕이 생각도 할 수 없을 만큼 크다.

그러나 이것은 형상이 있는 가사인지라 그 과보 또한 번뇌가 일어나는 것을 면하지 못한다. 그러므로 차라리 형상이 없는 가사 한 벌을 만드는 것이 훨씬 낫다. 만약 이 형상이 없는 가사를 만들려고 한다면, 시방의 허공을 옷감으로 삼고, 각각 한쪽의 허공을 가지고 끈을 삼으며, 토끼의 뿔로 가위를 만들고, 거북의 털로 재봉 선을 삼으며, 귀 없는 바늘을 가지고 손 없는 재봉사가 옷깃을 꿰맬 것이다. 그러면 눈 없는 스님이 밝음을 증명하고, 입 없는 스님이 진언을 욀 것이다. 쌀 없이 지은 밥으로 날마다 공양을 올리면서 이 형상이 없는 가사를 완성하여 형상이 없는 법신의 여래께 바친다면, 이것이야말로 어디에도 집착함이 없이 그대로 성품에 걸맞은 크나큰 복이 된다. 이 어찌 위대하지 않겠는가.

그러나 이 형상이 있는 것을 떠나서 따로 형상이 없는 것이란 없다. 지금 화주와 시주와 편수片手들이 하나같이 모두들 무념無念 중에 시주를 베풀고 화주를 하고 또 가사를 만들었으니, 이 하나하나 모두가 다 형상이 없는 가사가 될 것이다. 그러므로 '비록 일체의 행법을 다 갖추었더라도 하나하나 다 무념無念으로 종주宗主를 삼아야 한다.'고 말한 것이다. 부디 바라건대 오늘 이 자리에 같은 인연으로 모인 여러분들은 하나하나 모두 무념으로 생각을 삼으시기를 바란다.

袈裟法語

綿蹊密密度金針。一一針針觀世音。猛獸能生恭敬意。寃禽亦解毒傷心。上中品就莊嚴海。長短條成功德林。爲報檀那須諦信。秋江澄淨月來臨。大衆。上來四句頌中。說盡袈裟功德。其中義理。知者能知。而恐有不知者。今署爲解釋。初句。工手以金針貫線。條條縫袺。其形如蹊。而多條密密之際。工人與施主。每於一擧針之時。念觀音菩薩名號。針針皆然。則自始洎終。念觀音名。不知幾千徧也。只此功德亦無量。第二句。獵士身着袈裟。射師[1]子。師*子張口馳入。欲殺獵士。見其着袈裟。乃敬禮而止。又金翅鳥。每捉龍子而食之。龍王告佛。佛令以袈裟一縷。置之龍子身中。金翅解其毒心。不捉。此皆袈裟之功德也。第三句。上中下三品。各自莊嚴福慧之果海也。四長一短。三長一短等。皆成功德之如林也。第四句。施主心淨。則諸佛來臨。如江淸月映也。禽獸亦知敬重。況於人乎。況此造成者。其功德不可思議也。然此乃有相袈裟也。其果報亦未免有漏也。不如成無相袈裟一領。秖遮無相袈裟。若爲造成。當以十方虛空爲基布。各以一方虛空爲縷子。以兎角爲剪刀。以龜毛爲線穿。於無孔之針。無手之工人縫袺。無眼之師證明。無口之師誦呪。以無米之飯。日日供養而造成。獻于無相法身如來。則其爲功德。爲無住稱性之大福。豈不大哉。然離此有相。別無無相也。今者化主施主片手等。一一無念之中。施之化之造之。則一一領領。皆是無相袈裟也。故云雖備萬行。一一以無念爲宗。今日壇中諸同緣。一一以無念爲念。是所望也。

---

1) ㉠ '師'는 '獅'가 되어야 한다. 이하도 같다.(편자)

성일 수좌 칠재 법어

오늘 재를 올리는 한현罕玄 스님 등은 돌아가신 은사 성일性日 스님의 영가를 위하여 칠재七齋를 마련해 놓고서, 나에게 약간의 법어를 강설하여 은사의 왕생의 길을 도와주도록 청하였다. 경전에 이런 말이 있다.

"인연이 화합하면 허망한 유有가 생겨나게 되고, 인연을 여의면 허망한 이름이 없어진다."

허망한 유가 생겨나니 생겨나도 그것은 생겨나는 것이 아니며, 허망한 이름이 없어지니 없어졌다고 없어지는 것이 아니다. 이미 생겨남과 없어짐이 없고 또 이것과 저것의 구별도 없으니, 생겨남과 없어짐이 없으면 예로부터 지금까지 십세十世 동안 시작과 끝이 현재의 생각에서 떠나지 않을 것이고, 이것과 저것의 구별이 없으면 끝없는 찰해刹海에 나와 남이 털끝만큼의 간격도 없을 것이다. 이렇게 이미 예로부터 지금까지 시작과 끝이 현재의 생각에서 떠나지 않는다면 영가가 죽는 때가 곧 태어나는 때인 것이니, 원래 나고 죽음이 없기 때문이다. 이 세계에서 이미 나와 남이 털끝만큼의 간격도 없다면 이 사바세계가 곧 극락세계인데, 무엇 때문에 꼭 따로 왕생정토를 구한단 말인가. 따로 왕생하기를 구하지 않는다면 또 무엇 때문에 재를 마련해 베풀어서 영가를 천도한단 말인가. 혹시 그게 아니라면, 사해의 번뇌 파도를 멈추어 용龍을 평온히 잠들게 하고 아홉 하늘의 무명 구름이 걷히어 학이 높이 날게 하려는 것이리라.

지금 재를 올리는 이들은 지극한 정성으로 있는 힘을 다하여 부처님께 공양 올리고 예를 올려서, 저 부처님 가피를 입어 영가의 번뇌 물결이 정지되고 무명의 구름이 걷히게 해 주기를 바란다. 그리되면 지혜 바다가 깨끗해지고 성천性天이 고요해져서, 영가는 삼덕三德[56]을 갖춘 집에 편안히 잠들고 구품의 연대[57]에 높이 오르게 될 것이다. 이 어찌 위대하지 않은가.

性日首座七齋法語

今日齋者罕玄等。爲其亡師性一靈駕。設辦七齋。使余畧說法語。以助往生之路。經云因緣和合。虛妄有生。因緣別離。虛妄名滅。虛妄有生。生即無生。虛妄名滅。滅即無滅。旣無生滅。亦無彼此。無生滅。則十世古今。始終不離於當念。無彼此。則無邊刹海。自他不隔於豪端。旣古今始終。不離於當念。則靈駕之死時。即是生時。元無生死。旣世界自他。不隔於豪端。則即此娑婆。元是極樂。何必別求往生淨土乎。旣不別求往生。則又何設齋追薦乎。其或未然。四海浪停龍穩睡。九天雲卷鶴飛高。願今齋者。至誠盡力。供佛禮佛。仗彼加被。使靈駕煩惱浪停。無明雲卷。則智海澄淸。性天寥廓。靈駕穩睡於三德家舍。高飛於九品蓮臺。豈不偉哉。

시중
示衆

동짓날 대중들에게 내리는 훈시

　어두운 기운이 아직 열리지 않았을 때에 본래 천지는 없었는데, 깊고 오묘한 조화가 시작되고 나서 드디어 음양이 생겨났다. 그리고 이로 말미암아 맑고 탁한 기운이 나뉘고, 높고 낮은 자리가 정해졌다. 그러나 운수가 다하면 변화하고 사물이 극도에 이르면 본래로 돌아가는 법이니, 땅도 때에 따라 기울기도 하고 하늘도 때에 따라 막히기도 하며, 음陰도 때가 되면 쇠약해지고 양陽도 때가 되면 움츠러들게 된다. 지나친 것을 다스려 가다듬되 도道에 머물게 하는 것을 귀하게 여기는데, 어찌하여 이치를 바꾸고 법도를 어그러뜨리는가.

　오늘은 뭇 음들이 자라나 극에 이르렀다가 다시 하나의 양이 회복되는 날, 이른바 땅(地, ☷)에 우레(雷, ☳)가 내리쳐 천근天根이 꿈틀대는 때이다. 우리들이 혼미함을 따르다가 혼미함을 쌓아서 업에 얽매이는 고통에까지 이르게 되었으니, 이것은 마치 모든 음이 자라나 극에 이른 것과 같다. 이제 이번 겨울 결제도 이미 반이나 지났다. 모든 고생을 다 겪어 내면 능히 광명을 돌려 비출 수 있으니, 본래면목의 한쪽이라도 엿볼 수 있다면, 이것이 바로 하나의 양이 돌아와 회복된 것과 같은 것이 아니겠는가. 만약 그렇게 하지 못한다면 이 어찌 눈과 귀가 총명한 남자의 몸으로 완전하지 못한 가난한 사람들에게 크게 골고루 베푼다고 할 수 있겠는가. 시절이 다가오면 그 이치가 저절로 드러날 것이나 감히 바랄 수 없는 일이니 참으로 애석하다.

원컨대 나의 도반들이여, 이제 동짓날을 맞아 더욱 감흥을 일으켜 더더욱 정진하라. 이 하나의 양이 회복됨으로 말미암아 12월(臨卦)[58]이 되고 1월(泰卦)[59]이 됨을 기약할 수 있으리라. 부디 힘쓸지어다.

至節示衆

冥運未開。本無天地。玄機旣兆。遂有陰陽。由是淸濁殊分。高卑定位。然數窮則變。物極斯還。地有時而傾。天有時而塞。陰有時而慘。陽有時而伏。所貴裁成在道。豈得變理虧方。今日群陰剝盡。一陽來復。所謂地逢雷處蹋天根也。吾徒從迷積迷。以至業繫之苦。政如群陰之剝盡。今者冬制已半。歷盡萬般辛苦。能有回光返照。窺得本來面目之一斑。如一陽之來復者乎。若也未然。則豈可謂耳目聰明男子身。洪均賦與不全貧者乎。時節若至。其理自彰。不敢望也。可不惜哉。願我同袍。因時起感。更加精進。由此一陽之復。爲臨爲泰。庶可期也。勉旃哉。

입춘에 대중들에게 내리는 훈시

　봄 절기를 맞아 아직 양陽의 기운이 넉넉하지 않아도 만 골짜기 천 산 봉우리에 눈은 벌써 다 녹았고, 양기陽氣가 생겨나는 것은 남쪽 지방부터 시작이라 냇가의 버드나무에도 새 가지에 움이 돋았다. 양이 회복되는 일 신통하고도 묘한 작용이니, 음양의 운행법에 의하여 어김없이 그리되는 것이다.
　대중들이여, 양기 하나가 회복되던 동짓날이 바로 엊그제 같은데, 오늘 이 또 동지로부터 59일이 다하는 날이로구나. 앞으로는 붉은 복숭아꽃이며 하얀 자두꽃, 목단과 작약이 앞다투어 꽃을 피울 것인데, 다만 여러분들의 마음의 꽃은 언제나 피어날지 알 수가 없구나. 만약 피어나지 못할 것 같다면, 이 산승이 대략의 방편을 마련하여 속히 피어나도록 도와주겠다.
　어떻게 하느냐. 산승은 일찍이 제갈공명이 조조曹操와 적벽赤壁에서 싸울 때에 주공근周公瑾[60]이 불로 공격하고자 동남풍이 일어나기를 비는 제법祭法을 빌리는 것을 보았었는데, 지금도 한번 제사를 올리는 일을 면할 수는 없겠다.

　　위에 계시는 황황한 하늘이시여
　　아래에 계시는 망망한 땅이시여
　　이제 조선국 아무 절 아무개는 한마음으로 정성을 모아
　　바람을 맡은 사자와 바람을 주관하는 신왕을 청하옵니다
　　여기 소반에는 음식이 담겨 있고 병에는 차가 담겨 있으니
　　존귀하신 신께서는 부디 굽어살피시어 한잔 흠향하시고
　　동풍을 호령하여 따뜻한 양의 화기를 속히 발하여 주시어
　　우리 대중의 마음을 향기롭게 피어나게 하여 주옵소서

대중들이여, 이미 바람을 주관하는 신에게 제사 올려 동풍을 빨리 불게 해 달라고 기원을 하였으니, 만약 마음의 꽃이 아직도 밝게 피어나지 않았다면, 이는 내가 알 바가 아니니라. 부디 더욱 삼가고 힘쓸지어다.

立春示衆

東君節令不相饒。萬壑千峰雪盡消。陽氣發生南地始。溪邊楊柳又抽條。爲復是神通妙用。爲復是法爾如然。大衆。一陽來復如昨日。五九盡時又今朝。將看桃紅與李白。茇持芍藥花爭嬌。第未知諸人心花。幾時發明。若也未得發明。山僧略設方便。令得速發。何者。山僧曾見諸葛公與曹操。鏖兵赤壁時。因周公瑾。欲用火攻。爲渠借東南風之祭法。今者不免擧行一上。上天皇皇。下土茫茫。卽有朝鮮國云云。某寺某乙。一心虔請。司風使者。主風神王。盤中有饌。壺中有漿。惟願尊神。俯歆一觴。號令東風。火速發揚。令我大衆心花芬芳。大衆。今者旣祭主風神。願令東風早吹。若也心花。尙未發明。非吾所知。愼之勉之。

섣달 그믐밤에 대중들에게 내리는 훈시

폭죽은 초하룻날 전에 터지고, 매화는 섣달 후에 가지마다 피어난다. 금년 오늘 밤이 다하면 내년 내일이 오는 것, 이 또한 시절의 변천이며 만고 세월 동안 변치 않는 법칙이니, 따로 생각하고 헤아릴 필요도 없다. 다만 북선北禪[61]은 제야에 노지백우露地白牛[62]를 삶아 온갖 맛깔스런 진수珍羞를 다 구족하였고, 고봉高峯[63]은 제야에 고개에 걸린 구름을 가늘게 저미고 연못에 비친 달을 손으로 치면서 무無를 가지고 유有를 만들어 온통 구멍투성이에 상처뿐이었으니, 한쪽은 극도로 부유하고 한쪽은 극도로 가난한 것임을 알겠는가. 하지만 오늘 나는 이 두 가지를 다 허락하지 않겠다. 왜냐하면 우리 불세존께서는 살생을 금하시고 육식을 금하셨으니, 소를 삶을 수도 없고 고기를 먹을 수도 없기 때문이다. 또 선가의 조사께서는 허깨비 따위를 허락하지 않았고 망언도 또한 허락하지 않았으니, 구름을 가늘게 저미고 달을 치는 이 일은 만약 실상(實)이라고 한다면 도깨비나 허깨비에 가깝고 허상이라면 바로 거짓말이 된다. 그러므로 나는 이 두 가지 다 채택하지 않겠다.

그렇다면 어떻게 하면 좋겠는가. 떡과 밥, 그리고 차와 과일을 수북하게 담고 고사리와 산채들을 삶아서 앞에 쫙 펼쳐 놓고, 사람마다 배불리 먹게 하여 한 사람 한 사람 모두 굶주림과 목마름을 면하게 하여 줄 것이다. 어디 말해 보아라. 이렇게 섣달 그믐밤을 보내는 방법은 두 분 고덕의 의식과 같은 것인가, 다른 것인가.

만약 점검해 볼 것 같으면, 이것은 두 분 고덕의 의식을 취한 것도 아니고, 또 두 고덕의 의식을 저버린 것도 아니다. 내가 이미 입이 닳도록 말을 했으니 옆에 있는 사람들이여, 내 눈썹이 있는지 없는지 보아라.

除夜示衆

竹爆春先節。梅開臘後枝。今歲今宵盡。明年明日來。亦是時節遷變。亦是萬古常規。不必商量。但北禪分歲。烹露地白牛。百味珍羞。悉皆具足。高峯分歲。細切嶺雲。薄批潭月。將無作有。百孔千瘡。還會麼。一是富到底。一是貧到底。今日山僧。二俱不落。何者。吾佛世尊。禁殺禁肉。牛不可烹。肉不可食。禪家祖師。不許幻怪。不許妄言。切雲批月。若家則近於幻怪。若虛則乃是妄言。所以山僧俱不取也。然則如之何。而可餅餌茶果。鬪鬪飣飣。煮蕨燎蔬。雜然前陳。人人盈腸充腹。箇箇免飢慰渴。且道。與二古德。同耶別耶。若能點撿。不落二古德。不離二古德。山僧已滿口道了。傍人看我眉毛在也無。

염불하는 사람들에게 내리는 훈시

옛 성인이 사람들에게 염불을 권한 것은 마음으로 생각하면서 입으로 부처님의 명호를 불러 그 마음이 부처님을 잊지 않게 하려는 것이다. 그렇게 하면 입으로 부처님을 외는 것이 반연하는 마음을 도와서 정인正因을 생각하게 해 주기 때문이다. 그런데 오늘날 염불하는 무리들은 다 그저 입으로만 외울 뿐이다. 입으로 외울 때에도 마음속에서는 천 가지 생각 만 가지 생각이 치열하게 일어났다가 사라지기도 하니, 어떤 사람은 명예와 이익을 생각하고 또 어떤 사람은 재물과 여색을 생각하며, 어떨 때는 어디에 살 것인가 거처를 생각하고 또 어떨 때는 먹고 입는 것을 생각하며, 또는 사소한 은혜를 갚을 생각을 하기도 하고 더러는 털끝만 한 원한을 갚을 생각을 하기도 한다. 옆의 사람이 보기에는 마치 염불하는 것 같지만, 실제론 그저 어지럽게 잡념만 일으키면서 염불에 전념하지 못하고 있는 것이다. 이렇게 해서는 정토에 왕생한다는 것은 애당초 생각할 수도 없을 뿐만 아니라, 현세의 선善에 대한 화보華報[64]조차도 기대할 수 없다. 대개 부처님을 낭송하던 입은 죽은 뒤 불 속에 들어가면 타서 재가 되고 말지만, 부처님을 생각하는 그 마음은 죽은 뒤에도 초연히 홀로 드러나서 생사의 고뇌를 따르지 않을 것이다. 이미 부처님을 생각하는 마음이 있었기 때문에 곧바로 부처님의 나라로 향해 가게 될 것은 단연코 의심할 것이 없거니와, 현세에서도 마음을 밝혀 견성할 것을 거의 기약할 수 있을 것이다.

어째서 그런가. 참선하는 사람은 다만 화두만을 견고하게 응결하여 털끝만큼의 잡념도 없으므로 그 마음이 마치 장벽과 같다. 그렇기 때문에 한 기미[65] 한 경지에서 홀연히 통하게 된다. 염불하는 사람은 입마다 마음마다 오직 미타만을 생각하고 낭송하여 털끝만큼도 다른 생각이 없으므로 그 마음이 또한 장벽과 같다. 이처럼 30년이나 20년 세월을 하루 한

시도 이렇게 하지 않는 때가 없기 때문에 문득 한 기미 한 경지를 깨달아 그 마음이 그대로 정토가 되고 그 성품 그대로가 미타가 되어 당장 눈앞에 환하게 나타나며 최후의 찰나에는 서방의 여러 성인들이 금수레를 타고 와서 영접할 것이다. 이것이 본분 안의 일이니 어찌 아름답지 않은가.

  바라건대 모든 염불하는 사람과 참선하는 사람들은 부처님 명호를 낭송할 때에 잡념이 어지럽게 일어날 것 같으면 힘써 싸워서 잡념을 없애고, 그 어지러운 생각을 돌이켜 깨끗한 생각으로 회복시키도록 하여라. 처음에는 잡념과 정념이 서로 다투겠지만 그렇게 오래오래 순수하게 익히노라면, 잡념은 적어지고 정념은 많아져서 순수하고 깨끗하여 전혀 섞임이 없는 경지에 이르게 될 것이다.

  부디 힘쓰고 또 힘쓸지어다.

示念佛人

先聖勸人念佛者。以心念之口則呼名。令其心不忘也則口誦。助緣心念正因也。今之念佛者類。皆口誦而已。當口誦之時。心則千思萬想。熾然起滅。或念名利。或念財色。或念居處。或念衣食。或念絲恩而欲酬。或念髮怨而欲報。使傍人觀之。似乎念佛。而自己則只是雜念紛亂。未得一念念佛也。徃生淨土。初不假論。而現今華報之善不可得也。盖誦佛之口。死後入火成灰而已。念佛之心。死後超然獨露。不隨生死。旣是念佛之心故。即向佛國。斷然無疑。而現在明心見性。亦可庶幾也。何者。叅禪之人。但堅凝話頭。無一毫雜念。心如墻壁。故一機一境上。忽然透得。念佛之人。口口心心。惟是彌陁。無一毫雜想。亦心如墻壁。如是三十年二十年來。無一日無一時。不如是故。忽於一機一境上。自心淨土。自性彌陁。朗然現前。最後利那。西方諸聖。金轎來迎。自是分內也。豈不休哉。願諸念佛禪客。當於口誦之時。雜念紛起。力戰勦除。回雜念歸淨念。初則雜淨相爭。久久純熟。雜小淨多。以至於純淨無雜。勉之勉之。

섣달 그믐밤에 대중들에게 내리는 훈시

 오늘은 묵은해의 끝이고, 내일은 새해의 시작이다. 묵은해의 끝에 있으나 묵은해가 떠나가는 것을 보지 못하고, 새해의 시작에 있어도 새해가 오는 것을 보지 못한다. 그런데도 세상 사람들은 다 '묵은해는 오늘 밤에 지나가고 내일 새벽에는 새해가 온다.'고 말하면서, 집집마다 도부桃符[66]를 새로 바꿔 붙이고, 또 집집마다 폭죽을 터뜨리며 묵은해를 보낸다.
 나는 여기서 북을 치고 종을 치며 향불을 피우고 촛불을 밝히고서, 위로는 삼보를 공양하고 아래로는 육도六道에 보시를 베풀어 묵은 재앙을 다 소멸하고 새로운 복을 맞게 해 달라고 빈다. 이것은 평상시의 본분의 일이니 특별히 기이한 점이라고는 없다. 그러므로 옛날 어떤 산승은 고덕에게 이렇게 물었다.
 "한 해가 다 가는 제야에는 어떻게 해야 합니까?"
 그러자 고덕은 이렇게 대답하였다.
 "동쪽 마을 왕 노인이 제야에 돈을 태웠단다."
 이것도 역시 당시에 마침 일어났던 평범한 일을 들어서 대답한 것이다. 지금 나는 여러분들을 위하여 특별히 부연해서 게송을 읊어 주겠다.

> 동쪽 마을 왕 노인이 제야에 돈을 불에 태운 것이
> 인간 세상 세월의 변천과 무슨 상관이 있나
> 불법에는 제야에 어떻게 했다는 현묘한 해석이 전하지 않으니
> 다만 입에서 입으로 전해진 말들뿐이란다

除夜示衆
今日正是舊年尾。明日正是新年頭。舊年尾下。不見舊年之去。新年頭上。不見新年之來。然而世人皆云。舊年今夜去。新年明晨來。戶戶桃符換新。

家家爆竹送舊。我這裡伐鼓撞鍾。焚香點燭。上供三寶。下施六道。消盡舊災。迎來新福。此乃平常本分事也。別無奇特道理。所以古者有僧問古德。歲盡年窮時如何。德云東村王老夜燒錢。此亦擧當時適有之平常事以答也。今者老僧。特爲諸人。敷衍頌出也。東村王老夜燒錢。那管人間歲月迁。佛法不存玄妙解。拈來只在口唇邊。

대중들에게 내리는 훈시

옛사람은 이렇게 말하였다.

"다른 사람이 머물던 자리에 나는 머물지 않을 것이며, 다른 사람이 갔던 곳에는 나는 가지 않을 것이다. 이것은 남과 함께 모여 살기가 힘들어서가 아니라, 아마도 승려와 속인을 분명하게 구별하려고 그런 것이라."

그러나 이 늙은이는 그렇게 하지 않을 것이다.

"다른 사람이 머물던 곳에 나도 머물고 다른 사람이 갔던 곳에 나도 또한 갈 것이다. 언뜻 잠깐 기뻐하고 잠깐 성내면서 이치를 이해하지 못하니, 남주南洲[67]에는 한밤중에도 해가 밝구나."

어디 말해 보아라. 옛사람과 같은가, 다른가. 어디 한번 말해 보아라.

示衆

古人道。他人住處我不住。他人行處我不行。不是與人難共聚。大都緇素要分明。老漢即不然。他人住處我亦住。他人行處我亦行。瞥喜瞥嗔無理會。南洲夜半日頭明。且道。與古人同別。試道看。

또

물에 들어가면 교룡을 피하지 않는 것이 어부의 용기이고, 산에 가서 범과 표범을 피하지 않는 것이 사냥꾼의 용기이며, 시퍼런 칼날이 눈앞에 닥쳐도 죽음 보기를 산 것처럼 하는 것은 장군의 용기이다. 그렇다면 어떻게 하는 것이 납승의 용기인가. 담이 큰 사람은 수레 머리에 부딪치며 지나가고, 담이 작은 사람은 경유할 곳을 분명하게 알리고 가는 것이다.

又

入水不避蛟龍。漁父之勇也。山行不避虎豹。獵士之勇也。白刃當前。視死若生。將運之勇也。如何是衲僧之勇也。大膽駕頭衝突過。小膽哀明告所由。

참선하는 사람에게 내리는 훈시

아, 선림禪林에 가을은 저물어 가는데 사람의 근기는 이렇게 낮아서, 곳곳 총림에는 참선하는 사람이 매우 적구나. 설사 어쩌다 있다 하더라도 길고 유구한 장원심長遠心도, 굳게 흔들리지 않는 결정지決定志도 판단하지 못하는 사람들로서, 유유자적 한가하게 그럭저럭 세월만 보내며 하루 참선하면 또 열흘은 쉬곤 한다. 이렇게 하여서야 어떻게 조그마한 힘을 얻을 곳이라도 있겠는가.

옛사람은 말하였다.

"대사大事가 아직 밝혀지지 않았을 때에 마치 부모를 잃은 것같이 슬프더니, 대사가 이미 밝혀진 때에도 또한 부모를 잃은 것같이 슬프구나."

하루 온종일 전전긍긍하면서, 마치 깊은 못 앞에 서 있는 듯 엷은 얼음 위를 밟고 서 있는 듯 노력하였던 것이다. 그렇기 때문에 용천湧泉은 40년 만에 한 조각이 되는 경지를 이루었고, 또 조주趙州는 30년 만에 마음 씀씀이가 번잡하지 않게 되었다. 오늘날 우리가 그만큼 하기가 어디 쉽겠는가.

수행하는 사람은 마땅히 그 옛 성인들의 몸가짐을 본받아야 할 것이니, 절대로 거칠게 행동해서는 안 된다. 지혜의 칼을 잡아 들고 일체의 연緣을 모두 잘라 단절하면, 온갖 꽃이 만발한 숲속을 지나더라도 이파리 하나에도 젖지 않을 것이니, 그래야 바야흐로 일부분이나마 상응하는 곳이 있게 될 것이다. 모름지기 진흙 소가 입김을 토해 내는 것을 알아야만 아름다운 것이고, 마른 나무에 꽃이 피는 소식을 알아야만 비로소 기이하다 하리라.

어디 말해 보아라. 대도大道가 아직 밝혀지지 않았을 때에는 부모를 잃은 것처럼 슬프겠지만, 대도가 이미 밝혀진 다음에는 무엇 때문에 부모를 잃은 것같이 슬프다는 것인가. 앞으로 갈 길이 더욱 멀기만 하구나.

示叅禪人

嗚乎。禪林秋晩。人根斯下。處處叢林。叅禪之人甚小。雖或有之。不辦長遠心決定志。悠悠泛泛。一暴十寒。如是而。豈有些子得力處乎。古人云。大事未明。如喪考妣。大事已明。如喪考妣。二六時中。戰戰兢兢。如臨深淵。如履薄氷。所以湧泉四十年。方成一片。趙州三十年。不雜用心。豈似如今容易。行者當須體容。不可草草。提起智慧刀。萬緣俱勒絶。百花林裡過。一葉不沾身。方可有小分相應處也。須知泥牛吐霧方爲美。枯木生花始是奇。且道。大道未明。如喪考妣。大道已明。爲甚麽如喪考妣。前頭路更賒。

편지[1]

용암 노인께 올리는 편지

중춘仲春[68]에 한번 뵈었을 때에는 돌아올 길이 바빠서, 조용히 모시고 대화를 나누지도 못하였습니다. 돌아와서 생각하니 아쉽고 그리운 마음 그지없습니다. 삼가 안부를 여쭙겠습니다. 산속의 절 생활은 두루 평안하시며 건강은 괜찮으십니까.

저는 몸에 체증과 냉증이 수시로 발작하여 잘 먹고 마시지도 못합니다. 기력이 허약해서 학인을 맞아 가르치는 일에도 걱정과 괴로움이 없지 않으니, 그 민망함을 어떻게 말로 다 표현하겠습니까. 10여 년 동안 남북으로 떠돌아다니면서 얻은 것이라곤 그저 문자뿐이니, 저 심지법문心地法門에는 털끝만치도 들어가지 못했습니다. 끝내 어떻게 해야 할지를 몰라, 이제 훌훌 다 벗어 버리고 고요한 곳을 찾아 깊이 들어가, 한편으로 몸을 다스리고 추스르며 또 한편으로는 조용히 참구하여서, 헛되이 살다 헛되게 죽는 신세를 면할 수 있게 되기를 바라고 있습니다. 대자大慈께서는 어떻게 충고를 해 주시겠습니까. 아낌없는 채찍질을 해 주시기 간절히 바랍니다.

다 갖추어 쓰지 못하고 이만 줄입니다.

---

1) ㉠ '書' 한 글자는 편자가 보입한 것이다.

上龍巖老人

仲春一拜。以歸期之忙。未能從容陪話。歸來悵仰不已。伏惟淸和大法候神扶萬福。某身中滯冷。乘時發作。不善食飮。氣力尫弱。而提接學人。不無苦惱。伏悶何喩。十餘年奔南走北。所得只是文字而已。其於心地法門。毫無入頭處。未知究竟。將何如也。以此擺脫。深入靜處。一以調身。一以靜究。庶免虛生浪死之歸。未知大慈。何以規箴也。深望不悋下鍼也。不備。

기 장형께 보내는 편지

깊은 산속과 바다 끝 후미진 땅으로 서로 떨어져 살다 보니 주고받는 소식도 따라서 자연히 드물게 되었습니다. 오랫동안 그리며 보고 싶던 생각이 가을 들어 더욱 간절하던 차에, 너무나 뜻밖에도 바닷가에 사는 친구가 편지를 들고 찾아왔습니다. 편지를 읽고서 새로 옮겨 가 사시는 곳에서 도를 닦으며 지내시는 생활이 편안하고 좋으시다는 것을 알게 되었으니, 기쁘고 위로되는 마음을 말로 다할 수 없을 정도입니다.

예전에 형께서 보다굴寶多窟에 계실 때에는 배우러 오는 사람들이 많고 형께서 이끌어 교화하심에도 막힘이 없어서 꼭 영남 하늘을 끌어당겨 날아오르려는 것 같았다는 말을 들었습니다.

슬픕니다. 우리 선사께서 돌아가시고 나니, 이제 누구 한 사람 이끌어 주는 사람이 없습니다. 그러니 스스로 알아서 살아갈 방도를 세워야 할 사람, 오직 형과 이 아우 두 사람뿐인지라, 그 텅 빈 듯 쓸쓸한 마음 가히 알 만합니다. 그리고 서로 깊이 이해하는 것 또한 우리 두 사람뿐인지라, 서로 떨어지고 싶지 않은 마음이야 아마도 형이나 저나 피차일반일 것입니다. 그런데도 서로 몸과 걸음이 별처럼 멀리 떨어져 있어서 한 가지에서 난 형제의 정을 나누지 못하고 있으니, 가만 생각해 보면 이것이 어찌 사는 고을이 멀기 때문이 아니겠습니까.

가만히 사람들 마음과 세상의 도리를 살펴보노라면, 세월이 바뀌어 가면 갈수록 본래 갖추고 있는 덕성이 훌륭한 사람이 아니면 실로 타인의 모범이 되기 어렵다는 것을 깨닫게 됩니다. 더구나 저처럼 손이 굼뜨고 느려서 무슨 일에나 마냥 서툴기만 한 이런 사람이야 더 말할 것이 있겠습니까. 또 사람을 가깝게 접하는 스승 자리에 있는 사람을 볼 것 같으면, 일을 처리하는 데 있어서는 대중의 근기에 맞게 여러 가지 선교방편을 쓸 줄 알고, 또 사람을 대하는 데에 있어서는 정성스럽게 돌보아 주는 친절

한 태도가 있기 때문에 사람들이 많이 모이는 것 같습니다. 그러나 이 아우는 하늘에서 받은 본래의 성품이 임시방편이나 좋은 기교 따위라곤 없으며 또 사람에게도 덕으로 대하지를 못하니, 어느 누군들 기꺼이 저를 따라다니려고 하겠습니까. 더구나 배우러 오는 자들 중에도 함께 말을 나눌 만한 사람이 드물어서, 어쩌다 혹 배우려고 하는 사람이 있다 하여도 그저 스스로 그럴듯하게 겉치레만 할 줄 알지 도무지 불도의 무리에 젖어들려고 하지 않습니다. 설사 도심道心에 깊이 젖어 든 사람일지라도 대개 다 거기서 거기일 뿐입니다. 그러므로 대하는 데에 전혀 흥이 나지 않고, 흥이 나지 않으므로 게을러지게 됩니다. 제가 게을리하니까 상대편에서도 또 딴마음을 갖게 됩니다. 그러나 상대편에서 설사 다른 마음을 갖는다 하더라도 저도 또한 별 유감이 없습니다.

저는 늘 남의 문에 붙어사는 일에서 벗어나고 싶습니다만, 그나마 따를 만한 사람이라고는 스승으로는 설파 노스님이 계시고 벗으로는 우리 사형이 있을 뿐입니다. 그런데 제가 은사 스님 병든 노인네를 버려두고 멀리 떠날 수가 없으니 어찌하겠습니까. 그저 깊은 산 허물어진 암자에 살며 몸가짐을 삼가고 정결하게 하는 것만이 그나마 문정門庭에 누를 끼치지 않는 방법일 것이니, 그렇게 하여 선사의 은혜에 만에 하나라도 보답할 수 있기를 바랄 뿐입니다. 우리 불가의 도를 전수하는 데 이르러서는 이미 설파 스님의 큰 교화가 있으셨고, 그 외에도 각각 능력 되는 대로 교화를 펼친 사람도 몇몇 있었습니다. 그리고 사형께서도 또 재주가 고상하고 바탕이 신실하니, 반드시 도처에 그 이름이 쟁쟁할 것이라 생각합니다. 그러니 저같이 덕이 박한 사람이야 이름을 날리지 못한다 한들 무어 한스러울 것이 있겠습니까.

슬픕니다. 사람들로 하여금 나 자신을 따르게 하고자 하나 그럴 만한 덕이 없고, 그렇다고 제가 남을 따르자니 은사 스님에게 얽매이게 됩니다. 지금 이 아우는 오도 가도 못하는 처지에 놓여 있으니, 저희 노스님이

100세가 넘은 후에나 제 마음 내키는 대로 살 수 있겠습니다. 이 세상에 우리 사형이 아니 계신다면 이 구구한 생각을 누구에게 말하겠습니까.

붓이 가는 대로 아무렇게나 휘갈겨 쓰다 보니 그만 말이 길어지는 것도 몰랐습니다. 우리 사형께서 이해해 주시기를 바랍니다.

與獜丈兄

山深海僻。音聞隨踈。悠悠瞻想。逢秋益切。料外海友。奉牘來訪。披審新居。道味佳安。喜慰不可言。曾聞兄住普多窟。學者多會。攝化無障。引領南天。如欲飛耳。噫。先師長徃。無人接引。而自作活計者。惟兄與弟。則其寥寥可知。而相知之深。又惟吾兩人。則不欲相離之心想。彼此一般。而形迹星離。未遂連枝之會。靜言思之。豈不於邑。窃觀人心世道。日更月變。自非道德崇重者。宗難爲人模範。況我踈慵手生凡事耶。且觀接人之師家。於事有方便善巧。於人有慇懃眷戀之態。所以聚人多矣。如弟天賦。素無權巧。亦無德於人。其誰肯從我遊也。且學者可與語者鮮矣。脫或有之。自以華鱗。不肯淹於蘁瓮之中。其入蘁瓮來者。其類可知。所以提接無興。無興則倦。倦則彼亦携貳。彼雖携貳。我亦無憾。玆以每欲擺脫傍人門戶。而可以從遊者。於師有雪老。於友有吾兄。而恩老病老。不可廢遠奈何。但當塊處窮山。謹潔持身。毋使帶累門庭。則庶報先師萬一之恩也。至於斯道之傳授。已有雪老之王化。其餘隨方開化者。亦若干。而兄又才高質宻。想必到處不寂寞也。如弟薄德。雖不能助揚。何恨。噫。欲人從己則無德以致。欲己從人則拘於恩老。弟之進退。宗爲惟谷。然則待我老百歲後。從吾心所好也。世無吾兄。區區此懷。向誰道耶。所以信筆颼縷。不覺其言之長。惟兄諒之。

완월에게 보내는 답장

통도사通度寺에서 이별한 지 20년이 지나도록 사는 땅이 남과 북으로 갈라져 소식 한 자 서로 전하지 못했으나 언제나 보고 싶은 생각에는 변함이 없었습니다. 그런데 너무 뜻밖에도 스님의 편지가 이 바닷가 산속으로 날아오니, 아직 펴 보기도 전에 기분이 좋아 미간이 훤하게 부풀어 오릅니다. 편지를 보고 소임을 맡아 남쪽으로 오셔서 객지에서의 근황이 좋으시다는 것을 알았으니, 얼마나 위로가 되고 기쁜지 모릅니다. 함월涵月 노화상께서는 지금 어느 산에 계시는지, 또 건강은 좋으신지, 그리운 마음 자못 간절합니다.

이 아우는 참으로 외람되게도 불가에 몸을 담고 염불을 하고 있으니, 마치 메뚜기가 분수에 맞지 않는 생활[69]을 하고 있는 것 같아서 부끄럽고 또 두렵습니다.

선사의 비석을 세우는 일은 우리 문중에서 아직 마무리하지 못한 커다란 불사입니다. 그러나 같은 문중의 여러 사형과 사제들이 동쪽 서쪽 여기저기로 흩어져 있어 한자리에 모여 의논할 기회를 갖지 못하고 이렇게 오래 시간을 끌게 되었습니다. 이번에 다행히 여러 동문 원로들이 원院의 제사에 참여하는 모임이 있어서 이 일을 의논하게 되었으니, 말하자면 적당한 때가 도래한 모양입니다. 다만 이 산에다 선사의 비석을 세우라는 말씀은 아무래도 선사의 고상한 뜻에 부합되지 않는 일이 아닐까 염려됩니다. 이 절은 금년 봄에 화재를 만나 요사채 두 채가 다 타서 잿더미가 되었습니다. 때를 놓치지 않고 제대로 복구를 하느라 1년을 꼬박 고생을 했는데, 또 이 비석 세우는 일을 한다고 하면 대중들이 반드시 눈살을 찌푸릴 것입니다. 이것이 첫째 어려움입니다. 또 이곳은 올해 농사가 잘 못되어 모든 물가가 다 비쌉니다. 그래서 얼마 안 되는 소소한 재물로 값비싼 물건을 바꾸어 사 오려면 반드시 뜻하지 않은 어려움이 많을 것이니, 이것이 두 번째 어려움입니다. 또 이곳에는 비석으로 쓸 만한 곧고 견고한 돌이 없습니다. 전에 이 절의 사적비를 바닷가에서 주워 온 돌로 깎아 세웠더니 오래지 않아 다 벗겨지고 부서지고 말았습니다. 그러니 막중한 선사의 행업行業을 비석으로 세워 기리려는데 쉽게 부서지는 약한 돌로 올릴 수는 없는 일입니다. 이것이 세 번째 어려움입니다. 듣자 하니 금강산 백화암白華庵 옆에는 역대 조사들의 비탑이 있다고 합니다. 그리고 그 산은 나라 안에서도 유명한 산이며 팔도에서 찾아오는 관광지입니다. 산의 이름부터 벌써 금강金剛인 것을 보면 분명 비석 돌이 많을 것입니다. 게다가 그곳은 금년 농사도 풍년이 들었으니, 이 세 가지 어려움을 한꺼번에 면할 수 있을 것입니다. 바라건대 다시 의논하여 그 장소를 금강산으로 정하는 것이 어떻겠습니까.

만약 혹 반드시 이 산에 세워야 하고 절대 다른 산에 세워서는 안 된다고 한다면, 잠시 보류했다가 풍년을 기다려 그때 세우는 것이 좋을 것 같습니다. 또 경성의 한강 변에서 다듬어 놓은 돌을 많이 거래한다는 말을 들었는데, 그 돌을 사서 배에 싣고 돌아와 비석을 세우는 것도 좋은 방법일 것 같습니다. 스님의 고견은 어떠하신지 모르겠습니다. 다시 더 잘 생각하셔서 돌아오는 편에 일러 주십시오.

서로 너무 멀리 떨어져 있어서 한자리에 모여 의논을 하지 못하니, 한탄스럽고 한탄스럽습니다. 다 쓰지 못하고 이만 줄입니다.

答玩月

通度一別。已逾廿年。而地分南北。消息契潤。尋常瞻注。如箭注弩。料外華翰。飛落海山。未及開緘。黃浮眉間。仍審帶任南來。客況淸佳。慰喜何等。涵月老和尙。今在何山。氣體萬安否。伏慕殊切。弟濫吹空門。蝗蠹桂玉。可愧可怖。先師樹碑之事。門庭未了之一大事。而諸同門。散在東西。未得一場會議。致此遷就之久。今幸諸門老。因院中紊祀之會。論及此事。

云似時緣到來也。但設此山之示。恐未副高義也。此寺春逢火災。兩寮成灰。趁時修復。一年喫苦。又設此役。則衆必攢眉。此一難也。此處年事不有。凡百價貴。以收合零星之財。貿用價貴之物。必多苟艱。此二難也。又此處無貞堅之石。前者此寺事蹟。刻之海石。非久剝落。則莫重先師之行業。不可登之易壞之石。此三難也。伏聞金剛山白華庵。畔有列祖碑塔。而彼乃國中名山。八道觀光之處。彼山旣云金剛。則必多貞珉。年事又豊。可免此三難也。望須更議彼山如何。如或必於此而不於他。則姑留之。以待年豊而聞京城漢江邊。多有鍊置之石。以通買賣云。買其石。載船而來。以立爲良計也。未知高意如何。更加覃思。以示回便。相去云遠。未能合席面議。可歎可歎。不宣。

又

 인편이 돌아오는 길에 또다시 보내 주신 편지를 받고서 쌀쌀한 가을에 강경하시는 스님의 건강이 좋으시다는 소식을 알게 되었으니, 우러르는 마음에 지극히 위안이 됩니다.

 저는 예전과 다름없이 그럭저럭 지내고 있을 뿐입니다.

 지난번 편지에 드린 말씀은 모두가 다 실제 그러한 일이었습니다. 그런데 이번에 다시 온 편지를 보니, 스님께서는 아마도 그대로 믿지 못하시는 듯하여 아쉬울 뿐입니다.

 이 절에 비석을 세우기로 이미 확실하게 결정을 하였다면 일은 마땅히 내년 봄에 시작해야 할 것인데, 그렇게 되면 문중에서 돈을 모으기가 매우 바쁠 것입니다. 호중湖中 지방은 여기에서 독촉해서 걷고 북쪽과 영남 지역은 원院에서 재촉해서 걷는 것이 좋겠습니다. 비석에 쓸 돌로 말할 것 같으면, 이 산 40리쯤 들어간 곳에 돌을 캘 만한 곳이 있습니다. 색깔은 비록 썩 좋지는 않지만 돌이 견고해서 칼로 새겨 비석을 만들 만하다고 하니, 돌에 대한 염려는 그나마 덜게 된 셈입니다. 다만 서울의 석공을 불러다 일을 시키는 것은 매우 불편할 것 같습니다. 이 절에도 솜씨 좋은 석수장이가 많은데, 가까운 곳에 있는 석공을 두고 멀리서 석공을 불러와서는 안 될 것입니다. 또 서울 석공이 왔을 때 이곳에도 석공이 있었다는 것을 알게 되면, 어쩌면 나중에 서로 반목이 생기는 폐단도 있을지 모르는 일이라, 저희 절에서는 그 점을 매우 염려하고 있습니다. 바라건대 서울의 석공은 그냥 물리는 것이 어떻겠습니까. 그리고 봄에는 꼭 일찌감치 이곳에 왕림하시어 친히 비석 세우는 일을 주관하여 주십시오. 이곳의 저희들은 당연히 스님의 지휘를 받겠습니다.

 다 쓰지 못하고 이만 줄입니다.

又

便回。再承下書。以審秋涼。講候萬相。仰慰之至。弟姑依昨樣耳。前書所告。並是實際。而今觀來書。似有不信之意。可歎。旣牢定此寺。則始事當在明春。而門庭收錢忙矣。湖中則自此處督之。北方與嶺南。自院以促可也。石則此山四十里許。有可採處。而色雖不美。堅固可受刀云。姑可除念。而但京工之使。甚爲不便。此寺亦多良手。不可棄近取遠。且京工來到。知有匠工。則恐有日後相侵之弊。此寺甚慮之。伏望却之如何。正春早爲枉駕。親自主管。此處之人。當受指揮而已。不宣。

설파 화상께 올리는 편지

　엎드려 안부를 여쭙사오니, 혹독한 추위에 지내시는 생활은 두루 편안하십니까. 북쪽에 살고 있는 우리 문중의 스님들이 돌아가신 환성喚惺 스님의 비석을 이 절에 세우고, 또 그 비석의 뒷면을 빌려서 호암虎巖 선사의 비를 새기겠다고 합니다. 두 분 선사의 고명하심은 이미 총림에서 입에서 입으로 알려져 와서 굳이 따로 비석을 새길 필요는 없을 것입니다. 그러나 이미 이 일을 하자고 나선 이들이 있기에 스님의 아들 손자뻘 되는 우리는 즐거운 마음으로 기꺼이 따르려고 합니다. 다만 환성 선사의 비석 뒷면에 호암 선사의 비석을 새긴다는 것은 너무나 예의에 어긋나는 일인 듯합니다. 우리 문중의 사형 사제들이 근래에 비록 힘이 떨어져 힘들기는 하지만, 마땅히 있는 힘을 다하여 주선해서 두 분 스님의 비석을 각각 따로 세우기 위해 바야흐로 정성을 다할 것입니다. 스님께서는 평소 비석 세우는 일을 별로 중요하게 여기지 않으시므로, 이 일에 참여하지 않으려고 하신다는 말을 들었습니다. 이렇게 문중에서 자꾸 설득을 해서만이 아니라, 그저 자식 된 도리로만 보아도 참여하시는 것이 어떻겠습니까. 바라건대 시원하게 마음을 돌리어서 이 일에 함께 손을 거들어 기필코 성취하겠다는 생각을 갖게 해 주십시오.
　비용을 모으는 일 또한 깊이 생각하여서 각자의 형편에 따라 내도록 할 것이니, 이 일에 필요한 각자의 몫을 정하여 자신의 성의를 다하는 것이 마땅한 일입니다. 이렇게 하여서 일이 성사되지 않을 것 같으면, 부득이 친지들 사이에라도 부탁하여 얻어 볼 수밖에 없을 것입니다. 그러나 만약 시주를 권하는 모연문 두루마리를 들고 여러 절과 시주할 사람들의 집을 찾아다니며 모금을 하는 지경에까지 이르게 된다면, 돌아가신 두 분 선사들께 적지 않은 누가 될 것입니다. 그러므로 저의 이런 뜻을 동문들에게 단단히 부탁하여 주실 것을 바랄 뿐입니다.

다 갖추지 못하고 이만 줄입니다.

上雪坡和尙

伏惟寒酷。起居神相萬安。北方同門。欲樹喚惺先翁碑於此寺。而借其後面。以爲虎岩先師之碑云云。兩先師高名。已在叢林口中。不必鐫於他山。而旣有倡事者。其在兒孫。樂從可矣。但先師後面之借。甚爲疎禮。吾兄弟近雖零落。當盡力周旋。以營各碑。方盡誠也。伏聞每以立碑之事。爲不緊。而欲不從。非但有說於門庭。亦兒孫之道如何也。伏望飜然改思。同出隻手。以期成就爲念焉。收錢之事。亦當深思。各從其勢。而分定此事。當盡已之。有不能成事。則不得已求乞於親知之間爲可。若持勸軸募得於各寺與檀家。則帶累先宗不少。此意叮囑諸同門爲望耳。不備。

홍 판서께 올리는 편지

　산인 아무개 등은 삼가 대감 합하閤下70께 두 번 절하며 인사 올립니다. 저희들은 호암虎岩 대사 아무개의 법자法子이며, 환성喚惺 대사 아무개의 법손입니다.

　선옹先翁(喚惺)과 선사先師(虎岩)께서는 비록 유가 밖에서 이름을 낸 사람이긴 합니다만, 우리 불가의 도에 있어서는 옛 조사들의 법을 이어서 미래의 학인을 가르치고 이끌어 주신 공이 참으로 큰 분들입니다. 그러므로 불가의 사람들은 두 분을 우리 법문의 존귀한 분이라 일컫고 있습니다. 그러니 입적하신 후에는 전례에 따라 탑을 세우고 행업을 새겨서, 두 분의 자취를 드러내는 것이 마땅한 일입니다. 하지만 저희 산인들은 운수 행각으로 생을 이어 가는 처지라 살림살이가 빈궁하기만 합니다. 탑만은 근근이 어떻게 세울 수 있겠으나 비석에 글을 새기는 일은 아직 손댈 겨를이 없었으니, 참으로 법도에 어긋난 일이라 하겠습니다. 그러던 차 이번에 궤홍軌弘 산인이 다행히도 합하와 잘 알고 지내게 되어, 외람되게도 탑에 새길 명문을 합하閤下의 빛나는 글씨로 받게 되었습니다. 이 일은 소승들이 마땅히 천 리 길이라도 달려가 머리 조아려 감사해야 할 일입니다. 그러나 이렇게 많은 산인들이 다 함께 멀리 서울까지 올라가기는 참으로 어려운 일이라 이렇게 삼가 저희 문중의 승려 한 사람을 뽑아서 보내어 저희들의 고마운 심정을 전합니다.

　송구한 마음 그지없습니다. 삼가 다 갖추지 못하오니, 살펴 주시기를 바랍니다.

上洪判書

山人某等。謹再拜大監閤下。伏以某等。虎岩大師某之法子。喚惺大師某之孫也。先翁先師。雖名教外人。其於自家之道。繼徃祖開來學。大有功焉。

故釋家者類。稱以法門菁蔡。則入寂之後。例當塔而銘之。此旌其跡。而山人等。以雲水生涯。計活淸寒。僅能立塔。而銘則尙未之遑。甚爲闕典。今者軌弘山人。幸得知愛於閣下。猥以塔上之銘。籍重於大監彩毫。小僧等。即當千里奔走。稽首頌謝。而多數山人。遠涉京輦。極爲艱難。謹差同門一介僧。走達輿情。無任悚仄之至。謹不備。伏惟。

심 방백[71]께 올리는 편지

산인 아무개는 두 번 절하고 말씀 올립니다.

한낱 아둔한 중인 소승은 멀리 떨어진 궁벽한 산속에서 사슴과 벗하며 사는 것이 분수에 맞는 그런 사람입니다. 그런데 지난날 합하께서 산사를 방문하시어 특별히 불러 주신 덕택에, 외람되게도 미천한 제가 대군자大君子의 풍류를 뵈올 수 있었고 고상한 말씀을 직접 듣고 말씀을 나누기까지 하였으니, 뛰어오를 듯 기쁜 마음 그지없었습니다. 민간을 돌며 민생을 살피는 여정을 마치고 감영으로 돌아가셔서는 건강이 좋으신지, 우러러 그리는 마음 간절합니다.

소승은 납자들과 날마다 불경을 강론하면서 다른 어려운 일은 없으니, 이 또한 조물주께서 어여삐 보아 주신 덕택일 뿐입니다. 지난번에 한번 감영으로 찾아오라고 하신 하교는 마음 깊이 새겨 감히 잊지 않고 있습니다. 그러나 산인이 감영에 왕래하는 일은 본래 본분에 맞는 일이 아닌 데다가 또 그 외에 어려운 일이 많기도 하여서, 늘 지팡이만 만들어 놓고 갈까 말까 주저하게 된 적이 자주 있었습니다. 옛날 송나라 때 정황우政黃牛[72]라고 하는 사람은, 관가에서 부르는 일이 있으면 시를 써서 보내는 것으로 대신했다고 합니다. 지금 소승이야 물론 옛사람의 행업에 크게 못 미치는 사람이지만, 그래도 제 스스로 처신하는 자잘한 도리는 역시 고인의 행업을 엿보고 우러러 흠모하여 따르려 합니다. 이에 감히 정황우의 시운을 차운하여 절구 한 수를 지어 올리며, 가서 뵙고 싶으나 감히 가지 못하는 이 마음을 피력하려 합니다. 또 따로 사운四韻의 시를 지어서 우러러 흠모하는 정성을 적었습니다.

엎드려 바라건대 이 거친 사람을 감싸 주시어 멀리 내치지 마시고, 하명을 어긴 죄를 용서하여 주시면 너무나 다행이겠습니다. 이렇게 하는 것은 소승이 스스로 절개가 높다고 교만해서가 아니며, 다만 승려의 도리가 이러하기 때문일 뿐입니다.

황송한 마음에 다 갖추어 쓰지 못합니다.

上沈方伯

山人某再拜言。伏以小釋。一箇魯鈍。分守窮山。與麋鹿同伍。曩者閤下。過山時。特賜召見。猥以微賤。獲覲大君子風流。親炙高談緖餘。不勝歡喜踴躍之至。伏惟巡施還營。氣體候神衛萬安。伏切瞻仰。小釋與衲子輩。日講葉書。無諸沮嬈。亦造物見憐耳。向者一來。營門之下敎。不敢忘懷。但山人之營府往來。自非本色。亦多難事。每理藜而趑趄者數矣。昔宋政黃牛爲號者。亦有官家之召。以詩遞其行。今小釋與古人行業。大相不同。而區區自處之道。亦欲覬而慕之。玆敢依其韵。構成一絶。仰申欲進不敢之下情。又別呈四韵。以述慕仰之忱。伏望包荒。不遐遺下。恕方命之罪幸甚。小釋非矯節自高。只在爲僧之道如是也。惶悚不備。

영남의 남악 장로께 보내는 편지

비록 법맥은 같으나 태어난 인연이 각각 달라서, 20년 전부터 소문만 서로 들어오면서 아직 한번 만나보지도 못하였습니다. 그러다 보니 개인적으로 마음이 자꾸 쏠리는 것이 저 동해 바다만큼이나 깊고도 넓을 듯합니다. 지난해에 보내 주신 두 번의 편지는 모두 중간에 잃어버리는 일 없이 잘 받아 보았습니다. 덕분에 천 리 밖 멀리 계시는 어르신의 면목을 글로나마 엿볼 수 있었으니, 세상 어떤 일이 이렇게 기쁠 수 있었겠습니까마는, 인편이 없어서 아직껏 답장 한 번도 하지 못했으니 아무리 한탄한들 무슨 소용이 있겠습니까.

이번에 또 어르신의 문인이 찾아온 길에 어르신께서 강론을 하시며 보내시는 생활이 두루 평안하시다는 소식을 들으니, 말로 표현할 수 없을 만큼 기쁘고 또 위로가 됩니다. 이 보잘것없는 수좌는 강론할 때마다 그저 빨리 시간이 끝나 종이 울리기나 바라니, 이 나쁜 습관을 어떻게 해야 하겠습니까.

지난해에 원院에서 있었던 일은 제가 본래부터 그런 일에는 뜻을 두지 않았었기 때문에 그저 한바탕 웃음에 부쳐 버리고 상대하여 따지지는 않았습니다.

청암의 시운에는 시키시는 대로 화답을 하여 보냅니다만, 잘 쓰지 않는 생소한 운(强韻)인 데다 또 시 짓는 솜씨 또한 사람 따라 함께 늙어 가는지 영 잘 지어지지가 않았습니다. 그저 심심할 때 한바탕 웃음거리 생각하시고, 그냥 한바탕 웃은 뒤 불에 태워 버리시기 바랍니다.

금강산에 갈 일이 머지않아 곧 있을 것이니 한번 방문하여 그리운 회포를 풀고 싶지만, 뒷일을 어찌 꼭 기약할 수 있겠습니까.

이곳 영곡靈谷 사형께서 2월 8일에 입적하셨으니, 얼마나 슬픈지 모르겠습니다.

그곳으로 가는 인편이 있어 몇 자 적어 보냅니다. 나머지 말들이야 편지로 다할 수 없으니, 이만 줄이겠습니다.

與嶺南南岳長老

法脉雖同。生緣各異。相聞於二十年前。而尙未接。私心嚮往。可以東海量也。去年兩牘。俱免石頭之浮湛。[1] 得替千里外面目。何喜如之。而魚鳥無階。一未裁謝。浩歎何及。卽此門人又到。憑審大講候。連享萬䞎。喜慰不可言。拙白首坐。講應招鍾鳴漏盡之譏。而習氣所使奈何。年前院事。本無意於彼等事故。付之一呵。而不與相較也。靑岩韵依示和送。而韵頗强。且詩與人老。未能善搆。聊爲閑中一粲具也。幸一笑後。付與丁童。金剛之行。當在非久。來徃間。欲一委訪。以解如渴之懷。而後事亦安可必乎。此處靈谷師兄。於二月初八入寂。痛悼何及。因便付及也。餘非幅紙可旣。只此卽惟。

---

1) ㉠ '湛'은 '沈'의 오류인 듯하다.

박 석사께 보내는 답장

　가을바람이 쓸쓸한 시절에 홀연 편지를 받으니, 산골짜기 숲속에 광채가 다 나는 듯 못내 그리던 마음이 크게 위로되었으며, 편지를 읽고서 지내시는 생활과 건강이 별 탈 없이 좋으시다는 것도 알게 되었습니다. 함께 보내 주신 아름다운 시편을 읽어 보니, 너무나 찬란하여 눈이 부실 정도입니다. 이런 것이 바로 붓 끝에 눈이 달려서 어디 하나 손을 댈 곳이 없는 경지라고 할 것입니다. 본래 타고난 천품이 고상하고 밝아서 저절로 되는 것이 아니라면, 어찌 이렇게 좋은 시를 지을 수 있겠습니까. 감탄하고 존경하지 않을 수 없습니다.

　그러나 산인은 가죽나무처럼 버려진 쓸모가 없는 물건인 데다 또 이렇게 쇠약하기까지 하니, 어찌 비교할 만한 상대가 되겠습니까. 그런데 보내온 편지에서는 사실과 다르게 너무 칭찬을 하셨으니, 이게 바로 개인적으로 좋아하는 사람에 대해서는 팔이 안으로 굽는다는 것이 아니겠습니까. 너무 부끄러워 얼굴이 붉어질 따름입니다. 주옥같은 시를 받아 놓고 화답을 하지 않을 수는 없는 일이라, 나물만 먹고 사는 산인의 좁은 생각을 끌어모아 보잘것없는 글을 겨우 지어서 보내니, 책상을 덮는 먼지 가리개로나 쓰시길 바랍니다. 그리고 그냥 한바탕 웃으시며 보시고는 지워 버리시길 바랍니다. 옛날 오랫동안 얼굴을 보지 못하였을 때에도 서로 마음이 소홀해진 적이 없었는데, 게다가 지금은 서로 살고 있는 곳이 멀지도 않으니 순박한 풍도에 어찌 끊김이 있겠습니까.

　그저 몸조심하시어 제가 진심으로 비는 이 마음에 부응하시길 바랄 뿐입니다. 이만 줄입니다.

答朴碩士
秋風蕭索。忽沐手澤。林壑生光。大慰懸想。仍審體履淸休。及覽佳什。燦燦眩目。可謂筆端具眼。斤斧無痕。自非天禀高明。得之自然。曷以臻此。欽服罔涯。山人樗散之物。又此衰朽。豈足齒錄。而來書過情稱譽。無乃私其所好。肱不外屈耶。還切愧赧。旣蒙珍墨。不可無謝。謹搜蔬腸。搆成荒詞。仰塵淸案。幸一粲而爻周如何。古者不以形跡致淡。況川陸非遙。眞風何間。惟冀珍頤。式副眞禱。不宣。

탄 장로께 부치는 편지

　세월이 빠르게 흘러가도 저 맑은 바람이야 끊김이 있겠으며, 산골짜기는 오래 막혀 있어도 이 도는 언제까지나 통하는 법이니, 혼자 떨어져 산다고 개의할 것은 없습니다. 다만 금년 농사는 점점 어려워지는데 날씨까지 농사일에 도움을 주지 않으니, 우리들의 수행 공덕으로야 어찌 저 하늘 하시는 일에 대적하겠습니까. 그저 하늘의 명을 따를 뿐이니, 아무리 깊이 염려해 보아야 소용이 없습니다. 옛사람이 오석령烏石嶺 꼭대기에서 만났던 일이나 망주정望州亭 위에서 만났던 그런 일[73]들은, 이 모두가 다 형기形器 이외의 것을 서로 기약하였던 것입니다. 지금 사람들이 비록 고인의 행行을 그대로 따르지는 못하더라도 적어도 고인의 지知는 알 수 있을 것입니다. 그러니 장로께서도 종종 찾아와 보지 못하는 것을 염려하지 마십시오.
　마음에 있는 것을 글로 다 쓰지 못하니, 속으로 그냥 알아주시기를 바랄 뿐입니다. 편지의 격식을 다 갖추지 못했습니다.

寄綻長老

歲月奔流。淸風何間。溪山脩阻。斯道常通。不必以離索介懷也。但年事稍儉。時氣乖和。吾儕功行。豈能敵彼。亦順命而已。不用深慮。古人烏石嶺頭相見了也。望州亭上相見了也。斯皆相期形器之外。今人雖不行古人之行。亦能知古人之知。長老亦不以種種不來見爲念也。不盡所懷。嘿照是望耳。不具。

보경 총섭[74]께 보내는 편지

남북으로 서로 헤어진 뒤로 그림자도 접하지 못하던 차에, 영광스럽고 아름다운 소식이 들려오니 보고 싶은 나머지 너무나 한탄스럽기까지 합니다. 지봉智峯 형께서 입적하셨을 때에 먼 곳이지만 상喪을 치르러 오시리라 생각했었는데, 끝내 소식이 없었습니다. 나랏일에 매여서 오지 못하셨을 것이니, 어쩌겠습니까. 중간에 편지는 뜸했으나 오고가는 소식이 끊이지 않아서, 늘 번을 서는(僚)【음은 '포'이니, 계속 숙직을 서는 것이다.】 중한 직책을 맡으면서 조금도 막히는 일이 없다고 들었습니다. 스스로 수양을 쌓아 복이 있어서 그런 것이니, 기쁨과 위로됨이 진실로 깊습니다.

저는 예순이 넘은 이후로는 대중 생활을 그만두고 조용한 곳을 찾아 혼자 생활하고 있는지라, 이제 늙고 쇠약해진 모습과 궁핍한 모양새가 일상의 일이 되었습니다. 게다가 금년에는 만의萬義의 스승 두 분까지 잃었으니, 법운이 다한 비통함을 어찌 감당하겠습니까. 먼 곳에서 특별히 위문하여 주시니 더구나 슬픈 심정을 견디지 못하겠습니다.

들자 하니 조정에서는 스님께 종신 녹봉을 따로 내려 주었다 하니, 망극한 성은을 무엇으로 보답하겠습니까. 그런데 옛 조사들은 이런 말씀을 하셨습니다.

"받은 은혜가 큰 자리에서 마땅히 먼저 물러나야 하며, 얻은 뜻이 많을 때가 바로 그만둘 좋은 시기이다."

이 말씀은 바뀌지 않는 말입니다. 가사[75]를 걸친 스님의 몸으로 직접 임금의 얼굴까지 뵈었으니, 이렇게 교지를 받고 관직에 임명된 일은 고려 때에는 혹 있었을지 모르나, 조선조에 들어와서는 통 들은 적도 없는 일입니다. 어르신께서는 어떤 선업의 인연으로 이리되셨는지 모르겠습니다.

큰 공을 이루고 이름을 드날림이 지극한 정도에 이르렀으니, 족함을 알고 그칠 줄을 알아야 합니다.[76] 지금 가장 시급한 바람은 여러 차례 사직

소⁷⁷를 올리고 물러나, 모든 것을 버리고 남쪽으로 돌아오는 일이니, 이것이 삼십육계 가운데 제일가는 방책입니다. 치밀하게 생각하고 또 생각하시길 바랍니다.

마음에 꽉 찬 생각을 종이가 좁아서 다 쓰지 못합니다. 그렇게 알고 보아주십시오.

與寶鏡捻攝

一分南北。形影莫接。而榮聞休暢。馳想之餘。賛歎何極。智峯兄之入寂。意謂奔喪而竟絶節音。盖拘於國事奈何。中間音信雖阻。而徃來絡繹。每聞僝【音布。連直也。】直重地。小無魔妖。自非疇離有祉然乎。喜慰良深。拙六秩以後。散衆靜處。其衰老之形。赤窮之狀。乃是常事。而今年萬義二喪。法運垂盡。悲痛何堪。遠地特賜唁問。尤不任傷感也。聞朝家另下終身之俸。聖恩罔極。何以報答。古師有云。受恩深處宜先退。得意濃時便好休。不可改也。畦衣之下。親奉天顏。帶得敎旨之任。勝國或有。而入我朝。寂無所聞。不知吾丈以何善緣而然耶。功成名立。至矣盡矣。知足知止。自今急務。願頻上乞骸之狀。擺脫南歸。當爲三十六策之第一。思之密矣。密矣思之。意滿楮狹。不盡所懷。統惟諒照。

한 능주 필수[78]께 올리는 장문 편지

병술년(1766, 영조 42) 10월에 천태산인天台山人 유일은 삼가 두 번 절하고, 명부明府[79] 합하께 편지를 올립니다.

산인이 어제 동각東閣에서 합하를 뵈었을 때에, 합하께서는 불서의 내용 가운데 인과응보의 설에 대하여 의심하면서, 사람이 죽은 뒤에 단멸斷滅하는가 단멸하지 않는가, 서방 극락세계가 있는가 없는가 하는 얘기들을 모두 거짓(子虛)[80]이라 여기고 믿지 않으셨습니다. 산인이 몽매한 사람이라 그 자리에서 대답을 하지 못하고, 또 낱낱이 변론해서 말하려고 하여도 존엄한 어른께 실례가 될 것 같아서 아무 말없이 그냥 자리를 물러났었습니다. 그렇게 돌아와 선방 창문 아래 누워 있자니, 산 위로 달은 훤하게 비추었습니다. 그래서 한밤중에 일어나 방석에 앉아 있자니, 문득 어제 합하께서 불법을 깎아내리신 일이 생각났습니다. 마음이 영 편안하지 않아 엎치락뒤치락 생각을 하다가, 간략하게나마 이렇게 말씀을 올리게 되었습니다. 부디 살펴보아 주십시오.

무릇 불법이 세상에 존재하는 것이 마치 허공이 쭉 펼쳐져 있는 것과도 같아서, 크기로 말하면 더 이상의 밖이 없을 만큼 크고, 작기로는 더 이상의 안이 없을 만큼 작습니다. 그러나 허공을 보기 싫어하는 자가 집을 만들어서 문을 닫아걸고 허공과 단절하고서는, 자신이 문지방을 넘어 방에 들어갔다는 것과 자신의 이목구비 하나하나에 다 허공을 가지고 있다는 것을 모르고 있으니, 이와 같이 한다고 끝내 허공과 단절할 수 있겠습니까. 사대부들이 총명한 재능과 지혜로 배워서 도를 알게 되는 것이 다 불법의 힘으로 말미암은 것입니다. 반야의 신령한 깨달음이 천지를 진동하며 홀로 존재하기에, 예로부터 지금까지 도에 어둡지 않을 수 있는 것입니다. 무릇 이 세상에 생겨나고 또 생겨나는 모든 물질은 원만하게 갖추어져 있지 않은 것이 없습니다. 크고 작고 짧고 긴 것 등 모두가 다 달라 고르지 않은 이것들이 다 부처님의 도에 힘입어 세상에 심어져 서 있는 것입니다. 그러므로 이 도를 버리고서는 따로 법이 없는 것입니다.

소자첨蘇子瞻[81]이 말하였습니다.

"구양영숙歐陽永叔[82]과 사마군실司馬君實[83]은 다 부처님의 법을 좋아하지 않았지만, 그들이 비추어 낸 총명함과 성취해 낸 덕행은 진실로 부처님의 법이었다."

소자첨이 어찌 세상을 속였겠습니까. 다만 한나라 때에 불서가 나왔다고는 하나 일찍이 세상에서 잘 볼 수 없었던 까닭에, 마치 부처님의 도가 세상에 존재하는 듯 존재하지 않는 듯 반신반의하였던 것입니다. 그러나 당나라 방관房琯[84]과 백낙천白樂天,[85] 그리고 송나라의 소동파蘇東坡와 황정견黃庭堅[86] 같은 사람에 이르러서는, 고명한 재주와 뛰어난 견문으로 부처님의 도를 독실히 믿고 높이 받들었습니다. 그리고 원나라와 명나라에 와서는 모든 사람이 부처님을 믿는 무리들을 칭송하고 집집마다 불교 경전을 소장하였으니, 부처님 도를 받들어 숭상하는 풍속이 어쩌면 그렇게 한결같이 성대했겠습니까. 염계와 낙양(濂洛)[87]의 여러 명철한 학자들은 유학(洙泗學)[88]을 주장하면서도, 또한 그 유학이 부처님의 도와 대동소이하다는 것을 알았기에, 일찍부터 부처님의 말씀을 궁구하여 도를 터득하지 않은 사람이 없습니다. 염계濂溪가 조각照覺 선사와 사귀면서 불도의 지극한 이치의 의논을 깊이 밝힌 것이며, 이천伊川[89]이 영원靈源 선사에게 물어 오묘한 자성의 뜻을 깨달은 것이며, 고정考亭[90]이 대혜大惠[91] 선사를 사모하여 심법心法의 요체를 깨달은 것들이 바로 그러한 일입니다. 이런 사실들은 전기에 실려 있어 바로 징험해 보일 수 있는 일이니, 속임이 없습니다.

또 고정은 말년에 집에서 불경을 외면서 이런 시를 지었습니다.

　홀로 한가하게 별일 없이 살면서

그저 불교 경전이나 펼쳐 보니
　　잠시나마 세속 번뇌의 얽매임을 쉬고
　　초연히 도와 더불어 함께하겠네
　　문을 닫아걸면 대나무 숲만 빽빽하고
　　산비 그친 틈을 타 새들이 우는데
　　이 무위법無爲法을 깨달으니
　　몸과 마음이 정말 편안하구나

　이것으로 본다면, 그가 불법에서 깨달은 바가 얕은 것이 아니며, 그저 사사로이 마음이 기울었던 것만이 아니었던 모양입니다. 그런데도 불교에 대해 이理에는 매우 가깝다고 하겠지만 진眞을 크게 어지럽히고 있다는 말을 한 것은, 몸은 도학道學을 맹세한 사람이지만 인륜을 굳건히 세우려고 했기 때문입니다. 그러므로 사람을 가르칠 때에는 부득불 불가의 도를 억제하고, 유가의 도를 드러내려 하였던 것입니다.
　그는 또 이런 말도 했습니다.
　"불가의 법이 비단과 옥돌 같다면, 유가의 도는 베와 좁쌀과 같구나."
　아마도 비단과 옥은 비록 귀하긴 하지만 일상생활에 쓰는 물건이 아니고, 베와 좁쌀은 비록 천하긴 하나 일상생활에 절실히 필요하기에 이렇게 말했을 것입니다. 그렇기에 비록 불법을 알지 못하고 또 일상에서 유가의 도를 떠나지 못했으나, 불법의 고귀함은 인정하였습니다. 어찌 우리나라 유학자들처럼 불교의 가르침을 한결같이 허무하다고만 하면서 세상에 존재하지 않는 경지로 치부하였겠습니까. 우리나라 유학자들은 누구나 다 이렇게 말합니다.
　"불씨佛氏의 교리는 모두 다 보지도 듣지도 못한 일이라 믿기 어렵다."
　그러면 저는 이렇게 묻겠습니다.
　"그렇다면 요임금·순임금·우임금·탕임금의 일은 누가 보고 누가 들었기에 믿을 수 있다는 것입니까?"

　요임금·순임금·우임금·탕임금의 일도 역시 심히 요원한 일입니다. 지역적인 거리도 몇 천 리가 더 넘지만 세월도 벌써 몇 천 년이 지났으니, 이것이야말로 참으로 보거나 들을 수 없는 일입니다. 그러나 전 시대의 말과 지난 시대의 행적이 경서와 역사서에 실려 있기에 항상 배우고 또 익히는 것이며, 또 그 익힌 것을 실천하는 일을 집에서 밥을 먹고 차를 마시듯 일상적으로 하기 때문에 믿어 의심하지 않는 것입니다. 그런데 우리 석씨의 도로 말할 것 같으면 지역적인 거리가 십만 리나 되고 시대도 삼세三世를 지났는데도, 그 경전이 한나라 때에 나왔다고 이단이라 생각하며 즐겨 읽거나 연구하지 않습니다. 그리고 설사 어쩌다 불서를 읽어 섭렵한 사람이 있다 해도 그저 기이한 말이나 묘한 구절을 뽑아서 문장을 꾸미는 이야깃거리로 사용하였을 뿐, 불서 속에 숨어 있는 말씀과 오묘한 이치는 소홀히 하여 궁구하려 하지 않았으니, 어떻게 터득하여 알 수 있겠습니까. 그러므로 유가 사람들이 불도를 알지 못하는 것은 이미 하나도 괴이할 게 없는 일입니다. 유가에서 불가를 불신하는 것은, 하북河北 사람은 강남江南에 2만 섬을 실을 수 있는 큰 배가 있다는 말을 믿지 않으며 강남 사람은 하북에 천 명의 사람을 덮을 수 있는 큰 장막이 있다는 말을 믿지 않는다는 것이 바로 이것을 두고 한 말일 것입니다. 유씨儒氏들로 하여금 자신을 비우고 마음을 닦아 불서를 마음 깊이 받아들이고 그 뜻을 연구하기를 마치 유서를 익힐 때처럼 하게 한다면, 그렇게 순수하고 밝은 자질을 가지고서 어찌 알지 못하고 믿지 못할 수가 있겠습니까. 생각해 보면 이것은 불도를 연구하지는 않고 오직 공격만 하면서 혹시라도 미치지 못할까 두려워하는 것과 같습니다. 이 애석함을 어찌하겠습니까.

　저 인과의 설은 석전釋典에만 있는 것이 아니고, 『논어』에서도 항상 말했던 것인데, 다만 말로 드러내서 인因이라는 이름을 붙이지 않았을 뿐입니다.

『주역』에서는 말합니다.

"선善을 쌓는 집에는 반드시 경사가 있고, 불선不善을 쌓는 집에는 반드시 재앙이 있을 것이다."[92]

여기서 선善과 불선不善은 인因이며, 경사와 재앙은 과果입니다.

『서전』에도 이런 말이 있습니다.

"선한 행동을 하면, 상서로운 일이 있으리라."[93]

또 『서전』에서는 말합니다.

"하늘의 도리는 선한 사람에게 복福을 내려 주고, 음탕한 사람에게는 화禍를 내린다."[94]

공자도 말하였습니다.

"선을 행하는 자에게는 하늘이 복으로 보답해 준다."

이와 같은 말들은 제자백가서와 역사책에도 실려 있으니, 일일이 다 거론하기도 어렵습니다.

또 좌씨左氏가 말하였습니다.

"난무자欒武子[95]가 덕행이 있으니, 하늘이 그 아들을 도울 것이다."

그렇기 때문에 난무자의 아들 염黶이 비록 악했으나 화를 면할 수 있었고, 또 염의 아들 영盈이 비록 선했으나 아버지 염의 악행에 연루되어 환란을 당하게 되었던 것입니다. 또 세상 사람들이 어려서 열심히 공부하여서 장성하여 과거시험에 합격하기도 하고, 혹 은혜로운 행동을 하고 덕행을 펼친 덕에 관직에 발탁되기도 하며, 혹 간사한 행동이나 범죄를 저질러서 형벌을 받거나 사형을 받기도 합니다. 이것이 바로 현재의 몸에 나타나는 인연과 과보임이 분명합니다.

우보于寶에게 참새가 가락지를 갚아 주었고 수후隋侯에게 뱀이 구슬을 갚아 주었으니,[96] 미미한 동물도 오히려 그러한데 하물며 사람에 있어서야 어떻겠습니까.

전傳[97]에서는 말합니다.

"곡식은 심은 지 1년 만에 수확하고, 나무는 심은 지 10년 만에 거두며, 덕은 베푼 지 100년 만에 돌아온다."

이 말 또한 인과의 도리에서 벗어나지 않습니다.

슬픕니다. 지금 운세가 길한 사람은 이전 세상에서 무언가 복을 베풀었기에 이렇게 좋은 보답으로 감응하는 것인데, 지금 세상에서 복을 베풀면 내세에도 또한 지금 세상에서처럼 복을 받게 되리라는 것을 어찌 생각하지 못하십니까. 그 죽은 뒤에 생전의 행적이 단멸斷滅한다는 생각은 더욱 깨뜨리기가 어렵습니다.

유씨儒氏들은 다들 말합니다.

"사람이 태어나는 것은 음陰과 양陽이 합하여 만들어지는 것이다. 양이라는 것은 기氣이며 혼魂이고, 음이라고 하는 것은 질質이며 백魄이다. 오래 살고 일찍 죽는 것이나 궁핍하고 부유한 것은 다 천명天命에 달려 있다. 그래서 사람이 죽음에 이르면 음과 양도 흩어지게 되는데, 양기陽氣는 올라가 하늘로 돌아가고, 음질陰質은 내려가 땅이 된다. 그런데 어찌 다른 무엇이 더 있어서 바뀌어 다음 생의 몸이 되겠는가?"

이것이 유가 사람들이 말하는 바꿀 수 없는 논리입니다. 그러나 우리 불가의 학설은 이런 유가의 학설과는 크게 다릅니다. 대개 사람이나 가축을 막론하고 무릇 혈기血氣가 있는 무리는 다 지知가 있습니다. 그래서 배고픔과 목마름과 추위와 더위를 알고, 보고 듣고 움직이며 일어날 줄을 알며, 사랑과 미움과 고통과 즐거움을 압니다. 이것을 아는 것은 범인이나 성인, 사람이나 가축이 다 같습니다. 허철虛徹 영명靈明하여 우뚝하게 홀로 존재하면서 불생不生 불멸不滅하며 예로부터 지금까지 이어져 왔으니, 마치 허공처럼 어느 곳에나 다 있어서 잠시도 끊어지지 않습니다. 다만 이러한 마음이 인연을 따라 인식 작용을 일으키기 때문에 나고 죽고 가고 오며, 현생의 몸을 버리고 내생의 몸에 의탁하게 되는 것입니다. 그러나 이 성性의 식심識心[98]과 진지眞知[99]는 하나이면서 둘이고 둘이면서 하나인데, 어찌 단멸하여 남는 것이 없다고 말할 수 있겠습니까. 진성眞性은 본디 선악의 인과가 아니라, 식심의 훈습薰習이 같지 않음에 따라 선이 있고 악이 있으며 염染도 있고 정淨도 있게 되는 것이니, 그것으로써 범부와 성인의 인과의 차이가 생기는 것입니다.

어떤 사람이 이렇게 물었습니다.

"식심이 진성과 동체여서 진성에는 선과 악이 없는 것이라면, 어떻게 식심에는 도리어 선악이 있다는 것입니까?"

나는 이렇게 대답했습니다.

"훈습이 같지 않아서 선과 악이 생기는 것이라고 앞에서 말하지 않았습니까. 이것은 마치 향기로운 난초가 있는 방에 들어가더라도 오래 있으면 난초의 향기를 느끼지 못하고, 어물전에 오래 있다 보면 생선 냄새를 맡지 못하게 되는 것과 같은 이치입니다. 그러므로 군자는 반드시 인仁한 곳을 택하여 살라고 하였으니, 이는 훈습을 삼가라는 것입니다."

고정考亭 또한 말하였습니다.

"하늘이 백성을 태어나게 할 때에 인의예지仁義禮智의 성性을 부여하지 않음이 없는데, 다만 기질氣質의 품稟이 같지 않기 때문에 그 하늘이 부여해 준 본성을 온전히 하지 못하는 것이다."

대개 사람에게는 다 인의예지의 성품이 있어서 사람은 누구나 다 응당 선하기 마련입니다. 다만 숙세夙世의 훈습이 선한 자는 기가 깨끗하고 질이 순수하여 하늘이 내린 본래의 성품을 온전히 할 수 있으니 요임금과 순임금, 주공周公과 공자 같은 사람이 바로 그런 사람이며, 반면에 전세의 훈습이 악한 자는 기가 탁하고 질이 혼잡하여 하늘이 부여한 본성을 잃게 되는 것이니 걸桀이나 주紂, 도척盜跖100과 같은 사람이 바로 그런 사람입니다.

이렇듯 사람이 지혜롭고 어리석고, 선하고 악한 것은 모두가 다 전세 훈습의 인연으로 말미암아 이루어지는 것인데, 유가에서는 이것을 다 천명에 의해 저절로 그렇게 되는 것이라고 논합니다. 그렇다면 천명은 왜 그렇게 고르지 못한 것입니까. 요임금과 순임금에게는 뭐 얼마나 친근하다고 선한 성품을 주고, 걸과 주에게는 뭐가 얼마나 소원하여서 악한 성품을 주었던 것입니까.

또 이런 말도 있습니다.

"오래 살고 일찍 죽고, 가난하고 부유한, 이 모두가 다 천명에 달려 있다."

그렇다면 하늘이 내려 준 명命이 어째서 그렇게 부유한 이는 적고 빈궁한 이는 많으며, 천한 이는 많고 귀한 이는 적게 한 것입니까. 안연顔淵같이 어진 사람은 궁핍하게 살다 일찍 죽게 하였으면서, 도척처럼 악한 사람은 부유하게 오래 살도록 하였습니다. 하늘의 도리가 어째서 그렇게 악한 사람에게는 부유함과 장수를 주고, 어진 사람에게는 궁핍함과 요절을 주었단 말입니까. 그런데도 성인의 가르침에는 늘 사람만을 질책할 뿐 하늘을 질책하지는 않으며, 사물의 잘못만을 탓하였지 천명을 탓하지 않는 것은 왜입니까.

또 이런 말도 합니다.

"모든 일은 다 자연에서 나온다."

정말 그렇다면 어찌하여 인의와 충효를 반드시 꼭 배워야만 실행할 수 있고, 어찌하여 문장과 육예六藝를 반드시 꼭 가르쳐서 익히게 하는 것입니까.

그러므로 우리 불가의 가르침에 의하면 훈습에 인연하지 않은 것이 없습니다. 안연은 선행을 훈습하였기 때문에 깨끗하고 순수한 기질을 받아 성자 버금가는 현인의 자질이 되었으나, 다만 장수와 부유함의 인연만은 만들지 못했던 것입니다. 그에 비하여 도척은 악행을 훈습하였기 때문에 탁하고 복잡한 기질을 받아 패역悖逆한 사람이 되었으나, 다만 장수와 부유함의 인연만은 만들었던 것입니다. 그러므로 경전의 주소(經疏)에서도 이렇게 말하고 있습니다.

"사람이 하는 것에 하늘이 응한다."

또 『시경』에도 이런 말이 있습니다.

"하민下民의 재앙은 하늘이 내리는 것이 아니라, 결국 사람으로 말미암아 생기는 것이다."

그렇다면 우리 사람들은 천명만 믿고서 두 손을 놓고 아무것도 하지 않고 있을 수는 없는 일입니다. 이와 같이 이미 인연과 과보가 있는 것이라면, 단멸론斷滅論은 공격하지 않아도 저절로 깨어지게 마련입니다.

왜 듣지 못하셨습니까. 허순許詢[101]이 죽어 소찰蕭察[102]이 되고 소찰이 죽어 배휴裵休[103]가 되었으며, 청초당靑草堂이 증노공曾魯公이 되고 안탕승雁蕩僧[104]이 진회秦檜[105]가 되었다 합니다. 지영智永[106]이 방관房琯이 되었고 계戒 선사가 동파東坡가 되었을 뿐만 아니라, 또 장방평張方平[107]이 낭야瑯琊[108] 벽 위의 경전을 계속 이어서 썼고, 형화박邢和璞[109]은 하구夏口의 항아리 속에서 나온 상像을 지적하였습니다. 그렇다면 여기에서 전신과 후신이 되는 이치를 분명히 알 수 있을 것입니다. 사람이면 누구나 다 이와 같은 인연을 따르게 되는 법인데도, 다만 이전의 인연에 어둡기 때문에 기억하지 못하는 것입니다.

그러나 유씨儒氏들은 어쩌면 그럴 것이라고 생각하면서도 믿지를 않고, 일단 죽은 뒤에는 영원히 단멸한다는 말을 하곤 합니다. 극락세계의 설에 이르면, 유가에서만 믿지 않는 것이 아니라 부처님을 믿는 사람들 가운데도 그 뜻을 깨닫지 못하여 의심하는 자가 더러 있기도 하니, 지금 대략 밝혀 두겠습니다.

대개 천하의 세계는 본디 이치에 근거하여 이치가 성립되는데, 이치가 이미 무궁무진하기 때문에 세계도 또한 무궁무진해서 헤아려 알 수 없고, 그 가운데 만 가지 다른 차별도 또한 예측할 수 없습니다. 우리나라는 바다 밖 동쪽의 작은 나라이지만, 풍수와 풍속은 사방팔방 지역에 따라 각각 다릅니다. 남쪽 지방에서는 문인이 많이 배출되고 북쪽 지방에서는 무인이 많이 배출되며, 영남의 풍속은 질質이 문文보다 우세하고 호남 사람은 문이 질보다 우세합니다. 북쪽 사람들의 의식생활은 남쪽만 못해서, 어떤 사람들은 순전히 좁쌀만 먹기도 하고 옷도 개가죽으로 만들어 입고 삽니다. 거기에 비하여 남쪽 사람은 생산한 곡식을 다 먹지 못하여 남아돌고, 면과 모시로 옷을 만들어도 다 입지 못하여 남을 만큼 넉넉합니다. 지방마다 그 살아가는 방법의 괴로움과 즐거움, 검소함과 사치스러움을 알 수 있습니다. 하물며 이 하늘 아래 세계는 무한히 넓어서 헤아릴 수 없을 정도이니, 그 사이에 어떻게 지극히 고통스럽게 사는 사람과 지극히 안락하게 사는 사람, 혹은 고통과 즐거움을 고르게 받으면서 사는 사람이 없겠습니까. 근래 서양의 지도를 보니, 『사기史記』에 실려 있지 않은 나라가 매우 많고, 중원中原은 동쪽 한 구석에 치우쳐 있었습니다. 『사기』에서 중국의 서울 낙양洛陽이 천하의 중심이라고 말한 것은 다만 중국만 가지고서 말한 것이고, 실제로는 서역西域이 천하의 중심지입니다. 주자朱子도 또한 곤륜산崑崙山을 천하의 중심지라 하였는데, 서역은 바로 그 곤륜산 아래에 있는 땅입니다. 바로 이 중국에서 서역이라고 일컬었던 것은, 중원 사람이 스스로를 중심이라고 생각했기 때문에 저 서쪽을 가리켜 서역이라 한 것입니다. 예를 들면 서역 사람이 중원을 가리켜 동진東震이라고 한 것과 마찬가지입니다. 서방에 고망국古莽國이라는 나라가 있는데, 그 나라의 백성들은 옷도 안 입고 음식도 안 먹고 항상 잠만 잔다고 합니다. 그러다 50년 만에 한 번 깨어나게 되므로 그들에게는 꿈을 꾸는 동안이 실實이 되고 깨어났을 때가 허虛가 된다고 합니다. 또 어떤 나라에는 마시면 미치게 되는 샘물이 있다고 합니다. 그 나라 사람들은 다 그 샘물의 물을 마셨기에 미치지 않은 사람이 없는데, 유독 그 나라의 임금만 따로 우물을 파서 물을 마셨기에 임금 한 사람만 미치지 않았습니다. 그러자 그 나라의 신하와 백성은 미치지 않은 자기 임금을 미쳤다고 하면서 서로 침을 놓아서 미치게 만들려고 하였습니다. 그 임금은 고통을 견디지 못하고 어쩔 수 없이 함께 그 마시면 미치는 샘물을 마시고 미친 사람이 되었습니다. 그러자 신하와 백성들은 아주 기뻐하면서 자기 임금의 미친 병이 다 나았다고 좋아하였다고 합니다. 또 우리는 다만 요임금의 눈썹이 여덟 가지 색으로 빛났고 순임금의 눈동자가 둘이었다는 말만 들어 왔지만, 그것 말고도 눈썹이 길고 눈이 하나밖에 없는 사람들만 사는 나라도 있습니다. 또 우리는 단지 한나라 고조高祖[110]의 가슴이 넓다는 말만 들었지만, 그 말고도 가슴이 비어 있는 사람만 사는 나라까지도 있습니다. 또 우리는 단지 주공周公[111]이 현인이 찾아오면 머리를 감다가도 몇 번이나 머리칼을 움켜쥐고 나가서 맞이하였다[112]는 말을 들어왔고, 또 중이重耳[113]가 어깨를 나란히 하였다는 말만 들어 왔지, 또 교지국交趾國이 있다는 것은 모르고 있는 것입니다. 그런데 어찌하여 이렇게 다른 사례가 있다는 것을 분명하게 구별하지 못하고, 유독 극락국極樂國만을 믿지 않는 것입니까.

요사이 어떤 유학자 한 사람이 '극락에는 순전히 남자만 있고 여자는 없다.'는 말을 듣고는, 비웃으면서 이렇게 말하는 것이었습니다.

"만물에는 다 음과 양이 있게 마련인데, 사람으로서 어떻게 순전히 양만 있을 수 있겠습니까? 허망한 거짓이 어찌 그렇게 심하단 말입니까?"

저는 이렇게 대답했습니다.

"『통감사단通鑑史斷』에 보면 여인국女人國이라는 나라가 있는데, 그곳은 순전히 여자만 살고 남자는 없는 곳이랍니다. 그래서 그곳에서는 여자가 물에 비추어 보기만 하면 아이를 낳게 된다고 하였습니다. 이것은 또 무슨 이치인지 말씀해 보십시오."

그러자 그 유학자는 말문이 막혔습니다. 이제 비로소 천하의 일에는 반드시 대對가 되는 일이 있다는 것을 알았을 것입니다. 하늘이라는 것은 땅의 상대가 되는 것이며 해는 달의 상대가 되는 것입니다. 저기 꿈을 현실로 여기고 깨어 있는 상태를 허실로 여기는 나라는, 여기 깨어나 있는 상태를 현실로 여기고 꿈을 허실로 여기는 나라와 상대가 됩니다. 저기 미친 사람을 미치지 않은 것으로 생각하고 미치지 않은 것을 미친 것으로 여기는 나라는, 여기 미친 것을 미쳤다 하고 미치지 않은 것을 미치지 않았다고 생각하는 나라와 상대가 됩니다. 눈이 하나인 사람은 눈이 두 개인 사람과는 상대이며, 가슴이 빈 사람은 가슴이 꽉 찬 사람과 상대가 됩니다. 그런데 어째서 순전히 남자만 있는 것이 순전히 여자만 있는 것에 상대되는 것을 괴이하게 여기는 것입니까. 여자만 있는 나라는 역사 기록을 보고 믿으면서, 순전히 남자만 사는 나라가 있다는 말은 역사에 기록되어 있지 않다고 해서 어찌 허망하다고 합니까.

  시험 삼아 일찍이 극락국에는 순수하고 선한 사람만 왕생한다는 말을 하였습니다. 진실로 임금에게 충성하고 부모에게 효도하는 사람으로 인의仁義와 자선慈善의 마음이 지극한 사람이라면 극락국에 왕생할 수 있는 것이지, 염불한 사람만 극락국에 왕생하는 것은 아닙니다. 반대로 불충不忠한 사람이나 불효不孝한 사람으로서 간사하고 패역한 사람은 다 지극히 고통스러운 지옥에 들어가는 것이니, 불법을 헐뜯는 사람만 지옥에 가는 것이 아닙니다. 그러므로 옛사람이 말하였습니다.

  "천당이 없다면 그만이지만 만약에 있다면 군자만이 갈 것이고, 지옥이 없다면 그만이지만 만약에 있다면 소인이 들어갈 것이다."

  이 말이 바로 실제로 맞는 말입니다. 경經에서도 말하였습니다.

  "비록 십악十惡을 저지른 사람이라 해도 임종에 이르러 미타彌陀를 열 번 외우면 극락국에 왕생할 수 있다."

  합하께서 지난번에 이런 말씀을 하셨습니다.

  "그렇다면 사람은 누구나 평생 동안 눈에 보이고 귀에 들리는 대로 모든 하고 싶은 욕심을 다하고 살다가, 나중에 죽을 때에 미타를 열 번 염불하기만 하면 그냥 극락에 갈 수 있겠습니다. 그런데 무엇 하러 꼭 그렇게 곤욕을 참고 고행苦行을 하면서 극락에 가기 위하여 일생을 보낼 필요가 있습니까?"

그때 저는 이렇게 대답했었지요.

"그것이 바로 『서전』「다방편多方篇」에서 말한, '오직 광인狂人이라도 능히 생각하면 성인이 될 수 있다.(維狂也。剋念作聖。)'고 한 그 뜻입니다."

평생 십악을 행한다는 것은 '오직 광인'이라는 뜻이며, 임종에 이르러 열 번 염불을 한다는 것은 곧 '능히 생각한다'는 뜻이며, 극락에 왕생한다는 것은 곧 '성인이 된다'는 뜻입니다. 이 말은 사람이 평생 악한 행동을 하면서도 그것이 그릇된 행동이라는 것을 모르고 온갖 나쁜 짓을 하지 않는 것이 없다가, 죽음에 이르러서야 불현듯 과거의 그릇됨을 깨닫고 진실한 성품만 유독 드러나게 된다는 것입니다.

마치 천 년 동안 빛 한 점 없었던 어두운 방에 어느 날 밤에 갑자기 밝은 등불을 높이 매달면, 온 방 안을 환하게 비추어 어둠이 한 점도 남지 않는 것과 같습니다. 천 년 동안 어두운 방이라는 것은 평생 십악을 행하는 것과 같으며, 어느 날 밤에 등불을 매달았다는 것은 한마음에 문득 깨닫는 것과 같습니다. 마치 유가의 법에서도 형용할 수 없을 만큼 온갖 죄를 저지르던 사람이라 해도 하루아침에 개과천선하면, 앞의 죄과는 기억하지 않고 나중에 개과천선한 것만 기억해 주는 것과 같습니다. 지금 십악을 행하던 사람이 부처님을 열 번 염불함으로써 극락에 왕생하는 것 또한 이와 같은 이치입니다.

만약 합하의 말씀처럼 평생 동안 실컷 악한 행동을 하다가 죽음에 임박하여 일부러 열 번 염불을 하는 것이라면, 이것이야말로 바로 억지로 간교하게 속이는 마음을 만들어 낸 것이니, 어찌 마음의 청정함을 얻어 정토에 왕생할 수 있겠습니까. 마치 위魏나라 조조曹操가 평생을 간사하고 거짓된 행동만 하다가 죽을 때에야 진성眞性을 깨달았는데, 남이 엿듣는 것을 알고는 다시 다른 말을 한 것과 같습니다. 이것이 바로 기심機心이 하는 짓입니다. 그렇기 때문에 귀신이 찌르는 듯한 고통과 두려움을 면하지 못했던 것일 터이니, 아마도 진성은 깨달았으나 아직 완전히 깨닫지는 못했던 것 같습니다.

슬픕니다. 평생 악을 행했더라도 죽음에 임박해서 열 번만 부처님을 염불하면 오히려 극락에 왕생할 수 있는데, 하물며 30년이나 20년 동안을 전념하여 염불을 한 사람이라면 더욱더 쉽게 극락왕생을 성취할 것입니다. 그런데 어찌 힘쓰지 않을 수 있겠습니까.

옛날 소동파는 황주黃州로 좌천되어 가는 날에 미타부처님의 형상을 그린 그림 한 축을 가지고 갔었답니다. 어떤 사람이 그것을 왜 가지고 가느냐고 묻자, 그는 이렇게 대답했었습니다.

"이분은 우리 서방공西方公이십니다."

그러고는 이어서 게송을 이렇게 읊었습니다.

> 미타불을 염송하고 또 염송하여도
> 사람이 태어나 칠십 세를 사는 사람 드문데
> 삼계三界의 괴로움을 오가면서
> 몇 사람이나 도를 깨닫고 돌아갔는가
> 미타불을 염송하고 또 염송하면서
> 평생을 오직 그에게만 의지하여
> 이 마음 청정하게 깨달았으니
> 이것이 바로 백련화라네

그리고 임종할 때에는 좌선한 채로 유유히 열반에 들었다고 합니다. 소동파와 같이 병자년에 태어나 동갑이었던 경산徑山 임琳 선사禪師가 가서 소동파의 좌탈한 모습을 보고는, 그 등을 두드리며 말했다고 합니다.

"서방 극락세계로 간다는 말을 확실하게 밝히도록 힘써 보아라."

그러자 소동파가 눈을 뜨고 말하였답니다.

"힘을 쓰면 바로 어긋나느니라."

그러고는 다시 눈을 감고 떠났다고 합니다.

이것이 바로 임종할 때에 정념正念이 흩어지지 않은 것이니, 극락에 왕생하는 데 무슨 어려움이 있겠습니까.

이치李豸[114]가 이렇게 조문弔文을 지어 문상을 하였습니다.

    도가 너무 크면 이름나기 어렵고
    재주가 너무 높으면 대중의 시기를 받게 되나니
    하늘이여 땅이시여
    평생 동안 충성하며 의리를 지켜 온 마음을 아는가
    명산대천에
    천 년 가도록 꽃다운 신령한 기운으로 환생하리라

사대부들은 이치의 이 글귀가 훌륭하다고 칭찬을 하였으나, 오늘날 우리나라의 유학자나 스님들 사이에 소동파가 이렇게 임종하였던 사실을 아는 사람이 드뭅니다. 그렇기에 여기 이렇게 써 보았습니다.

엎드려 바라건대 합하께서는 백성을 다스리시고 남는 시간에 한편으로 이 일을 실행하시어 소동파처럼 여러 해를 계속하시옵소서. 그리하시면 마침내 임종할 때에 이르러 소동파와 같이 어지럽지 않은 정념을 얻을 수 있을지 어찌 알겠습니까. 당나라와 송나라 사이에 고명한 사대부들이 여럿 소동파의 좌탈법에 따라 임종을 하였으니, 비루한 일이라 생각하지 않으신다면 매우 다행이겠습니다.

위에서 번잡하게 말씀드린 내용은, 어떤 것은 유가나 불가의 전적에서 뽑아 인용한 것도 있고, 또 어떤 부분은 제 나름대로의 의견을 덧붙이기도 한 것입니다. 아, 뇌문雷門[115]에 북(布鼓)을 울려 온 세상에 제 생각을 드러내었으니, 참으로 주제 넘는 일인 줄 알고 있습니다. 공자도 문하의 제자들에게 각자의 뜻을 말하도록 권하였었고, 옛사람들도 천 번 생각하면 한 번은 얻는 것이 있다고 한 일이 있습니다. 저의 이 어리석은 생각을 다하여 소견을 말씀드리오니, 바라건대 합하께서는 특별히 받아들여 취해 주십시오.

너무나 송구한 마음 견딜 수가 없습니다.

上韓綾州【必壽】長書

丙戌十月日天台山人有一。謹再拜。上書于明府閤下。伏以山人昨拜東閤時。閤下有疑於佛書中因果報應之說。死後斷滅不斷滅。西方極樂世界之有無。以爲子虛而不信。山人蒙昧。未能酬對。且欲論卜一二而盡言。尊前有失禮貌。含嘿自輸而退。歸臥禪窓。山月皎然。中夜起坐蒲團。忽思閤下昨日之貶剝。心不自安。轉側究索。署有所陳。伏乞。少垂察焉。夫佛法之在世間。如虛空之周徧。其大無外。其小無內。然厭見虛空者。墻室塞戶以絶之。而不知越闑入奧。及自身之耳目口鼻。皆有虛空也。若是而其終絶之乎。窃謂士大夫。聰明才智。學而知道。皆由佛法之力。以般若靈覺。振天地而獨存。亙古今而不昧。凡天地生生之物。無不圓具。洪纖短長。有萬不齊者。皆資之而植立。舍是無別法也。子瞻曰。歐陽永叔司馬君實。皆不喜佛法。然其聰明之所照了。德行之所成就。眞佛法也。子瞻豈欺世者哉。但其書出於漢世。曾所不見故。若存若亡。疑信相半。至於唐之房【琯】白【樂天】。宋之蘇黃。以高明之才。超詣之見。篤信崇奉。至元明之時。人人稱瞿曇之徒。家家藏貝葉之書。其承奉之道。一何盛哉。濂洛羣哲。主張洙泗之學。而亦知其大同。未嘗不究其說。而有得焉。濂溪之交照覺。而深明至理之論。伊川之問靈源。而妙達自性之旨。考亭之慕大惠。而契悟心法之要載乎。傳記可徵不誣。又考亭末年。有齋居誦經。詩云。閑居獨無事。聊披釋氏書。暫息塵累牽。超然與道俱。門掩竹林密。禽鳴山雨餘。了此無爲法。身心政晏如。觀此則其所得於佛者不淺。非獨私心嚮性而已。然云彌近理而大亂眞者。以身爲道學主盟。扶植人倫故。其誨人之際。不得不抑揚彼此也。又云佛法如錦玉。儒道如布粟。盖謂錦玉雖貴。而不可常用。布粟雖淺。而切於日用。雖不知佛法。亦不離日用。而亦許其高貴也。烏有東儒之以釋敎。爲一向虛無。而歸之何有之鄕哉。東儒皆曰。佛氏所說。皆不見不聞之事。難可信。余曰。堯舜禹湯之事。孰見而孰聞。乃能信也。夫堯舜禹湯之事。亦甚綿邈。地之相去。數千餘里。世之相後。數千餘年。固非見聞之可及。而前言徃行。布在經史。常所學而習之。習而行之。爲家常茶飯。故信之不疑。至於釋氏之道。地隔十萬。時歷三世。其書出於漢時故。以爲異端。而不爲讀誦玩索。雖或涉獵。而惟摘奇言妙句。以資鈆槧之用。其微言奧義。略不尋繹。安得而知之。旣不能知無恠。夫不信也。河北人不信江南有二萬斛船。江南人不信河北有千人氈帳。政謂此也。果使儒氏。虛己刳心。就於佛書。潛心玩繹。如服習儒書之時。則以如彼粹明之資。豈有不知不信之理乎。顧此不爲。惟攻駁。如恐不及。可勝惜哉。夫因果之說。非特在於釋典。亦魯誥之常所談。但不顯言名因也。易曰積善有慶。積不善有殃。善不善因也。慶與殃果也。書曰作善有祥。又云天道。福善禍婬。子曰爲善者。天報之以福。如此語類。布在子史。難以備擧。又左氏謂。欒武子有德。可以庇其子。故其子黶雖爲惡。而能免禍。黶之子盈雖善。而黶之惡累之。而及於難。又世人幼而做工。壯而登科。或行恩布德。得蒙薦拔。或作奸犯科。以受刊戮。此則現身因果昭然也。于寶之雀環。隋侯之蛇珠。微物尙然。而況人乎。傳曰一歲種之以穀。十歲樹之以木。百歲來之以德。此語亦不出因果也。噫。今之吉人。前世何福。感斯好報。而獨不思。今亦作福。則來世亦如今世耶。其死後斷滅之義。尤難劈破。儒氏皆云。人之生也。陰陽合成。陽者。氣也魂也。陰者。質也魄也。壽夭貧富。皆繫於天命。及其死也。陰陽渙散。陽氣上而歸天。陰質下而爲地。更有何物。轉爲後身也。此儒家不易之論也。吾佛所說。與此大相不同。盖不問人畜。凡有血氣之屬。皆有知。知飢渴寒熱。知視聽動作。知愛惡苦樂。此之所知。聖凡人畜皆同。虛徹靈明。卓然獨存。不生不滅。亘古亘今。比如虛空。無處不在。無時間斷也。但以此心。隨緣爲識故。受生滅去來。捨此托彼之身。然此識心。與眞知之性。一而二。二而一。豈可謂斷滅無餘耶。則眞性本非善惡因果。而隨識心熏習之不同。有善有惡。有染有淨。以致凡聖因果之升沈也。問識心旣與眞性同體。而眞性無善惡。何以識心却有耶。答前不云熏習之不同乎。如入芝蘭之室。久而不聞其香。入鮑魚之肆。久而不聞其臭。故君子擇必處仁。愼其所習也。考亭亦曰。天降生民。莫不與之以仁義禮智之性。而但氣質之禀。不能齊故。不能全其所有也。蓋人皆有是性。則應人人皆善。而但夙世熏習之善者。其氣淸。其質粹。能全固有之性。堯舜周孔是也。其熏習之惡者。其氣濁。其質駁。迷失天賦之本性。桀紂盜跖是也。然則人之智愚善惡。皆由前習之因緣。而儒氏所論。皆天命之自然也。天命何其不均。堯舜何親而與之善。桀紂何踈而與之惡耶。又云壽夭貧富。皆繫天命。天之賦命。奚其富少貧多。賤多貴少乎。以顏淵之賢。而貧且夭。以盜跖之惡。而富且壽。天道何其惡者與之。賢者奪之乎。然而聖人設教。責人不責天。罪物不罪命。何哉。又萬事皆出自然。則仁義忠孝。何必學而行之。文章六藝。何必敎而習之乎。故吾佛設敎。則莫非因緣熏習也。顏淵熏習善行故。受淸粹之氣質。爲亞聖之資。而但壽富之因不作也。盜跖熏習惡行故。受渴[1]駁之氣質。爲悖逆之人。而但壽富之因能作也。故經䟽云。人作之。天應之。詩云。下民之蘖。匪降自天。職竟由人。然則吾人不可恃天命。而拱手無爲也。旣有因緣果報。則斷滅之論。不攻自破也。豈不聞乎。許詢死爲蕭詧。蕭詧死爲裹休。靑草堂爲曾魯公。鴈蕩僧爲秦檜。不但智永爲房琯。戒禪師爲東坡也。又張方平續書瑯耶。壁上之經邢和璞。指夏口甕中之像。則前後身之理。分明可見。人皆如是。而但迷昧前因。故不能記。儒氏以爲或然而不信。以爲旣死之後。永爲斷滅云云。至如極樂世界之說。非但儒家不信。釋子之不得其意者。亦多疑之。今當略卞。蓋天下之世界。本依理而成理。旣無窮盡故。世界亦無窮盡。不可以數知也。其中差別萬殊。亦不可測知也。吾東乃海外之蕞爾小邦。而水土風俗。隨八路而各異。南方多出文。北方多出武。嶺南之俗質勝文。湖南之人文勝質。北方之衣食。不如南方。或有純食粟。而衣狗皮者。南方之人。稻粱不可勝食。綿苧不可勝衣。其生道之苦樂儉奢可知也。況天下之世界。無限難測。則其間豈無極樂極苦。或苦樂相均者哉。近觀西洋國地圖。史記中不載之國甚多。而中原僻在東邊。史記以洛陽爲天下之中者。只約中國而言也。其實西域爲天下之中。朱子亦以崑崙爲天下之中。而西域在崑崙之下。正是中國。而稱西域者。中原之人。自以爲中故。指彼爲西。例如西域之人。以中原爲東震也。西方有古莽國。其民不衣不食而常睡。五十年一覺故。以夢中爲宗。以覺時爲虛。又有一國。有狂泉。其國人皆飮此水。無不爲狂。獨其君別鑿一井。而飮故不狂。其臣民以其君之不狂爲狂。相與針灸。欲醫其狂。其君不勝痛楚。乃同飮狂泉而爲狂。其臣民歡喜。以爲其君狂歇。又只聞堯眉八彩。舜目重瞳。而又有長眉一目之國。只聞漢高斗臀。而又有胷虛之國。只聞周公反握。重耳骿肩。而又有交趾之國。豈非差別異事。而獨不信極樂國。何哉。近有一儒。聞極樂純男無女之說。笑曰萬物皆有陰陽。豈可以人而純陽乎。誕妄何甚。余曰通鑑史斷有女人國。純女無男。照水而生之。言此又何理。儒士杜口。始知天下之事。無有不對。天者地之對。日者月之對。彼以夢爲宗。以覺爲虛之國。對此以覺爲實。以夢爲虛也。彼以狂爲不狂。以不狂爲狂者。對此以狂爲狂。以不狂爲不狂也。一目爲二目之對。胷虛爲胷全之對。亦何恠。純男爲純女之對。而信純女。而書之史。誕純男而謂之無。何哉。試嘗論之。極樂之國。純善者。徃生之。苟能忠君孝父仁義慈善之心至極。則可以徃生。非但念佛也。然則不忠不孝奸凶悖逆者。皆入地獄之極苦。非但謗佛也。故古人有曰。天堂無則已。有則君子陞之。地獄無則已。有則小人入之。定實際語也。經云雖十惡之人。臨終十念彌陁。能得徃之。閣下曩曰。然則人皆平生。窮耳目之所欲。但於死時。十念足矣。何必忍辱苦行。以送一生也。汙愚對曰。此乃書所謂。惟狂克念作聖之義也。平生作十惡。惟狂也。臨終十念。即剋念也。徃生極樂。即作聖也。盖斯人平生作惡。不知其非無所不爲。及其死也。能頓覺前非。眞性獨露。比如千年暗室。無一點明。忽於一夜。高懸明燈。一室洞照。無一點暗。千年暗室。如平生十惡也。一夜懸燈。如一念頓覺也。又如儒家之法。人有無狀罪過。一朝改過遷善。則不錄前過。惟取遷善。今十惡之十念徃生。亦此義也。若如閤下之言。平生故意作惡。臨死故意十念。此乃强作機心也。烏得心淨而生淨土耶。如曹操平生奸僞。死見眞性。而知人窃聽。更作他言。此乃機心所作也。故不免如鬼之刺。盖雖見眞性。而未能頓覺也。噫。平生作惡。臨終十念。猶能徃生。況三十年二十年專意念佛者。尤易成就。可不勉旃。昔東坡迁黃州日。帶彌陁像一軸。或問之。則曰此吾西方公據也。仍有頌曰。念念彌陁佛。人生七十稀。徃來三界苦。幾介解知歸。念念彌陁佛。平生只靠他。此心清淨了。即是白蓮花。臨終坐脫。徑山琳禪師。與之同生。丙子徃見坐脫。拊其背曰。端明西方之說。正好着力。公開目曰。着力便差。還瞑目而逝。此乃臨終正念不散。其徃生乎何有。李多爲文以吊曰。道大難名。才高衆忌。皇天后土。知平生忠義之心。名山大川。還千載英靈之氣。士大夫稱其辭該而美。今吾東儒釋間。罕知此事故。兼爲錄之。伏願閤下。撫字之餘。旁行此事。積之多年。則安知臨終不亂。亦如坡翁耶。唐宋間高明士大夫。亦多依而行之。勿以爲卑事幸甚。右陳葛藤。或援引於內外典中。或間附迃愚左見。鳴布鼓於雷門。照爝火於日下。誠知僣越。而各自言志。夫子推於門下。千慮一得。古人亦許。故竭愚覃思。以伸管見。伏惟閤下。特加去取。無任悚仄之至。

---

1) ㉠ '渴'은 '濁'의 오류인 듯하다. 이는 목판본의 인쇄 상태가 좋지 않아 잘못 판독하여 생긴 오류로 보인다.

『연담대사임하록』 제4권 끝

蓮潭大師林下錄卷四終

문인 계신誠身이 간행을 맡고 교정校正을 보았으며, 낭암 시연朗岩示演이 글씨를 썼다.

　　門人誠身管刊校正
　　朗岩示演書

[부록附錄[1)]]

연담 대사 자보행업

　나는 화순和順 사람으로, 개성부開城府 천씨千氏 집안에서 태어났다. 아버지의 휘는 만중萬重이며, 어머니는 밀양密陽 박씨朴氏였는데, 숙종 경자년(1720) 4월 30일에 개성 읍내 적천리跡泉里에서 나를 낳으셨다.『개성읍지開城邑誌』에는 이 적천리에 대해 "고려조 진각眞覺 국사의 어머니가 겨울에 이 샘에서 오이를 구해서 먹고 나서 국사를 잉태했다. 그러므로 마을 이름을 적천跡泉이라 했다."라고 기록되어 있다.
　나는 다섯 살 때에『천자문』을 배웠다. 아버지께서는 배운 글자를 종이(煉帝)에 써 놓고 묻곤 하셨는데, 하나도 빼놓지 않고 다 기억하여 알았다. 일곱 살 때에는『사기』첫 권을 배웠지만, 그해 4월에 아버지께서 세상을 떠나시는 바람에 글 배우는 일은 그만두었다. 아홉 살 때에 다시 배움에 입문하여 열 살 때에는『통감』을 배웠는데, 혼자서 글자의 음과 뜻은 알 수 있었기 때문에 문장의 내용만 배우면 되었다. 선생님은 서울에 살던 오 공吳公 시악始岳이라는 분이었는데, 이름난 사대부로 이곳 개성읍에 귀양 온 분이셨다. 우리 어머니께서는 그 댁에 식량을 대 드리며 나를 그곳에서 숙식하면서 공부하게 하였다. 아마도 집에서 혼자 공부하면 잘못 읽게 될까 염려해서 그러셨던 것 같다. 또 어머니는 종종 술과 안주를 선생님에게 갖다 드리면서 부탁을 하시곤 하였다.
　"엄히 가르치고 부지런히 읽게 하여서 부디 아비 없는 이 아이를 사람 되게 하여 주신다면 다행이겠습니다."
　선생님은 늘 사람들에게, 나한테 이런 어머니가 계신 것을 칭찬하셨다.

---

1) ㉑ '附錄' 두 자는 편자가 보입한 것이다.

열한 살 되던 해 경술년(1730) 섣달 그믐날에 매일 백 줄의 글을 암송함으로써 『통감』 열다섯 권을 다 마쳤다. 선생님께서는, "비록 양반의 자제라 할지라도 열한 살에 『통감』을 다 읽은 사람은 드물다. 더구나 섣달 그믐날 밤에까지 글을 읽는 사람도 또한 아직까지 본 적이 없다."라며 칭찬을 하셨다.

열두 살 때에는 『맹자』를 배우게 되었는데 그때 선생님께서 돌아가셨다. 슬프다. 공자가 생을 마칠 때에 70명의 제자들이 모두 마음으로 상제 노릇을 하였다는 말을 듣기는 하였지만, 나는 그때 어린아이였기 때문에 그렇게 할 수 없었다.

열세 살 때에는 큰 흉년이 들었던 데다가 또 선생님도 계시지 않아서 공부를 하지 못했다. 게다가 이해 5월에는 어머니까지도 생을 마치셨으니, 참으로 슬픈 일이었다. 이때부터 공부를 아주 그만두게 된 일은 그다지 한스러울 것이 못되지만, 다만 어머니를 하늘로 여기고 살아 왔던 우리 형제가 단 하루도 효도와 봉양을 하지 못한 채, 갑자기 돌아가셔서 영결하게 된 것이 너무나 마음 아플 뿐이었다.

그때 나는 열세 살이고 형은 열일곱 살이었다. 우리는 나이가 어려 집안 살림을 보살필 수 없었으므로 이웃에 사시는 숙부께서 때때로 돌보아 주셨다. 사내종 하나와 계집종 하나를 두고 집안 살림을 맡게 했는데, 얼마 지나지 않아 계집종이 도망가고 말았으니, 꼭 두 손을 다 잃은 것만 같았다. 그래서 어쩔 수 없이 이복형님 집에 가서 의지하고 살았는데, 과거 공부를 하는 한편 관가에서 심부름을 했다. 내가 비록 공부는 그만두었으나 부지런히 글을 읽었으므로 문사에 대한 생각은 여전히 남아 있었다. 마침 고을의 수령께서 나를 어여쁘게 보셔서 책방冊房에 있도록 하여 주셨기에, 관가의 자제들과 함께 놀면서 『중용』과 『대학』을 읽을 수 있었다.

열다섯 살 되던 갑인년(1734)에 관가에서 호랑이를 잡았는데, 책방에 '착호행捉虎行'이라는 제목을 내려서 글을 지으라는 명령이 있었다. 나도 대고풍大古風으로 〈착호행〉 한 편을 지었는데, 자못 고시체古詩體의 풍격을 갖고 있는 시였다. 수령께서 보시고 아주 기뻐하면서 상하 의복 한 벌을 상으로 내려 주셨다. 내가 잘했다기보다는 내가 입고 있던 옷이 얇았기 때문에 옷을 상으로 주신 것이었다.

　수령께서 다른 임지로 돌아가려고 하실 때 나를 데려가려고 하였는데, 마침 그럴 수 없는 사정이 생겨서 결국 같이 돌아가지 못하게 되었다. 이 또한 승려가 되는 운수였던 모양이다. 만약 그때 따라서 떠났더라면 꼭 스님이 되지는 않았을 것이다. 그것이 열여덟 살 때의 일이었다.

　은사 스님은 법천사法泉寺 스님이었는데 그때 운흥사雲興寺에 주지로 와 계셨다. 하루는 나를 찾아와 말씀하셨다.

　"네가 재주는 있는데 생활이 곤궁하다는 소문을 듣고, 특별히 너를 만나러 왔느니라. 나를 따라 출가出家하면 관가에 있는 것보다 훨씬 나을 것이다."

　나는 유서儒書에서 부처를 배척하는 말들만을 읽은 사람이라 이렇게 대답하였었다.

　"저는 스님이 되지는 않겠습니다만, 한번 구경은 하러 가겠습니다."

　은사 스님은 그렇게 하라고 말씀하시고 돌아가셨다. 그렇게 몇 달이 지난 다음에 고을 수령이 체직遞職되어 떠나가고, 그래서 나는 은사 스님이 사시는 곳을 방문하여 하루를 그곳에서 머물렀다. 그런데 문득 그곳에 계속 살고 싶은 생각이 들었으니, 바로 시절 인연이 도래한 것이리라. 은사 스님께서는 신임 수령이 나를 찾으러 올까 두려워서, 나를 법천사法泉寺 사형이 계신 곳으로 보내 버렸다. 그렇게 열아홉 살에 머리를 깎았고, 안빈安貧 노스님께 구족계具足戒를 받았다. 당시 은사 스님은 보흥사普興寺 영허靈虛 스님이 계시는 곳에 가 계셨기에 6월에는 은사 스님을 찾아가 스님에게서 『선요禪要』를 배웠고, 겨울이 되었을 때에는 사집四集[116]을 다 마칠 수 있었다.

기미년(1739) 봄에 벽하碧霞 큰스님께서 대둔사大芚寺에 계시어 배우러 모여드는 사람이 많다는 소문을 듣고, 나도 그곳으로 가서 배움에 참여하고 싶었다. 은사 스님께서도 나와 함께 가셨고, 거기서 『능엄경楞嚴經』을 배웠다. 여름이 한창일 때에는 보림사寶林寺 용암龍岩 스님 계시는 곳으로 찾아가서, 『기신론起信論』과 『금강경金剛經』 등의 경전을 배웠다. 『필삭기』와 「간기刊記」에 오자와 탈자가 많았다. 옛날부터 내려온 잘못된 글귀였으나 누구도 바로잡지 못하고 있었던 것을 나같이 처음 글을 배우는 자가 바로잡았다고, 용암 스님께서 기특하게 여기시고 오래 머물렀으면 하고 바라셨다. 그러나 은사 스님께서는 그 뜻을 따르지 않으시고 축서사鷲栖寺 영곡靈谷 스님을 찾아가 『원각경圓覺經』을 배우게 하셨다. 그때 나이가 스물한 살이었다. 그곳에서 은사 스님은 다시 법천사로 돌아가시고, 그때부터는 나 혼자서 다니기 시작하였다.

신유년(1741) 봄에 동갑인 응해應解와 함께 해인사海印寺 호암虎岩 스님이 계시는 곳으로 찾아갔더니, 스님께서 내게 말씀하셨다.

"전에 용암 스님이 편지를 보내 너에게 공부할 근기가 있다고 하더니, 이제야 왔느냐?"

그러고는 나를 시자방侍者房에 있게 하시어, 당신에게 배움을 청하기 편하게 해 주셨다. 그곳에서 『염송拈頌』을 배웠다. 교문敎文을 지나서 선문禪文으로 들어가는 길은 마치 세속의 문장(俗文)을 넘어서 불경으로 들어가는 것과 같이 어렵다고 한다. 그런데도 내가 어렵게 생각하지 않자, 스님께서 기특하게 여기셨다.

해인사에서 호암 스님을 모시며 배운 지 3년이 되던 해 을축년(1745) 봄에 백양산白羊山 물외암物外庵에서 십일불공十日佛供을 수행하였다. 그리고 그해 겨울 설파雪坡 스님이 계시는 내장사內藏寺 원적암圓寂庵 법회에 참여하여 『화엄경』 「십지품十地品」을 배우고 「입법계품」까지 마쳤다. 이전에 다른 곳에서 『화엄경』 5회會 분을 도반 몇 사람들과 개인적으로 강론하여 사기私記를 만들어 둔 적이 있었는데, 그곳에서 함께 강론해 내려갈 때에 그때의 사기를 참고로 하였더니, 그 내용이 대동소이하였다.

병인년(1746) 겨울에는 또 송광사松廣寺 동암東庵에서 호암 스님을 모시고 살았다.

그리고 정묘년(1747) 봄, 내 나이 28세에 한 도반이 호암 스님께 입실入室[117]할 것을 추천하였고 스님도 허락하셨지만, 나는 법회에 두루 참여해 보지 못했기에 사양하였다. 호암 스님은 강론을 파하고 동쪽 방장산에 거처하고 계셨고, 나는 동리산桐裡山으로 가 풍암楓岩 스님을 참방하였다.

무진년(1748) 봄에는 법운암法雲庵으로 가서 상월霜月 스님을 참방하였다. 이해 3월에 강원도 장구산長丘山에 53불佛을 만들고서, 스님을 증명법사의 자리에 앉도록 청한 일이 있었다. 호암 스님께서는 그곳에 가시기로 허락하시고, 떠나는 날 나를 불러 이렇게 당부하셨다.

"가업을 잇는 것[118]이 우리를 보존하는 길이니, 너는 학문을 근면히 하고 행업을 착실히 닦아 우리 불가의 대를 이어야 한다. 이번에 가면 1년은 걸릴 터이니, 1년 뒤에 돌아오면 너에게 나의 부자斧子를 물려주겠다."

그러나, 아, 누가 알았겠는가. 그 당부의 말씀이 마지막 남기신 경계의 말씀이었다는 것을 어떻게 알았겠는가. 1년 뒤에 돌아오겠다 말씀하시고서 영원히 천 년이 지나도록 돌아오지 못하게 될 줄을 누가 알았겠는가. 내원통암內圓通庵에 들어가 가부좌를 하고 앉아서 그대로 입멸하시었으니, 아, 슬프도다.

기사년(1749) 봄에는 용담龍潭 스님을 참방하였다.

경오년(1750) 봄에 영해影海 스님께서 주관하시는 송광사 대회에 참가하고, 대회가 끝난 다음에는 개천사開天寺에서 은사 스님을 시봉하였다.

6월 보림사寶林寺 서부도암西浮屠庵의 진선震先 노스님께서 세 번이나 편지를 보내와, 나에게 그 암자에 입실할 것을 청하였다. 찾아온 학인은 10여 명 남짓 되었고, 『반야심경』과 『원각경』을 강론했다. 그때 내 나이

31세였다.

신미년(1751) 봄에는 대중이 20명 남짓 모였고, 『현담玄談』[119]을 덧붙여 강론하였다.

갑술년(1754) 봄에는 상월 스님께서 주관하시는 선암사仙巖寺 대회에 참가했다.

병자년(1756) 겨울에는 은사 스님께서 병이 위독해지셔서 내가 가서 병수발을 들었지만, 섣달에 입멸하셨다.

경진년(1760)에는 대둔사大芚寺에 머물렀는데, 대중이 70명 남짓 되었다.

신사년(1761) 겨울에 함월涵月 노숙老叔께서 환성喚惺 사옹師翁의 비석을 세우려 하시어, 멀리 있는 우리 사형과 사제들에게 모두 선사의 비석을 세우는 일에 함께 동참할 것을 부탁하셨다. 이런 일은 쓸데없이 재물만 소비할 뿐 아무런 이득도 없는 일이지만, 손윗사람의 명령이라 감히 거절하지 못하였다. 그래서 낭송朗松과 함께 서울에 올라가 비석에 쓸 돌 두 개를 사고, 서울에서 아예 비문까지 새겨 가지고 와서 대둔사에 비를 세웠다. 이때가 임오년(1762) 봄이었다.

무자년(1768)에는 미황사美黃寺에 머물러 있었는데, 법중이 80명 남짓 되었다. 이듬해 기축년까지 이 절에 머물렀는데, 그 1년 동안에 모든 일을 전부 절에서 맡아 담당하였고, 학인에게서는 한 푼도 거두는 일이 없었다.

정유년(1777) 봄에는 영남 종정嶺南宗正을 맡게 되었고, 춘향春享에 가서 참가하였으며, 해인사에서 지냈다. 그런데 그해 겨울에 대둔사에서 내게 계홍戒洪을 보내어, "서산西山 대사의 비석 허리 부분이 손상되었으니, 불가피하게 다시 세워야 하게 되었다."라고 알려 왔다. 이에 각 도에 통문을 보내어 돈을 거두었다.

무술년(1778) 봄에 영남 종정에서 체임되어 서울로 올라갔기에 임오년에 환성 사옹의 비석을 세울 때처럼 서울에서 비석에 쓸 돌을 사서 비문까지 새겼다.

　기해년(1779)에 창평昌平 서봉사瑞鳳寺 주지로 있을 때에 무명으로 날조된 글이 나도는 일이 생겨, 나와 퇴암退庵은 그 일로 여러 날 동안 곤란을 겪었다. 아마 어떤 사람이 사사로운 원한을 가지고 그런 글을 썼던 것 같다. 그러나 그때 일은 생각만 하여도 등골이 오싹해진다. 그래서 그 일의 원인이 밝혀진 뒤에 곧바로 강론을 파했다. 그때 나의 나이 60세였으니, 31년을 소급해 올라갈 것 같으면 입실한 이후 30년 동안 경전을 강론하였던 셈이다.

　신축년(1781)에는 금강산으로 가서, 금강대金剛臺에 들어가 법기보살法起菩薩께 10일 동안 공양을 올렸다. 그러고는 용공사龍貢寺 상선암上禪庵에 있는 퇴암을 찾아갔다. 퇴암이 개강할 것을 청하기에 어쩔 수 없이 그해 겨울 석 달 동안 『현담玄談』과 『반야경』을 강론하였다.

　임인년(1782)에는 산에서 내려와 이리저리 들르면서 남쪽으로 내려갔다.

　금년 정사년(1797)은 봄부터 여름이 지나도록 대둔사에서 지냈고, 8월에 이곳 미황사로 와 지내고 있다. 지금 내 나이 78세이다.

　요점만 말하면, 내가 일곱 살 때 일찍이 아버지를 여의고도 열한 살에 『통감』 15권을 다 읽을 수 있었던 것은, 모두가 어머니께서 엄한 가르침으로 나를 근면하게 공부하도록 가르치신 덕택이다. 어머니가 돌아가시고 얼마 안 되어 곧바로 불경에 입문하고, 선재동자가 여러 선지식을 참방하였던 것을 본받아 공부하며, 마침내 입실하여 사방에서 공부하러 오는 사람을 맞이하여 가르치게 될 수 있었던 것은, 또 모두가 70세 노인인 은사 스님께서 친히 짐을 지고서 나와 동행해 주신 힘이 있었기에 가능했던 일이다. 아마도 내가 탁발하는 포대를 지고 다닐 여가가 없었기에 은사 스님께서 직접 짐을 지셨던 것이고, 나를 데리고 함께 길을 다녔던 것은 아마 내 나이가 너무 어려서 잘못되어 엉뚱하게 어물전으로 들어가게 될까 염려하셨기 때문일 것이다.

그러므로 나는 마땅히 잠자는 것을 잊고 끼니를 거르면서 있는 힘을 다하여 부지런히 수양하는 것으로 어머님과 은사 스님 두 어른께서 베푸신 공덕의 만분의 일이라도 보답해야 하는 사람이다. 그러나 나는 시간만 낭비하면서 그냥 어영부영 세월을 보내고 있으니, 참으로 형편없는 제자로다, 유일이여. 너무나 불초한 자식이로다, 유일이여.

그러나 나는 입실한 뒤로 언제나 새벽부터 저녁까지 경을 외우고 진언을 외웠으며, 부처님께 예불하고 불경을 강론하였다. 항상 가사(田衣)[120]를 입고 이른 새벽에 일찍 일어나 향불 촛불도 피우지 않은 채 어둠 속에서 칠불七佛 팔보살八菩薩께 절을 하고 예를 올렸다. 이처럼 석자가 예불을 올리는 것은 일상적인 예법이기에, 고행을 하면서도 냉이처럼 달게만 여겨졌다. 그러므로 30년 동안 불경을 강론하면서 한 번도 큰 장애나 질병을 만난 일이 없었던 것이리라. 말년에 창평昌平에서 한 번 크게 놀란 일이 있었으나, 그 일 또한 별다른 우환 없이 결백이 밝혀졌던 것도, 다 이런 이유 때문이었으리라.

또 문장과 글귀에 빠져 부지런히 노력하여 공부하였다. 늘 대교大敎와 여러 경전의 어려운 부분을 끝까지 생각하고 세심하게 연구하여 손수 해석을 기록하였다. 그렇게 하여 찾아오는 제자들을 가르쳤으며 비록 문하에 찾아오지 않는 사람이라도 또한 베껴 적어 볼 수 있도록 해 주었으니, 이것을 본으로 삼아 공부를 하는 자도 간혹 있었다. 북쪽 지방의 여러 스님들도 역시 나의 사기에 의지하여 강경을 한다는 소문까지 들었으니, 이만하면 법시法施가 멀리까지 뻗어 적신 셈이며 교해敎海가 은미하게 흘러갔다고 할 만하리라. 이상 두 가지로 말하자면, 아마도 거의 어머님과 두 분 은사 노인네들의 권장하신 뜻을 저버리지 않았다고 할 수 있을 것이다.

또 선지식[121]들의 법회에 참가한 일은 많지 않으나, 내가 첫 번째로 영허 스님을 만났고, 두 번째 벽하 스님을 만났으며, 세 번째 용암 스님을 만났고, 네 번째 영곡 스님을 만났으며, 다섯 번째 선사先師를 만나 일곱 곳을 따라다니며 시봉하면서 5년을 지냈고, 여섯 번째 설파 스님을 만났고, 일곱 번째 풍암 스님을 만났으며, 여덟 번째 상월 스님을 만났고, 아홉 번째 용담 스님을 만났고, 열 번째 영해 스님을 만났다. 이렇게 앞뒤로 열 번이나 대법사의 법회에 참가하여 받들고 주선하면서 감히 불도를 실추하지 않았다.

문장과 시를 잘한다는 칭찬에 이를 것 같으면, 법문에서는 정통이 아닌 일이니 뭐 입에 올릴 일이 되기나 하겠는가. 그러나 만약 평생 동안의 마음 씀씀이로 논할 것 같으면, 원래 억지로 겉치레 꾸밈을 하지 못하는 사람이라 무슨 말이건 다 본마음에서 나오지 않은 말은 하지 않았으니, 한 번 만나 본 사람들은 다 나를 질박하고 소탈한 사람이라고 했다.

배우는 자리에 있었던 시절부터 입실한 다음에 이르기까지, 사람들은 나를 좀 맑은 사람이라고 말하곤 하였다. 그러나 일찍이 스스로 자랑하는 태도가 있었다거나 가식적인 생각을 가져 본 적이 없었다는 것은 당시 도반들이 잘 알 것이다. 단지 성정이 조급해서 무슨 일에 임할 때에 자세하게 살피지 못해서 늘 실수가 많았다. 그리고 남의 허물을 보면 절대 용서하지 못하였기 때문에 갑자기 얼굴을 붉히고 화를 내며 입바른 소리를 하는 상황을 면하지 못했다. 비록 뒤끝은 없는 사람이라 마음속에 오래 두지는 않았지만, 그것 때문에 사람들은 나의 이 화 잘 내는 내 성격을 자주 지적하면서, 이것이 나의 단점이라고 말하곤 하였다.

이상을 종합해서 말할 것 같으면, 나는 어리석음과 영리함이 반반씩 섞인 사람이라, 두루 인격을 갖춘 사람이라고 할 수 없으니, 이것이 애석한 점이다.

신족神足으로는 학추學湫와 취찬就粲 두 사람이 있으며, 문도 중에는 일찍 죽어 나에게 상을 당하는 아픔을 겪게 한 사람도 여섯이 있었으며, 또 나에게 즐거움을 안겨 준 사람도 십여 명이 있다.

아, 여러 지방의 현명하신 종사는 이제 거의 다 돌아가시고 보잘것없는 이 몸만 아직까지 죽지 않고 살아 있으니, 물맛이 단 샘물은 빨리 마르고 맛이 쓴 배가 끝까지 남아 있는 격이 아니겠는가.

또 배우는 사람들을 위하여 저술한 사집수기四集手記 각 1권과 『기신사족起信蛇足』 1권, 『금강하목金剛鰕目』 1권, 『원각사기圓覺私記』 2권, 『현담사기玄談私記』 2권, 『대교유망기大敎遺忘記』 5권, 『제경회요諸經會要』 1권, 『염송착병拈頌着柄』 2권과 『임하록林下錄』의 시 3권과 문 2권 등이 여러 문하생들 사이에 유통되고 있다.

따르던 문도는 먼저 온 사람과 나중에 온 사람들이 모두 너무나 많아서, 누가 먼저인지 전부 몇이나 되는지 정확히 알 수가 없다. 그런데 짐짓 나에게 스스로 「자보自譜」를 써 달라고 청하기에 여기 이렇게 쓴다. 내가 대혜大慧 대사와 감산憨山 대사도 다 스스로 연보를 기술하였던 것을 보았으니, 이미 스스로 연보를 기술했던 예가 있으므로 나도 따라서 할 수 있었던 것이다. 이에 내가 평생 동안 살아온 일들을 고찰하여 이와 같이 사건별로 기록하였다.

정조 21년 정사년(1797)【가경嘉慶 2】 섣달에 연담 노두蓮潭老枓가 쓸데없이 많은 말을 남긴다.

蓮潭大師自譜行業

余和順人也。系出開城府千氏。先嚴諱萬重。先慈密陽朴氏。以肅廟庚子四月三十日。生余于邑內跡泉里。邑誌云。麗朝眞覺國師之母。冬月得瓜於此泉。食之孕國師。故名跡泉。五歲學千文。先君於烋蹄書。所讀字問之。一一皆知。七歲學史紀初卷。是年四月。先君捐館輟學。九歲再入學。十歲學通鑑。自知音釋。但學文義。先生即京居。吳公始岳。以名士大夫。謫于此邑。母氏送糧其宅。使余食宿而學焉。恐在家誤讀也。母氏徃徃撰酒肴。進先生。傳辭曰。嚴以敎之。勤而讀之。使此無父之兒。幸得成人也。先生每對人。稱余之有是母也。十一歲庚戌之臘月。除夜亦誦百行。而終十五卷。先生稱之曰。雖兩班之子。十一歲讀盡通鑑者罕有。除夜讀書者。亦未之有也。十二歲學孟子。先生易簀。嗚呼。余雖聞宣尼之卒也。七十子之徒。皆心喪。而余以童子故未能也。十三歲年事大無。又無先生不學。五月慈侍捐世。嗚呼痛哉。從此永爲廢學。不足恨而吾兄弟以母爲天。只未展一日孝養。忽見終天永訣。痛切心腑。余年十三。兄年十七。不能看審家事。叔父在隣。時時看護。有一奴一婢主家事。未幾婢逃去。如失左右手。徍投異胎兄家依之。入貢生之役。侍奉官家。余雖廢學。而以勤讀故。藻思猶存。主倅愛之。置之冊房。與衙子弟同遊。讀庸學。十五歲甲寅。官家捉虎。令册房賦捉虎行題。余亦賦大古風一篇。頗有古詩體格。倅喜以上下衣資賞之。爲余衣薄也。將欲率歸。臨歸有障未果。亦爲僧之數也。若從彼而去。爲僧不可定也。十八歲恩老以法泉之人。來住雲興寺。一日訪余來言曰。聞汝有才而困窮。特來相訪。從我出家。勝於在家。余讀儒書斥佛之言。故對曰。爲僧不也。而當作一玩之行。恩老唯唯而歸。過數月。主倅遞歸。余乃訪恩老之居。留一日。忽發仍存之意。乃時緣令也。恩老恐新官來索。送余于法泉師兄處。十九歲祝髮。受戒于安貧老師。時恩老在普興寺靈虛師主處。六月徍從之。學禪要。至冬畢四集。己未春聞碧霞大老。在大芚寺。學人多會。余欲徍叅。恩老從之同行。學楞嚴。夏滿向寶林寺龍岩師主處。學起信金剛等。剏記刊記。多訛脫處。自古沿襲。而莫能辨定。余以初學。能卞之。龍老奇之。欲久住而恩老不從。訪就栖寺靈谷師主。學圓覺。時余年二十一也。恩老歸法泉。余從此獨行。辛酉春與同庚應解。到海印寺虎岩師主處。師主曰。向得龍岩書。報汝有學機。今來耶。置侍者房。便於請益也。學拈頌。由敎文入禪文。如由俗書入佛經之難。而余不爲難。師主奇之。隨侍三年。乙丑春。修十日佛供於白羊山物外庵。是冬叅雪坡師主於內藏圓寂庵。學十地品。至法界品終。以前五會在他處。與同袍數人。私自講論。亦爲私記。至此與講下。私記相準。多同小異。丙寅冬又侍師主於松廣東庵。丁卯春余年二十八。同袍推轂。余入室。師主許之。余以未能歷叅辭之師主。因罷講。居東方丈。余徃叅楓岩師主於桐裡山。戊辰春叅霜月師主於法雲庵。三月江原道長丘山。造成五十三佛。請先師坐證席。師主許赴。臨行招余而囑曰。紹箕裵吾保。汝能勤學問。謹行業。以世吾家。此行當期。期而還付汝鉏斧子。嗚乎。誰知此囑。乃是遺誡期。期而還。永作千古不還耶。入內圓通。趺坐示滅。嗚呼痛哉。己巳春叅龍潭師主。庚午春叅影海師主之松廣大會。會罷侍恩老於開天。六月寶林寺西浮屠震先老宿。三書請余入室於彼庵。學人來會十餘人。講般若圓覺。余年三十一也。辛未春衆至二十餘人。添講玄談。甲戌春叅霜月師主之仙岩大會。丙子冬恩老病革。余徃侍病。臘月入滅。庚辰住大芚寺。衆七十餘人。辛巳冬涵月老叔。將營喚惺師翁之碑。遠囑吾凡[1]弟。同營先師之碑。此事無益。徒費財物。而手上之命。不敢拒。與朗松上京。買二碑石。在京磨刻而來。立於大芚寺。時壬午春也。戊子住美黃寺。法衆八十餘人。至己丑一年之間。凡干諸事。寺中全當。學人無一文收歛也。丁酉春受嶺南宗正之差。徃叅春享。居海印寺。是冬大芚寺。送戒洪來告曰。西山之碑腰傷。不可不改立。乃發文諸道收錢。戊戌春遞任上京。買貞珉。在京磨刻。如壬午事。己亥住昌平瑞鳳寺。有無名書謠捏。余與退庵。數日同在銀鐺中。盖出於或者之修私嫌也。思之凜然故。蒙原後即爲罷講。年六十邁三十一。入室以來。洽爲三十年講經也。辛丑作金剛之行。入金剛臺。供養法起菩薩。十日訪退岩於龍貢之上禪庵。退岩請開講。不得已三冬講玄談般若。壬寅下來展轉南下。今丁巳春過夏於大芚寺。八月來住此美黃寺。余年七十八也。斷曰余七歲。早喪止慈。而十一歲讀盡通鑑者。由慈侍之丸熊畫荻助余勤學之德也。息慈之初。直入佛經。効善財之叅友。終至入室。接待方來者。由恩師之七十老人。親自負擔。與余同行之力也。盖余不閑負擔故。親負包袱。率余同行者。恐余年幼橫入鮑魚之肆也。余當忘寢廢飧。勠力勤修。以報慈恩二老萬一之功。而因循擔閣。悠泛度日。無狀哉有一也。不肖哉有一也。然有一言。余自入室之後。每向晨昏。誦經誦呪。禮佛講經。

常着田衣。淸晨早起。不點香燭。暗拜七佛八菩薩。釋與梵修。常禮如是。此乃苦行而甘之如薺。所以三十年講經。一無大端障難疾病。末後昌平之駭機。亦無患而蒙白者。皆是物以也。又勤勤懇懇於章句之間。每大敎與諸經之難處。覃思細究。手自記釋。開牖及門之輩。雖未及門者。亦得展轉傳寫。以爲矜式者。或有之。聞北方諸師。亦有依而講授。可謂法施之遐霑敎海之微流也。右二節可以蔽。余平生庶幾乎。無負慈恩二老勸奬之意也。又善友之尠少。如余初逢靈虛。二碧霞。三龍岩。四靈谷。五逢先師。七處隨侍。經過五年。六雪坡。七楓岩。八霜月。九龍潭。十影海。前後尒十大法師。奉以周旋。不敢失墜。至若能文能詩之稱。乃法門之閏也。何足道乎。若論平生心術。元無彊作外餙。凡[1]所云爲罔非由中。人皆一見。而謂之質直踈蕩也。自學地至入室。人謂之差淑餘人。而未甞有矜持之態。自假之意。當時同袍知之。但性情燥急。臨事不能詳審。每多失處。見人有過。不能容恕。未免疾言遽色。雖卽時放下。不留胷中。而人多以嗔怒數起。此其短也。合而論之。瑕點相半。未能爲周備之人。可惜。神足有學湫就梥二人。門徒有使余抱喪予之痛者六人。得起余之樂者十餘人。噫。諸方哲匠。零落殆盡。而唯余無似。尙存不死。豈井以甘竭李以苦存耶。又爲學人所述四集手記各一卷。起信蛇足一卷。金剛鯢目一卷。圓覺私記二卷。玄談私記二卷。大敎遺忘記五卷。諸經會要一卷。拈頌着柄二卷。林下錄詩三卷。文二卷。並行於及門諸徒中。門徒之相隨。有先有後。不知始終全體。故請余自譜。余觀大慧憨山。皆自述年譜。旣有例可援。乃考平生。件錄如是。

　聖上二十一年丁巳【嘉慶二年】臈月日。蓮潭老杜多述。

---

1) ㉠ '凡'은 '兄'의 오류인 듯하다.

추기

선사의 휘는 유일有一이고 자는 무이無二이며, 연담蓮潭은 그의 호이다.

30년 동안 경전을 강론하실 때에는 배우려는 사람들이 구름처럼 몰려왔으니, 마치 개미 떼가 비린 냄새를 찾아 달려드는 것 같았으며, 파리가 구린 냄새를 향해 날아오는 것과도 같았다. 큰 문장가로 이름난 사람들도 천 리를 멀다 하지 않고 찾아왔으며, 선사의 문하에 들어 배움을 청하려는 사람들로 문 앞에 벗어 놓은 신이 가득하였다. 『화엄경』 강의로 이름을 드날려 15년을 두루 다니시며 강론하면서 목마른 사람이 물을 찾듯 허虛를 버리고 실實로 귀착하였으니, 선사는 부처님 가르침의 바다를 저어 가는 지혜의 노라고 할 만하고 선림의 목탁이라 할 만하다.

아, 슬프다. 선사는 무오년(1798) 봄에 보림사寶林寺 삼성암三聖庵으로 옮겨 가 계셨는데, 어느 날 숨소리(氣息)가 조금씩 잦아지면서 끊어지려 하였다. 시자侍者들이 울면서 무슨 말씀이라도 해 주실 것을 청하자, 선사는 이렇게 말씀을 남기셨다.

"사람이 죽고 사는 것은 낮과 밤이 열렸다 닫히는 것과 같은데, 무엇 때문에 그다지도 슬퍼하느냐?"

말씀을 마치자 바로 입멸하셨으니, 이때가 기미년(1799) 2월 3일 미시未時였으며, 선사의 연세 80이셨다.

아! 산이 오열하고 시내가 오열했으며, 구름도 슬퍼하고 달도 조문하였다. 돌아가시기 전에는 3일을 계속하여 상서로운 빛이 하늘을 꿰뚫는 듯하더니, 돌아가신 후 칠재七齋를 지낼 때에도 매번 상서로운 기운이 공중에 서리곤 하였다.

아란야阿蘭若[122]의 방장方丈께서 홀연히 영결하셨으니, 솔도파率堵婆[123]에 윤상輪相[124]도 또한 마땅히 봉안해야 하리라. 이에 달마산 미황사에서 석종石鍾을 새기고 옥 같은 시편으로 문집을 간행하니, 형상은 이렇게 백

년 만에 사라졌어도 그 이름만은 천 년 멀리까지 드리우게 될 것이다. 그리고 두륜산 대둔사에 곡탑鵠塔을 봉안하고 귀비龜碑를 세우니, 그 향기 만고 멀리까지 흘러갈 것이고 그 이름 천추 세월 동안 전하게 되리라.

가경 4년 기미년(1799) 4월 어느 날에 문인 계신誠身이 추모하면서 찬하였다.

追記

先師諱有一。字無二。蓮潭其號也。三十年講經。學者雲集。蟻尋腥走。蠅向臭飛。大手名曺。不遠千里。登門請益者。屨滿戶庭。闡揚華嚴。講周十五。如渴飮水。虛往實歸。可謂敎海智楫。禪林木鐸。噫。先師戊午年春。移住寶林寺三聖庵。一日氣息。奄奄欲盡。侍者涕泣請敎。師曰人之死生。如晝夜之開合。何必爲悲。仍以示滅。乃己未二月初三日未時也。時年八十。嗚呼。山鳴澗咽。雲愁月弔。易簀之前連三日。祥光洞天。送終之後。各七齋。瑞氣盤空。阿蘭若方丈。忽見永訣。率堵波輪相。亦宜奉安。於是鐫石鍾。刊玉篇於達摩山美黃寺。形盡百年。名垂千載。安鵠塔建龜碑於頭崙山大芚寺。芳流萬古。名傳千秋。

嘉慶四年己未四月日。門人誠身追繼撰。

연담 대사 진영찬
蓮潭大師影贊[1)]

짤막한 눈썹과 자그만 눈은	短其眉小其眼
색色이면서 곧 공空이며	色卽是空
치켜 올라간 그 코와 뾰족 나온 그 입은	仰其鼻尖其口
식食이면서 곧 공空이로다	食卽是空
연화蓮花처럼 깨끗하고	蓮花淨淨
못물처럼 텅 비었으니	潭水空空
색공色空 식공食空을 어찌 서로 섞을까	安用相爲
상相은 공하고 공하다네	相維空空
그 계업戒業을 따르고 연마하여	遵其戒硏其業
도는 진眞을 터득했으며	道得於眞
그 정신을 연마하여 노닐었으니	鍊其精遊其神
마음이 진眞을 얻었구나	心得於眞
형상을 단청으로 꾸며 그리지 말지니	丹靑莫狀
겉모습 밖에 참모습이 있다네	形外有眞
해맑고 온화한 모습의 진영은	七分淸和
거의 연담 스님 진짜 모습 그대로구나	庶幾蓮潭之眞

정조 17년(1793) 번암樊巖 채蔡 상국相國 백규伯規가 찬하다.

上之十七年。樊巖蔡相國伯規撰。

---

1) ㉝ 채백규蔡伯規와 이현도李顯道의 영찬은 목판본에는 없다.

또

 듣자 하니 일체의 부처님께서는 최상의 깊고 오묘한 법을 갖추었다는데, 그중에서도 화엄華嚴이 제일이라 하였다.
 내가 왕년에 연담 스님과는 일찍이 일면식이 없었고 또 스님의 강론을 들은 적도 없었다. 그러나 전에 내가 보개산寶盖山에서 승방의 요사채를 빌려 한여름 결제를 나고 있을 때에, 종종 연담 대사라는 분이 화엄의 종사가 되실 만한 분이라는 소문을 들었다.
 지금 상겸尙謙 상인上人을 통해 스님의 작은 진영眞影 하나를 얻어 보니, 과연 도자道者의 기상이 있는 분이시다. 스님은 어째서 상像은 모습을 잃는 것이 많다고 하셨을까. 스님께서는 상 없는 상을 이 한 부의 『화엄경』 속에 갖추고 있으시니, 세간의 문구文句로는 도저히 그 모습을 형용할 수 없는 것이다.
 부처님의 신묘한 불법은 용왕의 궁전 안 사가타娑伽陀[125]의 머리 위에 보관되어 있는 여의주와도 같은 것이다. 연담 스님은 나라연那羅延[126]만큼 강한 힘으로 견고한 금강심金剛心을 잡고서 크나큰 서원을 발하여, 크나큰 부처님 법의 바다 안으로 들어가 이 크나큰 보주寶珠의 깊은 마음을 찾기 위하여, 무한히 많은 세상 국토를 구름처럼 광대한 자비의 마음으로 법을 전하는 배가 되어 이리저리 두루 돌아다니신 분이시다. 처음에는 원각圓覺의 광명한 세계와 능엄楞嚴의 청정한 세계, 그리고 금강金剛의 반야 바다를 출입하였고, 마지막에는 화엄華嚴의 묘법 바다에 배를 대었다. 수월水月의 광명을 고요히 관觀하시니, 연못에 피어난 오묘한 연꽃잎 고요한 못 속 가타伽陀의 정수리 위에 빛나는 구슬과 같으시며, 원통圓通[127]한 경계의 고루 비추는 광명은 마니주 속의 마음 구슬을 비춘다. 비로자나 부처님의 누각과 도솔천의 궁전에서 한번 살짝 손가락을 퉁기는 그 짧은 사이에 불길처럼 거세게 일어난 무설설법無舌說法으로 우레와도 같은 큰 소리를 울리셨다. 그리하여 사방의 법중들이 모두 말하리라.

"나무 연담 대사 마하반야바라밀."

그런데 내가 다시 무슨 게송을 지어 찬할 필요가 있겠는가.

두개골은 발우 엎은 것보다도 높고
이마는 툭 튀어나와 반짝이고 있네
진색상眞色相[128]이 바로 공색상空色相[129]이거늘
마음속에 간직한 무한한 화엄의 법문 뉘라서 알겠는가

정조 17년(1793) 정월 보름날 밤에 원임原任 홍문관 교리 경연 시강관 지제교 염원聘園 이현도李顯道 이순而循이 찬贊하고 아울러 서書한다.

又

我聞一切佛。具無上甚深微妙法。華嚴爲最。余往與蓮潭師。未曾識面。又未嘗聽其講法。而向余借僧寮。結夏于寶盖山。往往聞其爲華嚴宗師。今因尙謙上人。獲覩其小影。果有道者氣像也。師何以像爲以貌失之者多矣。師有無像之像於一部華嚴。而非世間文句可得而形容也。佛之妙法。譬如如意珠藏于龍王宮婆伽陁頭上。師以那延力。秉金剛心。發大誓願。入大法海。求此大寶珠深心。歷于塵刹。慈雲法航。左右方瀾。始也。出入于圓覺之光明海。楞嚴之淸淨海。金剛之般若海。終焉艤筏于華嚴妙法之海。靜觀水月之光於一泓妙蓮空潭伽陁頂髻之珠。圓通普照齊光。並明於摩尼方寸之珠。毘盧樓閣。兜率天宮。一彈指頃。燦然建立。無舌說法。有聲如雷。是以四方法衆咸曰。南無蓮潭大師。摩訶般若波羅密。余何容爲贊偈曰。顱崇于盂。額棱而紋。眞色相是空色相。誰知中藏無量華嚴之法門。

上之十七年燈夕原任弘文館校理經筵侍講官知製敎聘園李顯道而循贊幷書。

연담 대화상 시집 발문

위대하다. 우리 선사 연담 대화상이시여!

유교와 불교의 내외 경전에 두루 통달하여 누구보다도 학식이 뛰어났으니, 아름다운 꽃이 만발했다고 하는 표현은 바로 이분을 두고 하는 말이다. 그리고 그 행각도 두각을 나타내어 마치 달이 강물에 임한 것 같았으니, 곳곳마다 불당을 세워 교화한 사람이 몇 천 명이었던가. 권權과 실實을 아울러 베풀어 제도하였으나 제도함이 없었으니, 이 세상에 그 그림자가 드러나지 않겠는가. 반드시 일무념지一無念智의 경지를 터득했을 것이다.

또 시를 읊고 문장을 저술한 것은 강설과 선교禪敎의 여가에 한 일인데, 어쩌다 바깥에서 찾아온 시객을 만나게 되었을 때 잠시 시를 지어 응답했던 것뿐이었다. 그러나 시와 문장에 있어서도 비단결 같은 마음에 수를 놓듯 읊은 아름다운 문장이었으며, 신이 놀라고 귀신을 울릴 만큼 빼어난 운율이었으니, 문장마다 주옥같고 구절마다 경옥 같다. 어찌 다만 말에 기댄 채로 그 자리에서 빠르게 장문의 문장을 써 내는 그런 문장 재주(倚馬可待)[130]만 있다고 하겠는가. 일곱 걸음 걷는 사이 시 한 수를 지어 낼 만큼 시 짓는 재주(七步才)[131]도 뛰어났던 사람이라 할 수 있다. 이 이전에도 또 이 이후에도 문집은 아마 많이 있을 것이나, 이 문집에 준할 만한 글을 찾는다면 아마도 따라올 것이 없을 것이다. 진실로 예나 지금이나 아직 한 번도 있었던 적이 없었던 사람이 바로 이 사람이다. 설령 소동파와 이태백이 대사를 마주 대했더라도 입이 마르도록 인정하고 칭찬할 것이며, 황산곡과 두보라도 또한 두 손 놓고 말았을 것이다. 어찌 다만 이 두 사람의 문장뿐이겠는가. 응당 팔대가의 문장에도 뒤지지 않을 것이다.

나같이 자잘한 재주로 억지로 글을 꾸미는(彫蟲小技)[132] 무리들이 어찌 오봉루五鳳樓[133]를 짓는 솜씨에 이러니저러니 수식을 할 수 있겠는가.

기미년(1799) 4월 병제病弟 회운 덕활會雲德濶이 삼가 발문跋文을 쓰다.

蓮潭大和尙詩集跋[1)]
大矣哉。吾師蓮潭大和尙也。博通內外經書。知識過人。可謂發華者此也。而行脚到頭。如月臨江。處處建幢。敎化幾千人哉。權實並施。度而無度。無乃影顯於斯世耶。必得一無念智也。又以賦詩述文。則講說禪敎之餘。或對唫咏之外客。暫以酬應。然詩與文。則錦心繡口之文章。驚神泣鬼之佳律也。文文珠玉。句句瓊琚。奚啻倚馬之可待哉。可謂七步之奇才也。前後文集。□□□□。或多有之。然準於斯。則無有等及者矣。實爲古今未曾有者。此也。東坡靑蓮。倘有相對。滿口許稱。山谷杜老。亦拱手而已。豈但二斗哉。應是八斗之文章矣。如我蜩虫小技之輩。郳堪着粉於五鳳樓手也哉。

　　己未四月日。病弟會雲德濶謹跋。

---
1) ㉯ 이 발문은 목판본에는 수록되어 있지 않다.

주

1 좌선 자리(折床會)가 만들어졌고 : 절상折床은 사람들이 많아서 평상이 부서진 것을 말한다. 여기서는 환성 노화상이 가는 곳마다 용맹정진하는 좌선 모임이 만들어졌다는 뜻이다.
2 시채蓍蔡 : 시귀蓍龜라고도 한다. 시초(蓍)와 거북(龜)은 고대에 점을 치는 도구였다. 여기서는 법문을 이끄는 종주宗主라는 뜻이다.
3 팔풍八風 : 또는 팔법八法이라고도 한다. 세상에 여덟 가지 법이 있어서 세간의 애증이 된다고 한다. 사람의 마음을 선동하는 이利·쇠衰·훼毁·예譽·칭稱·기譏·고苦·락樂을 말한다.
4 심기와 봉(機鋒) : 기機는 수행에 따라 얻은 심기心機이고 봉鋒은 심기의 활용이 날카로운 모양을 뜻한다. 선객禪客이 다른 이를 대할 때 응대하는 날카로움을 말한다.
5 유가儒家(西河) : 『禮記』 「檀弓 上」에 "자하가 물러나 서하 위에서 노년을 보냈다.(退而老於西河之上)"라는 말이 있는데, 후에 서하西河라는 말로 공자의 제자 자하子夏의 대칭代稱, 혹은 유학자를 이르는 말로 쓰게 되었다.
6 제자(神足) : 신족神足은 역량과 덕행이 함께 뛰어나 많은 수행승의 모범이 되는 승려, 또는 문제門弟를 가리키는 말이다.
7 설파 화상은 1775년 을미년에 『華嚴經』 경판을 완성하여 영각사靈覺寺에 장경각(經閣)을 세워 이 경판을 보관하였다. 그때 「重刊華嚴經序」를 연담 대사가 썼다.
8 십현법문十玄法門 : 십현연기十玄緣起 또는 현문玄門이라고 한다. 십현연기무애법문十玄緣起無礙法門이라고도 하니, 화엄종에서 세운 것이다. 현문은 현묘한 법문이란 뜻으로 불교를 뜻한다.
9 청량淸凉 : 화엄종華嚴宗의 4조祖이며, 이름은 징관澄觀이다.
10 임제臨濟 : 당나라 사람으로, 황벽黃檗을 이어서 임제종의 개조開祖가 되었다.
11 양기楊岐 : 송나라 원주袁州 양기산楊岐山의 방회方會 선사를 가리킨다. 황룡산黃龍山 혜남慧南과 더불어 모두 임제臨濟의 제6세 자명원慈明圓 선사의 법사가 되었다.
12 담당湛堂 : 고려 때의 승려로, 고려 조계曹溪의 제9세 조사이다. 송광사松廣寺 16국사國師 중 9번째 국사를 지냈다.
13 형양衡陽 : 옛날 중국 형주衡州를 말한다. 천태종 제2조 혜사惠思가 살았던 곳이다.
14 형양과 매양에 귀양을 갔었네 : 송나라 간신인 진회秦檜가 개인적인 감정 때문에 권력을 빙자하여 대혜大慧 스님을 매양梅陽과 형양衡陽으로 귀양 보냈었다.
15 대나무 그림(墨竹) : 선조가 서산 대사에게 대나무를 그려 하사하신 일이 있다.
16 병충秉忠 : 명나라 원충袁衷의 자이다. 정통 연간에 벼슬을 하였으며, 공명정대하고 청렴하기로 유명했다. 시문에 매우 능했다고 한다.
17 왜적(漆齒) : 칠치漆齒는 검게 칠한 이빨이란 뜻으로, 왜구들을 가리키는 말이다. 일본 풍습에 결혼하지 않은 여자들은 이빨을 검게 만들었다고 하는 데서 유래한다.
18 사우祠宇 : 사당. 밀양 표충사에 배향하였다.
19 오도자吳道子 : 중국 당나라 때 천재 화가인 오도현吳道玄(700~760)을 말한다. 현종에게 그림 재주를 인정받아 궁정화가가 되었다. 원래 이름은 도자道子였는데, 현종이

도현道玄이란 이름을 내려 주었다.
20 사리불(鶖子) : 추자鶖子는 추로자鶖鷺子라고도 한다. 사리불舍利佛의 별명이다.
21 청평사清平寺에서 나온~비갈의 글 : 청평사에서 땅속에 묻혔던 비갈이 나왔는데, 거기에는 "유충관부천리래儒衷冠婦千里來"라고 쓰여 있었다. '유자의 마음(儒衷)'이란 '지지志'를 말하는 것이고, '관을 쓴 여자(冠婦)'는 '안安'을 말하는 것이므로, 이 비갈은 지안志安 대사의 것이었다고 전한다. 지안 대사의 자는 삼낙三諾이고, 호는 환성喚惺이다.
22 당나귀 다리(驢脚) : 선을 수행하는 사람이 통과하지 않으면 안 될 세 가지 관문인 삼관三關 가운데 하나이다. 예를 들어 황룡산黃龍山 혜남慧南 선사는 이 세 가지를 스님들에게 질문하길 "사람마다 다 인연이 있는데(人人盡有生緣) '상좌의 인연은 어디 있는가(上座生緣在何處)', '내 손은 어째서 부처님 손 같은가(我手何似佛手)', '내 다리는 어째서 당나귀 다리 같은가(我脚何似驢脚)'이다."라고 하였다. 『五燈會元』에 나온다.
23 부처님 안 계시는 세계(無佛處) : 무불처無佛處는 부처님이 머물지 않는 세계를 말한다. 석가모니부처님이 이미 입멸하고 미륵불이 아직 출현하지 아니한 동안을 말한다. 이때는 지장보살地藏菩薩이 출현하여 중생을 교화한다고 한다.
24 답답한 사람(擔板漢) : 담판한擔板漢은 널을 메고 가는 놈이라는 뜻이다. 널을 메고 가자면 한쪽밖에 보지 못하므로 사물의 한쪽밖에 보지 못하는 사람을 일컫는 말이다.
25 진점겁塵點劫 : 지극히 오랜 시간을 표현하는 말로, 『法華經』에 삼천진점겁과 오백진점겁, 두 종류의 진점겁이 나온다. 예를 들면, 삼천진점겁은 삼천대천세계를 모두 갈아서 먹물을 만든 다음, 일천 국토를 지날 때마다 작은 티끌만 한 물방울을 한 방울 떨어뜨려 그 먹물이 다 없어졌을 때, 그 지나온 국토를 모두 모아 부수어 다시 티끌로 만들고, 그 티끌 하나를 1겁으로 세어 그 수효를 모두 계산하는 수를 나타낸다고 한다.
26 삼세三細 : 『起信論』에서 설한 것으로, 근본무명根本無明의 상을 셋으로 나누어, 지말무명枝末無明의 육추六麤에 대비시킨 것이니, 무명업상無明業相·능견상能見相·경계상境界相을 말한다.
27 육추六麤 : 중생의 미망迷妄이 생기는 차례를 근본무명根本無明과 지말무명枝末無明으로 나누는데, 육추는 근본무명 삼세三細에 대하는 여섯 가지 무명상을 말한 것이니, 지상智相·상속상相續相·집취상執取相·계명자상計名字相·기업상起業相·업계고상業繫苦相을 말한다.
28 한꺼번에 공해지니(一空) : 『三藏法數』4조에, "일공一空은 일체제법이 모두 자성自性이 없고 색심의정色心依正 내지 성범인과聖凡因果의 법이 비록 여러 가지여서 같지 않으나, 그 본체본성을 찾는다면 필경은 모두 공空임을 말한 것이다."라고 하였다.
29 능소能所 : 두 법이 마주할 때에 능동으로 동작하는 것을 능能, 동작을 받는 것을 소所라 한다. 마치 능연能緣과 소연所緣, 또는 능견能見과 소견所見 등과도 같다.
30 함곡관函谷關 : 함곡函谷에 있던 험준하기로 유명한 관문關門이다. 제齊나라 맹상군孟嘗君의 고사로 유명하다. 맹상군이 함곡관에서 도망할 때에, 한밤중에 종에게 닭 울음소리를 흉내 내게 하였다. 그러자 문지기가 새벽닭 우는 소리인 줄 알고 관문을 열었기에, 진秦나라에서 무사히 도망쳤다고 한다.
31 어언삼매語言三昧 : 자유자재로 말하거나 써도 그 언어에 사로잡히지 않는 경지를 말하는 것으로, 언어의 세계를 말한다.
32 일승묘법一乘妙法 : 우주의 통일적 진리를 말하는 것으로, 『法華經』에서 말하는 공空

의 진리에 대한 적극적인 표현이라 하겠다.
33 쓸데없는 말(野干說) : 야간野干은 여우 비슷한 짐승으로, 색은 청황색이며, 크기는 개만 하다. 밤에 떼를 지어 몰려다니면서 우는데, 그 울음소리는 이리와 같다. 체형은 작으나 꼬리는 길고, 나무에 잘 오르지만 가지가 썩었을까 의심이 많아 나무에 잘 오르지 않는다고 한다.
34 흰 소(白牛) : 『法華經』에 나오는 세 가지 동물, 양과 사슴 그리고 흰 소 가운데 하나이다. 이 흰 소로써 최상승인 일승법一乘法에 비유한다.
35 사성四聖과 육범六凡 : 십계十界를 범부와 성자의 두 종류로 나누는데, 지옥·아귀·축생·수라·인간·천상은 육범이고, 성문·연각·보살·불佛은 사성이다.
36 무차회無遮會 : 현성賢聖과 도속道俗, 귀천貴賤, 상하上下를 막론하고 평등하게 재시財施와 법시法施를 행하는 대법회를 말한다.
37 재를 집행하는 이 사람(秉法) : 병법秉法은 부처님 앞에서 예식이나 기도, 재齋 등을 집행하는 사람의 직명이다.
38 일진법계一眞法界 : 화엄종에서 쓰는 지극한 이치를 말하는 것으로, 천태가天台家에서 말하는 제법실상諸法實相과 같다.
39 아홉 세계(九界) : 사성과 육범의 십계十界 가운데 인도人道를 제외한 나머지 아홉 계를 말한다.
40 좌부左符 : 부절符節을 반으로 나누었을 때 우부右符의 짝이 되는 나머지 반쪽을 말하는 것으로, 언약의 징표로 쓰인다.
41 여래의 궁전 : 왕사성王舍城 옆 가란타迦蘭陀 죽림에 있었던 죽림정사竹林精舍를 말한다. 가란타 장자가 부처님께 귀의한 뒤에 죽림을 부처님께 바쳤으므로 이곳에 정사를 세웠는데, 인도 사찰의 효시가 되었다.
42 장륙금신丈六金身 : 부처님 몸(佛身)을 말한다. 『傳燈錄』에 "서방에 부처님이 계시니, 그 형상이 여섯 길(丈六)이나 되고, 황금색이다."라고 하였다.
43 이십팔천二十八天 : 삼계三界 제천諸天의 총칭으로, 곧 욕계欲界의 육천六天과 색계色界의 십팔천十八天, 그리고 무색계無色界의 사천四天을 합하여 말하는 것이다.
44 사대주四大洲 : 수미산에 있는 서방함해西方鹹海의 사대주를 말한다. 남섬부주南贍部洲, 동승신주東勝身洲, 서구다니西瞿陀尼, 북구로주北俱盧洲를 말한다.
45 금륜金輪 : 세계의 사륜四輪 가운데 하나이다. 제일 아래층인 공륜空輪 위에 풍륜風輪이 있는데, 그 위를 수륜水輪이라 하며, 다시 그 위에 금륜이 있다 한다. 그리고 이 금륜 위에 구산九山과 팔해八海가 있으니, 그것을 지륜地輪이라 한다.
46 수륜水輪 : 세계의 사륜 가운데 하나로, 풍륜 위에 있는 광음천光音天에서 비가 내려 11억 2만 유순의 깊은 수층水層이 생기는데, 이것을 수륜이라 한다. 이 수륜의 상층이 응결하여 금륜제金輪際가 되는 것이다.
47 남섬부주南贍部洲 : 염부제閻浮提와 같다. 옛날에 염부주琰浮洲, 염부제비파閻浮提鞞波라고 하였던 곳으로, 수미산의 남방에 있는 큰 섬의 이름이다. 곧 우리들이 살고 있는 곳을 이른다.
48 서구다니西瞿陀尼 : 서대주西大洲의 이름이다. 수미산의 서쪽에 있다.
49 동승신주東勝身洲 : 수미산 사주四洲의 하나로, 수미산 동쪽 칠금산七金山과 철위산鐵圍山 사이 짠물 바다 가운데 있으며, 사람들이 살고 있다. 이 땅의 사람들은 몸이 매

우 훌륭하므로, 승신주勝身洲라고도 한다.

50 북구로주北俱盧洲 : 수미산 사주 가운데 하나로, 수미산 북방에 있다.

51 무정물無情物 : 돌·산·바위 등과 같은 정신의 작용이 없는 것들의 총칭이다.

52 조사선祖師禪 : 문자를 세우지 않고 조사祖師가 근본을 전하는 선禪을 말하는 것이다. 이 말은 원래『楞嚴經』에서 말한 여래선如來禪에 반하는 뜻으로 만들어진 것이다. 여래선은 교教 안에서 완전 통달하지 못한 선이며, 조사선은 교 밖에서 따로 전해진 지극한 선이라고 한다.

53 세간의 국토(依)~몸(正)이 드러나고 : 바로 과거의 업에 따라 나의 심신을 받는 것을 정보正報라고 하고, 그 심신이 의지하는 일체 세간의 사물을 의보依報라고 한다.

54 용자龍子 : 큰 바다에 사는 용자는 항상 금시조한테 잡아먹혔는데, 용왕이 부처님께 청하여 가사를 얻어 입히자, 그 난을 모면했다고 한다.『海龍王經』에 나오는 이야기이다.

55 복덕과 지혜를 장엄하는(莊嚴福慧) : 복덕福德과 지혜 두 가지가 모두 장엄함을 말한다.

56 삼덕三德 : 부처님의 덕을 세 방면에서 말한 것으로, 지덕智德·단덕斷德·은덕恩德을 말한다.

57 구품九品의 연대蓮臺 : 아홉 종 연꽃의 대좌臺座를 말한다. 행업의 우열에 따라 정토에 왕생하는 자가 앉는 아홉 종의 연화대蓮花臺이다.

58 12월(臨卦) : 임괘臨卦는 음력 12월에 해당한다. 아래 두 양陽이 점점 자라면서, 음陰을 차츰 침해하기 때문에 양기가 회복되는 것을 말한다.

59 1월(泰卦) : 태괘泰卦는 음력 1월에 해당한다. 아래 세 양이 자라면서 천지天地가 어울리고 음양陰陽이 화합하면, 만물이 무성하게 자란다는 뜻이다.

60 주공근周公瑾 : 삼국시대 오吳나라의 명신名臣인 주유周瑜(175~210)를 말한다. 적벽대전赤壁大戰에서 조조가 이끄는 위魏나라 군사를 대파하였다.

61 북선北禪 : 북선 지현北禪知賢. 송나라 선사. 형주衡州 북선사北禪寺에 주석하였다. 운문종 복엄 양아福嚴良雅의 제자이다. '북선세진北禪歲盡'이라는 공안을 남겼다.

62 노지백우露地白牛 :『法華經』「譬喻品」에서 설한 것으로, 문밖의 노지露地에 세워 둔 대백우거大白牛車를 가리키는 말이다. 대승법大乘法, 일불승一佛乘에 비유한 말이다.

63 고봉高峰 : 원나라 스님 원묘原妙의 법호이다. 육조 혜능의 제22대 적손인 설암 조흠雪巖祖欽의 제자로, 천목산天目山 서봉西峰의 장공동張公洞에 들어가 '사관死關'이라는 간판을 붙이고 15년 동안 문밖을 나가지 않으며 수행하였다.

64 화보華報 : 사람이 과실을 얻기 위해 나무를 심으면, 그 과실을 얻기 전에 먼저 꽃을 얻게 되는 것과 같이, 현재에 지은 업이 미래에 과보로 나타나기 전에 현세에 바로 과보가 나타나게 되는데, 이러한 과보를 화보라고 한다.

65 한 기미(一機) : 동일한 종류의 기연機緣으로 마땅히 동일한 교敎를 받아야 하는 동기를 말한다.『碧巖錄』에 "고인이 일기일경一機一境을 드리워 보이시어 긴요하게 사람들을 대하여 인도한다."라고 했다.

66 도부桃符 : 새해 아침, 악귀를 쫓기 위하여 문짝에 붙이는 복숭아나무로 만든 작은 나뭇조각을 말한다.

67 남주南洲 : 염부제閻浮提를 말하는 것으로, 수미산 남방 함해鹹海 가운데 있는 대주大洲이다. 우리 인간이 사는 곳을 말한다.

68 중춘仲春 : 음력 2월을 말한다.
69 분수에 맞지 않는 생활(桂玉) : 계옥桂玉은 타지에서 계수나무보다 비싼 땔감을 때고, 옥보다 비싼 음식을 먹고 사는 괴로움이라는 뜻으로, 물가物價가 비싼 도회지에서 힘들게 지내는 것을 이르는 말이다.
70 합하閤下 : 각하閣下와 같은 의미.
71 방백方伯 : 본래는 고대 중국의 제후諸侯를 이르는 말인데, 여기서는 관찰사觀察使를 달리 이르는 말로 쓰였다.
72 정황우政黃牛 : 여항 유정餘杭惟政 선사는 항상 노란 소를 타고 다녔기 때문에 호를 정황우라고 하였다. 장당蔣堂과는 친구였지만, 장당이 여러 번 오라고 청하여도 절대 응하지 않았었다.
73 오석령烏石嶺 꼭대기에서~그런 일 : 설봉雪峰(832~908) 대사가 고을에 갔다 와서 대중들에게 훈시하길 "망주정에서 그대들을 다 만났고, 오석령에서도 그대들을 다 만났으며, 지금 큰방에서도 그대들을 다 만났다.(望州亭與汝相見了也。烏石嶺與汝相見了也。僧堂前與汝相見了也。)"라고 하였다. 나중에 설봉 대사의 제자인 보복保福이 아호鵝湖에게 묻기를 "큰방 앞에서 대중을 만난 것은 그만두고, 어떤 것이 망주정과 오석령에서 대중을 보는 것인가?"라고 하자, 아호는 걸음을 재촉하여 방장으로 들어갔고, 보복은 승당으로 들어갔다.
74 총섭摠攝 : 조선 시대 승려의 직책이니, 조선 후기에는 대체로 사찰의 주지를 이르는 말로도 쓰였다.
75 가사(毬衣) : 휴의毬衣는 휴복毬服이라고도 한다. 밭두둑이 나뉘어 있는 모양으로 조각을 이은 옷이란 뜻에서 가사의 별칭으로 쓴다.
76 족함을 알고~알아야 합니다 : 『老子』에 "분수에 만족할 줄 알면 욕되지 않고, 그칠 줄을 알면 위태하지 않다.(知足不辱。知止不殆。)"라고 하였다.
77 사직소(乞骸) : 사직상소辭職上疏를 올리는 것을 걸해乞骸라고 한다. 관리가 공무에서 사직하고 고향으로 돌아가 그곳에서 죽어 그곳에 묻히겠다는 뜻이다.
78 한 능주 필수 : 능주綾州(화순) 수령 한필수韓必壽(1715~1776)를 말한다. 본관은 청주, 자는 인수仁叟, 호는 지봉砥峯이다. 1756년 문과에 합격하고 대동찰방, 대사간, 대사헌 등의 관직을 역임하였다.
79 명부明府 : 한위漢魏 이래 군수郡守‧목윤牧尹의 존칭으로 쓰였고, 한대에는 현령縣令을 칭했다. 당 이후로는 현령이라는 뜻으로 쓰이게 되었다.
80 거짓(子虛) : 한漢나라 사마상여司馬相如의 「子虛賦」에 자허子虛‧오유선생烏有先生‧망시공亡是公, 세 사람의 문답이 나온다. 이 때문에 후에 허구, 혹은 사실이 아닌 일을 자허라고 부르게 되었다.
81 소자첨蘇子瞻 : 송나라 때 문장가文章家 소식蘇軾을 말한다. 자가 자첨이고 호는 동파東坡이다.
82 구양영숙歐陽永叔 : 송나라 학자로서, 이름은 수修, 자는 영숙이다. 호는 취옹醉翁 또는 육일거사六一居士라 하였다. 군서群書에 널리 통달하고 시문詩文으로 천하에 이름을 날려 당송팔대가의 한 사람으로 꼽힌다. 저서로는 『新唐書』‧『新五代史』, 그리고 기타 시문집詩文集 등이 있다. 『宋史』 제319권에 나온다.
83 사마군실司馬君實 : 송나라 명신으로, 이름은 광光, 자는 군실이다. 태사온국공太師溫

國公을 증직贈職 받았으므로, 사마온공司馬溫公이라 한다. 신종神宗 때 왕안석王安石의 신법新法을 반대하다가 실각失脚되었고, 철종哲宗 때 정승이 되어 왕안석의 신법을 모두 폐지하였다. 저서로는『資治通鑑』·『通鑑異考』·『獨樂園集』등이 있다.『宋史』제336권에 나온다.

84 방관房琯 : 당唐나라 하남河南 사람으로, 자는 차율次律이다. 처음에는 육혼산陸渾山에 은거하다가 개원開元 연간에 노씨령盧氏令이 되었다.『舊唐書』제111권에 나온다.

85 백낙천白樂天 : 당나라 시인으로, 태원太原 사람이고, 이름은 거이居易, 자는 낙천이며, 호는 향산거사香山居士이다.『唐書』제119권에 나온다.

86 황정견黃庭堅 : 송나라 시인으로, 자는 노직魯直, 호는 산곡山谷이다. 강서시파江西詩派의 개조로서, 시는 소동파蘇東坡와 병칭幷稱되었으며, 서가書家로서도 송대 사대가四大家의 한 사람으로 꼽힌다.

87 염계와 낙양(濂洛) : 염락濂洛은 송나라 신종神宗과 철종哲宗 때 있었던 염계濂溪와 낙양洛陽의 유명한 유학자들을 말한다. 곧 주돈이周敦頤·소옹邵雍·사마광司馬光·정호程顥·정이程頤·장재張載를 아울러 이르는 말이다. 이를 정주학파程朱學派라고도 한다.

88 유학(洙泗學) : 수수洙水와 사수泗水는 강의 이름인데, 공자가 이 근처에서 도를 가르쳤으므로 유학을 수사학洙泗學이라 한다.

89 이천伊川 : 정이程頤의 호이다.

90 고정考亭 : 주희朱熹를 말한다.

91 대혜大惠 : 대혜 종고大慧宗杲(1089~1163) 스님은 송대 임제종 양기파에 속한 분으로, 효종제孝宗帝로부터 대혜선사大慧禪師라는 호를 받았다. 저서로『大慧語錄』12권과『大慧法語』3권 등이 있다.

92 『周易』곤괘坤掛에 나온다.

93 『書經』「伊訓」에 나온다.

94 『書經』「湯誥」에 나온다.

95 난무자欒武子 : 춘추春秋 진晉나라 사람으로, 경대부를 지냈다. 이름은 서書, 시호는 무자武子이다. 검소한 생활과 덕행으로 명성이 자자하였고, 백성들의 존경을 한 몸에 받았다고 한다.

96 수후隋侯에게 뱀이~갚아 주었으니 : 초楚나라 수후가 길을 가다 소 모는 아이들이 뱀을 잡으려 때리고 있는 것을 보았다. 수후가 아이들에게서 뱀을 구해 치료해 주었는데, 며칠 후 달이 뜨지 않았는데도 마당이 훤해 내다보니, 뱀이 입에 야광주를 물고 있었다고 한다.

97 전傳 :『史記』「貨殖列傳」을 말한다.

98 식심識心 : 제6식第六識 혹은 제8식第八識의 심왕心王을 식심이라 한다. 즉 의식 작용의 본체가 되는 것으로, 대상을 향하여 일반상一般相을 인식하는 정신 작용을 말한다.

99 진지眞知 : 진지眞智의 지知를 말한다.

100 걸桀이나 주紂, 도척盜跖 : 하夏나라 걸왕桀王과 은殷나라 주왕紂王은 세상에서 가장 포악무도한 임금으로 일컬어지고 있다. 도척은 춘추시대 노魯나라 유하혜柳下惠의 제자로, 그를 따르는 무리가 9천 명이나 되었다. 그는 남의 우마牛馬를 훔쳐 타고, 부녀를 잡아갔으며, 제후왕諸侯王을 침해하고 천하를 횡행하면서 포악무도한 행위를

서슴없이 했던 사람이다.
101 허순許詢 : 진晉나라 사람으로, 자는 원도元度이며, 산수山水를 유람하길 좋아했다. 당시 사람이 말하기를, "허순은 한갓 승정勝情이 있을 뿐만 아니라, 실제 제승지구濟勝之具가 있다."라고 했다. 『尙友錄』 제15권에 나온다.
102 소찰蕭察 : 북주北周 사람으로, 소통蕭統의 셋째 아들이며, 학문을 좋아하고 글을 잘 지었다고 한다. 또한 불교의 이치에 통달하였고, 대통大通 연간에 악양왕岳陽王에 봉해졌다. 묘호는 중종中宗, 저서로는 문집과 『華嚴般若法華金光明義疏』가 있다. 『周書』 제18권에 나온다.
103 배휴裵休 : 당나라 사람으로, 배숙裵肅의 아들이며, 자는 공미公美이다. 대중大中 연간에 병부시랑兵部侍郞, 동중서문하평장사同中書門下平章事를 지낸 다음, 선정善政을 많이 펼쳤다. 『新唐書』 제182권에 나온다.
104 안탕승雁蕩僧 : 안탕은 절강성浙江省에 있는 산 이름인데, 태평흥국太平興國 초에 사문 전료全了가 이 산에 영암사靈巖寺라는 절을 지었다. 이로 미루어 볼 때 전료를 지칭하여 안탕승이라 한 것으로 추정된다.
105 진회秦檜 : 남송南宋 고종高宗 때 재상宰相으로, 자는 회지會之이다. 악비岳飛를 무고誣告하여 죽이고, 주전파主戰派를 탄압하여 금金나라와 굴욕적인 화약和約을 체결하였으므로, 후세에 대표적인 간신姦臣으로 꼽힌다. 『宋史』 제473권에 나온다.
106 지영智永 : 남북조南北朝 때 영흔사永欣寺의 스님인데, 호는 영선사永禪師이며, 회계會稽 사람이다. 속성은 왕王 씨이고, 서예에 능하여 여러 서체를 다 잘 썼다.
107 장방평張方平 : 송나라 남경南京 사람으로, 자는 효달孝達, 호는 낙전거사樂全居士이다.
108 낭야瑯琊 : 산동성山東省 제성현諸城縣 동남쪽 낭야대瑯琊臺 위에 있는 비석이다. 진시황 28년에 세운 송덕비로, 비문에는 청 함풍咸豊 동치同治 연간까지의 대신과 종신의 이름이 기록되어 있다고 한다.
109 형화박邢和璞 : 당나라 사람으로, 『穎陽書』를 지었다. 『唐書』 제204권에 나온다.
110 한나라 고조高祖 : 한漢나라 시조로, 성은 유劉, 이름은 방邦이다. 초楚나라 항우項羽를 해하垓下에서 격파하고, 제위에 올라 4백여 년의 왕조를 창업하였다.
111 주공周公 : 성은 희姬씨이며, 주周 무왕武王의 아우이다. 무왕을 도와 은殷나라 주紂를 토벌하였다.
112 주공周公이 현인이~나가서 맞이하였다 : 주공이 인재를 구하기에 힘쓴 것을 표현한 말로, 『史記』 「魯周公世家」에 "내가 한 번 머리를 감을 동안에 세 번 머리를 잡고 나가고, 한 번 밥을 먹는 동안에 세 번 밥을 뱉고 일어나 선비를 맞으면서도, 오히려 천하의 현인을 잃을까 두려워한다.(我一沐三捉髮。一飯三吐哺。起以待士。猶恐失天下之賢人)"라고 하였다.
113 중이重耳 : 진晉나라 문공文公의 이름이다.
114 이치李廌 : 소동파의 제자로 소동파 문하의 여섯 군자(蘇門六君子) 중 하나이다.
115 뇌문雷門 : 고대 회계會稽의 성문 이름인데, 큰 북을 달아 놓아 우레와 같은 소리가 진동하였다고 한다.
116 사집四集 : 『書狀』·『都序』·『禪要』·『節要』를 말한다.
117 입실入室 : 선종에서 제자가 법사의 방에 들어가 법을 잇는 것이니, 이것을 입실사법

入室嗣法이라고 한다. 우리나라에서는 교가敎家에서도 행하며 건당식建幢式이라고 한다. 법맥을 상속하는 것, 조사실에 들어간다는 뜻이다.

118 가업을 잇는 것(克紹箕裘) : 극소기구克紹箕裘는 본래 『禮記』 「學記」 편의 "풀무장이의 아들은 반드시 가죽옷을 만드는 일을 배우고, 활을 만드는 장인의 아들은 반드시 키 만드는 것을 배운다(良冶之子。必學爲裘。良弓之子。必學爲箕。)"는 말에서 유래하여, 조상의 가업을 잇는다는 말로 사용된다.

119 『현담玄談』 : 『華嚴經』의 주석서를 말한다. 이 내용으로 볼 때 연담 대사가 『華嚴經玄談演義抄』의 중요한 곳을 해석한 『玄談私記』일 것이나, 동명의 책이 있으므로 그냥 앞과 같이 주석한다.

120 가사(田衣) : 전의田衣는 가사의 다른 이름으로, 가사의 오조五條 또는 이십오조二十五條의 줄이 마치 밭이랑이 벌여 있는 것과 같다고 하여 이렇게 부른다.

121 선지식(善友) : 선친우善親友, 친우親友, 승우勝友라고도 한다. 부처님의 정도를 가르쳐 보여 좋은 이익을 얻게 하는 스승이나 친구로서, 나와 마음을 같이하여 선행을 하는 사람을 말한다.

122 아란야阿蘭若 : 줄여서 난야蘭若·연야練若라고 하며, 적정처寂靜處·무쟁처無諍處·원리처遠離處라고 번역하기도 한다. 시끄러움이 없는 한적한 곳으로, 수행하기에 적당한 삼림이나 계곡 등의 수행처를 말한다.

123 솔도파率堵婆 : 탑파塔婆·영묘靈廟 등으로 불리기도 하니, 유골이나 경전을 넣는 탑을 말한다.

124 윤상輪相 : 또는 상륜相輪, 공륜空輪, 구륜九輪, 노반露盤이라고 부르기도 한다. 탑의 꼭대기에 장식하여 놓은 둥근 바퀴 모양을 말하는 것으로, 보통 아홉 개의 륜輪으로 되어 있다.

125 사가타娑伽陀 : 이 존자가 처음 태어날 때에 자태가 너무 사랑스러워 아비가 보고 기뻐하여 '선래善來'라고 불렀다고 한다.

126 나라연那羅延 : 또는 나라연나那羅延那라고도 하며, 번역하여 견고堅固·구쇄역사鉤鎖力士라고도 한다. 천상의 역사로서, 그 힘이 코끼리의 백만 배나 될 만큼 세다고 한다.

127 원통圓通 : 부처와 보살이 깨달은 경지로, 신묘한 지혜를 증득한 것을 말한다.

128 진색상眞色相 : 진색眞色은 여래장如來藏 중의 색으로, 진공眞空의 신묘한 색을 말한다.

129 공색상空色相 : 형상이 없는 것을 공空, 형상이 있는 것을 색色이라 한다.

130 말에 기댄~문장 재주(倚馬可待) : 의마가대倚馬可待는 글재주가 뛰어나 글을 빨리 잘 지음을 말한다. 원호袁虎가 말에 기대어 즉시 일곱 장에 걸친 장문을 지은 고사에서 나온 말이다.

131 일곱 걸음~짓는 재주(七步才) : 칠보재七步才는 일곱 걸음 걷는 사이에 시 한 수를 짓는 재능이라는 뜻으로, 걸작의 시문을 빨리 짓는 재주를 이른다. 위魏나라 문제文帝 조비曹丕가 그의 아우 조식曹植을 꺼려서 "일곱 걸음 걷는 동안에 시 한 수를 지어라. 만일 못 지으면 처형하겠다."라고 명하자, 조식이 그 자리에서 일곱 걸음을 걸으며 시를 지었다고 한다.

132 자잘한 재주로~글을 꾸미는(彫蟲小技) : 조충소기彫蟲小技는 벌레를 새기는 보잘것없는 솜씨라는 뜻으로, 남의 글귀를 토막토막 따다가 맞추는 서투른 재주를 이르는

말이다.
133 오봉루五鳳樓 : 옛날 누각 이름이다. 당대 낙양洛陽에 오봉루를 세우고 현종이 그 아래 모여서 술을 마실 때에 3백 리 안의 모든 현령과 자사刺史들에게 성악聲樂을 대동하고 참가하도록 하였다. 양梁 태조太祖 주온朱溫이 즉위하여 중건하면서 땅에서 백 길이나 올려 높이가 허공 속으로 들어갈 정도였다고 한다. 『新唐書』「元德秀傳」에 나온다. 후에 문장의 거장을 오봉루를 짓는 솜씨에 비유하게 되었다.

찾아보기

간재簡齋 / 173
『간재집簡齋集』 / 144, 199
강성규姜聖奎 / 552
개천사開天寺 / 75, 415, 736
개흥사開興寺 / 388
검포黔浦 / 315
격포格浦 / 313
경산 종고徑山宗杲 / 44
경주慶州 / 376
『계원필경桂苑筆耕』 / 539
계주戒珠 / 79
계홍戒洪 / 737
고금도古今島 / 63
고란사皐蘭寺 / 435
고산高山 / 401
곡령鵠嶺 / 563
골굴사骨窟寺 / 375
공해헌控海軒 / 434
관덕정觀德亭 / 530
관산冠山 / 264
관음보살觀音菩薩 / 107
구림鳩林 / 209
『구사론俱舍論』 / 223
군자사君子寺 / 355
권암權庵 / 297
근철謹哲 / 457
『금강경金剛經』 / 735
금강산金剛山 / 399, 694, 704, 738

금담 보명金潭普明 / 457
금산金山 / 637
금성錦城 / 552
금암 월미錦庵月彌 / 457
금오산金鰲山 / 237
금탑사金塔寺 / 164
긍수亘修 / 457
긍현亘賢 / 110, 594
긍현肯玄 / 87
기림사祇林寺 / 375
『기신론起信論』 / 735
김복현金福鉉 / 334

나한산羅漢山 / 377
낙동강洛東江 / 361
남악南岳 / 704
남천교南川橋 / 512
남한산성南漢山城 / 370
낭송朗松 / 737
낭암 시연朗岩示演 / 731
낭주朗州 / 204
내소사來蘇寺 / 313
내원암內院庵 / 405
내원통암內圓通庵 / 736
내장사內藏寺 / 735
내총乃摠 / 457
농암農岩 / 360

찾아보기 • 761

능성綾城→능주綾州
『능엄경楞嚴經』/ 35, 214, 235, 658, 666, 735
능주綾州 / 237, 257, 560

단사檀社 / 429
대둔사大芚寺 / 61, 119, 457, 501, 569, 735, 737, 746
대희大稀 / 325
덕유산德裕山 / 406
덕행德幸 / 592
덕홍德洪 / 335
도봉 홍준道峯弘俊 / 457
도선국사道詵國師 / 209
도징道澄 / 59
도홍道弘 / 366
독락獨樂 / 523
독락와獨樂窩 / 159, 522
동계東溪 / 181, 185
동래東萊 / 358
동리산桐裡山 / 328, 576, 736
동림사東林社 / 48
동림사東林寺 / 196, 377
『동문선東文選』/ 538
동암東庵 / 736
동파桐坡 / 576
두류산頭流山 / 70, 437, 563
두륜산頭崙山 / 746
두성斗性 / 457
등호等浩 / 526

만봉 준익萬峯俊益 / 457
만성재晚醒齋 / 291
만암 환여萬庵幻如 / 457
만연사萬淵寺 / 273, 281, 421, 520, 529
만연산萬淵山 / 377
망해 하일望海瑕鎰 / 457
면성綿城→면주綿州
면주綿州 / 111, 161, 227
『명각사어록明覺師語錄』/ 146
『명각선사어록明覺禪師語錄』/ 35
명허 치홍冥虛致鴻 / 457
목암 환옹牧庵煥雄 / 457
몽탄夢灘 / 117
무가無價 / 565
무등산無等山 / 287
무안務安 / 424
무용無用 / 164, 485
무이無二 / 589, 594
무임無任 / 565
무학당武學堂 / 530
묵암默庵 / 338, 340, 341, 432, 555
문곡文谷 / 544
문여성文汝星 / 382
물외암物外庵 / 735
미봉 보한眉峯甫垾 / 457
미황사美黃寺 / 457, 506, 737
민학旻學 / 457
밀양密陽 / 356

박명구朴命球 / 170, 175
박사근朴思根 / 530
박사륜朴師崙 / 271, 272
박양직朴良直 / 180
반구대盤龜臺 / 374
『반야경』 / 738
『반야심경般若心經』 / 736
방장산方丈山 / 352, 355, 523, 577, 583
『백곡집白谷集』 / 435
백련 도연白蓮禱衍 / 457
백련사白蓮社 / 379, 415
백봉 정선栢峯正宣 / 457
백암栢庵 / 533
백양산白羊山 / 735
백정봉百鼎峯 / 391
백화白華 / 544
백화암白華庵 / 694
법사法寺 / 434
법운암法雲庵 / 64, 736
법천사法泉寺 / 68, 496, 580, 734
『법화경法華經』 / 653, 658, 666
벽련 경진碧蓮慶進 / 457
벽파碧波 / 110
벽하碧霞 / 739
병암 취겸柄庵就謙 / 457
보경寶璟 / 367
보경寶鏡 / 709
보다굴普多窟 / 690
보림사寶林寺 / 263, 735, 736, 745
보림암寶林庵 / 41
보조국사普照國師 / 279, 529
보흥사普興寺 / 526, 734

봉서루鳳栖樓 / 237
봉선奉善 / 457
봉암 계준鳳岩桂畯 / 457
봉은사奉恩寺 / 122
봉익암鳳翼庵 / 415
봉학산鳳鶴山 / 419
봉학정鳳鶴亭 / 419
『부모은중경父母恩重經』 / 41
『분충록奮忠錄』 / 430
불과佛果 / 643
불국사佛國寺 / 375
불일암佛日庵 / 318
불출암佛出庵 / 99
비원령飛猿嶺 / 352

사명四溟 / 158, 646
『사산비명四山碑銘』 / 537
사성암四聖庵 / 602
사수思秀 / 530
사정師正 / 353
사집四集 / 734
삼름三凜 / 457
삼성암三聖庵 / 745
삼연三淵 / 339, 363, 365
삼청각三淸閣 / 520
상겸尙謙 / 748
상선암上禪庵 / 738
상옥象玉 / 417
상운암上雲庵 / 68
상원암上院庵 / 129
상월霜月 / 335, 489, 736, 740

상파 세찬霜坡世贊 / 457
서봉사瑞鳳寺 / 738
서부도암西浮屠庵 / 736
서산西山 / 489, 737
서석산瑞石山 / 63
서암瑞岩 / 598
서울 / 122, 296
서호西湖 / 228, 231, 314
석굴암石窟庵 / 375
석왕사釋王寺 / 590
『석주집石洲集』 / 115
선암사仙巖寺 / 489, 737
『선요禪要』 / 734
설암雪巖 / 489
설파雪坡 / 297, 437, 642, 698, 740
성도암成道庵 / 526
성일性日 / 672
성해性海 / 457
소림산少林山 / 167
소문충공蘇文忠公 / 38
소쇄원蕭灑園 / 426
소실산少室山 / 149
손사익孫思翼 / 356
손사준孫思駿 / 356
송광사松廣寺 / 485, 736
송악 우신松岳佑愼 / 457
송운松雲→사명四溟
수능엄회首楞嚴會 / 236
순성順性 / 457
순정舜定 / 457
순창현淳昌縣 / 316
승달산僧達山 / 580
승찬勝贊 / 457
승화勝華 / 457

신계사神溪寺 / 392
신삼愼森 / 457
신여愼如 / 266
『심성론心性論』 / 555
심소암沈素巖 / 232, 394
심원사深源寺 / 64, 65
심이지沈履之 / 196
쌍계사雙溪寺 / 381
쌍용雙聳 / 409

ㅇ

안국사安國寺 / 355
안빈安貧 / 648, 734
안책安策 / 38
야운 봉윤野雲奉允 / 457
양보구梁寶龜 / 557
양악 계선羊岳戒璇 / 457
어운동漁耘洞 / 117
여척如倜 / 457
연관演寬 / 457
연수헌宴睡軒 / 397, 423
연지암蓮池庵 / 543
『연화경蓮花經』 / 41, 126
『열반경涅槃經』 / 340
『염송拈頌』 / 735
영각사靈覺寺 / 534
영각산靈覺山 / 438
영곡靈谷 / 704, 740
영담 최우影潭最佑 / 457
영보촌永保村 / 187
영암靈岩 / 457
영오永旿 / 526

영월瀛月 / 368
영월永月 / 395
영월 계신靈月誡身 / 456, 457, 731, 746
영주 등한影洲等閑 / 457
영침대影沈臺 / 101
영파 충신影波忠信 / 457
영해影海 / 485, 736, 740
영허靈虛 / 734, 739
오도悟道 / 569
오성烏城 / 288, 289, 292, 327, 329, 377, 379, 380, 385
오어운吳漁耘 / 73, 80, 81, 84, 117
오운 기영五雲琪永 / 457
옥계玉溪 / 404
와운 의현臥雲義賢 / 457
완월玩月 / 396, 693
완해 견현玩海見賢 / 457
완호 윤우玩湖尹祐 / 456, 457
외소재畏昭齋 / 329
요 도사(寥士) / 38
요월당邀月堂 / 210
용공사龍貢寺 / 738
용담龍潭 / 297, 736, 740
용성龍城 / 557
용암龍巖 / 166, 688, 735, 739
용암 윤성龍岩允成 / 457
용파 성탄龍坡性綻 / 457
용허 석민龍虛碩旻 / 457
용화회상龍華會上 / 109
용흥사龍興寺 / 297
운담雲潭 / 436
운담 대일雲潭大日 / 457
운흥사雲興寺 / 734
『원각경圓覺經』 / 735, 736

원봉 대철圓峯大哲 / 457
원적암圓寂庵 / 735
월성月城 / 640
월출산月出山 / 225
유 도곡柳道谷 / 275, 283
육일정六一亭 / 530
윤금호尹琴湖 / 140~142, 145, 168
윤숙尹塾 / 128, 130, 131, 137
윤행원尹行元 / 292
윤현允賢 / 457
윤화순尹和順 / 349
은성誾性 / 389
응윤應允 / 457
응해應解 / 735
의암 찬인義庵瓚仁 / 457
이경모李景模 / 218
이광현李光鉉 / 424
이만회李萬恢 / 111
이석하李錫夏 / 411
이충익李忠翊 / 44
이현도李顯道 / 749
이현중李顯重 / 62
이호梨湖 / 433
이효근李孝根 / 276
인석仁碩 / 457
일괘암日卦庵 / 166
임성任性 / 92
임성운林性運 / 418
임영중林令仲 / 516
임천령林千齡 / 210

자암慈庵 / 641
자월 계철慈月戒哲 / 457
장구산長丘山 / 736
장춘도長春島 / 225
장춘동長春洞 / 128, 129, 174, 182
장흥長興 / 267, 268, 270
적상산赤裳山 / 406
전주全州 / 212, 448, 512
정성 진초靜成震初 / 396
정약용丁若鏞 / 380
정양사正陽寺 / 548
정월 계익定月戒益 / 457, 540
정월 시철定月時撤 / 457
정재원丁載遠 / 377
제주濟州 / 271, 272
조계산曺溪山 / 352, 577
조동진趙東晉 / 93, 95, 96
조두수趙斗壽 / 64, 65
조익현曺益顯 / 354
조호은趙湖隱→조두수趙斗壽
『종경록宗鏡錄』 / 408
죽호竹湖 / 186
중봉中峯 / 150
지리산智異山 / 318
지봉智峯 / 709
지습智習 / 549
지양산之羊山 / 321
지언智彦 / 457
지지촌知止村 / 314
지탄智綻 / 265
진각국사眞覺國師 / 529
진도珍島 / 110
진산珎山 / 403
진선震先 / 736
진암眞庵 / 356
징광사澄光寺 / 533

찬훈贊訓 / 457
창평昌平 / 331, 412, 414, 738, 739
채백규蔡伯規(채제공蔡濟恭) / 747
처경處敬 / 549
처환處還 / 526
천태산天台山 / 594
철경루銕鏡樓 / 569
청담 석홍淸潭碩洪 / 457
청담 창관淸潭暢寬 / 457
청운당靑雲堂 / 569
청파淸坡 / 261
청파靑坡 / 381, 402, 403
청평사淸平寺 / 647
청허淸虛 / 569, 645
청호자淸湖子 / 425
초산楚山 / 307
〈촉석루矗石樓〉 / 351
총석정叢石亭 / 390, 391
최우最愚 / 369
최치원崔致遠 / 362, 563
추성秋城 / 64
추월秋月 / 371
추줄산崷崒山 / 405
춘성春城 / 316
취찬趣賛 / 457
취찬就粲 / 740

취홍就弘 / 89
칠불암七佛庵 / 70, 563
침계루枕溪樓 / 339

탐라耽羅→제주濟州
태안사泰安寺 / 576
태전太顚 / 38, 41
택당澤堂 / 406
통도사通度寺 / 361, 693
퇴암退庵 / 384
퇴암 성봉退岩性蓬 / 457
퇴운 각홍退雲覺洪 / 457

파근사波根寺 / 557
팔송 승혜八松勝惠 / 457
팔음가八音歌 / 201
평담 재의平潭再宜 / 457
평암 하연平岩夏衍 / 457
표관表寬 / 420
표충사表忠祠 / 158, 592
표훈사表訓寺 / 548
품삼品森 / 457
풍악산楓岳山 / 367, 398
풍암楓岩 / 736, 740

하동자河東子 / 37, 47
학추學湫 / 457, 740
한 능주韓綾州→한필수韓必壽
한창려韓昌黎 / 38
한필수韓必壽 / 262, 711
한현罕玄 / 672
함월涵月 / 396, 693, 737
해남海南 / 128, 323, 457
해봉 화인海峯華仁 / 457
해붕 전령海鵬展翎 / 457
해월 도일海月道日 / 457
해인사海印寺 / 360, 377, 735
해중암海宗庵 / 76
헐성루歇惺樓 / 548
『현담玄談』 / 737, 738
현명덕玄命德 / 206, 210
현명직玄命直 / 204
혈천血川 / 317
혜근惠勤 / 37
혜월 제해慧月濟海 / 457
혜철암慧徹庵 / 333
호암虎巖 / 638, 698, 735
홍류동紅流洞 / 362
홍명인洪溟仁 / 452
홍파 타민洪波妥旻 / 457
화개동花開洞 / 320, 334
화담 유규花潭有奎 / 457
화순和順 / 323, 418
화암사花岩寺 / 401, 402, 404, 438
화양동華陽洞 / 204
『화엄경華嚴經』 / 105, 140, 151, 339, 407,
    485, 533, 548, 569, 642, 666, 735, 745

화운 인우華雲仁佑 / 457
환명幻溟 / 457
환성喚惺 / 637, 639, 647, 698, 700, 737
환송喚松 / 368
환암 혁인煥庵爀印 / 383, 457
환월喚月 / 294, 298, 321
환응 지성喚應止性 / 457

황산荒山 / 317
황인영黃仁榮 / 267
회덕재懷德齋 / 560
회양淮陽 / 530
회운 덕활會雲德濶 / 751
희학喜學 / 74

한글본 한국불교전서

조·선·출·간·본

조선 1 작법귀감
백파 긍선 | 김두재 옮김 | 신국판 | 336쪽 | 18,000원

조선 2 정토보서
백암 성총 | 김종진 옮김 | 4X6판 | 224쪽 | 12,000원

조선 3 백암정토찬
백암 성총 | 김종진 옮김 | 4X6판 | 156쪽 | 9,000원

조선 4 일본표해록
풍계 현정 | 김상현 옮김 | 4X6판 | 180쪽 | 10,000원

조선 5 기암집
기암 법견 | 이상현 옮김 | 신국판 | 320쪽 | 18,000원

조선 6 운봉선사심성론
운봉 대지 | 이종수 옮김 | 4X6판 | 200쪽 | 12,000원

조선 7 추파집·추파수간
추파 홍유 | 하혜정 옮김 | 신국판 | 340쪽 | 20,000원

조선 8 침굉집
침굉 현변 | 이상현 옮김 | 신국판 | 300쪽 | 17,000원

조선 9 염불보권문
명연 | 정우영·김종진 옮김 | 신국판 | 224쪽 | 13,000원

조선 10 천지명양수륙재의범음산보집
해동사문 지환 | 김두재 옮김 | 신국판 | 636쪽 | 28,000원

조선 11 삼봉집
회악 지탁 | 김재희 옮김 | 신국판 | 260쪽 | 15,000원

조선 12 선문수경
백파 긍선 | 신규탁 옮김 | 신국판 | 180쪽 | 12,000원

조선 13 선문사변만어
초의 의순 | 김영욱 옮김 | 4X6판 | 192쪽 | 11,000원

조선 14 부휴당대사집
부휴 선수 | 이상현 옮김 | 신국판 | 376쪽 | 22,000원

조선 15 무경집
무경 자수 | 김재희 옮김 | 신국판 | 516쪽 | 26,000원

조선 16 무경실중어록
무경 자수 | 성재헌 옮김 | 신국판 | 340쪽 | 20,000원

조선 17 불조진심선격초
무경 자수 | 성재헌 옮김 | 신국판 | 168쪽 | 11,000원

조선 18 선학입문
김대현 | 성재헌 옮김 | 신국판 | 240쪽 | 14,000원

조선 19 사명당대사집
사명 유정 | 이상현 옮김 | 신국판 | 508쪽 | 26,000원

조선 20 송운대사분충서난록
신유한 엮음 | 이상현 옮김 | 신국판 | 324쪽 | 20,000원

조선 21 의룡집
의룡 체훈 | 김석군 옮김 | 신국판 | 296쪽 | 17,000원

조선 22 응운공여대사유망록
응운 공여 | 이대형 옮김 | 신국판 | 350쪽 | 20,000원

조선 23 사경지험기
백암 성총 | 성재헌 옮김 | 신국판 | 248쪽 | 15,000원

조선 24 무용당유고
무용 수연 | 이상현 옮김 | 신국판 | 292쪽 | 17,000원

조선 25 설담집
설담 자우 | 윤찬호 옮김 | 신국판 | 200쪽 | 13,000원

조선 26 동사열전
범해 각안 | 김두재 옮김 | 신국판 | 652쪽 | 30,000원

조선 27 청허당집
청허 휴정 | 이상현 옮김 | 신국판 | 964쪽 | 47,000원

조선 28 대각등계집
백곡 처능 | 임재완 옮김 | 신국판 | 408쪽 | 23,000원

조선 29 반야바라밀다심경략소연주기회편
석실 명안 엮음 | 강찬국 옮김 | 신국판 | 296쪽 | 17,000원

| 조선30 | 허정집
허정 법종 | 성재헌 옮김 | 신국판 | 488쪽 | 25,000원

| 조선31 | 호은집
호은 유기 | 김종진 옮김 | 신국판 | 264쪽 | 16,000원

| 조선32 | 월성집
월성 비은 | 이대형 옮김 | 4X6판 | 172쪽 | 11,000원

| 조선33 | 아암유집
아암 혜장 | 김두재 옮김 | 신국판 | 208쪽 | 13,000원

| 조선34 | 경허집
경허 성우 | 이상하 옮김 | 신국판 | 572쪽 | 28,000원

| 조선35 | 송계대선사문집 · 상월대사시집
송계 나식 · 상월 새봉 | 김종진 · 박재금 옮김 | 신국판 | 440쪽 | 24,000원

| 조선36 | 선문오종강요 · 환성시집
환성 지안 | 성재헌 옮김 | 신국판 | 296쪽 | 17,000원

| 조선37 | 역산집
영허 선영 | 공근식 옮김 | 신국판 | 368쪽 | 22,000원

| 조선38 | 함허당득통화상어록
득통 기화 | 박해당 옮김 | 신국판 | 300쪽 | 18,000원

| 조선39 | 가산고
월하 계오 | 성재헌 옮김 | 신국판 | 446쪽 | 24,000원

| 조선40 | 선원제전집도서과평
설암 추붕 | 이정희 옮김 | 신국판 | 338쪽 | 20,000원

| 조선41 | 함홍당집
함홍 치능 | 성재헌 옮김 | 신국판 | 348쪽 | 21,000원

| 조선42 | 백암집
백암 성총 | 유호선 옮김 | 신국판 | 544쪽 | 27,000원

| 조선43 | 동계집
동계 경일 | 김승호 옮김 | 신국판 | 380쪽 | 22,000원

| 조선44 | 용암당유고 · 괄허집
용암 체조 · 괄허 취여 | 김종진 옮김 | 신국판 | 404쪽 | 23,000원

| 조선45 | 운곡집 · 허백집
운곡 충휘 · 허백 명조 | 김재희 · 김두재 옮김 | 신국판 | 514쪽 | 26,000원

| 조선46 | 용담집 · 극암집
용담 조관 · 극암 사성 | 성재헌 · 이대형 옮김 | 신국판 | 520쪽 | 26,000원

| 조선47 | 경암집
경암 응윤 | 김재희 옮김 | 신국판 | 300쪽 | 18,000원

| 조선48 | 석문상의초 외
벽암 각성 외 | 김두재 옮김 | 신국판 | 338쪽 | 20,000원

| 조선49 | 월파집 · 해붕집
월파 태율 · 해붕 전령 | 이상현 · 김두재 옮김 | 신국판 | 562쪽 | 28,000원

| 조선50 | 몽암대사문집
몽암 기영 | 이상현 옮김 | 신국판 | 348쪽 | 21,000원

| 조선51 | 징월대사시집
징월 정훈 | 김재희 옮김 | 신국판 | 272쪽 | 16,000원

| 조선52 | 통록촬요
엮은이 미상 | 성재헌 옮김 | 신국판 | 508쪽 | 26,000원

| 조선53 | 충허대사유집
충허 지책 | 성재헌 옮김 | 신국판 | 296쪽 | 18,000원

| 조선54 | 백열록
금명 보정 | 김종진 옮김 | 신국판 | 364쪽 | 22,000원

| 조선55 | 조계고승전
금명 보정 | 김용태 · 김호귀 옮김 | 신국판 | 384쪽 | 22,000원

| 조선56 | 범해선사시집
범해 각안 | 김재희 옮김 | 신국판 | 402쪽 | 23,000원

| 조선57 | 범해선사문집
범해 각안 | 김재희 옮김 | 신국판 | 208쪽 | 13,000원

신 · 라 · 출 · 간 · 본

| 신라1 | 인왕경소
원측 | 백진순 옮김 | 신국판 | 800쪽 | 35,000원

| 신라2 | 범망경술기
승장 | 한명숙 옮김 | 신국판 | 620쪽 | 28,000원

| 신라 3 | 대승기신론내의약탐기
태현 | 박인석 옮김 | 신국판 | 248쪽 | 15,000원

| 신라 4 | 해심밀경소 제1 서품
원측 | 백진순 옮김 | 신국판 | 448쪽 | 24,000원

| 신라 5 | 해심밀경소 제2 승의제상품
원측 | 백진순 옮김 | 신국판 | 508쪽 | 26,000원

| 신라 6 | 해심밀경소 제3 심의식상품 제4 일체법상품
원측 | 백진순 옮김 | 신국판 | 332쪽 | 20,000원

| 신라 12 | 무량수경연의술문찬
경흥 | 한명숙 옮김 | 신국판 | 800쪽 | 35,000원

| 신라 13 | 범망경보살계본사기 상권
원효 | 한명숙 옮김 | 신국판 | 272쪽 | 17,000원

| 신라 14 | 화엄일승성불묘의
견등 | 김천학 옮김 | 신국판 | 264쪽 | 15,000원

| 신라 15 | 범망경고적기
태현 | 한명숙 옮김 | 신국판 | 612쪽 | 28,000원

| 신라 16 | 금강삼매경론
원효 | 김호귀 옮김 | 신국판 | 666쪽 | 32,000원

| 신라 17 | 대승기신론소기회본
원효 | 은정희 옮김 | 신국판 | 536쪽 | 27,000원

| 신라 18 | 미륵상생경종요 외
원효 | 성재헌 외 옮김 | 신국판 | 420쪽 | 22,000원

| 신라 19 | 대혜도경종요 외
원효 | 성재헌 외 옮김 | 신국판 | 256쪽 | 15,000원

| 신라 20 | 열반종요
원효 | 이평래 옮김 | 신국판 | 272쪽 | 16,000원

| 신라 21 | 이장의
원효 | 안성두 옮김 | 신국판 | 256쪽 | 15,000원

| 신라 22 | 본업경소 하권 외
원효 | 최원섭·이정희 옮김 | 신국판 | 368쪽 | 22,000원

| 신라 23 | 중변분별론소 제3권 외
원효 | 박인성 외 옮김 | 신국판 | 288쪽 | 17,000원

| 신라 24 | 지범요기조람집
원효·진원 | 한명숙 옮김 | 신국판 | 310쪽 | 19,000원

| 신라 25 | 집일 금광명경소
원효 | 한명숙 옮김 | 신국판 | 636쪽 | 31,000원

고·려·출·간·본

| 고려 1 | 일승법계도원통기
균여 | 최연식 옮김 | 신국판 | 216쪽 | 12,000원

| 고려 2 | 원감국사집
충지 | 이상현 옮김 | 신국판 | 480쪽 | 25,000원

| 고려 3 | 자비도량참법집해
조구 | 성재헌 옮김 | 신국판 | 696쪽 | 30,000원

| 고려 4 | 천태사교의
제관 | 최기표 옮김 | 4X6판 | 168쪽 | 10,000원

| 고려 5 | 대각국사집
의천 | 이상현 옮김 | 신국판 | 752쪽 | 32,000원

| 고려 6 | 법계도기총수록
저자 미상 | 해주 옮김 | 신국판 | 628쪽 | 30,000원

| 고려 7 | 보제존자삼종가
고봉 법장 | 하혜정 옮김 | 4X6판 | 216쪽 | 12,000원

| 고려 8 | 석가여래행적송·천태말학운묵화상경책
운묵 무기 | 김상옥·박인석 옮김 | 신국판 | 424쪽 | 24,000원

| 고려 9 | 법화영험전
요원 | 오지연 옮김 | 신국판 | 264쪽 | 17,000원

| 고려 10 | 남명천화상송증도가사실
□련 | 성재헌 옮김 | 신국판 | 418쪽 | 23,000원

| 고려 11 | 백운화상어록
백운 경한 | 조영미 옮김 | 신국판 | 348쪽 | 21,000원

※ 한글본 한국불교전서는 계속 출간됩니다.

연담 유일 蓮潭有一
(1720~1799)

속성은 천씨千氏, 자字는 무이無二. 18세 때 무안 승달산 법천사法泉寺의 성철性哲을 따라 출가하였고, 19세에 안빈安賓에게 구족계를 받았다. 그 후 영허靈虛에게 『선요禪要』와 사집四集을, 벽하碧霞에게 『능엄경』을, 용암龍岩에게 『기신론』과 『금강경』을, 상언尙彦에게 『화엄경』을 배웠다. 1779년 창평 서봉사瑞鳳寺 주지로 있을 때 음해를 당해 옥에 갇혔다가 며칠 만에 풀려났다. 저서로는 『서장사기書狀私記』와 『도서사기都序私記』, 『선요사기禪要私記』, 『절요사기節要私記』, 『기신사족起信蛇足』, 『금강하목金剛蝦目』, 『원각경사기圓覺經私記』, 『현담사기玄談私記』, 『대교유망기大敎遺忘記』, 『제경회요諸經會要』, 『염송착병拈頌着柄』 그리고 문집 등이 있다.

옮긴이 하혜정

숙명여자대학교를 졸업하고 국립 대만대학에서 석사과정을 수료, 중앙대학교에서 박사학위를 취득하였다. 이후 국사편찬위원회 연구위원으로 활동했다. 역서로 『추파집·추파수간』(동국대학교출판부, 2011), 『보제존자삼종가』(동국대학교출판부, 2015) 등이 있다.

증의
윤찬호(동국역경원 역경위원)